한국중부발전

최신기출 + NCS + 모의고사 4회

2024 최신판 SD에듀 All-New 한국중부발전
최신기출+NCS+모의고사 4회+무료NCS특강

Always **with you**

사람의 인연은 길에서 우연하게 만나거나 함께 살아가는 것만을 의미하지는 않습니다.
책을 펴내는 출판사와 그 책을 읽는 독자의 만남도 소중한 인연입니다.
SD에듀는 항상 독자의 마음을 헤아리기 위해 노력하고 있습니다. 늘 독자와 함께하겠습니다.

PREFACE

머리말

에너지 산업을 선도하는 한국중부발전은 2024년에 신입직원을 채용할 예정이다. 한국중부발전의 채용절차는 「입사지원서 접수 → 서류전형 → 인성검사(온라인) → 필기전형 → 면접전형 → 신원조회 및 신체검사 → 최종 합격자 발표」 순서로 이루어진다. 필기전형은 직업기초능력평가와 직무지식평가로 진행된다. 그중 직업기초능력평가는 의사소통능력, 문제해결능력, 수리능력, 자원관리능력, 기술능력, 조직이해능력, 정보능력 중 직렬별로 4개의 영역을 평가하며, 2023년에는 PSAT형의 비중이 높은 피듈형으로 진행되었다. 또한, 직무지식평가는 직렬별로 내용이 상이하므로 반드시 확정된 채용공고를 확인해야 한다. 따라서 필기전형에서 고득점을 받기 위해 다양한 유형에 대한 폭넓은 학습과 문제풀이능력을 높이는 등 철저한 준비가 필요하다.

한국중부발전 합격을 위해 SD에듀에서는 기업별 NCS 시리즈 누적 판매량 1위의 출간 경험을 토대로 다음과 같은 특징을 가진 도서를 출간하였다.

도서의 특징

❶ 기출복원문제를 통한 출제 유형 확인!

- 한국중부발전 6개년(2023～2018년) 기출문제를 복원하여 한국중부발전의 필기 경향을 파악할 수 있도록 하였다.

❷ 한국중부발전 필기전형 출제 영역 맞춤 문제를 통한 실력 상승!

- 직업기초능력평가 출제유형분석&실전예제를 수록하여 유형별로 대비할 수 있도록 하였다.

❸ 최종점검 모의고사를 통한 완벽한 실전 대비!

- 철저한 분석을 통해 실제 유형과 유사한 최종점검 모의고사를 수록하여 자신의 실력을 최종 점검할 수 있도록 하였다.

❹ 다양한 콘텐츠로 최종 합격까지!

- 한국중부발전 채용 가이드와 면접 기출질문을 수록하여 채용을 준비하는 데 부족함이 없도록 하였다.
- 온라인 모의고사를 무료로 제공하여 필기전형에 대비할 수 있도록 하였다.

끝으로 본 도서를 통해 한국중부발전 채용을 준비하는 모든 수험생 여러분이 합격의 기쁨을 누리기를 진심으로 기원한다.

SDC(Sidae Data Center) 씀

한국중부발전 이야기 INTRODUCE

미션

친환경 에너지의 **안전**하고 **안정적인 공급**을 통해
국가 발전과 **국민 삶**의 **질 개선**에 기여한다.

비전

친환경으로 미래를 여는 에너지 전문기업
Green Energy Leader Creating a Clean Tomorrow

핵심가치

안전환경 / 미래성장 / 혁신소통 / 국민신뢰

경영목표

신재생에너지 발전량 **40%**	해외신재생 설비용량 **4,000MW**	온실가스 감축률 **70%**	부채비율 **180%** 이하
청정전원 설비용량 **6,000MW**	미래성장사업 매출비율 **40%**	중대재해 **ZERO**	국민신뢰지수 **최상위 등급**

전략목표 및 전략과제

전략목표	전략과제
Best 주력사업 최대성과 창출	• 기본 중심 재난 안전체계 확산 • 품질 · 역량 기반 발전 신뢰도 확보 • 친환경 전력 생산 기반 확대
Accelerating 내부 경영효율 가속화	• 재무건전성 관리 고도화 • 신사업 수익성 강화 • 조직운영 효율성 제고
Sustainable 지속가능 에너지 선도	• 탄소중립체계 이행 • 무탄소 전원 기반 구축 확대 • 신재생에너지 역량 확장
Innovative 소통 · 역량 기반 경영혁신 강화	• 공공기관 ESG경영 선도 • 소통 · 상생의 조직문화 확산 • 조직 및 구성원 혁신역량 강화
Customized 국민 니즈 맞춤 공공성 제고	• 이해관계자별 혁신성장 강화 • 윤리 · 인권경영 고도화 • 투명한 기업 운영 및 국민 참여 확대

인재상

CREATIVE GLOBAL KOMIPO CHALLENGER

창조적 에너지로 세계와 소통하여 KOMIPO의 미래를 이끄는 인재

Creative Challenger	Global Communicator	Performance Leader
혁신적 사고와 열정으로 새로운 가치창출에 도전하는 인재	상호 존중과 배려로 세계와 소통하는 인재	강한 자부심과 책임감으로 자기 업무에 주도적인 인재

신입 채용 안내 INFORMATION

지원자격(공통)

❶ 연령 · 성별 : 제한 없음(단, 만 60세 이상인 자는 지원 불가)
❷ 병역 : 병역 기피 사실이 없는 자(단, 현역은 최종합격자 발표예정일 이전에 전역 가능한 자)
❸ 한국중부발전 인사관리규정 제10조의 결격사유가 없는 자
❹ 최종합격자 발표 이후 즉시 근무 가능한 자

필기전형

구분	직렬	내용
직업기초능력평가	사무	의사소통능력, 조직이해능력, 자원관리능력, 수리능력
	정보통신	의사소통능력, 문제해결능력, 정보능력, 기술능력
	발전기계	의사소통능력, 문제해결능력, 자원관리능력, 기술능력
	발전전기	의사소통능력, 문제해결능력, 수리능력, 기술능력
	발전화학	의사소통능력, 문제해결능력, 자원관리능력, 기술능력
	토목	의사소통능력, 문제해결능력, 자원관리능력, 조직이해능력
	건축	의사소통능력, 문제해결능력, 수리능력, 정보능력
	산업위생	의사소통능력, 문제해결능력, 자원관리능력, 조직이해능력
직무지식평가	전 직렬	직렬별 상이

면접전형

구분	직렬	내용
직군별 직무역량평가	전 직렬	PT면접
		토론면접
인성면접		태도 및 인성 등 종합평가

❖ 위 채용안내는 2024년 채용공고를 기준으로 작성하였으나, 세부내용은 반드시 확정된 채용공고를 확인하기 바랍니다.

2023년 기출분석 ANALYSIS

총평

2023년 한국중부발전의 필기전형은 PSAT형의 비중이 높은 피듈형으로 출제되었으며, NCS의 경우 80문항을 60분 이내에 풀어야 했기에 시간이 촉박했다는 후기가 많았다. 전공의 경우 80문항을 70분 이내에 풀어야 했으나 비교적 평이했다는 후기가 대부분이었다.

의사소통능력

구분	내용
출제 특징	• 내용 일치, 글의 주제, 문단 나열 등 다양한 유형이 출제됨 • 맞춤법 문제가 출제됨
출제 키워드	• 발전, 기후, 환경, 속담 등

문제해결능력

구분	내용
출제 특징	• 명제 추론 문제가 출제됨 • 자료 해석 문제가 출제됨
출제 키워드	• 참 거짓, 원탁 배치, BCG 매트릭스 등

수리능력

구분	내용
출제 특징	• 방정식 풀이 문제가 출제됨 • 도표 이해 문제가 출제됨
출제 키워드	• 증감률 등

기술능력

구분	내용
출제 특징	• 이론을 묻는 문제가 출제됨
출제 키워드	• 그래핀과 나노튜브, 선박, mdf, 자동차 등

조직이해능력

구분	내용
출제 특징	• 이론을 묻는 문제가 출제됨
출제 키워드	• 민츠버그의 경영자 등

PSAT형

※ 다음은 K공단의 국내 출장비 지급 기준에 대한 자료이다. 이어지는 질문에 답하시오. **[15~16]**

〈국내 출장비 지급 기준〉

① 근무지로부터 편도 100km 미만의 출장은 공단 차량 이용을 원칙으로 하며, 다음 각호에 따라 "별표 1"에 해당하는 여비를 지급한다.
  ㉠ 일비
    ⓐ 근무시간 4시간 이상 : 전액
    ⓑ 근무시간 4시간 미만 : 1일분의 2분의 1
  ㉡ 식비 : 명령권자가 근무시간이 모두 소요되는 1일 출장으로 인정한 경우에는 1일분의 3분의 1 범위 내에서 지급
  ㉢ 숙박비 : 편도 50km 이상의 출장 중 출장일수가 2일 이상으로 숙박이 필요할 경우, 증빙자료 제출 시 숙박비 지급
② 제1항에도 불구하고 공단 차량을 이용할 수 없어 개인 소유 차량으로 업무를 수행한 경우에는 일비를 지급하지 않고 이사장이 따로 정하는 바에 따라 교통비를 지급한다.
③ 근무지로부터 100km 이상의 출장은 "별표 1"에 따라 교통비 및 일비는 전액을, 식비는 1일분의 3분의 2 해당액을 지급한다. 다만, 업무 형편상 숙박이 필요하다고 인정할 경우에는 출장기간에 대하여 숙박비, 일비, 식비 전액을 지급할 수 있다.

〈별표 1〉

구분	교통비				일비 (1일)	숙박비 (1박)	식비 (1일)
	철도임	선임	항공임	자동차임			
임원 및 본부장	1등급	1등급	실비	실비	30,000원	실비	45,000원
1, 2급 부서장	1등급	2등급	실비	실비	25,000원	실비	35,000원
2, 3, 4급 부장	1등급	2등급	실비	실비	20,000원	실비	30,000원
4급 이하 팀원	2등급	2등급	실비	실비	20,000원	실비	30,000원

1. 교통비는 실비를 기준으로 하되, 실비 정산은 국토해양부장관 또는 특별시장·광역시장·도지사·특별자치도지사 등이 인허한 요금을 기준으로 한다.
2. 선임 구분표 중 1등급 해당자는 특등, 2등급 해당자는 1등을 적용한다.
3. 철도임 구분표 중 1등급은 고속철도 특실, 2등급은 고속철도 일반실을 적용한다.
4. 임원 및 본부장의 식비가 위 정액을 초과하였을 경우 실비를 지급할 수 있다.
5. 운임 및 숙박비의 할인이 가능한 경우에는 할인 요금으로 지급한다.
6. 자동차임 실비 지급은 연료비와 실제 통행료를 지급한다.
   (연료비)=[여행거리(km)]×(유가)÷(연비)
7. 임원 및 본부장을 제외한 직원의 숙박비는 70,000원을 한도로 실비를 정산할 수 있다.

특징
▸ 대부분 의사소통능력, 수리능력, 문제해결능력을 중심으로 출제(일부 기업의 경우 자원관리능력, 조직이해능력을 출제)
▸ 자료에 대한 추론 및 해석 능력을 요구

대행사
▸ 엑스퍼트컨설팅, 커리어넷, 태드솔루션, 한국행동과학연구소(행과연), 휴노 등

모듈형

| 대인관계능력

60 다음 자료는 갈등해결을 위한 6단계 프로세스이다. 3단계에 해당하는 대화의 예로 가장 적절한 것은?

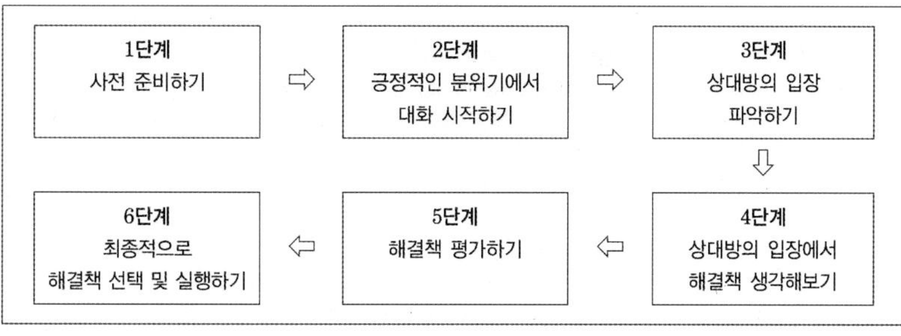

① 그럼 A씨의 생각대로 진행해 보시죠.

특징
- ▸ 이론 및 개념을 활용하여 푸는 유형
- ▸ 채용 기업 및 직무에 따라 NCS 직업기초능력평가 10개 영역 중 선발하여 출제
- ▸ 기업의 특성을 고려한 직무 관련 문제를 출제
- ▸ 주어진 상황에 대한 판단 및 이론 적용을 요구

대행사
- ▸ 인트로맨, 휴스테이션, ORP연구소 등

피듈형(PSAT형 + 모듈형)

| 문제해결능력

60 P회사는 직원 20명에게 나눠 줄 추석 선물 품목을 조사하였다. 다음은 유통업체별 품목 가격과 직원들의 품목 선호도를 나타낸 자료이다. 이를 참고하여 P회사에서 구매하는 물품과 업체를 바르게 연결한 것은?

〈업체별 품목 금액〉

구분		1세트당 가격	혜택
A업체	돼지고기	37,000원	10세트 이상 주문 시 배송 무료
	건어물	25,000원	
B업체	소고기	62,000원	20세트 주문 시 10% 할인
	참치	31,000원	
C업체	스팸	47,000원	50만 원 이상 주문 시 배송 무료
	김	15,000원	

〈구성원 품목 선호도〉

특징
- ▸ 기초 및 응용 모듈을 구분하여 푸는 유형
- ▸ 기초인지모듈과 응용업무모듈로 구분하여 출제
- ▸ PSAT형보다 난도가 낮은 편
- ▸ 유형이 정형화되어 있고, 유사한 유형의 문제를 세트로 출제

대행사
- ▸ 사람인, 스카우트, 인크루트, 커리어케어, 트리피, 한국사회능력개발원 등

주요 공기업 적중 문제 TEST CHECK

한국중부발전

문단 나열 ▶ 유형

03 다음 문단을 논리적 순서대로 바르게 나열한 것은?

(가) 본성 대 양육 논쟁은 앞으로 치열하게 전개될 소지가 많다. 하지만 유전과 환경이 인간의 행동에 어느 정도 영향을 미치는가를 따지는 일은 멀리서 들려오는 북소리가 북에 의한 것인지, 아니면 연주자에 의한 것인지를 분석하는 것처럼 부질없는 것일지도 모른다. 본성과 양육 다 인간 행동에 필수적인 요인이므로.

(나) 20세기 들어 공산주의와 나치주의의 출현으로 본성 대 양육 논쟁이 극단으로 치달았다. 공산주의의 사회 개조론은 양육을, 나치즘의 생물학적 결정론은 본성을 옹호하는 이데올로기이기 때문이다. 히틀러의 유대인 대량 학살에 충격을 받은 과학자들은 환경 결정론에 손을 들어 줄 수밖에 없었다. 본성과 양육 논쟁에서 양육 쪽이 일방적인 승리를 거두게 된 것이다.

(다) 이러한 추세는 1958년 미국 언어학자 노엄 촘스키에 의해 극적으로 반전되기 시작했다. 촘스키가 치켜든 선천론의 깃발은 진화 심리학자들이 승계했다. 진화 심리학은 사람의 마음을 생물학적 적응의 산물로 간주한다. 1992년 심리학자인 레다 코스미데스와 인류학자인 존 투비 부부가 함께 저술한 「적응하는 마음」이 출간된 것을 계기로 진화 심리학은 하나의 독립된 연구 분야가 됐다. 말하자면 윌리엄 제임스의 본능에 대한 개념이 1세기 만에 새 모습으로 부활한 셈이다.

(라) 더욱이 1990년부터 인간 게놈 프로젝트가 시작됨에 따라 본성과 양육 논쟁에서 저울추가 본성 쪽으로 기울면서 생물학적 결정론이 더욱 강화되었다. 그러나 2001년 유전자 수가 예상보다 적은 3만여 개로 밝혀지면서 본성보다는 양육이 중요하다는 목소리가 커지기 시작했다. 이를 계기로 본성 대 양육 논쟁이 재연되기에 이르렀다.

글의 수정 ▶ 유형

11 다음 ㉠ ~ ㉣의 수정사항으로 적절하지 않은 것은?

오늘날 인류가 왼손보다 오른손을 ㉠ 더 선호하는 경향은 어디서 비롯되었을까? 오른손을 귀하게 여기고 왼손을 천대하는 현상은 어쩌면 산업화 이전 사회에서 배변 후 사용할 휴지가 없었다는 사실과 관련이 있을 법하다. 맨손으로 배변 뒤처리를 하는 것은 ㉡ 불쾌할 뿐더러 병균을 옮길 위험을 수반하는 일이었다. 이런 위험의 가능성을 낮추는 간단한 방법은 음식을 먹거나 인사할 때 다른 손을 사용하는 것이었다. 기술 발달 이전의 사회는 대개 왼손을 배변 뒤처리에, 오른손을 먹고 인사하는 일에 사용했다.

나는 이런 배경이 인간 사회에 널리 나타나는 '오른쪽'에 대한 긍정과 '왼쪽'에 대한 ㉢ 반감을 어느 정도 설명해 줄 수 있으리라고 생각한다. 그러나 이 설명은 왜 애초에 오른손이 먹는 일에, 그리고 왼손이 배변 처리에 사용되었는지 설명해주지 못한다. 동서양을 막론하고, 왼손잡이 사회는 확인된 바가 없기 때문이다. ㉣ 하지만 왼손잡이 사회가 존재할 가능성도 있으므로 만약 왼손잡이를 선호하는 사회가 발견된다면 이러한 논란은 종결되고 왼손잡이와 오른손잡이에 대한 새로운 이론이 등장할 것이다. 그러므로 근본적인 설명은 다른 곳에서 찾아야 할 것 같다.

한쪽 손을 주로 쓰는 경향은 뇌의 좌우반구의 기능 분화와 관련되어 있는 것으로 보인다. 보고된 증거에 따르면, 왼손잡이는 읽기와 쓰기, 개념적 · 논리적 사고 같은 좌반구 기능에서 오른손잡이보다 상대적으로 미약한 대신 상상력, 패턴 인식, 창의력 등 전형적인 우반구 기능에서는 상대적으로 기민한 경우가 많다.

나는 이성 대 직관의 힘겨루기, 뇌의 두 반구 사이의 힘겨루기가 오른손과 왼손의 힘겨루기로 표면화된 것이 아닐까 생각한다. 즉, 오른손이 원래 왼손보다 더 능숙했기 때문이 아니라 뇌의 좌반구가 인간의 행동을 지배하는 권력을 갖게 되었기 때문에 오른손 선호에 이르렀다는 생각이다.

한국전력공사

증감률 ▶ 유형

19 다음은 양파와 마늘의 재배에 관한 자료의 일부이다. 이에 대한 설명으로 적절하지 않은 것은?

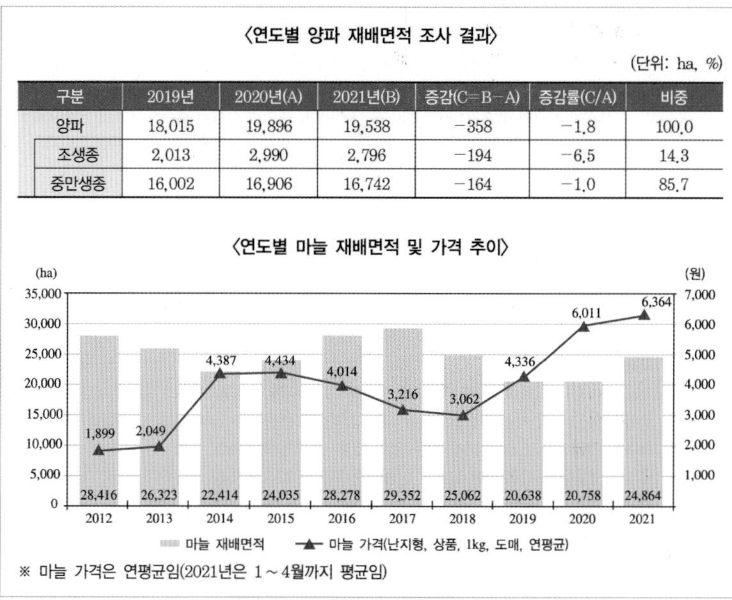

〈연도별 양파 재배면적 조사 결과〉

(단위: ha, %)

구분	2019년	2020년(A)	2021년(B)	증감(C=B-A)	증감률(C/A)	비중
양파	18,015	19,896	19,538	-358	-1.8	100.0
조생종	2,013	2,990	2,796	-194	-6.5	14.3
중만생종	16,002	16,906	16,742	-164	-1.0	85.7

〈연도별 마늘 재배면적 및 가격 추이〉

※ 마늘 가격은 연평균임(2021년은 1 ~ 4월까지 평균임)

① 2021년 양파 재배면적의 증감률은 조생종이 중만생종보다 크다.
② 마늘 가격은 마늘 재배면적에 반비례한다.
③ 마늘의 재배면적은 2017년이 가장 넓다.
④ 2021년 재배면적은 작년보다 양파는 감소하였고, 마늘은 증가하였다.
⑤ 마늘 가격은 2018년 이래로 계속 증가하였다.

할인 금액 ▶ 유형

13 S회사는 18주년을 맞이해 기념행사를 하려고 한다. 이에 걸맞은 단체 티셔츠를 구매하려고 하는데, A회사는 60장 이상 구매 시 20% 할인이 되고 B회사는 할인이 안 된다고 한다. A회사에서 50장을 구매하고 B회사에서 90장을 구매했을 때 가격은 약 399,500원이고, A회사에서 100장을 구매하고 B회사에서 40장을 구매했을 때 가격은 약 400,000원이다. A회사와 B회사의 할인 전 티셔츠 가격은?

	A회사	B회사
①	3,950원	2,100원
②	3,900원	2,200원
③	3,850원	2,300원
④	3,800원	2,400원
⑤	3,750원	2,500원

한국남동발전

문장 삽입 ▸ 유형

04 다음 글에서 〈보기〉가 들어갈 위치로 가장 적절한 곳은?

(가) 불행이란 사물의 결핍 상태에서 오는 것이 아니라, 결핍감을 느끼게 하는 욕구에서 온다. 현실세계에는 한계가 있지만 상상의 세계에는 한계가 없다. 현실세계를 확대시킬 수는 없는 일이므로 상상의 세계를 제한할 수밖에 없다. 왜냐하면 우리를 진정으로 불행하게 하는 모든 고통은 오로지 이 두 세계의 차이에서만 생겨나는 것이기 때문이다. 체력과 건강과 스스로가 선한 사람이라는 확신을 제외한 그 밖의 인간 생활의 모든 행복은 모두 사람들의 억측에 불과한 것이다. 신체의 고통과 양심의 가책을 제외한 그 밖의 모든 불행은 공상적인 것이다. (나)
인간은 약하다고 하는데 그것은 무엇을 뜻하겠는가? 이 약하다고 하는 말은 하나의 상대적 관계를, 즉 그 말이 적용되는 자의 어떤 관계를 나타내는 것이다. 능력이 모든 욕구보다 넘치고 있는 경우에는 곤충이든 벌레든 간에 모두 강자임에 틀림이 없다. 욕망이 그것을 능가할 경우에는 그것이 코끼리든 사자이든, 또는 정복자든 영웅이든, 심지어 신이라 할지라도 모두 약자이다. 자신의 본분을 깨닫지 못하고 반항한 천사는 자신의 본분에 따라서 평화롭게 산 지상의 행복한 인간보다 더 약한 존재였다. 인간은 지금 있는 그대로 만족할 때는 대단히 강해지고 인간 이상이고자 할 때는 대단히 약해진다. (다)
그리고 마치 거미가 거미줄 한가운데 있듯이 그 범위의 중심에 머물러 있도록 하자. 그렇게 하면 우리는 항상 우리 자신에게 만족하고 자신의 약함을 한탄하는 일이 없게 될 것이다. 왜냐하면 허약하다는 것을 새삼스레 느끼게 되는 일이 없을 것이기 때문이다. (라)
모든 동물들은 자기 보존에 필요한 만큼의 능력만을 지니고 있다. 인간만이 오직 그 이상의 능력을 가지고 있다. 그 여분의 능력이 인간의 불행을 만들어 내고 있으니 참으로 기이한 일이 아닌가? 어

비품구매 ▸ 유형

15 K공사에서는 비품을 구매할 때 다음 비품구매 매뉴얼에 따른다. 부서별 요청 비품과 비품 현황을 고려하였을 때 구매할 비품으로 적절한 것은?

〈비품구매 매뉴얼〉

- 사용 부서의 수가 많은 비품부터 먼저 구매한다.
- 현재 부서별 재고가 없는 비품은 사용 부서 수가 많은 비품 다음으로 구매한다.
- 1회당 100,000원의 한도 내에서 최대한 구매한다.
- 부서별로 요청한 비품의 구매처가 다를 경우 가격이 저렴한 곳으로 주문한다.
- 동일 비품 중 일부만 먼저 구매할 수 없다.

〈부서별 요청 비품〉

- 총무부 : 연필(400원/개) 5개, 수정테이프(2,000원/개) 6개, 지우개(500원/개) 3개
- 인사부 : 연필(400원/개) 10개, 수정테이프(1,500원/개) 1개
- 생산부 : 종이컵(10,000원/박스) 3박스
- 영업부 : 볼펜(2,000원/개) 1개, 메모지(800원/개) 5개, 종이컵(10,000원/박스) 5박스
- 기획부 : 볼펜(1,000원/개) 3개

〈부서별 비품 사용 현황〉

(단위 : 개)

구분	연필	볼펜	지우개	수정테이프	메모지	종이컵
총무부	6	10	0	1	3	10
인사부	0	5	5	1	2	4

한국동서발전

태양광 ▶ 키워드

13 다음은 A국의 주택용 태양광 발전시스템 도입량 예측에 관한 자료이다. 〈보기〉 중 옳은 것을 모두 고른 것은?

〈A국의 주택용 태양광 발전시스템 도입량 예측〉

(단위 : 천 건, MW)

구분		2017년		2022년			
		건수	도입량	현재 성장을 유지할 경우		도입을 촉진할 경우	
				건수	도입량	건수	도입량
기존주택	10kW 미만	94.1	454	145.4	778	165	884
	10kW 이상	23.3	245	4.6	47	5	51
신축주택	10kW 미만	86.1	407	165.3	1,057	185.2	1,281
	10kW 이상	9.2	98	4.7	48	4.2	49
합계		212.7	1,204	320	1,930	359.4	2,265

보기

가. 2022년에 10kW 이상의 설비를 사용하는 신축주택은 도입을 촉진할 경우, 현재 성장을 유지했을 때보다 건수 당 도입량이 클 것이다.

나. 2017년 기존주택의 건수당 도입량은 10kWh 이상이 10kWh 미만보다 더 적다.

다. 2022년에 태양광 설비 도입을 촉진할 경우, 전체 신축주택 도입량에서 10kW 이상이 차지하는 비중은 유지했을 경우보다 0.5%p 이상 하락한다.

신재생 ▶ 키워드

17 다음 중 스마트미터에 대한 내용으로 올바르지 않은 것은?

스마트미터는 소비자가 사용한 전력량을 일방적으로 보고하는 것이 아니라, 발전사로부터 전력 공급 현황을 받을 수 있는 양방향 통신, AMI(AMbient Intelligence)로 나아간다. 때문에 부가적인 설비를 더하지 않고 소프트웨어 설치만으로 집안의 통신이 가능한 각종 전자기기를 제어하는 기능까지 더할 수 있어 에너지를 더욱 효율적으로 관리하게 해주는 전력 시스템이다.

스마트미터는 신재생에너지가 보급되기 위해 필요한 스마트그리드의 기초가 되는 부분으로 그 시작은 자원 고갈에 대한 걱정과 환경 보호 협약 때문이었다. 하지만 스마트미터가 촉구되었던 더 큰 이유는 안정적으로 전기를 이용할 수 있느냐 하는 두려움 때문이었다. 사회는 끊임없는 발전을 이뤄왔지만 천재지변으로 인한 시설 훼손이나 전력 과부하로 인한 블랙아웃 앞에서는 어쩔 도리가 없었다. 태풍과 홍수, 산사태 등으로 막대한 피해를 보았던 2000년대 초반 미국을 기점으로, 전력 정보의 신뢰도를 위해 스마트미터 산업은 크게 주목받기 시작했다. 대중은 비상시 전력 보급 현황을 알기 원했고, 미 정부는 전력 사용 현황을 파악함은 물론, 소비자가 전력 사용량을 확인할 수 있도록 제공하여 소비자 스스로 전력 사용을 줄이길 바랐다.

한편, 스마트미터는 기존의 전력 계량기를 교체해야 하는 수고와 비용이 들지만, 실시간으로 에너지 사용량을 알 수 있기 때문에 이용하는 순간부터 공급자인 발전사와 소비자 모두가 전력 정보를 편이하게 접할 수 있을 뿐만 아니라 효율적으로 관리가 가능해진다. 앞으로는 소비처로부터 멀리 떨어진 대규모 발전 시설에서 생산하는 전기뿐만 아니라, 스마트 그린시티에 설치된 발전설비를 통한 소량의 전기들까지 전기 가격을 하나의 정보로 규합하여 소비자가 필요에 맞게 전기를 소비할 수 있게 하였다. 또한, 소형 설비로 생산하거나 에너지 저장 시스템에 사용하다 남은 소량의 전기는 전력 시장에 역으로 제공해 보상을 받을 수도 있게 된다.

미래 에너지는 신재생에너지로의 완전한 전환이 중요하지만, 산업체는 물론 개개인이 에너지를 절약하는 것 역시 중요하다. 앞서 미국이 의도했던 것처럼 스마트미터를 보급하면 일상에서 쉽게 에너지 운용을 파악할 수 있게 되고, 에너지 절약을 습관화하는 데 도움이 될 것이다.

도서 200% 활용하기 STRUCTURES

1 기출복원문제로 출제 경향 파악

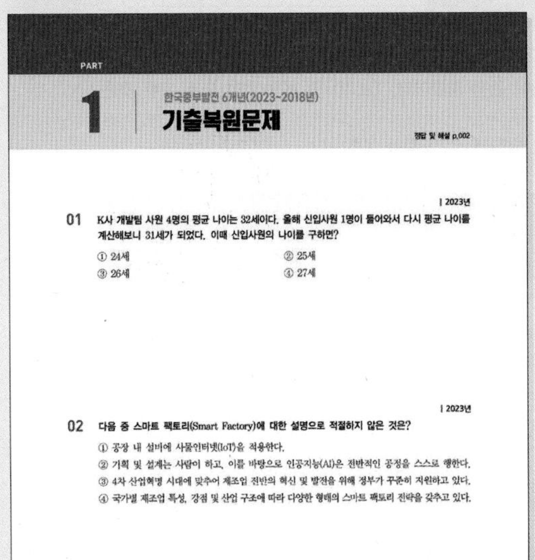
PART 1 한국중부발전 6개년(2023~2018년) 기출복원문제

정답 및 해설 p.002

| 2023년

01 K사 개발팀 사원 4명의 평균 나이는 32세이다. 올해 신입사원 1명이 들어와서 다시 평균 나이를 계산해보니 31세가 되었다. 이때 신입사원의 나이를 구하면?

① 24세 ② 25세
③ 26세 ④ 27세

| 2023년

02 다음 중 스마트 팩토리(Smart Factory)에 대한 설명으로 적절하지 않은 것은?

① 공장 내 설비에 사물인터넷(IoT)을 적용한다.
② 기획 및 설계는 사람이 하고, 이를 바탕으로 인공지능(AI)은 전반적인 공정을 스스로 행한다.
③ 4차 산업혁명 시대에 맞추어 제조업 전반의 혁신 및 발전을 위해 정부가 꾸준히 지원하고 있다.
④ 국가별 제조업 특성, 강점 및 산업 구조에 따라 다양한 형태의 스마트 팩토리 전략을 갖추고 있다.

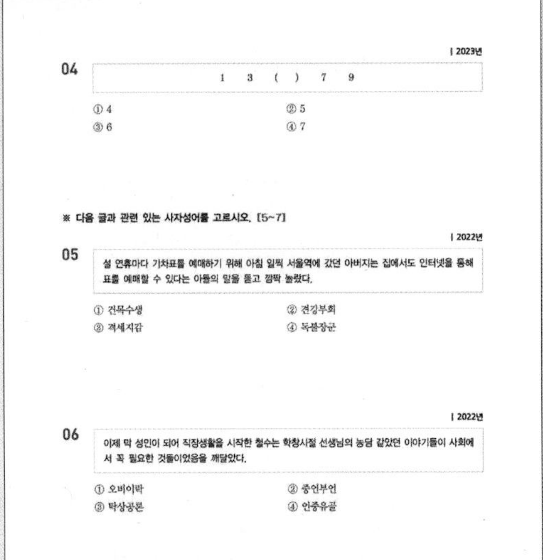
| 2023년

04

1 3 ( ) 7 9

① 4 ② 5
③ 6 ④ 7

※ 다음 글과 관련 있는 사자성어를 고르시오. [5~7]

| 2022년

05

설 연휴마다 기차표를 예매하기 위해 아침 일찍 서울역에 갔던 아버지는 집에서도 인터넷을 통해 표를 예매할 수 있다는 아들의 말을 듣고 깜짝 놀랐다.

① 건목수생 ② 견강부회
③ 격세지감 ④ 독불장군

| 2022년

06

이제 막 성인이 되어 직장생활을 시작한 철수는 학창시절 선생님의 농담 같았던 이야기들이 사회에서 꼭 필요한 것들이었음을 깨달았다.

① 오비이락 ② 중언부언
③ 탁상공론 ④ 인중유골

▸ 한국중부발전 6개년(2023~2018년) 기출문제를 복원하여 한국중부발전의 필기 유형을 파악할 수 있도록 하였다.

2 출제유형분석 + 실전예제로 NCS 완벽 대비

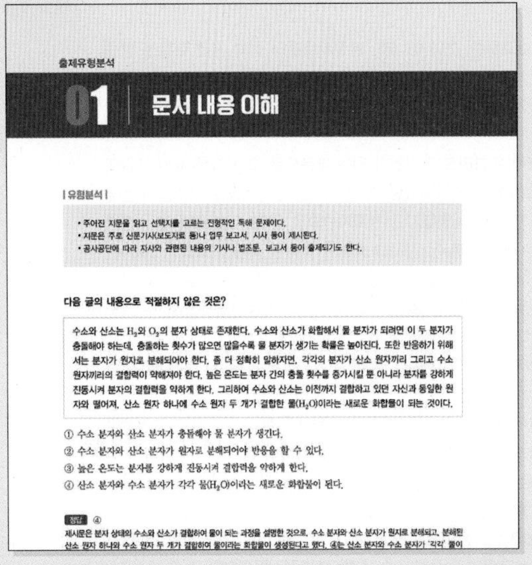
출제유형분석

01 문서 내용 이해

| 유형분석 |

- 주어진 지문을 읽고 선택지를 고르는 전형적인 독해 문제이다.
- 지문은 주로 신문기사(보도자료 등)나 업무 보고서, 시사 등이 제시된다.
- 공사공단에 따라 자사와 관련된 내용의 기사나 법조문, 보고서 등이 출제되기도 한다.

다음 글의 내용으로 적절하지 않은 것은?

수소와 산소는 H_2와 O_2의 분자 상태로 존재한다. 수소와 산소가 화합해서 물 분자가 되려면 이 두 분자가 충돌해야 하는데, 충돌하는 횟수가 많으면 많을수록 물 분자가 생기는 확률은 높아진다. 또한 반응하기 위해서는 분자가 원자로 분해되어야 한다. 좀 더 정확히 말하자면, 각각의 분자가 산소 원자끼리 그리고 수소 원자끼리의 결합력이 약해져야 한다. 높은 온도는 분자 간의 충돌 횟수를 증가시킬 뿐 아니라 분자를 강하게 진동시켜 분자의 결합력을 약하게 한다. 그리하여 수소와 산소는 이전까지 결합하고 있던 자신과 동일한 원자와 떨어져, 산소 원자 하나에 수소 원자 두 개가 결합한 물(H_2O)이라는 새로운 화합물이 되는 것이다.

① 수소 분자와 산소 분자가 충돌해야 물 분자가 생긴다.
② 수소 분자와 산소 분자가 원자로 분해되어야 반응을 할 수 있다.
③ 높은 온도는 분자를 강하게 진동시켜 결합력을 약하게 한다.
④ 산소 분자와 수소 분자가 각각 물(H_2O)이라는 새로운 화합물이 된다.

정답 ④

제시문은 분자 상태의 수소와 산소가 결합하여 물이 되는 과정을 설명한 것으로, 수소 분자와 산소 분자가 원자로 분해되고, 분해된 산소 원자 하나와 수소 원자 두 개가 결합하여 물이라는 화합물이 생성된다고 했다. ④는 산소 분자와 수소 분자가 '각각' 물이

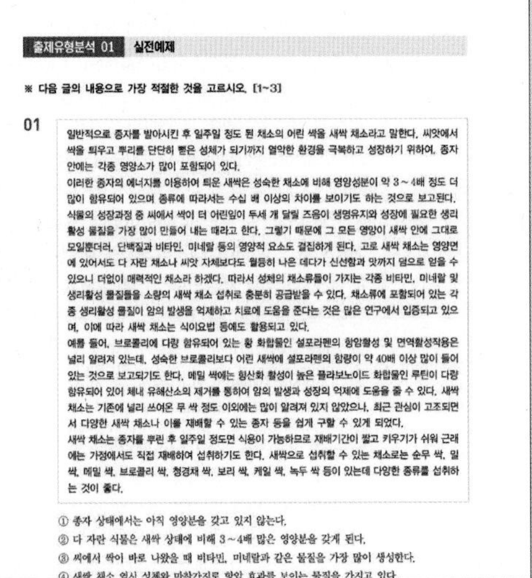
출제유형분석 01 실전예제

※ 다음 글의 내용으로 가장 적절한 것을 고르시오. [1~3]

01

일반적으로 종자를 발아시킨 후 일주일 정도 된 채소의 어린 싹을 새싹 채소라고 말한다. 씨앗에서 싹을 틔우고 뿌리를 단단히 뻗은 성체가 되기까지 열악한 환경을 극복하고 성장하기 위하여, 종자 안에는 각종 영양소가 많이 포함되어 있다.
이러한 종자의 에너지를 이용하여 틔운 새싹은 성숙한 채소에 비해 영양성분이 약 3~4배 정도 더 많이 함유되어 있으며 종류에 따라서는 수십 배 이상의 차이를 보이기도 하는 것으로 보고된다. 식물의 성장과정 중 씨에서 싹이 터 어린잎이 두세 개 달릴 즈음이 생명유지와 성장에 필요한 생리활성 물질을 가장 많이 만들어 내는 때라고 한다. 그렇기 때문에 그 모든 영양이 새싹 안에 그대로 모일뿐더러, 단백질과 비타민, 미네랄 등의 영양적 요소도 결집하게 된다. 고로 새싹 채소는 영양면에 있어서도 다 자란 채소나 씨앗 자체보다도 월등히 나은 데다가 신선함과 맛까지 덤으로 얻을 수 있으니 더없이 매력적인 채소라 하겠다. 따라서 성체의 채소류들이 가지는 각종 비타민, 미네랄 및 생리활성 물질들을 소량의 새싹 채소 섭취로 충분히 공급받을 수 있다. 채소류에 포함되어 있는 각종 생리활성 물질이 암의 발생을 억제하고 치료에 도움을 준다는 것은 많은 연구에서 입증되고 있으며, 이에 따라 새싹 채소는 식이요법 등에도 활용되고 있다.
예를 들어, 브로콜리에 다량 함유되어 있는 황 화합물인 설포라펜의 항암활성 및 면역활성작용은 널리 알려져 있는데, 성숙한 브로콜리보다 어린 새싹에 설포라펜의 함량이 약 40배 이상 많이 들어 있는 것으로 보고되기도 한다. 메밀 싹에는 항산화 활성이 높은 플라보노이드 화합물인 루틴이 다량 함유되어 있어 체내 유해산소의 제거를 통하여 암의 발생과 성장의 억제에 도움을 줄 수 있다. 새싹 채소는 기존에 널리 쓰여온 무 싹 정도 이외에는 많이 알려져 있지 않았으나, 최근 관심이 고조되면서 다양한 새싹 채소나 이를 재배할 수 있는 종자 등을 쉽게 구할 수 있게 되었다.
새싹 채소는 종자를 뿌린 후 일주일 정도면 식용이 가능하므로 재배기간이 짧고 키우기가 쉬워 근래에는 가정에서도 직접 재배하여 섭취하기도 한다. 새싹으로 섭취할 수 있는 채소로는 순무 싹, 밀 싹, 메밀 싹, 브로콜리 싹, 청경채 싹, 보리 싹, 케일 싹, 녹두 싹 등이 있는데 다양한 종류를 섭취하는 것이 좋다.

① 종자 상태에서는 아직 영양분을 갖고 있지 않는다.
② 다 자란 식물은 새싹 상태에 비해 3~4배 많은 영양분을 갖게 된다.
③ 씨에서 싹이 바로 나왔을 때 비타민, 미네랄과 같은 물질을 가장 많이 생성한다.
④ 새싹 채소 역시 성체와 마찬가지로 항암 효과를 보이는 물질을 가지고 있다.

▸ NCS 출제 영역에 대한 출제유형분석과 유형별 실전예제를 수록하여 NCS 문제에 대한 접근 전략을 익히고 점검할 수 있도록 하였다.

3 최종점검 모의고사 + OMR을 활용한 실전 연습

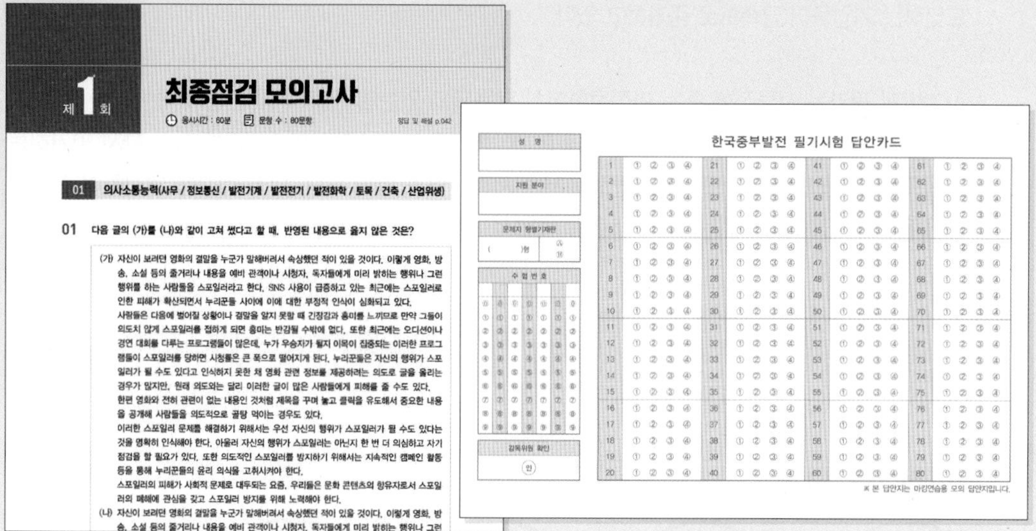

제 1 회 최종점검 모의고사

응시시간 : 60분 문항 수 : 80문항 정답 및 해설 p.042

01 의사소통능력(사무 / 정보통신 / 발전기계 / 발전전기 / 발전화학 / 토목 / 건축 / 산업위생)

01 다음 글의 (가)를 (나)와 같이 고쳐 썼다고 할 때, 반영된 내용으로 옳지 않은 것은?

(가) 자신이 보려던 영화의 결말을 누군가 말해버려서 속상했던 적이 있을 것이다. 이렇게 영화, 방송, 소설 등의 줄거리나 내용을 예비 관객이나 시청자, 독자들에게 미리 밝히는 행위나 그런 행위를 하는 사람들을 스포일러라고 한다. SNS 사용이 급증하고 있는 최근에는 스포일러로 인한 피해가 확산되면서 누리꾼들 사이에 이에 대한 부정적 인식이 심화되고 있다.
사람들은 다음에 벌어질 상황이나 결말을 알지 못할 때 긴장감과 흥미를 느끼므로 만약 그들이 의도치 않게 스포일러를 접하게 되면 흥미는 반감될 수밖에 없다. 또한 최근에는 오디션이나 경연 대회를 다루는 프로그램들이 많은데, 누가 우승자가 될지 이목이 집중되는 이러한 프로그램들이 스포일러를 당하면 시청률은 큰 폭으로 떨어지게 된다. 누리꾼들은 자신의 행위가 스포일러가 될 수도 있다고 인식하지 못한 채 영화 관련 정보를 제공하려는 의도로 글을 올리는 경우가 많지만, 원래 의도와는 달리 이러한 글이 많은 사람들에게 피해를 줄 수도 있다.
한편 영화와 전혀 관련이 없는 내용인 것처럼 제목을 꾸며 놓고 클릭을 유도해서 중요한 내용을 공개해 사람들을 의도적으로 골탕 먹이는 경우도 있다.
이러한 스포일러 문제를 해결하기 위해서는 우선 자신의 행위가 스포일러가 될 수도 있다는 것을 명확히 인식해야 한다. 아울러 자신의 행위가 스포일러는 아닌지 한 번 더 의심하고 자기 점검을 할 필요가 있다. 또한 의도적인 스포일러를 방지하기 위해서는 지속적인 캠페인 활동 등을 통해 누리꾼들의 윤리 의식을 고취시켜야 한다.
스포일러의 피해가 사회적 문제로 대두되는 요즘, 우리들은 문화 콘텐츠의 향유자로서 스포일러의 폐해에 관심을 갖고 스포일러 방지를 위해 노력해야 한다.
(나) 자신이 보려던 영화의 결말을 누군가 말해버려서 속상했던 적이 있을 것이다. 이렇게 영화, 방송, 소설 등의 줄거리나 내용을 예비 관객이나 시청자, 독자들에게 미리 밝히는 행위나 그런

한국중부발전 필기시험 답안카드

성 명

지원 분야

문제지 형별기재란 ( )형 Ⓐ Ⓑ

수 험 번 호

감독위원 확인 (인)

※ 본 답안지는 마킹연습용 모의 답안지입니다.

▸ 최종점검 모의고사와 OMR 답안카드를 수록하여 실제로 시험을 보는 것처럼 최종 마무리 연습을 할 수 있도록 하였다.
▸ 모바일 OMR 답안채점/성적분석 서비스를 통해 필기전형에 대비할 수 있도록 하였다.

4 인성검사부터 면접까지 한 권으로 최종 마무리

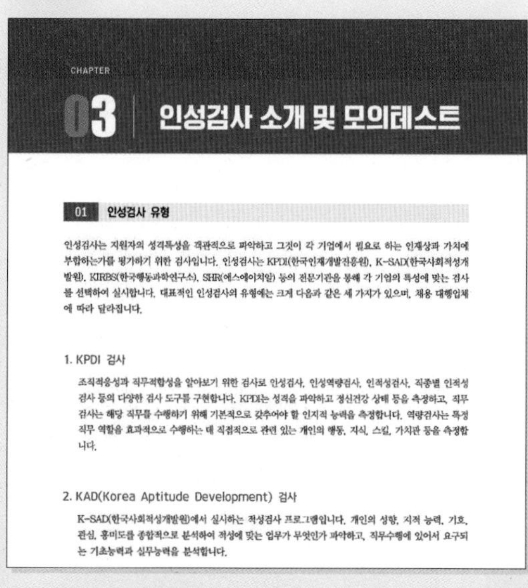

CHAPTER 03 인성검사 소개 및 모의테스트

01 인성검사 유형

인성검사는 지원자의 성격특성을 객관적으로 파악하고 그것이 각 기업에서 필요로 하는 인재상과 가치에 부합하는가를 평가하기 위한 검사입니다. 인성검사는 KPDI(한국인재개발진흥원), K-SAD(한국사회적성개발원), KIRBS(한국행동과학연구소), SHR(에스에이치알) 등의 전문기관을 통해 각 기업의 특성에 맞는 검사를 선택하여 실시합니다. 대표적인 인성검사의 유형에는 크게 다음과 같은 세 가지가 있으며, 채용 대행업체에 따라 달라집니다.

1. KPDI 검사

조직적응성과 직무적합성을 알아보기 위한 검사로 인성검사, 인성역량검사, 인적성검사, 직종별 인적성검사 등의 다양한 검사 도구를 구현합니다. KPDI는 성격을 파악하고 정신건강 상태 등을 측정하고, 직무검사는 해당 직무를 수행하기 위해 기본적으로 갖추어야 할 인지적 능력을 측정합니다. 역량검사는 특정 직무 역할을 효과적으로 수행하는 데 직접적으로 관련 있는 개인의 행동, 지식, 스킬, 가치관 등을 측정합니다.

2. KAD(Korea Aptitude Development) 검사

K-SAD(한국사회적성개발원)에서 실시하는 적성검사 프로그램입니다. 개인의 성향, 지적 능력, 기호, 관심, 흥미도를 종합적으로 분석하여 적성에 맞는 업무가 무엇인가 파악하고, 직무수행에 있어서 요구되는 기초능력과 실무능력을 분석합니다.

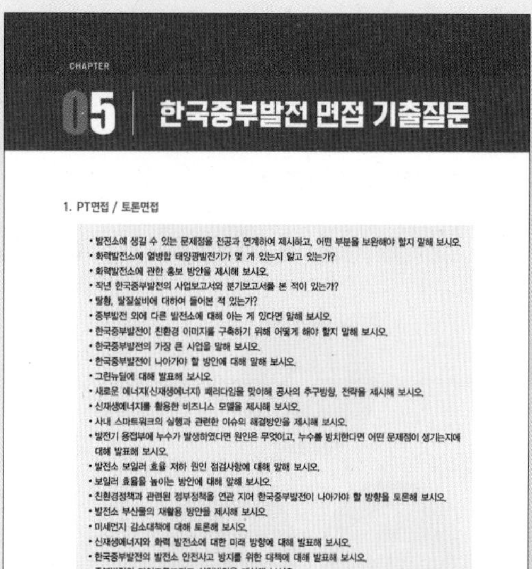

CHAPTER 05 한국중부발전 면접 기출질문

1. PT면접 / 토론면접

- 발전소에 생길 수 있는 문제점을 전공과 연계하여 제시하고, 어떤 부분을 보완해야 할지 말해 보시오.
- 화력발전소에 열병합 태양광발전기가 몇 개 있는지 알고 있는가?
- 화력발전소에 관한 홍보 방안을 제시해 보시오.
- 작년 한국중부발전의 사업보고서와 분기보고서를 본 적이 있는가?
- 탈황, 탈질설비에 대하여 들어본 적 있는가?
- 중부발전 외에 다른 발전소에 대해 아는 게 있다면 말해 보시오.
- 한국중부발전이 친환경 이미지를 구축하기 위해 어떻게 해야 할지 말해 보시오.
- 한국중부발전의 가장 큰 사업을 말해 보시오.
- 한국중부발전이 나아가야 할 방안에 대해 말해 보시오.
- 그린뉴딜에 대해 발표해 보시오.
- 새로운 에너지(신재생에너지) 패러다임을 맞이해 공사의 추구방향, 전략을 제시해 보시오.
- 신재생에너지를 활용한 비즈니스 모델을 제시해 보시오.
- 사내 스마트워크의 실행과 관련한 이슈의 해결방안을 제시해 보시오.
- 발전기 용접부에 누수가 발생하였다면 원인은 무엇이고, 누수를 방치한다면 어떤 문제점이 생기는지에 대해 발표해 보시오.
- 발전소 보일러 효율 저하 원인 점검사항에 대해 말해 보시오.
- 보일러 효율을 높이는 방안에 대해 말해 보시오.
- 친환경정책과 관련된 정부정책을 연관 지어 한국중부발전이 나아가야 할 방향을 토론해 보시오.
- 발전소 부산물의 재활용 방안을 제시해 보시오.
- 미세먼지 감소대책에 대해 토론해 보시오.
- 신재생에너지와 화력 발전소에 대한 미래 방향에 대해 발표해 보시오.
- 한국중부발전의 발전소 안전사고 방지를 위한 대책에 대해 발표해 보시오.
- 중부발전의 마이크로그리드 사업방안을 제시해 보시오.

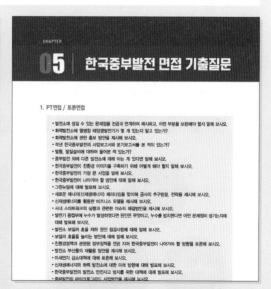

▸ 인성검사 모의테스트를 수록하여 인성검사 유형 및 문항을 확인할 수 있도록 하였다.
▸ 한국중부발전 면접 기출질문을 수록하여 면접에서 나오는 질문을 미리 파악하고 면접에 대비할 수 있도록 하였다.

AI면접 소개 AI INTERVIEW

소개

- AI면접은 '공정성'과 '객관적 평가'를 면접과정에 도입하기 위한 수단으로, 최근 채용과정에 AI면접을 도입하는 기업들이 급속도로 증가하고 있다.

- AI기반의 평가는 서류전형 또는 면접전형에서 활용되고 있는데, 먼저 서류전형에서는 AI가 모든 지원자의 자기소개서를 1차적으로 스크리닝 한 후, 통과된 자기소개서를 인사담당자가 다시 평가하는 방식으로 활용되고 있다. 또한 면접전형에서는 서류전형과 함께 또는, 면접 절차를 대신하여 AI면접의 활용을 통해 지원자의 전반적인 능력을 종합적으로 판단하여 채용에 도움을 준다.

AI면접 프로세스

AI면접 분석 종류

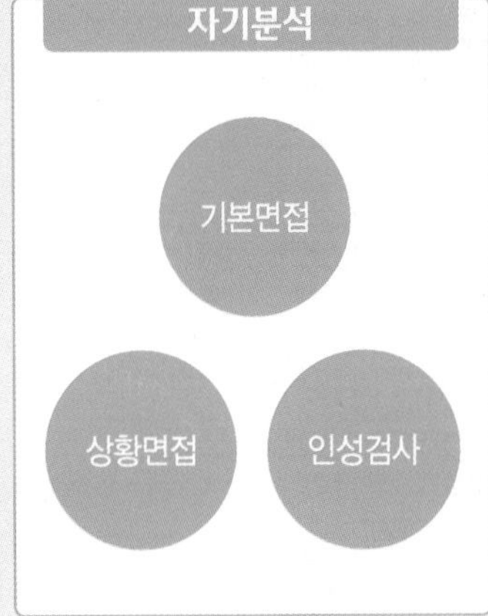

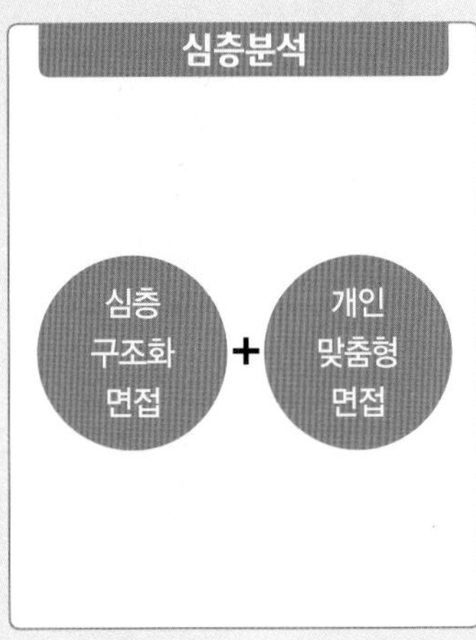

AI면접 진행과정 AI INTERVIEW

AI면접 정의

뇌신경과학 기반의 인공지능 면접

소요시간

60분 내외(1인)

진행순서

❶ 웹캠/음성체크
❷ 안면등록
❸ 기본 질문
❹ 탐색 질문
❺ 상황 질문
❻ 뇌과학게임
❼ 심층/구조화 질문
❽ 종합평가

- 뇌과학게임 : 게임 형식의 AI면접을 통해 지원자의 성과 역량, 성장 가능성 분석
- 기본 질문, 상황 질문, 탐색 질문을 통해 지원자의 강점, 약점을 분석하여 심층/구조화 질문 제시

기본적인 질문 및 상황 질문

지원자의 특성을 분석하기 위한 질문

지원자의 강점/약점 실시간 분석

심층/구조화 질문

평가요소

종합 코멘트, 주요 및 세부역량 점수, 응답신뢰 가능성 등을 분석하여 종합평가 점수 도출

❶ 성과능력지수	스스로 성과를 내고 지속적으로 성장하기 위해 갖춰야 하는 성과 지향적 태도 및 실행력
❷ 조직적합지수	조직에 적응하고 구성원들과 시너지를 내기 위해 갖춰야 하는 심리적 안정성
❸ 관계역량지수	타인과의 관계를 좋게 유지하기 위해 갖춰야 하는 고객지향적 태도 및 감정 파악 능력
❹ 호감지수	대면 상황에서 자신의 감정과 의사를 적절하게 전달할 수 있는 소통 능력

AI면접 준비 AI INTERVIEW

면접 환경 점검

Windows 7 이상 OS에 최적화되어 있다. 웹카메라와 헤드셋(또는 이어폰과 마이크)은 필수 준비물이며, 크롬 브라우저도 미리 설치해 놓는 것이 좋다. 또한, 주변 정리정돈과 복장을 깔끔하게 해야 한다.

이미지

AI면접은 동영상으로 녹화되므로 지원자의 표정이나 자세, 태도 등에서 나오는 전체적인 이미지가 상당히 중요하다. 특히, '상황 제시형 질문'에서는 실제로 대화하듯이 답변해야 하므로 표정과 제스처의 중요성은 더더욱 커진다. 그러므로 자연스럽고 부드러운 표정과 정확한 발음은 기본이자 필수요소이다.

- 시선 처리 : 눈동자가 위나 아래로 향하는 것은 피해야 한다. 대면면접의 경우 아이컨택(Eye Contact)이 가능하기 때문에 대화의 흐름상 눈동자가 자연스럽게 움직일 수 있지만, AI면접에서는 카메라를 보고 답변하기 때문에 다른 곳을 응시하거나, 시선이 분산되는 경우에는 불안감으로 눈빛이 흔들린다고 평가될 수 있다. 따라서 카메라 렌즈 혹은 모니터를 바라보면서 대화를 하듯이 면접을 진행하는 것이 가장 좋다. 시선 처리는 연습하는 과정에서 동영상 촬영을 하며 확인하는 것이 좋다.

- 입 모양 : 좋은 인상을 주기 위해서는 입꼬리가 올라가도록 미소를 짓는 것이 좋으며, 이때 입꼬리는 양쪽 꼬리가 동일하게 올라가야 한다. 그러나 입만 움직이게 되면 거짓된 웃음으로 보일 수 있기에 눈과 함께 미소 짓는 연습을 해야 한다. 자연스러운 미소 짓기는 쉽지 않기 때문에 매일 재미있는 사진이나 동영상, 아니면 최근 재미있었던 일 등을 떠올리면서 자연스러운 미소를 지을 수 있는 연습을 해야 한다.

- 발성 · 발음 : 답변을 할 때, 말을 더듬는다거나 '음…', '아…' 하는 소리는 마이너스 요인이다. 질문마다 답변을 생각할 시간을 함께 주지만, 지원자의 의견을 체계적으로 정리하지 못한 채 답변을 시작한다면 발생할 수 있는 상황이다. 생각할 시간이 주어진다는 것은 답변에 대한 기대치가 올라간다는 것을 의미하므로 주어진 시간 동안에 빠르게 답변구조를 구성하는 연습을 진행해야 하고, 말끝을 흐리는 습관이나 조사를 흐리는 습관을 교정해야 한다. 이때, 연습 과정을 녹음하여 체크하는 것이 효과가 좋고, 답변에 관한 부분 또한 명료하고 체계적으로 답변할 수 있도록 연습해야 한다.

답변방식

AI면접 후기를 보다 보면, 대부분 비슷한 유형의 질문패턴이 진행되는 것을 알 수 있다. 따라서 대면면접 준비 방식과 동일하게 질문 리스트를 만들고 연습하는 과정이 필요하다. 특히, AI면접은 질문이 광범위하기 때문에 출제 유형 위주의 연습이 이루어져야 한다.

▸ 유형별 답변방식 습득

- **기본 필수질문** : 지원자들에게 필수로 질문하는 유형으로 지원자만의 답변이 확실하게 구성되어 있어야 한다.
- **상황 제시형 질문** : AI면접에서 주어지는 상황은 크게 8가지 유형으로 분류된다. 유형별로 효과적인 답변 구성 방식을 연습해야 한다.
- **심층/구조화 질문(개인 맞춤형 질문)** : 가치관에 따라 선택을 해야 하는 질문이 대다수를 이루는 유형으로, 여러 예시를 통해 유형을 익히고, 그에 맞는 답변을 연습해야 한다.

▸ **유성(有聲) 답변 연습** : AI면접을 연습할 때에는 같은 유형의 예시를 연습한다고 해도, 실제 면접에서의 세부 소재는 거의 다르다고 할 수 있다. 이 때문에 새로운 상황이 주어졌을 때, 유형을 빠르게 파악하고 답변의 구조를 구성하는 반복연습이 필요하며, 항상 목소리를 내어 답변하는 연습을 하는 것이 좋다.

▸ **면접에 필요한 연기** : 면접은 연기가 반이라고 할 수 있다. 물론 가식적이고 거짓된 모습을 보이라는 것이 아닌, 상황에 맞는 적절한 행동과 답변의 인상을 극대화 시킬 수 있는 연기를 얘기하는 것이다. 면접이 무난하게 흘러가면 무난하게 탈락할 확률이 높다. 때문에 하나의 답변에도 깊은 인상을 전달해 주어야 하고, 그런 것이 연기이다. 특히, AI면접에서는 답변 내용에 따른 표정변화가 필요하고, 답변에 연기를 더할 수 있는 부분까지 연습이 되어있다면, 면접 준비가 완벽히 되어있다고 말할 수 있다.

지원자의 외면적 요소 V4를 활용한 정서 및 성향, 거짓말 파악

Vision Analysis → 미세 표정(Micro Expression)

Voice Analysis → 보디 랭귀지(Body Language)

Verbal Analysis → 진술 분석 기법(Scientific Contents Analysis)

Vital Analysis → 자기 최면 기법(Auto Hypnosis)

AI면접의 V4를 대비하는 방법으로 미세 표정, 보디 랭귀지, 진술 분석 기법, 자기 최면 기법을 활용

AI면접 구성 AI INTERVIEW

기본 필수질문

모든 지원자가 공통으로 받게 되는 질문으로, 기본적인 자기소개, 지원동기, 성격의 장단점 등을 질문하는 구성으로 되어 있다. 이는 대면면접에서도 높은 확률로 받게 되는 질문 유형이므로, AI면접에서도 답변한 내용을 대면면접에서도 다르지 않게 답변해야 한다.

탐색 질문
(인성검사)

인적성 시험의 인성검사와 일치하는 유형으로, 정해진 시간 내에 해당 문장과 지원자의 가치관이 일치하는 정도를 빠르게 체크해야 하는 단계이다.

상황 제시형 질문

특정한 상황을 제시하여, 제시된 상황 속에서 어떻게 대응할지에 대한 답변을 묻는 유형이다. 기존의 대면면접에서는 이러한 질문에 대하여 지원자가 어떻게 행동할지에 대한 '설명'에 초점이 맞춰져 있었다면, AI면접에서는 실제로 '행동'하며, 상대방에게 이야기하듯 답변이 이루어져야 한다.

게임

약 5가지 유형의 게임이 출제되고, 정해진 시간 내에 해결해야 하는 유형이다. 인적성 시험의 새로운 유형으로, AI면접을 실시하는 기업의 경우, 인적성 시험을 생략하는 기업도 증가하고 있다. AI면접 중에서도 비중이 상당한 게임 문제풀이 유형이다.

심층 / 구조화 질문
(개인 맞춤형 질문)

인성검사 과정 중 지원자가 선택한 항목들에 기반한 질문에 답변을 해야 하는 유형이다. 이 때문에 인성검사 과정에서 인위적으로 접근하지 않는 것이 중요하고, 주로 가치관에 대하여 묻는 질문이 많이 출제되는 편이다.

도형 옮기기 유형

01 기둥에 각기 다른 모양의 도형이 꽂혀져 있다. 왼쪽 기본 형태에서 도형을 한 개씩 이동시켜서 오른쪽의 완성 형태와 동일하게 만들 때 최소한의 이동 횟수를 고르시오.

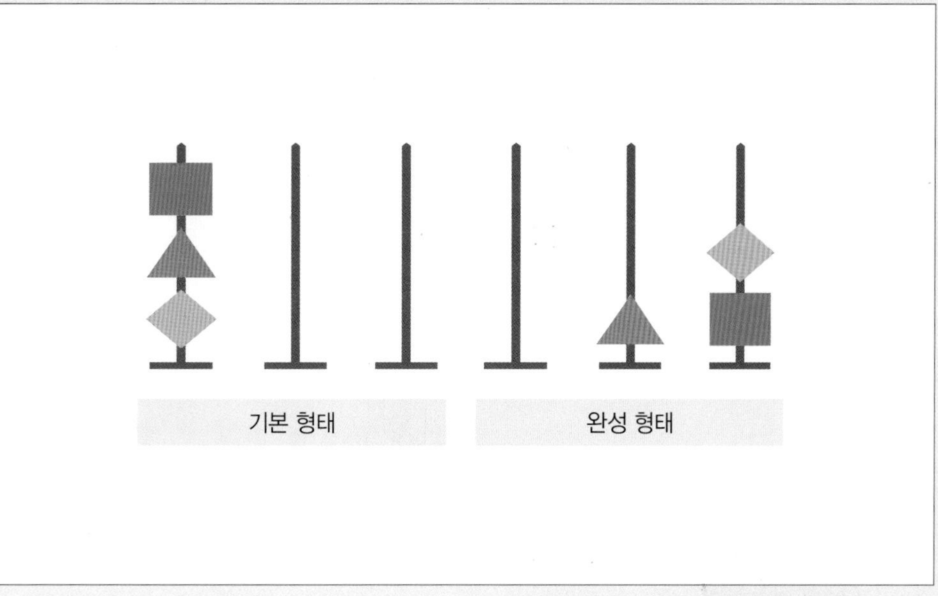

① 1회 ② 2회
③ 3회 ④ 4회
⑤ 5회

해설

왼쪽 기둥부터 1~3번이라고 할 때, 사각형을 3번 기둥으로 먼저 옮기고, 삼각형을 2번 기둥으로 옮긴 뒤 마름모를 3번 기둥으로 옮기면 된다. 따라서 정답은 ③이다.

Solution

온라인으로 진행하게 되는 AI면접에서는 도형 이미지를 드래그하여 실제 이동 작업을 진행하게 된다. 문제 해결의 핵심은 '최소한의 이동 횟수'에 있는데, 문제가 주어지면 머릿속으로 도형을 이동시키는 시뮬레이션을 진행해 보고 손을 움직여야 한다. 해당 유형에 익숙해지기 위해서는 다양한 유형을 접해 보고, 가장 효율적인 이동 경로를 찾는 연습을 해야 하며, 도형의 개수가 늘어나면 다소 난이도가 올라가므로 연습을 통해 유형에 익숙해지도록 해야 한다.

동전 비교 유형

02 두 개의 동전이 있다. 왼쪽 동전 위에 쓰인 글씨의 의미와 오른쪽 동전 위에 쓰인 색깔의 일치 여부를 판단하시오.

① 일치　　　② 불일치

해설

왼쪽 동전 글씨의 '의미'와 오른쪽 동전 글씨의 '색깔' 일치 여부를 선택 하는 문제이다. 제시된 문제의 왼쪽 동전 글씨 색깔은 빨강이지만 의미 자체는 노랑이다. 또한, 오른쪽 동전 글씨 색깔은 초록이지만 의미는 파랑이다. 따라서 노랑과 초록이 일치하지 않으므로 왼쪽 동전 글씨의 의미와 오른쪽 동전의 색깔은 불일치하다.

Solution

빠른 시간 내에 다수의 문제를 풀어야 하기 때문에 혼란에 빠지기 쉬운 유형이다. 풀이 방법의 한 예로 오른쪽 글씨만 먼저 보고, 색깔을 소리 내어 읽어보는 것이다. 입으로 내뱉은 오른쪽 색깔이 왼쪽 글씨에 그대로 쓰여 있는지를 확인하도록 하는 등 본인만의 접근법 없이 상황을 판단하다 보면 실수를 할 수밖에 없기 때문에 연습을 통해 유형에 익숙해져야 한다.

❶ 오른쪽 글씨만 보고, 색깔을 소리 내어 읽는다.
❷ 소리 낸 단어가 왼쪽 글씨의 의미와 일치하는지를 확인한다.

무게 비교 유형

03 A~D 4개의 상자가 있다. 시소를 활용하여 무게를 측정하고, 무거운 순서대로 나열하시오(단, 무게 측정은 최소한의 횟수로 진행해야 한다).

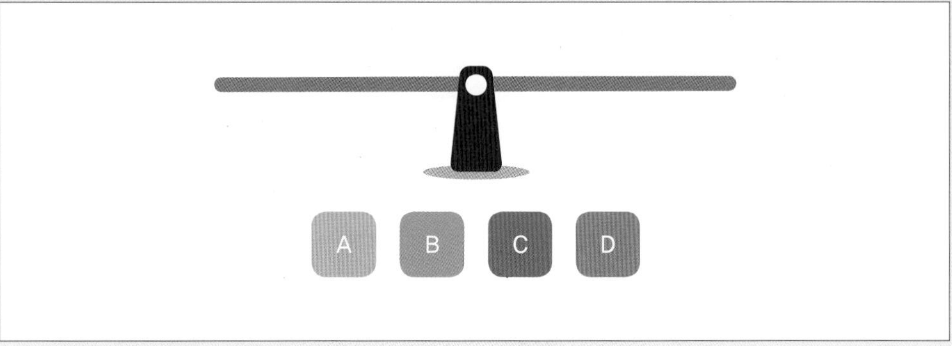

해설

온라인으로 진행하게 되는 AI면접에서는 제시된 물체의 이미지를 드래그하여 계측기 위에 올려놓고, 무게를 측정하게 된다. 비교적 쉬운 유형에 속하나 계측은 최소한의 횟수로만 진행해야 좋은 점수를 받을 수 있다. 측정의 핵심은 '무거운 물체 찾기'이므로 가장 무거운 물체부터 덜 무거운 순서로 하나씩 찾아야 하며, 이전에 진행한 측정에서 무게 비교가 완료된 물체들이 있다면, 그중 무거운 물체를 기준으로 타 물체와의 비교가 이루어져야 한다.

Solution

❶ 임의로 두 개의 물체를 선정하여 무게를 측정한다.

❷ · ❸ 더 무거운 물체는 그대로 두고, 가벼운 물체를 다른 물체와 교체하여 측정한다.

❹ 가장 무거운 물체가 선정되면, 남은 3가지 물체 중 2개를 측정한다.

❺ 남아 있는 물체 중 무게 비교가 안 된 상자를 최종적으로 측정한다.

따라서 무거운 상자 순서는 'C > B > A > D'이다.

n번째 이전 도형 맞추기 유형

04 제시된 도형이 2번째 이전 도형과 모양이 일치하면 Y를, 일치하지 않으면 N을 기입하시오.

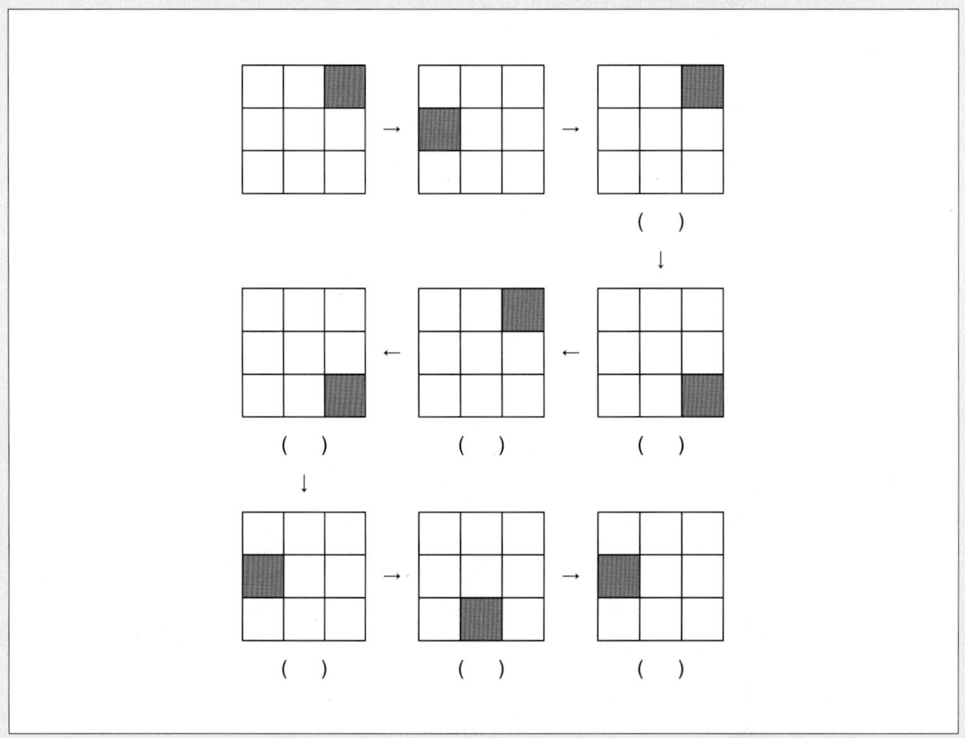

해설

n번째 이전에 나타난 도형과 현재 주어진 도형의 모양이 일치하는지에 대한 여부를 판단하는 유형이다. 제시된 문제는 세 번째 도형부터 2번째 이전의 도형인 첫 번째 도형과 비교해 나가면 된다. 따라서 진행되는 순서를 기준으로 'Y → N → Y → Y → N → N → Y'이다.

Solution

온라인 AI면접에서는 도형이 하나씩 제시되며, 화면이 넘어갈 때마다 n번째 이전 도형과의 일치 여부를 체크해야 한다. 만약 '2번째 이전'이라는 조건이 주어졌다면 인지하고 있던 2번째 이전 도형의 모양을 떠올려 현재 도형과의 일치 여부를 판단함과 동시에 현재 주어진 도형의 모양 역시 암기해 두어야 한다. 이는 판단과 암기가 동시에 이루어져야 하는 문항으로 난이도는 상급에 속한다. 순발력과 암기력이 동시에 필요한 어려운 유형이기에 접근조차 못하는 지원자들도 많지만, 끊임없는 연습을 통해 유형에 익숙해질 수 있다. 문제풀이의 예로 여분의 종이를 활용하여 문제를 가린 상태에서 도형을 하나씩 순서대로 보면서 문제를 풀어나가는 방법이 있다.

분류코드 일치 여부 판단 유형

05 도형 안에 쓰인 자음, 모음과 숫자와의 결합이 '분류코드'와 일치하면 Y를, 일치하지 않으면 N을 체크하시오.

해설

분류코드에는 짝수, 홀수, 자음, 모음 4가지가 존재한다. 분류코드로 짝수 혹은 홀수가 제시된 경우 도형 안에 있는 자음이나 모음은 신경 쓰지 않아도 되며, 제시된 숫자가 홀수인지 짝수인지만 판단하면 된다. 반대로, 분류코드로 자음 혹은 모음이 제시된 경우에는 숫자를 신경 쓰지 않아도 된다. 제시된 문제에서 분류코드로 홀수가 제시되었지만, 도형 안에 있는 숫자 8은 짝수이므로 N이 정답이다.

Solution

개념만 파악한다면 쉬운 유형에 속한다. 문제는 순발력으로, 정해진 시간 내에 최대한 많은 문제를 풀어야 한다. 계속해서 진행하다 보면 쉬운 문제도 혼동될 수 있으므로 시간을 정해 빠르게 문제를 해결하는 연습을 반복하고 실전면접에 임해야 한다.

표정을 통한 감정 판단 유형

06 주어지는 인물의 얼굴 표정을 보고 감정 상태를 판단하시오.

① 무표정 ② 기쁨
③ 놀람 ④ 슬픔
⑤ 분노 ⑥ 경멸
⑦ 두려움 ⑧ 역겨움

Solution

제시된 인물의 사진을 보고 어떤 감정 상태인지 판단하는 유형의 문제이다. AI면접에서 제시되는 표정은 크게 8가지로 '무표정, 기쁨, 놀람, 슬픔, 분노, 경멸, 두려움, 역겨움'이다. '무표정, 기쁨, 놀람, 슬픔'은 쉽게 인지가 가능하지만, '분노, 경멸, 두려움, 역겨움'에 대한 감정은 비슷한 부분이 많아 혼동이 될 수 있다. 사진을 보고 나서 5초 안에 정답을 선택해야 하므로 깊게 고민할 시간이 없다. 사실 해당 유형이 우리에게 완전히 낯설지는 않은데, 우리는 일상생활 속에서 다양한 사람들을 마주하게 되며 이때 무의식적으로 상대방의 얼굴 표정을 통해 감정을 판단하기 때문이다. 즉, 누구나 어느 정도의 연습이 되어 있는 상태이므로 사진을 보고 즉각적으로 드는 느낌이 정답일 확률이 높다. 따라서 해당 유형은 직관적으로 정답을 선택하는 것이 중요하다. 다만, 대다수의 지원자가 혼동하는 표정에 대한 부분은 어느 정도의 연습이 필요하다.

카드 조합 패턴 파악 유형

07 주어지는 4장의 카드 조합을 통해 대한민국 국가 대표 야구 경기의 승패 예측이 가능하다. 카드 무늬와 앞뒷면의 상태를 바탕으로 승패를 예측하시오(문제당 제한 시간 3초).

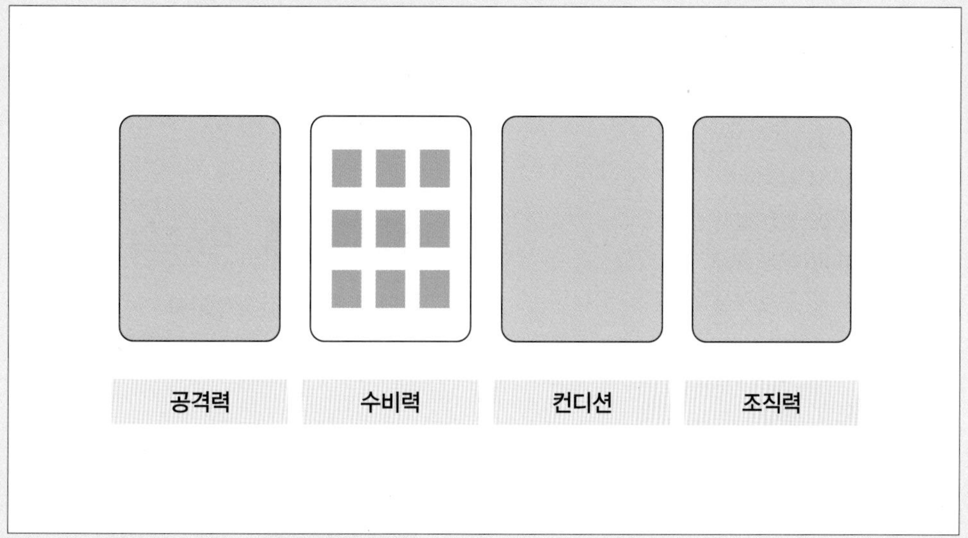

① 승리 ② 패배

Solution

계속해서 제시되는 카드 조합을 통해 정답의 패턴을 파악하는 유형이다. 온라인으로 진행되는 AI면접에서는 답을 선택하면 곧바로 정답 여부를 확인할 수 있다. 이에 따라 하나씩 정답을 확인한 후, 몇 번의 시행착오 과정을 바탕으로 카드에 따른 패턴을 유추해 나갈 수 있게 된다. 그렇기 때문에 초반에 제시되는 카드 조합의 정답을 맞히기는 어려우며, 앞서 얻은 정보들을 잘 기억해 두는 것이 핵심이다. 제시된 문제의 정답은 패배이다.

이 책의 차례 CONTENTS

PART 1

한국중부발전 6개년 기출복원문제

※ 기출복원문제는 수험생들의 후기를 통해 SD에듀에서 복원한 문제로 실제 문제와 다소 차이가 있을 수 있으며, 본 저작물의 무단전재 및 복제를 금합니다.

PART

1 한국중부발전 6개년(2023~2018년) 기출복원문제

정답 및 해설 p.002

| 2023년

01 K사 개발팀 사원 4명의 평균 나이는 32세이다. 올해 신입사원 1명이 들어와서 다시 평균 나이를 계산해보니 31세가 되었다. 이때 신입사원의 나이를 구하면?

① 24세
② 25세
③ 26세
④ 27세

| 2023년

02 다음 중 스마트 팩토리(Smart Factory)에 대한 설명으로 적절하지 않은 것은?

① 공장 내 설비에 사물인터넷(IoT)을 적용한다.
② 기획 및 설계는 사람이 하고, 이를 바탕으로 인공지능(AI)은 전반적인 공정을 스스로 행한다.
③ 4차 산업혁명 시대에 맞추어 제조업 전반의 혁신 및 발전을 위해 정부가 꾸준히 지원하고 있다.
④ 국가별 제조업 특성, 강점 및 산업 구조에 따라 다양한 형태의 스마트 팩토리 전략을 갖추고 있다.

※ 다음은 일정한 규칙으로 배열한 수열이다. 빈칸에 들어갈 수로 옳은 것을 고르시오. **[3~4]**

| 2023년

03

864 432 216 ( ) 54

① 108
② 105
③ 102
④ 98

| 2023년

04

1　　3　　(　　)　　7　　9

① 4　　② 5
③ 6　　④ 7

※ 다음 글과 관련 있는 사자성어를 고르시오. [5~7]

| 2022년

05

> 설 연휴마다 기차표를 예매하기 위해 아침 일찍 서울역에 갔던 아버지는 집에서도 인터넷을 통해 표를 예매할 수 있다는 아들의 말을 듣고 깜짝 놀랐다.

① 건목수생　　② 견강부회
③ 격세지감　　④ 독불장군

| 2022년

06

> 이제 막 성인이 되어 직장생활을 시작한 철수는 학창시절 선생님의 농담 같았던 이야기들이 사회에서 꼭 필요한 것들이었음을 깨달았다.

① 오비이락　　② 중언부언
③ 탁상공론　　④ 언중유골

| 2022년

07

> 선물이 진솔한 정감을 실어 보내거나 잔잔한 애정을 표현하는 마음의 일단이면 얼마나 좋으랴. 그런데 ________이라는 말도 잊었는지 요즘 사람들은 너도나도 형식화하는 물량 위주로 치닫는 경향이다.

① 과유불급(過猶不及)　　② 소탐대실(小貪大失)
③ 안하무인(眼下無人)　　④ 위풍당당(威風堂堂)

※ 다음 글의 주제로 가장 적절한 것을 고르시오. [8~9]

| 2022년

08

서양에서는 아리스토텔레스가 중용을 강조했다. 하지만 우리의 중용과는 다르다. 아리스토텔레스가 말하는 중용은 균형을 중시하는 서양인의 수학적 의식에 기초했으며 또한 우주와 천체의 운동을 완벽한 원과 원운동으로 이해한 우주관에 기초한 것이다. 그러므로 그것은 명백한 대칭과 균형의 의미를 갖는다. 팔씨름에 비유해 보면 아리스토텔레스는 똑바로 두 팔이 서 있을 때 중용이라고 본 데 비해 우리는 팔이 한 쪽으로 완전히 기울었다 해도 아직 승부가 나지 않았으면 중용이라고 보는 것이다. 그러므로 비대칭도 균형을 이루면 중용을 이룰 수 있다는 생각은 분명 서양의 중용관과는 다르다.

이러한 정신은 병을 다스리고 약을 쓰는 방법에도 나타난다. 서양의 의학은 병원체와의 전쟁이고 그 대상을 완전히 제압하는 데 반해, 우리 의학은 각 장기 간의 균형을 중시한다. 만약 어떤 이가 간장이 나쁘다면 서양 의학은 그 간장의 능력을 회생시키는 방향으로만 애를 쓴다. 그런데 우리는 만약 더 이상 간장 기능을 강화할 수 없다고 할 때 간장과 대치되는 심장의 기능을 약하게 만드는 방법을 쓰는 것이다. 한쪽의 기능이 치우치면 병이 심해진다고 보기 때문이다. 우리는 의학 처방에 있어서조차 중용관에 기초해서 서양의 그것과는 다른 가치관과 세계관을 적용하면서 살아온 것이다.

① 아리스토텔레스의 중용의 의미
② 서양 의학과 우리 의학의 차이
③ 서양과 우리의 가치관
④ 서양 중용관과 우리 중용관의 차이

| 2022년

09

멸균이란 곰팡이, 세균, 박테리아, 바이러스 등 모든 미생물을 사멸시켜 무균 상태로 만드는 것을 의미한다. 멸균 방법에는 물리적, 화학적 방법이 있으며, 멸균 대상의 특성에 따라 적절한 방법을 선택하여 실시할 수 있다. 먼저 물리적 멸균법에는 열이나 화학약품을 사용하지 않고 여과기를 이용하여 세균을 제거하는 여과법, 병원체를 불에 태워 없애는 소각법, 100℃에서 10～20분간 물품을 끓이는 자비소독법, 미생물을 자외선에 직접 노출시키는 자외선 소독법, 160～170℃의 열에서 1～2시간 동안 건열 멸균기를 사용하는 건열법, 포화된 고압증기 형태의 습열로 미생물을 파괴시키는 고압증기 멸균법 등이 있다. 다음으로 화학적 멸균법은 화학약품이나 가스를 사용하여 미생물을 파괴하거나 성장을 억제하는 방법을 말한다. 여기에는 E.O 가스, 알코올, 염소 등 여러 가지 화학약품이 사용된다.

① 멸균의 중요성
② 뛰어난 멸균 효과
③ 다양한 멸균 방법
④ 멸균 시 발생할 수 있는 부작용

10 다음 글을 읽고 추론할 수 있는 내용으로 적절하지 않은 것은?

탄소 중립은 우리 사회를 살아가는 데 중요한 사안 중 하나로 꼽힌다. 탄소 중립부터 RE100, CF100은 현재 우리나라뿐 아니라 국가적으로 중요한 환경 쟁점 중 하나라 해도 과언이 아니다. 탄소 중립이란 배출한 이산화탄소를 흡수하는 대책을 세워 실질적인 배출량을 '0'으로 만든다는 개념이다. 일명 '탄소 제로'라고도 불린다. 한국에서 탄소 중립의 실행 방안으로 모색되는 정책으로는 이산화탄소 배출량에 상응하는 만큼의 숲 조성, 화석 연료를 대체할 재생에너지 분야에 투자, 이산화탄소 배출량에 상응하는 탄소배출권 구매 등이 있다. 정부는 2020년 12월 7일 발표한 방안인 '2050 탄소 중립 추진전략'을 밝힌 바 있다.
RE100은 'Renewable Energy 100%'의 약자로, 기업이 사용하는 전력량의 100%를 2050년까지 풍력·태양광 등 재생에너지 전력으로 충당하겠다는 목표의 국제 캠페인이다. 2014년 영국 런던의 다국적 비영리 기구인 '더 클라이밋 그룹'에서 처음 시작됐다. 재생에너지는 석유 화석 연료를 대체하는 태양열, 태양광, 바이오, 풍력, 수력, 지열 등에서 발생하는 에너지를 말한다. RE100은 정책이 아닌 '자발적 캠페인'으로 시작했다는 점에서 의의가 있다. 이처럼 RE100은 현재 우리나라뿐 아니라 전 세계 탄소 중립과 연결된 경제 이슈라 볼 수 있다. 하지만 전문가들 사이에서 RE100의 효율성을 둘러싼 논쟁이 일고 있기도 하다. 실질적인 탄소 중립을 위해서는 RE100을 넘어 CF100을 목표로 삼아야 한다는 주장이 제기된다는 점이다. CF100은 'Carbon Free 100%'의 약자로, 사용 전력의 전부를 무탄소 에너지로 공급한다는 뜻이다.
RE100은 정부가 강제한 것이 아닌 글로벌 기업의 자발적인 참여로 진행되는 일종의 캠페인이라는 점에서 의미가 깊다는 평가를 받고 있다. RE100 캠페인에 참여 기업으로는 2022년 2월 6일 기준 구글, 애플, GM 등 총 349곳이 있다. 국내 기업 중에서는 SK그룹 계열사 8곳(SK㈜, SK텔레콤, SK하이닉스, SKC, SK실트론, SK머티리얼즈, SK브로드밴드, SK아이이테크놀로지)이 2020년 11월 초 한국 RE100 위원회에 가입신청서를 제출한 바 있다. 한편, 국내 기업 중 삼성은 참여하고 있지 않다.
탄소 중립은 국가뿐 아니라 개인의 노력도 요구된다. 가정에서는 실내 적정 온도를 유지하고, 사용하지 않는 제품의 콘센트를 제거하거나 고효율 가전제품을 사용하는 방법이 있다. 더불어 대중교통 혹은 자전거 이용하기, 텀블러 이용하기, 페트병 등 올바른 분리수거 잘하기 등 일상생활 속 탄소 중립을 위한 실천 방안이 된다.

① 탄소 중립을 이루기 위한 방안으로 탄소배출권 제도나 재생에너지 개발 등이 있다.
② RE100은 기업과 국민들이 사용하는 에너지를 모두 재생에너지로 충당하고자 하는 캠페인이다.
③ 탄소 중립을 위해서는 국가 차원, 기업 차원, 개인 차원의 노력이 모두 필요하다.
④ 실질적인 탄소 중립에 도움이 되는 것은 RE100이 아닌 CF100이라는 주장도 있다.

11 **다음 제시된 문단 뒤에 이어질 문단을 논리적 순서대로 바르게 나열한 것은?**

지적재산에 부여되는 권리를 지적재산권이라고 한다. 지적재산권은 크게 산업 활동과 관련되어 있는 산업재산권과 문학, 학술, 예술 등의 지적재산에 대해 부여되는 권리인 저작권으로 구분된다. 저작권은 인간의 사상이나 감정을 창작적으로 표현한 저작물을 보호하기 위해 그 저작자에게 부여한 권리이다. 저작권법에서는 저작물을 다른 사람이 이용할 때는 저작권자의 허락을 필요로 하며, 그러한 허락을 얻지 않고 이용하는 행위를 위법으로 규정하고 있다.

(가) 먼저 정당한 범위는 다른 저작물을 자기가 작성하는 저작물에 인용해야만 하는 필연성이 인정되어야 하며, 또한 자기 저작물의 내용과 인용 부분 사이에는 일종의 주종 관계가 성립되어야 한다는 것으로 해석할 수 있다. 즉, 자기가 창작하여 작성한 부분이 주(主)를 이루고, 그것에 담겨 있는 주제를 좀 더 부각시키거나 주장의 타당성을 입증할 목적으로 다른 저작물의 일부를 종(從)으로서 인용했을 때에 비로소 정당한 범위 안에서의 인용이 성립된다.

(나) 또한 "공표된 저작물은 보도・비평・교육・연구 등을 위해서는 정당한 범위 안에서 공정한 관행에 합치되게 이를 인용할 수 있다."라는 규정을 통해 저작재산권 침해 여부를 다루고 있다. 타인의 저작물을 인용할 때는 정당한 범위 안에서, 공정한 관행에 합치되는 방법으로 이루어져야 한다는 것이다. 그런데 문제는 '정당한 범위' 또는 '공정한 관행'에 관한 해석에 있다.

(다) 그리고 공정한 관행이란 인용 부분이 어떤 의도에서 이용되고 있으며, 어떤 이용 가치를 지니는가에 따라 결정될 문제이다. 즉, 사회적인 통념에 비추어 보아 타당하다고 여겨지는 인용만이 공정한 관행에 합치되는 것이라고 볼 수 있는데, 그것은 인용되는 부분을 자기 저작물과는 명확하게 구별되는 방법으로 처리해야 한다는 의미까지도 포함한다. 예를 들어 보도의 자료로 저작물을 인용할 수밖에 없는 경우, 자기나 다른 사람의 학설 또는 주장을 논평하거나 입증할 목적으로 인하는 경우 등은 공정한 관행에 합치되는 것으로 볼 수 있다.

① (가) – (나) – (다)　　② (나) – (가) – (다)

③ (나) – (다) – (가)　　④ (다) – (나) – (가)

| 2022년

12 다음은 주요 대상국별 김치 수출액에 대한 자료이다. 기타를 제외하고 2022년 수출액이 3번째로 많은 국가의 2021년 대비 2022년 김치 수출액의 증감률은?(단, 소수점 셋째 자리에서 반올림한다)

〈주요 대상국별 김치 수출액〉

(단위 : 천 달러, %)

구분	2021년		2022년	
	수출액	점유율	수출액	점유율
일본	44,548	60.6	47,076	59.7
미국	5,340	7.3	6,248	7.9
호주	2,273	3.1	2,059	2.6
대만	3,540	4.8	3,832	4.9
캐나다	1,346	1.8	1,152	1.5
영국	1,919	2.6	2,117	2.7
뉴질랜드	773	1.0	1,208	1.5
싱가포르	1,371	1.9	1,510	1.9
네덜란드	1,801	2.4	2,173	2.7
홍콩	4,543	6.2	4,285	5.4
기타	6,093	8.3	7,240	9.2
합계	73,547	100	78,900	100

① −5.06%p ② −5.68%p

③ −6.24%p ④ −6.82%p

| 2022년

13 A와 B가 원형인 호수에서 운동을 하고 있다. 두 사람은 같은 장소에서 준비운동을 하다가 9시 정각 A가 먼저 4km/h의 속도로 호수를 돌기 시작했다. 30분 후, B가 A가 떠난 반대방향으로 출발하여 10km/h의 속도로 달리기 시작했고, 두 사람은 30분 뒤에 만났다. 이 원형 호수의 지름은 얼마인가?(단, 원주율은 3이라고 가정한다)

① 2.4km ② 2.7km

③ 3.0km ④ 3.3km

PART 1

| 2022년

14 다음은 폐기물협회에서 제공하는 전국 폐기물 발생 현황에 대한 자료이다. 빈칸 (ㄱ), (ㄴ)에 들어갈 수를 바르게 짝지은 것은?(단, 소수점 둘째 자리에서 반올림한다)

〈전국 폐기물 발생 현황〉

구분		2017년	2018년	2019년	2020년	2021년	2022년
총계	발생량	359,296	357,861	365,154	373,312	382,009	382,081
	증감률	6.6	−0.4	2.0	2.2	2.3	0.02
의료 폐기물	발생량	52,072	50,906	49,159	48,934	48,990	48,728
	증감률	3.4	−2.2	−3.4	(ㄱ)	0.1	−0.5
사업장 배출시설계 폐기물	발생량	130,777	123,604	137,875	137,961	146,390	149,815
	증감률	13.9	(ㄴ)	11.5	0.1	6.1	2.3
건설 폐기물	발생량	176,447	183,351	178,120	186,417	186,629	183,538
	증감률	2.6	3.9	−2.9	4.7	0.1	−1.7

	(ㄱ)	(ㄴ)
①	−0.5	−5.5
②	−0.5	−4.5
③	−0.6	−5.5
④	−0.6	−4.5

| 2022년

15 다음은 주요 선진국과 BRICs의 고령화율을 나타낸 표이다. 2040년의 고령화율이 2010년 대비 2배 이상이 되는 나라를 모두 고르면?

〈주요 선진국과 BRICs 고령화율〉

(단위 : %)

구분	한국	미국	프랑스	영국	독일	일본	브라질	러시아	인도	중국
1990년	5.1	12.5	14.1	15.7	15.0	11.9	4.5	10.2	3.9	5.8
2000년	7.2	12.4	16.0	15.8	16.3	17.2	5.5	12.4	4.4	6.9
2010년	11.0	13.1	16.8	16.6	20.8	23.0	7.0	13.1	5.1	8.4
2020년	15.7	16.6	20.3	18.9	23.1	28.6	9.5	14.8	6.3	11.7
2030년	24.3	20.1	23.2	21.7	28.2	30.7	13.6	18.1	8.2	16.2
2040년	33.0	21.2	25.4	24.0	31.8	34.5	17.6	18.3	10.2	22.1
2010년 대비 2040년	–	–	1.5	1.4	1.5	–	–	1.4	–	2.6

① 한국, 미국, 일본
② 한국, 브라질, 인도
③ 미국, 일본, 브라질
④ 미국, 브라질, 인도

16 다음은 우리나라의 주요 수출 품목의 수출액 및 증감을 나타낸 자료이다. 경공업제품의 2018년 대비 2021년의 수출액 증감률은 얼마인가?(단, 소수점 둘째 자리에서 반올림한다)

〈주요 수출 품목의 수출액 및 증감〉

(단위 : 백만 달러, %p)

품목명	2018년		2019년		2020년		2021년		2022년	
	수출액	증감률	수출액	증감률	수출액	증감률	수출액	증감률	수출액	증감률
중화학 제품	425,490	28.8	505,289	18.8	497,882	−1.5	510,687	2.6	523,189	2.4
반도체	50,707	63.4	50,146	−1.1	50,430	0.6	57,143	13.3	62,647	9.6
자동차	35,411	39.4	45,312	28.0	47,201	4.2	48,635	3.0	48,924	0.6
일반기계	36,103	34.5	45,817	26.9	47,914	4.6	46,415	−3.1	48,403	4.3
무선통신	27,621	−10.9	27,325	−1.1	22,751	−16.7	27,578	21.2	29,573	7.2
석유화학	35,715	30.0	45,587	27.6	45,882	0.6	48,377	5.4	48,214	−0.3
선박	49,112	8.8	56,588	15.2	39,753	−29.8	37,168	−6.5	39,886	7.3
철강제품	28,875	25.4	38,484	33.3	36,971	−3.9	32,497	−12.1	35,543	9.4
컴퓨터	9,116	13.8	9,156	0.4	8,462	−7.6	7,763	−8.3	7,714	−0.6
가정용 전자	12,816	27.4	13,328	4.0	12,635	−5.2	14,884	17.8	14,839	−0.3
경공업 제품	29,397	23.5	34,200	16.3	35,311	3.2	36,829	4.3	36,631	−0.5
섬유직물	8,464	18.9	9,683	14.4	9,292	−4.0	9,369	0.8	9,262	−1.1
섬유제품	2,747	7.8	3,025	10.2	3,173	4.9	3,428	8.0	3,617	5.5
타이어	3,335	28.4	4,206	26.1	4,573	8.7	4,198	−8.2	4,063	−3.2

① 25.3%p
② 24.7%p
③ 24.1%p
④ 23.4%p

17 다음은 난민 통계 현황에 대한 자료이다. 이에 대한 그래프로 옳지 않은 것은?

〈난민 신청자 현황〉

(단위 : 명)

구분		2019년	2020년	2021년	2022년
성별	남자	1,039	1,366	2,403	4,814
	여자	104	208	493	897
국적	파키스탄	242	275	396	1,143
	나이지리아	102	207	201	264
	이집트	43	97	568	812
	시리아	146	295	204	404
	중국	3	45	360	401
	기타	178	471	784	2,687

〈난민 인정자 현황〉

(단위 : 명)

구분		2019년	2020년	2021년	2022년
성별	남자	39	35	62	54
	여자	21	22	32	51
국적	미얀마	18	19	4	32
	방글라데시	16	10	2	12
	콩고DR	4	1	3	1
	에티오피아	4	3	43	11
	기타	18	24	42	49

① 난민 신청자 연도·국적별 현황

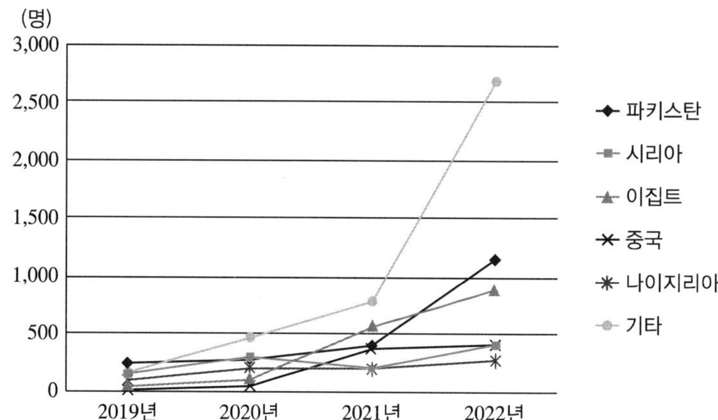

② 전년 대비 난민 인정자 증감률(2020 ~ 2022년)

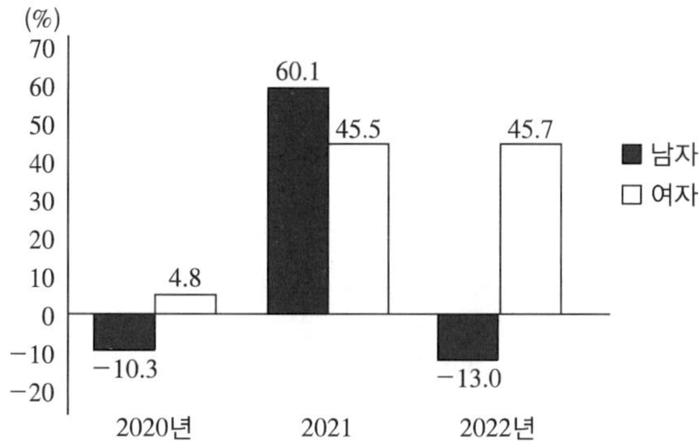

③ 난민 신청자 현황

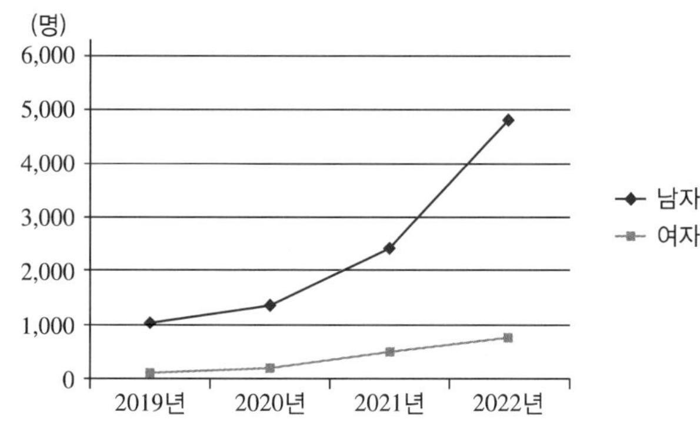

④ 난민 인정자 비율

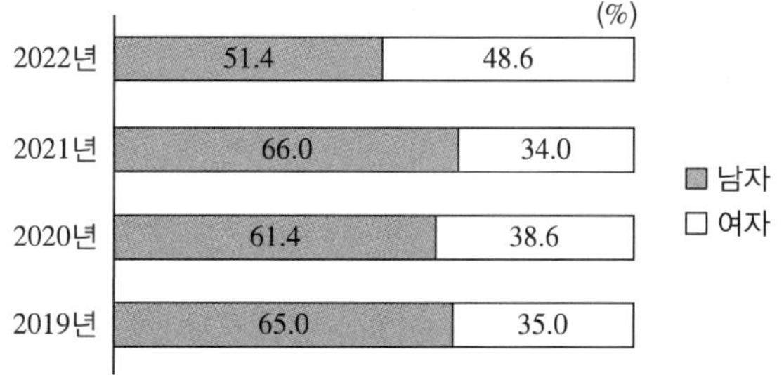

18 다음은 1980년 이후 주요 작물의 재배면적의 비중에 대한 자료이다. 1985년에 비해 2022년 전체 경지이용면적이 25% 증가했다고 했을 때, 1985년에 비해 2022년 과실류의 재배면적은 얼마나 증가했는가?

〈주요 작물의 재배면적 변화〉

(단위 : %)

구분	식량작물			채소류			과실류		
	전체	미곡	맥류	전체	배추	양파	전체	사과	감귤
1985년	82.9	44.6	30.9	7.8	27.5	1.6	1.8	35.0	10.0
1990년	80.2	48.3	30.2	7.8	15.6	1.7	2.4	41.9	12.2
1995년	71.7	62.2	18.2	13.0	12.7	2.0	3.6	46.5	12.1
2000년	68.7	69.5	14.4	13.0	11.2	2.4	4.2	34.9	14.7
2005년	69.3	74.5	9.6	11.5	13.9	2.5	5.5	36.8	14.3
2010년	61.3	78.5	6.7	14.7	9.9	3.1	7.8	28.7	13.8
2015년	62.7	81.3	5.2	14.1	11.9	4.1	8.1	16.8	15.6
2016년	64.1	79.4	4.9	12.5	11.4	5.2	7.2	17.4	14.2
2017년	63.3	80.9	4.9	12.6	13.0	5.6	7.9	18.4	13.8
2018년	62.6	81.7	4.8	12.0	11.2	6.4	8.0	18.8	13.6
2019년	62.3	81.7	4.9	12.2	12.4	6.8	8.1	19.5	13.6
2020년	60.1	82.0	4.8	11.5	11.8	7.1	8.1	19.7	13.4
2021년	61.3	82.5	3.9	11.1	9.9	9.2	8.4	19.4	12.7
2022년	60.1	82.0	3.6	11.3	10.2	9.0	8.6	19.1	13.0

※ 식량작물, 채소류, 과실류 항목의 수치는 전체 경지이용면적 대비 각 작물의 재배면적 비중을 의미함

※ 미곡, 맥류 등 세부품목의 수치는 식량작물, 채소류, 과실류의 재배면적 대비 각 품목의 재배면적 비중을 의미함

① 약 440%

② 약 460%

③ 약 480%

④ 약 500%

| 2022년

19 다음은 K사 총무팀에서 정리한 4월과 5월의 회사 지출 내역이다. 이를 참고할 때, K사의 4월 대비 5월 직접비용의 증감액은 얼마인가?

4월			5월		
번호	항목	금액(원)	번호	항목	금액(원)
1	원료비	680,000	1	원료비	720,000
2	재료비	2,550,000	2	재료비	2,120,000
3	사무비품비	220,000	3	사무비품비	175,000
4	장비 대여비	11,800,000	4	장비 대여비	21,500,000
5	건물 관리비	1,240,000	5	건물 관리비	1,150,000
6	통신비	720,000	6	통신비	820,000
7	가스·수도·전기세	1,800,000	7	가스·수도·전기세	1,650,000
8	사내 인건비	75,000,000	8	사내 인건비	55,000,000
9	광고비	33,000,000	9	외부 용역비	28,000,000
10	–	–	10	광고비	42,000,000

① 17,160,000원 증액
② 17,310,000원 증액
③ 29,110,000원 증액
④ 10,690,000원 감액

| 2022년

20 K사의 마케팅1·2·3팀과 영업1·2·3팀, 총무팀, 개발팀 총 8팀의 사무실을 다음 〈조건〉에 따라 배치하려고 한다. 이때 항상 옳지 않은 것은?

조건

- 1층과 2층에 각각 5개의 사무실이 일렬로 위치해 있으며, 사무실 크기는 모두 같다.
- 1개의 사무실에 1개의 팀이 들어간다.
- 영업2팀은 총무팀의 바로 왼쪽에 있다.
- 개발팀은 1층이며, 한쪽 옆은 빈 사무실이다.
- 마케팅3팀과 영업1팀은 위·아래로 인접해 있다.
- 영업3팀의 양옆에 사무실이 있으며, 모두 비어있지 않다.
- 영업팀은 모두 같은 층에 위치해 있다.
- 마케팅2팀 양옆 중 한쪽은 벽이고, 다른 한쪽은 비어있다.
- 마케팅1팀의 양옆 중 어느 쪽도 벽이 아니다.

① 총무팀과 영업3팀은 서로 인접한다.
② 모든 영업팀은 2층이다.
③ 개발팀은 마케팅1팀과 서로 인접한다.
④ 1층과 2층에 사무실이 각각 1개씩 비어있다.

❙ 2022년

21 K사의 ㄱ팀은 강팀장, 김대리, 이대리, 박사원, 유사원으로 이루어져 있었으나 최근 인사이동으로 인해 팀원 구성에 변화가 일어났고, 이로 인해 자리를 새롭게 배치하려고 한다. 주어진 〈조건〉이 다음과 같을 때, 항상 옳은 것은?

> **조건**
> - ㄱ팀의 김대리는 ㄴ팀의 팀장으로 승진하였다.
> - 이번 달 ㄱ팀에 김사원과 이사원이 새로 입사하였다.
> - 자리는 일렬로 위치해 있으며, ㄱ팀은 ㄴ팀과 마주하고 있다.
> - 자리의 가장 안 쪽 옆은 벽이며, 반대편 끝자리의 옆은 복도이다.
> - 각 팀의 팀장은 가장 안 쪽인 왼쪽 끝에 앉는다.
> - 이대리는 ㄴ팀 김팀장의 대각선에 앉는다.
> - 박사원의 양 옆은 신입사원이 앉는다.
> - 김사원의 자리는 이사원의 자리보다 왼쪽에 있다.

① 유사원과 이대리는 서로 인접한다.
② 박사원의 자리는 유사원의 자리보다 왼쪽에 있다.
③ 이사원의 양 옆 중 한쪽은 복도이다.
④ 이대리는 강팀장과 서로 인접한다.

❙ 2022년

22 K사의 신입직원인 A ~ F는 해외취업국과 외국인력국에 배치된다. 〈조건〉이 다음과 같을 때, 옳은 것을 〈보기〉에서 모두 고르면?

> **조건**
> 1. 각 인력국에는 2개의 부서가 있다.
> 2. 해외취업국의 1개 부서에는 최소 2명이 배치된다.
> 3. 각 부서에 반드시 1명 이상이 배치된다.
> 4. B, C, F는 같은 해외취업국이나 외국인력국에 배치된다.
> 5. D는 외국인력국에 배치되지 않는다.
> 6. E는 해외취업국에 배치되지 않는다.

> **보기**
> ㄱ. B는 외국인력국에 배치된다.
> ㄴ. A와 D는 같은 해외취업국이나 외국인력국에 배치된다.
> ㄷ. A는 외국인력국에 배치된다.

① ㄱ　　② ㄴ, ㄷ
③ ㄷ　　④ ㄱ, ㄴ

| 2022년

23 다음 〈조건〉이 모두 참이라고 할 때, 항상 참이 되는 결론으로 옳지 않은 것은?

조건

- 고양이를 좋아하는 사람은 토끼를 좋아한다.
- 강아지를 선호하는 사람은 토끼를 선호하지 않는다.
- ______________________________

① 토끼를 선호하지 않는 사람은 고양이를 선호하지 않는다.
② 강아지를 선호하는 사람은 고양이를 선호하지 않는다.
③ 토끼를 선호하는 사람은 강아지를 선호하지 않는다.
④ 토끼를 선호하는 사람은 강아지도 선호한다.

| 2022년

24 다음 시트에서 최소 실적 수당을 구하려 할 때, [D8]에 들어갈 수식으로 옳은 것은?

	A	B	C	D
1	이름	실적	실적 수당	
2	장민호	15	150000	
3	이진수	7	70000	
4	윤채민	11	110000	
5	서지호	6	60000	
6	김우재	12	120000	
7	석재연	21	210000	
8			최소실적	

① =MIN(C2)
② =MIN(C2:C7)
③ =AVERAGE(C2:C7)
④ =MAX(C2,C7)

※ 다음 글을 읽고 이어지는 질문에 답하시오. [25~26]

K공사는 전기와 소금을 동시에 만들어 낼 수 있는 염전 태양광 발전 기술을 개발했다. 이에 따라 우리나라와 비슷한 방식으로 소금을 만들어내는 중국, 인도 등에 기술을 이전해 수익을 낼 수 있을 것으로 기대된다.
K공사는 녹색에너지연구원, SM소프트웨어와 공동으로 10kW급 염전 태양광 발전시스템을 개발했다고 7일 밝혔다. 이번에 개발한 발전시스템은 수심 5cm 내외의 염전 증발지 바닥에 수중 태양광 모듈을 설치해 소금과 전력을 동시에 생산할 수 있는 ___㉠___ 시스템이다.
국내 염전 중 85%는 전라남도에 밀집해 있다. 연구진은 2018년 3월부터 전남 무안에 염전 태양광 6kW 설비를 시범 설치한 뒤 이번에 10kW급으로 용량을 늘렸다.
K공사는 염전 내부에 태양광 설치를 위해 수압에 잘 견디는 태양광 모듈을 설계하고, 태양광-염전 통합운영 시스템을 개발했다. 그 결과 여름철에는 염수(소금물)에 의한 냉각으로 일반 지상 태양광과 비교해 발전량이 5% 개선되었다. 또한, 태양광 모듈에서 발생하는 복사열로 염수 증발 시간도 줄어서 소금 생산량도 늘었다. 발전시스템 상부에 염수가 항상 접촉해 있지만, 전기 안전과 태양광 모듈 성능 저하 등 운영 결함은 없는 것이 특징이다.
한편, 국내 염전 증발지 $40km^2$에 이 기술을 적용하면 최대 4GW 발전 부지 확보가 가능하다. 특히 국내와 유사한 천일염 방식으로 소금을 생산하는 중국, 인도, 프랑스, 이탈리아 등에 기술 이전도 가능해 해외 수익도 창출할 수 있을 것으로 K공사는 기대했다.
K공사 관계자는 "추가적인 부지 확보 없이 염전에서 태양광 전력을 생산할 수 있어 일석이조이며, 열악한 염전산업계를 지원해 주민들의 소득증대에도 기여할 것이다."라고 말했다.

25 다음 중 윗글의 내용으로 적절하지 않은 것은?

① 우리나라 과반수 이상의 염전은 전라남도에 위치해 있다.
② 태양광 발전은 모듈 성능 저하 기능이 있다.
③ 이탈리아는 천일염 방식으로 소금을 생산한다.
④ 염전 태양광 발전 기술은 추가적인 부지 확보가 필요 없는 기술이다.

26 다음 중 윗글의 빈칸 ㉠에 들어갈 사자성어로 가장 적절한 것은?

① 아전인수(我田引水)
② 일거양득(一擧兩得)
③ 토사구팽(兎死狗烹)
④ 백척간두(百尺竿頭)

※ 다음 글을 읽고 이어지는 질문에 답하시오. [27~28]

무공해 에너지의 공급원으로 널리 알려진 수력발전소가 실제로는 기후 변화에 악영향을 미친다는 주장이 제기되었다고 영국의 옵서버 인터넷판이 보도했다.
프랑스와 브라질 과학자들은 이번 주 프랑스 파리에서 열리는 유네스코(UNESCO) 회의에서 수력발전을 위해 건설된 댐과 발전소에서 많은 양의 메탄이 배출돼 지구온난화를 야기한다는 내용을 발표할 것으로 알려졌다.
메탄이 지구온난화에 미치는 영향은 이산화탄소의 20배에 달한다. 이들은 댐이 건설되면서 저수지에 갇힌 유기물들이 부패 과정에서 이산화탄소는 물론 메탄을 생성한다며, 이러한 현상은 특히 열대 지방에서 극심하게 나타난다고 주장했다.
필립 펀사이드 아마존 국립연구소(NIRA)를 포함한 과학자들은 이번 주 영국 과학전문지 네이처를 통해 수력발전소가 가동 후 첫 10년 동안 화력발전소의 4배에 달하는 이산화탄소를 배출한다는 견해를 밝힐 예정이다.
그러나 이들의 주장에 반대하는 의견을 표명하는 과학자들도 있다. 반론을 제기한 학자들은 메탄 배출은 댐 운영 첫해에만 발생하는 현상으로, 수력발전소가 안정적으로 운영되면 상대적으로 적은 양의 메탄과 이산화탄소만 나오게 된다고 지적했다.

PART 1

| 2021년

27 다음 중 윗글과 가장 관련이 깊은 사자성어는?

① 고식지계(姑息之計)
② 결자해지(結者解之)
③ 일장일단(一長一短)
④ 과유불급(過猶不及)

| 2021년

28 다음 중 윗글의 내용으로 적절하지 않은 것은?

① 이산화탄소보다 메탄이 환경에 더 큰 악영향을 끼친다.
② 수력발전은 이산화탄소를 배출한다.
③ 유기물들이 부패하면 유해물질이 생성된다.
④ 일부 과학자들은 수력발전소 운영 초기에만 유해 물질이 생성된다고 주장한다.

29 다음 글의 내용으로 적절하지 않은 것은?

일상 속에서 고된 노동과 함께 친절을 베풀고 있는 아르바이트생들을 흔히 볼 수 있다. 아르바이트생은 돈을 벌기 위해 손님이라는 이유만으로 자신을 낮추며 손님의 요구를 충족시켜야 한다. 공휴일도 없이, 자신의 여가를 포기하면서까지 그들은 돈을 벌기 위해 열심히 노동하고 있다.

이런 와중에 아르바이트생이라는 이유만으로 겪어야 하는 서러움이 많다. 아르바이트생 대부분은 20대 청년이며, 10대 미성년자도 많다. 우리 사회는 과연 이들을 어떤 태도로 대하고 있을까?

대학을 입학하고 부모님의 노고를 덜기 위해 아르바이트를 시작한 한 대학생 A씨는 유명 프랜차이즈 카페에서 일을 시작했다. 어느 날 급한 사정으로 인해 가게 사장에게 하루 전날 일을 뺄 수 있냐고 물어봤는데 그 이유만으로 갑작스러운 해고 통지를 받았다. 하지만 일을 그만둔 후 통장잔고를 확인했더니 일한 횟수에 비해 10만 원이나 적은 돈을 받았다. 그래서 사장에게 정당하게 돈을 요구했더니 "아르바이트 주제에 버르장머리가 없다."라며 "더러워서 돈은 주지만 다시는 카페 계열에서 일을 못 할 줄 알아라."라며 협박하고 인격적으로 모독했다.

최근 치킨집에서 서빙을 하고 있는 대학생 B씨는 손님에게 성희롱을 당해 가게에 경찰까지 오게 되는 소동을 겪었다. 50대 남성 2명이 가게에서 술을 마시다가 취해 B씨에게 "이리 와서 술을 따라봐라. 맛있는 거 사줄 테니 사귀자."라고 하며 얼굴을 만졌다는 것이다.

이처럼 아르바이트생들은 고된 노동과 감정 노동을 함께 겪고 있다. 최근 한 음식점에서 손님들의 갑질을 줄이기 위해 알바생들에게 '남의 집 귀한 딸', '남의 집 귀한 아들'이라는 글자가 박힌 티셔츠를 입고 일을 하라고 했다. 그랬더니 놀랍게도 손님들의 태도가 훨씬 친절해졌다고 한다. 이처럼 이들도 누군가에겐 정말로 소중한 사람들일 것이다.

열심히 일하고 있는 그들에게 말 한마디라도 "감사합니다.", "수고하세요."라는 따뜻한 말을 건넨다면 우리 사회는 더욱 행복해질 것이다.

① 갑질 손님으로부터 아르바이트생을 구해야 한다.

② 감정 노동자들의 권리를 보호해야 한다.

③ 소비자들은 자신의 모습을 되돌아 봐야 한다.

④ 청년 아르바이트생에 대한 갑질을 개선하기 위한 캠페인을 벌일 필요가 있다.

30 다음 글을 읽고 떠올린 대책으로 적절하지 않은 것은?

> 지난 2005년 11월, 프랑스에서는 자동차와 상점이 불에 타고 거리에 화염병이 날아다녔다. 소요 사태를 일으킨 이들은 프랑스 내 이민자들로, 주로 아프리카계 또는 이슬람계의 이민 2~3세 젊은이들이었다. 폭동에 불씨를 던진 것은 10대 소년 2명의 죽음이었다. 파리시 외곽 지역에서 경찰의 불심검문을 피해 변압지 주변에 숨어들어 간 이민 3세대 소년 2명이 감전사하는 사고가 발생한 것이다. 프랑스 방리유(Banlieue : 도시 외곽 지역)의 청년들은 그동안의 차별에 분노하며 화염병과 돌을 들고 거리로 나왔다.
>
> 프랑스는 저출생 등으로 산업 노동력이 부족해지면서 이민 수용 정책을 펼친 바 있다. 그러나 '똘레랑스(Tolerance : 관용)'의 나라에서 발생한 이 사건은 프랑스에서 태어나 시민권까지 받은 이민자 2 ~ 3세대조차 보이지 않는 차별로 인해 쌓였던 설움이 폭발한 것으로 해석되었다.
>
> 이는 다문화가정의 자녀 등 이주민 2세대들이 뿌리를 내리기 시작한 우리나라에 시사하는 바가 크다. 이주노동자와 결혼이민자 등 1세대 이주민들이 국내에 정착하면서 그 자녀들이 우리 사회에서 엄연한 일원으로 자리 잡고 있다. 전문가들은 이들을 향한 사회 인식과 정책이 변화하지 않는다면 우리나라 역시 이민자들에 의한 소요 사태가 일어날 수 있다고 말한다.
>
> 고려대 사회학과 교수는 "최근 여성가족부가 발표한 국민 다문화 수용성 조사에 따르면 다양한 인종 · 종교 · 문화의 공존에 대해 한국인은 36%만이 긍정적으로 응답해 유럽 18개국의 찬성 비율 74%에 비해 절반 수준으로 나타났다."라며 "연령이 낮고 교육수준이 높을수록 개방성이 높은 점으로 볼 때 외국 문화를 많이 접하고 다문화교육을 받는 것이 영향을 주는 것 같다."고 분석했다.
>
> 이에 따라 다문화사회에 대한 시민 인식 개선과 다문화교육이 실시돼야 한다는 의견이 지배적이다. 한국이주민건강협회의 상임이사는 "이번 정부에서 다문화정책에 예산을 많이 투입했지만, 그에 비해 인식개선은 여전히 미미하다."라며 "학교 · 직장 내 성희롱교육을 강화해 효과를 얻었듯 일반 시민을 대상으로 한 다문화교육도 필요하다."라고 말했다. 그는 "우리나라는 이미 산업구조가 변화했기 때문에 이주민들 없이는 사회 유지가 어렵다."라며 "이들이 진정한 '주민'으로 받아들여지고 주민 공동체 안에서 어우러질 수 있도록 지자체가 고민해야 한다."라고 지적했다.

① 외국인에게 자국의 문화를 강요하지 않는 자세가 필요하다.

② 증가하고 있는 다문화가정을 위한 정책을 마련해야 한다.

③ 우리나라는 단일문화를 지향해야 한다.

④ 이주민들에 대한 인식의 변화를 위해서는 교육을 시행해야 한다.

❙ 2021년

31 다음 글의 내용으로 가장 적절한 것은?

> 초고속 네트워크와 스마트기기의 발달은 콘텐츠 소비문화에 많은 변화를 가져왔다. 이제 우리는 시간과 장소의 제약 없이 음악이나 사진, 동영상 등 다채로운 문화 콘텐츠들을 만날 수 있다. 특히 1인 방송의 보편화로 동영상 콘텐츠의 생산과 공유는 더욱 자유로워져, 1인 크리에이터라는 새로운 직업이 탄생하고 사회적인 이슈로 떠오르고 있다.
> 틱톡은 현재 전 세계에서 가장 주목받고 있는 영상 플랫폼 중에 하나이다. 2017년 정식으로 출시된 이래 2년이 채 되지 않은 짧은 기간 동안 수억 명의 유저들을 끌어 모아 유튜브, 인스타그램, 스냅챗 등 글로벌 서비스들과 경쟁하는 인기 플랫폼으로 성장했다. 특히 작년에는 왓츠앱, 페이스북 메신저, 페이스북에 이어 전세계에서 4번째로 많이 다운로드된 비게임 어플로 기록되어 많은 콘텐츠 크리에이터들을 놀라게 했다. 틱톡이 이토록 빠른 성장세를 보인 비결은 무엇일까? 그 답은 15초로 영상의 러닝타임을 제한한 독특한 아이디어에 있다.
> 최근 현대인들의 여가시간이 줄어들면서 짧은 시간 동안 간편하게 문화 콘텐츠를 즐기는 스낵컬처가 각광받고 있다. 틱톡이 보여주는 '15초 영상'이라는 극단적인 형태는 이러한 트렌드를 반영한 것이다. 하지만 틱톡의 폭발적인 인기의 근본은 스낵컬처 콘텐츠의 수요를 공략했다는 데 국한되지 않는다. 틱톡은 1인 미디어 시대가 도래하면서 보다 많은 이들이 자신을 표현하고 싶어 한다는 점을 주목해 누구나 부담 없이 영상을 제작할 수 있는 형태의 솔루션을 개발해 냈다. 정형화된 동영상 플랫폼의 틀을 깨고 새로운 장르를 개척했다고도 할 수 있다. 누구나 크리에이터가 될 수 있는 동영상 플랫폼, 틱톡이 탄생함으로써 앞으로의 콘텐츠 시장은 더욱 다채로워질 것이라는 것이 필자의 소견이다.

① 1인 미디어의 등장으로 새로운 플랫폼이 생겨나고 있다.
② 많은 1인 크리에이터가 동영상 플랫폼을 통해 돈을 벌어들이고 있다.
③ 1인 미디어가 인기를 끄는 이유는 양질의 정보를 전달하기 때문이다.
④ 1인 미디어는 문제가 많기 때문에 적절한 규제가 필요하다.

❙ 2021년

32 **다음과 같이 1 ~ 15챕터가 있는 책이 있다. 월요일을 제외하고 평일에 한 챕터씩 읽는다고 할 때, 현재 책갈피가 1챕터의 시작인 12p와 13p 사이에 꽂혀 있다면 6챕터를 읽는 요일과 책갈피가 꽂힌 페이지 수는?(단, 책갈피는 챕터 시작 페이지와 다음 페이지 사이에 꽂는다)**

챕터	1	2	3	4	5	6	…	15
페이지 수	3	4	5	3	4	5	…	5

① 목요일, 28 ~ 29p
② 화요일, 29 ~ 30p
③ 수요일, 30 ~ 31p
④ 수요일, 31 ~ 32p

| 2021년

33 다음 대화를 파악한 내용으로 적절하지 않은 것은?

> A부장 : 이번 주에는 회사의 단합대회가 있습니다. 모든 사원들은 참석을 할 수 있도록 해 주시길 바랍니다.
> B팀장 : 원래 단합대회는 부서별로 일정을 조율해서 정하지 않았나요? 이번에는 왜 회의도 없이 단합대회가 갑자기 정해졌나요?
> C사원 : 다 같이 의견을 모아서 단합대회 날짜를 정했으면 좋았겠네요.
> A부장 : 이번 달은 국외 프로젝트에 참여하는 직원들이 많아서 일정을 조율하기가 힘들었습니다. 그래서 이번에는 이렇게 단합대회 날짜를 정하게 되었습니다.
> B팀장 : 그렇군요. 그렇다면 일정을 조율해 보겠습니다.

① C사원은 A부장의 의견이 마음에 들지 않는다.
② B팀장은 단합대회가 갑자기 정해진 이유를 알게 되었다.
③ B팀장은 참석하지 않겠다는 의사를 표시했다.
④ A부장은 자신의 의견을 근거를 가지고 설명하였다.

| 2021년

34 다음 중 벤치마킹(Benchmarking)에 대한 설명으로 옳은 것은?

① 외부로부터 기술만 받아들이는 것이다.
② 뛰어난 기술 등을 비합법적으로 응용하는 것이다.
③ 모방과 달리 받아들인 것들을 환경에 맞추어 재창조한다.
④ 직접적 벤치마킹은 인터넷 등에서 자료를 모아 하는 것이다.

| 2020년

35 다음 중 〈보기〉에서 설명하는 사자성어로 옳은 것은?

> **보기**
> 도의에 근거하여 굽히지 않고 흔들리지 않는 바르고 큰 마음

① 소탐대실 ② 일장춘몽
③ 선견지명 ④ 호연지기

| 2020년

36 다음 중 밑줄 친 단어의 띄어쓰기가 바른 것은?

① 어찌나 금방 품절되던지 나도 열 번만에 겨우 주문했어.
② 둘째 아들이 벌써 아빠 만큼 자랐구나.
③ 이번 일은 직접 나서는 수밖에 없다.
④ 너 뿐만 아니라 우리 모두 노력해야 한다.

| 2020년

37 다음 중 밑줄 친 한자어의 순우리말의 기본형으로 가장 적절한 것은?

전쟁 직후 국가가 나아갈 방향에 대해 다양한 사상과 이념이 각축하고 있었다.

① 얽히다　　② 대들다
③ 붐비다　　④ 겨루다

| 2020년

38 편의점에서 근무하는 A씨는 물품 창고를 정리할 때 인기 있는 상품을 출입구와 가장 가까운 곳에 둔다. 다음 중 A씨의 물품 관리 과정에 적용된 보관의 원칙으로 가장 적절한 것은?

① 네트워크 보관의 원칙
② 형상 특성의 원칙
③ 통로 대면의 원칙
④ 회전 대응 보관의 원칙

| 2020년

39 K사는 조직을 개편함에 따라 기획1 ~ 8팀의 사무실 위치를 변경하려 한다. 다음 〈조건〉에 따라 변경한다고 할 때, 변경된 사무실 위치에 대한 설명으로 옳은 것은?

창고	입구	계단
1호실	복도	5호실
2호실		6호실
3호실		7호실
4호실		8호실

조건

- 외근이 잦은 1팀과 7팀은 입구와 가장 가깝게 위치한다.
- 2팀과 5팀은 업무 특성상 같은 라인에 인접해 나란히 위치한다.
- 3팀은 팀명과 동일한 호실에 위치한다.
- 8팀은 입구에서 가장 먼 쪽에 위치하며, 복도 맞은편에는 2팀이 위치한다.
- 4팀은 1팀과 5팀 사이에 위치한다.

① 기획1팀의 사무실은 창고 뒤에 위치한다.
② 기획2팀은 입구와 멀리 떨어진 4호실에 위치한다.
③ 기획3팀은 기획5팀과 앞뒤로 나란히 위치한다.
④ 기획4팀과 기획6팀은 복도를 사이에 두고 마주한다.

| 2020년

40 다음 중 국제매너와 관련한 식사예절로 적절하지 않은 것은?

① 생선 요리는 뒤집어 먹지 않는다.
② 수프를 먹을 때는 숟가락을 몸쪽에서 바깥쪽으로 사용한다.
③ 빵은 칼이나 치아로 자르지 않고 손으로 떼어 먹는다.
④ 식사 시 포크와 나이프는 안쪽에 놓인 것부터 순서대로 사용한다.

※ 다음 글을 읽고 이어지는 질문에 답하시오. [41~42]

(가) 스마트폰 한 대에 들어가는 탄탈럼의 양은 0.02g으로, 22g가량 쓰이는 알루미늄의 1,100분의 1 수준이다. 전 세계 콜럼바이트 – 탄탈라이트(콜탄)의 70 ~ 80%가 매장돼 있는 콩고민주공화국(이하 민주콩고)에서는 이 소량의 자원 때문에 전쟁이 그치지 않는다. 콜탄은 처리 과정을 거쳐 탄탈럼이 되는데, 이 탄탈럼은 합금하면 강도가 세지고 전하량도 높아 광학용 분산 유리와 TV・절삭공구・항공기 재료 등에 쓰이며 휴대폰에도 사용된다. 지난해 콜탄 1, 2위 생산국은 민주콩고와 르완다로, 두 나라가 전 세계 콜탄 생산량의 66%를 차지하고 있다. 미국 지질조사국에 의하면 콜탄은 미국에서만 1년 새 소비량이 27% 늘었고, 지난해 9월 1kg의 가격은 224달러로 1월의 193달러에서 16%가 올랐다. 스마트폰이 나오기 직전인 2006년 1kg당 70달러였던 가격에 비하면 300% 이상 오른 것이다.

(나) 이 콜탄이 민주콩고의 내전 장기화에 한몫했다는 주장이 곳곳에서 나오고 있다. 휴대폰 이용자들이 기기를 바꿀 때마다 콩고 주민 수십 명이 죽는다는 말도 있다. '피 서린 휴대폰(Bloody Mobile)'이란 표현이 나올 정도이다. 1996년 시작된 콩고 내전은 2003년 공식 종료되면서 500만 명을 희생시켰으나, 이후로도 크고 작은 분쟁이 그치질 않고 있다. 국립외교원 교수는 "민주콩고의 우간다・르완다 접경에서는 아직 분쟁이 일어나고 있으며, 콜탄이 많이 나오는 동북부 지역도 그중 하나"라고 말했다.

(다) 민주콩고 정부는 반군인 콩고민주회의를 제압하기 위해 앙골라, 짐바브웨 등에 자원 채굴권을 건네주고 군사 지원을 받았으며, 반군은 민주콩고 동북부 키부 지역을 거점으로 삼고 콜탄을 자금줄로 사용했다. 반군에게 끌려간 주민들은 하루 한 끼 식사조차 제대로 하지 못한 채 노예처럼 광산에서 혹사당했다. 이들은 맨손으로 강바닥 흙을 넓적한 통에 담은 뒤 무거운 콜탄이 가라앉을 때까지 기다리는 방식으로 콜탄을 채취했다. 미국 ABC방송은 이를 "전형적인 19세기식, 원시적 채취 방법"이라고 보도했다.

(라) 영화 '블러드 다이아몬드'에 나온 시에라리온 내전처럼 자원이 전쟁의 수단과 목적이 되었다. 콩고 내전에 참여한 우간다와 부룬디는 반군을 통해 받은 콜탄으로 큰돈을 벌었고, 콜탄이 생산되지도 않는 르완다는 민주콩고에서 빼돌린 콜탄으로 최대 수출국이란 영예를 누리기도 했다. 전문가들은 주변국들이 돈을 확보하기 위해 내전을 이끌게 되었다고 분석하면서 "르완다, 우간다 등이 콩고의 통치력이 약한 동부지역에서 내전을 확대시켰고, 콩고는 언제든지 주변국의 정치 상황에 따라 내전의 소용돌이에 다시 휘말릴 수 있다."라고 지적했다.

콩고 내전이 자원 때문이 아니라는 반론도 있다. 한 자원경제학자는 콩고 내전을 "지역 세력 간의 정치적 우위와 경작지를 점하기 위한 투쟁, 종족 갈등 그리고 자원 획득 경쟁이 맞물린 결과"라고 분석했다. 실제 UN의 조사 결과 2000년 초 콩고의 지역 분쟁 1,500건 중 자원과 관련된 것은 8%에 그쳤다. 그런데도 콜탄은 반군의 주요 수입원으로 자리매김했다. 무장 세력은 광산이나 채굴기업에서 약탈하거나 직접 콜탄 채취에 관여하여 콜탄 유통에 세금을 부과하고, 기업들과 교류하며 콜탄 수출에 직접 손을 대는 방법 등을 사용했다. 현재도 동부 키부 지역에는 동맹민주군(ADF)이라는 무장단체가 활동하고 있다.

41 윗글을 바탕으로 기사를 작성한다고 할 때, 독자들의 관심을 끌기 위한 자극적인 표제로 가장 적절한 것은?

① 선진국 싸움에 콩고 등 터진다.
② 내전의 소용돌이에 휘말린 콩고
③ 콩고 주민, 르완다의 노예로 전락하다.
④ 스마트폰 바꿀 때마다 콩고 주민 죽는다.

| 2019년

42 윗글의 내용을 효과적으로 전달하기 위해 자료를 제공하고자 한다. 다음 자료는 (가) ~ (라) 문단 중 어떤 문단에 해당하는가?

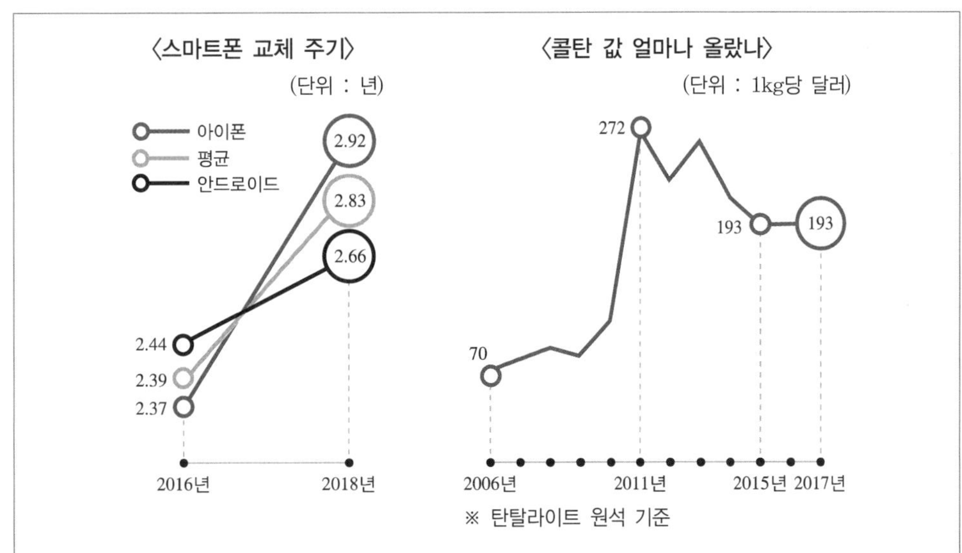

〈주요국 5년간 콜탄 채굴 현황〉

구분	2014년	2015년	2016년	2017년	2018년(추정)
호주	50	50	–	83	90
브라질	150	115	103	110	100
중국	60	60	94	110	120
콩고	200	350	370	760	710
르완다	600	410	350	441	500
나이지리아	–	–	192	153	–
기타	140	117	108	148	320

① (가)
② (나)
③ (다)
④ (라)

43 다음은 K사의 청렴마일리지 운영지침의 일부 내용이다. 청렴마일리지 제도를 잘못 이해한 사람은?

〈청렴마일리지 운영지침〉

목적(제1조)

이 지침은 청렴마일리지 제도 운영에 관한 기준을 정하여 전 직원이 반부패 청렴활동에 자발적 · 능동적으로 참여하고 깨끗하고 투명한 기업문화를 조성하는 것을 그 목적으로 한다.

용어의 정의(제2조)

이 지침에서 사용하는 용어의 정의는 다음과 같다.

1. "청렴마일리지"라 함은 개인 및 부서의 반부패 청렴활동실적에 대한 평가수단으로써 청렴활동을 하는 개인에게 부여하는 점수를 말한다.
2. "청렴마일리지 제도"라 함은 개인 및 부서의 실적에 따라 일정한 청렴마일리지를 부여한 후 그 점수를 기준으로 평가 · 보상하는 제도를 말한다.
3. "반부패 청렴활동"이라 함은 부패방지 및 청렴도 향상에 기여한다고 인정되는 제반 활동을 말한다.
4. "운영부서"라 함은 주관부서 요청 및 자체계획에 의해 청렴 활동에 참여 · 시행하는 부서를 말한다.
5. "주관부서"라 함은 청렴 활동 사실 여부를 확인하고 마일리지를 부여하는 감사부서를 말한다.

적용 범위(제3조)

이 지침은 1직급 이하 직원에게 적용한다.

부여기준(제4조)

청렴마일리지는 다음 각호에 열거된 반부패 청렴활동에 대하여 부여하며 세부기준은 별표와 같다.

1. 금품수수 자진신고
2. 부패행위, 행동강령 위반행위 내부신고
3. 청렴 우수사례 대내외 수상
4. 반부패 · 청렴 교육 이수
5. 기타 반부패 청렴활동 참여 및 기여도

관리기준(제5조)

청렴마일리지 평가기간은 전년도 1월 1일부터 12월 31일까지 1년간으로 한다.

1. 운영부서는 청렴 활동 후 증빙자료 등을 첨부하여 마일리지 적립현황을 분기마다 주관부서에 제출한다.
2. 주관부서는 운영부서에서 제출한 마일리지 현황을 확인하여 매년 12월 31일까지 감사실로 제출한다.

신고 및 확인(제6조)

① 직원이 반부패 청렴활동을 하였을 경우 해당 내용을 문서 또는 사내 인트라넷 등을 통하여 감사실장에게 신고하여야 하며, 감사실장은 신고된 내용에 대하여 사실 여부를 확인하여 청렴마일리지를 부여하여야 한다.

② 직원은 자신의 청렴마일리지에 대하여 이의가 있을 경우 감사실장에게 이의신청할 수 있으며, 감사실장은 직원의 이의신청을 검토한 후 타당하다고 판단되는 경우에는 해당 마일리지를 부여하여야 한다.

포상(제7조)

① 적립된 마일리지는 개인 및 부서별 포상에 활용할 수 있다.

② 누적마일리지 우수 직원 및 당해연도 청렴마일리지 적립실적이 우수한 직원에 대하여는 연말에 예산 범위 내에서 포상할 수 있다. 다만, 전년도에 수상한 직원은 연속하여 수상할 수 없으며, 이 경우 차순위자에게 포상한다.

① A사원 : 저는 저번에 사내 청렴윤리 관련 교육을 이수하여 증빙자료를 제출했음에도 불구하고 청렴마일리지를 받지 못해 감사실에 이의신청을 하려고 합니다.

② B사원 : 맞습니다. 적립된 청렴마일리지는 개인뿐만 아니라 부서별 포상에도 활용될 수 있기 때문에 놓치지 않고 받아야 합니다.

③ C주임 : 매년 12월 31일까지 운영부서가 증빙자료와 함께 마일리지 적립현황을 주관부서에 제출한다고 하니, 혹시 이 과정에서 자료가 누락된 것은 아닌지 운영부서에 확인해 보는 것도 좋을 것 같아요.

④ D주임 : 저는 얼마 전 사내 인트라넷을 통해 다른 직원의 부패행위를 신고하였는데, 감사실에서 아직 사건의 사실 여부가 확인되지 않았다고 하여 청렴마일리지를 받지 못했어요.

| 2019년

44 다음 중 ㉠~㉤에 들어갈 말을 바르게 짝지은 것은?

〈경청의 5단계〉

단계	경청 정도	내용
㉠	0%	상대방은 이야기를 하지만, 듣는 사람에게 전달되는 내용은 하나도 없는 단계이다.
㉡	30%	상대방의 이야기를 듣는 태도는 취하고 있지만, 자기 생각 속에 빠져 있어 이야기의 내용이 전달되지 않는 단계이다.
㉢	50%	상대방의 이야기를 듣기는 하나, 자신이 듣고 싶은 내용을 선택적으로 듣는 단계이다.
㉣	70%	상대방이 어떤 이야기를 하는지 내용에 집중하면서 듣는 단계이다.
㉤	100%	상대방의 이야기에 집중하면서 의도와 목적을 추측하고, 이해한 내용을 상대방에게 확인하면서 듣는 단계이다.

	㉠	㉡	㉢	㉣	㉤
①	선택적 듣기	무시	듣는 척하기	공감적 듣기	적극적 듣기
②	듣는 척하기	무시	선택적 듣기	적극적 듣기	공감적 듣기
③	듣는 척하기	무시	선택적 듣기	공감적 듣기	적극적 듣기
④	무시	듣는 척하기	선택적 듣기	적극적 듣기	공감적 듣기

45 다음 자료를 참고할 때 대 · 중소기업 동반녹색성장에 대한 설명으로 옳지 않은 것은?

〈대 · 중소기업 동반녹색성장〉

- 대 · 중소기업 동반녹색성장 협력사업(Green Growth Partnership)이란?
  기술과 인력이 부족한 중소기업에 대기업의 선진에너지관리 기법을 공유하여 중소기업의 에너지 절약기술 향상 및 기업 경쟁력 강화를 하는 것
- 사업대상
  - (대기업) 동반성장의지가 있으며, 유틸리티 등 우수에너지 절약기술을 보유한 에너지 다소비 사업장
  - (중소기업) 평소 에너지절약 추진에 관심이 있거나, 에너지관리기법 등에 대한 정보를 습득하고자 하는 중소 산업체
- 추진절차

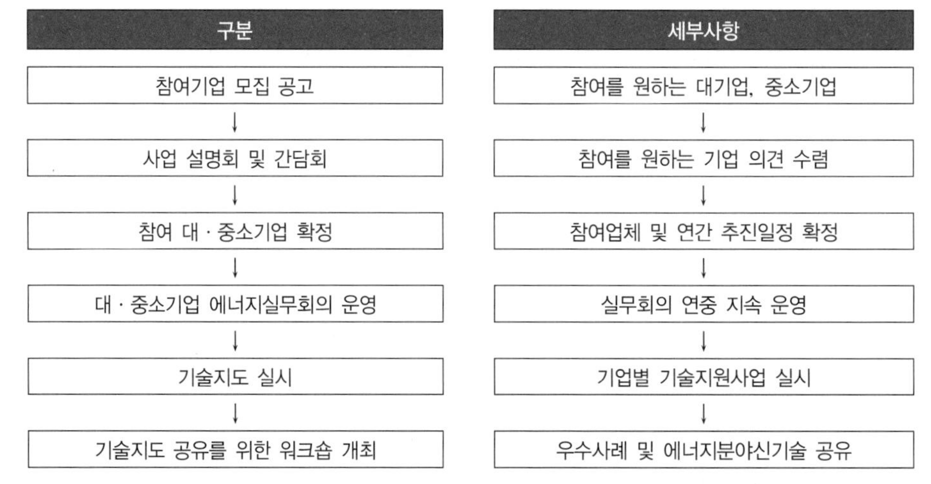

① 중소기업의 에너지절약기술 향상 및 기업 경쟁력 강화를 위한 사업이다.
② 먼저 사업 공고를 통해 참여를 희망하는 대기업 또는 중소기업을 모집한다.
③ 참여기업이 확정되면 참여기업 간 의견을 공유하는 사업 설명회를 개최한다.
④ 참여기업의 에너지실무회의는 연중 지속적으로 운영된다.

※ 다음 글을 읽고 이어지는 질문에 답하시오. [46~47]

우리의 눈을 카메라에 비유했을 때 렌즈에 해당하는 부분이 바로 수정체이다. 수정체는 먼 거리를 볼 때 두께가 얇아지고 가까운 거리를 볼 때 두께가 두꺼워지는데, 이러한 과정을 조절이라고 한다. 노화가 시작되어 수정체의 탄력이 떨어지면 조절 능력이 저하되고 이로 인해 가까운 거리의 글씨가 잘 안 보이는 노안이 발생한다.
노안은 주로 40대 중반부터 시작되는데 나이가 들수록 조절력은 감소하게 된다. 최근에는 30 · 40대가 노안 환자의 절반가량을 차지하고 있으며, 빠르면 20대부터 노안이 발생하기도 한다.
노안이 발생하면 가까운 거리의 시야가 흐리게 보이는 증세가 나타나며, 책을 읽거나 컴퓨터 작업을 할 때 눈이 쉽게 피로하고 두통이 있을 수 있다. 젊은 연령대에서는 이러한 증상을 시력 저하로 생각하고 병원을 찾았다가 노안으로 진단받아 당황하는 경우가 종종 있다.
가장 활발하게 사회생활을 하는 젊은 직장인들의 경우 스마트폰과 PC를 이용한 근거리 작업이 수정체의 조절 능력을 떨어뜨리면서 눈의 노화를 발생시킨다. 또한, 전자 기기에서 나오는 블루라이트(모니터, 스마트폰, TV 등에서 나오는 380 ~ 500나노미터 사이의 파란색 계열의 광원) 불빛이 눈을 쉽게 피로하게 만들어 노안 발생 연령을 앞당기기도 한다.
최근에는 주위에서 디지털 노안을 방지하기 위한 블루라이트 차단 안경이나 필름 등을 어렵지 않게 찾아볼 수 있다. 기업에서도 블루라이트를 최소화한 전자기기를 출시하는 등 젊은이들에게도 노안은 더 이상 먼 이야기가 아니다. '몸이 천 냥이면 눈이 구백 냥'이라는 말이 있듯이 삶의 질을 유지하는 데 있어 눈은 매우 중요한 기관이다. 몸이 피로하고 지칠 때 편안하게 쉬듯이 눈에도 충분한 휴식을 주어 눈에 부담을 덜어주는 것이 필요하다.

| 2019년

46 다음 중 노안 예방 방법으로 적절하지 않은 것은?

① 눈에 충분한 휴식을 준다.
② 전자기기 사용을 줄인다.
③ 눈 운동을 한다.
④ 블루라이트 차단 제품을 사용한다.

| 2019년

47 다음 중 노안 테스트를 위한 질문으로 적절한 것을 〈보기〉에서 모두 고르면?

보기

ㄱ. 항상 안경을 착용한다.
ㄴ. 하루에 세 시간 이상 스마트폰을 사용한다.
ㄷ. 갑작스럽게 두통이나 어지럼증을 느낀다.
ㄹ. 최신 스마트폰을 사용한다.
ㅁ. 먼 곳을 보다가 가까운 곳을 보면 눈이 침침하다.
ㅂ. 조금만 책을 읽어도 눈이 쉽게 피로해진다.

① ㄱ, ㄴ, ㄹ
② ㄱ, ㄷ, ㅂ
③ ㄴ, ㄷ, ㅁ
④ ㄴ, ㅁ, ㅂ

| 2019년

48 다음 중 맞춤법이 올바른 것은?

① 직장인 5명 중 3명은 이직 후 텃새에 시달린 경험이 있는 것으로 조사되었다.
② 부산스러웠던 교실이 금새 조용해졌다.
③ 봄이 되자 나무에서 새 잎아리가 자라났다.
④ 방문 너머 다듬이질 소리가 들려왔다.

| 2019년

49 다음 상황에서 A씨가 침해받았다고 주장하는 권리는 무엇인가?

> 심의위원회는 A씨가 의뢰한 TV광고를 검토하였고, 심의 결과 광고 내용이 방송에 부적합하다고 판단하여 A씨에게 방송 불가를 통보하였다. A씨는 심의 결과에 강력하게 반발하며, 광고를 사전에 심의하는 것은 자신의 권리를 침해하는 행위라고 주장하였다.

① 자유권　② 평등권
③ 참정권　④ 청구권

| 2019년

50 다음 <보기>에서 범하고 있는 논리적 오류는 무엇인가?

> 보기
> "여러분, 분열은 우리의 화합으로 극복할 수 있습니다. 화합한 사회에서는 분열이 일어나지 않습니다."

① 순환논증의 오류　② 무지의 오류
③ 논점 일탈의 오류　④ 대중에 호소하는 오류

| 2019년

51 한국중부발전의 A～G직원은 인사팀 또는 회계팀에서 근무하고 있다. 인사팀 직원이 4명, 회계팀 직원이 3명일 때, 항상 옳은 것은?

> 조건
> • B는 E에게 결재를 받는다.
> • A는 G에게 결재를 받는다.
> • C는 D와 다른 팀이며, F에게 결재를 받는다.

① A – 인사팀　② B – 회계팀
③ C – 인사팀　④ E – 인사팀

52 다음 중 BCG 매트릭스와 GE & 맥킨지 매트릭스에 대한 설명으로 옳은 것을 〈보기〉에서 모두 고르면?

보기

ㄱ. BCG 매트릭스는 미국의 컨설팅업체인 맥킨지에서 개발한 사업포트폴리오 분석 기법이다.
ㄴ. BCG 매트릭스는 시장성장율과 상대적 시장점유율을 고려하여 사업의 형태를 4개 영역으로 나타낸다.
ㄷ. GE & 맥킨지 매트릭스는 산업매력도와 사업경쟁력을 고려하여 사업의 형태를 6개 영역으로 나타낸다.
ㄹ. GE & 맥킨지 매트릭스에서의 산업매력도는 시장규모, 경쟁구조, 시장 잠재력 등의 요인에 의해 결정된다.
ㅁ. GE & 맥킨지 매트릭스는 BCG 매트릭스의 단점을 보완해 준다.

① ㄱ, ㄴ
② ㄱ, ㄴ, ㄷ
③ ㄴ, ㄷ, ㅁ
④ ㄴ, ㄹ, ㅁ

| 2019년

53 다음은 K공사의 신입사원 채용인원에 대한 자료이다. 2016년부터 2018년까지 여성 신입사원은 매년 30명씩 증가하였고 2018년의 신입사원 총원이 500명일 때, 남녀의 성비는?(단, 남녀 성비는 여성 100명당 남성 수이고, 소수점 둘째 자리에서 반올림한다)

(단위 : 명)

구분	2016년	2017년	2018년
남성	210	200	
여성	230	260	
전체	440	460	500

① 71.0%
② 72.4%
③ 72.8%
④ 73.1%

| 2019년

54 A씨는 이번 달에 350kWh의 전기를 사용하였으며, B씨는 A씨가 내야 할 요금의 2배만큼 사용하였다. 이때 B씨가 이번 달에 사용한 전기량은 몇 kWh인가?

〈전기 사용량 구간별 요금〉

구분	요금
200kWh 이하	100원/kWh
200kWh 초과 400kWh 이하	200원/kWh
400kWh 초과	400원/kWh

① 350kWh ② 400kWh
③ 450kWh ④ 500kWh

| 2018년

55 K사 총무부에서 비품관리를 맡은 L대리는 복사용지박스를 각 팀에 나눠줘야 한다. 1팀당 3박스씩 나눠주면 5박스가 남고, 5박스씩 나눠주면 1팀은 못 받고 1팀은 3박스를 받는다면 K사 전체 팀 수와 복사용지박스 개수의 합은?

① 29 ② 32
③ 35 ④ 38

| 2018년

56 어떤 직사각형의 세로 길이는 120cm이다. 이 직사각형 둘레의 길이가 330cm 이상 440cm 이하일 때, 가로의 길이가 될 수 있는 것은?

① 135cm ② 120cm
③ 105cm ④ 90cm

57 다음은 한국중부발전의 사업장에 관한 내용이다. 각 사업장을 상징할 수 있는 문구로 적절하지 않은 것은?

> 총설비용량 9,553MW를 보유, 국내 전력 공급의 8.2%를 담당하며, 고품질의 안정적인 전력 공급을 책임지는 한국중부발전은 총 7개의 발전소를 운영하고 있다.
> (가) 보령발전본부의 1984년 준공된 보령 1·2호기는 2010년에 성능 개선 공사를 통해 발전소 수명을 15년가량 연장하였고, 국내 최초의 표준 석탄화력으로 국내 석탄화력발전소 운영 기술의 효시가 된 3호기는 2018년 3월 6,500일 장기 무고장 운전이라는 세계 유례없는 기록을 달성하며, 철저한 설비관리 능력과 운영 기술력의 우수성을 대내외에 널리 알리고 있다.
> (나) 신보령발전본부는 고효율의 USC(Ultra Super Critical)발전소로 발전효율은 높이고 온실가스 배출을 줄이는 동시에 최신의 질소산화물 저감설비, 배기가스 탈황설비 등을 갖춘 친환경 발전소로, 신보령 1·2호기 완공을 통해 국민에게 더욱 저렴하고 친환경적인 전기를 공급할 수 있게 되고, 최초 국산화 초초임계압 발전소의 건설 및 운영 기술력의 해외 수출을 통한 글로벌시장 판로 개척도 기대하고 있다.
> (다) 우리나라 전력산업의 살아있는 역사인 서울건설본부(구 당인리발전소)는 1930년 1호기가 우리나라 최초의 화력발전소로 준공되었다. 국내 최초의 화력발전소였던 서울건설본부는 또 한 번의 대변신을 준비하고 있다. 세계 최초로 도심 지하에 800MW급 대규모 복합화력발전소를 건설하고 있으며, 발전소의 지상 부지는 서울시민의 쉼터가 될 한강변과 연계된 도시재생 공원을 조성하게 된다.
> (라) 인천발전본부는 우리나라 최대 전력수요지인 수도권에 위치하여, 안정적인 전력 공급을 위해 2005년 복합1호기(503.5MW)를 준공한 이후 고효율의 최신식 복합발전설비의 건설을 지속적으로 추진하여, 2009년에는 복합2호기(509MW)를 준공하였으며, 2012년 12월에는 복합3호기(450MW)가 준공되어 운영 중이다. 최신식 설비로의 교체 운영으로 인천발전본부는 고효율 복합발전설비의 안정적 운영을 통해 수도권의 전력 수급 안정에 큰 역할을 담당하고 있다.
> 세종발전본부는 행정중심복합도시 개발계획에 따라 2011년 10월에 착공, 2013년 11월 30일 준공하여 2013년 12월부터 530MW의 전력과 391Gcal/hr의 난방열을 생산하여 세종시 약 10만 세대의 공동주택, 정부청사 등에 난방열과 전기를 공급하고 있다. 세종특별자치시의 도시계획과 조화된 친환경 설계로 최신의 환경시설을 운영하여 세종시민의 쾌적한 생활환경 조성에 기여하고 있다.

① (가) : 국내 최초의 표준 석탄화력발전소
② (나) : 고효율 USC의 미래형 친환경 발전소
③ (다) : 글로벌 에너지 리더
④ (라) : 수도권 전력 공급의 핵심

58 다음 에코팜 사업에 대한 기사문의 내용으로 적절한 것은?

> 한국중부발전은 중부발전 관계자, 보령시 관내 기관장 10여 명이 참석한 가운데 에코팜(Eco Farm) 사업으로 처음 수확한 애플망고 시식행사를 보령발전본부에서 개최하였다.
> 에코팜 사업은 국책 연구과제로 한국중부발전, 전자부품연구원 등 14개 기관이 참여하였으며 34개월간 총 연구비 82억 원을 투자하여 발전소의 온배수와 이산화탄소를 활용한 스마트 시스템 온실을 개발하는 사업이다. 2014년 12월 착수하여 2015년 4월 300평 규모의 비닐하우스를 설치하고 2015년 7월 애플망고 100주를 식재하여 2017년 7월 첫 수확을 하게 되었다.
> 한국중부발전에서는 애플망고를 수확하기 위해 발전소 부산물인 온배수, 이산화탄소, 석탄재를 에코팜에 활용하였다. 온배수의 열을 이용하여 에너지를 86%까지 절감하였고 발전소 CCS설비에서 포집한 이산화탄소를 온실에 주입하여 작물의 광합성 촉진 및 생장속도를 가속화하였다. 또한, 발전소 석탄재(Bottom Ash)는 비닐하우스 부지정리에 사용해 이산화탄소 배출 절감과 폐기물의 유용한 자원화에 기여하고, 농가의 고수익 창출을 이루어 내고 있다. 덧붙여, 비닐하우스에는 4차 산업혁명의 필수인 사물인터넷(IoT) 융합 스마트 생육관리 시스템을 구축하여 애플망고, 파프리카 등 고부가가치 작물의 안정적 재배가 가능하도록 하였다.
> 한국중부발전은 "온배수를 비롯한 발전소 부산물을 신재생에너지원이자 새로운 산업 자원으로 재탄생시키기 위해 지속적인 추가 사업 발굴 · 확대를 추진할 것이며 새로운 부가가치를 창출하는 에너지 신산업 모델을 구현하고자 지속 노력할 것"이라고 전했다.
> 한편, 한국중부발전은 발전부산물이자 폐자원인 온배수열을 다양한 산업분야에 활용하고 있다. 2015년부터 온배수를 활용한 수산종묘배양장을 운영 중으로 2016년 5월에는 광어, 점농어 80만 미, 2017년 7월에는 대하 치어 23만 미를 방류하여 지역사회 수산자원 증대와 어민의 소득 향상에 기여하고 있으며, 발전소 인근 LNG 인수기지에 LNG 기화 · 공급을 위한 열원으로 온배수를 활용하여 기화효율을 높이고 냉 · 온배수를 상호 절감함으로써 해양 환경영향을 최소화하는 친환경사업도 추진 중이다.

① 에코팜 사업은 발전소의 냉각수와 이산화탄소를 활용한 스마트 시스템 온실을 개발하는 사업이다.
② 발전소에서 생산한 온배수, 석탄재, 이산화탄소를 에코팜에서 활용하여 애플망고를 식재하였고 첫 수확을 맺었다.
③ 온배수의 열을 이용하여 비닐하우스 부지정리에 활용함으로써 폐기물의 자원화에 기여하였다.
④ 발전소 CCS설비에서 포집한 이산화탄소를 온실에 활용함으로써 이산화탄소의 배출 절감에 기여하였다.

| 2018년

59 다음은 K미용실에 관한 SWOT 분석 결과이다. 자료를 참고할 때, 가장 적절한 전략은?

〈K미용실 SWOT 분석 결과〉

S(강점)	W(약점)
• 뛰어난 실력으로 미용대회에서 여러 번 우승한 경험이 있다. • 인건비가 들지 않아 비교적 저렴한 가격에 서비스를 제공한다.	• 한 명이 운영하는 가게라 동시에 많은 손님을 받을 수 없다. • 홍보가 미흡하다.
O(기회)	**T(위협)**
• 바로 옆에 유명한 프랜차이즈 레스토랑이 생겼다. • 미용실을 위한 소셜 네트워크 예약 서비스가 등장했다.	• 소셜 커머스를 활용하여 주변 미용실들이 열띤 가격경쟁을 펼치고 있다. • 대규모 프랜차이즈 미용실들이 잇따라 등장하고 있다.

① ST전략 : 여러 번 대회에서 우승한 경험을 가지고 가맹점을 낸다.
② WT전략 : 여러 명의 직원을 고용해 오히려 가격을 올리는 고급화 전략을 펼친다.
③ SO전략 : 소셜 네트워크 예약 서비스를 이용해 방문한 사람들에게만 저렴한 가격에 서비스를 제공한다.
④ WO전략 : 유명한 프랜차이즈 레스토랑과 연계하여 홍보물을 비치한다.

| 2018년

60 다음은 J분식점에 관한 SWOT 분석 결과이다. 자료를 참고할 때, 가장 적절한 전략은?

〈K분식집 SWOT 분석 결과〉

S(강점)	W(약점)
• 좋은 품질의 재료만 사용 • 청결하고 차별화된 이미지	• 타 분식점에 비해 한정된 메뉴 • 배달서비스를 제공하지 않음
O(기회)	**T(위협)**
• 분식점 앞에 곧 학교가 들어설 예정 • 최근 TV프로그램 섭외 요청을 받음	• 프랜차이즈 분식점들로 포화상태 • 상대적으로 저렴한 길거리 음식으로 취급하는 경향이 있음

① ST전략 : 비싼 재료들을 사용하여 가격을 올려 저렴한 길거리 음식이라는 인식을 바꾼다.
② WT전략 : 다른 분식점들과 차별화된 전략을 유지하기 위해 배달서비스를 시작한다.
③ SO전략 : TV프로그램에 출연해 좋은 품질의 재료만 사용한다는 점을 부각시킨다.
④ WO전략 : TV프로그램 출연용으로 다양한 메뉴를 일시적으로 개발한다.

아이들이 답이 있는 질문을 하기 시작하면 그들이 성장하고 있음을 알 수 있다.

– 존 J. 플롬프 –

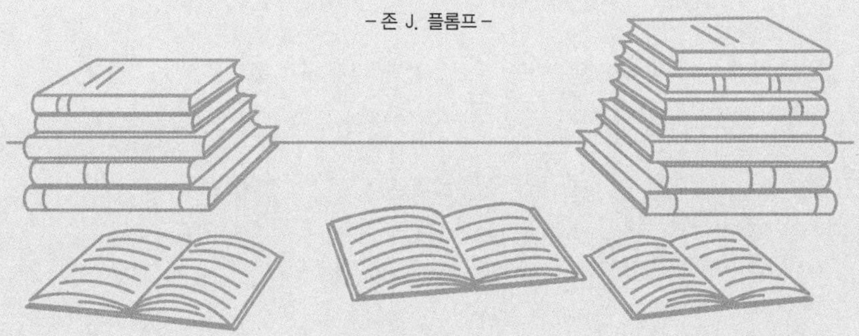

PART 2

직업기초능력평가

CHAPTER 01

의사소통능력

합격 Cheat Key

의사소통능력은 평가하지 않는 공사·공단이 없을 만큼 필기시험에서 중요도가 높은 영역으로, 세부 유형은 문서 이해, 문서 작성, 의사 표현, 경청, 기초 외국어로 나눌 수 있다. 문서 이해·문서 작성과 같은 지문에 대한 주제 찾기, 내용 일치 문제의 출제 비중이 높으며, 문서의 특성을 파악하는 문제도 출제되고 있다.

1 문제에서 요구하는 바를 먼저 파악하라!

의사소통능력에서 가장 중요한 것은 제한된 시간 안에 빠르고 정확하게 답을 찾아내는 것이다. 의사소통능력에서는 지문이 아니라 문제가 주인공이므로 지문을 보기 전에 문제를 먼저 파악해야 하며, 문제에 따라 전략적으로 빠르게 풀어내는 연습을 해야 한다.

2 잠재되어 있는 언어 능력을 발휘하라!

세상에 글은 많고 우리가 학습할 수 있는 시간은 한정적이다. 이를 극복할 수 있는 방법은 다양한 글을 접하는 것이다. 실제 시험장에서 어떤 내용의 지문이 나올지 아무도 예측할 수 없으므로 평소에 신문, 소설, 보고서 등 여러 글을 접하는 것이 필요하다.

3 상황을 가정하라!

업무 수행에 있어 상황에 따른 언어 표현은 중요하다. 같은 말이라도 상황에 따라 다르게 해석될 수 있기 때문이다. 그런 의미에서 자신의 의견을 효과적으로 전달할 수 있는 능력을 평가하는 것이다. 업무를 수행하면서 발생할 수 있는 여러 상황을 가정하고 그에 따른 올바른 언어표현을 정리하는 것이 필요하다.

4 말하는 이의 입장에서 생각하라!

잘 듣는 것 또한 하나의 능력이다. 상대방의 이야기에 귀 기울이고 공감하는 태도는 업무를 수행하는 관계 속에서 필요한 요소이다. 그런 의미에서 다양한 상황에서 듣는 능력을 평가하는 것이다. 말하는 이가 요구하는 듣는 이의 태도를 파악하고, 이에 따른 판단을 할 수 있도록 언제나 말하는 사람의 입장이 되는 연습이 필요하다.

01 문서 내용 이해

| 유형분석 |

- 주어진 지문을 읽고 선택지를 고르는 전형적인 독해 문제이다.
- 지문은 주로 신문기사(보도자료 등)나 업무 보고서, 시사 등이 제시된다.
- 공사공단에 따라 자사와 관련된 내용의 기사나 법조문, 보고서 등이 출제되기도 한다.

다음 글의 내용으로 적절하지 않은 것은?

수소와 산소는 H_2와 O_2의 분자 상태로 존재한다. 수소와 산소가 화합해서 물 분자가 되려면 이 두 분자가 충돌해야 하는데, 충돌하는 횟수가 많으면 많을수록 물 분자가 생기는 확률은 높아진다. 또한 반응하기 위해서는 분자가 원자로 분해되어야 한다. 좀 더 정확히 말하자면, 각각의 분자가 산소 원자끼리 그리고 수소 원자끼리의 결합력이 약해져야 한다. 높은 온도는 분자 간의 충돌 횟수를 증가시킬 뿐 아니라 분자를 강하게 진동시켜 분자의 결합력을 약하게 한다. 그리하여 수소와 산소는 이전까지 결합하고 있던 자신과 동일한 원자와 떨어져, 산소 원자 하나에 수소 원자 두 개가 결합한 물(H_2O)이라는 새로운 화합물이 되는 것이다.

① 수소 분자와 산소 분자가 충돌해야 물 분자가 생긴다.
② 수소 분자와 산소 분자가 원자로 분해되어야 반응을 할 수 있다.
③ 높은 온도는 분자를 강하게 진동시켜 결합력을 약하게 한다.
④ 산소 분자와 수소 분자가 각각 물(H_2O)이라는 새로운 화합물이 된다.

정답 ④

제시문은 분자 상태의 수소와 산소가 결합하여 물이 되는 과정을 설명한 것으로, 수소 분자와 산소 분자가 원자로 분해되고, 분해된 산소 원자 하나와 수소 원자 두 개가 결합하여 물이라는 화합물이 생성된다고 했다. ④는 산소 분자와 수소 분자가 '각각' 물이 된다고 했으므로 이는 잘못된 해석이다.

풀이 전략!

주어진 선택지에서 키워드를 체크한 후, 지문의 내용과 비교해 가면서 내용의 일치 유무를 빠르게 판단한다.

출제유형분석 01 실전예제

※ 다음 글의 내용으로 가장 적절한 것을 고르시오. [1~3]

01

일반적으로 종자를 발아시킨 후 일주일 정도 된 채소의 어린 싹을 새싹 채소라고 말한다. 씨앗에서 싹을 틔우고 뿌리를 단단히 뻗은 성체가 되기까지 열악한 환경을 극복하고 성장하기 위하여, 종자 안에는 각종 영양소가 많이 포함되어 있다.
이러한 종자의 에너지를 이용하여 틔운 새싹은 성숙한 채소에 비해 영양성분이 약 3～4배 정도 더 많이 함유되어 있으며 종류에 따라서는 수십 배 이상의 차이를 보이기도 하는 것으로 보고된다. 식물의 성장과정 중 씨에서 싹이 터 어린잎이 두세 개 달릴 즈음이 생명유지와 성장에 필요한 생리 활성 물질을 가장 많이 만들어 내는 때라고 한다. 그렇기 때문에 그 모든 영양이 새싹 안에 그대로 모일뿐더러, 단백질과 비타민, 미네랄 등의 영양적 요소도 결집하게 된다. 고로 새싹 채소는 영양면에 있어서도 다 자란 채소나 씨앗 자체보다도 월등히 나은 데다가 신선함과 맛까지 덤으로 얻을 수 있으니 더없이 매력적인 채소라 하겠다. 따라서 성체의 채소류들이 가지는 각종 비타민, 미네랄 및 생리활성 물질들을 소량의 새싹 채소 섭취로 충분히 공급받을 수 있다. 채소류에 포함되어 있는 각종 생리활성 물질이 암의 발생을 억제하고 치료에 도움을 준다는 것은 많은 연구에서 입증되고 있으며, 이에 따라 새싹 채소는 식이요법 등에도 활용되고 있다.
예를 들어, 브로콜리에 다량 함유되어 있는 황 화합물인 설포라펜의 항암활성 및 면역활성작용은 널리 알려져 있는데, 성숙한 브로콜리보다 어린 새싹에 설포라펜의 함량이 약 40배 이상 많이 들어 있는 것으로 보고되기도 한다. 메밀 싹에는 항산화 활성이 높은 플라보노이드 화합물인 루틴이 다량 함유되어 있어 체내 유해산소의 제거를 통하여 암의 발생과 성장의 억제에 도움을 줄 수 있다. 새싹 채소는 기존에 널리 쓰여온 무 싹 정도 이외에는 많이 알려져 있지 않았으나, 최근 관심이 고조되면서 다양한 새싹 채소나 이를 재배할 수 있는 종자 등을 쉽게 구할 수 있게 되었다.
새싹 채소는 종자를 뿌린 후 일주일 정도면 식용이 가능하므로 재배기간이 짧고 키우기가 쉬워 근래에는 가정에서도 직접 재배하여 섭취하기도 한다. 새싹으로 섭취할 수 있는 채소로는 순무 싹, 밀 싹, 메밀 싹, 브로콜리 싹, 청경채 싹, 보리 싹, 케일 싹, 녹두 싹 등이 있는데 다양한 종류를 섭취하는 것이 좋다.

① 종자 상태에서는 아직 영양분을 갖고 있지 않는다.
② 다 자란 식물은 새싹 상태에 비해 3～4배 많은 영양분을 갖게 된다.
③ 씨에서 싹이 바로 나왔을 때 비타민, 미네랄과 같은 물질을 가장 많이 생성한다.
④ 새싹 채소 역시 성체와 마찬가지로 항암 효과를 보이는 물질을 가지고 있다.

02

플라톤의 『파이드로스』에는 소크라테스가 파이드로스에게 문자의 발명에 관한 옛 이야기를 하는 대목이 있다. 이 옛 이야기에 따르면 문자뿐 아니라 숫자와 여러 문명의 이기를 고안해 낸 발명의 신 토이트가 이집트의 왕 타무스에게 자신이 발명한 문자를 온 백성에게 사용하게 하면 이집트 백성이 더욱더 현명해질 것이라는 제안을 한다.
그러나 타무스 왕은 문자가 인간을 더욱 이성적이게 하고 인간의 기억을 확장시킬 도구라는 주장에 대해서 강한 거부감을 표현한다. '죽은' 문자는 백성들을 현명하게 만들기는커녕 도리어 생동감 있고 살아있는 기억력을 퇴보시킬 것이고, 문자로 적힌 많은 글들은 다른 여타의 상황해석 없이 그저 글로 적힌 대로만 읽히고 원뜻과는 동떨어지게 오해될 소지가 다분하다는 것이다.
우리 시대의 주요한 화두이기도 한 구어문화(Orality)에 대립되는 문자문화(Literacy)의 비역동성과 수동성에 대한 비판은 이제 막 알파벳이 보급되고 문자문화가 전래의 구술적 신화문화를 대체한 플라톤 시기에 이미 논의된 것이다.
실제의 말과 사고는 본질적으로 언제나 실제 인간끼리 주고받는 콘텍스트하에 존재하는데, 문자와 글쓰기는 이러한 콘텍스트를 떠나 비현실적이고 비자연적인 세계 속에서 수동적으로 이뤄진다. 글쓰기와 마찬가지로 인쇄술과 컴퓨터는 끊임없이 동적인 소리를 정지된 공간으로 환원하고, 말을 그 살아있는 현재로부터 분리시키고 있다.
물론 인류의 문자화가 결코 '폐해'만을 낳았던 것이 아니라는 주장도 만만치 않다. 지난 20년간 컴퓨터공학과 인터넷의 발전이 우리의 삶을 얼마나 변화시켰던가. 고대의 신화적이고 구어문화 중심적인 사회에서 문자사회로의 이행기에 있어서 문자의 사용은 신이나 지배자의 명령하는 목소리에 점령되지 않는 자유공간을 만들어 내기도 했다는 주장에 주목할 필요가 있다.
이러한 주장의 근저는 소크라테스의 입을 통해서 플라톤이 주장하는 바와 맥이 닿는 것이 아닐까. 언어 행위의 근간이 되는 변증법적 작용을 무시하는 언술행위의 문자적 고착화에 대한 비판은 궁극적으로 우리가 살아가는 세상은 결코 어떠한 규정적인 개념화와 그 기계적인 강제로도 담아낼 수 없다는 것이다. 역으로 현실적인 층위에서의 물리적이고 강제적인 억압에 의해 말살될 위기에 처한 진리의 소리는 기념비적인 언술행위의 문자화를 통해서 저장되어야 한다는 것이 아닐까.
이러한 문화적 기억력의 여과과정은 결국 삶의 의미에 대한 성찰에 기반하여 문화적 구성원들의 가치 판단에 따라 이뤄질 몫이다. 문화적 기억력에 대한 성찰과 가치 판단이 부재한 시대의 새로운 매체는 단지 댓글 파노라마에 불과할 것이기 때문이다.

① 타무스 왕은 문자를 살아 있고 생동감 있는 것으로, 기억력은 죽은 것으로 생각했다.
② 플라톤 시기는 문자문화가 구술적 신화문화를 대체하기 시작한 시기였다.
③ 문자와 글쓰기는 항상 콘텍스트하에서 이뤄지는 행위이다.
④ 문자문화로 인해 진리의 소리는 물리적이고 강제적인 억압으로 말살되었다.

03

매년 급증하는 신재생에너지 공급의무화제도(RPS) 의무량 목표 달성을 위해서는 신재생에너지원 중에서 상대적으로 대용량 신재생에너지 공급 인증서(REC) 확보가 용이한 것을 선택해야 한다. 그리고 그것이 바로 연료전지 사업이다. 이에 K공사는 연료전지 사업에 박차를 가하고 있으며, 첫 주자로 신인천발전본부에서 연료전지 건설 사업을 추진하고 있다.
연료전지는 수소와 산소가 화학에너지를 전기에너지로 변환하는 고효율, 친환경 미래 에너지 시스템이다. 수소와 산소를 결합하면 물이 만들어지는데, 이때 발생하는 에너지를 전기 형태로 바꾸는 방식이다. 반응할 때 생기는 수소와 산소의 전기화학 반응으로 전기와 열을 생산하기 때문에 고효율의 신재생에너지를 기대할 수 있다. 정부가 이미 연료전지를 신에너지원으로 분류하고 RPS 이행수단으로 인정한 만큼 K공사는 경제적인 RPS 이행을 위해 신인천발전본부 내에 연료전지 건설 사업을 추진하고, 이를 시작으로 신재생에너지 확대에 본격적으로 나서 현재 3%에 불과한 신재생에너지 비중을 2030년에는 20%까지 올릴 계획이다.
연료전지는 설치 장소에 제약이 적다는 장점이 있다. 규모와 관계없이 일정한 효율을 낼 수 있어 소형 발전소부터 MW급 발전소까지 다양하게 활용될 수 있다. 또한 중간에 발전기와 같은 장치를 사용하지 않고, 수소와 산소의 반응으로 전기를 직접 생산하기 때문에 발전효율이 높다. 무엇보다 소음, 유해가스 배출이 거의 없어 부지 확보가 어려운 도심에도 설치할 수 있다. 연료전지의 이 같은 특징에 부합하고 장점을 살릴 수 있는 곳이 신인천발전본부라 K공사가 연료전지 사업을 이곳에서 시작하는 이유기도 하다.
신인천발전본부 연료전지 사업은 K공사가 최초로 도입하는 발전 사업으로, 신인천발전본부의 유휴부지를 활용해 설비용량 20MW 연료전지 발전설비를 건설하게 된다. 총사업비 1,100억 원이 투입되는 이 사업은 2018년 8월 상업운전을 목표로 하고 있다. 대규모 사업비가 투입되는 대형 사업인 만큼 지난해 4월 정부 예비타당성조사에 착수, 약 10개월 동안 한국개발연구원 예비타당성조사를 완료했고, 올 3월 이사회에서 연료전지 건설 기본계획을 의결했다. 이후 6월 연료전지 건설 관련 계약 체결이 완료되면서 1단계 연료전지 사업을 15개월 동안 진행할 예정이며, 연이어 2단계 사업 진행을 검토하고 있다.
K공사는 연료전지 사업에 다소 늦게 뛰어든 후발주자라 할 수 있다. 하지만 나중에 솟은 돌이 더 우뚝 서는 법. 복합화력의 비중이 높은 점을 내세워 향후 연료전지를 확대할 수 있는 저변이 마련돼 있다는 점에서 선제 우위를 점할 수 있다. 20MW 신인천발전본부 연료전지 사업이 완료되면 K공사는 2018년 예상 RPS 의무량의 약 12%를 충당할 수 있으며, 신인천발전본부 또한 연간 매출을 430억 원 이상 증대해 복합발전소 수익구조 개선에 기여할 것으로 기대된다.

① 연료전지는 전기에너지를 화학에너지로 변환하는 친환경 미래에너지 시스템이다.
② 아직 연료전지를 신에너지원으로 분류하고 있지 않지만 곧 지정될 예정이다.
③ 연료전지는 규모에 영향을 많이 받기 때문에 일정한 효율을 원한다면 적절한 설치 장소가 필요하다.
④ 연료전지는 소음과 유해가스 배출이 거의 없어 도심에 설치하기에 적절하다.

PART 2

02 주제 · 제목 찾기

| 유형분석 |

- 주어진 지문을 파악하여 전달하고자 하는 핵심 주제를 고르는 문제이다.
- 정보를 종합하고 중요한 내용을 구별하는 능력이 필요하다.
- 설명문부터 주장, 반박문까지 다양한 성격의 지문이 제시되므로 글의 성격별 특징을 알아두는 것이 좋다.

다음 글의 제목으로 가장 적절한 것은?

구비문학에서는 기록문학과 같은 의미의 단일한 작품 또는 원본이라는 개념이 성립하기 어렵다. 윤선도의 '어부사시사'와 채만식의 『태평천하』는 엄밀하게 검증된 텍스트를 놓고 이것이 바로 그 작품이라 할 수 있지만, '오누이 장사 힘내기' 전설이라든가 '진주 낭군' 같은 민요는 서로 조금씩 다른 구연물이 다 그 나름의 개별적 작품이면서 동일 작품의 변이형으로 인정되기도 하는 것이다. 이야기꾼은 그의 개인적 취향이나 형편에 따라 설화의 어떤 내용을 좀 더 실감나게 손질하여 구연할 수 있으며, 때로는 그 일부를 생략 혹은 변경할 수 있다. 모내기할 때 부르는 '모노래'는 전승적 가사를 많이 이용하지만, 선창자의 재간과 그때그때의 분위기에 따라 새로운 노래 토막을 끼워 넣거나 일부를 즉흥적으로 개작 또는 창작하는 일도 흔하다.

① 구비문학의 현장성　　② 구비문학의 유동성
③ 구비문학의 전승성　　④ 구비문학의 구연성

정답 ②

구비문학에서는 단일한 작품, 원본이라는 개념이 성립하기 어렵다. 선창자의 재간과 그때그때의 분위기에 따라 새롭게 변형되거나 창작되는 일이 흔하다. 다시 말해 정해진 틀이 있다기보다는 상황이나 분위기에 따라 바뀌는 것이 가능하다. 유동성이란 형편이나 때에 따라 변화될 수 있음을 뜻하는 말이다. 따라서 글의 제목은 '구비문학의 유동성'이라고 볼 수 있다.

풀이 전략!

'결국', '즉', '그런데', '그러나', '그러므로' 등의 접속어 뒤에 주제가 드러나는 경우가 많다는 것에 주의하면서 지문을 읽는다.

출제유형분석 02 실전예제

01 다음 기사의 제목으로 적절하지 않은 것은?

> 대・중소기업 간 동반성장을 위한 '상생'이 산업계의 화두로 조명 받고 있다. 4차 산업혁명 시대 도래 등 글로벌 시장에서의 경쟁이 날로 치열해지는 상황에서 대기업과 중소기업이 힘을 합쳐야 살아남을 수 있다는 위기감이 상생의 중요성을 부각하고 있다고 분석된다. 재계 관계자는 "그동안 반도체, 자동차 등 제조업에서 세계적인 경쟁력을 갖출 수 있었던 배경에는 대기업과 협력업체 간 상생의 역할이 컸다."며 "고속 성장기를 지나 지속 가능한 구조로 한 단계 더 도약하기 위해 상생경영이 중요하다."라고 강조했다.
> 우리 기업들은 협력사의 경쟁력 향상이 곧 기업의 성장으로 이어질 것으로 보고 2・3차 중소 협력업체들과의 상생경영에 힘쓰고 있다. 단순히 갑을 관계에서 대기업을 서포트 해야 하는 존재가 아니라 상호 발전을 위한 동반자라는 인식이 자리 잡고 있다는 분석이다. 이에 따라 협력사들에 대한 지원도 거래대금 현금 지급 등 1차원적인 지원 방식에서 벗어나 경영 노하우 전수, 기술 이전 등을 통한 '상생 생태계' 구축에 도움을 주는 방향으로 초점이 맞춰지는 추세다.
> 특히 최근에는 상생 협력이 대기업이 중소기업에 주는 일시적인 시혜 차원의 문제가 아니라 경쟁에서 살아남기 위한 생존 문제와 직결된다는 인식이 강하다. 협약을 통해 협력업체를 지원해준 대기업이 업체의 기술력 향상으로 더 큰 이득으로 보상받고 이를 통해 우리 산업의 경쟁력이 강화될 것이란 설명이다.
> 경제 전문가는 "대・중소기업 간의 상생 협력이 강제 수단이 아니라 문화적으로 자리 잡아야 할 시기"라며 "대기업, 특히 오너 중심의 대기업들도 단기적인 수익이 아닌 장기적인 시각에서 질적 평가를 통해 협력업체의 경쟁력을 키울 방안을 고민해야 한다."라고 강조했다.
> 이와 관련해 국내 주요 기업들은 대기업보다 연구개발(R&D) 인력과 관련 노하우가 부족한 협력사들을 위해 각종 노하우를 전수하는 프로그램을 운영 중이다. S전자는 협력사들에 기술 노하우를 전수하기 위해 경영관리 제조 개발 품질 등 해당 전문 분야에서 20년 이상 노하우를 가진 S전자 임원과 부장급 100여 명으로 '상생컨설팅팀'을 구성했다. 지난해부터는 해외에 진출한 국내 협력사에도 노하우를 전수하고 있다.

① 지속 가능한 구조를 위한 상생 협력의 중요성
② 상생경영, 함께 가야 멀리 간다.
③ 대기업과 중소기업, 상호 발전을 위한 동반자로
④ 시혜적 차원에서의 대기업 지원의 중요성

PART 2

02 다음 글의 제목으로 가장 적절한 것은?

요한 제바스티안 바흐는 '경건한 종교음악가'로서 천직을 다하기 위한 이상적인 장소가 라이프치히라고 생각하여, 27년 동안 그곳에서 열심히 칸타타를 써 나갔다고 알려졌다. 그러나 실은 7년째에 라이프치히의 칸토르(교회의 음악감독)직으로는 가정을 꾸릴 만큼 수입이 충분치 못해서 다른 일을 하기도 했고 다른 궁정에 자리를 알아보기도 했다. 그것이 계기가 되어 칸타타를 쓰지 않게 되었다는 사실이 최근의 연구에서 밝혀졌다. 또한 볼프강 아마데우스 모차르트의 경우에는 비극적으로 막을 내린 35년이라는 짧은 생애에 걸맞게 '하늘이 이 위대한 작곡가의 죽음을 비통해하듯' 천둥 치고 진눈깨비 흩날리는 가운데 장례식이 행해졌고 그 때문에 그의 묘지는 행방을 알 수 없게 되었다고 하는데, 그 후 이러한 이야기는 빈 기상대에 남아 있는 기상자료와 일치하지 않는다는 사실도 밝혀졌다. 게다가 만년에 엄습해온 빈곤에도 불구하고 다수의 걸작을 남기고 세상을 떠난 모차르트가 실제로는 그 정도로 수입이 적지는 않았다는 사실도 드러나 최근에는 도박벽으로 인한 빈곤설을 주장하는 학자까지 등장하게 되었다.

① 음악가들의 쓸쓸한 최후
② 미화된 음악가들의 이야기와 그 진실
③ 음악가들을 괴롭힌 근거 없는 소문들
④ 음악가들의 명성에 가려진 빈곤한 생활

03 다음 글의 주제로 가장 적절한 것은?

표준화된 언어는 효과적으로 의사소통하기 위하여 의도적으로 선택해야 할 공용어로서의 가치가 있다. 반면에 방언은 지역이나 계층의 언어와 문화를 보존하고 드러냄으로써 국가 전체의 언어와 문화를 다양하게 발전시키는 토대로서의 가치가 있다. 이러한 의미에서 표준화된 언어와 방언은 상호 보완적인 관계라고 볼 수 있다. 표준화된 언어가 있기에 정확한 의사소통이 가능하며, 방언이 있기에 개인의 언어생활에서나 언어 예술 활동에서 자유롭고 창의적인 표현이 가능하다. 결국 우리는 표준화된 언어와 방언 둘 다의 가치를 인정해야 하며, 발화(發話) 상황(狀況)을 잘 고려하여 표준화된 언어와 방언을 가려서 사용할 줄 아는 능력을 길러야 한다.

① 창의적인 예술 활동에서는 방언의 기능이 중요하다.
② 표준화된 언어와 방언에는 각각 독자적인 가치와 역할이 있다.
③ 정확한 의사소통을 위해서는 표준화된 언어가 꼭 필요하다.
④ 표준화된 언어와 방언을 구분할 줄 아는 능력을 길러야 한다.

04 다음 (가) ~ (라) 문단의 주제로 적절하지 않은 것은?

(가) 우리는 최근 '사회가 많이 깨끗해졌다.'라는 말을 많이 듣는다. 실제 우리의 일상생활은 정말 많이 깨끗해졌다. 과거에 비하면 일상생활에서 뇌물이 오가는 경우가 거의 없어진 것이다. 그런데 왜 부패인식지수가 나아지기는커녕 도리어 나빠지고 있을까? 일상생활과 부패인식지수가 전혀 다른 모습을 보이는 이유는 어디에 있을까?

(나) 부패인식지수가 산출되는 과정에서 그 물음의 답을 찾을 수 있다. 부패인식지수는 국제투명성기구에서 매년 조사하여 발표하고 있는 세계적으로 가장 권위 있는 부패 지표로, 지수는 국제적인 조사 및 평가를 실시하고 있는 여러 기관의 조사 결과를 바탕으로 산출된다. 각 기관의 조사 항목과 조사 대상은 서로 다르지만, 주요 항목은 공무원의 직권 남용 억제 기능, 공무원의 공적 권력의 사적 이용, 공공서비스와 관련한 뇌물 등으로 공무원의 뇌물과 부패에 초점이 맞추어져 있다.

(다) 부패인식지수를 이해하는 데에 주목하여야 할 또 하나의 중요한 점은 부패인식지수 계산에 사용된 각 지수의 조사 대상이다. 조사에 따라 약간의 차이가 있기는 하지만 조사는 주로 해당 국가나 해당 국가와 거래하고 있는 고위 기업인과 전문가들을 대상으로 이루어진다. 일반 시민이 아닌 기업 활동에서 공직자들과 깊숙한 관계를 맺고 있어 공직자들의 행태를 누구보다 잘 알고 있을 것으로 추정되는 사람들의 의견을 대상으로 하는 것이다. 결국 부패인식지수는 고위 기업경영인과 전문가들의 공직 사회의 뇌물과 부패에 대한 평가라 할 수 있다.

(라) 그렇다면 부패인식지수를 개선하는 방법은 무엇일까? 그간 정부는 공무원행동강령, 청탁금지법, 부패방지기구 설치 등 많은 제도적인 노력을 기울여왔다. 이러한 정부의 노력에도 불구하고 정부 반부패정책은 대부분 효과가 없는 것으로 보인다. 정부 노력에 대한 일반 시민들의 시선도 차갑기만 하다. 결국 법과 제도적 장치는 우리 사회에 만연한 연줄 문화 앞에서 힘을 쓰지 못하고 있는 것으로 해석할 수 있다.

천문학적인 뇌물을 받아도 마스크를 낀 채 휠체어를 타고 교도소를 나오는 기업경영인과 공직자들의 모습을 우리는 자주 보아왔다. 이처럼 솜방망이 처벌이 반복되는 상황에서 부패는 계속될 수밖에 없다. 예상되는 비용에 비해 기대 수익이 큰 상황에서 부패는 끊어질 수 없는 것이다. 이러한 상황이 인간의 욕망을 도리어 자극하여 사람들은 연줄을 찾아 더 많은 부당이득을 노리려 할지 모른다. 연줄로 맺어지든 다른 방식으로 이루어지든 부패로 인하여 지불해야 할 비용이 크다면 부패에 대한 유인이 크게 줄어들 수 있을 것이다.

① (가) : 일상부패에 대한 인식과 부패인식지수의 상반되는 경향에 대한 의문
② (나) : 공공분야에 맞추어진 부패인식지수의 산출과정
③ (다) : 특정 계층으로 집중된 부패인식지수의 조사 대상
④ (라) : 부패인식지수의 효과적인 개선방안

03 문단 나열

| 유형분석 |

- 각 문단 또는 문장의 내용을 파악하고 논리적 순서에 맞게 배열하는 복합적인 문제이다.
- 전체적인 글의 흐름을 이해하는 것이 중요하며, 각 문장의 지시어나 접속어에 주의한다.

다음 문단을 논리적 순서대로 바르게 나열한 것은?

(가) 이러한 특징은 구엘 공원에 잘 나타나 있는데, 산의 원래 모양을 최대한 유지하기 위해 지면을 받치는 돌기둥을 만드는가 하면, 건축물에 식물을 심어 그 뿌리로 하여금 무너지지 않게 했다.

(나) 스페인을 대표하는 천재 건축가 가우디가 만든 건축물의 대표적인 특징을 꼽자면, 먼저 곡선을 들 수 있다. 그의 여러 건축물 중 곡선미가 가장 잘 나타나는 것은 바로 1984년 유네스코 세계문화유산으로 지정된 까사 밀라이다.

(다) 또 다른 특징으로는 자연과의 조화로, 그는 건축 역시 사람들이 살아가는 공간이자 자연의 일부라고 생각하여 가능한 자연을 훼손하지 않고 건축하는 것을 원칙으로 삼았다.

(라) 이 건축물의 겉 표면에는 일렁이는 파도를 연상시키는 곡선이 보이는데, 이는 당시 기존 건축양식과는 거리가 매우 멀어 처음엔 조롱거리가 되었다. 하지만 훗날 비평가들은 그의 창의성을 인정하게 됐고 현대 건축의 출발점으로 지금까지 평가되고 있다.

① (가) – (나) – (라) – (다)
② (가) – (다) – (나) – (라)
③ (나) – (라) – (가) – (다)
④ (나) – (라) – (다) – (가)

정답 ④

제시문은 스페인의 건축가 가우디의 건축물에 관해 설명하는 글이다. 따라서 (나) 가우디 건축물의 특징인 곡선과 대표 건축물인 까사 밀라 → (라) 까사 밀라에 관한 설명 → (다) 가우디 건축의 또 다른 특징인 자연과의 조화 → (가) 이를 뒷받침하는 건축물인 구엘 공원의 순서로 나열하는 것이 적절하다.

풀이 전략!

상대적으로 시간이 부족하다고 느낄 때는 선택지를 참고하여 문장의 순서를 생각해 본다.

출제유형분석 03 실전예제

※ 다음 문단을 논리적 순서대로 바르게 나열한 것을 고르시오. [1~2]

01

(가) 개념사를 역사학의 한 분과로 발전시킨 독일의 역사학자 코젤렉은 '개념은 실재의 지표이자 요소'라고 하였다. 이 말은 실타래처럼 얽혀 있는 개념과 정치·사회적 실재, 개념과 역사적 실재의 관계를 정리하기 위한 중요한 지침으로 작용한다. 그에 의하면 개념은 정치적 사건이나 사회적 변화 등의 실재를 반영하는 거울인 동시에 정치·사회적 사건과 변화의 실제적 요소이다.

(나) 개념은 정치적 사건과 사회적 변화 등에 직접 관련되어 있거나 그것을 기록, 해석하는 다양한 주체들에 의해 사용된다. 이러한 주체들, 즉 '역사 행위자'들이 사용하는 개념은 여러 의미가 포개어진 층을 이룬다. 개념사에서는 사회·역사적 현실과 관련하여 이러한 층들을 파헤치면서 개념이 어떻게 사용되어 왔는가, 이 과정에서 그 의미가 어떻게 변화했는가, 어떤 함의들이 거기에 투영되었는가, 그 개념이 어떠한 방식으로 작동했는가 등에 대해 탐구한다.

(다) 이상에서 보듯이 개념사에서는 개념과 실재를 대조하고 과거와 현재의 개념을 대조함으로써, 그 개념이 대응하는 실재를 정확히 드러내고 있는가, 아니면 실재의 이해를 방해하고 더 나아가 왜곡하는가를 탐구한다. 이를 통해 코젤렉은 과거에 대한 '단 하나의 올바른 묘사'를 주장하는 근대 역사학의 방법을 비판하고, 과거의 역사 행위자가 구성한 역사적 실재와 현재 역사가가 만든 역사적 실재를 의미있게 소통시키고자 했다.

(라) 사람들이 '자유', '민주', '평화' 등과 같은 개념들을 사용할 때, 그 개념이 서로 같은 의미를 갖는 것은 아니다. '자유'의 경우, '구속받지 않는 상태'를 강조하는 개념으로 쓰이는가 하면, '자발성'이나 '적극적인 참여'를 강조하는 개념으로 쓰이기도 한다. 이러한 정의와 해석의 차이로 인해 개념에 대한 논란과 논쟁이 늘 있어 왔다. 바로 이러한 현상에 주목하여 출현한 것이 코젤렉의 '개념사'이다.

(마) 또한 개념사에서는 '무엇을 이야기 하는가.'보다는 '어떤 개념을 사용하면서 그것을 이야기하는가.'에 관심을 갖는다. 개념사에서는 과거의 역사 행위자가 자신이 경험한 '현재'를 서술할 때 사용한 개념과 오늘날의 입장에서 '과거'의 역사 서술을 이해하기 위해 사용한 개념의 차이를 밝힌다. 그리고 과거의 역사를 현재의 역사로 번역하면서 양자가 어떻게 수렴될 수 있는가를 밝히는 절차를 밟는다.

① (가) – (나) – (다) – (라) – (마)

② (나) – (라) – (가) – (다) – (마)

③ (라) – (마) – (나) – (다) – (가)

④ (라) – (가) – (나) – (마) – (다)

02

(가) 매년 수백만 톤의 황산이 애팔래치아 산맥에서 오하이오 강으로 흘러들어 간다. 이 황산은 강을 붉게 물들이고 산성으로 변화시킨다. 이렇듯 강이 붉게 물드는 것은 티오바실러스라는 세균으로 인해 생성된 침전물 때문이다. 철2가 이온(Fe^{2+})과 철3가 이온(Fe^{3+})의 용해도가 이러한 침전물의 생성에 중요한 역할을 한다.

(나) 애팔래치아 산맥의 석탄 광산에 있는 황철광에는 이황화철(FeS_2)이 함유되어 있다. 티오바실러스는 이 황철광에 포함된 이황화철(FeS_2)을 산화시켜 철2가 이온(Fe^{2+})과 강한 산인 황산을 만든다. 이 과정에서 티오바실러스는 일차적으로 에너지를 얻는다. 일단 만들어진 철2가 이온(Fe^{2+})은 티오바실러스에 의해 다시 철3가 이온(Fe^{3+})으로 산화되는데, 이 과정에서 또 다시 티오바실러스는 에너지를 이차적으로 얻는다.

(다) 이황화철(FeS_2)의 산화는 다음과 같이 가속된다. 티오바실러스에 의해 생성된 황산은 황철광을 녹이게 된다. 황철광이 녹으면 황철광 안에 들어 있던 이황화철(FeS_2)은 티오바실러스와 공기 중의 산소에 더 노출되어 화학반응이 폭발적으로 증가하게 된다. 티오바실러스의 생장과 번식에는 이와 같이 에너지의 원료가 되는 이황화철(FeS_2)과 산소 그리고 세포 구성에 필요한 무기질이 꼭 필요하다. 이러한 환경조건이 자연적으로 완비된 광산 지역에서는 일반적인 방법으로 티오바실러스의 생장을 억제하기가 힘들다. 이황화철(FeS_2)과 무기질이 다량으로 광산에 있으므로 이 경우 오하이오 강의 오염을 막기 위한 방법은 광산을 밀폐시켜 산소의 공급을 차단하는 것뿐이다.

(라) 철2가 이온(Fe^{2+})은 강한 산(pH 3.0 이하)에서 물에 녹은 상태를 유지한다. 그러한 철2가 이온(Fe^{2+})은 자연 상태에서 pH 4.0 ~ 5.0 사이가 되어야 철3가 이온(Fe^{3+})으로 산화된다. 놀랍게도 티오바실러스는 강한 산에서 잘 자라고 강한 산에 있는 철2가 이온(Fe^{2+})을 적극적으로 산화시켜 철3가 이온(Fe^{3+})을 만든다. 그리고 물에 녹지 않는 철3가 이온(Fe^{3+})은 다른 무기 이온과 결합하여 붉은 침전물을 만든다. 환경에 영향을 미칠 정도로 다량의 붉은 침전물을 만들기 위해서는 엄청난 양의 철2가 이온(Fe^{2+})과 강한 산이 있어야 한다. 이것들은 어떻게 만들어지는 것일까?

① (가) – (나) – (라) – (다)
② (가) – (라) – (나) – (다)
③ (라) – (가) – (다) – (나)
④ (라) – (나) – (가) – (다)

03 다음 제시된 문단을 읽고, 이어질 문단을 논리적 순서대로 바르게 나열한 것은?

휘슬블로어란 호루라기를 뜻하는 휘슬(Whistle)과 부는 사람을 뜻하는 블로어(Blower)가 합쳐진 말이다. 즉, 호루라기를 부는 사람이라는 뜻으로 자신이 속해 있거나 속해 있었던 집단의 부정부패를 고발하는 사람을 가리키며, 흔히 '내부고발자'라고도 불린다. 부정부패는 고발당해야 마땅한 것인데 이렇게 '휘슬블로어'라는 용어가 따로 있는 것은 그만큼 자신이 속한 집단의 부정부패를 고발하는 것이 쉽지 않다는 뜻일 것이다.

(가) 또한 법의 울타리 밖에서 행해지는 것에 대해서도 휘슬블로어는 보호받지 못한다. 일단 기업이나 조직 속에서 배신자가 되었다는 낙인과 상급자들로부터 괘씸죄로 인해 받게 되는 업무 스트레스, 집단 따돌림 등으로 인해 고립되게 되기 때문이다. 뿐만 아니라 익명성이 철저히 보장되어야 하지만 조직에서는 휘슬블로어를 찾기 위해 혈안이 된 상급자의 집요한 색출로 인해 밝혀지는 경우가 많다. 그렇게 될 경우 휘슬블로어들은 권고사직을 통해 해고를 당하거나 괴롭힘을 당한 채 일할 수밖에 없다.

(나) 실제로 휘슬블로어의 절반은 제보 후 1년간 자살충동 등 정신 및 신체적 질환으로 고통을 받는다고 한다. 또한 73%에 해당되는 상당수의 휘슬블로어들은 동료로부터 집단적으로 따돌림을 당하거나 가정에서도 불화를 겪는다고 한다. 우리는 이들이 공정한 사회와 개인의 양심에 손을 얹고 중대한 결정을 한 사람이라는 것을 외면해서는 안 되며, 이러한 휘슬블로어들을 법적으로 보호할 필요가 있다.

(다) 내부고발이 어려운 큰 이유는 내부고발을 한 후에 맞게 되는 후폭풍 때문이다. 내부고발은 곧 기업의 이미지가 떨어지는 것부터 시작해 영업 정지와 같은 실질적 징벌로 이어지는 경우가 많기 때문에 내부고발자들은 배신자로 취급되는 경우가 많다. 실제 양심에 따라 내부고발을 한 이후 닥쳐오는 후폭풍에 못 이겨 자신의 발로 회사를 나오는 경우도 많으며, 또한 기업과 동료로부터 배신자로 취급되거나 보복성 업무, 인사이동 등으로 불이익을 받는 경우도 많다.

(라) 현재 이러한 휘슬블로어를 보호하기 위한 법으로는 2011년 9월부터 시행되어 오고 있는 공익신고자 보호법이 있다. 하지만 이러한 법 제도만으로는 휘슬블로어들을 보호하는 데에 무리가 있다. 공익신고자 보호법은 181개 법률 위반행위에 대해서만 공익신고로 보호하고 있는데, 만일 공익신고자 보호법에서 규정하고 있는 법률 위반행위가 아닌 경우에는 보호를 받지 못하고 있는 것이다.

① (다) – (나) – (라) – (가)
② (라) – (다) – (가) – (나)
③ (다) – (가) – (라) – (나)
④ (라) – (가) – (다) – (나)

04 추론하기

| 유형분석 |

- 주어진 지문을 바탕으로 도출할 수 있는 내용을 찾는 문제이다.
- 선택지의 내용을 정확하게 확인하고 지문의 정보와 비교하여 추론하는 능력이 필요하다.

다음 글을 보고 유추할 수 있는 내용으로 적절하지 않은 것은?

최근 온라인에서 '동서양 만화의 차이'라는 제목의 글이 화제가 되었다. 공개된 글에 따르면 동양만화의 대표격인 일본 만화는 대사보다는 등장인물의 표정, 대인관계 등에 초점을 맞춰 이미지나 분위기 맥락에 의존한다. 또 다채로운 성격의 캐릭터들이 등장하고 사건 사이의 무수한 복선을 통해 스토리가 진행된다.
반면 서양만화를 대표하는 미국 만화는 정교한 그림체와 선악의 확실한 구분, 수많은 말풍선을 사용한 스토리 전개 등이 특징이다. 서양 사람들은 동양 특유의 느긋한 스토리와 말없는 칸을 어색하게 느낀다. 이처럼 동서양 만화의 차이가 발생하는 이유는 동서양이 고맥락 문화와 저맥락 문화로 구분되기 때문이다. 고맥락 문화는 민족적 동질을 이루며 역사, 습관, 언어 등에서 공유하고 있는 맥락의 비율이 높다. 또한 집단주의와 획일성이 발달했다. 일본, 한국, 중국과 같은 한자문화권에 속한 동아시아 국가가 이러한 고맥락 문화에 속한다.
반면 저맥락 문화는 다인종·다민족으로 구성된 미국, 캐나다 등이 대표적이다. 저맥락 문화의 국가는 멤버 간에 공유하고 있는 맥락의 비율이 낮아 개인주의와 다양성이 발달한 문화를 가진다. 이렇듯 고맥락 문화와 저맥락 문화의 만화는 말풍선 안에 대사의 양으로 큰 차이점을 느낄 수 있다.

① 고맥락 문화의 만화는 등장인물의 표정, 대인관계 등 이미지나 분위기 맥락에 의존하는 경향이 있다.
② 저맥락 문화는 멤버간의 공유하고 있는 맥락의 비율이 낮아서 다양성이 발달했다.
③ 동서양 만화를 접했을 때 표면적으로 느낄 수 있는 차이점은 대사의 양이다.
④ 미국은 고맥락 문화의 대표국으로 다양성이 발달하는 문화를 갖기 때문에 다채로운 성격의 캐릭터가 등장한다.

정답 ④

저맥락 문화는 멤버 간에 공유하고 있는 맥락의 비율이 낮고 개인주의와 다양성이 발달했다. 미국은 이러한 저맥락 문화의 대표국가로 선악의 확실한 구분, 수많은 말풍선을 사용한 스토리 전개 등이 특징이다. 다채로운 성격의 캐릭터 등장은 일본만화의 특징이다.

풀이 전략!

주어진 지문이 어떠한 내용을 다루고 있는지 파악한 후 선택지의 키워드를 확실하게 체크하고, 지문의 정보에서 도출할 수 있는 내용을 찾는다.

출제유형분석 04 실전예제

01 **다음 글을 읽고 추론한 내용으로 가장 적절한 것은?**

> 많은 미술가들은 대중매체를 조작이나 선전의 혐의가 있는 것으로 여겨 불신하며, 대중문화를 천박한 것으로 간주한다. 그들은 여러 가지 방식으로 자신들의 생각을 표현해 왔다. 대중매체에 대한 부정적 태도는 소위 '근본주의 회화'에서도 찾을 수 있다. 이 경향의 미술가들은 회화 예술만의 특성, 즉 '회화의 근본'을 찾아내려고 고심했다. 그들은 자신의 목표를 극단으로 추구한 나머지 결국 회화에서 대상의 이미지를 제거해 버렸다. 그것이 이미지들로 가득 차 있는 사진, 영화, 텔레비전 같은 대중매체를 부정하는 길이라고 생각했기 때문이다. 사물의 이미지와 세상의 여러 모습들이 사라져 버린 회화에서는 전통적인 의미에서의 주제나 내용을 발견할 수 없었다. 대신 그림을 그리는 과정과 방식이 중요해졌고, 그 자체가 회화의 주제가 되어 버렸다. 이것은 대중매체라는 위압적인 경쟁자에 맞서 회화가 택한 절박한 시도였다. 그 결과 회화는 대중 매체와 구별되는 자신을 찾았지만, 남은 것은 회화의 빈곤을 보여 주는 텅 빈 캔버스뿐이었다.
> 그렇다면 회화의 내용을 포기하지 않으면서도 대중매체를 성공적으로 비판한 경우는 없었을까? '팝 아트'는 대중문화의 산물들을 적극적으로 이용하면서 그 속에서 대중매체에 대한 비판을 수행하고 있다는 점에서 흥미롭다. 이는 특히 영국의 초기 팝 아트에서 두드러진다. 그들은 대중문화의 이미지를 차용하여 그것을 맥락이 다른 이미지 속에 재배치함으로써 생겨나는 새로운 의미에 주목하였다. 이를 통해 그들은 비판적 의도를 표출했는데, 대중문화에 대한 비판도 같은 방식으로 이루어졌다. 이후 미국의 팝 아트는 대중문화에 대한 부정도 긍정도 아닌 애매한 태도나 낙관주의를 보여주기도 하지만, 그중에서도 비판적 반응으로 해석될 수 있는 작품들이 있다. 리히텐슈타인이 대중문화의 하나인 만화의 양식을 본떠 제작한 「꽈광!」과 같은 작품이 그 예이다.
> 리히텐슈타인은 색이나 묘사 방법 같은 형식적인 요소들 때문에 만화에 관심을 갖게 되었다. 만화가 세계를 '어떻게' 재현하는지에 주목한 것이다. 예를 들어 만화가 전쟁을 다룰 경우, 전쟁의 공포와 고통은 밝고 경쾌한 만화의 양식으로 인해 드러나지 않게 된다. 「꽈광!」에서 리히텐슈타인은 만화에서 흔히 보는 공중전 장면을 4미터가 넘는 크기로 확대하여 과장하고, 색도 더욱 장식적으로 사용함으로써 만화의 재현 방식 자체를 주제로 삼았다. 이 점에서 「꽈광!」은 추상화처럼 형식에 주목하기를 요구하는 그림이다. 그러나 내용 역시 작품의 감상에 중요한 요소로 관여한다. 관람객들이 「꽈광!」의 폭력적인 내용과 명랑한 묘사 방법 간의 모순이 섬뜩한 것임을 알아차릴 때 비로소 작가의 비판적인 의도가 성취되기 때문이다.

① 근본주의 회화는 대중매체에 대한 비판을 이미지의 재배치를 통해 구현하였다.
② 영국의 초기 팝 아트는 대상의 이미지가 사라진 추상을 다루고 있다.
③ 미국의 팝 아트는 대중매체를 긍정한다는 점에서 영국의 초기 팝 아트와 차이가 있다.
④ 근본주의 회화와 「꽈광!」은 표현 방식이 주제가 된다는 점에서 공통점이 있다.

02 다음 글을 읽고 ㉠과 같은 현상이 나타나게 된 이유를 추론한 내용으로 적절하지 않은 것은?

고려와 조선은 국가적으로 금속화폐의 통용을 추진한 적이 있다. 화폐 주조권을 장악하여 세금을 효과적으로 징수하고 효율적으로 저장하려는 것이 그 목적이었다. 그러나 물품화폐에 익숙한 농민들은 금속화폐를 불편하게 여겼으며 금속화폐의 유통 범위는 한정되고 끝내는 삼베를 비롯한 물품화폐에 압도당하고 말았다. ㉠ 조선 태종 때와 세종 때에도 동전의 유통을 시도하였지만 실패하였다. 조선 전기 은화(銀貨)는 서울을 중심으로 유통되었고, 주로 왕실과 관청, 지배층과 상인, 역관(譯官) 등이 이용한 '돈'이었다. 그러나 은화(銀貨)는 고액 화폐였다. 그 때문에 서민의 경제생활에서는 여전히 무명 옷감이 화폐의 기능을 담당하였다.

그러한 가운데서도 농업생산력의 발전과 인구의 증가, 17세기 이후 지방시장의 성장은 금속화폐 통용을 위한 여건이 마련되었음을 뜻하였다. 17세기 전반 이미 개성에서는 모든 거래가 동전으로 이루어지고 있었다. 이러한 여건 아래에서 1678년(숙종 4년)부터 강력한 통용책이 추진되면서 금속화폐가 널리 보급될 수 있었다. 동전인 상평통보 1개는 1푼(分)이었다. 10푼이 1전(錢), 10전이 1냥(兩), 10냥이 1관(貫)이다. 대원군이 집권할 때 주조된 당백전(當百錢)과 1883년 주조된 당오전(當五錢)은 1개가 각각 100푼과 5푼의 가치를 가지는 동전이었다. 동전 주조가 늘면서 그 유통 범위가 경기, 충청지방으로부터 점차 확산되었고, 18세기 초에는 전국에 미칠 정도였다. 동전을 시전(市廛)에 무이자로 대출하고, 관리의 녹봉을 동전으로 지급하고, 일부 세금을 동전으로 거두어들이는 등의 국가 정책도 동전의 통용을 촉진하였다. 화폐경제의 성장은 상업적 동기를 촉진시키고 경제생활, 나아가 사회생활에 변화를 주었다.

이러한 가운데 일부 위정자들은 화폐경제로 인한 부작용을 우려했는데, 특히 농촌 고리대금업(高利貸金業)의 성행을 가장 심각한 문제로 생각했다. 그래서 동전의 폐지를 주장하는 이도 있었다. 1724년 등극한 영조는 이 주장을 받아들여 동전 주조를 정지하였다. 그런데 당시에 동전은 이미 일상생활로 퍼졌기 때문에 동전의 수요에 비해 공급이 부족한 현상이 일어나 동전주조의 정지는 화폐 유통질서와 상품경제에 타격을 가하였다. 돈이 매우 귀하여 농민과 상인의 교역에 불편을 가져다 준 것이다. 또한 소수의 부유한 상인이 동전을 집중적으로 소유하여 고리대금업(高利貸金業) 활동을 강화함에 따라서 오히려 농민 몰락이 조장되었다. 결국 영조 7년 이후 동전은 다시 주조되기 시작했다.

① 화폐가 통용될 시장이 발달하지 않았다.
② 화폐가 주로 일부 계층 위주로 통용되었다.
③ 백성들이 화폐보다 물품화폐를 선호하였다.
④ 국가가 화폐수요량에 맞추어 원활하게 공급하지 못했다.

03 다음 글을 바탕으로 할 때, 〈보기〉의 밑줄 친 정책의 방향에 대한 추론으로 가장 적절한 것은?

동일한 환경에서 야구공과 고무공을 튕겨 보면, 고무공이 훨씬 민감하게 튀어 오르는 것을 볼 수 있다. 즉, 고무공은 야구공보다 탄력이 좋다. 일정한 가격에서 사람들이 사고자 하는 물건의 양인 수요량에도 탄력성의 개념이 적용될 수 있다. 재화의 가격이 변화할 때 수요량도 변화하게 되는 것이다. 이때 경제학에서는 가격 변화에 대한 수요량 변화의 민감도를 측정하는 표준화된 방법을 수요 탄력성이라고 한다.

수요 탄력성은 수요량의 변화 비율을 가격의 변화 비율로 나눈 값이다. 일반적으로 가격과 수요량은 반비례하므로 수요 탄력성은 음(−)의 값을 가진다. 그러나 통상적으로 음의 부호를 생략하고 절댓값만 표시한다.

가격에 따른 수요량 변화율에 따라 상품의 수요는 '단위 탄력적', '탄력적', '완전 탄력적', '비탄력적', '완전 비탄력적'으로 나눌 수 있다. 수요 탄력성이 1인 경우 수요는 '단위 탄력적'이라고 불린다. 또한, 수요 탄력성이 1보다 큰 경우 수요는 '탄력적'이라고 불린다. 한편 영(0)에 가까운 아주 작은 가격 변화에도 수요량이 매우 크게 변화하면 수요 탄력성은 무한대가 된다. 이 경우의 수요는 '완전 탄력적'이라고 불린다. 소비하지 않아도 생활에 지장이 없는 사치품이 이에 해당한다. 반면, 수요 탄력성이 1보다 작다면 수요는 '비탄력적'이라고 불린다. 만일 가격이 아무리 변해도 수요량에 어떠한 변화도 나타나지 않는다면 수요 탄력성은 영(0)이 된다. 이 경우 수요는 '완전 비탄력적'이라고 불린다. 생필품이 이에 해당한다.

수요 탄력성의 크기는 상품의 가격이 변할 때 이 상품에 대한 소비자의 지출이 어떻게 변하는지를 알려 준다. 상품에 대한 소비자의 지출액은 가격에 수요량을 곱한 것이다. 먼저 상품의 수요가 탄력적인 경우를 따져 보자. 이 경우에는 수요 탄력성이 1보다 크기 때문에, 가격이 오른 정도에 비해 수요량이 많이 감소한다. 이에 따라, 가격이 상승하면 소비자의 지출액은 가격이 오르기 전보다 감소한다. 반면에 가격이 내릴 때는 가격이 내린 정도에 비해 수요량이 많아지므로 소비자의 지출액은 증가한다. 물론 수요가 비탄력적이면 위와 반대되는 현상이 일어난다. 즉, 가격이 상승하면 소비자의 지출액은 증가하며, 가격이 하락하면 소비자의 지출액은 감소하게 된다.

보기

A국가의 정부는 경제 안정화를 위해 개별 소비자들이 지출액을 줄이도록 유도하는 정책을 시행하기로 하였다.

① 생필품의 가격은 높이고 사치품의 가격은 유지하려 하겠군.
② 생필품의 가격은 낮추고 사치품의 가격은 높이려 하겠군.
③ 생필품의 가격은 유지하고 사치품의 가격은 낮추려 하겠군.
④ 생필품과 사치품의 가격을 모두 유지하려 하겠군.

PART 2

05 | 빈칸 넣기

| 유형분석 |

- 주어진 지문을 바탕으로 빈칸에 들어갈 내용을 찾는 문제이다.
- 선택지의 내용을 정확하게 확인하고 빈칸 앞뒤 문맥을 파악하는 능력이 필요하다.

다음 글의 빈칸에 들어갈 내용으로 가장 적절한 것은?

> 힐링(Healing)은 사회적 압박과 스트레스 등으로 손상된 몸과 마음을 치유하는 방법을 포괄적으로 일컫는 말이다. 우리보다 먼저 힐링이 정착된 서구에서는 질병 치유의 대체 요법 또는 영적·심리적 치료 요법 등을 지칭하고 있다. 국내에서도 최근 힐링과 관련된 갖가지 상품이 유행하고 있다. 간단한 인터넷 검색을 통해 수천 가지의 상품을 확인할 수 있을 정도이다. 종교적 명상, 자연 요법, 운동 요법 등 다양한 형태의 힐링 상품이 존재한다. 심지어 고가의 힐링 여행이나 힐링 주택 등의 상품도 나오고 있다. 그러나 ______________________
> 우선 명상이나 기도 등을 통해 내면에 눈뜨고, 필라테스나 요가를 통해 육체적 건강을 회복하여 자신감을 얻는 것부터 출발할 수 있다.

① 힐링이 먼저 정착된 서구의 힐링 상품들을 참고해야 할 것이다.
② 많은 돈을 들이지 않고서도 쉽게 할 수 있는 일부터 찾는 것이 좋을 것이다.
③ 이러한 상품들의 값이 터무니없이 비싸다고 느껴지지는 않을 것이다.
④ 자신을 진정으로 사랑하는 법을 알아야 할 것이다.

정답 ②

빈칸의 전후 문장을 통해 내용을 파악해야 한다. 우선 '그러나'를 통해 빈칸에는 앞의 내용에 상반되는 내용이 오는 것임을 알 수 있다. 따라서 수천 가지의 힐링 상품이나 고가의 상품들을 참고하는 것과는 상반된 내용을 찾으면 된다. 또한, 빈칸 뒤의 내용이 주위에서 쉽게 할 수 있는 힐링 방법을 통해 자신감을 얻는 것부터 출발해야 한다는 내용이므로, 빈칸에는 많은 돈을 들이지 않고도 쉽게 할 수 있는 일부터 찾아야 한다는 내용이 담긴 문장이 오는 것이 적절하다.

풀이 전략!

빈칸 앞뒤의 문맥을 파악한 후 선택지에서 가장 어울리는 내용을 찾는다. 빈칸 앞에 접속어가 있다면 이를 활용한다.

출제유형분석 05 실전예제

※ 다음 글의 빈칸에 들어갈 내용으로 가장 적절한 것을 고르시오. [1~3]

01

조선 왕조에서 최고의 지위를 갖고 있던 왕들의 모습은 현재의 거울처럼 더욱더 생생하게 다가오고 있다. 조선 왕들에 대한 관심은 서적이나 영화, 드라마 등을 통해서도 상당히 표출되었지만, 영화나 드라마보다 더 극적인 상황 전개가 이루어진 정치 현실과 맞물리면서 조선 시대 왕의 리더십에 대해서는 더욱 통찰력 있는 분석이 요구되고 있다.

조선 왕조는 500년 이상 장수한 왕조였고, 27명의 왕이 재위하였다. 각기 다른 개성을 가진 왕들은 체제의 정비가 요구되던 시기를 살기도 했고, 강력한 개혁이 요구되던 시기를 살기도 했다. 태종이나 세조처럼 자신의 집권 정당성을 위해서 강력한 왕권을 확립해야 했던 왕, 세종이나 성종처럼 체제와 문물의 정비에 총력을 쏟았던 왕이 있었고, 광해군이나 선조처럼 개혁이 시대적 요구가 되던 시대를 살아간 왕도 있었다. 선조와 같이 전란을 겪고 수습해야 했던 왕, 인조처럼 적장에게 항복할 수밖에 없었던 왕, 원인은 달랐지만 부왕의 복수와 명예 회복을 위해 살아간 효종과 정조도 있었다. 시대의 요구가 달랐고 각기 다른 배경 속에서 즉위한 조선의 왕이었지만, 이들은 모두 성리학 이념으로 무장한 신하들과 학자, 왕의 통치력을 믿고 따르는 백성들과 함께 국가를 합리적으로 이끌어갈 임무를 부여받았다. 왕들은 때로는 과감한 개혁 정책을 선보였고, 때로는 왕권에 맞서는 신권에 대응하기도 했으며 조정자의 역할도 하였다. 모두들 백성을 위한 정책을 추진한다고 했지만, 대동법과 균역법처럼 시대의 요청에 부응하는 것들도 있었던 반면, 무리한 토목 공사와 천도처럼 실패한 정책들도 있었다. 체제의 안정, 변화와 개혁의 중심에도 왕의 리더십이 있었고, 왕의 리더십은 국가의 성패를 가늠하는 주요한 기준이었기에 왕으로 산다는 것은 그렇게 쉬운 일이 아니었다. 역사는 현재를 비추는 거울이라고 한다. 왕조 시대가 끝나고 국민이 주인이 되는 민주사회가 도래했다고는 하지만, 적절한 정책의 추진, 여론의 존중, 도덕과 청렴성, 소통과 포용의 리더십, 언론의 존중 등 전통사회의 왕들에게 요구되었던 덕목들은 오늘날 여전히 유효하다. ____________________

① 조선의 왕은 고대나 고려의 왕들에 비해 절대적인 권력을 누리지는 못하였다.
② 왕을 견제하는 세력을 두어 왕권과 신권의 적절한 조화가 중요하다.
③ 조선의 왕들은 자신의 정치 역량을 최대한 발휘하는 위치에 서 있었다.
④ 조선의 왕이 보인 리더십을 본받아 현재의 리더가 갖추어야 할 덕목들을 생각해 보아야 한다.

PART 2

02

포논(Phonon)이라는 용어는 소리(Pho –)라는 접두어에 입자(– non)라는 접미어를 붙여 만든 단어로, 실제로 포논이 고체 안에서 소리를 전달하기 때문에 이런 이름이 붙었다. 어떤 고체의 한쪽을 두드리면 포논이 전파한 소리를 반대쪽에서 들을 수 있다.
아인슈타인이 새롭게 만든 고체의 비열 공식(아인슈타인 모형)은 실험결과와 상당히 잘 맞았다. 그런데 그의 성공은 고체 내부의 진동을 포논으로 해석한 데에만 있지 않다. 그는 포논이 보존(Boson) 입자라는 사실을 간파하고, 고체 내부의 세상에 보존의 물리학(보즈 – 아인슈타인 통계)을 적용했으며, 비로소 고체의 비열이 온도에 따라 달라진다는 결론을 얻을 수 있었다.
양자역학의 세계에서 입자는 스핀 상태에 따라 분류된다. 스핀이 1/2의 홀수배(1/2, 3/2, …)인 입자들은 원자로를 개발한 유명한 물리학자 엔리코 페르미의 이름을 따 '페르미온'이라고 부른다. 오스트리아의 이론물리학자 볼프강 파울리는 페르미온들은 같은 에너지 상태를 가질 수 없고 서로 배척한다는 사실을 알아냈다. 즉, 같은 에너지 상태에서는 + / – 반대의 스핀을 갖는 페르미온끼리만 같이 존재할 수 있다. 이를 '파울리의 배타원리'라고 한다. 페르미온은 대개 양성자, 중성자, 전자 같은 물질을 구성하며, 파울리의 배타원리에 따라 페르미온 입자로 이뤄진 물질은 우리가 손으로 만질 수 있다.
스핀이 0, 1, 2, … 등 정수 값인 입자도 있다. 바로 보존이다. 인도의 무명 물리학자였던 사티엔드라 나트 보즈의 이름을 본떴다. 보즈는 페르미가 개발한 페르미 통계를 공부하고 보존의 물리학을 만들었다. 당시 그는 박사학위도 없는 무명의 물리학자여서 논문을 작성한 뒤 아인슈타인에게 편지로 보냈다. 다행히 아인슈타인은 그 논문을 쓰레기통에 넣지 않고 꼼꼼히 읽어 본 뒤 자신의 생각을 첨가하고 독일어로 번역해 학술지에 제출했다. 바로 보존 입자의 물리학(보즈 – 아인슈타인 통계)이다. 이에 따르면, 보존 입자는 페르미온과 달리 파울리의 배타원리를 따르지 않는다. 따라서 같은 에너지 상태를 지닌 입자라도 서로 겹쳐서 존재할 수 있다. 만져지지 않는 에너지 덩어리인 셈이다. 이들 보존 입자는 대개 힘을 매개한다.
빛 알갱이, 즉 ________________________ 빛은 실험을 해보면 입자의 특성을 보이지만, 질량이 없고 물질을 투과하며 만져지지 않는다. 포논은 어떨까? 원자 사이의 용수철 진동을 양자화 한 것이므로 물질이 아니라 단순한 에너지의 진동으로서 파울리의 배타원리를 따르지 않는다. 즉, 포논은 광자와 마찬가지로 스핀이 0인 보존 입자다.

① 광자는 파울리의 배타원리를 따른다.
② 광자는 스핀 상태에 따라 분류할 수 없다.
③ 광자는 스핀이 1/2의 홀수배인 입자의 대표적인 예다.
④ 광자는 보존의 대표적인 예다.

03

스마트팩토리는 인공지능(AI), 사물인터넷(IoT) 등 다양한 기술이 융합된 자율화 공장으로, 제품 설계와 제조, 유통, 물류 등의 산업 현장에서 생산성 향상에 초점을 맞췄다. 이곳에서는 기계, 로봇, 부품 등의 상호 간 정보 교환을 통해 제조 활동을 하고, 모든 공정 이력이 기록되며, 빅데이터 분석으로 사고나 불량을 예측할 수 있다. 스마트팩토리에서는 컨베이어 생산 활동으로 대표되는 산업 현장의 모듈형 생산이 컨베이어를 대체하고 IoT가 신경망 역할을 한다. 센서와 기기 간 다양한 데이터를 수집하고, 이를 서버에 전송하면 서버는 데이터를 분석해 결과를 도출한다. 서버는 AI 기계학습 기술이 적용돼 빅데이터를 분석하고 생산성 향상을 위한 최적의 방법을 제시한다.
스마트팩토리의 대표 사례로는 고도화된 시뮬레이션 '디지털 트윈'을 들 수 있다. 디지털 트윈은 데이터를 기반으로 가상공간에서 미리 시뮬레이션하는 기술이다. 시뮬레이션을 위해 빅데이터를 수집하고 분석과 예측을 위한 통신·분석 기술에 가상현실(VR), 증강현실(AR)과 같은 기술을 더한다. 이를 통해 산업 현장에서 작업 프로세스를 미리 시뮬레이션하고, VR·AR로 검증함으로써 실제 시행에 따른 손실을 줄이고, 작업 효율성을 높일 수 있다.
한편 '에지 컴퓨팅'도 스마트팩토리의 주요 기술 중 하나이다. 에지 컴퓨팅은 산업 현장에서 발생하는 방대한 데이터를 클라우드로 한 번에 전송하지 않고, 에지에서 사전 처리한 후 데이터를 선별해서 전송한다. 서버와 에지가 연동해 데이터 분석 및 실시간 제어를 수행하여 산업 현장에서 생산되는 데이터가 기하급수로 늘어도 서버에 부하를 주지 않는다. 현재 클라우드 컴퓨팅이 중앙 데이터센터와 직접 소통하는 방식이라면 에지 컴퓨팅은 기기 가까이에 위치한 일명 '에지 데이터 센터'와 소통하며, 저장을 중앙 클라우드에 맡기는 형식이다. 이를 통해 데이터 처리 지연 시간을 줄이고 즉각적인 현장 대처를 가능하게 한다.
이러한 스마트팩토리의 발전은 ____________________ 최근 선진국에서 나타나는 주요 현상 중의 하나는 바로 '리쇼어링'의 가속화이다. 리쇼어링이란 인건비 등 각종 비용 절감을 이유로 해외에 나간 자국 기업들이 다시 본국으로 돌아오는 현상을 의미하는 용어이다. 2000년대 초반까지는 국가적 차원에서 세제 혜택 등의 회유책을 통해 추진되어 왔지만, 스마트팩토리의 등장으로 인해 자국 내 스마트팩토리에서의 제조 비용과 중국이나 멕시코와 같은 제3국에서 제조 후 수출 비용에 큰 차이가 없어 리쇼어링 현상은 더욱 가속화되고 있다.

① 공장의 제조 비용을 절감시키고 있다.
② 공장의 세제 혜택을 사라지게 하고 있다.
③ 공장의 위치를 변화시키고 있다.
④ 수출 비용을 줄이는 데 도움이 된다.

06 문장 삽입

| 유형분석 |

- 논리적인 흐름에 따라 글을 이해할 수 있는지 평가한다.
- 한 문장뿐 아니라 여러 개의 문장이나 문단을 삽입하는 문제가 출제될 가능성이 있다.

다음 글에서 〈보기〉의 문장이 들어갈 위치로 가장 적절한 곳은?

밥상에 오르는 곡물이나 채소가 국내산이라고 하면 보통 그 종자도 우리나라의 것으로 생각하기 쉽다. (가) 하지만 실상은 벼, 보리, 배추 등을 제외한 많은 작물의 종자를 수입하고 있어 그 자급률이 매우 낮다고 한다. (나) 또한, 청양고추 종자는 우리나라에서 개발했음에도 현재는 외국 기업이 그 소유권을 가지고 있다. 국내 채소 종자 시장의 경우 종자 매출액의 50% 가량을 외국 기업이 차지하고 있다는 조사 결과도 있다. (다) 이런 상황이 지속될 경우, 우리 종자를 심고 키우기 어려워질 것이고 종자를 수입하거나 로열티를 지급하는 데 지금보다 훨씬 많은 비용이 들어가는 상황도 발생할 수 있다. 또한, 전문가들은 세계 인구의 지속적인 증가와 기상 이변 등으로 곡물 수급이 불안정하고, 국제 곡물 가격이 상승하는 상황을 고려할 때, 결국에는 종자 문제가 식량 안보에 위협 요인으로 작용할 수 있다고 지적한다. (라)

보기

양파, 토마토, 배 등의 종자 자급률은 약 16%, 포도는 약 1%에 불과하다.

① (가) ② (나)
③ (다) ④ (라)

정답 ②

보기의 문장은 우리나라 작물의 낮은 자급률을 보여주는 구체적인 수치이다. 따라서 우리나라 작물의 낮은 자급률을 이야기하는 '하지만 실상은 벼, 보리, 배추 등을 제외한 많은 작물의 종자를 수입하고 있어 그 자급률이 매우 낮다고 한다.'의 뒤인 (나)에 위치하는 것이 가장 적절하다.

풀이 전략!

- 보기를 먼저 읽고, 선택지로 주어진 빈칸의 앞·뒤 문장을 읽어 본다. 그리고 빈칸 부분에 보기를 넣었을 때 그 흐름이 어색하지 않은 위치를 찾는다.
- 보기 문장의 중심이 되는 단어가 빈칸의 앞뒤에 언급되어 있는지 확인하도록 한다.

출제유형분석 06 실전예제

※ 다음 글에서 〈보기〉의 문장이 들어갈 위치로 가장 적절한 곳을 고르시오. [1~3]

PART 2

01

(가) '원시인'이라는 말은 아프리카·남태평양·아메리카 및 아시아 등지의 지역에 사는 원주민을 일컫는 일반적인 명칭이다. 원주민들이 유럽인들에 의해 발견된 것은 주로 15세기에서 19세기 사이였으며, 어떤 경우에는 20세기까지 포함되기도 한다. 현대에 발견되는 원시인은 대부분 선사 시대인이나 현대 유럽인과 신체적으로 다르지만, 그들을 원시인이라고 판단하는 기준은 그들의 신체적 특징이 아닌 문화적 발달단계에 의한 것이다. 원시인의 문화적 발달단계는 혹자가 '야만적'이라고 표현하는 단계부터 비교적 고도로 발달된 단계까지 다양하다. 그래서 원시인이라는 단어는 그 자체의 의미상 규정이 명확하지 않다.

(나) 우리들 자신의 문명을 표준으로 삼는 일조차 그 문명의 어떤 측면이나 특징을 결정적인 것으로 생각하는가 하는 문제가 발생한다. 보통 규범 체계, 과학 지식, 기술적 성과와 같은 요소를 생각할 수 있다. 이러한 측면에서 원시 문화를 살펴보면, 현대의 문화와 동일한 종류는 아니지만, 같은 기준선상에서의 평가가 가능하다. 대부분의 원시 부족은 고도로 발달된 규범 체계를 갖고 있었다. 헌법으로 규정된 국가조직과 관습으로 규정된 부족조직 사이에는 본질적인 차이가 없으며, 원시인들 또한 국가를 형성하기도 했다. 또한 원시인들의 법은 단순한 체계를 가지고 있었지만 정교한 현대의 법체계와 마찬가지로 효과적인 강제력을 지니고 있었다. 과학이나 기술 수준 역시 마찬가지이다. 폴리네시아의 선원들은 천문학 지식이 매우 풍부하였는데 그것은 상당한 정도의 과학적 관찰을 필요로 하는 일이었다. 에스키모인은 황폐한 국토에 내장되어 있는 빈곤한 자원을 최대한 활용할 수 있는 기술을 발전시켰다. 현대의 유럽인이 같은 조건 하에서 생활한다면, 북극지방의 생활에 적응하기 위하여 그들보다 더 좋은 도구를 만들어 내지 못할 것이며, 에스키모인의 생활 양식을 응용해야 한다.

(다) 원시인을 말 그대로 원시인이라고 느낄 수 있는 부분은 그나마 종교적인 면에서일 뿐이다. 우리의 관점에서 보면 다양한 형태의 원시종교는 비논리적이지는 않더라도 매우 불합리하다. 원시종교에서는 주술이 중요한 역할을 담당하지만, 문명사회에서는 주술이나 주술사의 힘을 믿는 경우는 거의 찾아볼 수 없다.

보기

'문명인'과 구분하여 '원시인'에 대해 적당한 정의를 내리는 일은 불가능하지 않지만 어려운 일이다.

① (가)의 앞
② (나)의 앞
③ (나)의 뒤
④ (다)의 뒤

02

제2차 세계대전이 끝난 뒤 미국과 소련 및 그 동맹국들 사이에서 공공연하게 전개된 제한적 대결 상태를 냉전(冷戰)이라고 한다. 냉전의 기원에 관한 논의는 냉전이 시작된 직후부터 최근까지 계속 진행되었다. 이는 단순히 냉전의 발발 시기와 이유에 대한 논의만이 아니라, 그 책임 소재를 묻는 것이기도 하다. 그 연구의 결과를 편의상 세 가지로 나누어 볼 수 있다. (가)

가장 먼저 나타난 전통주의는 냉전을 유발한 근본적 책임이 소련의 팽창주의에 있다고 보았다. 소련은 세계를 공산화하기 위한 계획을 수립했고, 이 계획을 실행하기 위해 동유럽 지역을 시작으로 적극적인 팽창 정책을 수행했다. 그리고 미국이 자유 민주주의 세계를 지켜야 한다는 도덕적 책임감에 기초하여 그에 대한 봉쇄 정책을 추구하는 와중에 냉전이 발생했다고 보았다. (나) 미국의 봉쇄 정책이 성공적으로 수행된 결과 냉전이 종식되었다는 것이 이들의 입장이다.

여기에 비판을 가한 수정주의는 기본적으로 냉전의 책임이 미국 쪽에 있고, 미국의 정책은 경제적 동기에서 비롯했다고 주장했다. 즉, 미국은 전후 세계를 자신들이 주도해 나가야 한다고 생각했고, 전쟁 중에 급증한 생산력을 유지할 수 있는 시장을 얻기 위해 세계를 개방 경제 체제로 만들고자 했다. (다) 무엇보다 소련은 미국에 비해 국력이 미약했으므로 적극적 팽창 정책을 수행할 능력이 없었다는 것이 수정주의의 기본적 입장이었다. 오히려 미국이 유럽에서 공격적인 정책을 수행했고, 소련은 이에 대응했다는 것이다.

냉전의 기원에 관한 또 다른 주장인 탈수정주의는 위의 두 가지 주장에 대한 절충적 시도로서 냉전의 책임을 일방적으로 어느 한쪽에 부과해서는 안 된다고 보았다. 즉, 냉전은 양국이 추진한 정책의 '상호 작용'에 의해 발생했다는 것이다. (라) 또 경제를 중심으로만 냉전을 보아서는 안 되며 안보 문제 등도 같이 고려하여 파악해야 한다고 보았다. 소련의 목적은 주로 안보 면에서 제한적으로 추구되었는데, 미국은 소련의 행동에 과잉 반응했고, 이것이 상황을 악화시켰다는 것이다. 이로 인해 냉전 책임론은 크게 후퇴하고 구체적인 정책 형성에 대한 연구가 부각되었다.

보기

그러므로 미국 정책 수립의 기저에 깔린 것은 이념이 아니라는 것이다.

① (가) ② (나)

③ (다) ④ (라)

03

자본주의 경제 체제는 이익을 추구하려는 인간의 욕구를 최대한 보장해주고 있다. 기업 또한 이익 추구라는 목적에서 탄생하여, 생산의 주체로서 자본주의 체제의 핵심적 역할을 수행하고 있다. 곧, 이익은 기업가로 하여금 사업을 시작하게 하는 동기가 된다. (㉮) 이익에는 단기적으로 실현되는 이익과 장기간에 걸쳐 지속적으로 실현되는 이익이 있다. 기업이 장기적으로 존속, 성장하기 위해서는 단기 이익보다 장기 이익을 추구하는 것이 더 중요하다. 실제로 기업은 단기 이익의 극대화가 장기 이익의 극대화와 상충할 때에는 단기 이익을 과감히 포기하기도 한다. (㉯) 자본주의 초기에는 기업이 단기 이익과 장기 이익을 구별하여 추구할 필요가 없었다. 소자본끼리의 자유 경쟁 상태에서는 단기든 장기든 이익을 포기하는 순간에 경쟁에서 탈락하기 때문이다. 그에 따라 기업은 치열한 경쟁에서 살아남기 위해 주어진 자원을 최대한 효율적으로 활용하여 가장 저렴한 가격으로 좋은 품질의 상품을 소비자에게 공급하게 되었다. (㉰) 이 단계에서는 기업의 소유자가 곧 경영자였기 때문에, 기업의 목적은 자본가의 이익을 추구하는 것으로 집중되었다.

그러나 기업의 규모가 점차 커지고 경영 활동이 복잡해지면서 전문적인 경영 능력을 갖춘 경영자가 필요하게 되었다. (㉱) 이에 따라 소유와 경영이 분리되어 경영의 효율성이 높아졌지만, 동시에 기업이 단기 이익과 장기 이익 사이에서 갈등을 겪게 되는 일도 발생하였다. 주주의 대리인으로 경영을 위임 받은 전문 경영인은 기업의 장기적 전망보다 단기 이익에 치중하여 경영 능력을 과시하려는 경향이 있기 때문이다. 주주는 경영자의 이러한 비효율적 경영 활동을 감시함으로써 자신의 이익은 물론 기업의 장기 이익을 극대화하고자 하였다.

보기

이는 기업의 이익 추구가 결과적으로 사회 전체의 이익도 증진시켰다는 의미이다.

① ㉮
② ㉯
③ ㉰
④ ㉱

PART 2

07 문서 작성 및 수정

| 유형분석 |

- 기본적인 어휘력과 어법에 대한 지식을 필요로 하는 문제이다.
- 글의 내용을 파악하고 문맥을 읽을 줄 알아야 한다.

다음 글에서 ㉠ ~ ㉤의 수정 방안으로 적절하지 않은 것은?

근대화는 전통 사회의 생활양식에 큰 변화를 가져온다. 특히 급속한 근대화로 인해 전통 사회의 해체 과정이 빨라진 만큼 ㉠ 급격한 변화를 일으킨다. 생활양식의 급격한 변화는 전통 사회 문화의 해체 과정이라고 보아도 ㉡ 무던할 정도이다.
전통문화의 해체는 새롭게 변화하는 사회 구조에 대해서 전통적인 문화가 당면하게 되는 적합성(適合性)의 위기에서 초래되는 현상이다. ㉢ 이처럼 근대화 과정에서 외래문화와 전통문화는 숱하게 갈등을 겪었다. ㉣ 오랫동안 생활양식으로 유지되었던 전통 사회의 문화가 사회 구조 변화의 속도에 맞먹을 정도로 신속하게 변화할 수는 없다.
그러나 문화적 전통을 확립한다는 것은 과거의 전통문화가 고유성을 유지하면서도 현재의 변화된 사회에 적합성을 가지는 것이라 할 수 있다.

① ㉠ : 필요한 문장 성분이 생략되었으므로 '급격한' 앞에 '문화도'를 추가한다.
② ㉡ : 문맥에 어울리지 않으므로 '무방할'로 고친다.
③ ㉢ : 글의 흐름에 어긋나는 내용이므로 삭제한다.
④ ㉣ : 띄어쓰기가 올바르지 않으므로 '오랫 동안'으로 고친다.

정답 ④
'오랫동안'은 부사 '오래'와 명사 '동안'이 결합하면서 사이시옷이 들어간 합성어이다. 따라서 한 단어이므로 붙여 써야 한다.

풀이 전략!

문장에서 주어와 서술어의 호응 관계가 적절한지 주어와 서술어를 찾아 확인해 보는 연습을 하며, 문서 작성의 원칙과 주의사항은 미리 알아 두는 것이 좋다.

01 다음 글의 밑줄 친 ㉠~㉤의 수정 방안으로 적절하지 않은 것은?

'오투오(O2O; Online to Off-line) 서비스'는 모바일 기기를 통해 소비자와 사업자를 유기적으로 이어주는 서비스를 말한다. 어디에서든 실시간으로 서비스가 가능하다는 편리함 때문에 최근 오투오 서비스의 이용자가 증가하고 있다. 스마트폰에 설치된 앱으로 택시를 부르거나 배달 음식을 주문하는 것 등이 대표적인 예이다.

오투오 서비스 운영 업체는 스마트폰에 설치된 앱을 매개로 소비자와 사업자에게 필요한 서비스를 ㉠ 제공받고 있다. 이를 통해 소비자는 시간이나 비용을 절약할 수 있게 되었고, 사업자는 홍보 및 유통 비용을 줄일 수 있게 되었다. 이처럼 소비자와 사업자 모두에게 경제적으로 유리한 환경이 조성되어 서비스 이용자가 ㉡ 증가함으로써, 오투오 서비스 운영 업체도 많은 수익을 낼 수 있게 되었다.

㉢ 게다가 오투오 서비스 시장이 성장하면서 여러 문제들이 발생하고 있다. ㉣ 또한 오투오 서비스 운영 업체의 경우에는 오프라인으로 유사한 서비스를 제공하는 기존 업체와의 갈등이 발생하고 있다. 소비자의 경우 신뢰성이 떨어지는 정보나 기대에 부응하지 못하는 서비스를 제공받는 사례가 늘어나고 있고, 사업자의 경우 관련 법규가 미비하여 수수료 문제로 오투오 서비스 운영 업체와 마찰이 생기는 사례도 증가하고 있다.

이를 해결하기 위해 소비자는 오투오 서비스에서 제공한 정보가 믿을 만한 것인지를 꼼꼼히 따져 합리적으로 소비하는 태도가 필요하고, 사업자는 수수료와 관련된 오투오 서비스 운영 업체와의 마찰을 해결하기 위한 다양한 방법을 강구해야 한다. 오투오 서비스 운영 업체 역시 기존 업체들과의 갈등을 조정하기 위한 구체적인 노력들이 필요하다.

스마트폰 사용자가 늘어나고 있는 추세를 고려할 때, 오투오 서비스 산업의 성장을 저해하는 문제점들을 해결해 나가면 앞으로 오투오 서비스 시장 규모는 더 커질 것으로 예상된다.

① ㉠ : 문맥을 고려하여 '제공하고'로 고친다.

② ㉡ : 격조사의 쓰임이 적절하지 않으므로 '증가함으로서'로 고친다.

③ ㉢ : 앞 문단과의 내용을 고려하여 '하지만'으로 고친다.

④ ㉣ : 글의 흐름을 고려하여 뒤의 문장과 위치를 바꾼다.

02 행정기관의 기안문 작성방법이 다음과 같을 때, 적절하지 않은 것은?

〈기안문 작성방법〉

1. 행정기관명 : 그 문서를 기안한 부서가 속한 행정기관명을 기재한다. 행정기관명이 다른 행정기관명과 같은 경우에는 바로 위 상급 행정기관명을 함께 표시할 수 있다.
2. 수신 : 수신자명을 표시하고 그다음에 이어서 괄호 안에 업무를 처리할 보조·보좌 기관의 직위를 표시하되, 그 직위가 분명하지 않으면 ○○업무담당과장 등으로 쓸 수 있다. 다만, 수신자가 많은 경우에는 두문의 수신란에 '수신자 참조'라고 표시하고 결문의 발신명의 다음 줄의 왼쪽 기본선에 맞추어 수신자란을 따로 설치하여 수신자명을 표시한다.
3. (경유) : 경유문서인 경우에 '이 문서의 경유기관의 장은 ○○○(또는 제1차 경유기관의 장은 ○○○, 제2차 경유기관의 장은 ○○○)이고, 최종 수신기관의 장은 ○○○입니다.'라고 표시하고, 경유기관의 장은 제목란에 '경유문서의 이송'이라고 표시하여 순차적으로 이송하여야 한다.
4. 제목 : 그 문서의 내용을 쉽게 알 수 있도록 간단하고, 명확하게 기재한다.
5. 발신명의 : 합의제 또는 독임제 행정기관의 장의 명의를 기재하고, 보조기관 또는 보좌기관 상호 간에 발신하는 문서는 그 보조기관 또는 보좌기관의 명의를 기재한다. 시행할 필요가 없는 내부 결재문서는 발신명의를 표시하지 않는다.
6. 기안자·검토자·협조자·결재권자의 직위 / 직급 : 직위가 있는 경우에는 직위를, 직위가 없는 경우에는 직급(각급 행정기관이 6급 이하 공무원의 직급을 대신하여 사용할 수 있도록 정한 대외 직명을 포함한다. 이하 이 서식에서 같다)을 온전하게 쓴다. 다만, 기관장과 부기관장의 직위는 간략하게 쓴다.
7. 시행 처리과명 – 연도별 일련번호(시행일), 접수 처리과명 – 연도별 일련번호(접수일) : 처리과명(처리과가 없는 행정기관은 10자 이내의 행정기관명 약칭)을 기재하고, 시행일과 접수일란에는 연월일을 각각 마침표(.)를 찍어 숫자로 기재한다. 다만, 민원문서인 경우로서 필요한 경우에는 시행일과 접수일란에 시·분까지 기재한다.
8. 우 도로명 주소 : 우편번호를 기재한 다음, 행정기관이 위치한 도로명 및 건물번호 등을 기재하고 괄호 안에 건물 명칭과 사무실이 위치한 층수와 호수를 기재한다.
9. 홈페이지 주소 : 행정기관의 홈페이지 주소를 기재한다.
10. 전화번호( ), 팩스번호( ) : 전화번호와 팩스번호를 각각 기재하되, ( )안에는 지역번호를 기재한다. 기관 내부문서의 경우는 구내 전화번호를 기재할 수 있다.
11. 공무원의 전자우편주소 : 행정기관에서 공무원에게 부여한 전자우편주소를 기재한다.
12. 공개구분 : 공개, 부분공개, 비공개로 구분하여 표시한다. 부분공개 또는 비공개인 경우에는 「공공기록물 관리에 관한 법률 시행규칙」 제18조에 따라 '부분공개( )' 또는 '비공개( )'로 표시하고, 「공공기관의 정보공개에 관한 법률」 제9조 제1항 각 호의 번호 중 해당 번호를 괄호 안에 표시한다.
13. 관인생략 등 표시 : 발신명의의 오른쪽에 관인생략 또는 서명생략을 표시한다.

① 기안자 또는 협조자의 직위가 없는 경우 직급을 기재한다.

② 연월일 날짜 뒤에는 각각 마침표(.)를 찍는다.

③ 도로명 주소를 먼저 기재한 후 우편번호를 기재한다.

④ 행정기관에서 부여한 전자우편주소를 기재해야 한다.

03 다음 글의 밑줄 친 ㉠~㉣의 수정 방안으로 적절하지 않은 것은?

선진국과 ㉠ 제3세계간의 빈부 양극화 문제를 해결하기 위해 등장했던 적정기술은 시대적 요구에 부응하면서 다양한 모습으로 발전하여 올해로 탄생 50주년을 맞았다. 이를 기념하기 위해 우리나라에서도 각종 행사가 열리고 있다. ㉡ 게다가 적정기술의 진정한 의미가 무엇인지, 왜 그것이 필요한지에 대한 인식은 아직 부족한 것이 현실이다.

그렇다면 적정기술이란 무엇인가? 적정기술은 '현지에서 구할 수 있는 재료를 이용해 도구를 직접 만들어 삶의 질을 향상시키는 기술'을 뜻한다. 기술의 독점과 집적으로 인해 개인의 접근이 어려운 첨단기술과 ㉢ 같이 적정기술은 누구나 쉽게 배우고 익혀 활용할 수 있다. 이런 이유로 소비 중심의 현대사회에서 적정기술은 자신의 삶에 필요한 것을 직접 생산하는 자립적인 삶의 방식을 유도한다는 점에서 시사하는 바가 크다.

적정기술이 우리나라에 도입된 것은 2000년대 중반부터이다. 당시 일어난 귀농 열풍과 환경문제에 대한 관심 등 다양한 사회・문화적 맥락 속에서 적정기술에 대한 고민이 싹트기 시작했다. 특히 귀농인들을 중심으로 농촌의 에너지 문제를 해결하기 위한 다양한 방법이 시도되면서 국내에서 활용되는 적정기술은 난방 에너지 문제에 ㉣ 초점이 모아져 있다. 에너지 자립형 주택, 태양열 온풍기・온수기, 생태 단열 등이 좋은 예이다.

우리나라의 적정기술이 에너지 문제에 집중된 이유는 시대적 상황 때문이다. 우리나라는 전력수요 1억 KW 시대 진입을 눈앞에 두고 있는 세계 10위권의 에너지 소비 대국이다. 게다가 에너지 소비량이 늘어나면서 2011년 이후 매년 대규모 정전 사태의 위험성을 경고하는 목소리가 커지고 있다. 이런 상황에서 에너지를 직접 생산하여 삶의 자립성을 추구하는 적정기술은 환경오염과 대형 재난의 위기를 극복하는 하나의 대안이 될 수 있다. 이뿐만 아니라 기술의 공유를 목적으로 하는 새로운 공동체 문화 형성에도 기여하기 때문에 그 어느 때보다 적정기술의 발전 방향에 대한 진지한 논의가 필요하다.

① ㉠ : 띄어쓰기가 올바르지 않으므로 '제3세계 간의'로 고친다.
② ㉡ : 앞 문장과의 내용을 고려하여 '하지만'으로 고친다.
③ ㉢ : 문맥에 어울리지 않으므로 '달리'로 고친다.
④ ㉣ : 맞춤법에 어긋나므로 '촛점'으로 고친다.

CHAPTER 02

문제해결능력

합격 Cheat Key

문제해결능력은 업무를 수행하면서 여러 가지 문제 상황이 발생하였을 때, 창의적이고 논리적인 사고를 통하여 이를 올바르게 인식하고 적절히 해결하는 능력으로, 하위 능력에는 사고력과 문제처리능력이 있다.

문제해결능력은 NCS 기반 채용을 진행하는 대다수의 공사·공단에서 채택하고 있으며, 다양한 자료와 함께 출제되는 경우가 많아 어렵게 느껴질 수 있다. 특히, 난이도가 높은 문제로 자주 출제되기 때문에 다른 영역보다 더 많은 노력이 필요할 수는 있지만 그렇기에 차별화를 할 수 있는 득점 영역이므로 포기하지 말고 꾸준하게 노력해야 한다.

1 질문의 의도를 정확하게 파악하라!

문제해결능력은 문제에서 무엇을 묻고 있는지 정확하게 파악하여 먼저 풀이 방향을 설정하는 것이 가장 효율적인 방법이다. 특히, 조건이 주어지고 답을 찾는 창의적·분석적인 문제가 주로 출제되고 있기 때문에 처음에 정확한 풀이 방향이 설정되지 않는다면 문제를 제대로 풀지 못하게 되므로 첫 번째로 출제 의도 파악에 집중해야 한다.

2 중요한 정보는 반드시 표시하라!

출제 의도를 정확히 파악하기 위해서는 문제의 중요한 정보를 반드시 표시하거나 메모하여 하나의 조건, 단서도 잊고 넘어가는 일이 없도록 해야 한다. 실제 시험에서는 시간의 압박과 긴장감으로 정보를 잘못 적용하거나 잊어버리는 실수가 많이 발생하므로 사전에 충분한 연습이 필요하다.

3 반복 풀이를 통해 취약 유형을 파악하라!

문제해결능력은 특히 시간관리가 중요한 영역이다. 따라서 정해진 시간 안에 고득점을 할 수 있는 효율적인 문제 풀이 방법을 찾아야 한다. 이때, 반복적인 문제 풀이를 통해 자신이 취약한 유형을 파악하는 것이 중요하다. 정확하게 풀 수 있는 문제부터 빠르게 풀고 취약한 유형은 나중에 푸는 효율적인 문제 풀이를 통해 최대한 고득점을 맞는 것이 중요하다.

01 명제

| 유형분석 |

- 주어진 문장을 토대로 논리적으로 추론하여 참 또는 거짓을 구분하는 문제이다.
- 대체로 연역추론을 활용한 명제 문제가 출제된다.
- 자료를 제시하고 새로운 결과나 자료에 주어지지 않은 내용을 추론해 가는 형식의 문제가 출제된다.

한국중부발전에 재직 중인 귀하는 7가지 업무(A ~ G)에 대해서 효율성을 높이기 위해 순서를 정해서 수행하려고 한다. 다음 〈조건〉을 참고하여 가장 먼저 해야 하는 업무가 B일 때, 세 번째로 해야 할 업무는 무엇인가?

조건

- 중간에 수행하는 업무는 F이다.
- A는 F와 C 이후에 수행하는 업무이다.
- B 바로 다음에는 G를 수행한다.
- D와 E는 F 다음에 수행한다.
- E와 C 사이에 있는 업무는 두 가지이다.
- G와 F 사이에는 하나의 업무가 있다.
- D보다 나중에 하는 업무는 없다.

① A ② C

③ E ④ F

정답 ②

주어진 조건에 따라 해야 할 업무 순서를 배치해보면 다음 표와 같다.

첫 번째	두 번째	세 번째	네 번째	다섯 번째	여섯 번째	일곱 번째
B	G	C	F	A	E	D

따라서 세 번째로 해야 할 업무는 C이다.

풀이 전략!

명제와 관련한 기본적인 논법에 대해서는 미리 학습해 두며, 이를 바탕으로 각 문장에 있는 핵심단어 또는 문구를 기호화하여 정리한 후, 선택지와 비교하여 참 또는 거짓을 판단한다.

출제유형분석 01 실전예제

01 **A～E는 직장에서 상여금을 받았다. 상여금은 순서와 관계없이 각각 25만 원, 50만 원, 75만 원, 100만 원, 125만 원이다. 다음 〈조건〉을 참고할 때 옳지 않은 것은?**

조건

- A의 상여금은 다섯 사람 상여금의 평균이다.
- B의 상여금은 C, D보다 적다.
- C의 상여금은 어떤 사람의 상여금의 두 배이다.
- D의 상여금은 E보다 적다.

① A의 상여금은 A를 제외한 나머지 네 명의 평균과 같다.
② A의 상여금은 반드시 B보다 많다.
③ C의 상여금은 두 번째로 많거나 두 번째로 적다.
④ C의 상여금이 A보다 많다면, B의 상여금은 C의 50%일 것이다.

02 **H공사의 A～C는 이번 신입사원 교육에서 각각 인사, 사업, 영업 교육을 맡게 되었다. 다음 〈조건〉을 참고할 때, 교육과 관련된 내용이 바르게 연결된 것은?**

조건

- 교육은 각각 2시간, 1시간 30분, 1시간 동안 진행된다.
- A, B, C 중 2명은 과장이며, 나머지 한 명은 부장이다.
- 부장은 B보다 짧게 교육을 진행한다.
- A가 가장 오랜 시간 동안 사업 교육을 진행한다.
- 교육 시간은 인사 교육이 가장 짧다.

	직원	담당 교육	교육 시간
①	B과장	인사 교육	1시간
②	B부장	영업 교육	1시간
③	C부장	인사 교육	1시간
④	C부장	인사 교육	1시간 30분

PART 2

03 아마추어 야구 리그에서 활동하는 A ~ D팀은 빨간색, 노란색, 파란색, 보라색 중에서 매년 상징하는 색을 바꾸고 있다. 다음 〈조건〉을 참고할 때, 반드시 참인 것은?

> **조건**
> - 하나의 팀은 하나의 상징색을 갖는다.
> - 이전에 사용했던 상징색을 다시 사용할 수는 없다.
> - A팀과 B팀은 빨간색을 사용한 적이 있다.
> - B팀과 C팀은 보라색을 사용한 적이 있다.
> - D팀은 노란색을 사용한 적이 있고, 파란색을 선택하였다.

① A팀은 파란색을 사용한 적이 있어 다른 색을 골라야 한다.
② A팀의 상징색은 노란색이 될 것이다.
③ C팀은 파란색을 사용한 적이 있을 것이다.
④ C팀의 상징색은 빨간색이 될 것이다.

04 A ~ G 7명이 원형테이블에 〈조건〉과 같이 앉아 있을 때, 다음 중 직급이 사원인 사람과 대리인 사람을 순서대로 바르게 나열한 것은?

> **조건**
> A, B, C, D, E, F, G는 모두 사원, 대리, 과장, 차장, 팀장, 부부장, 부장 중 하나의 직급에 해당하며, 이 중 동일한 직급인 직원은 없다.
> - A의 왼쪽에는 부장이, 오른쪽에는 차장이 앉아 있다.
> - E는 사원과 이웃하여 앉지 않았다.
> - B는 부장과 이웃하여 앉아 있다.
> - C의 직급은 차장이다.
> - G는 차장과 과장 사이에 앉아 있다.
> - D는 A와 이웃하여 앉아 있다.
> - 사원은 부장, 대리와 이웃하여 앉아 있다.

	사원	대리
①	A	F
②	B	E
③	B	F
④	D	E

05 K공사의 건물에서는 엘리베이터 여섯 대(1 ~ 6호기)를 6시간에 걸쳐 검사하고자 한다. 한 시간에 한 대씩만 검사한다고 할 때, 다음 〈조건〉에 근거하여 바르게 추론한 것은?

조건

- 제일 먼저 검사하는 엘리베이터는 5호기이다.
- 가장 마지막에 검사하는 엘리베이터는 6호기가 아니다.
- 2호기는 6호기보다 먼저 검사한다.
- 3호기는 두 번째로 먼저 검사하며, 그 다음으로 검사하는 엘리베이터는 1호기이다.

① 6호기는 4호기보다 늦게 검사한다.
② 마지막으로 검사하는 엘리베이터는 4호기가 아니다.
③ 4호기 다음으로 검사할 엘리베이터는 2호기이다.
④ 6호기는 1호기 다다음에 검사하며, 다섯 번째로 검사하게 된다.

PART 2

06 이번 학기에 4개의 강좌 A ~ D가 새로 개설되는데, 강사 갑 ~ 무 중 4명이 한 강좌씩 맡으려 한다. 배정 결과를 궁금해 하는 5명은 다음 〈보기〉와 같이 예측했다. 배정 결과를 보니 갑 ~ 무의 진술 중 한 명의 진술만이 거짓이고 나머지는 참임이 드러났을 때, 다음 중 바르게 추론한 것은?

보기

갑 : 을이 A강좌를 담당하고 병은 강좌를 담당하지 않을 것이다.
을 : 병이 B강좌를 담당할 것이다.
병 : 정은 D강좌가 아닌 다른 강좌를 담당할 것이다.
정 : 무가 D강좌를 담당할 것이다.
무 : 을의 말은 거짓일 것이다.

① 갑은 A강좌를 담당한다.
② 을은 C강좌를 담당한다.
③ 병은 강좌를 담당하지 않는다.
④ 정은 D강좌를 담당한다.

02 규칙 적용

| 유형분석 |

- 주어진 상황과 규칙을 종합적으로 활용하여 풀어가는 문제이다.
- 일정, 비용, 순서 등 다양한 내용을 다루고 있어 유형을 한 가지로 단일화하기 어려우므로 여러 문제를 접해 보는 것이 좋다.

갑은 다음 규칙을 참고하여 알파벳을 숫자로 변환하고자 한다. 규칙을 적용한 〈보기〉의 ㉠～㉣ 알파벳에 부여된 숫자의 규칙에 따를 때, 알파벳 Z에 해당하는 각각의 자연수를 모두 더한 값은?

〈규칙〉

① 알파벳 'A'부터 'Z'까지 순서대로 자연수를 부여한다.
  예 A=2라고 하면 B=3, C=4, D=5이다.
② 단어의 음절에 같은 알파벳이 연속되는 경우 ①에서 부여한 숫자를 알파벳이 연속되는 횟수만큼 거듭제곱한다.
  예 A=2이고 단어가 'AABB'이면 AA는 '2^2'이고, BB는 '3^2'이므로 '49'로 적는다.

보기

㉠ AAABBCC는 10000001020110404로 변환된다.
㉡ CDFE는 3465로 변환된다.
㉢ PJJYZZ는 1712126729로 변환된다.
㉣ QQTSR은 625282726으로 변환된다.

① 154　② 176
③ 199　④ 212

정답 ④

㉠ A=100, B=101, C=102이다. 따라서 Z=125이다.
㉡ C=3, D=4, E=5, F=6이다. 따라서 Z=26이다.
㉢ P가 17임을 볼 때, J=11, Y=26, Z=27이다.
㉣ Q=25, R=26, S=27, T=28이다. 따라서 Z=34이다.
따라서 해당하는 Z값을 모두 더하면 125+26+27+34=212이다.

풀이 전략!

문제에 제시된 조건이나 규칙을 정확히 파악한 후, 선택지나 상황에 적용하여 문제를 풀어나간다.

출제유형분석 02 실전예제

01 한국중부발전은 사내 체육대회를 맞이하여 본격적인 경기시작 전 흥미를 돋우기 위해 퀴즈대회를 개최하였다. 퀴즈대회 규칙은 다음과 같다. 대회에 참여한 A대리가 얻은 점수가 60점이라고 할 때, A대리가 맞힌 문제 개수는?

〈규칙〉

- 모든 참가자는 총 20문제를 푼다.
- 각 문제를 맞힐 경우 5점을 얻게 되며, 틀릴 경우 3점을 잃게 된다.
- 20문제를 모두 푼 후, 참가자가 제시한 답의 정오에 따라 문제별 점수를 합산하여 참가자의 점수를 계산한다.

① 8개 ② 10개
③ 12개 ④ 15개

PART 2

02 A팀과 B팀은 보안등급 상에 해당하는 문서를 나누어 보관하고 있다. 이때 두 팀은 보안을 위해 아래와 같은 규칙에 따라 각 팀의 비밀번호를 지정하였다. 다음 중 A팀 또는 B팀에 들어갈 수 있는 암호배열은?

〈규칙〉

- 1 ~ 9까지의 숫자로 (한 자리 수)×(두 자리 수)=(세 자리 수)=(두 자리 수)×(한 자리 수) 형식의 비밀번호로 구성한다.
- 가운데에 들어갈 세 자리 수의 숫자는 156이며 숫자는 중복 사용할 수 없다. 즉, 각 팀의 비밀번호에 1, 5, 6이란 숫자가 들어가지 않는다.

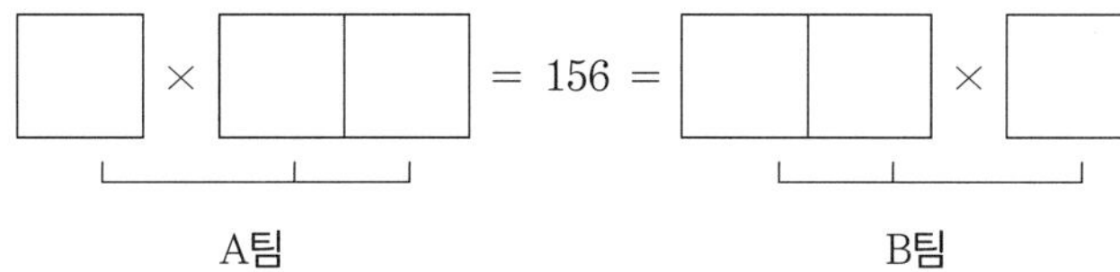

① 23 ② 27
③ 29 ④ 39

03 다음 글을 근거로 판단할 때, 방에 출입한 사람의 순서는?

방에는 1부터 6까지의 번호가 각각 적힌 6개의 전구가 다음과 같이 놓여 있다.

왼쪽 ← → 오른쪽

전구 번호	1	2	3	4	5	6
상태	켜짐	켜짐	켜짐	꺼짐	꺼짐	꺼짐

총 3명(A ~ C)이 각각 한 번씩 홀로 방에 들어가 자신이 정한 규칙에 의해서만 전구를 켜거나 끄고 나왔다.

〈규칙〉

- A는 번호가 3의 배수인 전구가 켜진 상태라면 그 전구를 끄고, 꺼진 상태라면 그대로 둔다.
- B는 번호가 2의 배수인 전구가 켜진 상태라면 그 전구를 끄고, 꺼진 상태라면 그 전구를 켠다.
- C는 3번 전구는 그대로 두고, 3번 전구를 기준으로 왼쪽과 오른쪽 중 켜진 전구의 개수가 많은 쪽의 전구를 전부 끈다.
- 다만 켜진 전구의 개수가 같다면 양쪽에 켜진 전구를 모두 끈다.
- 마지막 사람이 방에서 나왔을 때, 방의 전구는 모두 꺼져 있었다.

① A－B－C ② A－C－B

③ B－A－C ④ B－C－A

04 다음은 도서코드(ISBN)에 대한 자료이다. 주문한 도서에 대한 설명으로 옳은 것은?

〈도서코드(ISBN) 예시〉

국제표준도서번호					부가기호		
접두부	국가번호	발행자번호	서명식별번호	체크기호	독자대상	발행형태	내용분류
123	12	1234567		1	1	1	123

※ 국제표준도서번호는 5개의 군으로 나누어지고 군마다 '–'로 구분한다.

〈도서코드(ISBN) 세부사항〉

접두부	국가번호	발행자번호	서명식별번호	체크기호
978 또는 979	89 한국 05 미국 72 중국 40 일본 22 프랑스	발행자번호 – 서명식별번호 7자리 숫자 예 8491 – 208 : 발행자번호가 8491번인 출판사에서 208번째 발행한 책		0～9

독자대상	발행형태	내용분류
0 교양 1 실용 2 여성 3 (예비) 4 청소년 5 중고등 학습참고서 6 초등 학습참고서 7 아동 8 (예비) 9 전문	0 문고본 1 사전 2 신서판 3 단행본 4 전집 5 (예비) 6 도감 7 그림책, 만화 8 혼합자료, 점자자료, 전자책, 마이크로자료 9 (예비)	030 백과사전 100 철학 170 심리학 200 종교 360 법학 470 생명과학 680 연극 710 한국어 770 스페인어 740 영미문학 720 유럽사

〈주문도서〉

978 – 05 – 441 – 1011 – 314710

① 한국에서 출판한 도서이다.

② 441번째 발행된 도서이다.

③ 발행자번호는 총 7자리이다.

④ 한 권으로만 출판되지는 않았다.

03 자료 해석

| 유형분석 |

- 주어진 자료를 해석하고 활용하여 풀어가는 문제이다.
- 꼼꼼하고 분석적인 접근이 필요한 다양한 자료들이 출제된다.

다음 중 정수장 수질검사 현황에 대해 바르게 설명한 사람은?

〈정수장 수질검사 현황〉

급수 지역	항목						검사결과	
	일반세균 100 이하 (CFU/mL)	대장균 불검출 (수/100mL)	NH3-N 0.5 이하 (mg/L)	잔류염소 4.0 이하 (mg/L)	구리 1 이하 (mg/L)	망간 0.05 이하 (mg/L)	적합	기준 초과
함평읍	0	불검출	불검출	0.14	0.045	불검출	적합	없음
이삼읍	0	불검출	불검출	0.27	불검출	불검출	적합	없음
학교면	0	불검출	불검출	0.13	0.028	불검출	적합	없음
엄다면	0	불검출	불검출	0.16	0.011	불검출	적합	없음
나산면	0	불검출	불검출	0.12	불검출	불검출	적합	없음

① A사원 : 함평읍의 잔류염소는 가장 낮은 수치를 보였고, 기준치에 적합하네.
② B사원 : 모든 급수지역에서 일반세균이 나오지 않았어.
③ C사원 : 기준치를 초과한 곳은 없었지만 적합하지 않은 지역은 있어.
④ D사원 : 대장균과 구리가 검출되면 부적합 판정을 받는구나.

정답 ②

오답분석

① 잔류염소에서 가장 낮은 수치를 보인 지역은 나산면(0.12)이고, 함평읍(0.14)은 세 번째로 낮다.
③ 기준치를 초과한 곳도 없고, 모두 적합 판정을 받았다.
④ 항평읍과 학교면, 엄다면은 구리가 검출되었지만 적합 판정을 받았다.

풀이 전략!

문제 해결을 위해 필요한 정보가 무엇인지 먼저 파악한 후, 제시된 자료를 분석적으로 읽고 해석한다.

01 다음 자료를 근거로 판단할 때, 연구모임 A～D 중 두 번째로 많은 지원금을 받는 모임은?

〈지원계획〉

- 지원을 받기 위해서는 모임당 6명 이상 9명 미만으로 구성되어야 한다.
- 기본지원금은 모임당 1,500천 원이다. 단, 상품개발을 위한 모임의 경우는 2,000천 원을 지원한다.
- 추가지원금

등급	상	중	하
추가지원금(천 원/명)	120	100	70

※ 추가지원금은 연구 계획 사전평가결과에 따라 달라진다.

- 협업 장려를 위해 협업이 인정되는 모임에는 위의 두 지원금을 합한 금액의 30%를 별도로 지원한다.

〈연구모임 현황 및 평가 결과〉

모임	상품개발 여부	구성원 수	연구 계획 사전평가 결과	협업 인정 여부
A	○	5	상	○
B	×	6	중	×
C	×	8	상	○
D	○	7	중	×

① A모임　　② B모임
③ C모임　　④ D모임

02 A씨와 B씨는 카셰어링 업체인 I카를 이용하여 각각 일정을 소화하였다. I카의 이용요금표와 일정이 다음과 같을 때, A씨와 B씨가 지불해야 하는 요금이 바르게 연결된 것은?

〈I카 이용요금표〉

구분	기준요금(10분)	누진 할인요금				주행요금
		대여요금(주중)		대여요금(주말)		
		1시간	1일	1시간	1일	
모닝	880원	3,540원	35,420원	4,920원	49,240원	160원/km
레이		3,900원	39,020원	5,100원	50,970원	170원/km
아반떼	1,310원	5,520원	55,150원	6,660원	65,950원	
K3						

※ 주중 / 주말 기준
- 주중 : 일요일 20:00 ~ 금요일 12:00
- 주말 : 금요일 12:00 ~ 일요일 20:00(공휴일 및 당사 지정 성수기 포함)

※ 최소 예약은 30분이며 10분 단위로 연장할 수 있습니다(1시간 이하는 10분 단위로 환산하여 과금합니다).
※ 예약시간이 4시간을 초과하는 경우에는 누진 할인요금이 적용됩니다(24시간 한도).
※ 연장요금은 기준요금으로 부과합니다.
※ 이용시간 미연장에 따른 반납지연 패널티 요금은 초과한 시간에 대한 기준요금의 2배가 됩니다.

〈일정〉

- A씨
  - 차종 : 아반떼
  - 예약시간 : 3시간(토요일, 11:00 ~ 14:00)
  - 주행거리 : 92km
  - A씨는 저번 주 토요일, 친구 결혼식에 참석하기 위해 인천에 다녀왔다. 인천으로 가는 길은 순탄하였으나 돌아오는 길에는 고속도로에서 큰 사고가 있었던 모양인지 예상했던 시간보다 1시간 30분이 더 걸렸다. A씨는 이용시간을 연장해야 한다는 사실을 몰라 하지 못했다.
- B씨
  - 차종 : 레이
  - 예약시간 : 목요일, 금요일 00:00 ~ 08:00
  - 주행거리 : 243km
  - B씨는 납품지연에 따른 상황을 파악하기 위해 강원도 원주에 있는 거래처에 들러 이틀에 걸쳐 일을 마무리한 후 예정된 일정에 맞추어 다시 서울로 돌아왔다.

	A씨	B씨
①	61,920원	120,140원
②	62,800원	122,570원
③	62,800원	130,070원
④	63,750원	130,070원

03 K회사는 창립 10주년을 맞이하여 전 직원 단합대회를 준비하고 있다. 이를 위해 사장인 B씨는 여행상품 중 한 가지를 선정하려 하는데, 직원 투표 결과를 통해 결정하려고 한다. 직원 투표 결과와 여행지별 1인당 경비가 다음과 같이 주어져 있으며, 추가로 행사를 위한 부서별 고려사항을 참고하여 선택할 경우 〈보기〉 중 옳은 것을 모두 고르면?

〈직원 투표 결과〉

상품내용		투표 결과(표)					
여행상품	1인당 비용(원)	총무팀	영업팀	개발팀	홍보팀	공장1	공장2
A	500,000	2	1	2	0	15	6
B	750,000	1	2	1	1	20	5
C	600,000	3	1	0	1	10	4
D	1,000,000	3	4	2	1	30	10
E	850,000	1	2	0	2	5	5

〈여행상품별 혜택 정리〉

상품명	날짜	장소	식사제공	차량지원	편의시설	체험시설
A	5/10 ~ 5/11	해변	○	○	×	×
B	5/10 ~ 5/11	해변	○	○	○	×
C	6/7 ~ 6/8	호수	○	○	○	×
D	6/15 ~ 6/17	도심	○	×	○	○
E	7/10 ~ 7/13	해변	○	○	○	×

〈부서별 고려사항〉

- 총무팀 : 행사 시 차량 지원이 가능함
- 영업팀 : 6월 초순에 해외 바이어와 가격 협상 회의 일정이 있음
- 공장1 : 3일 연속 공장 비가동 시 제품의 품질 저하가 예상됨
- 공장2 : 7월 중순 공장 이전 계획이 있음

보기

㉠ 여행상품 비용은 총 1억 500만 원이 필요하다.
㉡ 투표 결과, 가장 인기가 좋은 여행상품은 B이다.
㉢ 공장1의 A, B 투표 결과가 바뀐다면 여행상품 선택은 변경된다.

① ㉠ ② ㉠, ㉡
③ ㉠, ㉢ ④ ㉡, ㉢

※ B씨는 다음 자료를 참고하여 휴가를 다녀오려고 한다. 이어지는 질문에 답하시오. **[4~5]**

〈여행경로 선정 조건〉

- 항공편 왕복 예산은 80만 원이다.
- 휴가지 후보는 태국, 싱가포르, 베트남이다.
- 중국을 경유하면 총비행금액의 20%가 할인된다.
- 제시된 항공편만 이용가능하다.

〈항공편 정보〉

비행편		출발 시각	도착 시각	금액(원)
갈 때	인천 – 베트남	09:10	14:30	341,000
	인천 – 싱가포르	10:20	15:10	580,000
	인천 – 중국	10:30	14:10	210,000
	중국 – 베트남	13:40	16:40	310,000
	인천 – 태국	10:20	15:20	298,000
	중국 – 싱가포르	14:10	17:50	405,000
올 때	태국 – 인천	18:10	21:20	203,000
	중국 – 인천	18:50	22:10	222,000
	베트남 – 인천	19:00	21:50	195,000
	싱가포르 – 인천	19:30	22:30	304,000
	베트남 – 중국	19:10	21:40	211,000
	싱가포르 – 중국	20:10	23:20	174,000

※ 항공편은 한국 시간 기준이다.

04 다음 〈보기〉에서 옳은 것을 모두 고르면?

보기

ㄱ. 인천에서 중국을 경유해서 베트남으로 갈 경우 싱가포르로 직항해서 가는 것보다 편도 비용이 15만 원 이상 저렴하다.

ㄴ. 직항 항공편만을 선택할 때, 왕복 항공편 비용이 가장 적게 드는 여행지로 여행을 간다면 베트남으로 여행을 갈 것이다.

ㄷ. 베트남으로 여행을 다녀오는 경우 왕복 항공편 최소 비용은 60만 원 미만이다.

① ㄱ
② ㄱ, ㄴ
③ ㄱ, ㄷ
④ ㄴ, ㄷ

05

B씨는 여행지 선정 기준을 바꾸어 태국, 싱가포르, 베트남 중 왕복 소요 시간이 가장 짧은 곳을 여행지로 선정하고자 한다. 다음 중 B씨가 여행지로 선정할 국가와 그 국가에 대한 왕복 소요 시간이 바르게 연결된 것은?

	여행지	왕복 소요 시간
①	태국	8시간 20분
②	싱가포르	7시간 50분
③	싱가포르	8시간 10분
④	베트남	7시간 50분

PART 2

06

올해 리모델링하는 K호텔에서 근무하는 귀하는 호텔 비품 구매를 담당하게 되었다. 제조사별 소파 특징을 알아본 귀하는 이탈리아제의 천, 쿠션재에 패더를 사용한 소파를 구매하기로 하였다. 쿠션재는 패더와 우레탄뿐이며 이 소파는 침대 겸용은 아니지만 리클라이닝이 가능하고 '조립'이라고 표시되어 있었으며, 커버는 교환할 수 없다. 귀하가 구매하려는 소파의 제조사는?

〈제조사별 소파 특징〉

구분	특징
A사	• 쿠션재에 스프링을 사용하지 않는 경우에는 이탈리아제의 천을 사용하지 않는다. • 국내산 천을 사용하는 경우에는 커버를 교환 가능하게 하지 않는다.
B사	• 쿠션재에 우레탄을 사용하는 경우에는 국내산 천을 사용한다. • 리클라이닝이 가능하지 않으면 이탈리아제 천을 사용하지 않는다.
C사	• 쿠션재에 패더를 사용하지 않는 경우에는 국내산 천을 사용한다. • 침대 겸용 소파의 경우에는 쿠션재에 패더를 사용하지 않는다.
D사	• 쿠션재에 패더를 사용하는 경우에는 이탈리아제의 천을 사용한다. • 조립이라고 표시된 소파의 경우에는 쿠션재에 우레탄을 사용한다.

① A사 또는 B사
② A사 또는 C사
③ B사 또는 C사
④ B사 또는 D사

CHAPTER 03

수리능력

합격 Cheat Key

수리능력은 사칙 연산 · 통계 · 확률의 의미를 정확하게 이해하고 이를 업무에 적용하는 능력으로, 기초 연산과 기초 통계, 도표 분석 및 작성의 문제 유형으로 출제된다. 수리능력 역시 채택하지 않는 공사 · 공단이 거의 없을 만큼 필기시험에서 중요도가 높은 영역이다.

특히, 난이도가 높은 공사 · 공단의 시험에서는 도표 분석, 즉 자료 해석 유형의 문제가 많이 출제되고 있고, 응용 수리 역시 꾸준히 출제하는 공사 · 공단이 많기 때문에 기초 연산과 기초 통계에 대한 공식의 암기와 자료 해석 능력을 기를 수 있는 꾸준한 연습이 필요하다.

1 응용 수리의 공식은 반드시 암기하라!

응용 수리는 공사 · 공단마다 출제되는 문제는 다르지만, 사용되는 공식은 비슷한 경우가 많으므로 자주 출제되는 공식을 반드시 암기하여야 한다. 문제에서 묻는 것을 정확하게 파악하여 그에 맞는 공식을 적절하게 적용하는 꾸준한 노력과 공식을 암기하는 연습이 필요하다.

2 자료의 해석은 자료에서 즉시 확인할 수 있는 지문부터 확인하라!

수리능력 중 도표 분석, 즉 자료 해석 능력은 많은 시간을 필요로 하는 문제가 출제되므로, 증가·감소 추이와 같이 눈으로 확인이 가능한 지문을 먼저 확인한 후 복잡한 계산이 필요한 지문을 확인하는 방법으로 문제를 풀이한다면 시간을 조금이라도 아낄 수 있다. 또한, 여러 가지 보기가 주어진 문제 역시 지문을 잘 확인하고 문제를 풀이한다면 불필요한 계산을 생략할 수 있으므로 항상 지문부터 확인하는 습관을 들여야 한다.

3 도표 작성에서는 지문에 작성된 도표의 제목을 반드시 확인하라!

도표 작성은 하나의 자료 혹은 보고서와 같은 수치가 표현된 자료를 도표로 작성하는 형식으로 출제되는데, 대체로 표보다는 그래프를 작성하는 형태로 많이 출제된다. 지문을 살펴보면 각 지문에서 주어진 도표에도 소제목이 있는 경우가 대부분이다. 이때, 자료의 수치와 도표의 제목이 일치하지 않는 경우 함정이 존재하는 문제일 가능성이 높으므로 도표의 제목을 반드시 확인하는 것이 중요하다.

01 응용 수리

| 유형분석 |

- 문제에서 제공하는 정보를 파악한 뒤, 사칙연산을 활용하여 계산하는 전형적인 수리문제이다.
- 문제를 풀기 위한 정보가 산재되어 있는 경우가 많으므로 주어진 조건 등을 꼼꼼히 확인해야 한다.

세희네 가족의 올해 휴가비용은 작년 대비 교통비는 15%, 숙박비는 24% 증가하였고, 전체 휴가비용은 20% 증가하였다. 작년 전체 휴가비용이 36만 원일 때, 올해 숙박비는?(단, 전체 휴가비는 교통비와 숙박비의 합이다)

① 160,000원　② 184,000원
③ 200,000원　④ 248,000원

정답 ④

작년 교통비를 x원, 숙박비를 y원이라 하자.

$1.15x+1.24y=1.2(x+y)$ ⋯ ㉠

$x+y=36$ ⋯ ㉡

㉠과 ㉡을 연립하면 $x=16$, $y=20$이다.

따라서 올해 숙박비는 $20\times1.24=24.8$만 원이다.

풀이 전략!

문제에서 묻는 바를 정확하게 확인한 후, 필요한 조건 또는 정보를 구분하여 신속하게 풀어 나간다. 단, 계산에 착오가 생기지 않도록 유의한다.

출제유형분석 01 실전예제

01 출입국관리사무소에서는 우리나라에 입국한 외국인을 조사하고 있다. 당일 조사한 결과 외국인 100명 중 중국인은 30%였고, 관광을 목적으로 온 외국인은 20%였으며, 중국인을 제외한 외국인 중 관광을 목적으로 온 사람은 20%였다. 임의로 중국인 1명을 조사할 때, 관광을 목적으로 온 사람일 확률은?

① $\frac{1}{2}$
② $\frac{1}{3}$
③ $\frac{1}{4}$
④ $\frac{1}{5}$

02 서울에 사는 A씨는 여름휴가를 맞이하여 남해로 가족여행을 떠났다. 다음 〈조건〉을 고려할 때, 구간단속구간의 제한 속도는?

조건

- 서울에서 남해까지 거리는 390km이며, 30km 구간단속구간이 있다.
- 일반구간에서 시속 80km를 유지하며 운전하였다.
- 구간단속구간에서는 제한 속도를 유지하며 운전하였다.
- 한 번도 쉬지 않았으며, 출발한 지 5시간 만에 남해에 도착하였다.

① 60km/h
② 65km/h
③ 70km/h
④ 75km/h

03 농도를 알 수 없는 설탕물 500g에 3%의 설탕물 200g을 온전히 섞었더니 섞은 설탕물의 농도는 7%가 되었다. 처음 500g의 설탕물에 녹아있던 설탕은 몇 g인가?

① 40g
② 41g
③ 42g
④ 43g

04 신영이는 제주도로 여행을 갔다. A호텔에서 B공원까지 거리는 지도상에서 10cm이고, 지도의 축척은 1 : 50,000이다. 신영이가 30km/h의 속력으로 자전거를 타고 갈 때, A호텔에서 출발하여 B공원에 도착하는 데 걸리는 시간은?

① 10분
② 15분
③ 20분
④ 25분

05 30명의 남학생 중에서 16명, 20명의 여학생 중에서 14명이 수학여행으로 국외를 선호하였다. 전체 50명의 학생 중 임의로 선택한 한 명이 국내 여행을 선호하는 학생일 때, 이 학생이 남학생일 확률은?

① $\frac{3}{5}$
② $\frac{7}{10}$
③ $\frac{4}{5}$
④ $\frac{9}{10}$

06 K공사에 근무 중인 S사원은 업무 계약 건으로 출장을 가야 한다. 시속 75km로 이동하던 중 점심시간이 되어 전체 거리의 40% 지점에 위치한 휴게소에서 30분 동안 점심을 먹었다. 시계를 확인하니 약속된 시간에 늦을 것 같아 시속 25km를 더 올려 이동하였더니, 출장지까지 총 3시간 20분이 걸려 도착하였다. K공사에서 출장지까지의 거리는?

① 100km
② 150km
③ 200km
④ 250km

07 K식품업체에서 일하고 있는 용선이가 속한 부서는 추석을 앞두고 약 1,200개 제품의 포장 작업을 해야 한다. 손으로 포장하면 하나에 3분이 걸리고 기계로 포장하면 2분이 걸리는데 기계를 이용하면 포장 100개마다 50분을 쉬어야 한다. 만약 휴식 없이 연속해서 작업을 한다고 할 때, 가장 빨리 작업을 마치는 데 시간이 얼마나 필요하겠는가?(단, 두 가지 작업은 병행할 수 있다)

① 24시간　　② 25시간
③ 26시간　　④ 27시간

08 K카페는 평균 고객이 하루에 100명이다. 모든 고객은 음료를 포장을 하거나 카페 내에서 음료를 마신다. 한 사람당 평균 6,400원을 소비하며 카페 내에서 음료를 마시는 고객은 한 사람당 서비스 비용이 평균적으로 1,500원이 들고 가게 유지 비용은 하루에 53만 5천 원이 든다. 이 경우 하루에 수익이 발생할 수 있는 포장 고객은 최소 몇 명인가?

① 28명　　② 29명
③ 30명　　④ 31명

09 경언이는 고향인 진주에서 서울로 올라오려고 한다. 오전 8시에 출발하여 우등버스를 타고 340km를 달려 서울 고속터미널에 도착하였는데, 원래 도착 예정시간보다 2시간이 늦어졌다. 도착 예정시간은 평균 100km/h로 달리고 휴게소에서 30분 쉬는 것으로 계산되었으나 실제로 휴게소에서 36분을 쉬었다고 한다. 이때, 진주에서 서울로 이동하는 동안 경언이가 탄 버스의 평균 속도는?

① 약 49km/h　　② 약 53km/h
③ 약 57km/h　　④ 약 64km/h

02 도표 계산

| 유형분석 |

- 문제에 주어진 도표를 분석하여 각 선택지의 값을 계산해 정답 유무를 판단하는 문제이다.
- 주로 그래프와 표로 제시되며, 경영·경제·산업 등과 관련된 최신 이슈를 많이 다룬다.
- 자료 간의 증감률·비율·추세 등을 자주 묻는다.

다음은 2023년도 A지역 고등학교 학년별 도서 선호 분야 비율에 관한 자료이다. 취업 관련 도서를 선호하는 3학년 학생 수 대비 철학·종교 도서를 선호하는 1학년 학생 수의 비율로 옳은 것은?(단, 소수점 첫째 자리에서 반올림한다)

〈A지역 고등학교 학년별 도서 선호 분야 비율〉

(단위 : 명, %)

학년	사례 수	장르 소설	문학	자기 계발	취업 관련	예술·문화	역사·지리	과학·기술	정치·사회	철학·종교	경제·경영	기타
소계	1,160	28.9	18.2	7.7	6.8	5.4	6.1	7.9	5.7	4.2	4.5	4.5
1학년	375	29.1	18.1	7.0	6.4	8.7	5.3	7.8	4.1	3.0	6.5	4.0
2학년	417	28.4	18.7	8.9	7.5	3.8	6.3	8.3	8.1	5.0	3.1	1.9
3학년	368	29.3	17.8	7.1	6.6	3.7	6.8	7.6	4.8	4.5	4.1	7.7

① 42%　　② 46%
③ 54%　　④ 58%

정답 ②

취업 관련 도서를 선호하는 3학년 학생 수는 368×0.066≒24명이고, 철학·종교 도서를 선호하는 1학년 학생 수는 375×0.03≒11명이다.

따라서 취업 관련 도서를 선호하는 3학년 학생 수 대비 철학·종교 도서를 선호하는 1학년 학생 수의 비율은 $\frac{11}{24}\times100≒46\%$이다.

풀이 전략!

선택지를 먼저 읽고 필요한 정보를 도표에서 확인하도록 하며, 계산이 필요한 경우에는 실제 수치를 사용하여 복잡한 계산을 하는 대신, 대소 관계의 비교나 선택지의 옳고 그름만을 판단할 수 있을 정도로 간소화하여 계산해 풀이시간을 단축할 수 있도록 한다.

출제유형분석 02 실전예제

01 다음은 공공기관 청렴도 평가 현황 자료이다. 내부청렴도가 가장 높은 해와 낮은 해를 차례대로 나열하면?

〈공공기관 청렴도 평가 현황〉

(단위 : 점)

구분	2020년	2021년	2022년	2023년
종합청렴도	6.23	6.21	6.16	6.8
외부청렴도	8.0	8.0	8.0	8.1
내부청렴도				
정책고객평가	6.9	7.1	7.2	7.3
금품제공률	0.7	0.7	0.7	0.5
향응제공률	0.7	0.8	0.8	0.4
편의제공률	0.2	0.2	0.2	0.2

※ 종합청렴도, 외부청렴도, 내부청렴도, 정책고객평가는 각각 10점 만점으로, 10점에 가까울수록 청렴도가 높다는 의미이다.

※ (종합청렴도)=[(외부청렴도)×0.6+(내부청렴도)×0.3+(정책고객평가)×0.1]−(감점요인)

※ 금품제공률, 향응제공률, 편의제공률은 감점요인이다.

	가장 높은 해	가장 낮은 해
①	2020년	2022년
②	2021년	2022년
③	2021년	2023년
④	2022년	2023년

02 다음은 1,000명을 대상으로 5개 제조사 타이어 제품에 대한 소비자 선호도 조사 결과에 관한 자료이다. 1차 선택 후, 일주일간 사용하고 다시 2차 선택을 하였다. 다음 두 가지 질문에 대한 답을 순서대로 짝지은 것은?

〈5개 제조사 타이어 제품에 대한 소비자 선호도 조사 결과〉

2차 선택 / 1차 선택	A사	B사	C사	D사	E사	총계
A사	120	17	15	23	10	185
B사	22	89	11	(가)	14	168
C사	17	11	135	13	12	188
D사	15	34	21	111	21	202
E사	11	18	13	15	200	257
총계	185	169	195	194	157	1,000

- (가)에 들어갈 수는?
- 1차에서 D사를 선택하고, 2차에서 C사를 선택한 소비자 수와 1차에서 E사를 선택하고 2차에서 B사를 선택한 소비자 수의 차이는?

① 32, 3
② 32, 6
③ 12, 11
④ 12, 3

03 귀하는 각 생산부서의 사업평가 자료를 취합하였는데 커피를 흘려 자료의 일부가 훼손되었다. 다음 중 (가) ~ (라)에 들어갈 수치로 옳은 것은?(단, 인건비와 재료비 이외의 투입요소는 없다)

〈사업평가 자료〉

구분	목표량	인건비	재료비	산출량	효과성 순위	효율성 순위
A부서	(가)	200	50	500	3	2
B부서	1,000	(나)	200	1,500	2	1
C부서	1,500	1,200	(다)	3,000	1	3
D부서	1,000	300	500	(라)	4	4

※ (효과성)=(산출량)÷(목표량)

※ (효율성)=(산출량)÷(투입량)

	(가)	(나)	(다)	(라)
①	300	500	800	800
②	500	800	300	800
③	800	500	300	300
④	500	300	800	800

04 다음은 2023년 우리나라의 LPCD(Liter Per Capita Day)에 대한 자료이다. 1인 1일 사용량에서 영업용 사용량이 차지하는 비중과 1인 1일 가정용 사용량의 하위 두 항목이 차지하는 비중을 순서대로 나열한 것은?(단, 소수점 셋째 자리에서 반올림한다)

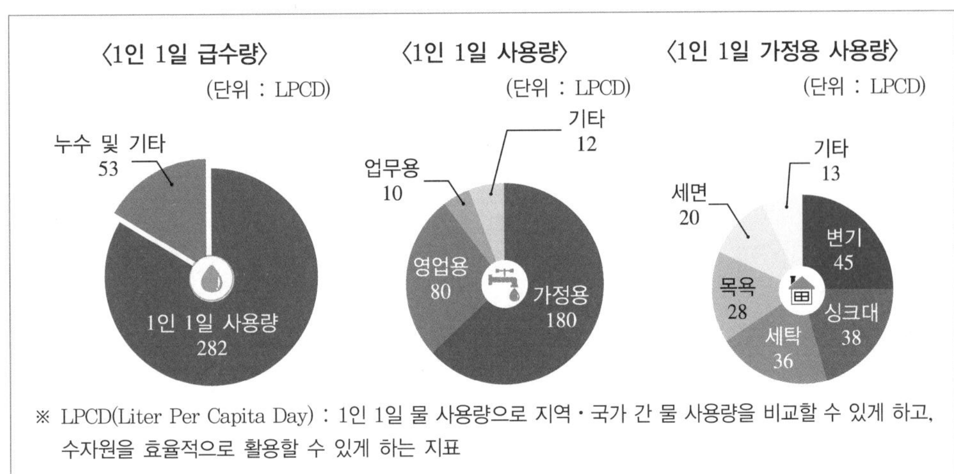

※ LPCD(Liter Per Capita Day) : 1인 1일 물 사용량으로 지역·국가 간 물 사용량을 비교할 수 있게 하고, 수자원을 효율적으로 활용할 수 있게 하는 지표

① 27.57%, 16.25%
② 27.57%, 19.24%
③ 28.37%, 18.33%
④ 28.37%, 19.24%

03 자료 이해

| 유형분석 |

- 제시된 표를 분석하여 선택지의 정답 유무를 판단하는 문제이다.
- 표의 수치 등을 통해 변화량이나 증감률, 비중 등을 비교하여 판단하는 문제가 자주 출제된다.
- 지원하고자 하는 기업이나 산업과 관련된 자료 등이 문제의 자료로 많이 다뤄진다.

다음은 도시폐기물량 상위 10개국의 도시폐기물량지수와 한국의 도시폐기물량을 나타낸 자료이다. 〈보기〉 중 이에 대한 설명으로 옳은 것을 모두 고르면?

〈도시폐기물량 상위 10개국의 도시폐기물량지수〉

순위	2020년		2021년		2022년		2023년	
	국가	지수	국가	지수	국가	지수	국가	지수
1	미국	12.05	미국	11.94	미국	12.72	미국	12.73
2	러시아	3.40	러시아	3.60	러시아	3.87	러시아	4.51
3	독일	2.54	브라질	2.85	브라질	2.97	브라질	3.24
4	일본	2.53	독일	2.61	독일	2.81	독일	2.78
5	멕시코	1.98	일본	2.49	일본	2.54	일본	2.53
6	프랑스	1.83	멕시코	2.06	멕시코	2.30	멕시코	2.35
7	영국	1.76	프랑스	1.86	프랑스	1.96	프랑스	1.91
8	이탈리아	1.71	영국	1.75	이탈리아	1.76	터키	1.72
9	터키	1.50	이탈리아	1.73	영국	1.74	영국	1.70
10	스페인	1.33	터키	1.63	터키	1.73	이탈리아	1.40

※ $(\text{도시폐기물량지수}) = \frac{(\text{해당 연도 해당 국가의 도시폐기물량})}{(\text{해당 연도 한국의 도시폐기물량})}$

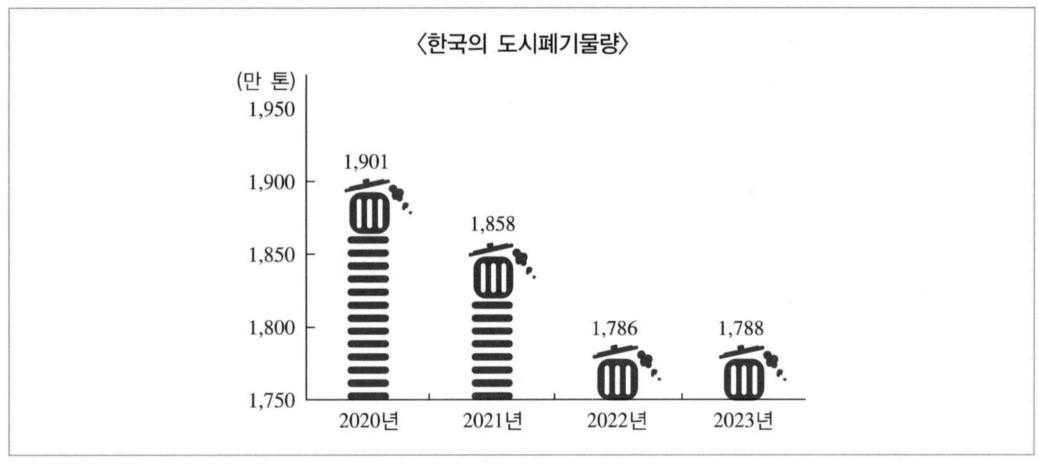

보기

㉠ 2023년 도시폐기물량은 미국이 일본의 4배 이상이다.
㉡ 2022년 러시아의 도시폐기물량은 8,000만 톤 이상이다.
㉢ 2023년 스페인의 도시폐기물량은 2020년에 비해 감소하였다.
㉣ 영국의 도시폐기물량은 터키의 도시폐기물량보다 매년 많다.

① ㉠, ㉢　　② ㉠, ㉣
③ ㉡, ㉢　　④ ㉢, ㉣

정답 ①

㉠ 제시된 자료의 각주에 의해 같은 해의 각국의 도시폐기물량지수는 그 해 한국의 도시폐기물량을 기준해 도출된다. 즉, 같은 해의 여러 국가의 도시폐기물량을 비교할 때 도시폐기물량지수로도 비교가 가능하다. 2023년 미국과 일본의 도시폐기물량지수는 각각 12.73, 2.53이며, 2.53×4=10.12<12.73이므로 옳은 설명이다.

㉢ 2020년 한국의 도시폐기물량은 1,901만 톤이므로 2020년 스페인의 도시폐기물량은 1,901×1.33=2,528.33만 톤이다. 도시폐기물량 상위 10개국의 도시폐기물량지수 자료를 보면 2023년 스페인의 도시폐기물량지수는 상위 10개국에 포함되지 않았음을 확인할 수 있다. 즉, 스페인의 도시폐기물량은 도시폐기물량지수 10위인 이탈리아의 도시폐기물량보다 적다. 2023년 한국의 도시폐기물량은 1,788만 톤이므로 이탈리아의 도시폐기물량은 1,788×1.40=2,503.2만 톤이다. 즉, 2023년 이탈리아의 도시폐기물량은 2020년 스페인의 도시폐기물량보다 적다. 따라서 2023년 스페인의 도시폐기물량은 2020년에 비해 감소했다.

오답분석

㉡ 2022년 한국의 도시폐기물량은 1,786만 톤이므로 2022년 러시아의 도시폐기물량은 1,786×3.87=6,911.82만 톤이다.

㉣ 2023년의 경우 터키의 도시폐기물량지수는 영국보다 높다. 따라서 2023년 영국의 도시폐기물량은 터키의 도시폐기물량보다 적다.

풀이 전략!

자료만 보고도 풀 수 있거나 계산이 필요 없는 선택지를 먼저 해결한다. 또한 평소 변화량이나 증감률, 비중 등을 구하는 공식을 알아두고 있어야 하며, 지원하는 기업이나 산업에 관한 자료 등을 확인하여 비교하는 연습 등을 한다.

출제유형분석 03 실전예제

01 다음은 K신도시 쓰레기 처리 관련 통계 자료이다. 이에 대한 설명으로 옳지 않은 것은?

〈K신도시 쓰레기 처리 관련 통계〉

구분	2020년	2021년	2022년	2023년
1kg 쓰레기 종량제 봉투 가격	100원	200원	300원	400원
쓰레기 1kg당 처리 비용	400원	400원	400원	400원
H신도시 쓰레기 발생량	5,013톤	4,521톤	4,209톤	4,007톤
H신도시 쓰레기 관련 예산 적자	15억 원	9억 원	4억 원	0원

① 쓰레기 종량제 봉투 가격이 100원이었던 2020년에 비해 400원이 된 2023년에는 쓰레기 발생량이 약 20%p나 감소하였고 쓰레기 관련 예산 적자는 0원이 되었다.

② 연간 쓰레기 발생량 감소곡선보다 쓰레기 종량제 봉투 가격의 인상곡선이 더 가파르다.

③ 쓰레기 1kg당 처리 비용이 인상될수록 K신도시의 쓰레기 발생량과 쓰레기 관련 예산 적자가 급격히 감소하는 것을 볼 수 있다.

④ 봉투 가격이 인상됨으로써 주민들은 비용에 부담을 느끼고 쓰레기 배출을 줄였다.

02 다음은 K국의 부패인식지수(CPI) 연도별 변동 추이에 대한 자료이다. 이에 대한 설명으로 옳지 않은 것은?

〈K국 부패인식지수(CPI) 연도별 변동 추이〉

구분		2017년	2018년	2019년	2020년	2021년	2022년	2023년
CPI	점수	4.5	5.0	5.1	5.1	5.6	5.5	5.4
	조사대상국	146	159	163	180	180	180	178
	순위	47	40	42	43	40	39	39
	백분율	32.2	25.2	25.8	23.9	22.2	21.6	21.9
OECD	회원국	30	30	30	30	30	30	30
	순위	24	22	23	25	22	22	22

※ 점수가 높을수록 청렴함을 의미한다.

① CPI 점수를 확인해 볼 때 우리나라는 다른 해에 비해 2021년에 가장 청렴했다고 볼 수 있다.

② CPI 순위는 2022년에 처음으로 30위권에 진입했다.

③ 청렴도가 가장 낮은 해와 2023년의 청렴도 점수 차이는 0.9점이다.

④ 우리나라의 OECD 순위는 2017년부터 현재까지 상위권이라 볼 수 있다.

03 다음은 동일한 상품군을 판매하는 백화점과 TV홈쇼핑의 상품군별 2023년 판매수수료율에 대한 자료이다. 〈보기〉 중 이에 대한 설명으로 옳은 것을 모두 고르면?

〈백화점 판매수수료율 순위〉

(단위 : %)

판매수수료율 상위 5개			판매수수료율 하위 5개		
순위	상품군	판매수수료율	순위	상품군	판매수수료율
1	셔츠	33.9	1	디지털기기	11.0
2	레저용품	32.0	2	대형가전	14.4
3	잡화	31.8	3	소형가전	18.6
4	여성정장	31.7	4	문구	18.7
5	모피	31.1	5	신선식품	20.8

〈TV홈쇼핑 판매수수료율 순위〉

(단위 : %)

판매수수료율 상위 5개			판매수수료율 하위 5개		
순위	상품군	판매수수료율	순위	상품군	판매수수료율
1	셔츠	42.0	1	여행패키지	8.4
2	여성캐주얼	39.7	2	디지털기기	21.9
3	진	37.8	3	유아용품	28.1
4	남성정장	37.4	4	건강용품	28.2
5	화장품	36.8	5	보석	28.7

보기

㉠ 백화점과 TV홈쇼핑 모두 셔츠 상품군의 판매수수료율이 전체 상품군 중 가장 높았다.
㉡ 여성정장 상품군과 모피 상품군의 판매수수료율은 TV홈쇼핑이 백화점보다 더 낮았다.
㉢ 디지털기기 상품군의 판매수수료율은 TV홈쇼핑이 백화점보다 더 높았다.
㉣ 여행패키지 상품군의 판매수수료율은 백화점이 TV홈쇼핑의 2배 이상이었다.

① ㉠, ㉡
② ㉠, ㉢
③ ㉡, ㉣
④ ㉠, ㉢, ㉣

PART 2

04 다음은 민간 분야 사이버 침해사고 발생현황에 대한 자료이다. 〈보기〉 중 이에 대한 설명으로 옳지 않은 것을 모두 고르면?

〈민간 분야 사이버 침해사고 발생현황〉

(단위 : 건)

구분	2020년	2021년	2022년	2023년
홈페이지 변조	6,490	10,148	5,216	3,727
스팸릴레이	1,163	988	731	365
기타 해킹	3,175	2,743	4,126	2,961
단순침입시도	2,908	3,031	3,019	2,783
피싱 경유지	2,204	4,320	3,043	1,854
전체	15,940	21,230	16,135	11,690

보기

ㄱ. 단순침입시도 분야의 침해사고는 매년 스팸릴레이 분야의 침해사고 건수의 두 배 이상이다.
ㄴ. 2020년 대비 2023년 침해사고 건수가 50%p 이상 감소한 분야는 2개 분야이다.
ㄷ. 2022년 홈페이지 변조 분야의 침해사고 건수가 차지하는 비중은 35% 이하이다.
ㄹ. 2021년 대비 2023년은 모든 분야의 침해사고 건수가 감소하였다.

① ㄱ, ㄴ
② ㄱ, ㄹ
③ ㄴ, ㄹ
④ ㄷ, ㄹ

05 다음은 K국의 출생, 사망 추이를 나타낸 자료이다. 이에 대한 설명으로 옳지 않은 것은?

〈K국의 출생, 사망 추이〉

구분		2017년	2018년	2019년	2020년	2021년	2022년	2023년
출생아 수(명)		490,543	472,761	435,031	448,153	493,189	465,892	444,849
사망자 수(명)		244,506	244,217	243,883	242,266	244,874	246,113	246,942
기대수명(년)		77.44	78.04	78.63	79.18	79.56	80.08	80.55
수명	남자(년)	73.86	74.51	75.14	75.74	76.13	76.54	76.99
	여자(년)	80.81	81.35	81.89	82.36	82.73	83.29	83.77

① 출생아 수는 2017년 이후 감소하다가 2020년, 2021년에 증가 이후 다시 감소하고 있다.
② 매년 기대수명은 증가하고 있다.
③ 남자와 여자의 수명은 매년 5년 이상의 차이를 보이고 있다.
④ 매년 출생아 수는 사망자 수보다 20만 명 이상 더 많으므로 매년 총인구는 20만 명 이상씩 증가한다고 볼 수 있다.

06 다음은 연령별 선물환거래 금액 비율을 나타낸 자료이다. 이에 대한 설명으로 옳은 것은?

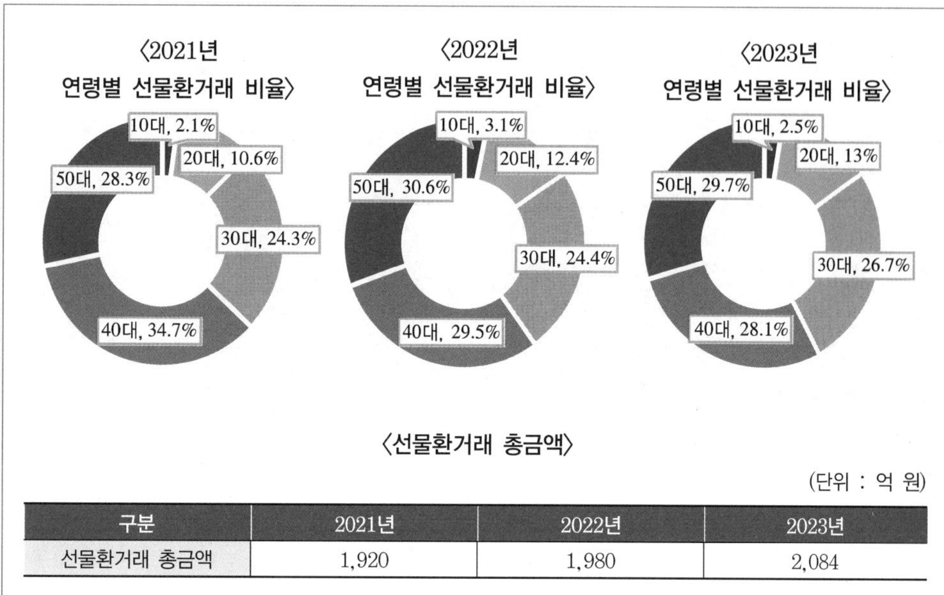

〈선물환거래 총금액〉

(단위 : 억 원)

구분	2021년	2022년	2023년
선물환거래 총금액	1,920	1,980	2,084

① 2022 ~ 2023년의 전년 대비 10대와 20대의 선물환거래 금액 비율 증감 추이는 같다.

② 2022년 대비 2023년의 50대의 선물환거래 금액 증가량은 13억 원 이상이다.

③ 2022 ~ 2023년 동안 전년 대비 매년 40대의 선물환거래 금액은 지속적으로 감소하고 있다.

④ 2023년 10 ~ 40대의 선물환거래 금액 총비율은 2022년 50대의 비율의 2.5배 이상이다.

CHAPTER 04

자원관리능력

합격 Cheat Key

자원관리능력은 현재 NCS 기반 채용을 진행하는 많은 공사·공단에서 핵심영역으로 자리 잡아, 일부를 제외한 대부분의 시험에서 출제되고 있다.

세부 유형은 비용 계산, 해외파견 지원금 계산, 주문 제작 단가 계산, 일정 조율, 일정 선정, 행사 대여 장소 선정, 최단거리 구하기, 시차 계산, 소요시간 구하기, 해외파견 근무 기준에 부합하는 또는 부합하지 않는 직원 고르기 등으로 나눌 수 있다.

1 시차를 먼저 계산하라!

시간 자원 관리의 대표유형 중 시차를 계산하여 일정에 맞는 항공권을 구입하거나 회의시간을 구하는 문제에서는 각각의 나라 시간을 한국 시간으로 전부 바꾸어 계산하는 것이 편리하다. 조건에 맞는 나라들의 시간을 전부 한국 시간으로 바꾸고 한국 시간과의 시차만 더하거나 빼면 시간을 단축하여 풀 수 있다.

2 선택지를 잘 활용하라!

계산을 해서 값을 요구하는 문제 유형에서는 선택지를 먼저 본 후 자리 수가 몇 단위로 끝나는지 확인해야 한다. 예를 들어 412,300원, 426,700원, 434,100원인 선택지가 있다고 할 때, 제시된 조건에서 100원 단위로 나올 수 있는 항목을 찾아 그 항목만 계산하는 방법이 있다. 또한, 일일이 계산하는 문제가 많다. 예를 들어 640,000원, 720,000원, 810,000원 등의 수를 이용해 푸는 문제가 있다고 할 때, 만 원 단위를 절사하고 계산하여 64, 72, 81처럼 요약하는 방법이 있다.

3 최적의 값을 구하는 문제인지 파악하라!

물적 자원 관리의 대표유형에서는 제한된 자원 내에서 최대의 만족 또는 이익을 얻을 수 있는 방법을 강구하는 문제가 출제된다. 이때, 구하고자 하는 값을 x, y로 정하고 연립방정식을 이용해 x, y 값을 구한다. 최소 비용으로 목표생산량을 달성하기 위한 업무 및 인력 할당, 정해진 시간 내에 최대 이윤을 낼 수 있는 업체 선정, 정해진 인력으로 효율적 업무 배치 등을 구하는 문제에서 사용되는 방법이다.

4 각 평가항목을 비교하라!

인적 자원 관리의 대표유형에서는 각 평가항목을 비교하여 기준에 적합한 인물을 고르거나, 저렴한 업체를 선정하거나, 총점이 높은 업체를 선정하는 문제가 출제된다. 이런 유형은 평가항목에서 가격이나 점수 차이에 영향을 많이 미치는 항목을 찾아 1 ~ 2개의 선택지를 삭제하고, 남은 3 ~ 4개의 선택지만 계산하여 시간을 단축할 수 있다.

01 시간 계획

| 유형분석 |

- 시간 자원과 관련된 다양한 정보를 활용하여 풀어가는 문제이다.
- 대체로 교통편 정보나 국가별 시차 정보가 제공되며, 이를 근거로 '현지 도착시간 또는 약속된 시간 내에 도착하기 위한 방안'을 고르는 문제가 출제된다.

한국은 뉴욕보다 16시간 빠르고, 런던은 한국보다 8시간 느리다. 다음 비행기가 현지에 도착할 때의 시간(㉠, ㉡)으로 옳은 것은?

구분	출발 일자	출발 시간	비행 시간	도착 시간
뉴욕행 비행기	6월 6일	22:20	13시간 40분	㉠
런던행 비행기	6월 13일	18:15	12시간 15분	㉡

	㉠	㉡
①	6월 6일 09시	6월 13일 09시 30분
②	6월 6일 20시	6월 13일 22시 30분
③	6월 7일 09시	6월 14일 09시 30분
④	6월 7일 13시	6월 14일 15시 30분

정답 ②

㉠ 뉴욕행 비행기는 한국에서 6월 6일 22시 20분에 출발하고, 13시간 40분 동안 비행하기 때문에 6월 7일 12시에 도착한다. 한국 시간은 뉴욕보다 16시간 빠르므로 현지에 도착하는 시간은 6월 6일 20시가 된다.

㉡ 런던행 비행기는 한국에서 6월 13일 18시 15분에 출발하고, 12시간 15분 동안 비행하기 때문에 현지에 6월 14일 6시 30분에 도착한다. 한국 시간은 런던보다 8시간이 빠르므로 현지에 도착하는 시간은 6월 13일 22시 30분이 된다.

풀이 전략!

문제에서 묻는 것을 정확히 파악한다. 특히 제한사항에 대해서는 빠짐없이 확인해 두어야 한다. 이후 제시된 정보(시차 등)에서 필요한 것을 선별하여 문제를 풀어간다.

출제유형분석 01 실전예제

01 K사원의 팀은 출장근무를 마치고 서울로 복귀하고자 한다. 다음 자료를 참고할 때, 서울에 가장 일찍 도착할 수 있는 예정시각은 언제인가?

〈상황〉

• K사원이 소속된 팀의 총인원은 4명이다.
• 대전에서 출장을 마치고 서울로 돌아가려고 한다.
• 고속버스터미널에는 은행, 편의점, 화장실, 패스트푸드점 등이 있다.
※ 시설별 소요 시간 : 은행 30분, 편의점 10분, 화장실 20분, 패스트푸드점 25분

〈대화 내용〉

A과장 : 긴장이 풀려서 그런가? 배가 출출하네. 햄버거라도 사서 먹어야겠어.
B대리 : 저도 출출하긴 한데 그것보다 화장실이 더 급하네요. 금방 다녀오겠습니다.
C주임 : 그럼 그사이에 버스표를 사야 하니 은행에 들러 현금을 찾아오겠습니다.
K사원 : 저는 그동안 편의점에 가서 버스 안에서 먹을 과자를 사 오겠습니다.
A과장 : 지금이 16시 50분이니까 다들 각자 볼일 보고 빨리 돌아와. 다 같이 타고 가야 하니까.

〈시외버스 배차정보〉

대전 출발	서울 도착	잔여 좌석수
17:00	19:00	6
17:15	19:15	8
17:30	19:30	3
17:45	19:45	4
18:00	20:00	8
18:15	20:15	5
18:30	20:30	6
18:45	20:45	10
19:00	21:00	16

① 17:45
② 19:15
③ 19:45
④ 20:15

02 청원경찰은 6층 회사건물을 각 층마다 모두 순찰한 후에 퇴근한다. 다음 〈조건〉에 따라 1층에서 출발하여 순찰을 완료하고 1층으로 돌아오기까지 소요되는 최소 시간은?(단, 〈조건〉 외의 다른 요인은 고려하지 않는다)

조건

- 층간 이동은 엘리베이터로만 해야 하며 엘리베이터가 한 개 층을 이동하는 데는 1분이 소요된다.
- 엘리베이터는 한 번에 최대 세 개 층(예 1층 → 4층)을 이동할 수 있다.
- 엘리베이터는 한 번 위로 올라갔으면, 그 다음에는 아래 방향으로 내려오고, 그 다음에는 다시 위 방향으로 올라가야 한다.
- 하나의 층을 순찰하는 데는 10분이 소요된다.

① 1시간　② 1시간 10분
③ 1시간 16분　④ 1시간 22분

03 자동차 부품을 생산하는 H사는 반자동과 자동 생산라인을 하나씩 보유하고 있다. 최근 일본의 자동차 회사와 수출계약을 체결하여 자동차 부품 34,500개를 납품하였다. 다음 H사의 생산조건을 고려할 때, 일본에 납품할 부품을 생산하는 데 소요된 시간은 얼마인가?

〈자동차 부품 생산조건〉

- 반자동라인은 4시간에 300개의 부품을 생산하며, 그중 20%는 불량품이다.
- 자동라인은 3시간에 400개의 부품을 생산하며, 그중 10%는 불량품이다.
- 반자동라인은 8시간마다 2시간씩 생산을 중단한다.
- 자동라인은 9시간마다 3시간씩 생산을 중단한다.
- 불량 부품은 생산 후 폐기하고 정상인 부품만 납품한다.

① 230시간　② 240시간
③ 250시간　④ 260시간

04 다음은 K제품의 생산계획을 나타낸 자료이다. 〈조건〉에 따라 공정이 진행될 때, 첫 번째 완제품이 생산되기 위해서는 최소 몇 시간이 소요되는가?

〈K제품 생산계획〉

공정	선행공정	소요시간
A	없음	3
B	A	1
C	B, E	3
D	없음	2
E	D	1
F	C	2

조건

- 공정별로 1명의 작업 담당자가 공정을 수행한다.
- A공정과 D공정의 작업 시점은 같다.
- 공정 간 제품의 이동 시간은 무시한다.

① 6시간
② 7시간
③ 8시간
④ 9시간

PART 2

02 비용계산

| 유형분석 |

- 예산 자원과 관련된 다양한 정보를 활용하여 풀어가는 문제이다.
- 대체로 한정된 예산 내에서 수행할 수 있는 업무 및 예산 가격을 묻는 문제가 출제된다.

A사원은 이번 출장을 위해 KTX표를 미리 40% 할인된 가격에 구매하였으나, 출장 일정이 바뀌는 바람에 하루 전날 표를 취소하였다. 다음 환불 규정에 따라 16,800원을 돌려받았을 때, 할인되지 않은 KTX표의 가격은 얼마인가?

〈KTX 환불 규정〉

출발 2일 전	출발 1일 전~열차 출발 전	열차 출발 후
100%	70%	50%

① 40,000원 ② 48,000원
③ 56,000원 ④ 67,200원

정답 ①

할인되지 않은 KTX표의 가격을 x원이라 하면, 표를 40% 할인된 가격으로 구매하였으므로 구매 가격은 $(1-0.4)x=0.6x$원이다.
환불 규정에 따르면 하루 전에 표를 취소하는 경우 70%의 금액을 돌려받을 수 있으며, 식으로 정리하면 다음과 같다.

$0.6x \times 0.7=16,800 \rightarrow 0.42x=16,800$

$\therefore x=40,000$

따라서 할인되지 않은 KTX표의 가격은 40,000원이다.

풀이 전략!

제한사항인 예산을 고려하여 문제에서 묻는 것을 정확히 파악한 후, 제시된 정보에서 필요한 것을 선별하여 문제를 풀어간다.

출제유형분석 02 실전예제

01 A씨는 H마트에서 온라인으로 주문을 하려고 한다. 다음과 같이 장바구니에 담아놓은 상품 중 선택한 상품을 구매하려고 할 때, 할인쿠폰을 적용한 최소 주문 금액은 얼마인가?

■ 장바구니

선택	상품	수량	단가
☑	완도 김	⊟ 2 ⊞	2,300원
☑	냉동 블루베리	⊟ 1 ⊞	6,900원
☐	김치	⊟ 3 ⊞	2,500원
☑	느타리 버섯	⊟ 1 ⊞	5,000원
☐	냉동 만두	⊟ 2 ⊞	7,000원
☑	토마토	⊟ 2 ⊞	8,500원

■ 할인쿠폰

적용	쿠폰	중복 할인
☐	상품 총액의 10% 할인 쿠폰	불가
☐	배송비 무료 쿠폰	가능
☐	H카드 사용 시 2% 할인 쿠폰	가능

■ 결제 방법

선택

☐ H페이

☑ 신용카드

↳ 선택

☐ K카드

☑ I카드

☐ L카드

■ 총주문금액

(주문 상품 금액)+3,000(배송비)

① 31,830원 ② 32,830원

③ 33,150원 ④ 34,150원

02 다음은 이번 달 I사원의 초과 근무 기록이다. I사원의 연봉은 3,600만 원이고, 시급 산정 시 월평균 근무시간은 200시간이다. 이때 I사원이 받는 야근·특근 근무 수당은 얼마인가?(단, 소득세는 고려하지 않는다)

〈이번 달 초과 근무 기록〉

일요일	월요일	화요일	수요일	목요일	금요일	토요일
			1	2 18:00 ~ 19:00	3	4
5 09:00 ~ 11:00	6	7 19:00 ~ 21:00	8	9	10	11
12	13	14	15 18:00 ~ 22:00	16	17	18 13:00 ~ 16:00
19	20 19:00 ~ 20:00	21	22	23	24	25
26	27	28	29 19:00 ~ 23:00	30 18:00 ~ 21:00	31	

〈초과 근무 수당 규정〉

- 평일 야근 수당은 시급의 1.2배이다.
- 주말 특근 수당은 시급의 1.5배이다.
- 식대는 10,000원을 지급하며(야근·특근 수당에 포함되지 않는다), 평일 야근 시 20시 이상 근무할 경우에 지급한다(주말 특근에는 지급하지 않는다).
- 야근시간은 오후 7 ~ 10시이다(초과시간 수당 미지급).

① 265,500원　　② 285,500원

③ 300,000원　　④ 310,500원

03 수인이는 베트남 여행을 위해 K국제공항에서 환전하기로 하였다. 다음은 L환전소의 당일 환율 및 수수료를 나타낸 자료이다. 수인이가 한국 돈으로 베트남 현금 1,670만 동을 환전한다고 할 때, 수수료까지 포함하여 필요한 돈은 얼마인가?(단, 모든 계산과정에서 구한 값은 일의 자리에서 버림한다)

〈L환전소 환율 및 수수료〉

- 베트남 환율 : 483원/만 동
- 수수료 : 0.5%
- 우대사항 : 50만 원 이상 환전 시 70만 원까지 수수료 0.4%로 인하 적용
  100만 원 이상 환전 시 총금액 수수료 0.4%로 인하 적용

① 808,840원 ② 808,940원
③ 809,840원 ④ 809,940원

04 K씨는 개인사유로 인해 5년간 재직했던 회사를 그만두게 되었다. K씨에게 지급된 퇴직금이 1,900만 원일 때, K씨의 평균 연봉은 얼마인가?[단, 평균 연봉은 (1일 평균임금)×365이고, 천의 자리에서 올림한다]

〈퇴직금 산정 방법〉

▶ 고용주는 퇴직하는 근로자에게 계속근로기간 1년에 대해 30일분 이상의 평균임금을 퇴직금으로 지급해야 합니다.
- "평균임금"이란 이를 산정해야 할 사유가 발생한 날 이전 3개월 동안에 해당 근로자에게 지급된 임금의 총액을 그 기간의 총일수로 나눈 금액을 말합니다.
- 평균임금이 근로자의 통상임금보다 적으면 그 통상임금을 평균임금으로 합니다.

▶ 퇴직금 산정공식
(퇴직금)=[(1일 평균임금)×30일×(총계속근로기간)]÷365

① 4,110만 원 ② 4,452만 원
③ 4,650만 원 ④ 4,745만 원

03 품목 확정

| 유형분석 |

- 물적 자원과 관련된 다양한 정보를 활용하여 풀어가는 문제이다.
- 주로 공정도 · 제품 · 시설 등에 대한 가격 · 특징 · 시간 정보가 제시되며, 이를 종합적으로 고려하는 문제가 출제된다.

A공사는 신축 본사에 비치할 사무실 명패를 제작하기 위해 다음과 같은 팸플릿을 참고하고 있다. 신축 본사에 비치할 사무실 명패는 사무실마다 국문과 영문을 함께 주문했고, 주문 비용이 총 80만 원이라면 사무실에 최대 몇 개의 국문과 영문 명패를 함께 비치할 수 있는가?(단, 추가 구입 가격은 1SET를 구입할 때 한 번씩만 적용된다)

〈명패 제작 가격〉

- 국문 명패 : 1SET(10개)에 10,000원, 5개 추가 시 2,000원
- 영문 명패 : 1SET(5개)에 8,000원, 3개 추가 시 3,000원

① 345개
② 350개
③ 355개
④ 360개

정답 ④

국문 명패 최저가는 15개에 12,000원이고, 영문 명패 최저가는 8개에 11,000원이다. 각 명패를 최저가에 구입하는 개수의 최소공배수를 구하면 120개이다. 이때의 비용은 (12,000×8)+(11,000×15)=96,000+165,000=261,000원이다. 따라서 한 사무실에 국문과 영문 명패를 함께 비치한다면 120개의 사무실에 명패를 비치하는 비용은 261,000원이다. 360개의 사무실에 명패를 비치한다면 783,000원이 필요하고, 남은 17,000원으로 국문 명패와 영문 명패를 동시에 구입할 수는 없다. 따라서 80만 원으로 최대 360개의 국문 명패와 영문 명패를 동시에 비치할 수 있다.

풀이 전략!

문제에서 묻고자 하는 바를 정확히 파악하는 것이 중요하다. 문제에서 제시한 물적 자원의 정보를 문제의 의도에 맞게 선별하면서 풀어간다.

출제유형분석 03 실전예제

01 K씨는 밤도깨비 야시장에서 푸드 트럭을 운영하기로 계획하고 있다. 다음 자료를 참고하여 순이익이 가장 높은 메인 메뉴 한 가지를 선정하려고 할 때, K씨가 선정할 메뉴로 옳은 것은?

메뉴	예상 월간 판매량(개)	생산 단가(원)	판매 가격(원)
A	500	3,500	4,000
B	300	5,500	6,000
C	400	4,000	5,000
D	200	6,000	7,000

① A　② B
③ C　④ D

02 K공사는 직원용 컴퓨터를 교체하려고 한다. 다음 〈조건〉을 만족하는 컴퓨터로 옳은 것은?

〈컴퓨터별 가격 현황〉

구분	A컴퓨터	B컴퓨터	C컴퓨터	D컴퓨터
모니터	20만 원	23만 원	20만 원	19만 원
본체	70만 원	64만 원	60만 원	54만 원
(모니터+본체) 세트	80만 원	75만 원	70만 원	66만 원
성능평가	중	상	중	중
할인혜택	-	세트로 15대 이상 구매 시 총금액에서 100만 원 할인	모니터 10대 초과 구매 시 초과 대수 15% 할인	-

조건

- 예산은 1,000만 원이다.
- 교체할 직원용 컴퓨터는 모니터와 본체 각각 15대이다.
- 성능평가에서 '중' 이상을 받은 컴퓨터로 교체한다.
- 컴퓨터 구매는 세트 또는 모니터와 본체 따로 구매할 수 있다.

① A컴퓨터　② B컴퓨터
③ C컴퓨터　④ D컴퓨터

PART 2

03 K사 마케팅 팀장은 팀원 50명에게 연말 선물을 하기 위해 물품을 구매하려고 한다. 다음은 업체별 품목 가격과 팀원들의 품목 선호도를 나타낸 자료이다. 〈조건〉에 따라 팀장이 구매할 물품과 업체를 순서대로 바르게 나열한 것은?

〈업체별 품목 가격〉

구분		한 벌당 가격(원)
A업체	티셔츠	6,000
	카라 티셔츠	8,000
B업체	티셔츠	7,000
	후드 집업	10,000
	맨투맨	9,000

〈팀원 품목 선호도〉

순위	품목
1	카라 티셔츠
2	티셔츠
3	후드 집업
4	맨투맨

조건

- 팀원의 선호도를 우선으로 품목을 선택한다.
- 총구매금액이 30만 원 이상이면 총금액에서 5%를 할인해 준다.
- 차순위 품목이 1순위 품목보다 총금액이 20% 이상 저렴하면 차순위를 선택한다.

① 티셔츠, A업체
② 카라 티셔츠, A업체
③ 티셔츠, B업체
④ 후드 집업, B업체

04 K사진관은 올해 찍은 사진을 모두 모아서 한 개의 USB에 저장하려고 한다. 사진의 용량 및 찍은 사진 수가 자료와 같고 USB 한 개에 모든 사진을 저장하려 한다. 다음 중 최소 몇 GB의 USB가 필요한가?(단, 1MB=1,000KB, 1GB=1,000MB이며, USB 용량은 소수점 자리는 버림한다)

〈올해 찍은 사진 자료〉

구분	크기(cm)	용량	개수
반명함	3×4	150KB	8,000개
신분증	3.5×4.5	180KB	6,000개
여권	5×5	200KB	7,500개
단체사진	10×10	250KB	5,000개

① 3GB
② 4GB
③ 5GB
④ 6GB

PART 2

04 인원 선발

| 유형분석 |

- 인적 자원과 관련된 다양한 정보를 활용하여 풀어가는 문제이다.
- 주로 근무명단, 휴무일, 업무할당 등의 주제로 다양한 정보를 활용하여 종합적으로 풀어가는 문제가 출제된다.

다음 글의 내용이 참일 때, K병원의 신입사원으로 채용될 수 있는 지원자들의 최대 인원은 몇 명인가?

금년도 신입사원 채용에서 H병원이 요구하는 자질은 이해능력, 의사소통능력, 대인관계능력, 실행능력이다. K병원은 이 4가지 자질 중 적어도 3가지 자질을 지닌 사람을 채용하고자 한다. 지원자는 갑, 을, 병, 정 4명이며, 이들이 지닌 자질을 평가한 결과 다음과 같은 정보가 주어졌다.
㉠ 갑이 지닌 자질과 정이 지닌 자질 중 적어도 두 개는 일치한다.
㉡ 대인관계능력은 병만 가진 자질이다.
㉢ 만약 지원자가 의사소통능력을 지녔다면 그는 대인관계능력의 자질도 지닌다.
㉣ 의사소통능력의 자질을 지닌 지원자는 한 명뿐이다.
㉤ 갑, 병, 정은 이해능력이라는 자질을 지니고 있다.

① 1명
② 2명
③ 3명
④ 4명

정답 ①

㉡, ㉢, ㉣에 의해 의사소통능력과 대인관계능력을 지닌 사람은 오직 병뿐이라는 사실을 알 수 있다. 또한 ㉤에 의해 병이 이해능력도 가지고 있음을 알 수 있다. 이처럼 병은 4가지 자질 중에 3가지를 갖추고 있으므로 K병원의 신입사원으로 채용될 수 있다. 신입사원으로 채용되기 위해서는 적어도 3가지 자질이 필요한데, 4가지 자질 중 의사소통능력과 대인관계능력은 병만 지닌 자질임이 확인되었으므로 나머지 갑, 을, 정은 채용될 수 없다. 따라서 신입사원으로 채용될 수 있는 최대 인원은 병 1명이다.

풀이 전략!

문제에서 신입사원 채용이나 인력배치 등의 주제가 출제될 경우에는 주어진 규정 혹은 규칙을 꼼꼼히 확인하여야 한다. 이를 근거로 각 선택지가 어긋나지 않는지 검토하여 문제를 풀어간다.

출제유형분석 04 실전예제

01 K공사에서는 약 2개월 동안 근무할 인턴사원을 선발하고자 다음과 같은 공고를 게시하였다. 지원한 A ~ E 중에서 H공사의 인턴사원으로 가장 적합한 지원자는?

〈인턴 모집 공고〉

- 근무기간 : 약 2개월(6 ~ 8월)
- 자격 요건
  - 1개월 이상 경력자
  - 포토샵 가능자
  - 근무 시간(9 ~ 18시) 이후에도 근무가 가능한 자
- 기타사항
  - 경우에 따라서 인턴 기간이 연장될 수 있음

A지원자	• 경력사항 : 출판사 3개월 근무 • 컴퓨터 활용 능력 中(포토샵, 워드 프로세서) • 대학 휴학 중(9월 복학 예정)
B지원자	• 경력 사항 : 없음 • 포토샵 능력 우수 • 전문대학 졸업
C지원자	• 경력 사항 : 마케팅 회사 1개월 근무 • 컴퓨터 활용 능력 上(포토샵, 워드 프로세서, 파워포인트) • 4년제 대학 졸업
D지원자	• 경력 사항 : 제약 회사 3개월 근무 • 포토샵 가능 • 저녁 근무 불가

① A지원자　　② B지원자

③ C지원자　　④ D지원자

02 K사에서는 신입사원 2명을 채용하기 위하여 서류와 필기 전형을 통과한 갑 ~ 정 4명의 최종 면접을 실시하려고 한다. 네 개 부서의 팀장이 각각 4명을 모두 면접하여 채용 우선순위를 결정하였다. 다음 〈보기〉 중 옳은 것을 모두 고르면?

〈면접 결과〉

순위 \ 면접관	인사팀장	경영관리팀장	영업팀장	회계팀장
1순위	을	갑	을	병
2순위	정	을	병	정
3순위	갑	정	정	갑
4순위	병	병	갑	을

※ 우선순위가 높은 사람 순으로 2명을 채용한다.
※ 동점자는 인사, 경영관리, 영업, 회계팀장 순서의 고순위자로 결정한다.
※ 각 팀장이 매긴 순위에 대한 가중치는 모두 동일하다.

보기

㉠ 을 또는 정 중 한 명이 입사를 포기하면 갑이 채용된다.
㉡ 인사팀장이 을과 정의 순위를 바꿨다면 갑이 채용된다.
㉢ 경영관리팀장이 갑과 병의 순위를 바꿨다면 정은 채용되지 못한다.

① ㉠　　② ㉠, ㉡
③ ㉠, ㉢　　④ ㉡, ㉢

03 다음은 K학교의 성과급 기준표이다. 이를 적용해 K학교 교사들의 성과급 배점을 계산하고자 할 때, 〈보기〉의 A ~ E교사 중 가장 높은 배점을 받을 교사는?

〈성과급 기준표〉

구분	평가사항	배점기준	
수업 지도	주당 수업시간	24시간 이하	14점
		25시간	16점
		26시간	18점
		27시간 이상	20점
	수업 공개 유무	교사 수업 공개	10점
		학부모 수업 공개	5점
생활 지도	담임 유무	담임교사	10점
		비담임교사	5점
담당 업무	업무 곤란도	보직교사	30점
		비보직교사	20점
경력	호봉	10호봉 이하	5점
		11 ~ 15호봉	10점
		16 ~ 20호봉	15점
		21 ~ 25호봉	20점
		26 ~ 30호봉	25점
		31호봉 이상	30점

※ 수업지도 항목에서 교사 수업 공개, 학부모 수업 공개를 모두 진행했을 경우 10점으로 배점하며, 수업 공개를 하지 않았을 경우 배점은 없다.

보기

구분	주당 수업시간	수업 공개 유무	담임 유무	업무 곤란도	호봉
A교사	20시간	–	담임교사	비보직교사	32호봉
B교사	29시간	–	비담임교사	비보직교사	35호봉
C교사	26시간	학부모 수업 공개	비담임교사	보직교사	22호봉
D교사	22시간	교사 수업 공개	담임교사	보직교사	17호봉

① A교사　② B교사
③ C교사　④ D교사

PART 2

CHAPTER 05

기술능력

합격 Cheat Key

기술능력은 업무를 수행함에 있어 도구, 장치 등을 포함하여 필요한 기술에 어떠한 것들이 있는지 이해하고, 실제 업무를 수행함에 있어 적절한 기술을 선택하여 적용하는 능력이다.

세부 유형은 기술 이해 · 기술 선택 · 기술 적용으로 나눌 수 있다. 제품설명서나 상황별 매뉴얼을 제시하는 문제 또는 명령어를 제시하고 규칙을 대입할 수 있는지 묻는 문제가 출제되기 때문에 이런 유형들을 공략할 수 있는 전략을 세워야 한다.

1 긴 지문이 출제될 때는 보기의 내용을 미리 보라!

기술능력에서 자주 출제되는 제품설명서나 상황별 매뉴얼을 제시하는 문제에서는 기술을 이해하고, 상황에 알맞은 원인 및 해결방안을 고르는 문제가 출제된다. 실제 시험장에서 문제를 풀 때는 시간적 여유가 없기 때문에 보기를 먼저 읽고, 그 다음 긴 지문을 보면서 동시에 보기와 일치하는 내용이 나오면 확인해 가면서 푸는 것이 좋다.

2 모듈형에도 대비하라!

모듈형 문제의 비중이 늘어나는 추세이므로 공기업을 준비하는 취업준비생이라면 모듈형 문제에 대비해야 한다. 기술능력의 모듈형 이론 부분을 학습하고 모듈형 문제를 풀어보고 여러 번 읽으며 이론을 확실히 익혀두면 실제 시험장에서 이론을 묻는 문제가 나왔을 때 단번에 답을 고를 수 있다.

3 전공 이론도 익혀 두어라!

지원하는 직렬의 전공 이론이 기술능력으로 출제되는 경우가 많기 때문에 전공 이론을 익혀두는 것이 좋다. 깊이 있는 지식을 묻는 문제가 아니더라도 출제되는 문제의 소재가 전공과 관련된 내용일 가능성이 크기 때문에 최소한 지원하는 직렬의 전공 용어는 확실히 익혀 두어야 한다.

4 쉽게 포기하지 말라!

직업기초능력에서 주요 영역이 아니면 소홀한 경우가 많다. 시험장에서 기술능력을 읽어보지도 않고 포기하는 경우가 많은데 차근차근 읽어보면 지문만 잘 읽어도 풀 수 있는 문제들이 출제되는 경우가 있다. 이론을 모르더라도 풀 수 있는 문제인지 파악해보자.

01 기술 이해

| 유형분석 |

- 기술 시스템의 개념과 발전 단계에 대한 지식을 평가한다.
- 각 단계의 순서와 그에 따른 특징을 숙지하여야 한다.
- 단계별로 요구되는 핵심 역할이 다름에 유의한다.

다음 중 기술 시스템의 발전 단계에 따라 빈칸 ㉠~㉣에 들어갈 내용을 순서대로 바르게 나열한 것은?

발전 단계	특징	핵심 역할
발명·개발·혁신의 단계	기술 시스템이 탄생하고 성장	기술자
↓		
㉠	성공적인 기술이 다른 지역으로 이동	기술자
↓		
㉡	기술 시스템 사이의 경쟁	㉢
↓		
기술 공고화 단계	경쟁에서 승리한 기술 시스템의 관성화	㉣

	㉠	㉡	㉢	㉣
①	기술 이전의 단계	기술 경쟁의 단계	기업가	자문 엔지니어
②	기술 경쟁의 단계	기술 이전의 단계	금융전문가	자문 엔지니어
③	기술 이전의 단계	기술 경쟁의 단계	기업가	기술자
④	기술 경쟁의 단계	기술 이전의 단계	금융전문가	기업가

정답 ①

기술 시스템의 발전 단계는 '발명·개발·혁신의 단계 → ㉠ 기술 이전의 단계 → ㉡ 기술 경쟁의 단계 → 기술 공고화 단계'를 거쳐 발전한다. 또한 기술 시스템의 발전 단계에는 단계별로 핵심적인 역할을 하는 사람들이 있다. 기술 경쟁의 단계에서는 ㉢ 기업가들의 역할이 더 중요해지고, 기술 공고화 단계에서는 이를 활성·유지·보수 등을 하기 위한 ㉣ 자문 엔지니어와 금융전문가 등의 역할이 중요해진다.

풀이 전략!

기술 시스템이란 개별 기술들이 네트워크로 결합하여 새로운 기술로 만들어지는 것을 뜻한다. 따라서 개별 기술들이 '개발 → 이전 → 경쟁 → 공고화'의 절차를 가지고 있음을 숙지하여 문제를 풀어야 한다.

출제유형분석 01 실전예제

01 다음은 기술선택을 위한 절차를 나타낸 자료이다. 빈칸 ㉠~㉣에 들어갈 내용을 순서대로 바르게 나열한 것은?

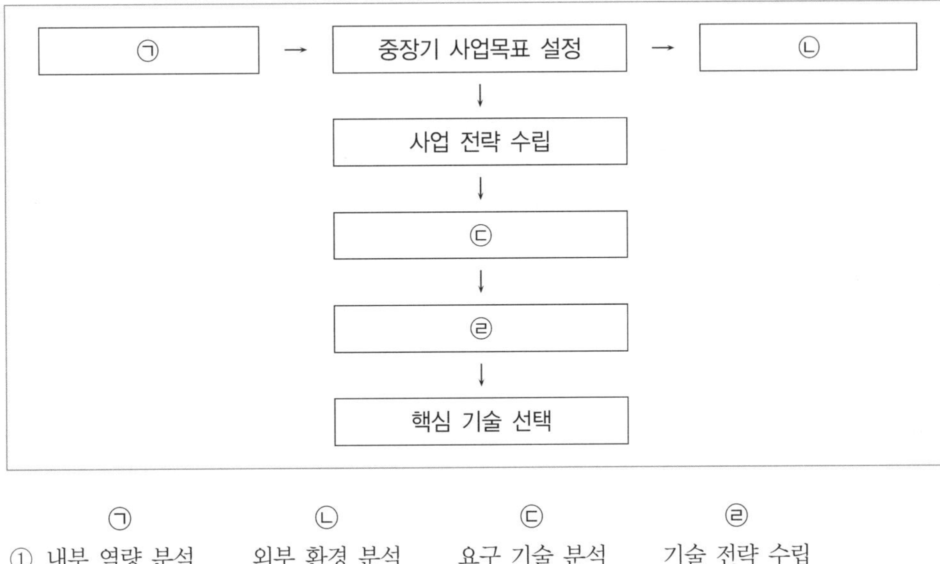

	㉠	㉡	㉢	㉣
①	내부 역량 분석	외부 환경 분석	요구 기술 분석	기술 전략 수립
②	내부 역량 분석	외부 환경 분석	기술 전략 수립	요구 기술 분석
③	외부 환경 분석	내부 역량 분석	요구 기술 분석	기술 전략 수립
④	외부 환경 분석	내부 역량 분석	기술 전략 수립	요구 기술 분석

02 다음 글에서 설명하고 있는 것은?

> 농부는 농기계와 화학비료를 써서 밀을 재배하고 수확한다. 이렇게 생산된 밀은 보관업자, 운송업자, 제분회사, 제빵 공장을 거쳐 시장으로 판매된다. 보다 높은 생산성을 위해 화학비료를 연구하고, 공장을 가동하기 위해 공작기계와 전기를 생산한다. 보다 빠른 운송을 위해서 트럭이나 기차, 배가 개발되었고, 보다 효과적인 운송수단과 농기계를 운용하기 위해 증기기관에서 석유에너지로 발전하였다. 이렇듯 우리의 식탁에 올라오는 빵은 여러 기술이 네트워크로 결합하여 시너지를 내고 있는 결과물이다.

① 기술시스템 ② 기술혁신
③ 기술경영 ④ 기술이전

02 기술 적용

| 유형분석 |

- 주어진 자료를 해석하고 기술을 적용하여 풀어가는 문제이다.
- 꼼꼼하고 분석적인 접근이 필요한 논리연산, 사용설명서 등의 문제들이 출제된다.

E사원은 회사의 기기를 관리하는 업무를 맡고 있다. 어느 날 동료 사원들로부터 전자레인지를 사용할 때 가끔씩 불꽃이 튀고 음식이 잘 데워지지 않는다는 이야기를 들었다. 다음 제품 설명서를 토대로 E사원이 서비스를 접수하기 전에 점검할 사항이 아닌 것은?

증상	원인	조치 방법
전자레인지가 작동하지 않는다.	• 전원 플러그가 콘센트에 바르게 꽂혀 있습니까? • 문이 확실히 닫혀 있습니까? • 배전판 퓨즈나 차단기가 끊어지지 않았습니까? • 조리방법을 제대로 선택하셨습니까? • 혹시 정전은 아닙니까?	• 전원 플러그를 바로 꽂아 주십시오. • 문을 다시 닫아 주십시오. • 배전반 퓨즈나 차단기가 끊어졌으면 교체하고 연결시켜 주십시오. • 취소를 누르고 다시 시작하십시오.
작동 시 불꽃이 튄다.	• 조리실 내벽에 금속 제품 등이 닿지 않았습니까? • 금선이나 은선으로 장식된 그릇을 사용하고 계십니까? • 조리실 내에 찌꺼기가 있습니까?	• 벽에 닿지 않도록 하십시오. • 금선이나 은선으로 장식된 그릇은 사용하지 마십시오. • 깨끗이 청소해 주십시오.
조리 상태가 나쁘다.	• 조리 순서, 시간 등 사용 방법을 잘 선택하셨습니까?	• 요리책을 다시 확인하고 사용해 주십시오.
회전 접시가 불균일하게 돌거나 돌지 않는다.	• 회전 접시와 회전 링이 바르게 놓여 있습니까?	• 각각을 정확한 위치에 놓아 주십시오.
불의 밝기나 작동 소리가 불균일하다.	• 출력의 변화에 따라 일어난 현상이니 안심하고 사용하셔도 됩니다.	

① 조리실 내 위생 상태 점검
② 사용 가능 용기 확인
③ 사무실과 전자레인지의 전압 확인
④ 조리실 내벽 확인

정답 ③

전자레인지를 사용하면서 불꽃이 튀는 경우와 조리 상태에 만족하지 않을 때 확인해야 할 사항에 사무실, 전자레인지의 전압을 확인해야 한다는 내용은 명시되어 있지 않다.

풀이 전략!

문제 해결을 위해 필요한 정보와 기술능력이 무엇인지 먼저 파악한 후, 제시된 자료를 분석적으로 읽고 문제를 풀이한다.

출제유형분석 02 실전예제

01 K정보통신회사에 입사한 H사원은 시스템 모니터링 및 관리 업무를 담당하게 되었다. 다음 내용을 참고할 때, 〈보기〉의 Final Code로 옳은 것은?

다음 모니터에 나타나는 정보를 이해하고 시스템 상태를 판독하여 적절한 코드를 입력하는 방식을 파악하시오.

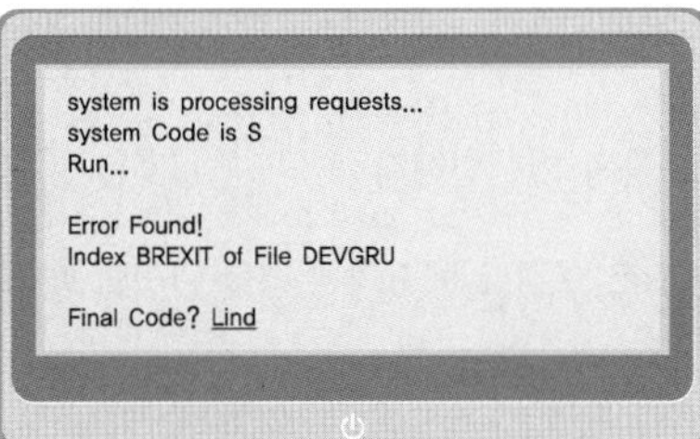

항목	세부사항
Index ◇◇◇ of File ◇◇◇	• 오류 문자 : Index 뒤에 나타나는 문자 • 오류 발생 위치 : File 뒤에 나타나는 문자
Error Value	오류 문자와 오류 발생 위치를 의미하는 문자에 사용된 알파벳을 비교하여 일치하는 알파벳의 개수를 확인
Final Code	Error Value를 통하여 시스템 상태 판단

판단 기준	Final Code
일치하는 알파벳의 개수=0	Svem
0<일치하는 알파벳의 개수≤1	Atur
1<일치하는 알파벳의 개수≤3	Lind
3<일치하는 알파벳의 개수≤5	Nugre
일치하는 알파벳의 개수>5	Qutom

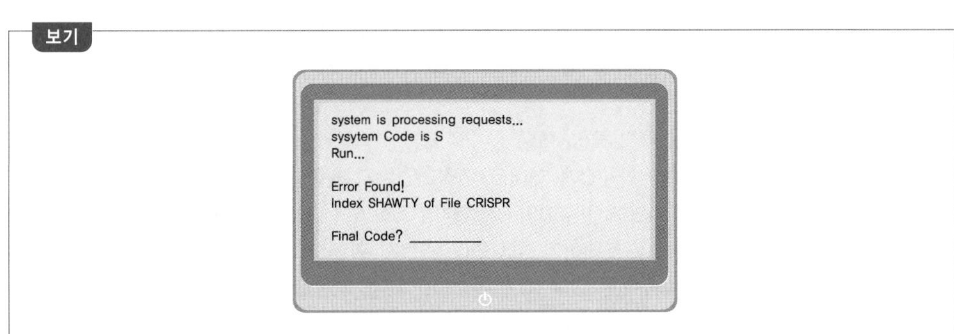

보기
system is processing requests...
sysytem Code is S
Run...
Error Found!
Index SHAWTY of File CRISPR
Final Code? ________

① Svem　② Atur

③ Lind　④ Nugre

※ K대리는 이번 달 내로 모든 사무실의 복합기를 ★★복합기로 교체하라는 지시를 받았다. 모든 사무실의 복합기를 교체하였지만, 추후 문제가 생길 것을 대비해 신형 복합기의 문제 해결법을 인트라넷에 게시하였다. 이어지는 질문에 답하시오. [2~3]

〈문제 해결법〉

Q. 복합기가 비정상적으로 종료됩니다.

A. 제품의 전원 어댑터가 전원 콘센트에 정상적으로 연결되었는지 확인하십시오.

Q. 제품에서 예기치 못한 소음이 발생합니다.

A. 복합기의 자동 서비스 기능으로 프린트 헤드의 수명을 관리할 때에 제품에서 예기치 못한 소음이 발생할 수 있습니다.

▲ 참고

- 프린트 헤드의 손상을 방지하려면, 복합기에서 인쇄하는 동안에는 복합기를 끄지 마십시오.
- 복합기의 전원을 끌 때에는 반드시 전원 버튼을 사용하고, 복합기가 정지할 때까지 기다린 후 전원을 끄십시오.
- 잉크 카트리지를 모두 바르게 장착했는지 확인합니다.
- 잉크 카트리지가 하나라도 없을 경우, 복합기는 프린트 헤드를 보호하기 위해 자동으로 서비스 기능을 수행할 수 있습니다.

Q. 복합기가 응답하지 않습니다(인쇄되지 않음).

A. 1. 인쇄 대기열에 걸려 있는 인쇄 작업이 있는지 확인하십시오.

- 인쇄 대기열을 열어 모든 문서 작업을 취소한 다음 PC를 재부팅합니다.
- PC를 재부팅한 후 인쇄를 다시 시작합니다.

2. ★★소프트웨어 설치를 확인하십시오.

- 인쇄 도중 복합기가 꺼지면 PC 화면에 경고 메시지가 나타납니다.
- 메시지가 나타나지 않을 경우 ★★소프트웨어가 제대로 설치되지 않았을 수 있습니다.
- ★★소프트웨어를 완전히 제거한 다음 다시 설치합니다. 자세한 내용은 [프린터 소프트웨어 삭제하기]를 참고하십시오.

3. 케이블 및 연결 상태를 확인하십시오.

① USB 케이블이 복합기와 PC에 제대로 연결되었는지 확인합니다.
② 복합기가 무선 네트워크에 연결되어 있을 경우 복합기와 PC의 네트워크 연결 상태를 확인합니다.
③ PC에 개인 방화벽 소프트웨어가 설치되어 있는지 확인합니다.
④ 개인 소프트웨어 방화벽은 외부 침입으로부터 PC를 보호하는 보안 프로그램입니다.
⑤ 방화벽으로 인해 PC와 복합기의 통신이 차단될 수 있습니다.
⑥ 복합기와 통신이 문제가 될 경우에는 방화벽을 일시적으로 해제하십시오. 해제 후에도 문제가 발생하면 방화벽에 의한 문제가 아니므로 방화벽을 다시 실행하십시오.

Q. 인쇄 속도가 느립니다.

A. 1. 인쇄 품질 설정을 확인하십시오.
- 인쇄 품질(해상도)이 최상 및 최대 DPI로 설정되었을 경우 인쇄 품질이 향상되나 인쇄 속도가 느려질 수 있습니다.

2. 잉크 카트리지의 잉크 잔량을 확인하십시오.
- 잉크 카트리지에 남아 있는 예상 잉크량을 확인합니다.
- 잉크 카트리지가 소모된 상태에서 인쇄를 할 경우 인쇄 속도가 느려질 수 있습니다.
- 위와 같은 방법으로 해결되지 않을 경우 복합기에 문제가 있을 수 있으므로, ★★서비스 센터에 서비스를 요청하십시오.

PART 2

02 **A사원은 ★★복합기에서 소음이 발생하자 문제 해결법을 통해 복합기의 자동 서비스 기능으로 프린트 헤드의 수명을 관리할 때 소음이 발생할 수 있다는 것을 알았다. 다음 중 A사원이 숙지할 수 있는 참고 사항으로 옳지 않은 것은?**

① 프린트 헤드의 손상을 방지하려면, 복합기에서 인쇄하는 동안에는 복합기를 끄지 않는다.

② 복합기의 전원을 끌 때에는 반드시 전원 버튼을 사용하고, 복합기가 정지할 때까지 기다린 후 전원을 끈다.

③ 잉크 카트리지를 모두 올바르게 장착했는지 확인한다.

④ 프린트 헤드 정렬 및 청소를 불필요하게 실시하면 많은 양의 잉크가 소모된다.

03 **팀장에게 보고서를 제출하기 위해 인쇄를 하려던 Z사원은 보고서가 인쇄되지 않는다는 것을 알았다. 다음 중 Z사원이 복합기 문제를 해결할 수 있는 방안으로 옳지 않은 것은?**

① 인쇄 작업이 대기 중인 문서가 있는지 확인한다.

② 복합기 소프트웨어를 완전히 제거한 다음 다시 설치한다.

③ USB 케이블이 복합기와 PC에 연결이 되어 있는지 확인한다.

④ 잉크 카트리지에 남아 있는 예상 잉크량을 확인한다.

CHAPTER 06

조직이해능력

합격 Cheat Key

조직이해능력은 업무를 원활하게 수행하기 위해 조직의 체제와 경영을 이해하고 국제적인 추세를 이해하는 능력이다. 현재 많은 공사·공단에서 출제 비중을 높이고 있는 영역이기 때문에 미리 대비하는 것이 중요하다. 실제 업무 능력에서 조직이해능력을 요구하기 때문에 중요도는 점점 높아질 것이다.

세부 유형은 조직 체제 이해, 경영 이해, 업무 이해, 국제 감각으로 나눌 수 있다. 조직도를 제시하는 문제가 출제되거나 조직의 체계를 파악해 경영의 방향성을 예측하고, 업무의 우선순위를 파악하는 문제가 출제된다.

1 문제 속에 정답이 있다!

경력이 없는 경우 조직에 대한 이해가 낮을 수밖에 없다. 그러나 문제 자체가 실무적인 내용을 담고 있어도 문제 안에는 해결의 단서가 주어진다. 부담을 갖지 않고 접근하는 것이 중요하다.

2 경영·경제학원론 정도의 수준은 갖추도록 하라!

지원한 직군마다 차이는 있을 수 있으나, 경영·경제이론을 접목시킨 문제가 꾸준히 출제되고 있다. 따라서 기본적인 경영·경제이론은 익혀 둘 필요가 있다.

3 지원하는 공사·공단의 조직도를 파악하라!

출제되는 문제는 각 공사·공단의 세부내용일 경우가 많기 때문에 지원하는 공사·공단의 조직도를 파악해 두어야 한다. 조직이 운영되는 방법과 전략을 이해하고, 조직을 구성하는 체제를 파악하고 간다면 조직이해능력에서 조직도가 나올 때 단기간에 문제를 풀 수 있을 것이다.

4 실제 업무에서도 요구되므로 이론을 익혀라!

각 공사·공단의 직무 특성상 일부 영역에 중요도가 가중되는 경우가 있어서 많은 취업준비생들이 일부 영역에만 집중하지만, 실제 업무 능력에서 직업기초능력 10개 영역이 골고루 요구되는 경우가 많고, 현재는 필기시험에서도 조직이해능력을 출제하는 기관의 비중이 늘어나고 있기 때문에 미리 이론을 익혀 둔다면 모듈형 문제에서 고득점을 노릴 수 있다.

01 경영 전략

| 유형분석 |

- 경영 전략에서 대표적으로 출제되는 문제는 마이클 포터(Michael Porter)의 본원적 경쟁전략이다.
- 경쟁 전략의 기본적인 이해와 구조를 물어보는 문제가 자주 출제되므로 전략별 특징 및 개념에 대한 이론 학습이 요구된다.

다음 사례에서 나타난 마이클 포터의 본원적 경쟁전략으로 가장 적절한 것은?

> 전자제품 시장에서 경쟁회사가 가격을 낮추는 저가 전략을 사용하여 점유율을 높이려 하자, 이에 맞서 오히려 고급 기술을 적용한 고품질 프리미엄 제품을 선보이고 서비스를 강화해 시장의 점유율을 높였다.

① 차별화 전략　　② 원가우위 전략
③ 집중화 전략　　④ 마케팅 전략

정답 ①

마이클 포터의 본원적 경쟁전략
- 차별화 전략 : 조직이 생산품이나 서비스를 차별화하여 고객에게 가치가 있고 독특하게 인식되도록 하는 전략으로, 이를 활용하기 위해서는 연구개발이나 광고를 통하여 술, 품질, 서비스, 브랜드 이미지를 개선할 필요가 있다.
- 원가우위 전략 : 원가절감을 통해 해당 산업에서 우위를 점하는 전략으로, 이를 위해서는 대량생산을 통해 단위 원가를 낮추거나 새로운 생산기술을 개발할 필요가 있다.
- 집중화 전략 : 특정 시장이나 고객에게 한정된 전략으로, 특정 산업을 대상으로 한다. 즉, 경쟁 조직들이 소홀히 하고 있는 한정된 시장을 원가우위나 차별화 전략을 써서 집중 공략하는 방법이다.

풀이 전략!

> 대부분의 기업들은 마이클 포터의 본원적 경쟁전략을 사용하고 있다. 각 전략에 해당하는 대표적인 기업을 연결하고, 그들의 경영 전략을 상기하며 문제를 풀어보도록 한다.

출제유형분석 01 실전예제

01 다음 〈보기〉 중 경영의 4요소로 옳은 것을 모두 고르면?

보기

ㄱ. 조직의 목적을 달성하기 위해 경영자가 수립하는 것으로 더욱 구체적인 방법과 과정이 담겨 있다.
ㄴ. 조직에서 일하는 구성원으로 경영은 이들의 직무수행에 기초하여 이루어지기 때문에 이것의 배치 및 활용이 중요하다.
ㄷ. 생산자가 상품 또는 서비스를 소비자에게 유통하는 데 관련된 모든 체계적 경영 활동이다.
ㄹ. 특정의 경제적 실체에 관하여 이해관계를 이루는 사람들에게 합리적인 경제적 의사결정을 하는 데 유용한 재무적 정보를 제공하기 위한 일련의 과정 또는 체계이다.
ㅁ. 경영하는 데 사용할 수 있는 돈으로 이것이 충분히 확보되는 정도에 따라 경영의 방향과 범위가 정해지게 된다.
ㅂ. 조직이 변화하는 환경에 적응하기 위하여 경영활동을 체계화하는 것으로, 목표달성을 위한 수단이다.

① ㄱ, ㄴ, ㄷ, ㄹ
② ㄱ, ㄴ, ㄷ, ㅁ
③ ㄱ, ㄴ, ㅁ, ㅂ
④ ㄷ, ㄹ, ㅁ, ㅂ

02 다음은 경영참가제도의 유형에 대한 자료이다. 밑줄 친 ㉠~㉢에 대한 설명으로 옳지 않은 것은?

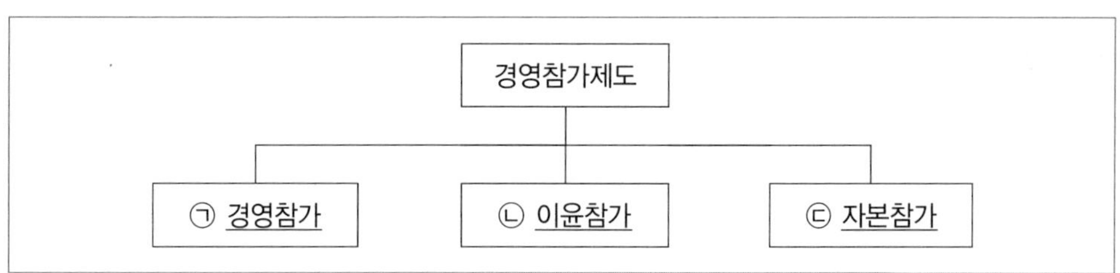

① ㉠의 경우 초기단계에서는 경영자가 경영 관련 정보를 근로자에게 제공한다.
② ㉡은 구성원의 몰입과 관심을 높일 수 있는 방법이다.
③ ㉡은 생산의 판매 가치나 부가가치의 증대를 기준으로 성과배분을 하기도 한다.
④ ㉢의 사례로는 공동의사결정제도와 노사협의회제도를 볼 수 있다.

02 조직 구조

| 유형분석 |

- 조직 구조 유형에 대한 특징을 물어보는 문제가 자주 출제된다.
- 기계적 조직과 유기적 조직의 차이점과 사례 등을 숙지하고 있어야 한다.
- 조직 구조 형태에 따라 기능적 조직, 사업별 조직으로 구분하여 출제되기도 한다.

다음 〈보기〉 중 조직 구조에 대한 설명으로 옳지 않은 것을 모두 고르면?

보기

ㄱ. 기계적 조직은 구성원들의 업무분장이 명확하게 이루어져 있는 편이다.
ㄴ. 기계적 조직은 조직 내 의사소통이 비공식적 경로를 통해 활발히 이루어진다.
ㄷ. 유기적 조직은 의사결정 권한이 조직 하부 구성원들에게 많이 위임되어 있으며, 업무내용이 명확히 규정되어 있는 것이 특징이다.
ㄹ. 유기적 조직은 기계적 조직에 비해 조직의 형태가 가변적이다.

① ㄱ, ㄴ　　② ㄱ, ㄷ
③ ㄴ, ㄷ　　④ ㄷ, ㄹ

정답 ③

ㄴ. 기계적 조직 내 의사소통은 비공식적 경로가 아닌 공식적 경로를 통해 주로 이루어진다.
ㄷ. 유기적 조직은 의사결정 권한이 조직 하부 구성원들에게 많이 위임되어 있으나, 업무내용은 기계적 조직에 비해 가변적이다.

오답분석

ㄱ. 기계적 조직은 위계질서 및 규정, 업무분장이 모두 명확하게 확립되어 있는 조직이다.
ㄹ. 유기적 조직에서는 비공식적인 상호 의사소통이 원활히 이루어지며, 규제나 통제의 정도가 낮아 변화에 따라 쉽게 변할 수 있는 특징을 가진다.

풀이 전략!

조직 구조는 유형에 따라 기계적 조직과 유기적 조직으로 나눌 수 있다. 기계적 조직과 유기적 조직은 서로 상반된 특징을 가지고 있으며, 기계적 조직이 관료제의 특징과 비슷함을 파악하고 있다면, 이와 상반된 유기적 조직의 특징도 수월하게 파악할 수 있다.

출제유형분석 02 실전예제

01 다음 조직도에 대한 A ~ D의 대화 중 옳은 것을 〈보기〉에서 모두 고르면?

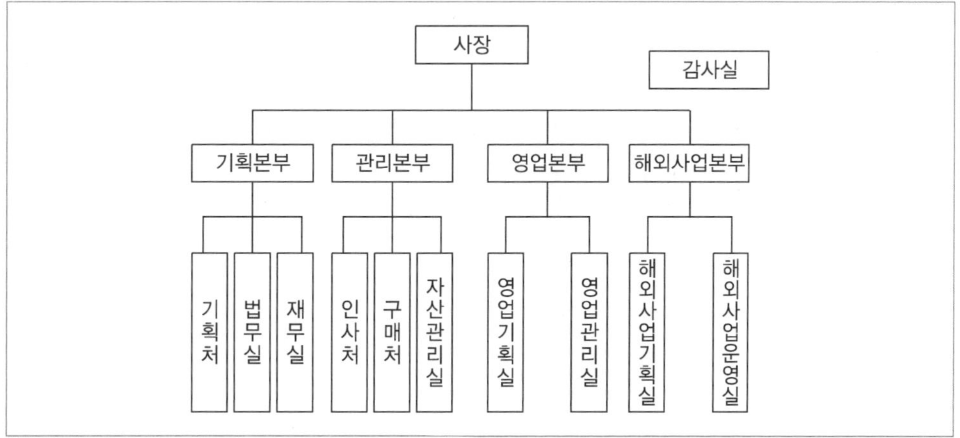

보기

A : 조직도를 보면 4개 본부, 3개의 처, 8개의 실로 구성되어 있어.
B : 사장 직속으로 4개의 본부가 있고, 그 중 한 본부에서는 인사업무만을 전담하고 있네.
C : 감사실은 사장 직속이지만 별도로 분리되어 있구나.
D : 해외사업기획실과 해외사업운영실은 둘 다 해외사업과 관련이 있으니까 해외사업본부에 소속되어 있는 것이 맞아.

① A, B
② A, C
③ A, D
④ B, C

02 조직구조의 형태 중 사업별 조직구조는 제품이나 고객별로 부서를 구분하는 것이다. 다음 중 사업별 조직구조의 형태로 적절하지 않은 것은?

03 다음 중 일반적인 조직에서 인사부의 업무로 가장 적절한 것은?

① 주주총회 및 이사회 개최 관련 업무
② 중장기 사업계획의 종합 및 조정업무
③ 재무상태 및 경영실적 보고
④ 조직기구의 개편 및 조정업무

04 H사원은 K중소기획의 영업팀에 채용되어 일주일간의 신입사원 교육을 마친 뒤 오늘부터 본격적인 업무를 시작하게 되었다. 영업팀 팀장은 첫 출근한 H사원을 자리로 불러 "다른 팀장들에게 인사하기 전에 인사기록카드를 작성해서 관련 팀에 제출하도록 하세요. 그리고 우리 팀 비품 신청 건이 어떻게 처리되고 있는지도 좀 부탁해요."라고 지시했다. 팀장의 지시를 모두 처리하기 위한 H사원의 행동으로 가장 적절한 것은?

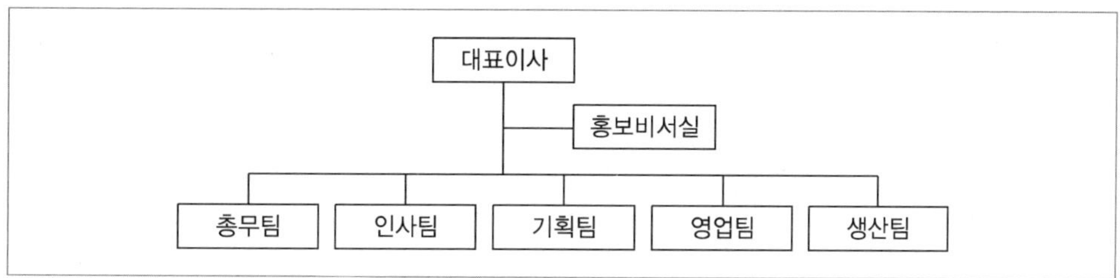

① 비서실에 가서 인사기록카드를 제출하고, 영업팀 비품 신청 상황을 묻는다.
② 인사팀에 가서 인사기록카드를 제출하고, 영업팀 비품 신청 상황을 묻는다.
③ 기획팀에 가서 인사기록카드를 제출하고, 영업팀 비품 신청 상황을 묻는다.
④ 인사팀에 가서 인사기록카드를 제출하고, 총무팀에 가서 영업팀 비품 신청 상황을 묻는다.

03 업무 종류

| 유형분석 |

- 부서별 주요 업무에 대해 묻는 문제이다.
- 부서별 특징과 담당 업무에 대한 이해가 필요하다.

다음은 기업의 각 부서에서 하는 일이다. 일반적인 상황에서 부서별 업무를 바르게 나열한 것은?

보기

ㄱ. 의전 및 비서업무
ㄴ. 업무분장 및 조정
ㄷ. 결산 관련 업무
ㄹ. 임금제도
ㅁ. 소모품의 구입 및 관리
ㅂ. 법인세, 부가가치세
ㅅ. 판매 예산 편성
ㅇ. 보험가입 및 보상 업무
ㅈ. 견적 및 계약
ㅊ. 국내외 출장 업무 협조
ㅋ. 외상매출금 청구
ㅌ. 직원수급 계획 및 관리

① 총무부 : ㄱ, ㅁ, ㅅ
② 영업부 : ㅅ, ㅈ, ㅋ
③ 회계부 : ㄷ, ㅇ, ㅋ
④ 인사부 : ㄱ, ㄴ, ㄹ

정답 ②

영업부의 업무로는 판매 계획, 판매 예산의 편성(ㅅ), 견적 및 계약(ㅈ), 외상매출금의 청구 및 회수(ㅋ), 시장조사, 판매원가 및 판매가격의 조사 검토 등이 있다.

오답분석

① 총무부 : ㄱ, ㅁ, ㅊ
③ 회계부 : ㄷ, ㅂ, ㅇ
④ 인사부 : ㄴ, ㄹ, ㅌ

풀이 전략!

조직은 목적의 달성을 위해 업무를 효과적으로 분배하고 처리할 수 있는 구조를 확립해야 한다. 조직의 목적이나 규모에 따라 업무의 종류는 다양하지만, 대부분의 조직에서는 총무, 인사, 기획, 회계, 영업으로 부서를 나누어 업무를 담당하고 있다. 따라서 5가지 업무 종류에 대해서는 미리 숙지해야 한다.

출제유형분석 03 실전예제

01 **다음은 최팀장이 김사원에게 남긴 음성메시지이다. 김사원이 가장 먼저 처리해야 할 일로 적절한 것은?**

> 지금 업무 때문에 밖에 나와 있는데, 전화를 안 받아서 음성메시지 남겨요. 내가 중요한 서류를 안 가져왔어요. 미안한데 점심시간에 서류 좀 갖다 줄 수 있어요? 아, 그리고 이팀장한테 퇴근 전에 전화 좀 달라고 해 줘요. 급한 건 아닌데 확인할 게 있어서 그래요. 나는 오늘 여기서 퇴근할 거니까 회사로 연락 오는 거 있으면 정리해서 오후에 알려 주고. 오전에 박과장이 문의사항이 있어서 방문하기로 했으니까 응대 잘 할 수 있도록 해요. 박과장이 문의한 사항은 관련 서류 정리해서 내 책상에 두었으니까 미리 읽어 보고, 궁금한 사항 있으면 연락 주세요.

① 박과장 응대하기
② 이팀장에게 전화 달라고 전하기
③ 회사로 온 연락 최팀장에게 알려 주기
④ 최팀장 책상의 서류 읽어 보기

PART 2

02 **직무 전결 규정상 전무이사가 전결인 '과장의 국내출장 건'의 결재를 시행하고자 한다. 박기수 전무이사가 해외출장으로 인해 부재중이어서 직무대행자인 최수영 상무이사가 결재하였다. 다음 〈보기〉 중 이에 대한 설명으로 적절하지 않은 것을 모두 고르면?**

> **보기**
> ㄱ. 최수영 상무이사가 결재한 것은 전결이다.
> ㄴ. 공문의 결재표 상에는 '과장 최경옥, 부장 김석호, 상무이사 전결, 전무이사 최수영'이라고 표시되어 있다.
> ㄷ. 박기수 전무이사가 출장에서 돌아와서 해당 공문을 검토하는 것은 후결이다.
> ㄹ. 위임 전결받은 사항에 대해서는 원결재자인 대표이사에게 후결을 받는 것이 원칙이다.

① ㄱ, ㄴ　　② ㄱ, ㄹ
③ ㄱ, ㄴ, ㄹ　　④ ㄴ, ㄷ, ㄹ

CHAPTER 07

정보능력

합격 Cheat Key

정보능력은 업무를 수행함에 있어 기본적인 컴퓨터를 활용하여 필요한 정보를 수집 · 분석 · 활용하는 능력으로, 업무와 관련된 정보를 수집하고, 이를 분석하여 의미 있는 정보를 얻는 능력을 의미한다. 세부 유형은 컴퓨터 활용, 정보 처리로 나눌 수 있다.

1 평소에 컴퓨터 활용 스킬을 틈틈이 익혀라!

윈도우(OS)에서 어떠한 설정을 할 수 있는지, 응용프로그램(엑셀 등)에서 어떠한 기능을 활용할 수 있는지를 평소에 직접 사용해 본다면 문제를 보다 수월하게 해결할 수 있다. 여건이 된다면 컴퓨터 활용 능력에 관련된 자격증 공부를 하는 것도 이론과 실무를 익히는 데 도움이 될 것이다.

2 문제의 규칙을 찾는 연습을 하라!

일반적으로 코드체계나 시스템 논리체계를 제공하고 이를 분석하여 문제를 해결하는 유형이 출제된다. 이러한 문제는 문제해결능력과 같은 맥락으로 규칙을 파악하여 접근하는 방식으로 연습이 필요하다.

3 현재 보고 있는 그 문제에 집중하라!

정보능력의 모든 것을 공부하려고 한다면 양이 너무나 방대하다. 그렇기 때문에 수험서에서 본인이 현재 보고 있는 문제들을 집중적으로 공부하고 기억하려고 해야 한다. 그러나 엑셀의 함수 수식, 연산자 등 암기를 필요로 하는 부분들은 필수적으로 암기를 해서 출제가 되었을 때 오답률을 낮출 수 있도록 한다.

4 사진 · 그림을 기억하라!

컴퓨터 활용 능력을 파악하는 영역이다 보니 컴퓨터 속 옵션, 기능, 설정 등의 사진 · 그림이 문제에 같이 나오는 경우들이 있다. 그런 부분들은 직접 컴퓨터를 통해서 하나하나 확인을 하면서 공부한다면 더 기억에 잘 남게 된다. 조금 귀찮더라도 한 번씩 클릭하면서 확인해 보도록 한다.

01 정보 이해

| 유형분석 |

- 정보능력 전반에 대한 이해를 확인하는 문제이다.
- 정보능력 이론이나 새로운 정보 기술에 대한 문제가 자주 출제된다.

다음 중 정보처리 절차에 대한 설명으로 옳지 않은 것은?

① 정보의 기획은 정보의 입수대상, 주제, 목적 등을 고려하여 전략적으로 이루어져야 한다.

② 정보처리는 기획 – 수집 – 활용 – 관리의 순서로 이루어진다.

③ 다양한 정보원으로부터 목적에 적합한 정보를 수집해야 한다.

④ 정보 관리 시에 고려하여야 할 3요소는 목적성, 용이성, 유용성이다.

정답 ②

정보처리는 기획 – 수집 – 관리 – 활용 순서로 이루어진다.

풀이 전략!

자주 출제되는 정보능력 이론을 확인하고, 확실하게 암기해야 한다. 특히 새로운 정보 기술이나 컴퓨터 전반에 대해 관심을 가지는 것이 좋다.

출제유형분석 01 실전예제

01 다음 글을 읽고 정보관리의 3원칙 중 ㉠ ~ ㉢에 해당하는 내용을 바르게 나열한 것은?

> '구슬이 서말이라도 꿰어야 보배'라는 속담처럼 여러 가지 채널과 갖은 노력 끝에 입수한 정보가 우리가 필요한 시점에 즉시 활용되기 위해서는 모든 정보가 차곡차곡 정리되어 있어야 한다. 이처럼 정보의 관리란 수집된 다양한 형태의 정보를 어떤 문제해결이나 결론도출에 사용하기 쉬운 형태로 바꾸는 일이다. 정보를 관리할 때에는 특히 ㉠ 정보에 대한 사용목표가 명확해야 하며, ㉡ 정보를 쉽게 작업할 수 있어야 하고, ㉢ 즉시 사용할 수 있어야 한다.

	㉠	㉡	㉢
①	목적성,	용이성,	유용성
②	다양성,	용이성,	통일성
③	용이성,	통일성,	다양성
④	통일성,	목적성,	유용성

02 다음은 데이터베이스에 대한 설명이다. 데이터베이스의 특징으로 적절하지 않은 것은?

> 데이터베이스란 대량의 자료를 관리하고 내용을 구조화하여 검색이나 자료 관리 작업을 효과적으로 실행하는 프로그램으로, 삽입, 삭제, 수정, 갱신 등을 통하여 항상 최신의 데이터를 유동적으로 유지할 수 있으며, 이와 같은 다량의 데이터는 사용자의 질의에 대한 신속한 응답 처리를 가능하게 한다. 또한 이러한 데이터를 여러 명의 사용자가 동시에 공유할 수 있고, 각 데이터를 참조할 때는 사용자가 요구하는 내용에 따라 참조가 가능함은 물론 응용프로그램과 데이터베이스를 독립시킴으로써 데이터를 변경시키더라도 응용프로그램은 변경되지 않는다.

① 실시간 접근성
② 계속적인 진화
③ 동시 공유
④ 데이터의 논리적 의존성

03 귀하는 거래처의 컴퓨터를 빌려서 쓰게 되었는데, 해당 컴퓨터를 부팅하고 바탕화면에 저장된 엑셀 파일을 열자 어디에 사용될지 모르는 고객의 상세한 신상정보가 담겨 있었다. 다음 중 귀하가 취해야 할 태도로 가장 적절한 것은?

① 고객 신상 정보를 즉시 지우고 빌린 컴퓨터를 사용한다.
② 고객 신상 정보의 훼손을 방지하고자 자신의 USB에 백업해두고 보관해준다.
③ 고객 신상 정보를 저장장치에 복사해서 빌린 거래처 담당자에게 되돌려준다.
④ 거래처에 고객 신상 정보 삭제를 요청한다.

02 엑셀 함수

| 유형분석 |

- 컴퓨터 활용과 관련된 상황에서 문제를 해결하기 위한 행동이 무엇인지 묻는 문제이다.
- 주로 업무수행 중에 많이 활용되는 대표적인 엑셀 함수(COUNTIF, ROUND, MAX, SUM, COUNT, AVERAGE, …)가 출제된다.
- 종종 엑셀시트를 제시하여 각 셀에 들어갈 함수식이 무엇인지 고르는 문제가 출제되기도 한다.

다음 중 엑셀에 제시된 함수식의 결괏값으로 옳지 않은 것은?

	A	B	C	D	E	F
1						
2		120	200	20	60	
3		10	60	40	80	
4		50	60	70	100	
5						
6		함수식			결괏값	
7		=MAX(B2:E4)			㉠	
8		=MODE(B2:E4)			㉡	
9		=LARGE(B2:E4,3)			㉢	
10		=COUNTIF(B2:E4,E4)			㉣	
11		=ROUND(B2,−1)			㉤	
12						

① ㉠=200
② ㉡=60
③ ㉢=100
④ ㉣=1
⑤ ㉤=100

정답 ⑤

ROUND 함수는 지정한 자릿수를 반올림하는 함수이다. 함수식에서 '−1'은 일의 자리를 뜻하며, '−2'는 십의 자리를 뜻한다. 여기서 '−' 기호를 빼면 소수점 자리로 인식한다. 따라서 일의 자리를 반올림하기 때문에 결괏값은 120이다.

풀이 전략!

제시된 상황에서 사용할 엑셀 함수가 무엇인지 파악한 후, 선택지에서 적절한 함수식을 골라 식을 만들어야 한다. 평소 대표적으로 문제에 자주 출제되는 몇몇 엑셀 함수를 익혀두면 풀이시간을 단축할 수 있다.

출제유형분석 02 실전예제

01 다음은 H공사의 인사부에서 정리한 사원 목록이다. 이에 대한 설명으로 옳은 것을 〈보기〉에서 모두 고르면?

	A	B	C	D
1	사원번호	성명	직위	부서
2	869872	조재영	부장	품질보증처
3	890531	정대현	대리	품질보증처
4	854678	윤나리	사원	품질보증처
5	812365	이민지	차장	기획처
6	877775	송윤희	대리	기획처
7	800123	김가을	사원	기획처
8	856123	박슬기	부장	사업개발처
9	827695	오종민	차장	사업개발처
10	835987	나진원	사원	사업개발처
11	854623	최윤희	부장	인사처
12	847825	이경서	사원	인사처
13	813456	박소미	대리	재무실
14	856123	최영수	사원	재무실

보기

㉠ 부서를 기준으로 내림차순으로 정렬되었다.
㉡ 부서를 우선 기준으로, 직위를 다음 기준으로 정렬하였다.
㉢ 성명을 기준으로 내림차순으로 정렬되었다.

① ㉠
② ㉡
③ ㉠, ㉡
④ ㉠, ㉢

02 다음은 A주식회사의 공장별 9월 생산량 현황이다. 각 셀에 들어간 함수의 결괏값으로 옳지 않은 것은?

	A	B	C	D	E	F
1	〈A주식회사 공장 9월 생산량 현황〉					
2	구분	생산량	단가	금액	순위	
3					생산량 기준	금액 기준
4	안양공장	123,000	10	1,230,000		
5	청주공장	90,000	15	1,350,000		
6	제주공장	50,000	15	750,000		
7	강원공장	110,000	11	1,210,000		
8	진주공장	99,000	12	1,188,000		
9	합계	472,000		5,728,000		

① F4 : =RANK(D4,D4:D8,1) → 4

② E4 : =RANK(B4,B4:B8,0) → 1

③ E6 : =RANK(B6,B4:B8,0) → 5

④ F8 : =RANK(D8,D4:D8,0) → 2

03 다음 시트와 같이 월～금요일까지는 '업무'로, 토요일과 일요일에는 '휴무'로 표시하고자 할 때 [B2] 셀에 입력해야 할 함수식으로 옳지 않은 것은?

	A	B
1	일자	휴무, 업무
2	2023-01-07	휴무
3	2023-01-08	휴무
4	2023-01-09	업무
5	2023-01-10	업무
6	2023-01-11	업무
7	2023-01-12	업무
8	2023-01-13	업무

① =IF(OR(WEEKDAY(A2,0)=0,WEEKDAY(A2,0)=6),"휴무","업무")

② =IF(OR(WEEKDAY(A2,1)=1,WEEKDAY(A2,1)=7),"휴무","업무")

③ =IF(OR(WEEKDAY(A2,2)=6, WEEKDAY(A2,2)=7),"휴무","업무")

④ =IF(WEEKDAY(A2,2)>=6,"휴무","업무")

※ A씨는 지점별 매출 및 매입 현황을 정리하고 있다. 이어지는 질문에 답하시오. **[4~5]**

	A	B	C	D	E	F
1	지점명	매출	매입			
2	주안점	2,500,000	1,700,000			
3	동암점	3,500,000	2,500,000		최대 매출액	
4	간석점	7,500,000	5,700,000		최소 매출액	
5	구로점	3,000,000	1,900,000			
6	강남점	4,700,000	3,100,000			
7	압구정점	3,000,000	1,500,000			
8	선학점	2,500,000	1,200,000			
9	선릉점	2,700,000	2,100,000			
10	교대점	5,000,000	3,900,000			
11	서초점	3,000,000	1,900,000			
12	합계					

04 다음 중 매출과 매입의 합계를 구할 때 사용해야 하는 함수로 옳은 것은?

① REPT ② CHOOSE

③ SUM ④ AVERAGE

05 다음 중 [F3] 셀을 구하는 함수식으로 옳은 것은?

① =MIN(B2:B11) ② =MAX(B2:C11)

③ =MIN(C2:C11) ④ =MAX(B2:B11)

PART 2

03 | 프로그램 언어(코딩)

| 유형분석 |

- 프로그램의 실행 결과를 코딩을 통해 파악하여 이를 풀이하는 문제이다.
- 대체로 문제에서 규칙을 제공하고 있으며, 해당 규칙을 적용하여 새로운 코드번호를 만들거나 혹은 만들어진 코드번호를 해석하는 등의 문제가 출제된다.

다음 프로그램의 실행 결과로 옳은 것은?

```
#include <stdio.h>

int main(){
        int i = 4;
        int k = 2;
        switch(i) {
                case 0:
                case 1:
                case 2:
                case 3: k = 0;
                case 4: k += 5;
                case 5: k -= 20;
                default: k++;
        }
        printf("%d", k);
}
```

① 12　　② −12
③ 10　　④ −10

정답 ②

i가 4기 때문에 case 4부터 시작한다. K는 2이고, k+=5를 하면 7이 된다. Case 5에서 k−=20을 하면 −13이 되고, default에서 1이 증가하여 결과값은 −12가 된다.

풀이 전략!

문제에서 실행 프로그램 내용이 주어지면 핵심 키워드를 확인한다. 코딩 프로그램을 통해 요구되는 내용을 알아맞혀 정답 유무를 판단한다.

출제유형분석 03 실전예제

※ 다음 프로그램의 실행 결과로 옳은 것을 고르시오. [1~2]

01

```
#include <stdio.h>
int main()
{
    int sum = 0;
    int x;
    for(x = 1;x < = 100;x+ +)
       sum+ = x;
    printf("1 + 2 + … + 100 = %d\n", sum);
      return 0;
 }
```

① 5010　　② 5020

③ 5040　　④ 5050

02

```
#include <stdio.h>
void main() {
  int i, tot = 0;
  int a[10] = {10, 37, 23, 4, 8, 71, 23, 9, 52, 41};
  for(i = 0; i < 10; I++) {
    tot+ = a[i];
    if (tot> = 100) {
        break;
    }
  }
  printf("%d₩n", tot);
}
```

① 82　　② 100

③ 143　　④ 153

교육은 우리 자신의 무지를 점차 발견해 가는 과정이다.

– 윌 듀란트 –

PART 3

최종점검 모의고사

제1회
최종점검 모의고사

※ 한국중부발전 최종점검 모의고사는 채용공고를 기준으로 구성한 것으로 실제 시험과 다를 수 있습니다.
※ 한국중부발전은 직렬별로 직업기초능력평가 응시과목이 상이하므로 자신이 응시하는 직렬의 영역을 선택하여 응시하기 바랍니다.

모바일 OMR 답안분석 서비스
지원하는 분야에 따라 다음 영역의 문제를 풀기 바랍니다.

분야	영역	분야	영역
사무	01 의사소통능력 03 수리능력 04 자원관리능력 06 조직이해능력	정보통신	01 의사소통능력 02 문제해결능력 05 기술능력 07 정보능력
건축	01 의사소통능력 02 문제해결능력 03 수리능력 07 정보능력	토목	01 의사소통능력 02 문제해결능력 04 자원관리능력 06 조직이해능력
발전기계	01 의사소통능력 02 문제해결능력 04 자원관리능력 05 기술능력	발전전기	01 의사소통능력 02 문제해결능력 03 수리능력 05 기술능력
발전화학	01 의사소통능력 02 문제해결능력 04 자원관리능력 05 기술능력	산업위생	01 의사소통능력 02 문제해결능력 04 자원관리능력 06 조직이해능력

■ 취약영역 분석

01 의사소통능력

번호	01	02	03	04	05	06	07	08	09	10	11	12	13	14	15	16	17	18	19	20
O/×																				

02 문제해결능력

번호	01	02	03	04	05	06	07	08	09	10	11	12	13	14	15	16	17	18	19	20
O/×																				

03 수리능력

번호	01	02	03	04	05	06	07	08	09	10	11	12	13	14	15	16	17	18	19	20
O/×																				

04 자원관리능력

번호	01	02	03	04	05	06	07	08	09	10	11	12	13	14	15	16	17	18	19	20
O/×																				

05 기술능력

번호	01	02	03	04	05	06	07	08	09	10	11	12	13	14	15	16	17	18	19	20
O/×																				

06 조직이해능력

번호	01	02	03	04	05	06	07	08	09	10	11	12	13	14	15	16	17	18	19	20
O/×																				

07 정보능력

번호	01	02	03	04	05	06	07	08	09	10	11	12	13	14	15	16	17	18	19	20
O/×																				

평가 문항	80문항	평가 시간	60분
시작시간	:	종료시간	:
취약 영역			

최종점검 모의고사

응시시간 : 60분 문항 수 : 80문항 정답 및 해설 p.042

01 의사소통능력(사무 / 정보통신 / 발전기계 / 발전전기 / 발전화학 / 토목 / 건축 / 산업위생)

01 다음 글의 (가)를 (나)와 같이 고쳐 썼다고 할 때, 반영된 내용으로 옳지 않은 것은?

(가) 자신이 보려던 영화의 결말을 누군가 말해버려서 속상했던 적이 있을 것이다. 이렇게 영화, 방송, 소설 등의 줄거리나 내용을 예비 관객이나 시청자, 독자들에게 미리 밝히는 행위 혹은 그런 행위를 하는 사람들을 스포일러라고 한다. SNS 사용이 급증하고 있는 최근에는 스포일러로 인한 피해가 확산되면서 누리꾼들 사이에 이에 대한 부정적 인식이 심화되고 있다.

사람들은 다음에 벌어질 상황이나 결말을 알지 못할 때 긴장감과 흥미를 느끼므로 만약 그들이 의도치 않게 스포일러를 접하게 되면 흥미는 반감될 수밖에 없다. 또한 최근에는 오디션이나 경연 대회를 다루는 프로그램들이 많은데, 누가 우승자가 될지 이목이 집중되는 이러한 프로그램들이 스포일러를 당하면 시청률은 큰 폭으로 떨어지게 된다. 누리꾼들은 자신의 행위가 스포일러가 될 수도 있다고 인식하지 못한 채 영화 관련 정보를 제공하려는 의도로 글을 올리는 경우가 많지만, 원래 의도와는 달리 이러한 글이 많은 사람들에게 피해를 줄 수도 있다.

한편 영화와 전혀 관련이 없는 내용인 것처럼 제목을 꾸며 놓고 클릭을 유도해서 중요한 내용을 공개해 사람들을 의도적으로 골탕 먹이는 경우도 있다.

이러한 스포일러 문제를 해결하기 위해서는 우선 자신의 행위가 스포일러가 될 수도 있다는 것을 명확히 인식해야 한다. 아울러 자신의 행위가 스포일러는 아닌지 한 번 더 의심하고 자기 점검을 할 필요가 있다. 또한 의도적인 스포일러를 방지하기 위해서는 지속적인 캠페인 활동 등을 통해 누리꾼들의 윤리 의식을 고취시켜야 한다.

스포일러의 피해가 사회적 문제로 대두되는 요즘, 우리들은 문화 콘텐츠의 향유자로서 스포일러의 폐해에 관심을 갖고 스포일러 방지를 위해 노력해야 한다.

(나) 자신이 보려던 영화의 결말을 누군가 말해버려서 속상했던 적이 있을 것이다. 이렇게 영화, 방송, 소설 등의 줄거리나 내용을 예비 관객이나 시청자, 독자들에게 미리 밝히는 행위 혹은 그런 행위를 하는 사람들을 스포일러라고 한다. SNS 사용이 급증하고 있는 최근에는 스포일러로 인한 피해가 확산되면서 이에 대한 누리꾼들의 부정적 인식이 심화되고 있다. 얼마 전 영화 예매 사이트 ○○의 스포일러에 관한 설문조사 결과 '영화 관람에 영향을 미치므로 절대 금지해야 한다.'라는 응답이 73%를 차지했다.

사람들은 다음에 벌어질 상황이나 결말을 알지 못할 때 긴장감과 흥미를 느낀다. 따라서 의도치 않게 스포일러를 접하게 되면 흥미는 반감될 수밖에 없다. 또한 최근에는 오디션이나 경연 대회를 다루는 프로그램들이 많다. 누가 우승자가 될지 이목이 집중되는 이러한 프로그램들이 스포일러를 당하면 시청률은 큰 폭으로 떨어지게 된다.

물론 스포일러가 홍보 역할을 하여 오히려 시청률 증가에 기여한다는 의견도 있다. 그러나 그런 경우는 빙산의 일각에 불과하고 시청자뿐만 아니라 제작자에게도 피해를 입히는 경우가 대부분이다.
누리꾼들은 스포일러라는 인식 없이 단순히 영화 관련 정보를 제공하려는 의도로 글을 올리는 경우가 많다. 하지만 원래 의도와는 달리 이러한 글이 많은 사람들에게 피해를 줄 수도 있다. 혹은 영화와 전혀 관련이 없는 내용인 것처럼 제목을 꾸며 놓고 클릭을 유도해서 중요한 내용을 공개해 사람들을 의도적으로 골탕 먹이는 경우도 있다. 그렇다면 이러한 스포일러 문제는 어떻게 해결할 수 있을까? 우선 자신의 행위가 스포일러가 될 수도 있다는 것을 명확히 인식해야 한다. 아울러 자신의 행위가 스포일러는 아닌지 한 번 더 의심하고 자기 점검을 할 필요가 있다. 그리고 의도적인 스포일러를 방지하기 위해서는 지속적인 캠페인 활동 등을 통해 누리꾼들의 윤리 의식을 고취시켜야 한다.
스포일러의 피해가 사회적 문제로 대두되는 요즘, 우리들은 문화 콘텐츠의 향유자로서 스포일러의 폐해에 관심을 갖고 스포일러 방지를 위해 노력해야 한다.

PART 3

① 반론 – 재반론의 형식으로 주장의 근거를 보충하였다.
② 질문 – 대답 형식을 통해 독자의 관심을 유도한다.
③ 신뢰성 있는 자료를 보충하여 근거의 타당성을 높였다.
④ 문맥상 잘못된 접속어를 바꾸었다.

02 다음은 키덜트(Kidult)에 대한 글이다. 이에 대한 설명으로 적절하지 않은 것은?

키덜트란 키드와 어덜트의 합성어로 20~40대의 어른이 되었음에도 불구하고 여전히 어린이의 분위기와 감성을 간직하고 추구하는 성인들을 일컫는 말이다. 한때 이들은 책임감 없고 보호받기만을 바라는 '피터팬증후군'이라는 말로 표현되기도 하였으나, 이와 달리 키덜트는 각박한 현대인의 생활 속에서 마음 한구석에 어린이의 심상을 유지하는 사람들로 긍정적인 이미지를 가지고 있다.
이들의 특징은 무엇보다 진지하고 무거운 것 대신 유치하고 재미있는 것을 추구한다는 점이다. 예를 들면 대학생이나 직장인들이 엽기토끼 같은 앙증맞은 인형을 가방이나 핸드폰에 매달고 다니는 것, 회사 책상 위에 인형을 올려놓는 것 등이다. 키덜트들은 이를 통해 얻은 영감이나 에너지가 일에 도움이 된다고 한다.
이렇게 생활하면 정서 안정과 스트레스 해소에 도움이 된다는 긍정적인 의견이 나오면서 키덜트 특유의 감성이 반영된 트렌드가 유행하고 있다. 기업들은 키덜트족을 타깃으로 하는 상품과 서비스를 만들어내고 있으며, 엔터테인먼트 쇼핑몰과 온라인 쇼핑몰도 쇼핑과 놀이를 동시에 즐기려는 키덜트족의 욕구를 적극 반영하고 있는 추세이다.

① 키덜트의 나이도 범위가 존재한다.
② 피터팬증후군과 키덜트는 혼용하여 사용한다.
③ 키덜트는 현대사회와 밀접한 관련이 있다.
④ 키덜트의 행위가 긍정적인 영향을 끼치기도 한다.

03 다음 지문의 논리 전개 방식과 같게 〈보기〉의 문단을 논리적 순서대로 바르게 나열한 것은?

> 낙수효과는 대기업 · 재벌 · 고소득층 등 선도 부문의 성과가 늘어나면, 연관 산업을 통해 후발 또는 낙후 부문에 유입되는 효과를 의미한다. 마치 컵을 층층이 피라미드처럼 쌓아 놓고 맨 위의 컵에 물을 부으면 물이 컵을 가득 채운 후에는 자연스럽게 아래로 흘러내려가는 것처럼 경제 흐름 또한 마찬가지라는 이론이다.
> 낙수효과 이론은 선(先) 성장, 후(後) 분배를 주장하는 성장론자들의 금과옥조처럼 여겨져 왔다. 그러나 최근 OECD는 회원국들의 지니계수를 분석한 결과 소득불평등이 오히려 경제 성장을 방해한다는 결론을 내렸다. 낙수효과를 신봉하며 선 성장 기조를 내걸었던 영국과 미국은 조사기간 동안 각각 50%와 45%의 성장을 이룰 수 있었으나, 실제로는 양극화 때문에 41%와 38% 성장하는 데 그쳤다.
> OECD의 조사 결과는 낙수효과의 허상을 드러낸 것으로 평가해야 할 것이다. 조사 결과에서 알 수 있듯이, 소득불평등을 외면한 무조건적인 성장은 오히려 비효율성을 낳을 뿐이다. 우리나라의 경제 구조 역시 양극화 현상이 뚜렷이 나타나고 있지만, 정부는 성장만을 외치고 있다. 하루빨리 낙수효과의 허상에서 벗어나 진정한 경제 성장의 길을 도모할 때이다.

보기

(가) 한슬리크는 음악에서 대사의 도입이 자유로운 해석의 가능성을 차단한다고 생각했다.
(나) 이는 〈합창〉이 4악장까지 순수 기악곡으로 편성되었음에도 불구하고, 마지막 악장에서 갑자기 대사를 도입했기 때문이다.
(다) 따라서 한슬리크는 음악의 본질과 아름다움이란 음악적 형식과 음 자체에 있으며, 음악의 표제나 가사 같은 직접적인 표현은 음악의 예술성을 떨어뜨린다고 주장했다.
(라) 음악비평가 한슬리크는 베토벤의 교향곡 〈합창〉이 '다 완성한 대리석 조각에 머리만 색을 칠했다.'며 비판했다.
(마) 음악의 제목이나 대사를 듣는다면, 우리의 해석은 자연스럽게 이를 중심으로 나아갈 것이기 때문이다.

① (가) – (나) – (마) – (다) – (라)
② (가) – (마) – (라) – (나) – (다)
③ (가) – (마) – (다) – (라) – (나)
④ (라) – (나) – (가) – (마) – (다)

04 다음 글의 주장에 대한 비판으로 가장 적절한 것은?

저작권은 저자의 권익을 보호함으로써 활발한 저작 활동을 촉진하여 인류의 문화 발전에 기여하기 위한 것이다. 그러나 이렇게 공적 이익을 추구하기 위한 저작권이 현실에서는 일반적으로 지나치게 사적 재산권을 행사하는 도구로 인식되고 있다. 저작물 이용자들의 권리를 보호하기 위해 마련한, 공익적 성격의 법조항도 법적 분쟁에서는 항상 사적 재산권의 논리에 밀려 왔다.
저작권 소유자 중심의 저작권 논리는 실제로 저작권이 담당해야 할 사회적 공유를 통한 문화 발전을 방해한다. 몇 해 전의 '애국가 저작권'에 대한 논란은 이러한 문제를 단적으로 보여준다. 저자 사후 50년 동안 적용되는 국내 저작권법에 따라, 애국가가 포함된 〈한국 환상곡〉의 저작권이 작곡가 안익태의 유족들에게 2015년까지 주어진다는 사실이 언론을 통해 알려진 것이다. 누구나 자유롭게 이용할 수 있는 국가(國歌)마저 공공재가 아닌 개인 소유라는 사실에 많은 사람들이 놀랐다.
창작은 백지 상태에서 완전히 새로운 것을 만드는 것이 아니라 저작자와 인류가 쌓은 지식 간의 상호 작용을 통해 이루어진다. "내가 남들보다 조금 더 멀리 보고 있다면, 이는 내가 거인의 어깨 위에 올라서 있는 난쟁이이기 때문"이라는 뉴턴의 겸손은 바로 이를 말한다. 이렇듯 창작자의 저작물은 인류의 지적 자원에서 영감을 얻은 결과이다. 그러한 저작물을 다시 인류에게 되돌려 주는 데 저작권의 의의가 있다. 이러한 생각은 이미 1960년대 프랑스 철학자들에 의해 형성되었다. 예컨대 기호학자인 바르트는 '저자의 죽음'을 거론하면서 저자가 만들어 내는 텍스트는 단지 인용의 조합일 뿐 어디에도 '오리지널'은 존재하지 않는다고 단언한다.
전자 복제 기술의 발전과 디지털 혁명은 정보나 자료의 공유가 지니는 의의를 잘 보여주고 있다. 인터넷과 같은 매체 환경의 변화는 원본을 무한히 복제하고 자유롭게 이용함으로써 누구나 창작의 주체로서 새로운 문화 창조에 기여할 수 있도록 돕는다. 인터넷 환경에서 이용자는 저작물을 자유롭게 교환할 뿐 아니라 수많은 사람들과 생각을 나눔으로써 새로운 창작물을 생산하고 있다. 이러한 상황은 저작권을 사적 재산권의 측면에서보다는 공익적 측면에서 바라볼 필요가 있음을 보여준다.

① 저작권의 사회적 공유에 대해 일관성 없는 주장을 하고 있다.
② 저작물이 개인의 지적・정신적 창조물임을 과소평가하고 있다.
③ 저작권의 사적 보호가 초래한 사회적 문제의 사례가 적절하지 않다.
④ 인터넷이 저작권의 사회적 공유에 미치는 영향을 드러내지 못하고 있다.

05 다음 글을 뒷받침하는 사례로 적절하지 않은 것은?

미장센(Mise en Scène)은 프랑스어로 연극무대에서 쓰이는 '연출'을 의미한다. 연극을 공연할 때, 연출자는 등장인물의 동작이나 무대장치, 조명 등에 관한 지시를 세부적으로 명시하지 않는다. 그리고 연극의 서사를 효과적으로 전달하기 위해 무대 위에 있는 모든 시각 대상을 배열하고 조직한다. 최근에는 미장센이 연극뿐만 아니라 영화 용어로 정착했다. 영화에서 미장센은 '카메라에 찍히는 모든 장면을 사전에 계획하고 밑그림을 그리는 것'이다. 즉 카메라가 특정 장면을 찍기 시작하여 멈추기까지 화면 속에 담기는 이미지를 만들어 내는 작업이다. 감독은 자신의 의도에 따라 프레임 내부에서 배경, 인물, 조명, 의상, 분장 등 영화적 요소를 적재적소에 배치한다. 쉽게 말하면 화면 구성으로, 편집이 아닌 한 화면 속에 담기는 이미지의 모든 구성 요소들이 주제를 드러내도록 하는 작업을 가리킨다. 따라서 영화를 볼 때 요소 중에서 하나가 두드러지면 연출자가 신경 써서 의도한 미장센으로 이해하면 된다.

① 영화 '올드보이'에서 주인공 오대수가 15년 동안 갇혀있는 방은 8평이고, 그를 가둔 이우진의 방은 108평으로 설정하여, 관객들이 두 주인공의 대립감을 시각적으로 느끼게 했다.

② 영화 '장화·홍련'에서 어두운 조명과 음침한 색깔의 가구를 통해 집을 안락한 곳이 아닌 무서운 공간으로 연출하였다.

③ 영화 '고산자'는 주인공 김정호의 사계절 여정 장면을 담기 위해 봄, 여름, 가을, 겨울을 각각 촬영하여 편집한 뒤 한 장면으로 만들었다.

④ 영화 '아가씨'는 장면마다 박찬욱 감독의 특유한 감성, 연출 기법, 조명, 색감, 분위기 등이 돋보이는 영화이다.

※ 다음은 J사의 회의록이다. 자료를 읽고 이어지는 질문에 답하시오. **[6~7]**

〈회의록〉

회의일시	2024년 1월 12일	부서	생산팀, 연구팀, 마케팅팀	작성자	A
참석자	생산팀 팀장·차장, 연구팀 팀장·차장, 마케팅팀 팀장·차장				
회의안건	제품에서 악취가 난다는 고객 불만에 따른 원인 조사 및 대책방안				
회의내용	주문폭주로 인한 물량증가로 잉크가 덜 마른 포장상자를 사용해 냄새가 제품에 스며든 것으로 추측				
결정사항	[생산팀] 내부 비닐 포장, 외부 종이상자 포장이었던 기존방식에서 내부 2중 비닐 포장, 외부 종이상자 포장으로 교체 [마케팅팀] 1. 주문량이 급격히 증가했던 일주일 동안 생산된 제품 전격 회수 2. 제품을 공급한 매장에 사과문 발송 및 100% 환불·보상 공지 [연구팀] 포장재질 및 인쇄된 잉크의 유해성분 조사				

PART 3

06 다음 중 회의록을 보고 알 수 있는 내용으로 적절한 것은?

① 이 조직은 6명으로 이루어져 있다.
② 회의 참석자는 총 3명이다.
③ 연구팀에서 제품을 전격 회수해 포장재질 및 인쇄된 잉크의 유해성분을 조사하기로 했다.
④ 주문량이 많아 잉크가 덜 마른 포장상자를 사용한 것이 문제 발생의 원인으로 추측된다.

07 다음 중 회의 후 가장 먼저 해야 할 일로 적절한 것은?

① 해당 브랜드의 전 제품 회수
② 포장재질 및 인쇄된 잉크 유해성분 조사
③ 새로 도입하는 포장방식 홍보
④ 주문량이 급격히 증가한 일주일 동안 생산된 제품 파악

08 다음 글의 내용으로 적절한 것은?

만우절의 탄생과 관련해서 많은 이야기가 있지만, 가장 많이 알려진 것은 16세기 프랑스 기원설이다. 16세기 이전부터 프랑스 사람들은 3월 25일부터 일주일 동안 축제를 벌였고, 축제의 마지막 날인 4월 1일에는 모두 함께 모여 축제를 즐겼다. 그러나 16세기 말 프랑스가 그레고리력을 받아들이면서 달력을 새롭게 개정했고, 이에 따라 이전의 3월 25일을 새해 첫날(New Year's Day)인 1월 1일로 맞추어야 했다. 결국 기존의 축제는 달력이 개정됨에 따라 사라지게 되었다. 그러나 몇몇 사람들은 이 사실을 잘 알지 못하거나 기억하지 못했다. 사람들은 그들을 가짜 파티에 초대하거나, 그들에게 조롱 섞인 선물을 하면서 놀리기 시작했다. 프랑스에서는 이렇게 놀림감이 된 사람들을 '4월의 물고기'라는 의미의 '푸아송 다브릴(Poisson d'Avril)'이라 불렀다. 갓 태어난 물고기처럼 쉽게 낚였기 때문이다. 18세기에 이르러 프랑스의 관습이 영국으로 전해지면서 영국에서는 이날을 '오래된 바보의 날(All Fool's Day*)'이라고 불렀다.

* 'All'은 'Old'를 뜻하는 'Auld'의 변형 형태(스코틀랜드)이다.

① 만우절은 프랑스에서 기원했다.

② 프랑스는 16세기 이전부터 그레고리력을 사용하였다.

③ 16세기 말 이전 프랑스에서는 3월 25일 ~ 4월 1일까지 축제가 열렸다.

④ 프랑스에서는 만우절을 '4월의 물고기'라고 불렀다.

09 다음 글의 빈칸에 들어갈 말을 〈보기〉에서 골라 적절하게 나열한 것은?

창은 채광이나 환기를 위해서, 문은 사람들의 출입을 위해서 건물 벽에 설치한 개폐가 가능한 시설이다. 일반적으로 현대적인 건축물에서 창과 문은 각각의 기능이 명확하고 크기와 형태가 달라 구별이 쉽다. 그러나 ＿＿＿＿(가)＿＿＿＿ 그리하여 창과 문을 합쳐서 창호(窓戶)라고 부른다. 이것은 창호가 창과 문의 기능과 미를 공유하고 있다는 것을 의미한다. 그런데 창과 문을 굳이 구별한다면 머름이라는 건축 구성요소를 통해 가능하다. 머름은 창 아래 설치된 낮은 창턱으로, 팔을 얹고 기대어 앉기에 편안한 높이로 하였다.

공간의 가변성을 특징으로 하는 한옥에서 창호는 핵심적인 역할을 한다. 여러 짝으로 된 큰 창호가 한쪽 벽면 전체를 대체하기도 하는데, 이때 외부에 면한 창호뿐만 아니라 방과 방 사이에 있는 창호를 열면 별개의 공간이 합쳐지면서 넓은 새로운 공간을 형성하게 된다. 창호의 개폐에 의해 안과 밖의 공간이 연결되거나 분리되고 실내공간의 구획이 변화되기도 하는 것이다. 이처럼 ＿＿＿＿(나)＿＿＿＿

한편, 한옥에서 창호는 건축의 심미성이 잘 드러나는 독특한 요소이다. 창호가 열려있을 때 바깥에 나무나 꽃과 같은 자연물이 있을 경우 방 안에서 창호와 일정 거리 떨어져 밖을 내다보면 창호를 감싸는 바깥둘레 안으로 한 폭의 풍경화를 감상하게 된다. 방 안의 사람이 방 밖의 자연과 완전한 소통을 하여 인공의 미가 아닌 자연의 미를 직접 받아들임으로써 한옥의 실내공간은 자연과 하나 된 심미적인 공간으로 탈바꿈한다. 열린 창호가 안과 밖, 사람과 자연 사이의 경계를 없앤 것이다. 창호가 닫혀 있을 때에는 창살 문양과 창호지가 중요한 심미적 기능을 한다. 한옥에서 창호지는 방쪽의 창살에 바른다. 방 밖에서 보았을 때 대칭적으로 배열된 여러 창살들이 서로 어울려 만들어내는 창살 문양은 단정한 선의미를 창출한다. 창살로 구현된 다양한 문양에 따라 집의 표정을 읽을 수 있고 집주인의 품격도 알 수 있다. 방 안에서 보았을 때 창호지에 어리는 햇빛은 이른 아침에 청회색을 띠고, 대낮의 햇빛이 들어올 때는 뽀얀 우윳빛, 하루 일과가 끝날 때쯤이면 석양의 붉은색으로 변한다. 또한 ＿＿＿＿(다)＿＿＿＿ 방 안에서 바깥의 바람과 새의 소리를 들을 수 있고, 화창한 날과 흐린 날의 정서와 분위기를 느낄 수 있다. 창호는 이와 같이 사람과 자연간의 지속적인 소통을 가능케 함으로써 양자가 서로 조화롭게 어울리도록 한다.

보기

㉠ 창호는 한옥의 공간구성에서 빠트릴 수 없는 중요한 위치를 차지한다.
㉡ 창호지가 얇기 때문에 창호가 닫혀 있더라도 외부와 소통이 가능하다.
㉢ 한국 전통 건축, 곧 한옥에서 창과 문은 그 크기와 형태가 비슷해서 구별하지 않는 경우가 많다.

	(가)	(나)	(다)
①	㉠	㉡	㉢
②	㉡	㉢	㉠
③	㉡	㉠	㉢
④	㉢	㉠	㉡

PART 3

10 다음 제시문의 주제로 가장 적절한 것은?

우주 개발이 왜 필요한가에 대한 주장은 크게 다음 세 가지로 구분할 수 있다. 먼저 칼 세이건이 우려하는 것처럼 인류가 혜성이나 소행성의 지구 충돌과 같은 재앙에서 살아남으려면 지구 이외의 다른 행성에 식민지를 건설해야 한다는 것이다. 소행성의 지구 충돌로 절멸한 공룡의 전철을 밟지 않기 위해서 말이다. 여기에는 자원 고갈이나 환경오염과 같은 전 지구적 재앙에 대비하자는 주장도 포함된다. 그 다음으로 우리의 관심을 지구에 한정하다는 것은 인류의 숭고한 정신을 가두는 것이라는 호킹의 주장을 들 수 있다. 지동설, 진화론, 상대성 이론, 양자역학, 빅뱅 이론과 같은 과학적 성과들은 인류의 문명뿐만 아니라 정신적 패러다임의 변화에 지대한 영향을 끼쳤다. 마지막으로 우주 개발의 노력에 따르는 부수적인 기술의 파급 효과를 근거로 한 주장을 들 수 있다. 실제로 우주 왕복선 프로그램을 통해 산업계에 이전된 새로운 기술이 100여 가지나 된다고 한다. 인공심장, 신분확인 시스템, 비행추적 시스템 등이 그 대표적인 기술들이다. 그러나 우주 개발에서 얻는 이익이 과연 인류 전체의 이익을 대변할 수 있는가에 대해서는 쉽게 답할 수가 없다. 역사적으로 볼 때 탐사의 주된 목적은 새로운 사실의 발견이라기보다 영토와 자원, 힘의 우위를 선점하기 위한 것이었기 때문이다. 이러한 이유로 우주 개발에 의심의 눈초리를 보내는 사람들도 적지 않다. 그들은 우주 개발에 소요되는 자금과 노력을 지구의 가난과 자원 고갈, 환경 문제 등을 해결하는 데 사용하는 것이 더 현실적이라고 주장한다.

하지만 그 주장을 따른다고 해서 이러한 문제들을 해결할 수 있는가? 인류가 우주 개발에 나서지 않고 지구 안에서 인류의 미래를 위한 노력을 경주한다고 가정해 보자. 그렇더라도 인류가 사용할 수 있는 자원이 무한한 것은 아니며, 인구의 자연 증가를 막을 수 없다는 문제는 여전히 남는다. 지구에 자금과 노력을 투자해야 한다고 주장하는 사람들은 지금 당장은 아니더라도 언젠가는 이러한 문제들을 해결할 수 있다는 논리를 펼지도 모른다. 그러나 이러한 논리는 우주 개발을 지지하는 쪽에서 마찬가지로 내세울 수 있다. 오히려 인류가 미래에 닥칠 문제를 해결할 수 있는 방법은 지구 밖에서 찾게 될 가능성이 더 크지 않을까?

우주를 개발하려는 시도가 최근에 등장한 것은 아니다. 인류가 의식을 갖게 되면서부터 우주를 꿈꾸어 왔다는 증거는 세계 여러 민족의 창세신화에서 발견된다. 수천 년 동안 우주에 대한 인류의 꿈은 식어갈 줄 몰랐다. 그리고 그 결과가 오늘날의 우주 개발이라는 현실로 다가온 것이다. 이제 인류는 우주의 시초를 밝히게 되었고, 우주의 끄트머리를 바라볼 수 있게 되었으며, 우주 공간에 인류의 거주지를 만들 수 있게 되었다. 우주 개발을 해야 할 것이냐 말아야 할 것이냐는 이제 문제의 핵심이 아니다. 우리가 선택해야 할 문제는 우주 개발을 어떻게 해야 할 것인가이다. "달과 다른 천체들은 모든 나라가 함께 탐사하고 이용할 수 있도록 자유지역으로 남아 있어야 한다. 어느 국가도 영유권을 주장할 수는 없다."라는 린든 B. 존슨의 경구는 우주 개발의 방향을 일러주는 시금석이 되어야 한다.

① 우주 개발의 한계
② 지구의 당면 과제
③ 우주 개발의 정당성
④ 친환경적인 지구 개발

11 다음 ㉠~㉣의 수정사항으로 적절하지 않은 것은?

> 오늘날 인류가 왼손보다 오른손을 ㉠ 더 선호하는 경향은 어디서 비롯되었을까? 오른손을 귀하게 여기고 왼손을 천대하는 현상은 어쩌면 산업화 이전 사회에서 배변 후 사용할 휴지가 없었다는 사실과 관련이 있을 법하다. 맨손으로 배변 뒤처리를 하는 것은 ㉡ 불쾌할 뿐더러 병균을 옮길 위험을 수반하는 일이었다. 이런 위험의 가능성을 낮추는 간단한 방법은 음식을 먹거나 인사할 때 다른 손을 사용하는 것이었다. 기술 발달 이전의 사회는 대개 왼손을 배변 뒤처리에, 오른손을 먹고 인사하는 일에 사용했다.
> 나는 이런 배경이 인간 사회에 널리 나타나는 '오른쪽'에 대한 긍정과 '왼쪽'에 대한 ㉢ 반감을 어느 정도 설명해 줄 수 있으리라고 생각한다. 그러나 이 설명은 왜 애초에 오른손이 먹는 일에, 그리고 왼손이 배변 처리에 사용되었는지 설명해주지 못한다. 동서양을 막론하고, 왼손잡이 사회는 확인된 바가 없기 때문이다. ㉣ 하지만 왼손잡이 사회가 존재할 가능성도 있으므로 만약 왼손잡이를 선호하는 사회가 발견된다면 이러한 논란은 종결되고 왼손잡이와 오른손잡이에 대한 새로운 이론이 등장할 것이다. 그러므로 근본적인 설명은 다른 곳에서 찾아야 할 것 같다.
> 한쪽 손을 주로 쓰는 경향은 뇌의 좌우반구의 기능 분화와 관련되어 있는 것으로 보인다. 보고된 증거에 따르면, 왼손잡이는 읽기와 쓰기, 개념적·논리적 사고 같은 좌반구 기능에서 오른손잡이보다 상대적으로 미약한 대신 상상력, 패턴 인식, 창의력 등 전형적인 우반구 기능에서는 상대적으로 기민한 경우가 많다.
> 나는 이성 대 직관의 힘겨루기, 뇌의 두 반구 사이의 힘겨루기가 오른손과 왼손의 힘겨루기로 표면화된 것이 아닐까 생각한다. 즉, 오른손이 원래 왼손보다 더 능숙했기 때문이 아니라 뇌의 좌반구가 인간의 행동을 지배하는 권력을 갖게 되었기 때문에 오른손 선호에 이르렀다는 생각이다.

① ㉠ : 의미 중복이 일어나므로 '선호하는'으로 수정한다.
② ㉡ : 띄어쓰기가 잘못되었으므로 '불쾌할뿐더러'로 수정한다.
③ ㉢ : 문맥상 어색한 단어이므로 '기시감'으로 수정한다.
④ ㉣ : 전체적인 글의 흐름과 어울리지 않으므로 삭제한다.

PART 3

12 다음 글을 읽고, 뒤르켐이 헤겔을 비판할 수 있는 주장으로 가장 적절한 것은?

시민 사회라는 용어는 17세기에 등장했지만 19세기 초에 이를 국가와 구분하여 개념적으로 정교화한 인물은 헤겔이다. 그가 활동하던 시기에 유럽의 후진국인 프러시아에는 절대주의 시대의 잔재가 아직 남아 있었다. 산업 자본주의도 미성숙했던 때여서 산업화를 추진하고 자본가들을 육성하며 심각한 빈부 격차나 계급 갈등 등의 사회문제를 해결해야 하는 시대적 과제가 있었다. 그는 사익의 극대화가 국부를 증대해준다는 점에서 공리주의를 긍정했으나 그것이 시민 사회 내에서 개인들의 무한한 사익 추구가 일으키는 빈부 격차나 계급 갈등을 해결할 수는 없다고 보았다. 그는 시민 사회가 개인들의 사적 욕구를 추구하며 살아가는 생활 영역이자 그 욕구를 사회적 의존 관계 속에서 추구하게 하는 공동체적 윤리성의 영역이어야 한다고 생각했다. 특히 시민 사회 내에서 사익 조정과 공익 실현에 기여하는 직업 단체와 복지 및 치안 문제를 해결하는 복지 행정 조직의 역할을 설정하면서, 이 두 기구가 시민 사회를 이상적인 국가로 이끌 연결고리가 될 것으로 기대했다. 하지만 빈곤과 계급 갈등은 시민 사회 내에서 근원적으로 해결될 수 없는 것이었다. 따라서 그는 국가를 사회문제를 해결하고 공적 질서를 확립할 최종 주체로 설정하면서 시민 사회가 국가에 협력해야 한다고 생각했다.

한편 1789년 프랑스 혁명 이후 프랑스 사회는 혁명을 이끌었던 계몽주의자들의 기대와는 다른 모습을 보이고 있었다. 사회는 사익을 추구하는 파편화된 개인들의 각축장이 되어 있었고 빈부 격차와 계급 갈등은 격화된 상태였다. 이러한 혼란을 극복하기 위해 노동자 단체와 고용주 단체 모두를 불법으로 규정한 르샤폴리에 법이 1791년부터 약 90년간 시행되었으나, 이 법은 분출되는 사익의 추구를 억제하지도 못하면서 오히려 프랑스 시민 사회를 극도로 위축시켰다.

뒤르켐은 이러한 상황을 아노미, 곧 무규범 상태로 파악하고 최대 다수의 최대 행복을 표방하는 공리주의가 사실은 개인의 이기심을 전제로 하고 있기에 아노미를 조장할 뿐이라고 생각했다. 그는 사익을 조정하고 공익과 공동체적 연대를 실현할 도덕적 개인주의의 규범에 주목하면서, 이를 수행할 주체로서 직업 단체의 역할을 강조하였다. 뒤르켐은 직업 단체가 정치적 중간 집단으로서 구성원의 이해관계를 국가에 전달하는 한편 국가를 견제해야 한다고 보았던 것이다.

① 직업 단체는 정치적 중간집단의 역할로 빈곤과 계급 갈등을 근원적으로 해결하지 못한다.
② 직업 단체와 복지행정조직이 시민 사회를 이상적인 국가로 이끌어줄 열쇠이다.
③ 국가가 주체이기는 하지만 공동체적 연대의 실현을 수행할 중간 집단으로서의 주체가 필요하다.
④ 국가는 최종 주체로 설정한다면 사익을 조정할 수 있고, 공적 질서를 확립할 수 있다.

13 다음 글에서 〈보기〉의 문장이 들어갈 위치로 가장 적절한 곳은?

자본주의 경제 체제는 이익을 추구하려는 인간의 욕구를 최대한 보장해주고 있다. 기업 또한 이익 추구라는 목적에서 탄생하여, 생산의 주체로서 자본주의 체제의 핵심적 역할을 수행하고 있다. 곧, 이익은 기업가로 하여금 사업을 시작하게 하는 동기가 된다. (가) 이익에는 단기적으로 실현되는 이익과 장기간에 걸쳐 지속적으로 실현되는 이익이 있다. 기업이 장기적으로 존속, 성장하기 위해서는 단기 이익보다 장기 이익을 추구하는 것이 더 중요하다. 실제로 기업은 단기 이익의 극대화가 장기 이익의 극대화와 상충할 때에는 단기 이익을 과감히 포기하기도 한다. (나) 자본주의 초기에는 기업이 단기 이익과 장기 이익을 구별하여 추구할 필요가 없었다. 소자본끼리의 자유 경쟁 상태에서는 단기든 장기든 이익을 포기하는 순간에 경쟁에서 탈락하기 때문이다. 그에 따라 기업은 치열한 경쟁에서 살아남기 위해 주어진 자원을 최대한 효율적으로 활용하여 가장 저렴한 가격으로 좋은 품질의 상품을 소비자에게 공급하게 되었다. (다) 이 단계에서는 기업의 소유자가 곧 경영자였기 때문에, 기업의 목적은 자본가의 이익을 추구하는 것으로 집중되었다.

그러나 기업의 규모가 점차 커지고 경영 활동이 복잡해지면서 전문적인 경영 능력을 갖춘 경영자가 필요하게 되었다. (라) 이에 따라 소유와 경영이 분리되어 경영의 효율성이 높아졌지만, 동시에 기업이 단기 이익과 장기 이익 사이에서 갈등을 겪게 되는 일도 발생하였다. 주주의 대리인으로 경영을 위임 받은 전문 경영인은 기업의 장기적 전망보다 단기 이익에 치중하여 경영 능력을 과시하려는 경향이 있기 때문이다. 주주는 경영자의 이러한 비효율적 경영 활동을 감시함으로써 자신의 이익은 물론 기업의 장기 이익을 극대화하고자 하였다.

보기

이는 기업의 이익 추구가 결과적으로 사회 전체의 이익도 증진시켰다는 의미이다.

① (가) ② (나)

③ (다) ④ (라)

PART 3

※ 다음 중 빈칸에 들어갈 말로 가장 적절한 것을 고르시오. [14~15]

14

국내 여가활동을 개인 활동, 사회성 여가활동, 동호회 활동으로 분류하여 유형별 참여율을 비교하였더니 전체 응답자 중 개인 활동 참여에 응답한 사람이 52.1%로 가장 높았고 사회성 여가활동인 자원봉사활동은 11.9%, 동호회 활동은 10.1%로 저조했다. 국내 여가자원을 여가시간과 비용 면에서 살펴보았을 때 2018년 15세 이상 국민들의 하루 평균 여가시간은 평일 3.3시간, 휴일 5.1시간으로 2016년 평일 4시간, 휴일 7시간보다 평일 여가시간이 0.7시간, 휴일 여가시간이 1.9시간 감소하였음을 확인할 수 있었고, 여가비용은 2018년 한 달 평균 12만 5천 원 정도로 2016년의 16만 8천 원보다 4만 3천 원 정도 감소한 것으로 나타났다. 이 자료는 여가자원이 충분하지 않고, 국내 여가생활 만족도를 파악하는 자료로 활용할 수 있다. 현재 국내에서 행해지고 있는 여가자원 정책을 살펴보면 주 40시간 근무제의 경우 여가만족도는 긍정적이지만 2016년부터 다소 낮아져 2018년에는 36.4%가 실시하고 있다고 응답하였다. 주5일 수업제는 실시 후 평균 46.5%가 만족하고 있다고 응답했다. 종합하면 활발한 여가활동을 저해하는 원인으로 여가자원과 여가활동 지원정책의 부족을 들 수 있다. 여가생활의 질을 높이기 위해 여가를 개인적인 문제로 볼 것이 아니라 ____________ 체계적인 정책과 계획 수립을 이룩해야 할 것이다.

① 다양한 지원 방안을 고려하여
② 삶의 질 향상을 위한 수단으로
③ 공적인 정책 과제라는 태도로
④ 국민의 권익 보장 수단으로

15

최근 미국 국립보건원은 벤젠 노출과 혈액암 사이에 연관이 있다고 보고했다. 직업안전보건국은 작업장에서 공기 중 벤젠 노출 농도가 1ppm을 넘지 말아야 한다는 한시적 긴급 기준을 발표했다. 당시 법규에 따른 기준은 10ppm이었는데, 직업안전보건국은 이 엄격한 새 기준이 영구적으로 정착되길 바랐다. 그런데 벤젠 노출 농도가 10ppm 이상인 작업장에서 인명피해가 보고된 적은 있지만, 그보다 낮은 노출 농도에서 인명피해가 있었다는 검증된 데이터는 없었다. 그럼에도 불구하고 직업안전보건국은 벤젠이 발암물질이라는 이유를 들어, 당시 통용되는 기기로 쉽게 측정할 수 있는 최소치인 1ppm을 기준으로 삼아야 한다고 주장했다. 직업안전보건국은 직업안전보건법의 구체적 실행에 관여하는 핵심 기관인데, 이 법은 '직장생활을 하는 동안 위험물질에 업무상 주기적으로 노출되더라도 그로 인해 어떤 피고용인도 육체적 손상이나 작업 능력의 손상을 입어서는 안 된다.'고 규정하고 있다.

이후 대법원은 직업안전보건국이 제시한 1ppm의 기준이 지나치게 엄격하다고 판결하였다. 대법원은 '직업안전보건법이 비용 등 다른 조건은 무시한 채 전혀 위험이 없는 작업장을 만들기 위한 표준을 채택하도록 직업안전보건국에게 무제한의 재량권을 준 것은 아니다.'라고 밝혔다. ______________________________ 직업안전보건국은 과학적 불확실성에도 불구하고 사람의 생명이 위험에 처할 수 있는 경우에는 더욱 엄격한 기준을 시행하는 것이 옳다면서, 자신들에게 책임을 전가하는 것에 반대했다. 직업안전보건국은 노동자를 생명의 위협이 될 수 있는 화학 물질에 노출시키는 사람들이 그 안전성을 입증해야 한다고 보았다.

① 여러 가지 과학적 불확실성으로 인해, 직업안전보건국의 기준이 합당하다는 것을 대법원이 입증할 수 없으므로 이를 수용할 수 없다는 것이다.

② 대법원은 벤젠의 노출 수준이 1ppm을 초과할 경우 노동자의 건강에 실질적으로 위험하다는 것을 직업안전보건국이 입증해야 한다고 주장했다.

③ 대법원은 재량권의 범위가 클수록 그만큼 더 신중하게 사용해야 한다는 점을 환기시키면서, 10ppm 수준의 벤젠 농도가 노동자의 건강에 정확히 어떤 손상을 가져오는지를 직업안전보건국이 입증해야 한다고 주장했다.

④ 직업안전보건국은 발암물질이 함유된 공기가 있는 작업장들 가운데서 전혀 위험이 없는 환경과 미미한 위험이 있는 환경을 구별해야 한다고 주장했는데, 대법원은 이것이 무익하고 무책임한 일이라고 지적했다.

PART 3

16 다음 중 밑줄 친 ㉠ ~ ㉣에 대한 설명이 적절하지 않게 연결된 것은?

사유 재산 제도와 시장 경제가 자본주의의 양대 축을 이루기 때문에 토지 또한 민간의 소유이어야만 한다고 하는 이들이 많다. 토지사유제의 정당성을 그것이 자본주의의 성립 근거라는 점에서 찾고자 하는 학자도 있다. 토지에 대해서는 절대적이고 배타적인 소유권을 인정할 수 없다고 하면 이들은 신성불가침 영역에 대한 도발이라며 이에 반발한다. 토지가 일반 재화나 자본에 비해 지닌 근본적인 차이는 무시하고 말이다. 과연 자본주의 경제는 토지사유제 없이 성립할 수 없는 것일까?
싱가포르, 홍콩, 대만, 핀란드 등의 사례는 위의 물음에 직접적인 답변을 제시한다. 이들은 토지공유제를 시행하였거나 토지의 공공성을 인정했음에도 불구하고 자본주의의 경제를 모범적으로 발전시켜온 사례이다. 물론 토지사유제를 당연하게 여기는 사람들이 이런 사례들을 토지 공공성을 인정해야만 하는 당위의 근거로서 받아들이는 것은 아니다. 그들은 오히려 토지의 공공성 강조가 사회주의적 발상이라고 비판한다. 하지만 이와 같은 비판은 토지와 관련된 권리 제도에 대한 무지에 기인한다.
토지 소유권은 사용권, 처분권, 수익권의 세 가지 권리로 구성된다. 각각의 권리를 누가 갖느냐에 따라 토지 제도는 다음과 같이 분류된다. 세 권리 모두 민간이 갖는 ㉠ <u>토지사유제</u>, 세 권리 모두 공공이 갖는 ㉡ <u>사회주의적 토지공유제</u>, 그리고 사용권은 민간이 갖고 수익권은 공공이 갖는 ㉢ <u>토지가치공유제</u>이다. 한편, 토지가치공유제는 처분권을 누가 갖느냐에 따라 두 가지 제도로 분류된다. 처분권을 완전히 민간이 갖는 토지가치세제와 공공이 처분권을 갖지만 사용권을 가진 자에게 한시적으로 처분권을 맡기는 ㉣ <u>토지공공임대제</u>이다. 토지 소유권을 구성하는 세 가지 권리를 민간과 공공이 적당히 나누어 갖는 경우가 많으므로 실제의 토지 제도는 이 분류보다 훨씬 더 다양하다. 이 중 자본주의 경제와 결합될 수 없는 토지 제도는 사회주의적 토지공유제뿐이다. 물론 어느 토지 제도가 더 나은 경제적 성과를 보이는가는 그 이후의 문제이다. 토지사유제 옹호론에 따르면, 토지 자원의 효율적 배분이 가능하기 위해 토지에 대한 절대적, 배타적 소유권을 인정해야만 한다. 토지사유제만이 토지의 오용을 막을 수 있으며, 나아가 토지 사용의 안정성을 보장할 수 있다는 것이다. 하지만 토지 자원의 효율적 배분을 위해 토지의 사용권, 처분권, 수익권 모두를 민간이 가져야 할 필요는 없다. 토지 위 시설물에 대한 소유권을 민간이 갖고, 토지에 대해서 민간은 배타적 사용권만 가지면 충분하다.

① ㉠ : 토지 소유권을 민간이 갖는다.
② ㉡ : 자본주의 경제와 결합될 수 없다.
③ ㉢ : 처분권을 누가 갖느냐에 따라 ㉣과 토지가치세제로 구분된다.
④ ㉣ : 처분권은 민간이 갖고, 사용권과 수익권은 공공이 갖는다.

17 다음 중 〈보기〉의 문장이 들어갈 위치로 가장 적절한 곳은?

유럽, 특히 영국에서 가장 사랑받는 음료인 홍차의 기원은 16세기 중엽 중국에서 시작된 것으로 전해지고 있다. ______(가)______ 본래 홍차보다 덜 발효된 우롱차가 중국에서 만들어져 유럽으로 수출되기 시작했고, 그중에서도 강하게 발효된 우롱차가 환영을 받으면서 홍차가 탄생하게 되었다는 것이다. 중국인들이 녹차와 우롱차의 차이를 설명하는 과정에서 쓴 영어 'Black Tea'가 홍차의 어원이 되었다는 것이 가장 강력한 가설로 꼽히고 있다. ______(나)______

홍차는 1662년 찰스 2세가 포르투갈 출신의 캐서린 왕비와 결혼하면서 영국에 전해지게 되는데, 18세기 초에 영국은 홍차의 최대 소비국가가 된다. ______(다)______ 영국에서의 홍차 수요가 급증함과 동시에 홍차의 가격이 치솟아 무역적자가 심화되자, 영국 정부는 자국 내에서 직접 차를 키울 수는 없을까 고민하지만 별다른 방법을 찾지 못했고, 홍차의 고급화는 점점 가속화됐다. ______(라)______

하지만 영국의 탐험가인 로버트 브루스 소령이 아삼 지방에서 차나무의 존재를 발견하면서 홍차산업의 혁명이 도래하는데, 아삼 지방에서 발견한 차는 찻잎의 크기가 중국종의 3배쯤이며 열대기후에 강하고, 홍차로 가공했을 때 중국차보다 뛰어난 맛을 냈다.

그러나 아이러니하게도 아삼 홍차는 3대 홍차에 꼽히지 않는데 이는 19세기 영국인들이 지닌 차에 대한 인식 때문이다. 당시 중국차에 대한 동경과 환상을 지녔던 영국인들은 식민지에서 자생한 차나무가 중국의 차나무보다 우월할 것이라고 믿지 못했기에 아삼차를 서민적인 차로 취급한 것이었다.

보기

이처럼 홍차가 귀한 취급을 받았던 이유는 중국이 차의 수출국이란 유리한 입지를 지키기 위하여 차의 종자, 묘목의 수출 등을 엄중하게 통제함과 동시에 차의 기술이나 제조법을 극단적으로 지켰기 때문이다.

① (가) ② (나)
③ (다) ④ (라)

PART 3

※ 다음 글을 읽고 이어지는 질문에 답하시오. [18~19]

(가) 인류가 바람을 에너지원으로 사용한 지 1만 년이 넘었고, 풍차는 수천 년 전부터 사용되었다. 풍력발전이 시작된 지도 100년이 넘었지만, 그동안 전력 생산비용이 저렴하고 사용하기 편리한 화력발전에 밀려 빛을 보지 못하다가 최근 온실가스 배출 등의 환경오염 문제를 해결하는 대안인 신재생에너지로 주목받고 있다.

(나) 풍력발전은 바람의 운동에너지를 회전에너지로 변환하고, 발전기를 통해 전기에너지를 얻는 기술로 공학자들은 계속적으로 높은 효율의 전기를 생산하기 위해 풍력발전시스템을 발전시켜 나가고 있다. 풍력발전시스템의 하나인 요우 시스템(Yaw System)은 바람에 따라 풍력발전기의 방향을 바꿔 회전날개가 항상 바람의 정면으로 향하게 하는 것이다. 또 다른 피치 시스템(Pitch System)은 비행기의 날개와 같이 바람에 따라 회전날개의 각도를 변화시킨다. 이 외에도 회전력을 잃지 않기 위해 직접 발전기에 연결하는 방식 등 다양한 방법을 활용한다. 또한 무게를 줄이면 높은 곳에 풍력발전기를 매달 수 있어 더욱 효율적인 발전이 가능해진다.

(다) 풍력발전기를 설치하는 위치도 중요하다. 풍력발전기의 출력은 풍속의 세제곱과 프로펠러 회전면적의 제곱에 비례한다. 풍속이 빠를수록, 프로펠러의 면적이 클수록 출력이 높아지는 것이다. 지상에서는 바람이 빠르지 않고, 바람도 일정하게 불지 않아 풍력발전의 출력을 높이는 데 한계가 있다. 따라서 풍력발전기는 최대 풍속이 아닌 최빈 풍속에 맞춰 설계된다. 이러한 한계를 극복하기 위해 고고도(High Altitude)의 하늘에 풍력발전기를 설치하려는 노력이 계속되고 있다.

(라) 그렇다면 어떻게 고고도풍(High Altitude Wind)을 이용할까? 방법은 비행선, 연 등에 발전기를 달아 하늘에 띄우는 것이다. 캐나다의 한 회사는 헬륨 가스 비행선에 발전기를 달아 공중에 떠 있는 발전기를 판매하고 있다. 이 발전기는 비행선에 있는 풍선이 바람에 의해 회전하도록 만들어져 있으며, 회전하는 풍선이 발전기와 연결되어 있어 전기를 생산할 수 있다. 또 다른 회사는 이보다 작은 비행선 수십 대를 연결하여 바다 위에 띄우는 방식을 고안하고 있다. 서로 연결된 수십 대의 작은 비행선 앞에 풍차가 붙어 있어 발전할 수 있도록 되어 있다.

고고도풍을 이용한 풍력발전은 결국 대류권 상층부에 부는 초속 30m의 편서풍인 제트기류를 이용하게 될 것이다. 연구에 따르면 최대 초속 100m를 넘는 제트기류를 단 1%만 이용해도 미국에서 사용하는 전기에너지를 모두 충당할 수 있다고 한다. 우리나라 상공도 이 제트기류가 지나가기 때문에 이를 활용할 수 있다면 막대한 전기를 얻을 수 있을 것으로 전망된다.

18 다음 중 (가) 문단을 통해 추론할 수 있는 내용이 아닌 것은?

① 풍력에너지는 인류에서 가장 오래된 에너지원이다.
② 화력발전은 풍력발전보다 전력 생산비용이 낮다.
③ 신재생에너지가 대두되면서 풍력발전이 새롭게 주목받고 있다.
④ 화력발전은 온실가스 배출 등 환경오염 문제를 일으킨다.

19 **다음 중 (가)～(라) 문단에 대한 주제로 적절하지 않은 것은?**

① (가) : 환경오염 문제의 새로운 대안인 풍력발전

② (나) : 바람 에너지를 이용한 다양한 풍력발전시스템

③ (다) : 풍력발전기 설치 위치의 중요성

④ (라) : 고도도풍을 이용하는 기술의 한계

PART 3

20 **다음 글의 주장에 대한 반박으로 가장 적합한 것은?**

> 인공 지능 면접은 더 많이 활용되어야 한다. 인공 지능을 활용한 면접은 인터넷에 접속하여 인공 지능과 문답하는 방식으로 진행되는데, 지원자는 시간과 공간에 구애받지 않고 면접에 참여할 수 있는 편리성이 있어 면접 기회가 확대된다. 또한 회사는 면접에 소요되는 인력을 줄여, 비용 절감 측면에서 경제성이 크다. 실제로 인공 지능을 면접에 활용한 G회사는 전년 대비 2억 원 정도의 비용을 절감했다. 그리고 기존 방식의 면접에서는 면접관의 주관이 개입될 가능성이 큰 데 반해, 인공 지능을 활용한 면접에서는 빅데이터를 바탕으로 한 일관된 평가 기준을 적용할 수 있다. 이러한 평가의 객관성 때문에 많은 회사들이 인공 지능 면접을 도입하는 추세이다.

① 빅데이터는 사회에서 형성된 정보가 축적된 결과물이므로 왜곡될 가능성이 적다.

② 인공 지능을 활용한 면접은 기술적으로 완벽하기 때문에 인간적 공감을 떨어뜨린다.

③ 회사 관리자 대상의 설문 조사에서 인공 지능을 활용한 면접을 신뢰한다는 비율이 높게 나온 것으로 보아 기존의 면접 방식보다 지원자의 잠재력을 판단하는 데 더 적합하다.

④ 회사의 특수성을 고려해 적합한 인재를 선발하려면 오히려 해당 분야의 경험이 축적된 면접관의 생각이나 견해가 면접 상황에서 중요한 판단 기준이 되어야 한다.

01 K사 신입사원 8명이 있다. 남자 사원은 A부터 D까지, 여자 사원은 E부터 H까지 각각 4명씩, 총 8명으로 구성되어 있다. 이들은 본인이 합격한 부서를 찾아가고자 한다. K사의 본사는 8층짜리 빌딩에 입주해 있다. 다음 〈조건〉을 모두 만족시켜야 할 때, 〈보기〉의 답은?

조건

- 한 층에는 한 명만 근무할 수 있다.
- 성별이 같으면 인접한 층에서 근무할 수 없다.
- G는 6층이다.
- E와 D 사이에는 4개 층이 있다.
- H는 A, C와 인접해 있다.

보기

A는 F보다 높은 곳에 있다.

① 확실히 아니다.
② 확실하지 않지만 틀릴 확률이 높다.
③ 확실하지 않지만 맞을 확률이 높다.
④ 확실히 맞다.

02 K사의 건물은 5층 건물이고 회사는 A ~ E의 5개의 부서가 있다. 각 부서는 한 층에 한 개씩 위치하고 있다. 다음 〈조건〉을 모두 만족시킬 때, 항상 옳은 것은?

조건

- A부서는 1층과 5층에 위치하고 있지 않다.
- B부서와 D부서는 인접하고 있다.
- A부서와 E부서 사이에 C부서가 위치하고 있다.
- A부서와 D부서는 인접하고 있지 않다.

① B부서는 2층에 있다.
② D부서는 1층에 있다.
③ D부서는 5층에 있다.
④ A부서는 3층에 있다.

03 귀하는 자동차도로 고유번호 부여 규정을 근거로 하여 도로에 노선번호를 부여할 계획이다. 그림에서 점선은 '영토'를, 실선은 '고속국도'를 표시한 것이며, (가) ~ (라)는 '간선노선'을 (마), (바)는 '보조간선노선'을 나타낸 것이다. 다음 중 노선번호를 올바르게 부여한 것은?

〈자동차도로 고유번호 부여 규정〉

자동차도로는 관리상 고속국도, 일반국도, 특별광역시도, 지방도, 시도, 군도, 구도의 일곱 가지로 구분된다. 이들 각 도로에는 고유번호가 부여되어 있고, 이는 지형도상의 특정 표지판 모양 안에 표시되어 있다. 그러나 군도와 구도는 구간이 짧고 노선 수가 많아 노선번호가 중복될 우려가 있어 표지상에 번호를 표기하지 않는다.

고속국도 가운데 간선노선의 경우 두 자리 숫자를 사용하며, 남북을 연결하는 경우는 서에서 동으로 가면서 숫자가 증가하는데 끝자리에 5를 부여하고, 동서를 연결하는 경우는 남에서 북으로 가면서 숫자가 증가하는데 끝자리에 0을 부여한다.

보조간선노선은 간선노선 사이를 연결하는 고속국도로서 이 역시 두 자리 숫자로 표기한다. 그런데 보조간선노선이 남북을 연결하는 모양에 가까우면 첫 자리는 남쪽 시작점의 간선노선 첫 자리를 부여하고 끝자리는 5를 제외한 홀수를 부여한다. 한편 동서를 연결하는 모양에 가까우면 첫 자리는 동서를 연결하는 간선노선 가운데 해당 보조간선노선의 바로 아래쪽에 있는 간선노선의 첫 자리를 부여하며, 끝자리는 0을 제외한 짝수를 부여한다.

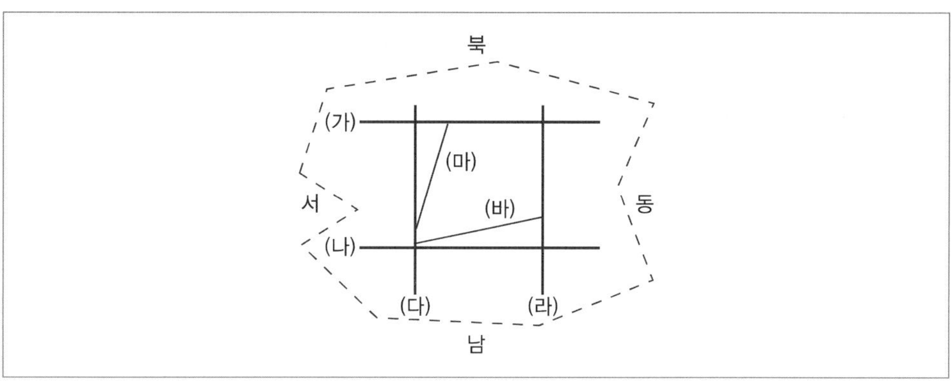

	(가)	(나)	(다)	(라)	(마)	(바)
①	25	15	10	20	19	12
②	20	10	15	25	18	14
③	25	15	20	10	17	12
④	20	10	15	25	17	12

PART 3

04 다음은 업무 수행 과정에서 발생하는 문제의 유형 3가지를 소개한 자료이다. 자료에서 설명하는 문제의 유형에 대하여 〈보기〉의 사례가 적절하게 연결된 것은?

〈문제의 유형〉

발생형 문제	현재 직면한 문제로, 어떤 기준에 대하여 일탈 또는 미달함으로써 발생하는 문제이다.
탐색형 문제	탐색하지 않으면 나타나지 않는 문제로, 현재 상황을 개선하거나 효율을 더 높이기 위해 발생하는 문제이다.
설정형 문제	미래지향적인 새로운 과제 또는 목표를 설정하면서 발생하는 문제이다.

보기

(가) A회사는 초콜릿 과자에서 애벌레로 보이는 곤충 사체가 발견되어 과자 제조과정에 대해 고민하고 있다.
(나) B회사는 점차 다가오는 초고령사회에 대비하여 노인들을 위한 애플리케이션을 개발하기로 했다.
(다) C회사는 현재의 충전지보다 더 많은 전압을 회복시킬 수 있는 충전지를 연구하고 있다.
(라) D회사는 발전하고 있는 드론시대를 위해 드론센터를 건립하기로 결정했다.
(마) E회사는 업무 효율을 높이기 위해 근로시간을 단축하기로 결정했다.
(바) F회사는 올해 개발한 침대에 방사능이 검출되어 안전기준에 부적합 판정을 받았다.

	〈발생형 문제〉	〈탐색형 문제〉	〈설정형 문제〉
①	(가), (바)	(다), (마)	(나), (라)
②	(가), (마)	(나), (라)	(다), (바)
③	(가), (나)	(다), (바)	(라), (마)
④	(가), (나)	(마), (바)	(다), (라)

05 다음과 같은 특징을 가지고 있는 창의적 사고 개발 방법은?

> 일정한 주제에 대하여 회의를 하고, 참가하는 인원이 자유발언을 통해 아이디어를 제시하는 것으로서 다른 사람의 발언에 비판하지 않는다.

① 스캠퍼 기법
② 여섯 가지 색깔 모자
③ 브레인스토밍
④ TRIZ

PART 3

06 원형 테이블에 번호 순서대로 앉아 있는 다섯 명의 여자 1 ~ 5 사이에 다섯 명의 남자 A ~ E가 한 명씩 앉아야 한다. 〈조건〉에 따라 자리를 배치할 때, 다음 중 적절하지 않은 것은?

조건

- A는 짝수번호의 여자 옆에 앉아야 하고, 5 옆에는 앉을 수 없다.
- B는 짝수번호의 여자 옆에 앉을 수 없다.
- C가 3 옆에 앉으면 D는 1 옆에 앉는다.
- E는 3 옆에 앉을 수 없다.

① A는 1과 2 사이에 앉을 수 없다.
② D는 4와 5 사이에 앉을 수 없다.
③ C가 2와 3 사이에 앉으면 A는 반드시 3과 4 사이에 앉는다.
④ E가 4와 5 사이에 앉으면 A는 반드시 2와 3 사이에 앉는다.

07 K사의 건물에는 층당 4팀씩 근무하고 있으며 각 층의 사무실 배치는 모두 동일하며 층별 사무실 배치도와 5층과 6층에 있는 부서는 다음과 같다. 감사팀에 서류를 전달하라는 상부의 지시를 받았을 때, 가야 할 층과 위치로 옳은 것은?

〈층별 사무실 배치도〉

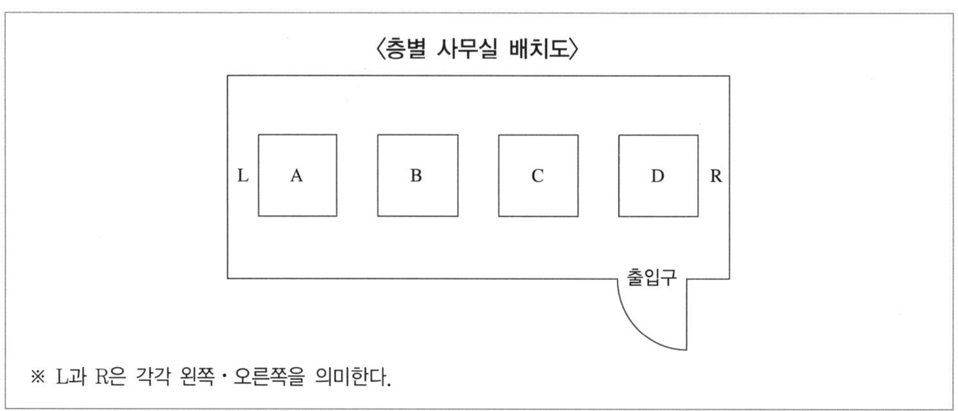

※ L과 R은 각각 왼쪽·오른쪽을 의미한다.

- 재무팀은 5층의 C에 배치되어 있다.
- 경영전략팀은 5층에 배치되어 있다.
- 기획관리팀은 B에 배치되어 있다.
- 기획관리팀과 노무복지팀은 서로 다른 층에 배치되어 있다.
- 경영전략팀과 정보보안팀은 서로 다른 층의 같은 위치에 배치되어 있다.
- 감사팀은 총무팀 바로 왼쪽에 배치되어 있다.
- 인사팀은 노무복지팀보다 왼쪽에 배치되어 있으며 두 팀 사이에 한 개의 팀이 배치되어 있다.

	층	위치
①	5층	A
②	5층	B
③	6층	C
④	6층	D

※ K극장의 직원은 A ~ F 6명으로, 매일 오전과 오후 2회로 나누어 각 근무 시간에 2명의 직원이 근무하고 있다. 직원은 1주에 4회 이상 근무를 해야 하며, 7회 이상은 근무할 수 없고, 인사 담당자는 근무 계획을 작성할 때, 다음 〈조건〉을 충족시켜야 한다. 이를 참고하여 이어지는 질문에 답하시오. **[8~9]**

조건

- A는 오전에 근무하지 않는다.
- B는 수요일에 근무한다.
- C은 수요일을 제외하고는 매일 1회 근무한다.
- D는 토요일과 일요일을 제외한 날의 오전에만 근무할 수 있다.
- E은 월요일부터 금요일까지는 근무하지 않는다.
- F는 C와 함께 근무해야 한다.

08 다음 중 F가 근무할 수 있는 요일을 모두 고르면?

① 월요일, 화요일, 수요일, 목요일
② 월요일, 화요일, 목요일, 금요일
③ 목요일, 금요일, 토요일, 일요일
④ 화요일, 목요일, 금요일, 일요일

09 다음 중 옳지 않은 것은?

① C와 F는 평일 중 하루는 오전에 함께 근무한다.
② D는 수요일 오전에 근무한다.
③ E는 주말 오전에는 C와, 오후에는 A와 근무한다.
④ B는 평일에 매일 한 번씩만 근무한다.

10 다음 중 두 사람의 대화 내용에서 빈칸 ㉠과 ㉡에 들어갈 문제해결절차를 바르게 연결한 것은?

강대리 : 팀장님. 아무래도 저희 시스템에 문제가 좀 있는 것 같습니다.
최팀장 : 갑자기 그게 무슨 소린가?
강대리 : ___________㉠___________
최팀장 : 그런 현상이 자꾸 발생한다면 큰 문제가 될 텐데, 왜 그런 현상이 나타나는 거지?
강대리 : ___________㉡___________

	㉠	㉡
①	문제 인식	문제 도출
②	문제 도출	원인 분석
③	원인 분석	실행 및 평가
④	해결안 개발	실행 및 평가

11 다음 제시문의 '문제점'에 대해 바르게 이야기한 사람은 누구인가?

문제란 목표와 현실과의 차이다. 한 마디로 목표는 '어떻게 되었으면 좋겠는가?' 하는 전망을 말하고, 현 상황은 '어떻게 되어 있는가?' 하는 상태를 말한다. 여기서 차이는 목표와 현재 상황이 어긋났음을 의미한다. 문제점이란 '무엇 때문에 목표와 어긋났는가?'라는 질문에 대한 답변이다. 다시 말하면 문제점은 문제가 아니라 원인이다.

① 지혜 : 매출 목표를 100억 원으로 정했지만, 60억 원 밖에 달성하지 못했어.
② 미란 : 교육훈련 시간이 부족해서 인력의 조기전력화가 불가능해졌어.
③ 건우 : 공사착공 후 13개월이 지났는데도 진척률이 95% 밖에 안 돼.
④ 경현 : 태블릿 PC 생산 목표를 4만 대에서 3만 대로 줄일 수밖에 없었어.

12 K공사는 직원 A ~ E 중 일부를 지방으로 발령하기로 결정하였다. 다음 〈조건〉에 따라 A의 지방 발령이 결정되었다고 할 때, 지방으로 발령되지 않는 직원은 총 몇 명인가?

조건

- 회사는 B와 D의 지방 발령에 대하여 같은 결정을 한다.
- 회사는 C와 E의 지방 발령에 대하여 다른 결정을 한다.
- D를 지방으로 발령한다면, E는 지방으로 발령하지 않는다.
- E를 지방으로 발령하지 않는다면, A도 지방으로 발령하지 않는다.

① 1명　② 2명
③ 3명　④ 4명

PART 3

13 K공사는 판촉물 부채 5,500개를 A ~ D회사 중에서 구매할 생각이다. 판촉물 가격 및 배송비가 다음과 같을 때, 가장 저렴하게 살 수 있는 회사는?

판촉물 회사	판촉물 가격 및 배송비용
A	1묶음(100개)에 18,000원이며, 배송비는 다섯 묶음당 3,000원이다.
B	1묶음(500개)에 60,000원이며, 배송비는 판촉물 총금액의 10%이다.
C	1묶음(500개)에 72,000원이며, 배송비는 수량과 관계없이 5,000원이다.
D	개당 170원이며, 5천 개 이상 주문 시 배송비는 무료이다.

① A회사　② B회사
③ C회사　④ D회사

14 다음은 청약가점제의 청약가점 기준표를 나타낸 것이다. 기준표를 참고할 때, 청약가점이 가장 높은 것은?

〈청약가점 기준표〉

(단위 : 점)

가점항목	가점상한	가점구분	점수	가점구분	점수
무주택 기간 ①	32	1년 미만	2	8년 이상 9년 미만	18
		1년 이상 2년 미만	4	9년 이상 10년 미만	20
		2년 이상 3년 미만	6	10년 이상 11년 미만	22
		3년 이상 4년 미만	8	11년 이상 12년 미만	24
		4년 이상 5년 미만	10	12년 이상 13년 미만	26
		5년 이상 6년 미만	12	13년 이상 14년 미만	28
		6년 이상 7년 미만	14	14년 이상 15년 미만	30
		7년 이상 8년 미만	16	15년 이상	32
부양가족 수 ②	35	0명	5	4명	25
		1명	10	5명	30
		2명	15	6명 이상	35
		3명	20		
입주자 저축 가입기간 ③	17	6개월 미만	1	8년 이상 9년 미만	10
		6개월 이상 1년 미만	2	9년 이상 10년 미만	11
		1년 이상 2년 미만	3	10년 이상 11년 미만	12
		2년 이상 3년 미만	4	11년 이상 12년 미만	13
		3년 이상 4년 미만	5	12년 이상 13년 미만	14
		4년 이상 5년 미만	6	13년 이상 14년 미만	15
		5년 이상 6년 미만	7	14년 이상 15년 미만	16
		6년 이상 7년 미만	8	15년 이상	17
		7년 이상 8년 미만	9		

※ 청약가점 : ①+②+③

	무주택 기간	부양가족 수	입주자 저축 가입기간
①	1,265일	4명	73개월
②	2,564일	2명	62개월
③	1,956일	2명	142개월
④	3,214일	3명	95개월

15 K공단에서는 지역가입자의 생활수준 및 연간 자동차세액 점수표를 기준으로 지역보험료를 산정한다. 지역가입자 A ~ D의 조건을 보고 지역보험료를 계산한 것으로 옳은 것은?(단, 원 단위 이하는 절사한다)

〈생활수준 및 경제활동 점수표〉

구분		1구간	2구간	3구간	4구간	5구간	6구간	7구간
가입자 성별 및 연령별	남성	20세 미만 65세 이상	60세 이상 65세 미만	20세 이상 30세 미만 50세 이상 60세 미만	30세 이상 50세 미만	–	–	–
	점수	1.4점	4.8점	5.7점	6.6점			
	여성	20세 미만 65세 이상	60세 이상 65세 미만	25세 이상 30세 미만 50세 이상 60세 미만	20세 이상 25세 미만 30세 이상 50세 미만	–	–	–
	점수	1.4점	3점	4.3점	5.2점			
재산정도(만 원)		450 이하	450 초과 900 이하	900 초과 1,500 이하	1,500 초과 3,000 이하	3,000 초과 7,500 이하	7,500 초과 15,000 이하	15,000 초과
점수		1.8점	3.6점	5.4점	7.2점	9점	10.9점	12.7점
연간 자동차세액 (만 원)		6.4 이하	6.4 초과 10 이하	10 초과 22.4 이하	22.4 초과 40 이하	40 초과 55 이하	55 초과 66 이하	66 초과
점수		3점	6.1점	9.1점	12.2점	15.2점	18.3점	21.3점

※ (지역보험료)=[(생활수준 및 경제활동 점수)+(재산등급별 점수)+(자동차등급별 점수)]×(부과점수당 금액)

※ 모든 사람의 재산등급별 점수는 200점, 자동차등급별 점수는 100점으로 가정한다.

※ 부과점수당 금액은 183원이다.

	구분	성별	연령	재산정도	연간 자동차세액	지역보험료
①	A씨	남성	32세	2,500만 원	12.5만 원	57,030원
②	B씨	여성	56세	5,700만 원	35만 원	58,130원
③	C씨	남성	55세	20,000만 원	43만 원	60,010원
④	D씨	여성	23세	1,400만 원	6만 원	57,380원

※ 다음은 K은행의 주택연금대출상품에 관한 내용이다. 이를 참고하여 이어지는 질문에 답하시오. [16~17]

〈주택연금대출〉

■ 상품특징

- 만 60세 이상의 고령자가 소유주택을 담보로 매월 연금방식으로 노후생활자금을 지급받는 국가 보증의 금융상품(역모기지론)
- 공사에서 연금 가입자를 위해 발급한 보증서를 통해 본 은행이 가입자에게 연금을 지급

■ 가입요건

(1) 가입가능연령 : 주택소유자가 만 60세 이상
  - 부부 공동으로 주택소유 시 연장자가 만 60세 이상

(2) 보유주택수 : 다음 중 하나에 해당(부부 기준)
  - 1주택을 소유하신 분
  - 보유주택 합산가격이 9억 원 이하인 다주택자인 분
  (상기 외 2주택자는 3년 이내 1주택 처분조건으로 가능)
  ※ 주택으로 보지 않는 주택
    – 문화재로 지정된 주택, 전용면적 $20m^2$ 이하의 주택(아파트 제외)은 주택으로 보지 않음
  ※ 보유주택수 판단 시 유의사항
    – 아파트분양권, 재건축 및 재개발 조합원 입주권은 1주택으로 보지 않음
    – 복합용도주택, 임대사업자가 임대 목적으로 보유한 주택은 보유주택수에 포함
    – 공동상속주택의 경우 지분이 가장 큰 상속인이 소유한 것으로 봄
    – 부부 공동소유주택은 각 지분에 관계없이 1주택으로 봄

(3) 대상주택 : 시가 9억 원 이하의 주택
  - 상가 등 복합 용도 주택은 전체 면적 중 주택이 차지하는 면적이 1/2 이상인 경우 가입 가능
  - 권리침해(가압류 등) 사실이 없는 주택만 가능(이용 중 권리변경 불가)

■ 지급방법

(1) 월지급금 지급방식 : 종신방식(월지급금을 종신토록 지급받는 방식)
  - 종신지급방식 : 인출한도 설정 없이 월지급금을 종신토록 받는 방식
  - 종신혼합방식 : 인출한도 설정 후 나머지 부분을 월지급금으로 종신토록 지급받는 방식

(2) 월지급금 지급유형
  - 정액형 : 월지급금을 평생 동안 일정한 금액으로 고정하는 방식
  - 증가형 : 처음에 적게 받다가 12개월마다 최초 지급금의 3%씩 증가하는 방식
  - 감소형 : 처음에 많이 받다가 12개월마다 최초 지급금의 3%씩 감소하는 방식
  - 전후후박형 : 초기 10년간은 정액형보다 많이 받다가 11년째부터는 초기 월지급금의 70% 수준으로 받는 방식
  ※ 이용기간 중 지급방식 변경 가능(3년 내 1회에 한하여 가능)

■ 대출금리

본 상품은 「3개월 변동 시장금리 및 6개월 변동 신규취급액기준 COFIX」에 따라 적용금리가 변동됨

16 K은행에 근무 중인 A사원에게 고객 문의가 접수되었다. 이에 대한 답변으로 옳지 않은 것은?

> 고객 : 안녕하세요. 은퇴 후에 생활자금으로 주택연금대출을 이용해 볼까 고민하고 있어요. A은행 홈페이지에 가서 살펴봤는데도 이해가 잘 안 되네요. 주택연금대출에 대해서 설명해 주세요.

① 주택연금대출은 시가 9억 원 이하의 주택을 보유하고 있는 만 60세 이상의 고령자를 대상으로 하는 상품입니다.

② 주택소유자가 만 60세 이상이어야 하지만 부부 공동소유 시에는 부부 중 연장자가 만 60세 이상이면 가입 가능합니다.

③ 2주택의 합산가액이 9억 원 이하이더라도 3년 이내에 1주택을 처분하는 조건으로 했을 경우에만 가입이 가능합니다.

④ 연금지급방식은 종신방식으로 취급하고 있으며 평생 일정한 금액을 받는 정액형과, 초기 10년간은 정액형보다 많이 받다가 11년째부터는 적게 받는 전후후박형 등이 있습니다.

PART 3

17 A사원은 5명의 고객으로부터 주택연금대출 가입신청 상담을 요청받았다. 다음은 5명의 고객과 상담한 내용을 정리한 것이다. 이 중 주택연금대출에 가입할 수 없는 고객은 모두 몇 명인가?

명단	신청자 연령 (배우자 연령)	주택소유형태 (신청자 기준)	보유주택수 (주택유형)	주택가액	기타
A	만 62세 (만 58세)	단독소유	1 (아파트)	3억 원	−
B	만 57세 (만 63세)	단독소유	1 (단독주택)	5억 원	−
C	만 59세 (만 62세)	부부공동소유	2 (아파트)	8억 원	1년 후 1주택 처분 예정
D	만 68세 (만 55세)	부부공동소유	1 (아파트)	4억 원	이외 임대사업으로 4주택 보유 (가액 : 10억 원)
E	만 67세 (만 64세)	단독소유	2 (전원주택, 아파트)	9억 원	이외 전용면적 22m^2 아파트 보유 (가액 : 1억 원)

① 1명　　② 2명

③ 3명　　④ 4명

18 **한국중부발전은 워크숍에서 팀을 나눠 배드민턴 게임을 하기로 했다. 배드민턴 규칙은 실제 복식 경기방식을 따르기로 하고, 전략팀 직원 A, B와 총무팀 직원 C, D가 먼저 대결을 한다고 할 때, 다음과 같은 경기상황에 이어질 서브 방향 및 선수 위치로 가능한 것은?**

〈배드민턴 복식 경기방식〉

- 점수를 획득한 팀이 서브권을 갖는다. 다만 서브권이 상대팀으로 넘어가기 전까지는 팀 내에서 같은 선수가 연속해서 서브권을 갖는다.
- 서브하는 팀은 자신의 팀 점수가 0이거나 짝수인 경우는 우측에서, 점수가 홀수인 경우는 좌측에서 서브한다.
- 서브하는 선수로부터 코트의 대각선 위치에 선 선수가 서브를 받는다.
- 서브를 받는 팀은 자신의 팀으로 서브권이 넘어오기 전까지는 팀 내에서 선수끼리 서로 코트 위치를 바꾸지 않는다.

※ 좌측, 우측은 각 팀이 네트를 바라보고 인식하는 좌, 우이다.

〈경기상황〉

- 전략팀(A · B), 총무팀(C · D) 간 복식 경기 진행
- 3 : 3 동점 상황에서 A가 C에 서브하고 전략팀(A · B)이 1점 득점

점수	서브 방향 및 선수 위치	득점한 팀
3 : 3	D C A B	전략팀

①
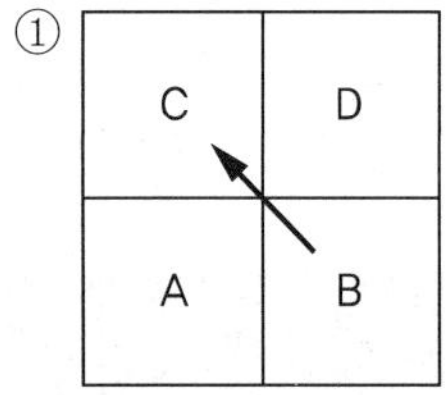

②
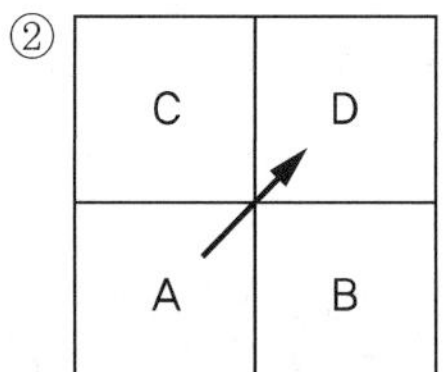

③
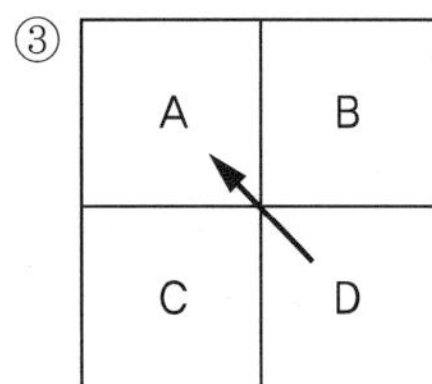

④
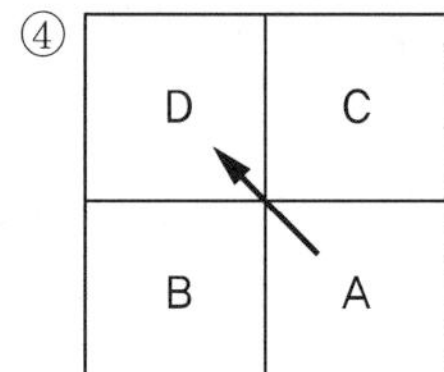

19 **한국중부발전 전략기획본부 직원 A ~ G는 신입사원 입사 기념으로 단체로 영화관에 갔다. 다음 〈조건〉에 따라 자리에 앉는다고 할 때, 항상 옳은 것은?(단, 가장 왼쪽부터 첫 번째 자리로 한다)**

조건

- 7명은 한 열에 나란히 앉는다.
- 한 열에는 7개의 좌석이 있다.
- 양 끝자리 옆에는 비상구가 있다.
- D와 F는 나란히 앉는다.
- A와 B 사이에는 한 명이 앉아 있다.
- G는 왼쪽에 사람이 있는 것을 싫어한다.
- C와 G 사이에는 한 명이 앉아 있다.
- G는 비상구와 붙어 있는 자리를 좋아한다.

① E는 D와 F 사이에 앉는다.
② G와 가장 멀리 떨어진 자리에 앉는 사람은 D이다.
③ C의 옆에는 A와 B가 앉는다.
④ D는 비상구와 붙어 있는 자리에 앉는다.

PART 3

20 **한국중부발전은 주요시설 및 보안구역의 시설물 안전관리를 위해 적외선 카메라 2대, 열선감지기 2대, 화재경보기 2대를 수도권본부, 강원본부, 경북본부, 금강본부 4곳에 나누어 설치하려고 한다. 다음 〈조건〉을 참고할 때, 반드시 참인 것은?**

조건

- 모든 본부에 반드시 하나 이상의 기기를 설치해야 한다.
- 한 본부에 최대 두 대의 기기까지 설치할 수 있다.
- 한 본부에 같은 종류의 기기 2대를 설치할 수는 없다.
- 수도권본부에는 적외선 카메라를 설치하였다.
- 강원본부에는 열선감지기를 설치하지 않았다.
- 경북본부에는 화재경보기를 설치하였다.
- 경북본부와 금강본부 중 한 곳에 적외선 카메라를 설치하였다.

① 수도권본부에는 적외선 카메라만 설치하였다.
② 강원본부에 화재경보기를 설치하였다.
③ 경북본부에 열선감지기를 설치하였다.
④ 금강본부에 화재경보기를 설치하였다.

03 수리능력(사무 / 건축 / 발전전기)

01 김대리의 작년 총소득은 4,000만 원, 소득공제 금액은 2,000만 원, 세율은 30%였다. 올해는 작년에 비해 총소득 20%, 소득공제 금액은 40%, 세율은 10%p 증가하였다. 작년과 올해의 세액의 차이는?

① 50만 원
② 100만 원
③ 150만 원
④ 200만 원

02 일정한 속력으로 달리는 기차가 400m 길이의 터널을 완전히 통과하는 데 10초, 800m 길이의 터널을 완전히 통과하는 데 18초가 걸렸다. 이 기차의 속력은?

① 50m/s
② 55m/s
③ 60m/s
④ 75m/s

03 주머니에 1부터 40까지의 자연수가 하나씩 적힌 40개의 공이 들어있다. 이 주머니에서 공을 1개 꺼냈을 때, 꺼낸 공에 적힌 수가 40의 약수 또는 3의 배수인 경우의 수는?

① 24가지
② 21가지
③ 18가지
④ 15가지

04 한국중부발전에서는 2024년 5월 둘째 주(6 ~ 10일) 중에 2회에 걸쳐 전 직원을 대상으로 '고객 개인정보 유출 방지'에 대한 교육을 지역 문화회관에서 진행하려고 한다. 자료를 참고할 때, 교육을 진행할 수 있는 날과 시간대를 바르게 나열한 것은?(단, 교육은 1회당 3시간씩 진행된다)

〈문화회관 이용 가능일〉

구분	월요일	화요일	수요일	목요일	금요일
9 ~ 12시	○	×	○	×	○
12 ~ 13시	점심시간(운영 안 함)				
13 ~ 17시	×	○	○	×	×

〈주간 주요 일정표〉

일정	내용
5월 6일 월요일	• 08:30 ~ 09:30 주간조회 및 부서별 회의 • 14:00 ~ 15:00 팀별 전략 회의
5월 7일 화요일	• 09:00 ~ 10:00 경쟁력 강화 회의
5월 8일 수요일	• 11:00 ~ 13:00 부서 점심 회식 • 17:00 ~ 18:00 팀 회식
5월 9일 목요일	• 15:00 ~ 16:00 경력사원 면접
5월 10일 금요일	• 특이사항 없음

※ 주요 일정이 있는 시간 이외에 문화회관 이용 시간과 일정 시간이 겹치지 않는다면 언제든지 교육을 받을 수 있음

① 월요일 오전, 수요일 오후, 금요일 오전
② 화요일 오전, 수요일 오후, 목요일 오전
③ 화요일 오후, 수요일 오전, 금요일 오전
④ 화요일 오후, 수요일 오후, 금요일 오전

05 W씨는 3명의 친구와 함께 K공단에서 운영하고 있는 강의를 수강하고자 한다. W씨는 첫 번째 친구와 함께 A, C강의를 수강하고 두 번째 친구는 B강의를, 세 번째 친구는 A, B, C 세 강의를 모두 수강하려고 한다. 네 사람이 결제해야 할 총액으로 옳은 것은?

변경 전	변경 후	비고
모두 5만 원	• A강의 : 5만 원 • B강의 : 7만 원 • C강의 : 8만 원	• 두 강의를 동시 수강할 경우, 금액의 10% 할인 • 세 강의를 모두 수강할 경우, 금액의 20% 할인

① 530,000원　② 464,000원
③ 453,000원　④ 421,700원

PART 3

06 다음은 행정구역별 화재현황에 대한 자료이다. 이에 대한 설명으로 옳은 것은?

〈행정구역별 화재현황〉

(단위 : 건)

구분	2018년	2019년	2020년	2021년	2022년
전국	42,135	44,435	43,413	44,178	42,338
서울특별시	5,815	5,921	6,443	5,978	6,368
부산광역시	2,026	1,973	2,199	2,609	2,471
대구광역시	1,767	1,817	1,739	1,612	1,440
인천광역시	1,818	1,875	1,790	1,608	1,620
광주광역시	1,010	1,006	956	923	860
대전광역시	1,291	1,254	974	1,059	1,094
울산광역시	890	874	928	959	887
세종특별자치시	223	252	300	316	236
경기도	9,675	10,333	10,147	9,799	9,632
강원도	2,182	2,485	2,315	2,364	2,228
충청북도	1,316	1,373	1,379	1,554	1,414
충청남도	2,838	3,031	2,825	2,775	2,605
전라북도	1,652	1,962	1,983	1,974	2,044
전라남도	2,620	2,647	2,454	2,963	2,635
경상북도	2,803	3,068	2,651	2,817	2,686
경상남도	3,622	3,960	3,756	4,117	3,482
제주특별자치도	587	604	574	751	636

① 매년 화재 건수가 3번째로 많은 지역은 경상북도이다.

② 충청북도는 매년 화재 건수가 증가하는 추이를 보인다.

③ 전국의 화재 건수와 동일한 증감 추이를 보이는 지역은 총 5곳이다.

④ 강원도의 2022년 화재 건수는 전년 대비 7% 이상 감소했다.

07 다음 시도별 자전거도로 현황 자료에 대한 설명으로 가장 적절한 것은?

〈시도별 자전거도로 현황〉

(단위 : km)

구분	합계	자전거전용도로	자전거보행자겸용도로	자전거전용차로	자전거우선도로
전국	21,176	2,843	16,331	825	1,177
서울특별시	869	104	597	55	113
부산광역시	425	49	374	1	1
대구광역시	885	111	758	12	4
인천광역시	742	197	539	6	–
광주광역시	638	109	484	18	27
대전광역시	754	73	636	45	–
울산광역시	503	32	408	21	42
세종특별자치시	207	50	129	6	22
경기도	4,675	409	4,027	194	45
강원도	1,498	105	1,233	62	98
충청북도	1,259	202	824	76	157
충청남도	928	204	661	13	50
전라북도	1,371	163	1,042	112	54
전라남도	1,262	208	899	29	126
경상북도	1,992	414	1,235	99	244
경상남도	1,844	406	1,186	76	176
제주특별자치도	1,324	7	1,299	0	18

① 제주특별자치도는 전국에서 다섯 번째로 자전거도로가 길다.

② 전국에서 자전거전용도로의 비율은 약 13.4%의 비율을 차지한다.

③ 광주광역시를 볼 때, 전국 대비 자전거전용도로의 비율이 자전거보행자겸용도로의 비율보다 낮다.

④ 경상남도의 모든 자전거도로는 전국에서 9% 이상의 비율을 가진다.

PART 3

08 다음은 10대 무역수지 흑자국에 대한 자료이다. 미국의 2020년 대비 2022년의 흑자액 증가율은 얼마인가?(단, 소수점 둘째 자리에서 반올림한다)

〈10대 무역수지 흑자국〉

(단위 : 백만 달러)

순번	2020년		2021년		2022년	
	국가명	금액	국가명	금액	국가명	금액
1	중국	32,457	중국	45,264	중국	47,779
2	홍콩	18,174	홍콩	23,348	홍콩	28,659
3	마샬군도	9,632	미국	9,413	싱가포르	11,890
4	미국	8,610	싱가포르	7,395	미국	11,635
5	멕시코	6,161	멕시코	7,325	베트남	8,466
6	싱가포르	5,745	베트남	6,321	멕시코	7,413
7	라이베리아	4,884	인도	5,760	라이베리아	7,344
8	베트남	4,780	라이베리아	5,401	마샬군도	6,991
9	폴란드	3,913	마샬군도	4,686	브라질	5,484
10	인도	3,872	슬로바키아	4,325	인도	4,793

① 35.1%
② 37.8%
③ 39.9%
④ 41.5%

09 다음은 총무업무를 담당하는 A대리의 통화내역이다. 국내통화가 1분당 15원, 국제통화가 1분당 40원이라면 A대리가 사용한 통화요금은 총 얼마인가?

일시	통화내용	시간
4/5(화) 10:00	신규직원 명함 제작 관련 인쇄소 통화	10분
4/6(수) 14:00	임직원 진급선물 선정 관련 거래업체 통화	30분
4/7(목) 09:00	예산편성 관련 해외 출장소 현지 담당자 통화	60분
4/8(금) 15:00	본사 청소용역 관리 관련 제휴업체 통화	30분

① 1,550원
② 1,800원
③ 2,650원
④ 3,450원

10 다음은 산업별 경기전망지수를 나타낸 자료이다. 〈보기〉를 참고하여 A ~ D에 들어갈 산업을 바르게 짝지은 것은?

〈산업별 경기전망지수〉

(단위 : 점)

구분	2018년	2019년	2020년	2021년	2022년
A	45.8	48.9	52.2	52.5	54.4
B	37.2	39.8	38.7	41.9	46.3
도소매업	38.7	41.4	38.3	41.7	46.2
C	36.1	40.6	44.0	37.1	39.7
D	39.3	41.1	40.2	44.9	48.7

보기

- 2018년부터 2022년까지 보건업의 경기전망지수가 40점 이상인 해는 2개이다.
- 2020년 조선업과 제조업의 경기전망지수는 전년 대비 증가하였다.
- 전년 대비 2019년 해운업의 경기전망지수의 증가율은 5개의 산업 중 가장 낮다.
- 제조업은 매년 5개의 산업 중 경기전망지수가 가장 높다.

	A	B	C	D
①	조선업	보건업	제조업	해운업
②	제조업	조선업	보건업	해운업
③	조선업	제조업	보건업	해운업
④	제조업	보건업	조선업	해운업

11 A씨의 업무시간은 09:00부터 18:00까지이다. 점심시간 1시간을 제외한 하루 일과 중 8분의 1은 주간업무계획을 수립하였고, 5분의 2는 프로젝트 회의를 진행하였다. 그리고 3분의 1은 거래처에 방문하였다. 이 모든 업무를 마무리하고 남은 시간동안 시장조사를 하려고 한다. A씨가 시장조사를 하는 데 쓸 수 있는 시간은?

① 1시간 ② 1시간 8분
③ 1시간 15분 ④ 1시간 26분

12 다음은 K사의 생산공정 현황이다. 한 공정이 A～G단계를 모두 거쳐야 된다고 할 때, 공정이 모두 마무리되려면 최소 며칠이 걸리는가?

〈생산공정 현황〉

구분	소요기간	선행단계
A단계	2일	−
B단계	5일	A
C단계	3일	−
D단계	8일	−
E단계	3일	−
F단계	3일	D
G단계	5일	B

※ 모든 단계는 동시에 시작할 수 있지만, 선행단계가 있는 경우 선행단계가 모두 마무리되어야 다음 단계를 시작할 수 있다.

① 8일 ② 9일
③ 10일 ④ 12일

13 철수는 영희네 집으로 $a$km/h의 속도로 가고, 영희는 철수네 집으로 $b$km/h의 속도로 가고 있다. 두 집 사이의 거리를 $x$km라 할 때, 둘이 만나는 데 걸리는 시간은?

① $\frac{2x}{a+b}$시간
② $\frac{2x}{2a+b}$시간
③ $\frac{x}{a+b}$시간
④ $\frac{x}{2a+b}$시간

14 다음은 연도별 아르바이트 소득에 대한 자료이다. 이에 대한 설명으로 옳은 것은?

〈아르바이트 월 소득 및 시급〉

(단위 : 원, 시간)

구분	2018년	2019년	2020년	2021년	2022년
월 평균 소득	805,000	840,000	880,000	930,000	954,500
평균 시급	7,800	8,500	8,700	9,000	9,500
주간 평균 근로시간	24	23.5	22	23	23.4

① 2019 ~ 2022년 동안 전년 대비 월 평균 소득의 증가율이 가장 높은 연도는 2022년이다.
② 2018 ~ 2022년 평균 시급당 월 평균 소득이 가장 적은 연도는 2019년이다.
③ 2020년 전년 대비 평균 시급 증가액은 2022년의 전년 대비 증가액보다 100원 적다.
④ 2018년 월 평균 소득은 2022년 월 평균 소득의 70% 이하이다.

15 다음은 어느 도서관의 도서 대여건수에 대하여 일정기간 동안 작성한 자료이다. 이에 대한 설명으로 옳지 않은 것은?

〈도서 대여건수〉

(단위 : 권)

구분	비소설		소설	
	남자	여자	남자	여자
40세 미만	520	380	450	600
40세 이상	320	400	240	460

① 소설의 전체 대여건수가 비소설의 전체 대여건수보다 많다.
② 40세 미만보다 40세 이상이 대여건수가 더 적다.
③ 소설을 대여한 남자의 수가 소설을 대여한 여자의 수의 70% 이상이다.
④ 전체 40세 미만 대여 수에서 비소설 대여 수가 차지하는 비율은 40%를 넘는다.

16 다음은 연구개발비에 대한 자료이다. 이에 대한 설명으로 옳은 것을 〈보기〉에서 모두 고르면?

〈주요 산업국 연도별 연구개발비 추이〉

(단위 : U.S 백만 달러)

구분	2017년	2018년	2019년	2020년	2021년	2022년
한국	23,587	28,641	33,684	31,304	29,703	37,935
중국	29,898	37,664	48,771	66,430	84,933	–
일본	151,270	148,526	150,791	168,125	169,047	–
독일	69,317	73,737	84,148	97,457	92,552	92,490
영국	39,421	42,693	50,016	47,138	40,291	39,924
미국	325,936	350,923	377,594	403,668	401,576	–

보기

ㄱ. 2021년에 전년 대비 연구개발비가 감소한 곳은 4개국이다.
ㄴ. 2017년 대비 2021년의 연구개발비 증가율이 가장 높은 곳은 중국이고, 가장 낮은 곳은 일본이다.
ㄷ. 전년 대비 2019년 한국의 연구개발비 증가율은 독일보다 높고, 중국보다 낮다.

① ㄱ
② ㄴ
③ ㄱ, ㄴ
④ ㄱ, ㄷ

17 다음은 R대리가 부산 출장을 갔다 올 때, 선택할 수 있는 교통편에 대한 자료이다. R대리가 교통편 하나를 선택하여 왕복티켓을 모바일로 예매하려고 할 때, 가장 저렴한 교통편은 무엇인가?

〈출장 시 이용가능한 교통편 현황〉

교통편	종류	비용	기타
버스	일반버스	24,000원	–
	우등버스	32,000원	모바일 예매 1% 할인
기차	무궁화호	28,000원	왕복 예매 시 15% 할인
	새마을호	36,000원	왕복 예매 시 20% 할인
	KTX	58,000원	1+1 이벤트(편도 금액으로 왕복 예매 가능)

① 일반버스　② 우등버스
③ 무궁화호　④ 새마을호

PART 3

18 다음은 전년 동월 대비 2023년 상반기 특허 심사건수 증감 및 등록률 증감 추이를 나타낸 자료이다. 이에 대한 설명으로 옳지 않은 것을 〈보기〉에서 모두 고르면?

〈특허 심사건수 증감 및 등록률 증감 추이(전년 동월 대비)〉

(단위 : 건, %)

구분	2023년 1월	2023년 2월	2023년 3월	2023년 4월	2023년 5월	2023년 6월
심사건수 증감	125	100	130	145	190	325
등록률 증감	1.3	−1.2	−0.5	1.6	3.3	4.2

보기

㉠ 전년 동월 대비 등록률은 2022년 3월에 가장 많이 낮아졌다.
㉡ 2023년 6월의 심사건수는 325건이다.
㉢ 2023년 5월의 등록률은 3.3%이다.
㉣ 2022년 1월의 심사건수가 100건이라면, 2023년 1월의 심사건수는 225건이다.

① ㉠　② ㉠, ㉡
③ ㉡, ㉣　④ ㉠, ㉡, ㉢

※ 다음은 2018 ~ 2022년 J사의 차량기지 견학 안전체험 건수 및 인원 현황이다. 자료를 참고하여 이어지는 질문에 답하시오. **[19~20]**

〈차량기지 견학 안전체험 건수 및 인원 현황〉

(단위 : 건, 명)

구분	2018년		2019년		2020년		2021년		2022년		합계	
	건수	인원	건수	인원	건수	인원	건수	인원	건수	인원	건수	인원
고덕	24	611	36	897	33	633	21	436	17	321	131	2,898
도봉	30	644	31	761	24	432	28	566	25	336	138	2,739
방화	64	1,009	(ㄴ)	978	51	978	(ㄹ)	404	29	525	246	3,894
신내	49	692	49	512	31	388	17	180	25	385	171	2,157
천왕	68	(ㄱ)	25	603	32	642	30	566	29	529	184	3,206
모란	37	766	27	643	31	561	20	338	22	312	137	2,620
합계	272	4,588	241	4,394	(ㄷ)	3,634	145	2,490	147	2,408	1,007	17,514

19 다음 중 빈칸에 들어갈 수치가 바르게 연결된 것은?

① (ㄱ) – 846
② (ㄴ) – 75
③ (ㄷ) – 213
④ (ㄹ) – 29

20 다음 중 차량기지 견학 안전체험 현황에 대한 설명으로 옳은 것을 〈보기〉에서 모두 고르면?

보기

ㄱ. 방화 차량기지 견학 안전체험 건수는 2019년부터 2022년까지 전년 대비 매년 감소하였다.
ㄴ. 2020년 고덕 차량기지의 안전체험 건수 대비 인원수는 동년 도봉 차량기지의 안전체험 건수 대비 인원수보다 크다.
ㄷ. 2019년부터 2021년까지 고덕 차량기지의 안전체험 건수의 증감추이는 인원수의 증감추이와 동일하다.
ㄹ. 신내 차량기지의 안전체험 인원수는 2022년에 2018년 대비 50% 이상 감소하였다.

① ㄱ, ㄴ
② ㄱ, ㄷ
③ ㄴ, ㄷ
④ ㄴ, ㄹ

01 K공사에서 비품구매를 담당하고 있는 A사원은 〈비품관리 매뉴얼〉과 비품현황을 고려해 비품을 구매하려고 한다. 다음 중 가장 먼저 구매해야 하는 비품은 무엇인가?

〈비품관리 매뉴얼〉

1. 비품을 재사용할 수 있는 경우에는 구매하지 않고 재사용하도록 한다.
2. 구매요청 부서가 많은 비품부터 순서대로 구매한다.
3. 비품은 빈번하게 사용하는 정도에 따라 등급을 매겨 구매가 필요한 경우 A, B, C 순서대로 구매한다.
4. 필요한 비품 개수가 많은 비품부터 순서대로 구매한다.

※ 매뉴얼에 언급된 순서대로 적용한다.

〈비품별 요청사항〉

구분	필요 개수(개)	등급	재사용 가능 여부	구매요청 부서	구분	필요 개수(개)	등급	재사용 가능 여부	구매요청 부서
연필	5	B	×	인사팀 총무팀 연구팀	커피	10	A	×	인사팀 총무팀 생산팀
볼펜	10	A	×	생산팀	녹차	6	C	×	홍보팀
지우개	15	B	×	연구팀	A4 용지	12	A	×	홍보팀 총무팀 인사팀
메모지	4	A	×	홍보팀 총무팀	문서용 집게	4	B	○	인사팀 총무팀 생산팀 연구팀
수첩	3	C	×	홍보팀	클립	1	C	○	연구팀
종이컵	20	A	×	총무팀	테이프	0	B	×	총무팀

① A4 ② 커피
③ 문서용 집게 ④ 연필

02 K공사는 재건축매입임대사업을 진행하고자 한다. A대리는 결혼 5주년을 맞아 재건축매입임대사업 일정에 지장이 가지 않는 범위 내에서 7월 중에 연이어 연차 2일을 사용하여 아내와 해외여행을 가고자 한다. 재건축매입임대사업은 다음 진행 정보에 따라 진행될 때, 다음 중 A대리가 연차를 사용할 수 있는 날짜로 옳은 것은?

〈재건축매입임대사업 진행 정보〉

- 재건축매입임대사업은 '재건축주택 인수요청 → 인수자 지정요청 → 인수자 지정 및 통보 → 인수계약체결 → 개별 임대계획수립 → 임대주택공급일 공지' 단계로 진행된다.
- 주거복지사업처는 2024년 7월 1일에 재건축주택 인수요청을 시작하였다.
- 인수자 지정요청에는 근무일 1일, 인수자 지정 및 통보에는 근무일 4일, 그 외 단계에는 근무일 2일이 소요된다.
- 재건축매입임대사업의 각 단계는 휴일 포함 최소 1일 이상의 간격을 두고 진행해야 한다.
- 주거복지사업처장은 임대주택공급일 공지를 7월 25일까지 완료하고자 한다.

〈2024년 7월 달력〉

일요일	월요일	화요일	수요일	목요일	금요일	토요일
	1	2	3	4	5	6
7	8	9	10	11	12	13
14	15	16	17	18	19	20
21	22	23	24	25	26	27
28	29	30	31			

※ 주거복지사업처는 공휴일이 아닌 주중에만 근무한다.
※ 연차는 근무일에 사용한다.

① 3~4일　　② 8~9일
③ 9~10일　　④ 11~12일

※ 한국중부발전은 별관 신축을 위한 건설업체를 선정하고자 한다. 입찰에는 A ~ F 여섯 개의 업체가 참여하였다. 다음은 입찰기준에 따라 업체별로 20점 척도로 점수화한 자료와 업체별 비용을 나타낸 것이다. 주어진 자료를 보고 이어지는 질문에 답하시오. **[3~4]**

〈업체별 입찰기준 점수〉

입찰기준 / 업체	경영평가점수	시공실적점수	친환경소재점수
A	18점	11점	15점
B	14점	15점	17점
C	17점	13점	13점
D	16점	12점	14점
E	13점	10점	17점
F	16점	14점	16점

〈업체별 비용〉

구분	A업체	B업체	C업체	D업체	E업체	F업체
비용(억 원)	16.9	17.4	17.1	12.9	14.5	15.2

03 한국중부발전은 비용이 17억 원 이하인 업체 중, 경영평가점수와 시공실적점수의 반영비율을 1:2의 가중치로 합산한 값이 가장 높은 3개 업체를 1차로 선정한다. 1차 선정업체 중 친환경소재점수가 가장 높은 곳을 최종 선정한다고 할 때, 다음 중 최종 선정될 업체는?

① A업체
② B업체
③ D업체
④ F업체

04 한국중부발전이 외부 권고로 인해 선정방식을 변경하였다. 새로운 방식에 따르면, 비용이 17억 2천만 원 이하인 업체 중, 시공실적점수와 친환경소재점수의 반영비율을 3:2의 가중치로 합산한 값이 가장 높은 2개 업체를 1차로 선정한다. 1차 선정업체 중 입찰 비용이 가장 낮은 곳을 최종 선정한다고 할 때, 다음 중 최종 선정될 업체는?

① A업체
② C업체
③ D업체
④ F업체

※ 다음은 한국중부발전의 3월 일정이다. 일정표를 참고하여 이어지는 질문에 답하시오. **[5~6]**

〈3월 일정표〉

월요일	화요일	수요일	목요일	금요일	토요일	일요일
			1 삼일절	2 김사원 휴가	3	4
5 공사 전체회의	6 최사원 휴가	7	8 정대리 휴가	9	10	11
12 최팀장 휴가	13	14 정과장 휴가	15 정과장 휴가	16 김팀장 휴가	17	18
19 유부장 휴가	20	21	22	23 임사원 휴가	24	25
26 박과장 휴가	27 최대리 휴가	28	29 한과장 휴가	30 유부장 휴가	31	

• 소속 부서
- 총무팀 : 최사원, 조대리, 한과장, 최팀장
- 신용팀 : 임사원, 정대리, 박과장, 김팀장
- 경제팀 : 김사원, 최대리, 정과장, 유부장

※ 휴가는 공휴일과 주말을 제외하고 사용하며, 전체 일정이 있는 경우 휴가를 사용하지 않는다.

05 한국중부발전 직원들은 휴가일이 겹치지 않게 하루 이상 휴가를 쓰려고 한다. 다음 중 총무팀 조대리의 휴가일정으로 가장 적절한 것은?

① 3월 1일
② 3월 5일
③ 3월 9～10일
④ 3월 21～22일

06 한국중부발전 직원들이 동일한 일수로 최대한 휴가를 쓴다고 할 때, 한 사람당 며칠까지 휴가를 쓸 수 있겠는가?

① 1일
② 2일
③ 3일
④ 4일

07 해외로 출장을 가는 김대리는 다음 〈조건〉과 같이 이동하려고 계획하고 있다. 연착 없이 계획대로 출장지에 도착했을 때, 현지 시각은?

> **조건**
> - 서울 시각으로 5일 오후 1시 35분에 출발하는 비행기를 타고, 경유지 한 곳을 거쳐 출장지에 도착한다.
> - 경유지는 서울보다 1시간 빠르고, 출장지는 경유지보다 2시간 느리다.
> - 첫 번째 비행은 3시간 45분이 소요된다.
> - 경유지에서 3시간 50분을 대기하고 출발한다.
> - 두 번째 비행은 9시간 25분이 소요된다.

① 오전 5시 35분　　② 오전 6시
③ 오후 5시 35분　　④ 오후 6시

PART 3

08 다음은 K가구사의 시장 조사 결과 보고서이다. 보고서를 참고할 때, K가구사가 마련해야 할 마케팅 전략으로 적절한 것을 〈보기〉에서 모두 고르면?

> - 조사 기간 : 2022. 08. 12 ~ 2022. 08. 22
> - 조사 품목 : A돌침대
> - 조사 대상 : 주부 1,000명
> - 조사 결과
>   - 소비자의 건강에 대한 관심 증대
>   - 소비자는 가격보다 제품의 기능을 우선적으로 고려
>   - 취급 점포가 너무 많아서 점포관리가 체계적이지 못함
>   - 자사 제품의 가격이 낮아서 품질도 떨어지는 것으로 인식됨

> **보기**
> ㄱ. 유통 경로를 늘린다.
> ㄴ. 고급화 전략을 추진한다.
> ㄷ. 박리다매 전략을 이용한다.
> ㄹ. 전속적 또는 선택적 유통 전략을 도입한다.

① ㄱ, ㄴ　　② ㄱ, ㄷ
③ ㄴ, ㄷ　　④ ㄴ, ㄹ

※ 다음은 K공사의 프로젝트별 진행 시 세부사항이다. 자료를 보고 이어지는 질문에 답하시오. **[9~11]**

〈프로젝트별 진행 시 세부사항〉

구분	필요 인원	소요기간	기간	1인당 인건비	진행비
A프로젝트	46명	1개월	2월	130만 원	20,000만 원
B프로젝트	42명	4개월	2～5월	550만 원	3,000만 원
C프로젝트	24명	2개월	3～4월	290만 원	15,000만 원
D프로젝트	50명	3개월	5～7월	430만 원	2,800만 원
E프로젝트	15명	3개월	7～9월	400만 원	16,200만 원

※ 1인당 인건비는 프로젝트가 끝날 때까지의 1인당 총 인건비를 말한다.

09 모든 프로젝트를 완료하기 위해 필요한 최소 인원은 몇 명인가?(단, 프로젝트 참여자는 하나의 프로젝트를 끝내면 다른 프로젝트에 참여한다)

① 50명　　② 65명
③ 92명　　④ 107명

10 다음 중 K공사의 A～E프로젝트를 인건비가 가장 적게 드는 순서대로 바르게 나열한 것은?

① A－E－C－D－B　　② A－E－C－B－D
③ A－C－E－D－B　　④ E－A－C－B－D

11 K공사는 인건비와 진행비를 합하여 프로젝트 비용을 산정하려고 한다. A～E프로젝트 중 총 비용이 가장 적게 드는 순서대로 바르게 나열한 것은?

① A－E－B－D－C　　② A－D－C－B－E
③ C－E－D－A－B　　④ C－D－E－B－A

※ A씨는 컨퍼런스 참여를 위해 제주도에 출장을 가게 되었다. 이어지는 질문에 답하시오. **[12~13]**

〈A씨 출장 일정〉

출장지	제주도	일정	8.9 ~ 8.10
도착시각	9일 11:10	출발시각	10일 16:30

※ 제주공항에 도착 후 수하물을 찾는 데 10분이 소요되며, 서울로 출발 시 수속을 위해 1시간 전에 도착하여야 한다.

〈주요 렌터카 요금표〉

(단위 : 원)

구분	종류	24시간 기본요금	추가요금		
			3시간 미만	3시간 이상 6시간 미만	6시간 이상 12시간 미만
A렌터카	휘발유	60,000	27,000	32,000	38,000
B렌터카	휘발유	65,000	30,000	35,000	40,000
C렌터카	경유	65,000	29,000	35,000	41,000
D렌터카	경유	67,000	25,000	30,000	35,000

※ 제주공항에서 렌터카를 빌리기까지 10분의 이동시간이 걸린다.
※ 12시간 초과 시 24시간 요금을 부여한다.

〈유류비〉

휘발유	1,650원/L	경유	1,350원/L

12 A씨가 출장기간 동안 B렌터카를 사용하였을 때, 다음 중 예상되는 대여비는?

① 81,400원
② 90,600원
③ 100,000원
④ 108,000원

13 A씨가 출장기간 동안 260km를 이동한다고 할 때, 대여비와 유류비가 가장 저렴한 렌터카는?

구분	연비
A렌터카	12.5km/L
B렌터카	12km/L
C렌터카	16km/L
D렌터카	12km/L

① A렌터카
② B렌터카
③ C렌터카
④ D렌터카

PART 3

14 K공사에 다니는 W사원은 이번 달 영국에서 5일 동안 일을 마치고 한국에 돌아와 일주일 후 스페인으로 다시 4일간의 출장을 간다고 한다. 다음 자료를 참고하여 W사원이 영국과 스페인 출장 시 들었던 총 비용을 A ~ C은행에서 환전할 때 필요한 원화의 최댓값과 최솟값의 차이는 얼마인가? (단, 출장비는 해외여비와 교통비의 합이다)

〈국가별 1일 여비〉

구분	영국	스페인
1일 해외여비	50파운드	60유로

〈국가별 교통비 및 추가 지급비용〉

구분	영국	스페인
교통비(비행시간)	380파운드(12시간)	870유로(14시간)
초과 시간당 추가 지급비용	20파운드	15유로

※ 교통비는 편도 항공권 비용이며, 비행시간도 편도에 해당한다.
※ 편도 비행시간이 10시간을 초과하면 시간당 추가 비용이 지급된다.

〈은행별 환율 현황〉

구분	매매기준율(KRW)	
	원/파운드	원/유로
A은행	1,470	1,320
B은행	1,450	1,330
C은행	1,460	1,310

① 31,900원
② 32,700원
③ 33,500원
④ 34,800원

15 K공사는 다음 승진 대상자 중 2명을 승진시키려고 한다. 승진의 조건은 동료평가에서 '하'를 받지 않고 합산점수가 높은 순이다. 합산점수는 100점 만점의 점수로 환산한 승진시험 성적, 영어 성적, 성과 평가의 수치를 합산한다. 승진시험의 만점은 100점, 영어 성적의 만점은 500점, 성과 평가의 만점은 200점이라고 할 때, 승진 대상자 2명은 누구인가?

구분	승진시험 성적	영어 성적	동료 평가	성과 평가
A	80	400	중	120
B	80	350	상	150
C	65	500	상	120
D	70	400	중	100
E	95	450	하	185
F	75	400	중	160
G	80	350	중	190
H	70	300	상	180
I	100	400	하	160
J	75	400	상	140
K	90	250	중	180

① B, K ② A, C

③ E, I ④ F, G

PART 3

16 다음은 임직원 출장여비 지급규정과 T차장의 출장비 지출 내역이다. T차장이 받을 수 있는 여비는 얼마인가?

〈임직원 출장여비 지급규정〉

- 출장여비는 일비, 숙박비, 식비, 교통비로 구성된다.
- 일비는 출장일수에 따라 매일 10만 원씩 지급한다.
- 숙박비는 숙박일수에 따라 실비 지급한다. 다만, 항공 또는 선박 여행 시 항공기 내 또는 선박 내에서의 숙박은 숙박비를 지급하지 아니한다.
- 식비는 일수에 따라 식사 여부에 상관없이 1일 3식으로 지급하며, 1식당 1만 원씩 지급한다. 단, 항공 또는 선박 여행 시에는 기내식이 포함되지 않을 경우만 지급하며, 출장 마지막 날 저녁은 지급하지 않는다.
- 교통비는 교통편의 운임 혹은 유류비 산출액을 실비 지급한다.

〈T차장의 2박 3일 출장비 지출 내역〉

3월 8일	3월 9일	3월 10일
• 인천 – 일본 항공편 84,000원 (아침 기내식 포함 ×) • 점심 식사 7,500원 • 일본 J공항 – B호텔 택시비 10,000원 • 저녁 식사 12,000원 • B호텔 숙박비 250,000원	• 아침 식사 8,300원 • 호텔 – 거래처 택시비 16,300원 • 점심 식사 10,000원 • 거래처 – 호텔 택시비 17,000원 • B호텔 숙박비 250,000원	• 아침 식사 5,000원 • 일본 – 인천 항공편 89,000원 (점심 기내식 포함)

① 880,000원　　② 1,053,000원

③ 1,059,100원　　④ 1,086,300원

17 W마트 A점은 개점 10주년을 맞이하여 3월 28일부터 4일 동안 마트에서 구매하는 고객에게 소정의 사은품을 나누어 주는 행사를 진행하고자 한다. 올해 행사 기간 내 예상 방문 고객은 작년보다 20% 증가할 것으로 예측되며, 단가가 가장 낮은 품목부터 800개를 준비하여 100단위씩 줄여 준비하기로 하였다. 다음은 작년 행사 결과 보고서이며 올해도 작년과 같은 상품을 준비한다고 할 때, 이번 행사에 필요한 예상금액은 얼마인가?

〈A점 9주년 행사 결과〉

- 행사명 : 9주년 특별 고객감사제
- 행사기간 : 2023년 3월 28일(월) ~ 31일(목)
- 참여대상 : 행사기간 내 상품구매고객
- 추첨방법 : 주머니에 담긴 공 뽑기를 하여 공 색상에 따라 경품을 지급함
- 참여인원 : 3,000명

〈공 색상별 경품〉

구분	빨강	주황	노랑	초록	파랑	남색	보라	검정
경품	갑 티슈	수건세트	우산	다도세트	식기 건조대	보조 배터리	상품권	전자렌지

※ 소진된 경품의 공을 선택했을 때는 공을 주머니에 다시 넣고 다른 색의 공이 나올 때까지 뽑는다.

〈경품별 단가〉

(단위 : 원)

구분	갑 티슈	수건세트	우산	다도세트	전자렌지	식기 건조대	보조 배터리	상품권
단가	3,500	20,000	9,000	15,000	50,000	40,000	10,000	30,000

① 48,088,000원　　② 49,038,000원

③ 50,080,000원　　④ 50,138,000원

PART 3

※ A대리는 대전에서 출발하여 각각 광주, 대구, 부산, 울산에 있는 4개 지부로 출장을 갈 계획이다. 다음 자료를 보고 이어지는 질문에 답하시오. **[18~19]**

〈도시 간 이동비용〉

(단위 : 원)

출발지＼도착지	대전	광주	대구	부산	울산
대전		41,000	38,000	44,500	39,000
광주	41,000		32,000	35,500	37,500
대구	38,000	32,000		7,500	10,500
부산	44,500	35,500	7,500		22,000
울산	39,000	37,500	10,500	22,000	

〈도시 간 이동소요시간〉

출발지＼도착지	대전	광주	대구	부산	울산
대전		2시간 40분	2시간 20분	3시간 10분	2시간 45분
광주	2시간 40분		2시간 5분	2시간 15분	2시간 35분
대구	2시간 20분	2시간 5분		40분	1시간 5분
부산	3시간 10분	2시간 15분	40분		1시간 40분
울산	2시간 45분	2시간 35분	1시간 5분	1시간 40분	

18 A대리는 4개 지부를 방문한 후 대전으로 돌아와야 한다. 다음 이동경로 중 A대리가 대전으로 복귀하기까지 이동비용이 가장 저렴한 경로는?

① 대전 – 광주 – 대구 – 부산 – 울산 – 대전
② 대전 – 광주 – 부산 – 울산 – 대구 – 대전
③ 대전 – 대구 – 부산 – 울산 – 광주 – 대전
④ 대전 – 울산 – 대구 – 부산 – 광주 – 대전

19 A대리는 4개 지부를 방문한 후 집으로 퇴근한다. A대리의 집이 대구라고 할 때, 다음 이동경로 중 A대리가 퇴근하기까지 이동소요시간이 가장 적게 걸리는 경로는?

① 대전 – 부산 – 울산 – 광주 – 대구
② 대전 – 부산 – 광주 – 울산 – 대구
③ 대전 – 광주 – 울산 – 부산 – 대구
④ 대전 – 광주 – 부산 – 울산 – 대구

20 K공사는 현재 신입사원을 채용하고 있다. 서류전형과 면접전형을 마치고 다음의 평가지표 결과를 얻었다. K공사 내 평가지표별 가중치를 이용하여 각 지원자의 최종 점수를 계산하고, 점수가 가장 높은 두 지원자를 채용하려고 한다. 이때, 심사평가원이 채용할 두 지원자는?

〈지원자별 평가지표 결과〉

(단위 : 점)

구분	면접 점수	영어 실력	팀내 친화력	직무 적합도	발전 가능성	비고
A지원자	3	3	5	4	4	군필자
B지원자	5	5	2	3	4	군필자
C지원자	5	3	3	3	5	-
D지원자	4	3	3	5	4	군필자
E지원자	4	4	2	5	5	군 면제자

※ 군필자(만기제대)에게는 5점의 가산점을 부여한다.

〈평가지표별 가중치〉

구분	면접 점수	영어 실력	팀내 친화력	직무 적합도	발전 가능성
가중치	3	3	5	4	5

※ 가중치는 해당 평가지표 결과 점수에 곱한다.

① A, D지원자　　② B, C지원자

③ B, E지원자　　④ C, D지원자

PART 3

※ 다음 자료는 제습기 사용과 보증기간에 대한 설명이다. 이를 읽고 이어지는 물음에 답하시오. **[1~2]**

〈사용 전 알아두기〉

- 제습기의 적정 사용온도는 18 ~ 35℃입니다.
  - 18℃ 미만에서는 냉각기에 결빙이 시작되어 제습량이 줄어들 수 있습니다.
- 제습 운전 중에는 컴프레서 작동으로 실내 온도가 올라갈 수 있습니다.
- 설정한 희망 습도에 도달하면 운전을 멈추고 실내 습도가 높아지면 자동 운전을 다시 시작합니다.
- 물통이 가득 찰 경우 제습기 작동이 멈춥니다.
- 안전을 위하여 제습기 물통에 다른 물건을 넣지 마십시오.
- 제습기가 작동하지 않거나 아무 이유 없이 작동을 멈추는 경우 다음 사항을 확인하세요.
  - 전원플러그가 제대로 끼워져 있는지 확인하십시오.
  - 위의 사항이 정상인 경우, 전원을 끄고 10분 정도 경과 후 다시 전원을 켜세요.
  - 여전히 작동이 안 되는 경우, 판매점 또는 서비스 센터에 연락하시기 바랍니다.
- 현재 온도 / 습도는 설치장소 및 주위 환경에 따라 실제와 차이가 있을 수 있습니다.

〈보증기간 안내〉

- 품목별 소비자 피해 보상규정에 의거 아래와 같이 제품에 대한 보증을 실시합니다.
- 보증기간 산정 기준
  - 제품 보증기간이라 함은 제조사 또는 제품 판매자가 소비자에게 정상적인 상태에서 자연 발생한 품질 성능 기능 하자에 대하여 무료 수리해 주겠다고 약속한 기간을 말합니다.
  - 제품 보증기간은 구입일자를 기준으로 산정하며 구입일자의 확인은 제품보증서를 기준으로 합니다. 단, 보증서가 없는 경우는 제조일(제조번호, 검사필증)로부터 3개월이 경과한 날부터 보증기간을 계산합니다.
  - 중고품(전파상 구입, 모조품) 구입 시 보증기간은 적용되지 않으며 수리 불가의 경우 피해보상을 책임지지 않습니다.
- 당사와의 계약을 통해 납품되는 제품의 보증은 그 계약내용을 기준으로 합니다.
- 제습기 보증기간은 일반제품으로 1년으로 합니다.
  - 2017년 1월 이전 구입분은 2년 적용

〈제습기 부품 보증기간〉

- 인버터 컴프레서(2016년 1월 이후 생산 제품) : 10년
- 컴프레서(2018년 1월 이후 생산 제품) : 4년
- 인버터 컴프레서에 한해서 5년차부터 부품대만 무상 적용함

01 **제습기 구매자가 사용 전 알아두기에 대한 설명서를 읽고 나서 제습기를 사용했다. 다음 중 구매자가 서비스센터에 연락해야 할 작동 이상은?**

① 실내 온도가 17℃일 때 제습량이 줄어들었다.

② 제습기 사용 후 실내 온도가 올라갔다.

③ 물통에 물이 $\frac{1}{2}$ 정도 들어있을 때 작동이 멈췄다.

④ 제습기가 갑자기 작동되지 않아 잠시 10분 꺼두었다가 다시 켰더니 작동하였다.

PART 3

02 **보증기간 안내 및 제습기 부품 보증기간을 참고할 때, 제습기 사용자가 이해한 내용으로 적절하지 않은 것은?**

① 제품 보증서가 없는 경우, 영수증에 찍힌 구입한 날짜부터 보증기간을 계산한다.

② 보증기간 무료 수리는 정상적인 상태에서 자연 발생한 품질 성능 기능 하자가 있을 때이다.

③ 제습기 보증기간은 구입일로부터 1년이다.

④ 2017년도 이전에 구입한 제습기는 보증기간이 2년 적용된다.

03 다음 (가)~(마)에 대한 사례 중 지속가능한 기술의 사례로 적절한 것을 모두 고르면?

(가) A사는 카메라를 들고 다니지 않으면서도 사진을 찍고 싶어 하는 소비자들을 위해, 일회용 카메라 대신 재활용이 쉽고, 재사용도 가능한 카메라를 만들어내는 데 성공했다.
(나) 잉크, 도료, 코팅에 쓰이던 유기 용제 대신에 물로 대체한 수용성 수지를 개발한 B사는 휘발성 유기화합물의 배출이 줄어듬과 동시에 대기오염 물질을 줄임으로써 소비자들로부터 찬사를 받고 있다.
(다) C사는 가구처럼 맞춤 제작하는 냉장고를 선보였다. 맞춤 양복처럼 가족 수와 식습관, 라이프스타일, 주방 형태 등을 고려해 1도어부터 4도어까지 여덟 가지 타입의 모듈을 자유롭게 조합하고, 세 가지 소재와 아홉 가지 색상을 매치해 공간에 어울리는 나만의 냉장고를 꾸밀 수 있게 된 것이다.
(라) D사는 기존에 소각 처리해야 했던 석유화학 옥탄올 공정을 변경하여 폐수처리로 전환하고, 공정 최적화를 통해 화약 제조 공정에 발생하는 총 질소의 양을 원천적으로 감소시키는 공정 혁신을 이루었다. 이로 인해 연간 4천 톤의 오염 물질 발생량을 줄였으며, 약 60억 원의 원가도 절감했다.
(마) 등산 중 갑작스러운 산사태를 만나거나 길을 잃어서 조난 상황이 발생한 경우 골든타임 확보가 무척 중요하다. 이를 위해 E사는 조난객의 상황 파악을 위한 5G 통신 모듈이 장착된 비행선을 선보였다. 이 비행선은 현재 비행거리와 시간이 짧은 드론과 비용과 인력 소모가 많이 드는 헬기에 비해 매우 효과적일 것으로 기대하고 있다.

① (가), (나), (마) ② (가), (나), (라)
③ (가), (다), (라) ④ (나), (다), (라)

04 다음 글을 통해 알 수 있는 산업 재해의 대한 원인으로 옳은 것은?

원유저장탱크에서 탱크 동체 하부에 설치된 믹서 임펠러의 날개깃이 파손됨에 따라, 과진동(과하중)이 발생하여 믹서의 지지부분(볼트)이 파손되어 축이 이탈되면서 생긴 구멍으로 탱크 내부의 원유가 대량으로 유출되었다. 분석에 따르면 임펠러 날개깃의 파손이 피로 현상에 의해 발생되어 표면에 응력집중을 일으킬 수 있는 결함이 존재하였을 가능성이 높다고 한다.

① 작업 관리상 원인 ② 기술적 원인
③ 교육적 원인 ④ 불안전한 행동

05 다음 중 기술의 특징에 대한 설명으로 옳지 않은 것은?

① 하드웨어나 인간에 의해 만들어진 비자연적인 대상을 의미한다.
② 노하우(Know-how)를 포함한다.
③ 소프트웨어를 생산하는 과정이다.
④ 인간의 능력을 확장시키기 위한 하드웨어를 뜻한다.

PART 3

06 다음 중 기술에 대한 설명으로 옳지 않은 것은?

① 기술에 대한 정의는 통일되어 있다.
② 구체적으로는 제품을 생산하는 원료, 생산공정 등에 관한 지식의 집합체라고 정의할 수 있다.
③ 획득과 전수방법에 따라 노하우(Know-how)와 노와이(Know-why)로 나눌수 있다.
④ 노와이(Know-why)는 어떻게 기술이 성립하고 작용하는가에 관한 원리적 측면에 중심을 둔다.

07 다음 글을 읽고 이해한 내용으로 가장 적절한 것은?

> 최근 환경오염의 주범이었던 화학회사들이 환경 보호 정책을 표방하고 나섰다. 기업의 분위기가 변하면서 대학의 엔지니어뿐만 아니라 기업에 고용된 엔지니어들도 점차 대체기술, 환경기술, 녹색디자인 등을 추구하는 방향으로 전환해 가고 있는 것이다.
> 또한, 최근 각광받고 있는 3R의 구호[줄이고(Reduce), 재사용하고(Reuse), 재처리하자(Recycle)]는 엔지니어들로 하여금 미래 사회를 위한 자신들의 역할에 대해 방향을 제시해주고 있다.

① 개발이라는 이름으로 행해지는 개발독재의 사례로 볼 수 있어.
② 형과 조화를 위한 지속가능한 개발의 사례로 볼 수 있어.
③ 기술이나 자금을 위한 개발수입의 사례인 것 같아.
④ 기업의 생산능률을 위한 조직개발의 사례로 볼 수 있겠구나.

08 **다음 중 새로운 기술을 습득하기 위한 방법에 대한 설명으로 옳지 않은 것은?**

① 전문 연수원을 통해 기술과정을 연수하여 이론을 겸한 실무중심의 교육을 실시할 수 있다.
② E-learning을 활용한 기술교육은 시간적·공간적으로 독립적이다.
③ 상급학교 진학을 통한 기술교육은 자체적으로 교육하는 것보다 연수비가 저렴하며 고용보험환급을 받을 수 있다.
④ OJT를 활용한 기술교육은 교육자와 피교육자 사이에 친밀감을 조성할 수 있다.

※ **다음은 산업재해의 원인을 설명하는 4M에 대한 자료이다. 자료를 읽고 이어지는 질문에 답하시오. [9~10]**

〈산업재해의 원인을 설명하는 4M〉

구분	내용
Man (사람)	① 심리적 요인 : 억측 판단, 착오, 생략 행위, 무의식 행동, 망각 등 ② 생리적 요인 : 수면 부족, 질병, 고령 등 ③ 사회적 요인 : 사업장 내 인간관계, 리더십, 팀워크, 소통 등의 문제
Machine (기계, 설비)	① 기계, 설비의 설계상 결함 ② 점검, 정비의 결함 ③ 구조 불량 ④ 위험방호 불량 등
Media (작업정보, 방법, 환경)	① 작업계획, 작업절차 부적절 ② 정보 부적절 ③ 보호구 사용 부적절 ④ 작업 공간 불량 ⑤ 작업 자세, 작업 동작의 결함 등
Management (관리)	① 관리조직의 결함 ② 건강관리의 불량 ③ 배치의 불충분 ④ 안전보건교육 부족 ⑤ 규정, 매뉴얼 불철저 ⑥ 자율안전보건활동 추진 불량 등

09 **다음 중 4M을 이해한 내용으로 적절하지 않은 것은?**

① 개인의 단순한 부주의로 일어난 사고는 4M 중 Man에 해당된다고 볼 수 있어.
② 좁은 공간에서 일하면서 일어난 사고는 4M 중 Media에 속하겠구나.
③ 기계 점검을 충실히 하지 않아 일어난 사고는 4M 중 Machine에 해당되겠지?
④ 개인별 당직근무 배치가 원활하지 않아 일어난 사고는 4M 중 Man에 해당된다고 볼 수 있어.

PART 3

10 **다음 (A), (B)의 사례는 4M 중 각각 어느 유형에 속하는가?**

(A) 유해가스 중독으로 작업자 2명이 사망하는 사고가 발생했다. 작업자 1명이 하수관 정비공사 현장에서 오수 맨홀 내부로 들어갔다가 유해가스를 마셔 의식을 잃고 추락했으며, 작업자를 구출하기 위해 다른 작업자가 맨홀 내부로 들어가 구조하여 나오던 중 같이 의식을 잃고 추락해 두 작업자 모두 사망한 것이다. 작업공간이 밀폐된 공간이어서 산소결핍이나 유해가스 등의 우려가 있었기 때문에 구명밧줄이나 공기 호흡기 등을 준비해야 했지만 준비가 이루어지지 않아 일어난 안타까운 사고였다.

(B) 플라스틱 용기 성형 작업장에서 작업자가 가동 중인 블로우 성형기의 이물질 제거 작업 중 좌우로 움직이는 금형 고정대인 조방 사이에 머리가 끼여 사망하는 사고가 발생했다. 당시 블로우 성형기 전면에 안전장치가 설치되어 있었으나, 안전장치가 제대로 작동하지 않아서 발생한 사고였다.

	(A)	(B)
①	Media	Man
②	Management	Media
③	Media	Management
④	Media	Machine

※ K사에서는 직원들이 이용할 수 있는 체력단련실을 마련하기 위해 실내사이클 10대를 구입하기로 계획하였다. 다음 제품 설명서를 참고하여, 이어지는 질문에 답하시오. **[11~12]**

■ 계기판 작동법

13:00 min		100 cal	
SPEED	TIME	CAL	DISTANCE
9.4	13:00	100	5.0

← RESET

- SPEED : 현재 운동 중인 속도 표시
- TIME : 운동 중인 시간 표시
- CAL : 운동 중 소모된 칼로리 표시
- DISTANCE : 운동한 거리를 표시
- RESET 버튼 : 버튼을 누르면 모든 기능 수치를 초기화

■ 안전을 위한 주의사항

- 물기나 습기가 많은 곳에 보관하지 마십시오.
- 기기를 전열기구 주변에 두지 마십시오. 제품이 변형되거나 화재의 위험이 있습니다.
- 운동기에 매달리거나 제품에 충격을 주어 넘어뜨리지 마십시오.
- 운동기기의 움직이는 부분에 물체를 넣지 마십시오.
- 손으로 페달 축을 돌리지 마십시오.
- 운동 중 주변사람과 적정거리를 유지하십시오.

■ 사용 시 주의사항

- 신체에 상해 및 안전사고 방지를 위해 반드시 페달과 안장높이를 사용자에 알맞게 조절한 후 안장에 앉은 후 운동을 시작해 주십시오.
- 사용자의 나이와 건강 상태에 따른 운동 횟수, 강도 및 적정 운동 시간을 고려하여 운동을 시작해 주십시오.
- 운동 중 가슴에 통증을 느끼거나 또는 가슴이 답답할 때, 또는 어지러움이나 기타 불편함이 느껴질 경우 즉시 운동을 멈추고 의사와 상담하십시오.
- 음주 후 사용하지 마십시오.

■ 고장 신고 전 확인사항

증상	해결책
제품에서 소음이 발생합니다.	볼트 너트 체결부위가 제품사용에 따라 느슨해질 수 있습니다. 모든 부분을 다시 조여 주세요.
계기판이 작동하지 않습니다.	계기판의 건전지(AAA형 2개)를 교체하여 끼워 주세요.

※ 제시된 해결방법으로도 증상이 해결되지 않으면, A/S센터로 문의하시기 바랍니다.

11 **A사원은 실내사이클 주의사항에 대한 안내문을 제작하려고 한다. 다음 중 안내문의 내용으로 적절하지 않은 것은?**

① 안장높이를 사용자에 알맞게 조절하여 운동을 시작해 주세요.

② 나이와 건강 상태에 맞게 적정 운동시간을 고려하여 주십시오.

③ 운동 중 가슴 통증이나 어지러움 등이 느껴질 경우 즉시 운동을 멈추십시오.

④ 매회 30분 정도 하는 것은 유산소 운동 효과를 가져올 수 있습니다.

12 **A사원이 체력단련실에서 실내사이클을 이용하던 도중 소음이 발생하였다. 이에 대한 해결방법으로 적절한 것은?**

① 페달과 안장 높이를 다시 조절한다.

② RESET 버튼을 3초간 누른다.

③ 볼트와 너트의 체결부위를 조여 준다.

④ 계기판의 건전지를 꺼내었다가 다시 끼운다.

※ 사내 의무실 체온계의 고장으로 새로운 체온계를 구입하였다. 다음 설명서를 참고하여 이어지는 질문에 답하시오. **[13~14]**

■ **사용방법**

1) 체온을 측정하기 전 새 렌즈필터를 부착해 주세요.
2) [ON] 버튼을 눌러 액정화면이 켜지면 귓속에 체온계를 삽입합니다.
3) [START] 버튼을 눌러 체온을 측정합니다.
4) 측정이 잘 이루어졌으면 '삐' 소리와 함께 측정 결과가 액정화면에 표시됩니다.
5) 60초 이상 사용하지 않으면 자동으로 전원이 꺼집니다.

■ **체온 측정을 위한 주의사항**

- 오른쪽 귀에서 측정한 체온은 왼쪽 귀에서 측정한 체온과 다를 수 있습니다. 그러므로 항상 같은 귀에서 체온을 측정하십시오.
- 체온을 측정할 때는 정확한 측정을 위해 과다한 귀지가 없도록 하십시오.
- 한쪽 귀를 바닥에 대고 누워 있었을 때, 매우 춥거나 더운 곳에 노출되어 있는 경우, 목욕을 한 직후 등은 외부적 요인에 의해 귀 체온 측정에 영향을 미칠 수 있으므로 이런 경우에는 30분 정도 기다리신 후 측정하십시오.

■ **문제해결**

상태	해결방법	에러 메시지
렌즈필터가 부착되어 있지 않음	렌즈필터를 끼우세요.	— —
체온계가 렌즈의 정확한 위치를 감지할 수 없어 정확한 측정이 어려움	[ON] 버튼을 3초간 길게 눌러 화면을 지운 다음 정확한 위치에 체온계를 넣어 측정합니다.	POE
측정체온이 정상범위(34 ~ 42.2℃)를 벗어난 경우 - HI : 매우 높음 - LO : 매우 낮음	온도가 10℃와 40℃ 사이인 장소에서 체온계를 30분간 보관한 다음 다시 측정하세요.	HI℃ LO℃
건전지 수명이 다하여 체온 측정이 불가능한 상태	새로운 건전지(1.5V AA타입 2개)로 교체하십시오.	— — —

13 **근무 중 몸이 좋지 않아 의무실을 내원한 A사원의 체온을 측정하려고 한다. 다음 중 체온 측정 과정으로 가장 적절한 것은?**

① 렌즈필터가 깨끗하여 새것으로 교체하지 않고 체온을 측정하였다.

② 오른쪽 귀의 체온이 38℃로 측정되어 다시 왼쪽 귀의 체온을 측정하였다.

③ 정확한 측정을 위해 귓속의 귀지를 제거한 다음 체온을 측정하였다.

④ 정확한 측정을 위해 영점조정을 맞춘 뒤 체온을 측정하였다.

14 **체온계 사용 중 'POE'의 에러 메시지가 확인되었다. 에러 메시지 확인 후 해결방법으로 가장 적절한 것은?**

① [ON] 버튼을 3초간 길게 눌러 화면을 지운 뒤, 정확한 위치에서 다시 측정한다.

② 렌즈필터가 부착되어 있지 않으므로 깨끗한 새 렌즈필터를 끼운다.

③ 1분간 그대로 둬서 전원을 끈 다음 [ON] 버튼을 눌러 다시 액정화면을 켠다.

④ 건전지 삽입구를 열어 1.5V AA타입 2개의 새 건전지로 교체한다.

※ K병원에서는 환자들의 휴식 시간을 위해 병실마다 벽걸이 TV를 설치하고자 한다. 다음 설명서를 참고하여 이어지는 질문에 답하시오. [15~16]

■ 설치 시 주의사항

- 반드시 제공하는 구성품 및 부품을 사용해 주세요.
- 수직 벽면 이외의 장소에는 설치하지 마세요.
- 진동이나 충격이 가해질 염려가 있는 곳은 제품이 떨어질 수 있으므로 피하세요.
- 제품의 열을 감지하고 스프링클러가 작동할 수 있으므로 스프링클러 감지기 옆에는 설치하지 마세요.
- 고압 케이블의 간섭을 받아 화면이 제대로 나오지 않을 수 있으므로 고압 케이블 근처에는 설치하지 마세요.
- 난방기기 주변은 과열되어 고장의 염려가 있으므로 피하십시오.
- 벽면의 안정성을 확인하세요.
- 설치한 후 벽면과 제품 사이의 거리는 최소 15mm 이상 유지하세요.
- 제품 주변으로 10cm 이상의 공간을 두어 통풍이 잘되도록 하세요. 제품 내부 온도의 상승은 화재 및 제품 고장의 원인이 될 수 있습니다.

■ 문제해결

고장	해결
전원이 켜지지 않아요.	• 전원코드가 잘 연결되어 있는지 확인하세요. • 안테나 케이블 연결이 제대로 되어 있는지 확인하세요. • 케이블 방송 수신기의 연결이 제대로 되어 있는지 확인하세요.
전원이 갑자기 꺼져요.	• 에너지 절약을 위한 '취침예약'이 설정되어 있는지 확인하세요. • 에너지 절약을 위한 '자동전원끄기' 기능이 설정되어 있는지 확인하세요.
제품에서 뚝뚝 소리가 나요.	• TV외관의 기구적 수축이나 팽창 때문에 나타날 수 있는 현상이므로 안심하고 사용하세요.
제품이 뜨거워요.	• 제품 특성상 장시간 시청 시 패널에서 열이 발생하므로 열이 발생하는 것은 결함이나 동작 사용상의 문제가 되는 것이 아니므로 안심하고 사용하세요.
리모컨 동작이 안 돼요.	• 새 건전지로 교체해 보세요.

※ 문제가 해결되지 않는다면 가까운 서비스센터로 문의하세요.

15 **다음 중 벽걸이 TV를 설치하기 위한 장소 선정 시 고려해야 할 사항으로 적절하지 않은 것은?**

① 전동안마기가 비치되어 있는 병실을 확인한다.
② 스프링클러 감지기가 설치되어 있는 곳을 확인한다.
③ 냉방기가 설치되어 있는 곳을 확인한다.
④ 도면으로 고압 케이블이 설치되어 있는 위치를 확인한다.

PART 3

16 **TV가 제대로 작동되지 않아 A/S를 요청하기 전 간단하게 문제를 해결해 보고자 한다. 다음 중 문제를 해결하기 위한 방법으로 적절한 것은?**

① 전원이 켜지지 않아 전원코드 및 안테나 케이블, 위성 리시버가 잘 연결되어 있는지 확인했다.
② 전원이 갑자기 꺼져 전력 소모를 줄일 수 있는 기능들이 설정되어 있는지 확인했다.
③ 제품에서 뚝뚝 소리가 나서 TV의 전원을 끄고 다시 켰다.
④ 제품이 뜨거워서 분무기로 물을 뿌리고, 마른 천으로 물기를 깨끗이 닦았다.

※ K사는 직원휴게실에 휴식용 안마의자를 설치할 계획이며, 안마의자 관리자는 귀하로 지정되었다. 다음의 자료를 보고 이어지는 질문에 답하시오. **[17~18]**

〈안마의자 사용설명서〉

■ 설치 시 알아두기

- 바닥이 단단하고 수평인 장소에 제품을 설치해 주세요.
- 등받이와 다리부를 조절할 경우를 대비하여 제품의 전방 50cm, 후방 10cm 이상 여유 공간을 비워 두세요.
- 바닥이 손상될 수 있으므로 제품 아래에 매트 등을 깔 것을 추천합니다.
- 직사광선에 장시간 노출되는 곳이나 난방기구 근처 등 고온의 장소는 피하여 설치해 주세요. 커버 변색 또는 변질의 원인이 됩니다.

■ 안전을 위한 주의사항

⚠ 경고 : 지시 사항을 위반할 경우 심각한 상해나 사망에 이를 가능성이 있는 경우를 나타냅니다.
ⓘ 주의 : 지시 사항을 위반할 경우 경미한 상해나 제품 손상의 가능성이 있는 경우를 나타냅니다.

ⓘ 제품 사용 시간은 1일 40분 또는 1회 20분 이내로 하고, 동일한 부위에 연속 사용은 5분 이내로 하십시오.

⚠ 제품을 사용하기 전에 등 패드를 올려서 커버와 그 외 다른 부분에 손상된 곳이 없는지 확인하고, 찢어졌거나 조그만 손상이 있으면 사용을 중단하고 서비스 센터로 연락하십시오(감전 위험).

ⓘ 엉덩이와 허벅지를 마사지할 때는 바지 주머니에 딱딱한 것을 넣은 채로 사용하지 마십시오(안전사고, 상해 위험).

⚠ 팔을 마사지할 때는 시계, 장식품 등 딱딱한 것을 몸에 지닌 채 사용하지 마세요(부상 위험).

⚠ 등받이나 다리부를 움직일 때는 제품 외부에 사람, 애완동물, 물건 등이 없는지 확인하십시오(안전사고, 부상, 제품손상 위험).

ⓘ 제품 안쪽에 휴대폰, TV리모컨 등 물건을 빠뜨리지 않도록 주의하세요(고장 위험).

⚠ 등받이나 다리부를 상하로 작동 시에는 움직이는 부위에 손가락을 넣지 않도록 하십시오(안전사고, 상해, 부상 위험).

⚠ 혈전증, 중도의 동맥류, 급성 정맥류, 각종 피부염, 피부 감염증 등의 질환을 가지고 있는 사람은 사용하지 마십시오.

ⓘ 고령으로 근육이 쇠약해진 사람, 요통이 있는 사람, 멀미가 심한 사람 등은 반드시 의사와 상담한 후 사용하십시오.

ⓘ 제품을 사용하면서 다른 치료기를 동시에 사용하지 마십시오.

ⓘ 사용 중에 잠들지 마십시오(상해 위험).

⚠ 난로 등의 화기 가까이에서 사용하거나 흡연을 하면서 사용하지 마십시오(화재 위험).

ⓘ 제품을 사용하는 중에 음료나 음식을 섭취하지 마십시오(고장 위험).

ⓘ 음주 후 사용하지 마십시오(부상 위험).

■ 고장 신고 전 확인 사항

제품 사용 중 아래의 증상이 나타나면 다시 한 번 확인해 주세요. 고장이 아닐 수 있습니다.

증상	원인	해결책
안마 강도가 약합니다.	안마의자에 몸을 밀착하였습니까?	안마의자에 깊숙이 들여 앉아서 몸을 등받이에 밀착시키거나 등받이를 눕혀서 사용해 보세요.
	등 패드 또는 베개 쿠션을 사용하고 있습니까?	등 패드 또는 베개 쿠션을 빼고 사용해 보세요.
	안마 강도를 조절하였습니까?	안마 강도를 조절해서 사용해 보세요.
다리부에 다리가 잘 맞지 않습니다.	다리부의 각도를 조절하였습니까?	사용자의 신체에 맞게 다리 부의 각도를 조절해 주세요. 다리올림 버튼 또는 다리내림 버튼으로 다리부의 각도를 조절할 수 있습니다.
좌우 안마 강도 또는 안마 볼 위치가 다르게 느껴집니다.	더 기분 좋은 안마를 위해 안마 볼이 좌우 교대로 작동하는 기구를 사용하고 있습니다. 좌우 안마 강도 또는 안마 볼 위치가 다르게 작동하는 경우가 있을 수 있습니다. 고장이 아니므로 안심하고 사용해 주세요.	
소리가 납니다.	제품의 구조로 인해 들리는 소리입니다. 고장이 아니므로 안심하고 사용해 주세요(제품 수명 등의 영향은 없습니다). – 안마 볼 상·하 이동 시 '달그락' 거리는 소리 – 안마 작동 시 기어 모터의 소리 – 안마 볼과 커버가 스치는 소리(특히 주무르기 작동 시) – 두드리기, 물결 마사지 작동 시 '덜덜' 거리는 소리(특히 어깨에서 등으로 이동 시) – 속도 조절에 의한 소리의 차이	

17 **직원휴게실에 안마의자가 배송되었다. 귀하는 제품설명서를 참고하여 적절한 장소에 설치하고자 한다. 다음 중 설치 장소 선정 시 고려해야 할 사항으로 적절하지 않은 것은?**

① 직사광선에 오랫동안 노출되지 않는 장소인지 확인한다.

② 근처에 난방기구가 설치된 장소인지 확인한다.

③ 전방에는 50cm 이상의 공간을 확보할 수 있고 후방을 벽면에 밀착할 수 있는 장소인지 확인한다.

④ 새로운 장소가 안마의자의 무게를 지탱할 수 있는 단단한 바닥인지 확인한다.

18 **귀하는 직원들이 안전하게 안마의자를 사용할 수 있도록 '안마의자 사용안내서'를 작성하여 안마의자 근처에 비치하고자 한다. 안내서에 있는 그림 중 '경고' 수준의 주의가 필요한 것은 '별표' 표시를 추가하여 더욱 강조되어 보이도록 할 예정이다. 다음 중 '별표' 표시를 해야 할 그림은 무엇인가?**

①
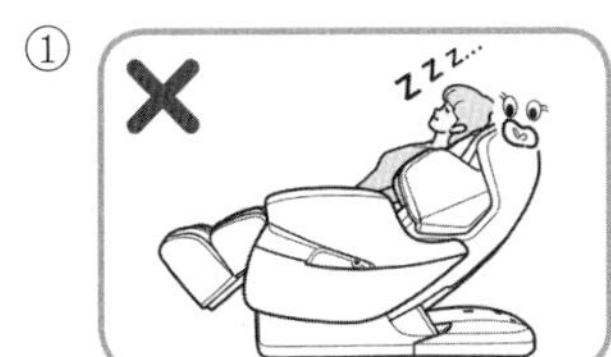

②

③

④
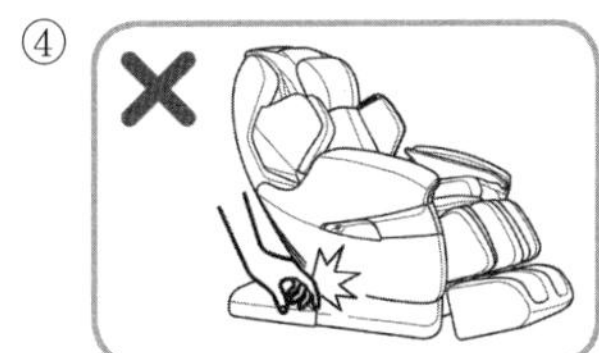

※ 논리연산자를 다음과 같이 정의할 때, 이어지는 질문에 답하시오. [19~20]

- AND(논리곱) : 둘 다 참일 때만 참, 나머지는 모두 거짓
- OR(논리합) : 둘 다 거짓일 때만 거짓, 나머지는 모두 참
- NAND(부정논리곱) : 둘 다 참일 때만 거짓, 나머지는 모두 참
- NOR(부정논리합) : 둘 다 거짓일 때만 참, 나머지는 모두 거짓
- XOR(배타적 논리합) : 둘의 참 / 거짓이 다르면 참, 같으면 거짓

19 다음과 같은 입력 패턴 A, B를 〈조건〉에 따라 원하는 출력 패턴으로 합성하고자 한다. (가)에 들어갈 논리 연산자로 옳은 것은?

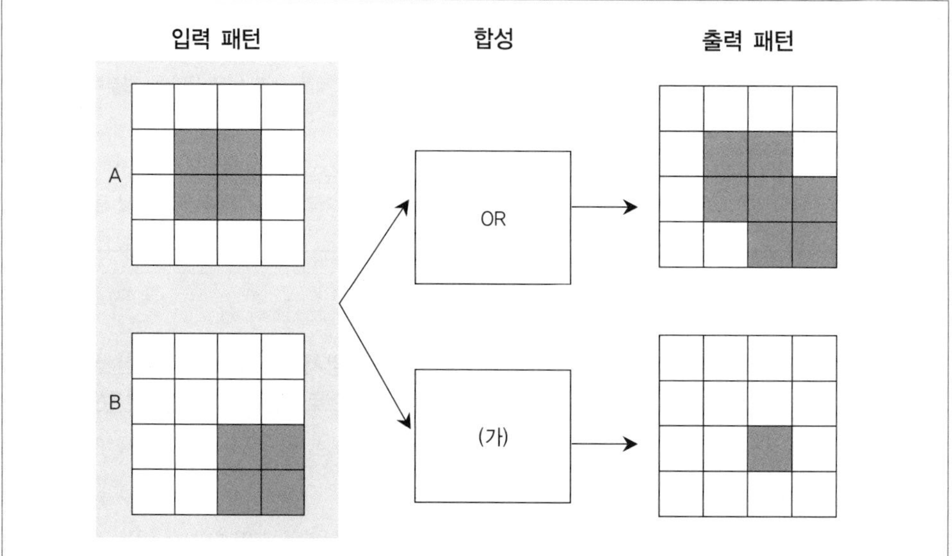

조건

- ■은 패턴값 '1'로, □은 패턴값 '0'으로 변환하여 합성에 필요한 논리 연산을 한 후, '1'은 ■으로 '0'은 □으로 표시한다.
- 합성은 두 개의 입력 패턴 A, B를 겹쳐서 1 : 1로 대응되는 위치의 패턴값끼리 논리 연산을 수행하여 이루어진다.
- 입력 패턴 A, B와 출력 패턴의 회전은 없다.

① AND ② NOR
③ XOR ④ NAND

20 다음과 같은 패턴 A, B를 〈조건〉에 따라 합성하였을 때, 결과로 옳은 것은?

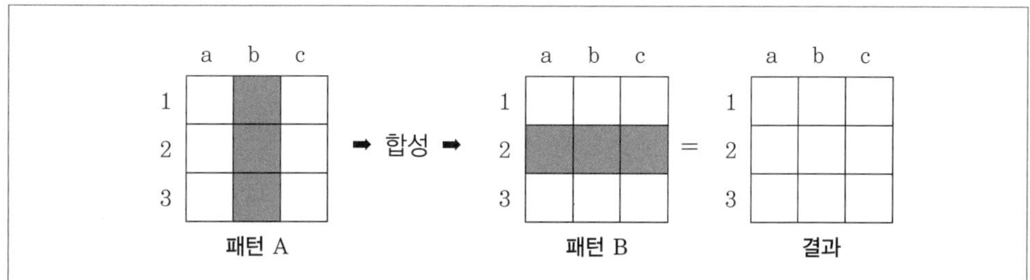

조건

- ■는 1, □는 0이다.
- 패턴 A, B의 회전은 없다.
- 패턴 A, B에서 대응되는 행과 열은 1 : 1로 각각 겹쳐 합성한다.

  예 패턴 A(1, b)의 ■는 패턴 B(1, b)의 □에 대응된다.
- 패턴 A와 B의 합성은 NOR 연산으로 처리한다.

①
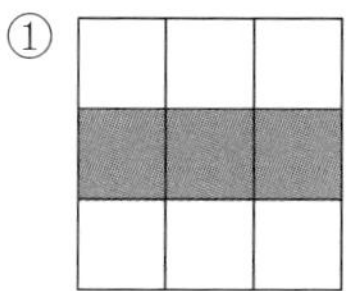

②
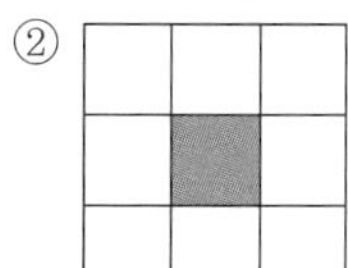

③
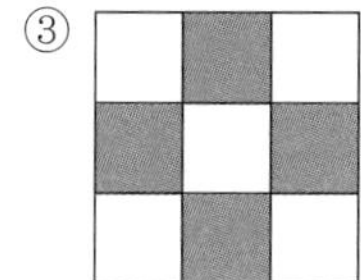

④
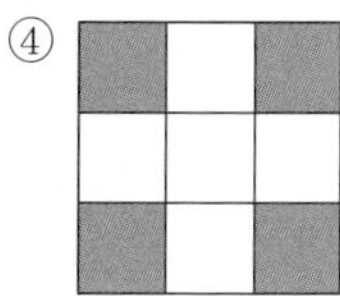

06 조직이해능력(사무 / 토목 / 산업위생)

01 다음 중 집단의사결정의 특징으로 적절하지 않은 것은?

① 한 사람이 가진 지식보다 집단이 가지고 있는 지식과 정보가 더 많아 효과적인 결정을 할 수 있다.
② 집단구성원이 갖고 있는 관점은 각기 다르므로 각자 다른 시각으로 문제를 바라봄에 따라 다양한 견해를 가지고 접근할 수 있다.
③ 결정된 사항에 대하여 의사결정에 참여한 사람들이 해결책을 수용하기 어렵고, 의사소통의 기회가 적어지는 단점이 있다.
④ 의견이 불일치하는 경우 의사결정을 내리는 데 시간이 많이 소요되며, 특정 구성원에 의해 의사결정이 독점될 가능성이 있다.

02 J사 총무부에서 근무하는 P대리는 다음 업무를 처리해야 한다. 각 업무의 기한과 P대리의 업무처리 정보가 다음과 같을 때, P대리가 업무들에 착수할 순서로 가장 적절한 것은?

〈업무처리 정보〉

- P대리는 동시에 최대 두 가지 업무를 수행할 수 있다.
- P대리는 중요한 일보다 긴급한 일에 먼저 착수하고자 한다.
- 현재는 2월 17일이다.
- 같은 날에 하는 업무라도 업무 착수 순서는 구별한다.

〈처리필요 업무 리스트〉

- 본부에서 이번 분기에 가장 중요한 사업으로 지정한 A사업안의 계획안을 2월 24일까지 검토하여야 하며, 검토에는 6일이 소요된다.
- 총무부 내 업무분장 갱신안 B를 2월 19일까지 제출하여야 하며, 갱신안 구상에는 3일이 소요된다.
- B대리는 개인적 부탁 C를 2월 22일까지 해줄 것을 부탁하였으며, 일 완료에는 3일이 소요된다.
- 총무부 내 비품을 2월 19일까지 파악하여 보고서 D를 작성하여야 하며, 비품 파악에 1일, 이후 보고서 작성에 1일이 소요된다.

① A－B－D－C ② B－A－C－D
③ B－D－A－C ④ C－A－D－B

03 다음 회의록을 참고할 때, 고객지원팀의 강대리가 해야 할 일로 적절하지 않은 것은?

〈회의록〉

회의일시	2024년 ○○월 ○○일	부서	기획팀, 시스템개발팀, 고객지원팀
참석자	기획팀 김팀장, 박대리 / 시스템개발팀 이팀장, 김대리 / 고객지원팀 유팀장, 강대리		
회의안건	홈페이지 내 이벤트 신청 시 발생하는 오류로 인한 고객 불만에 따른 대처방안		
회의내용	• 홈페이지 고객센터 게시판 내 이벤트 신청 오류 관련 불만 글 확인 • 이벤트 페이지 내 오류 발생 원인에 대한 확인 필요 • 상담원의 미숙한 대응으로 고객들의 불만 증가(대응 매뉴얼 부재) • 홈페이지 고객센터 게시판에 사과문 게시 • 고객 불만 대응 매뉴얼 작성 및 이벤트 신청 시스템 개선 • 추후 유사한 이벤트 기획 시 기획안 공유 필요		

① 민원 처리 및 대응 매뉴얼 작성
② 상담원 대상으로 CS 교육 실시
③ 홈페이지 내 사과문 게시
④ 오류 발생 원인 확인 및 신청 시스템 개선

PART 3

04 다음은 조직목표의 요소에 대한 설명이다. 빈칸 ㉠, ㉡에 들어갈 말이 바르게 연결된 것은?

조직설계 학자인 Richard L. Daft는 조직이 일차적으로 수행해야 할 과업인 운영목표에는 조직전체의 성과, 자원, 시장, ___㉠___, 혁신과 변화, ___㉡___에 관한 목표가 포함된다고 하였다.
전체성과는 영리조직은 수익성, 사회복지기관은 서비스 제공과 같은 조직의 성장목표이다. 자원은 조직에 필요한 재료와 재무자원을 획득하는 것이며, 시장과 관련된 조직목표는 시장점유율이나 시장에서의 지위향상과 같은 목표이다. ___㉠___은 조직구성원에 대한 교육훈련, 승진, 성장 등과 관련된 목표이며, 혁신과 변화는 불확실한 환경변화에 대한 적응가능성을 높이고 내부의 유연성을 향상시키고자 수립하는 것이다. ___㉡___은 투입된 자원에 대비한 산출량을 높이기 위한 목표로 단위생산비용, 조직구성원 1인당 생산량 및 투입비용 등으로 산출할 수 있다.

	㉠	㉡
①	조직개편	생산성
②	인력개발	생산성
③	R&D	지속가능성
④	조직개편	지속가능성

05 다음 〈보기〉 중 조직의 환경적응에 대한 설명으로 적절하지 않은 것을 모두 고르면?

보기

ㄱ. 세계화의 기업에 대한 영향은 진출시장, 투자대상 확대 등 기업의 대외적 경영 측면으로 국한된다.
ㄴ. 특정 국가에서의 업무 동향 점검 시에는 거래 기업에 대한 정보와 시장의 특성 뿐 아니라 법규에 대하여도 파악하는 것이 필수적이다.
ㄷ. 이문화 이해는 곧 상이한 문화와의 언어적 소통을 가리키므로 현지에서의 인사법 등 예절에 주의하여야 한다.
ㄹ. 이문화 이해는 특정 타 지역에 오랜 기간 형성된 문화를 이해하는 것으로, 단기간에 집중적인 학습으로 신속하게 수월한 언어적 능력을 갖추는 것이 최선이다.

① ㄱ
② ㄱ, ㄷ
③ ㄱ, ㄷ, ㄹ
④ ㄴ, ㄷ, ㄹ

06 다음 K공단 국제인력본부의 조직도를 참고할 때, 외국인력국의 업무로 적절하지 않은 것은?

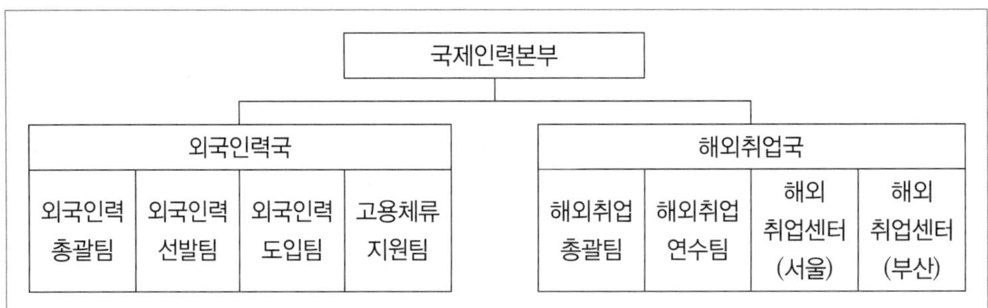

① 근로자 입국지원
② 근로자 고용·체류 지원
③ 한국어능력시험 시행
④ K-Move 취업센터 운영

07 사람이 모이면 그 안에는 문화가 생긴다. 즉, 조직을 이루는 구성원 사이에서 공유된 생활양식이나 가치를 '조직문화'라고 한다. 다음 중 조직문화가 갖는 특징으로 적절하지 않은 것은?

① 구성 요소에는 리더십 스타일, 제도 및 절차, 구성원, 구조 등이 있다.
② 조직 구성원들에게 일체감과 정체성을 준다.
③ 조직의 안정성을 유지하는 데 기여한다.
④ 구성원들 개개인의 다양성을 강화해준다.

08 다음 글의 밑줄 친 '마케팅 기법'에 대한 설명으로 적절한 것을 〈보기〉에서 모두 고르면?

> 기업들이 신제품을 출시하면서 한정된 수량만 제작 판매하는 한정판 제품을 잇따라 내놓고 있다. 이번 기회가 아니면 더 이상 구입할 수 없다는 메시지를 끊임없이 던지며 소비자의 호기심을 자극하는 마케팅 기법이다. J자동차 회사는 가죽 시트와 일부 외형을 기존 제품과 다르게 한 모델을 8,000대 한정 판매하였는데, 단기간에 매진을 기록하였다.

보기

ㄱ. 소비자의 충동 구매를 유발하기 쉽다.
ㄴ. 이윤 증대를 위한 경영 혁신의 한 사례이다.
ㄷ. 의도적으로 공급의 가격탄력성을 크게 하는 방법이다.
ㄹ. 소장 가치가 높은 상품을 대상으로 하면 더 효과적이다.

① ㄱ, ㄴ　　② ㄱ, ㄷ
③ ㄷ, ㄹ　　④ ㄱ, ㄴ, ㄹ

PART 3

09 티베트에서는 손님이 찻잔을 비우면 주인이 계속 첨잔을 하는 것이 기본예절이며, 손님의 입장에서 주인이 권하는 차를 거절하면 실례가 된다. 티베트에 출장 중인 G사원은 이를 숙지하고 티베트인 집에서 차 대접을 받게 되었다. G사원이 찻잔을 비울 때마다 주인이 계속 첨잔을 하여 곤혹을 겪고 있을 때, G사원의 행동으로 가장 적절한 것은?

① 주인에게 그만 마시고 싶다며 단호하게 말한다.
② 잠시 자리를 피하도록 한다.
③ 차를 다 비우지 말고 입에 살짝 댄다.
④ 힘들지만 계속 마시도록 한다.

10 국제문화에 대한 다음 대화 내용 중 적절하지 않은 말을 한 사람은?

> 철수 : 12월에 필리핀에 흑색경보가 내려져서 안 가길 잘했어. 아직 해제 발표가 없으니 지금도 들어가지 못할 거야.
> 만수 : 요새 환율이 올라서 해외여행을 하기에 좋아.
> 영수 : 환율이 올라서 수출사업하는 사람들이 이득을 보겠네.
> 희수 : 미국에 가고 싶었는데 ESTA 신청을 안 해서 관광을 못 할 것 같아.

① 철수　　② 만수
③ 영수　　④ 희수

11 4월 15일부터 4월 19일까지 미국 지점 방문을 위해 출장을 가는 박차장은 총무부 이사원으로부터 출장일정과 함께 국제매너가 정리되어 있는 메일을 받았다. 밑줄 친 내용 중 적절하지 않은 것은?

24-04-09-화 13:30
제목 : 해외 출장일정 및 기타사항
수신 : 박◇◇(nhpark@nh.co.kr)
발신 : 이○○(leenh@nh.co.kr)

안녕하십니까. 저는 총무부 이○○입니다. 4월 15일부터 19일까지 있을 출장일정과 알아두면 좋을 내용까지 함께 정리해서 보냅니다.

◆ 출장일정 및 장소 : 미국, 2024년 4월 15일(월) – 2024년 4월 19일(금)

일시	장소 및 내용
4월 15일(월) ~ 4월 16일(화)	• 뉴욕(N은행) – 현지영업 수행상태 점검 • 뉴욕(N증권) – 현지영업 수행상태 점검 및 시장조사
4월 17일(수) ~ 4월 18일(목)	• LA(중앙회) – 2021년 상・하반기 농산물 시장개척 활동 지원 확인 – 2021년 상・하반기 정부조사 보고
4월 19일(금)	• 샌프란시스코 – LA(중앙회)・뉴욕(N은행・N증권) 지점장과 함께 만찬

◆ 알아두면 좋은 국제매너

[인사예절]

• 악수방법 : ① 상대방의 눈이나 얼굴을 보면서 오른손으로 상대방의 오른손을 잠시 힘주어서 잡았다가 놓는다.

• 대화법 : 이름이나 호칭을 어떻게 부를지 먼저 물어보는 것의 예의이다.

[시간약속]

② 미국은 시간엄수를 매우 중요하게 생각한다.

[식사예절]

• 수프는 소리 내면서 먹지 않는다.
• ③ 포크와 나이프는 몸에서 가장 안쪽에 있는 것부터 사용한다.
• ④ 뜨거운 수프는 입으로 불어서 식히지 않고 숟가락으로 저어서 식혀야 한다.
• 빵은 수프를 먹고 난 후부터 먹으며, 디저트 직전 식사가 끝날 때까지 먹을 수 있다.
• 스테이크는 잘라가면서 먹는 것이 좋다.
• 생선요리는 뒤집어 먹지 않는다.

12 K공사 해외사업팀의 조대리는 신규 해외사업을 발굴하는 업무를 담당하고 있다. 조대리는 이러한 업무와 관련하여 국제적인 감각을 키우기 위해 매일 아침 국제동향을 파악한다. 다음 중 국제동향을 파악하기 위한 행동으로 적절하지 않은 것은?

① 해외사이트를 방문하여 최신이슈를 확인한다.
② 매일 아침 신문의 국제면을 읽는다.
③ 업무와 관련된 분야의 국제잡지를 정기 구독한다.
④ 업무와 관련된 국내의 법률, 법규 등을 공부한다.

PART 3

13 다음 중 팀에 대한 설명으로 적절하지 않은 것은?

① 구성원들이 공동의 목표를 성취하기 위하여 서로 기술을 공유하고 공동으로 책임을 지는 집단이다.
② 다른 집단들에 비해 구성원들의 개인적 기여를 강조하지 않으며, 개인적 책임뿐만 아니라 상호 공동책임을 중요시한다.
③ 다른 집단과 비교하여 팀에서는 자율성을 가지고 스스로 관리하는 경향이 있다.
④ 팀은 생산성을 높이고 의사결정을 신속하게 내리며 구성원들의 다양한 창의성 향상을 도모하기 위하여 조직된다.

14 다음 글에서 설명하고 있는 리더십능력은 무엇인가?

> 개인이 지닌 능력을 최대한 발휘하여 목표를 이룰 수 있도록 돕는 일로, 커뮤니케이션 과정의 모든 단계에서 활용할 수 있다. 직원들에게 질문을 던지는 한편 직원들의 의견을 적극적으로 경청하고, 필요한 지원을 아끼지 않아 생산성을 높이고 기술 수준을 발전시키며, 자기 향상을 도모하는 직원들에게 도움을 주고 업무에 대한 만족감을 높이는 과정이다. 즉, 관리가 아닌 커뮤니케이션의 도구이다.

① 코칭　　② 티칭
③ 멘토링　　④ 컨설팅

15 다음은 조직 구조에 대한 설명이다. 이에 해당되는 조직 유형은?

> 의사결정 권한이 조직의 상층부에 집중되어 있다. 조직의 규모가 작거나 신설 조직이며 조직의 활동에 많은 예산이 필요할 때, 조직이 위기에 처하거나 직원들의 능력이 부족할 때 장점을 가지게 되는 구조로 행정의 통일성, 빠른 결정 등이 가능하다.

① 분권화
② 집권화
③ 수평적
④ 공식성

16 다음 중 탁월한 조직을 만드는 원칙을 통해 유추할 수 있는 내용으로 적절하지 않은 것은?

> 〈탁월한 조직을 만드는 원칙〉
>
> • 리더의 단결을 구축하고 유지하라.
> • 조직의 비전을 명확히 하라.
> • 조직의 비전에 대해 자주 의사소통하라.
> • 인력시스템 구축으로 조직의 비전을 강화하라.

① 조직의 비전에 관한 내용을 직원들에게 전달할 경우 세부적으로 자세하게 설명해야 한다.
② 조직 구성원 모두에게 필요하다고 판단될 때는 채용되고, 관리되고, 보수를 받고, 해고될 수 있다는 사실을 분명히 밝혀야 한다.
③ '어떤 차별화된 전략으로 사업에 임하고 있는가.'와 같은 질문에 대답할 수 있어야 한다.
④ 비전이 명확한 조직은 구성원들이 회사의 가치관, 목표와 전략 등에 대해 같은 입장을 취한다.

17 다음 글의 빈칸에 들어갈 용어에 대한 설명으로 적절하지 않은 것은?

> 조직과 환경은 영향을 주고받는다. 조직도 환경에 영향을 미치기는 하지만, 환경은 조직의 생성, 지속 및 발전에 지대한 영향력을 가지고 있다. 오늘날 조직을 둘러싼 환경은 급변하고 있으며, 조직은 생존하기 위하여 이러한 환경의 변화를 읽고 적응해 나가야 한다. 이처럼 환경의 변화에 맞춰 조직이 새로운 아이디어나 행동을 받아들이는 것을 ________라고 한다.

① 환경의 변화를 인지하는 데에서 시작된다.
② 조직의 세부목표나 경영방식을 수정하거나, 규칙이나 규정 등을 새로 제정하기도 한다.
③ 조직의 목적과 일치시키기 위해 구성원들의 사고방식 변화를 방지한다.
④ 신기술의 발명을 통해 생산성을 높일 수도 있다.

18 다음 글을 읽고 외부경영활동으로 볼 수 있는 것은?

> 경영활동은 외부경영활동과 내부경영활동으로 구분하여 볼 수 있다. 외부경영활동은 조직외부에서 조직의 효과성을 높이기 위해 이루어지는 활동이다. 다음으로 내부경영활동은 조직 내부에서 자원들을 관리하는 것이다.

① 마케팅 활동　② 직원 부서 배치
③ 직원 채용　④ 직원 교육훈련

PART 3

19 다음 글을 읽고 브레인스토밍에 대한 설명으로 적절하지 않은 것은?

> 집단에서 의사결정을 하는 대표적인 방법으로 브레인스토밍이 있다. 브레인스토밍은 일정한 테마에 관하여 회의형식을 채택하고, 구성원의 자유발언을 통해 아이디어의 제시를 요구하여 발상을 찾아내려는 방법으로 볼 수 있다.

① 다른 사람이 아이디어를 제시할 때, 비판을 통해 새로운 아이디어를 창출한다.
② 아이디어는 적게 나오는 것 보다는 많이 나올수록 좋다.
③ 자유분방하고 엉뚱하기까지 한 의견을 출발점으로 해서 아이디어를 전개시켜 나갈 수 있다.
④ 문제에 대한 제안은 자유롭게 이루어질 수 있다.

20 직장 내 효과적인 업무 수행을 위해서는 조직의 체제와 경영에 대해 이해하는 조직이해능력이 필요하다. 다음 중 조직이해능력에 대한 설명으로 적절하지 않은 것은?

① 조직을 구성하고 있는 개개인에 대해 정확히 파악하고 있다면 조직의 실체를 완전히 이해할 수 있다.
② 조직의 규모가 커질수록 구성원 간 정보 공유가 어려워지므로 조직이해에 더 많은 시간과 관심을 기울여야 한다.
③ 조직 구성원 간 긍정적 인간관계를 유지하는 것뿐만 아니라 조직의 체제와 경영 원리를 이해하는 것도 중요하다.
④ 사회가 급변하면서 많은 조직들이 생성·변화함에 따라 조직이해능력의 중요성도 커지고 있다.

01 다음 엑셀 시트에서 [D2:D7] 영역처럼 표시하려고 할 때, [D2] 셀에 입력할 수식으로 옳은 것은?

	A	B	C	D
1	성명	주민등록번호	생년월일	성별
2	문혜정	961208-2111112	961208	여성
3	김성현	920511-1222222	920511	남성
4	신미숙	890113-2333333	890113	여성
5	이승훈	901124-1555555	901124	남성
6	최문섭	850613-1666666	850613	남성
7	성은미	990605-2777777	990605	여성

① =IF(B2="1","여성","남성")
② =IF(LEFT(B2,1)="1","여성","남성")
③ =IF(TEXT(B2,1)="1","여성","남성")
④ =IF(MID(B2,8,1)="1","남성","여성")

02 K사에 근무하는 A사원은 다음 시트에서 생년월일이 표시된 [B2:B5] 영역을 이용하여 [C2:C5] 영역에 다음과 같이 팀원들의 만 나이를 표시하였다. [C2] 셀에 입력된 수식으로 바른 것은? (단, 오늘을 기준으로 한다)

	A	B	C
1	성명	생년월일	(만) 나이
2	김기수	19930627	27
3	최선하	19920712	28
4	이아름	19950328	25
5	강윤정	19960725	24

① =DATEDIF((TEXT(B2,"0000-00-00")),TODAY(),"y")
② =DATEDIF(B2,TODAY(),"y")
③ =DATEDIF((TEXT(B2,"0000-00-00")),TODAY(),"d")
④ =DATEDIF(B2,TODAY(),"d")

03 다음 워크시트를 참조하여 작성한 수식 「=INDEX(A3:E9,MATCH(SMALL(B3:B9,2), B3:B9,0),5)」의 결과는?

	A	B	C	D	E
1					(단위 : 개, 원)
2	상품명	판매수량	단가	판매금액	원산지
3	참외	5	2,000	10,000	대구
4	바나나	12	1,000	12,000	서울
5	감	10	1,500	15,000	부산
6	포도	7	3,000	21,000	대전
7	사과	20	800	16,000	광주
8	오렌지	9	1,200	10,800	전주
9	수박	8	10,000	80,000	춘천

① 21,000　　② 대전

③ 15,000　　④ 광주

PART 3

04 다음은 K사의 일일판매내역이다. (가) 셀에 〈보기〉와 같은 함수를 입력했을 때, 결괏값으로 옳은 것은?

	A	B	C	D
1				(가)
2				
3	제품이름	단가	수량	할인적용
4	K소스	200	5	90%
5	K아이스크림	100	3	90%
6	K맥주	150	2	90%
7	K커피	300	1	90%
8	K캔디	200	2	90%
9	K조림	100	3	90%
10	K과자	50	6	90%

보기

=SUMPRODUCT(B4:B10,C4:C10,D4:D10)

① 2,610　　② 2,700

③ 2,710　　④ 2,900

05 다음은 정보 분석 단계에 대한 자료이다. 빈칸 ㉠~㉢에 들어갈 단계들을 바르게 짝지은 것은?

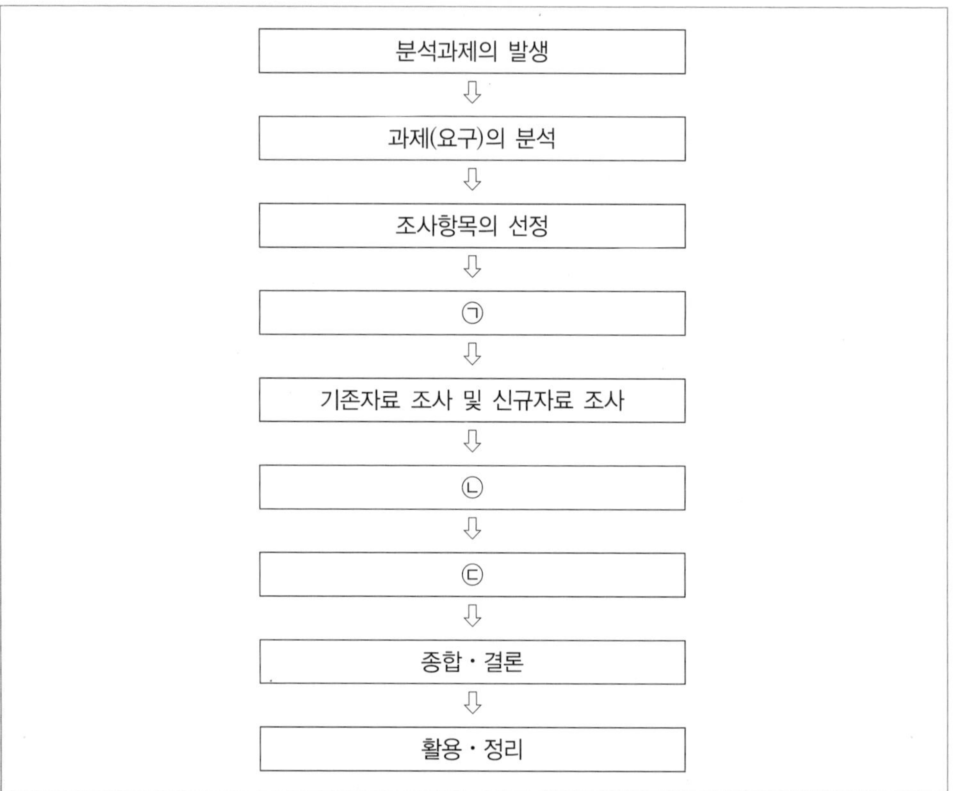

	㉠	㉡	㉢
①	관련정보의 수집	항목별 분석	수집 정보의 분류
②	관련정보의 수집	수집 정보의 분류	항목별 분석
③	수집 정보의 분류	관련정보의 수집	항목별 분석
④	수집 정보의 분류	항목별 분석	관련정보의 수집

06 다음 시트와 같이 월～금요일까지는 '업무'로, 토요일과 일요일에는 '휴무'로 표시하고자 할 때 [B2] 셀에 입력해야 할 함수식으로 옳지 않은 것은?

	A	B
1	일자	휴무, 업무
2	2023-01-07	휴무
3	2023-01-08	휴무
4	2023-01-09	업무
5	2023-01-10	업무
6	2023-01-11	업무
7	2023-01-12	업무
8	2023-01-13	업무

① =IF(OR(WEEKDAY(A2,0)=0,WEEKDAY(A2,0)=6),"휴무","업무")

② =IF(OR(WEEKDAY(A2,1)=1,WEEKDAY(A2,1)=7),"휴무","업무")

③ =IF(WEEKDAY(A2,2)〉=6,"휴무","업무")

④ =IF(WEEKDAY(A2,3)〉=5,"휴무","업무")

PART 3

07 다음 시트에서 [A2:A4] 영역의 데이터를 이용하여 [C2:C4] 영역처럼 표시하려고 할 때, [C2] 셀에 입력할 수식으로 옳은 것은?

	A	B	C
1	주소	사원 수	출신지
2	서귀포시	10	서귀포
3	여의도동	90	여의도
4	김포시	50	김포

① =LEFT(A2,LEN(A2)−1)

② =RIGHT(A2,LENGTH(A2))−1

③ =MID(A2,1,VALUE(A2))

④ =LEFT(A2,TRIM(A2))−1

08 다음 중 Windows 환경에서 스크린샷 기능을 수행하는 키 조합으로 옳은 것을 〈보기〉에서 모두 고른 것은?

보기

ㄱ. 〈Prtscn〉
ㄴ. 〈Ctrl〉+〈F5〉
ㄷ. Windows 로고 키+〈Shift〉+〈S〉
ㄹ. 〈F2〉

① ㄱ, ㄴ
② ㄱ, ㄷ
③ ㄴ, ㄷ
④ ㄴ, ㄹ

09 다음 대화를 읽고 K사원이 안내할 엑셀함수로 가장 적절한 것은?

P과장 : K씨, 제품 일련번호가 짝수인 것과 홀수인 것을 구분하고 싶은데, 일일이 찾아 분류하자니 데이터가 너무 많아 번거로울 것 같아. 엑셀로 분류할 수 있는 방법이 없을까?

K사원 : 네, 과장님. ________ 함수를 사용하면 편하게 분류할 수 있습니다. 이 함수는 지정한 숫자를 특정 숫자로 나눈 나머지를 알려줍니다. 만약 제품 일련번호를 2로 나누면 나머지가 0 또는 1이 나오는데, 여기서 나머지가 0이 나오는 것은 짝수이고 나머지가 1이 나오는 것은 홀수이기 때문에 분류가 빠르고 쉽게 됩니다. 분류하실 때는 필터기능을 함께 사용하면 더욱 간단해집니다.

P과장 : 그렇게 하면 간단히 처리할 수 있겠어. 정말 큰 도움이 되었네.

① SUMIF
② MOD
③ INT
④ NOW

10 K공사에는 시각 장애를 가진 K사원이 있다. K사원의 원활한 컴퓨터 사용을 위해 동료 사원들이 도움을 주고자 대화를 나누었다. 다음 사원 중 옳게 설명한 사람은?

① A사원 : K사원은 Windows [제어판]에서 [접근성 센터]의 기능에 도움을 받는 게 좋겠어.
② B사원 : 아니야. [동기화 센터]의 기능을 활용해야지.
③ C사원 : [파일 탐색기]의 [옵션]을 활용하면 도움이 될 거야.
④ D사원 : [관리 도구]의 기능이 좋을 것 같아.

11 다음 중 하이퍼텍스트(Hypertext)에 대한 설명으로 옳지 않은 것은?

① 하이퍼텍스트는 사용자의 선택에 따라 관련 있는 쪽으로 옮겨갈 수 있도록 조직화된 정보를 말한다.
② 월드와이드웹의 발명을 이끈 주요 개념이 되었다.
③ 여러 명의 사용자가 서로 다른 경로를 통해 접근할 수 있다.
④ 하이퍼텍스트는 선형 구조를 가진다.

PART 3

12 다음 중 파일 삭제 시 파일이 [휴지통]에 임시 보관되어 복원이 가능한 경우는?

① 바탕 화면에 있는 파일을 [휴지통]으로 드래그 앤 드롭하여 삭제한 경우
② USB 메모리에 저장된 파일을 〈Delete〉 키로 삭제한 경우
③ 네트워크 드라이브의 파일을 바로 가기 메뉴의 [삭제]를 클릭하여 삭제한 경우
④ [휴지통]의 크기를 0%로 설정한 후 [내 문서] 폴더 안의 파일을 삭제한 경우

13 다음 빈칸에 공통으로 들어갈 용어로 옳은 것은?

> ________은/는 '언제 어디에나 존재한다'는 뜻의 라틴어로, 사용자가 컴퓨터나 네트워크를 의식하지 않고 장소에 상관없이 자유롭게 네트워크에 접속할 수 있는 환경을 말한다. 그리고 컴퓨터 관련 기술이 생활 구석구석에 스며들어 있음을 뜻하는 '퍼베이시브 컴퓨팅(Pervasive Computing)'과 같은 개념이다.
> ________화가 이루어지면 가정·자동차는 물론, 심지어 산 꼭대기에서도 정보기술을 활용할 수 있고, 네트워크에 연결되는 컴퓨터 사용자의 수도 늘어나 정보기술산업의 규모와 범위도 그만큼 커지게 된다. 그러나 ________ 네트워크가 이루어지기 위해서는 광대역통신과 컨버전스 기술의 일반화, 정보기술 기기의 저가격화 등 정보기술의 고도화가 전제되어야 한다. 그러나 ________은/는 휴대성과 편의성뿐 아니라 시간과 장소에 구애받지 않고도 네트워크에 접속할 수 있는 장점 때문에 현재 세계적인 개발 경쟁이 일고 있다.

① 유비쿼터스(Ubiquitous)
② AI(Artificial Intelligence)
③ 딥 러닝(Deep Learning)
④ 블록체인(Block Chain)

14 다음 제시문에서 나타나는 사회는?

> 이 세상에서 필요로 하는 정보가 사회의 중심이 되는 사회로서 컴퓨터 기술과 정보통신 기술을 활용하여 사회 각 분야에서 필요로 하는 가치 있는 정보를 창출하고, 보다 유익하고 윤택한 생활을 영위하는 사회로 발전시켜 나가는 것을 뜻한다.

① 정보화 사회
② 산업화 사회
③ 농업 사회
④ 미래 사회

15 다음 기사에서 설명하는 것으로 옳은 것은?

> 코로나19로 인한 경제 침체 상황 속에서 무선 이어폰, 스마트워치 등의 시장이 전년보다 크게 성장해 화제가 되고 있다. 이는 코로나19 팬데믹 확산으로 인한 온라인 학습 및 재택근무, 헬스케어 등이 확대되면서 그와 관련된 기기의 수요가 늘어났기 때문으로 보인다.

① 그리드 컴퓨팅
② 디바이스 프리
③ 웨어러블 디바이스
④ 클라우드 컴퓨팅

16 다음 중 정보관리에 대한 설명으로 옳지 않은 것을 〈보기〉에서 모두 고르면?

> **보기**
> ㉠ 목록을 이용하여 정보를 관리하는 경우, 중요한 항목을 찾아 정리하는 과정으로 이루어진다.
> ㉡ 정보 내에 포함된 키워드 등 세부요소를 찾고자 하는 경우, 목록을 이용한 정보관리가 효율적이다.
> ㉢ 색인을 이용해 정보를 관리하는 경우, 색인은 색인어와 위치정보로 구성된다.

① ㉠
② ㉡
③ ㉠, ㉡
④ ㉡, ㉢

PART 3

17 다음 중 데이터베이스의 필요성에 대한 설명으로 옳지 않은 것을 〈보기〉에서 모두 고르면?

보기

㉠ 데이터베이스를 이용하면 데이터 관리상의 보안을 높일 수 있다.
㉡ 데이터베이스 도입만으로 특정 자료 검색을 위한 효율이 높아진다고 볼 수는 없다.
㉢ 데이터베이스를 이용하면 데이터 관리 효율은 높일 수 있지만, 데이터의 오류를 수정하기가 어렵다.
㉣ 데이터가 양적으로 방대하다고 해서 반드시 좋은 것은 아니다. 데이터베이스를 형성해 중복된 데이터를 줄여야 한다.

① ㉠, ㉡
② ㉠, ㉢
③ ㉡, ㉢
④ ㉢, ㉣

18 다음 중 인터넷 정보 검색 시 주의 사항에 대하여 바르게 설명한 사람을 〈보기〉에서 모두 고르면?

보기

• 김대리 : 검색 엔진은 필요한 정보에 따라 다양하므로 용도에 적합한 것으로 이용해야 해.
• 정사원 : 키워드가 길면 검색 범위가 너무 좁아지므로 키워드는 최대한 짧게 하는 게 좋아.
• 박주임 : 최선의 정보 검색 수단은 웹 검색이야. 적극적으로 활용할 필요가 있어.
• 최과장 : 검색 엔진이 제공하는 웹 검색 결과가 항상 정확한 자료인 것은 아니야. 그래서 결과 안에서 직접 필요한 자료를 선별해내는 것이 필요해.

① 김대리, 정사원
② 김대리, 최과장
③ 정사원, 박주임
④ 정사원, 최과장

19 다음 중 빈칸에 들어갈 용어로 옳은 것은?

________은/는 웹 서버에 대용량의 저장 기능을 갖추고 인터넷을 통하여 이용할 수 있게 하는 서비스를 뜻한다. 초기에는 대용량의 파일 작업을 하는 디자이너, 설계사, 건축가들이 빈번하게 이루어지는 공동 작업과 자료 교환을 용이하게 하기 위해 각 회사 나름대로 해당 시스템을 구축하게 되었는데, 이와 똑같은 시스템을 사용자에게 무료로 제공하는 웹 사이트들이 생겨나기 시작하면서, 일반인들도 이용하게 되었다.

① RFID
② 인터넷 디스크
③ 이더넷
④ M2M(Machine To Machine)

20 다음 프로그램의 실행 결과로 옳은 것은?

```
public class test {
  public static void main(String[] args) {
      int i , sum = 0;
      for ( i = 1; i <= 110; i++) {
          if( i % 4 == 0)
                 sum = sum + 1;
      }
      System.out.printf("%d", sum);
  }
}
```

① 25　　② 26

③ 27　　④ 28

행운이란 100%의 노력 뒤에 남는 것이다.

-랭스턴 콜먼-

제2회
최종점검 모의고사

※ 한국중부발전 최종점검 모의고사는 채용공고를 기준으로 구성한 것으로 실제 시험과 다를 수 있습니다.

※ 한국중부발전은 직렬별로 직업기초능력평가 응시과목이 상이하므로 자신이 응시하는 직렬의 영역을 선택하여 응시하기 바랍니다.

모바일 OMR 답안분석 서비스

지원하는 분야에 따라 다음 영역의 문제를 풀기 바랍니다.

분야	영역	분야	영역
사무	01 의사소통능력 03 수리능력 04 자원관리능력 06 조직이해능력	정보통신	01 의사소통능력 02 문제해결능력 05 기술능력 07 정보능력
건축	01 의사소통능력 02 문제해결능력 03 수리능력 07 정보능력	토목	01 의사소통능력 02 문제해결능력 04 자원관리능력 06 조직이해능력
발전기계	01 의사소통능력 02 문제해결능력 04 자원관리능력 05 기술능력	발전전기	01 의사소통능력 02 문제해결능력 03 수리능력 05 기술능력
발전화학	01 의사소통능력 02 문제해결능력 04 자원관리능력 05 기술능력	산업위생	01 의사소통능력 02 문제해결능력 04 자원관리능력 06 조직이해능력

취약영역 분석

01 의사소통능력

번호	01	02	03	04	05	06	07	08	09	10	11	12	13	14	15	16	17	18	19	20
O/×																				

02 문제해결능력

번호	01	02	03	04	05	06	07	08	09	10	11	12	13	14	15	16	17	18	19	20
O/×																				

03 수리능력

번호	01	02	03	04	05	06	07	08	09	10	11	12	13	14	15	16	17	18	19	20
O/×																				

04 자원관리능력

번호	01	02	03	04	05	06	07	08	09	10	11	12	13	14	15	16	17	18	19	20
O/×																				

05 기술능력

번호	01	02	03	04	05	06	07	08	09	10	11	12	13	14	15	16	17	18	19	20
O/×																				

06 조직이해능력

번호	01	02	03	04	05	06	07	08	09	10	11	12	13	14	15	16	17	18	19	20
O/×																				

07 정보능력

번호	01	02	03	04	05	06	07	08	09	10	11	12	13	14	15	16	17	18	19	20
O/×																				

평가 문항	80문항	평가 시간	60분
시작시간	:	종료시간	:
취약 영역			

제 2 회

최종점검 모의고사

응시시간 : 60분 문항 수 : 80문항

정답 및 해설 p.072

01 의사소통능력(사무 / 정보통신 / 발전기계 / 발전전기 / 발전화학 / 토목 / 건축 / 산업위생)

01 다음 글에서 ㉠ ~ ㉣의 수정 방안으로 적절하지 않은 것은?

> 문화 융성 시대가 도래함에 따라 공공도서관의 ㉠ 역할이 증대되고 있다. 지식 정보 인프라 구축의 중요성, ㉡ 지역주민 문화 복지 관심 증가 및 정부의 공공도서관 건립 지원 확대로 최근 4 ~ 5년간 공공 도서관 건립이 꾸준하게 증가하고 있다. ㉢ 그래서 국가도서관통계시스템에 따르면 우리나라 공공도서관의 1관당 인구는 64,547명(2011년)으로 주요 국가들의 공공도서관 1관당 인구보다 많은 인구를 서비스 대상으로 하고 있다. 이는 우리나라 도서관 인프라가 여전히 열악한 상황이라는 것을 알려준다. ㉣ 이런 상황을 개선되기 위해 정부는 '도서관발전종합계획(2009년 ~ 2013년)'을 마련하여 진행 중에 있다. 종합계획에 따르면 도서관 접근성 향상과 서비스 환경 개선을 위해 1인당 장서 보유량을 2013년까지 1.6권으로 높여 국제 기준에 맞도록 장서를 확충할 계획이다. 또한 도서관을 통한 창의적인 인재양성을 위해 정보 활용 교육과 도서관 활용 수업을 제도화하고 학교 도서관 전담 인력을 학생 1,500명당 1명으로 증원할 계획이다. 이와 함께 지식 정도 격차 해소를 위해 병영도서관, 교도소 도서관 환경을 전면적으로 개선하고 장애인, 고령자, 다문화 가정을 위한 도서관 프로그램도 확대할 계획이다. 한편 국가지식 정보 활용을 위해 세계의 최신 정보를 집약한 과학 기술 · 농학 · 의학 · 국립도서관 설립을 추진하고 국가 대표 도서관인 국립중앙도서관은 2013년까지 장서를 1,100만 권으로 확충할 예정이다. 이를 통해 국립중앙도서관이 세계 8위 수준의 장서 소장 국가 도서관이 될 것을 기대하고 있다고 도서관정보정책위원회는 밝혔다.

① ㉠을 '자기가 마땅히 하여야 할 맡은 바 직책이나 임무'를 의미하는 '역활'로 수정한다.
② ㉡을 명사가 지나치게 많이 나열하였으므로 '지역주민의 문화 복지에 대한 관심 증가'로 수정한다.
③ ㉢은 앞뒤 문장 간의 관계로 볼 때 뒤의 문장이 앞 문장의 결과가 아니므로 '그럼에도 불구하고' 정도로 수정한다.
④ ㉣은 문장성분 사이의 호응이 어색하므로 '이런 상황을 개선하기 위해'로 수정한다.

02 다음 빈칸에 들어갈 내용으로 가장 적절한 것은?

> 오존 구멍을 비롯해 성층권의 오존이 파괴되면 어떤 문제가 생길까. 지표면에서 오존은 강력한 산화물질로 호흡기를 자극하는 대기 오염물질로 분류되지만, 성층권에서는 자외선을 막아주기 때문에 두 얼굴을 가진 물질로 불리기도 한다. 오존층은 강렬한 태양 자외선을 막아주는 역할을 하는데, 오존층이 얇아지면 자외선이 지구 표면까지 도달하게 된다.
> 사람의 경우 자외선에 노출되면 백내장과 피부암 등에 걸릴 위험이 커진다. 강한 자외선이 각막을 손상시키고 세포 DNA에 이상을 일으키기 때문이다. DNA 염기 중 티민(Thymine, T) 두 개가 나란히 있는 경우 자외선에 의해 티민 두 개가 한데 붙어버리는 이상이 발생하고, 세포 분열 때 DNA가 복제되면서 다른 염기가 들어가고, 이것이 암으로 이어질 수 있다.
> 지난 2월 '사이언스'는 극지방 성층권의 오존 구멍은 줄었지만, 많은 인구가 거주하는 중위도 지방에서는 오히려 오존층이 얇아졌다고 지적했다. 중위도 성층권에서도 상층부는 오존층이 회복되고 있지만, 저층부는 얇아졌다는 것이다. 오존층이 얇아지면 더 많은 자외선이 지구 표면에 도달하여 사람들 사이에서 피부암이나 백내장 발생 위험이 커지게 된다. 즉 ____________________

① 극지방 성층권의 오존 구멍을 줄이는 데 정부는 더 많은 노력을 기울여야 한다.

② 인구가 많이 거주하는 지역일수록 오존층의 파괴가 더욱 심하게 나타난다는 것이다.

③ 극지방의 파괴된 오존층으로 인해 사람들이 더 많은 자외선에 노출되고, 세포 DNA에 이상이 발생한다.

④ 극지방의 오존 구멍보다 중위도 저층부에서 얇아진 오존층이 더 큰 피해를 가져올 수도 있는 셈이다.

PART 3

03 **A씨는 해외 청년 일자리에 대해서 알아보다가 ○○공사의 해외사업연계 청년채용 지원 사업 업무 협약식에 관련된 기사를 보았다. 이 글을 읽은 A씨의 반응으로 적절하지 않은 것은?**

> ○○공사는 11일 본사에서 △△공단과 「K-Move 스쿨(연수과정) 개설 및 해외사업연계 청년채용 지원 사업 업무 협약식」을 개최하였다고 밝혔다.
> 본 협약은 국내 유수의 청년 인재를 선발하여 K-Move 스쿨 개설 및 맞춤 연수를 시행한 후 ○○공사가 투자 및 운영자로 참여하고 있는 해외법인(인도네시아, 자메이카 등)에 취업을 지원하는 「청년 일자리 창출을 위한 해외사업연계 취업 지원 사업」의 첫걸음이다. 이를 위해 ○○공사는 K-Move 스쿨 연수생 선발·맞춤연수 시행·해외 법인과의 협의를 통한 취업연계와 같은 지원을, △△공단은 연수비용 일부 및 취업 장려금을 지원하게 된다.
> K-Move 스쿨 맞춤형 연수과정의 첫 취업처는 ○○공사가 투자하여 건설 중인 회사(TPI)*이며 최종적으로 10명이 선발되어 한국발전교육원 및 당진 발전기술 EDU센터에서 3개월(2022.9~2022.12)의 교육을 받고 취업하게 된다.
> 이날 협약식에 참석한 ○○공사 관계자는 "이번 협약을 계기로 실질적인 국내 청년 인재의 해외취업이 이루어져 공기업이 추진 중인 '국내 청년 해외일자리 창출'의 모범사례가 될 수 있기를 바란다."며 "앞으로도 ○○공사는 국내외 청년 일자리 창출을 위해 최선의 노력을 다하겠다."라고 말했다.
> ○○공사는 청년 인재들이 해외사업장에 취업하는 것뿐만 아니라 해당 국가의 고급 기술 인력으로 거듭날 수 있도록 지속적인 지원을 아끼지 않을 예정이다.
>
> * 내년 초 인도네시아 칼셀 석탄화력 발전사업 프로젝트 회사(TPI; Tanjung Power Indonesia) 취업을 목표로 연수생 선발 모집공고를 2022년 8월 중 시행할 예정임

① 첫 취업처는 인도네시아 석탄화력 발전사업 회사네, 지금이 9월 초니깐 모집이 끝났는지 확인해 봐야겠어.

② 해외사업연계 취업 지원 사업과 K-Move 스쿨은 시행처가 다르니 잘 보고 지원해야겠어.

③ K-Move 최종합격 후에는 한국발전교육원과 당진 발전기술 EDU센터에서 교육을 받게 되는구나.

④ △△공단에서 연수비용 일부와 취업 장려금을 지원해주니 부담이 없겠어.

04 다음 글의 수정 방안으로 가장 적절한 것은?

> 우울증을 쉽게 초래하는 성향은 창조성과 결부되어 있기 때문에 생존에 유리한 측면이 있었다. 따라서 우울증과 관련이 있는 유전자는 오랜 역사를 거쳐 오면서도 사멸하지 않고 살아남아 오늘날 현대인에게도 그 유전자가 상당수 존재할 가능성이 있다. 베토벤, 뉴턴, 헤밍웨이 등 위대한 음악가, 과학자, 작가들의 상당수가 우울한 성향을 갖고 있었다. ㉠ 천재와 우울증은 어찌 보면 동전의 양면으로, 인류 문명의 진보를 이끈 하나의 동력이자 그 부산물이라 할 수 있을지도 모른다.
>
> 우울증은 일반적으로 자기 파괴적인 질환으로 인식되어 왔지만 실은 자신을 보호하고 미래를 준비하기 위한 보호 기제일 수도 있다. 달성할 수 없거나 달성하기 매우 어려운 목표에 도달하기 위해 엄청난 에너지를 소모하는 것은 에너지와 자원을 낭비할 뿐만 아니라, 정신과 신체를 소진시킴으로써 사회적 기능을 수행할 수 없게 하고 주위의 도움이 없으면 생명을 유지하기 어려운 상태에 ㉡ 이르게도 할 수 있다. 이를 막기 위한 기제가 스스로의 자존감을 낮추고 그 목표를 포기하게 만드는 것이다. 이를 통해 고갈된 에너지를 보충하고 다시 도전할 수 있는 기회를 모색할 수 있다. ㉢ 또한 지금과 같은 경쟁 사회는 새로운 기술이나 생각에 대한 사회적 요구가 커지기 때문에 정신적 소진 상태를 초래하기 쉬운 환경이 되고 있다.
>
> 오늘날 우울증은 왜 이렇게 급격하게 늘어나는 것일까? 창조성이란 그 사회에 존재하고 있는 기술이나 생각에 대한 도전이자 대안 제시이며, 기존의 기술이나 생각을 엮어서 새로운 조합을 만들어 내는 것이다. 과거에 비해 현대 사회는 경쟁이 심화되고 혁신들이 더 가치를 인정받기 때문에 창조성이 있는 사람은 상당히 큰 선택적 이익을 갖게 된다. ㉣ 그렇지만 현대 사회처럼 기존에 존재하는 기술이나 생각이 엄청나게 많아 우리의 뇌가 그것을 담기에도 벅찬 경우에는 새로운 조합을 만들어 내는 일은 무척이나 많은 에너지를 요한다. 결국 경쟁은 창조성을 발휘하게 하지만 지나친 경쟁은 정신적 소진을 초래하기 때문에 우울증이 많이 발생할 수 있다.

① ㉠ : 문단과 관련 없는 내용이므로 삭제한다.
② ㉡ : 문장의 주어와 호응되지 않으므로 '이른다'로 수정한다.
③ ㉢ : 두 번째 문단의 내용과 어울리지 않으므로 세 번째 문단으로 옮긴다.
④ ㉣ : 뒷 문장이 앞 문장의 결과이므로 '그리하여'로 수정한다.

PART 3

05 다음 글에서 〈보기〉의 문장이 들어갈 위치로 가장 적절한 곳은?

(가) 1783년 영국 자연철학자 존 미첼은 빛은 입자라는 생각과 뉴턴의 중력이론을 결합한 이론을 제시하였다. 그는 우선 별들이 어떻게 보일 것인지 사고 실험을 통해 예측하였다.
별의 표면에서 얼마간의 초기 속도로 입자를 쏘아 올려 아무런 방해 없이 위로 올라간다고 가정해보자. (나) 만약에 초기 속도가 충분히 빠르지 않으면 별의 중력은 입자의 속도를 점점 느리게 할 것이며, 결국 그 입자를 별의 표면으로 되돌아가게 할 것이다. 만약 초기 속도가 충분히 빠르면 입자는 중력을 극복하고 별을 탈출할 수 있을 것이다. 이렇게 입자가 별을 탈출할 수 있는 최소한의 초기 속도는 '탈출 속도'라고 불린다.
(다) 이를 바탕으로 미첼은 '임계 둘레'라는 것도 추론해냈다. 임계 둘레란 탈출 속도와 빛의 속도를 같게 만드는 별의 둘레를 말한다. 빛 입자는 다른 입자들처럼 중력의 영향을 받는다. 그로 인해 빛은 임계 둘레보다 작은 둘레를 가진 별에서는 탈출할 수 없다. 그런 별에서 약 30만 km/s의 초기 속도로 빛 입자를 쏘아 올렸을 때 입자는 우선 위로 날아갈 것이다. (라) 그런 다음 멈출 때까지 느려지다가, 결국 별의 표면으로 되돌아갈 것이다. 미첼은 임계 둘레를 쉽게 계산할 수 있었다. 태양과 동일한 질량을 가진 별의 임계 둘레는 약 19 km로 계산되었다. 이러한 사고 실험을 통해 미첼은 임계 둘레보다 작은 둘레를 가진 암흑의 별들이 무척 많을 테고, 그 별들에선 빛 입자가 빠져나올 수 없기에 지구에서는 볼 수 없을 것으로 추측했다.

보기

미첼은 뉴턴의 중력이론을 이용해서 탈출 속도를 계산할 수 있었으며, 그 속도가 별 질량을 별의 둘레로 나눈 값의 제곱근에 비례한다는 것을 유도하였다.

① (가)　　② (나)
③ (다)　　④ (라)

06 다음 문단을 논리적 순서대로 바르게 나열한 것은?

(가) 나무를 가꾸기 위해서는 처음부터 여러 가지를 고려해 보아야 한다. 심을 나무의 생육조건, 나무의 형태, 성목이 되었을 때의 크기, 꽃과 단풍의 색, 식재지역의 기후와 토양 등을 종합적으로 생각하고 심어야 한다. 나무의 생육조건은 저마다 다르기 때문에 지역의 환경조건에 적합한 나무를 선별하여 환경에 적응하도록 해야 한다. 동백나무와 석류, 홍가시나무는 남부지방에 키우기 적합한 나무로 알려져 있지만 지구온난화로 남부수종의 생육한계선이 많이 북상하여 중부지방에서도 재배가 가능한 나무도 있다. 부산의 도로 중앙분리대에서 보았던 잎이 붉은 홍가시나무는 여주의 시골집 마당 양지바른 곳에서 3년째 잘 적응하고 있다.

(나) 더불어 나무의 특성을 외면하고 주관적인 해석에 따라 심었다가는 훗날 낭패를 보기 쉽다. 물을 좋아하는 수국 곁에 물을 싫어하는 소나무를 심었다면 둘 중 하나는 살기 어려운 환경이 조성된다. 나무를 심고 가꾸기 위해서는 전체적인 밑그림을 그려보고 생태적 특징을 살펴본 후에 심는 것이 바람직하다.

(다) 나무들이 밀집해 있으면 나무끼리의 경쟁은 물론 바람과 햇빛의 방해로 성장은 고사하고 병충해에 시달리기 쉽다. 또한 나무들은 성장속도가 다르기 때문에 항상 다 자란 나무의 모습을 상상하며 나무들 사이의 공간 확보를 염두에 두어야 한다. 그러나 묘목을 심고 보니 듬성듬성한 공간을 메꾸기 위하여 자꾸 나무를 심게 되는 실수를 저지른다.

(라) 식재계획의 시작은 장기적인 안목으로 적재적소의 원칙을 염두에 두고 나무를 선정해야 한다. 식물은 햇빛, 물, 바람의 조화를 이루면 잘 산다고 하지 않는가. 그래서 나무의 특성 중에서 햇볕을 좋아하는지 그늘을 좋아하는지, 물을 좋아하는지 여부를 살펴보는 것이 중요하다. 어린 묘목을 심을 경우 실수하는 것은 나무가 자랐을 때의 생육공간을 생각하지 않고 촘촘하게 심는 것이다.

① (가) – (라) – (다) – (나)
② (가) – (나) – (다) – (라)
③ (가) – (라) – (나) – (다)
④ (가) – (나) – (라) – (다)

PART 3

※ 다음은 색채심리학을 소개하는 기사 내용이다. 이어지는 질문에 답하시오. **[7~8]**

색채는 상징성과 이미지를 지니는 동시에 인간과 심리적 교감을 나눈다. 과거 노란색은 중국 황제를 상징했고, 보라색은 로마 황제의 색이었다. 또한, 붉은색은 공산주의의 상징이었다. 백의민족이라 불린 우리 민족은 태양의 광명인 흰색을 숭상했던 것으로 보여진다. 이처럼 각 색채는 희망·열정·사랑·생명·죽음 등 다양한 상징을 갖고 있다. 여기에 각 색깔이 주는 독특한 자극은 인간의 감성과 심리에 큰 영향을 미치고 있으며, 이는 색채심리학이라는 학문의 등장으로 이어졌다.
색채심리학이란 색채와 관련된 인간의 행동(반응)을 연구하는 심리학을 말한다. 색채심리학에서는 색각(色覺)의 문제로부터, 색채가 가지는 인상·조화감 등에 이르는 여러 문제를 다룬다. 그뿐만 아니라, 생리학·예술·디자인·건축 등과도 관계를 가진다. 특히, 색채가 어떠하며, 우리 눈에 그것이 어떻게 보이고, 어떤 느낌을 주는지는 색채심리학이 다루는 연구대상 중 가장 주요한 부분이다.
우리는 보통 몇 가지의 색을 동시에 보게 된다. 이럴 경우 몇 가지의 색이 상호작용을 하므로, 한 가지의 색을 볼 때와는 다른 현상이 일어난다. 그 대표적인 것이 대비(對比) 현상이다. 색채의 대비는 2개 이상의 색을 동시에 보거나, 계속해서 볼 때 일어나는 현상이다. 전자를 '동시대비', 후자를 '계속대비'라 한다. 이때 제시되는 색은 서로 영향을 미치며, 각기 지니고 있는 색의 특성을 더욱더 강조하는 경향이 생긴다.
이러한 색의 대비현상을 살펴보면, 색에는 색상·명도(색의 밝기 정도)·채도(색의 선명도)의 3가지 속성이 있으며, 이에 따라, 색상대비·명도대비·채도대비의 3가지 대비를 볼 수 있다. 색상대비는 색상이 다른 두 색을 동시에 이웃하여 놓았을 때 두 색이 서로의 영향으로 색상 차가 나는 현상이다. 다음으로 명도대비는 명도가 다른 두 색을 이웃하거나 배색하였을 때, 밝은 색은 더욱 밝게, 어두운 색은 더욱 어둡게 보이는 현상으로 볼 수 있다. 그리고 채도대비는 채도가 다른 두 색을 인접시켰을 때 서로의 영향을 받아 채도가 높은 색은 더욱 높아 보이고 채도가 낮은 색은 더욱 낮아 보이는 현상을 말한다.
오늘날 색의 대비 현상은 일상생활에서 많이 활용되고 있다. 색채를 활용하여 먼 거리에서 더 잘 보이게 하거나 뚜렷하게 보이도록 해야 할 때가 있는데, 그럴 경우에는 배경과 그 앞에 놓이는 그림의 속성 차를 크게 해야 한다. 일반적으로 배경색과 그림색의 속성이 다르면 다를수록 그림은 명확하게 인지되고, 멀리서도 잘 보인다. 색의 대비 중 이와 같은 현상에 가장 영향을 미치는 것은 명도대비이며 그다음이 색상대비, 채도대비의 순이다. 특히, 멀리서도 잘 보여야 하는 표지류 등은 대비량이 큰 색을 사용한다.
색이 우리 눈에 보이는 현상으로는 이 밖에도 잔상색·순응색 등이 있다. 흰 종이 위에 빨간 종이를 놓고 잠깐 동안 주시한 다음 빨간 종이를 없애면, 흰 종이 위에 빨간 청록색이 보인다. 이것이 이른바 보색잔상으로서 비교적 밝은 면에서 잔상을 관찰했을 때 나타나는 현상이다. 그러나 암흑 속이나 백광색의 자극을 받을 때는 매우 복잡한 양상을 띤다. 또, 조명광이나 물체색(物體色)을 오랫동안 계속 쳐다보고 있으면, 그 색에 순응되어 색의 지각이 약해진다. 그래서 조명에 의해 물체색이 바뀌어도 자신이 알고 있는 고유의 색으로 보이게 되는데 이러한 현상을 '색순응'이라고 한다

07 다음 중 기사를 읽고 이해한 내용으로 적절하지 않은 것은?

① 색채의 대비 중 2개 이상의 색을 계속 보는 경우를 '계속대비'라 한다.
② 색을 계속 응시하면 색의 보이는 상태가 변화됨을 알 수 있다.
③ 색채심리학은 색채가 우리에게 어떤 느낌을 주는지도 연구한다.
④ 배경과 그림의 속성 차를 작게 할수록 뚜렷하게 보이는 효과가 있다.

08 다음 중 기사를 읽고 추론한 내용으로 가장 적절한 것은?

① 어두운 밝기의 회색이 검은색 바탕 위에 놓일 경우 밝아 보이는데 이는 채도대비로 볼 수 있다.
② 연두색 배경 위에 놓인 노란색은 좀더 붉은 색을 띠게 되는데 이는 색상대비로 볼 수 있다.
③ 파란색 선글라스를 통해 푸르게 보이던 것이 곧 익숙해져서 본래의 색으로 느끼는 것은 보색잔상으로 볼 수 있다.
④ 색의 물체를 응시한 후 흰 벽으로 눈을 옮기면 전자의 색에 칠하여진 동형의 상을 볼 수 있는데 이는 색순응으로 볼 수 있다.

PART 3

09 다음 글의 빈칸에 들어갈 내용으로 가장 적절한 것은?

미세먼지와 황사는 여러모로 비슷하면서도 뚜렷한 차이점을 지니고 있다. 삼국사기에도 기록되어 있는 황사는 중국 내륙 내몽골 사막에 강풍이 불면서 날아오는 모래와 흙먼지를 일컫는데, 장단점이 존재했던 과거와 달리 중국 공업지대를 지난 황사에 미세먼지와 중금속 물질이 더해지며 심각한 환경문제로 대두되었다. 이와 달리 미세먼지는 일반적으로는 대기오염물질이 공기 중에 반응하여 형성된 황산염이나 질산염 등 이온 성분, 석탄·석유 등에서 발생한 탄소화합물과 검댕, 흙먼지 등 금속화합물의 유해성분으로 구성된다.

미세먼지의 경우 통념적으로는 먼지를 미세먼지와 초미세먼지로 구분하고 있지만, 대기환경과 환경보전을 목적으로 하는 환경정책기본법에서는 미세먼지를 PM(Particulate Matter)이라는 단위로 구분한다. 즉, 미세먼지(PM_{10})의 경우 입자의 크기가 $10\mu m$ 이하인 먼지이고, 미세먼지($PM_{2.5}$)는 입자의 크기가 $2.5\mu m$ 이하인 먼지로 정의하고 있다. 이에 비해 황사는 통념적으로는 입자 크기로 구분하지 않으나 주로 지름 $20\mu m$ 이하의 모래로 구분하고 있다. 때문에 ____________

① 황사 문제를 해결하기 위해서는 근본적으로 황사의 발생 자체를 억제할 필요가 있다.
② 황사와 미세먼지의 차이를 입자의 크기만으로 구분 짓긴 어렵다.
③ 미세먼지의 역할 또한 분명히 존재함을 기억해야 할 것이다.
④ 황사와 미세먼지의 근본적인 구별법은 그 역할에서 찾아야 할 것이다.

10 다음 중 A의 주장에 효과적으로 반박할 수 있는 진술은?

A : 우리나라는 경제 성장과 국민 소득의 향상으로 매년 전력소비가 증가하고 있습니다. 이런 와중에 환경문제를 이유로 발전소를 없앤다는 것은 말도 안 되는 소리입니다. 반드시 발전소를 증설하여 경제 성장을 촉진해야 합니다.

B : 하지만 최근 경제 성장 속도에 비해 전력소비량의 증가가 둔화되고 있는 것도 사실입니다. 더구나 전력소비에 대한 시민의식도 점차 바뀌어가고 있으므로 전력소비량 관련 캠페인을 실시하여 소비량을 줄인다면 발전소를 증설하지 않아도 됩니다.

A : 의식의 문제는 결국 개인에게 기대하는 것이고, 희망적인 결과만을 생각한 것입니다. 확실한 것은 앞으로 우리나라 경제 성장에 있어 더욱더 많은 전력이 필요할 것이라는 겁니다.

① 친환경 발전으로 환경과 경제 문제를 동시에 해결할 수 있다.
② 경제 성장을 하면서도 전력소비량이 감소한 선진국의 사례도 있다.
③ 최근 국제 유가의 하락으로 발전비용이 저렴해졌다.
④ 발전소의 증설이 건설경제의 선순환 구조를 이룩할 수 있는 것이 아니다.

11 다음 글의 주제로 가장 적절한 것은?

1920년대 세계 대공황의 발생으로 애덤 스미스 중심의 고전학파 경제학자들의 '보이지 않는 손'에 대한 신뢰가 무너지게 되자 경제를 보는 새로운 시각이 요구되었다. 당시 고전학파 경제학자들은 국가의 개입을 철저히 배제하고 '공급이 수요를 창출한다.'는 세이의 법칙을 믿고 있었다. 그러나 이러한 믿음으로는 세계 대공황을 설명할 수 없었다. 이때 새롭게 등장한 것이 케인즈의 '유효수요이론'이다. 유효수요이론이란 공급이 수요를 창출하는 것이 아니라, 유효수요, 즉 물건을 살 수 있는 확실한 구매력이 뒷받침되는 수요가 공급 및 고용을 결정한다는 이론이다. 케인즈는 세계 대공황의 원인이 이 유효수요의 부족에 있다고 보았다. 유효수요가 부족해지면 기업은 생산량을 줄이고, 이것은 노동자의 감원으로 이어지며 구매력을 감소시켜 경제의 악순환을 발생시킨다는 것이다. 케인즈는 불황을 해결하기 위해서는 가계와 기업이 소비 및 투자를 충분히 해야 한다고 주장했다. 그는 소비가 없는 생산은 공급 과다 및 실업을 일으키며 궁극적으로는 경기 침체와 공황을 가져온다고 하였다. 절약은 분명 권장되어야 할 미덕이지만 소비가 위축되어 경기 침체와 공황을 불러올 경우, 절약은 오히려 악덕이 될 수도 있다는 것이다.

① 고전학파 경제학자들이 주장한 '보이지 않는 손'
② 세계 대공황의 원인과 해결책
③ '유효수요이론'의 영향
④ '유효수요이론'의 정의

12 다음 글의 내용으로 적절하지 않은 것은?

계약서란 계약의 당사자 간의 의사표시에 따른 법률행위인 계약 내용을 문서화한 것으로 당사자 사이의 권리와 의무 등 법률관계를 규율하고 의사표시 내용을 항목별로 구분한 후, 구체적으로 명시하여 어떠한 법률 행위를 어떻게 하려고 하는지 등의 내용을 특정한 문서이다. 계약서의 작성은 미래에 계약에 관한 분쟁 발생 시 중요한 증빙자료가 된다.
계약서의 종류를 살펴보면, 먼저 임대차계약서는 임대인 소유의 부동산을 임차인에게 임대하고, 임차인은 이에 대한 약정을 합의하는 내용을 담고 있다. 임대차는 당사자의 한쪽이 상대방에게 목적물을 사용·수익하게 할 수 있도록 약정하고, 상대방이 이에 대하여 차임을 지급할 것을 약정함으로써 그 효력이 생긴다. 부동산 임대차의 경우 목적 부동산의 전세, 월세에 대한 임차보증금 및 월세를 지급할 것을 내용으로 하는 계약이 여기에 해당하며, 임대차계약서는 주택 등 집합건물의 임대차계약을 작성하는 경우에 사용되는 계약서이다. 주택 또는 상가의 임대차계약은 민법에 대한 특례를 규정한 주택임대차보호법 및 상가건물 임대차보호법의 적용을 받으며, 이 법의 적용을 받지 않은 임대차에 관하여는 민법상의 임대차 규정을 적용하고 있다.
다음으로 근로계약서는 근로자가 회사(근로기준법에서는 '사용자'라고 함)의 지시 또는 관리에 따라 일을 하고 이에 대한 댓가로 회사가 임금을 지급하기로 한 내용의 계약서로 유상·쌍무계약을 말한다. 근로자와 사용자의 근로관계는 서로 동등한 지위에서 자유의사에 의하여 결정한 계약에 의하여 성립한다. 이러한 근로관계의 성립은 구술에 의하여 약정되기도 하지만 통상적으로 근로계약서 작성에 의하여 행해지고 있다.
마지막으로 부동산 매매계약서는 당사자가 계약 목적물을 매매할 것을 합의하고, 매수인이 매도자에게 매매 대금을 지급할 것을 약정함으로 인해 그 효력이 발생한다. 부동산 매매계약서는 부동산을 사고, 팔기 위하여 매도인과 매수인이 약정하는 계약서로 매매대금 및 지급시기, 소유권 이전, 제한권 소멸, 제세공과금, 부동산의 인도, 계약의 해제에 관한 사항 등을 약정하여 교환하는 문서이다. 부동산거래는 상황에 따라 다양한 매매조건이 수반되기 때문에 획일적인 계약내용 외에 별도 사항을 기재하는 수가 많으므로 계약서에 서명하기 전에 계약내용을 잘 확인하여야 한다.
이처럼 계약서는 계약의 권리와 의무의 발생, 변경, 소멸 등을 도모하는 중요한 문서로 계약서를 작성할 때에는 신중하고 냉철하게 판단한 후, 권리자와 의무자의 관계, 목적물이나 권리의 행사방법 등을 명확하게 전달할 수 있도록 육하원칙에 따라 간결하고 명료하게 그리고 정확하고 평이하게 작성해야 한다.

① 계약 체결 이후 관련 분쟁이 발생할 경우 계약서가 중요한 증빙자료가 될 수 있다.
② 주택 또는 상가의 임대차계약은 민법상의 임대차규정의 적용을 받는다.
③ 근로계약을 통해 근로자와 사용자가 동등한 지위의 근로관계를 성립한다.
④ 부동산 매매계약서는 획일적인 계약내용 외에 별도 사항을 기재하기도 한다.

※ 다음은 블라인드 채용에 대한 글이다. 이어지는 질문에 답하시오. **[13~15]**

인사 담당자 또는 면접관이 지원자의 학벌, 출신 지역, 스펙 등을 평가하는 기존 채용 방식에서는 기업 성과에 필요한 직무능력 외 기타 요인에 의한 불공정한 채용이 만연했다. 한 설문조사에서 구직자의 77%가 불공정한 채용 평가를 경험한 적이 있다고 답했으며, 그에 따라 대다수의 구직자들은 기업의 채용 공정성을 신뢰하지 않는다고 응답했다. 이러한 스펙 위주의 채용으로 기업, 취업 준비생 모두에게 시간적·금전적 비용이 과잉 발생하게 되었고, 직무에 적합한 인성·역량을 보여줄 수 있는 채용 제도인 블라인드 채용이 대두되기 시작했다.

블라인드 채용이란 입사지원서, 면접 등의 채용 과정에서 편견이 개입돼 불합리한 차별을 초래할 수 있는 출신지, 가족관계, 학력, 외모 등의 항목을 걷어내고 실력, 즉 직무 능력만으로 인재를 평가해 채용하는 방식이다. 서류 전형은 없애거나 블라인드 지원서로 대체하고, 면접 전형은 블라인드 오디션 또는 면접으로 진행함으로써 실제 지원자가 가진 직무 능력을 가릴 수 있는 요소들을 배제하고 직무에 적합한 지식, 기술, 태도 등을 종합적으로 평가한다. 서류 전형에서는 모든 지원자에게 공정한 기회를 제공하고, 필기 및 면접 전형에서는 기존에 열심히 쌓아온 실력을 검증한다. 또한 지원자가 쌓은 경험과 능력, 학교생활을 하며 양성한 지식, 경험, 능력 등이 모두 평가 요소이기에 그간의 노력이 저평가되거나 역차별 요소로 작용하지 않는다.

블라인드 채용의 서류 전형은 무서류 전형과 블라인드 지원서 전형으로 구분된다. 무서류 전형은 채용 절차 진행을 위한 최소한의 정보만을 포함한 입사지원서를 접수하되 이를 선발 기준으로 활용하지 않는 방식이다. 블라인드 지원서 전형에는 입사지원서에 최소한의 정보만 수집하여 선발 기준으로 활용하는 방식과 블라인드 처리되어야 할 정보까지 수집하되 온라인 지원서상 개인정보를 암호화하거나 서면 이력서상 마스킹 처리를 하는 등 채용담당자는 볼 수 없도록 기술적으로 처리하는 방식이 있다. 면접 전형의 블라인드 면접에는 입사지원서, 인·적성검사 결과 등의 자료 없이 면접을 진행하는 무자료 면접 방식과 면접관의 인지적 편향을 유발할 수 있는 항목을 제거한 자료를 기반으로 면접을 진행하는 방식이 있다. 이와 달리 블라인드 오디션은 오디션으로 작업 표본, 시뮬레이션 등을 수행하도록 함으로써 지원자의 능력과 기술을 평가하는 방식이다.

한편 ㉠ 기존 채용, ㉡ 국가직무능력표준(NCS) 기반 채용, ㉢ 블라인드 채용의 3가지 채용 모두 채용 공고, 서류 전형, 필기 전형, 면접 전형 등으로 채용 프로세스는 같지만 전형별 세부 사항과 취지에 차이가 있다. 기존의 채용은 기업이 지원자에게 자신이 인재임을 스스로 증명하도록 요구해 무분별한 스펙 경쟁을 유발했던 반면, NCS 기반 채용은 기업이 직무별로 원하는 요건을 제시하고 지원자가 자신의 준비 정도를 증명해 목표 지향적인 능력·역량 개발을 촉진한다. 블라인드 채용은 선입견을 품을 수 있는 요소들을 전면 배제해 실력과 인성만으로 평가받도록 구성한 것이다.

13 **다음 중 블라인드 채용의 등장 배경으로 적절하지 않은 것은?**

① 대다수의 구직자들은 기존 채용 방식의 공정성을 신뢰하지 못했다.
② 기존 채용 방식으로는 지원자의 직무에 적합한 인성·역량 등을 제대로 평가할 수 없었다.
③ 구직자의 77%가 불공정한 채용 평가를 경험했을 만큼 불공정한 채용이 만연했다.
④ 지원자의 직무 능력을 가릴 수 있는 요소들을 배제하는 기존의 방식이 불합리한 차별을 초래했다.

PART 3

14 **다음 중 블라인드 채용을 이해한 내용으로 가장 적절한 것은?**

① 무서류 전형에서는 입사지원서를 제출할 필요가 없다.
② 블라인드 온라인 지원서의 암호화된 지원자의 개인정보는 채용담당자만 볼 수 있다.
③ 별다른 자료 없이 진행되는 무자료 면접의 경우에도 인·적성검사 결과는 필요하다.
④ 블라인드 면접관은 선입견을 유발하는 항목이 제거된 자료를 기반으로 면접을 진행하기도 한다.

15 **다음 중 밑줄 친 ㉠~㉢에 대한 설명으로 적절하지 않은 것은?**

① ㉠의 경우 기업은 지원자에게 자신이 적합한 인재임을 스스로 증명하도록 요구한다.
② ㉠~㉢은 모두 채용 공고, 서류 전형, 필기 전형, 면접 전형 등의 동일한 채용 프로세스로 진행된다.
③ ㉡은 ㉠과 달리 기업이 직무별로 필요한 조건을 제시하면 지원자는 이에 맞춰 자신의 준비 정도를 증명해야 한다.
④ ㉠과 ㉡은 지원자가 자신의 능력을 증명해야 하므로 지원자들의 무분별한 스펙 경쟁을 유발한다.

16 다음 글의 주제로 적절한 것은?

'새'는 하나의 범주이다. [+동물], [+날 것]과 같이 성분 분석을 한다면 우리 머릿속에 떠오른 '새'의 의미를 충분히 설명했다고 보기 어렵다. 성분 분석 이론의 의미자질 분석은 단순할 뿐이다. 이것이 실망스런 이유는 성분 분석 이론의 '새'에 대한 의미 기술이 고작해야 다른 범주, 즉 조류가 아닌 다른 동물 범주와 구별해 주는 정도밖에 되지 못했기 때문이다. 아리스토텔레스 이래로 하나의 범주는 경계가 뚜렷한 실재물이며, 범주의 구성원은 서로 동등한 자격을 가지고 있다고 믿어 왔다. 그리고 범주를 구성하는 단위는 자질들의 집합으로 설명될 수 있다고 생각해 왔다. 앞에서 보여 준 성분 분석 이론 역시 그런 고전적인 범주 인식에 바탕을 두고 있다. 어휘의 의미는 의미 성분, 곧 의미자질들의 총화로 기술될 수 있다고 믿는 것, 그것은 하나의 범주가 필요충분조건으로 이루어져 있다는 가정에서만이 가능한 것이었다. 그러나 '새'의 범주를 떠올려 보면, 범주의 구성원들끼리 결코 동등한 자격을 가지고 있지 않다. 가장 원형적인 구성원이 있는가 하면, 덜 원형적인 것, 주변적인 것도 있는 것이다. 이렇게 고전 범주화 이론과 차별되는 범주에 대한 새로운 인식은 인지 언어학에서 하나의 혁명으로 간주되었다.

① 고전 범주화 이론의 한계
② '새'가 갖는 성분 분석의 이론적 의미
③ '새'의 성분 분석 결과
④ 성분 분석 이론의 바탕

17 다음 글에서 도킨스의 논리에 대한 필자의 문제 제기로 가장 적절한 것은?

도킨스는 인간의 모든 행동이 유전자의 자기 보존 본능에 따라 일어난다고 주장했다. 사실 도킨스는 플라톤에서부터 쇼펜하우어에 이르기까지 통용되던 철학적 생각을 유전자라는 과학적 발견을 이용하여 반복하고 있을 뿐이다. 이에 따르면 인간 개체는 유전자라는 진정한 주체의 매체에 지나지 않게 된다. 그런데 이 같은 도킨스의 논리에 근거하면 우리 인간은 이제 자신의 몸과 관련된 모든 행동에 대해 면죄부를 받게 된다. 모든 것이 이미 유전자가 가진 이기적 욕망으로부터 나왔다고 볼 수 있기 때문이다. 그래서 도킨스의 생각에는 살아가고 있는 구체적 생명체를 경시하게 되는 논리가 잠재되어 있다.

① 고대의 철학은 현대의 과학과 양립할 수 있는가?
② 유전자의 자기 보존 본능이 초래하게 되는 결과는 무엇인가?
③ 인간을 포함한 생명체는 진정한 주체가 아니란 말인가?
④ 생명 경시 풍조의 근원이 되는 사상은 무엇인가?

18 다음 중 빈칸에 들어갈 말로 가장 적절한 것은?

글은 회사에서 쓰는 보고서, 제안서, 품의서, 기획안, 발표문, 홍보문과 학창시절 써야 하는 자기소개서, 과제 리포트, 그리고 서평, 기행문 등 종류가 많다.

글을 쓸 때는 독자가 무엇을 기대하는지 파악하는 것이 가장 중요하다. 따라서 글에서 무엇을 알고 싶어 하는지, 무엇을 줘야 독자가 만족할 것인지를 파악하는 것이 중요하다. "독자가 무엇을 원하는지 안다는 것은 글을 어떻게 써야 하는지 아는 것이다." 그러나 대부분 이를 소홀히 한다. 글에 있어서 무게중심은 읽는 사람이 아니라, 쓰는 사람에게 있다. '내가 많이 알고 있는 것처럼 보여야겠다, 내가 글을 잘 쓰는 것처럼 보여야겠다.' 라는 생각이 앞설수록 중언부언하게 되고, 불필요한 수식어와 수사법을 남발한다. 이때 독자는 헷갈리고 화가 나게 된다.

독자에게 필요한 것은 글이 자신에게 전하고자 하는 내용이 무엇인가 하는 것이다. 그리고 그 전하고자 하는 내용이 자신에게 어떤 도움을 주는가 하는 것이다. 모르던 것을 알게 해주는지, 새로운 관점과 해석을 제공해주는지, 통찰을 주는지, 감동을 주는지, 하다못해 웃음을 주는지 하는 것이다. 예를 들어 자기소개서를 읽었는데, 그 사람이 어떤 사람인지 확연히 그려지면 합격이다. 제안서를 읽고 제안한 내용에 관해 확신이 들면 성공이다.

그렇다면 글은 어떻게 썰야 할까? 방법은 간단하다. 먼저 구어체로 쓰는 것이다. 그래야 읽는 사람이 말을 듣듯이 편하게 읽는다. 눈으로 읽는 것 같지만 독자는 스스로 소리 내 귀로 듣는다. 구어체로 쓰기 위해서는 누군가를 만나 먼저 말해보는 것이 중요하다. "내가 무슨 글을 써야 하는데, 주로 이런 내용이야." 이렇게 말하다 쓸거리가 정리될 뿐만 아니라 없던 생각도 새롭게 생겨난다. 그리고 말할 때 느낌이 글에서 살아난다.

글을 쓸 때도 독자를 앞에 앉혀놓고 써야 한다. 독자는 구체적으로 한 사람 정해놓고 쓰는 게 좋다. 연애편지 쓰는 것처럼. 그러면 그 사람의 목소리를 들으며 쓸 수 있다. '아, 됐고 결론이 뭐야?' 또는 '다짜고짜 무슨 말이야, 좀 쉽게 설명해봐.' 뭐 이런 소리 말이다.

____________________ 대상이 막연하지 않기 때문에 읽는 사람이 공감할 확률이 높아진다. 나를 위해 무언가를 전해주려고 노력한다는 것을 느끼면서 고마워한다. 말을 심하게 더듬는 사람이 내게 무엇인가를 전해주려고 노력하는 모습을 상상해보라. 그런 진심이 전해지면 된다. 글을 유려하게 잘 쓰고 박식한 것보다 더 독자의 심금을 울린다. 글에도 표정과 느낌이 있다. 독자를 위하는 마음으로 쓰면 그 마음이 전해진다.

① 무엇이 틀렸는지 알고 잘 고쳐 쓰면 된다.
② 독자를 정해놓고 쓰면 진정성이 살아난다.
③ 독자에게 주는 것이 없으면 백전백패다.
④ 글을 일정한 시간, 장소에서 습관적으로 쓰라.

PART 3

19 A주임은 시설물 관리를 맡고 있다. 다음 국제회의장 대여 안내를 참고하여 문의에 답변하였을 때, A주임의 답변으로 적절하지 않은 것은?

〈국제회의장 대여 안내〉

국제회의장은 월드마린센터 2층에 위치하고 있으며, 기업・단체의 대규모 회의, 교육・강의, 학술 포럼 및 콘퍼런스 등에 이용 가능합니다. 첨단 음향기기와 조명시설을 갖추고 있으며, 약 160명을 수용할 수 있습니다.

▸ 사용료 및 사용시간

(단위 : 원/시간, 부가세 별도)

구 분	수용규모	사용료	요 금
대관료	160석 내외	70,000	평일 09:00 ~ 18:00
냉・난방시설	중앙제어식	20,000	평일 09:00 ~ 18:00
야외 주차장	약 210대	무 상	평일 09:00 ~ 18:00

▸ 사용 시 유의사항

1. 사용자는 시설 사용 승인 범위 내에서만 시설물을 사용할 수 있으며, 사용종료 시 시설물을 사용 전의 형태로 유지하여야 합니다.
2. 사용자는 참석자의 안전보호 및 질서유지를 위하여 안내원을 배치하고 만일 입장료, 장내정리비 등 기타 유사한 명목으로 금전을 징수할 때는 사전에 공사의 승인을 받아야 합니다.
3. 사용 시설물 내에서는 음식물 및 기타 물품 판매행위를 하지 못합니다.
4. 사용시간은 1시간을 기준으로 합니다.
5. 사용자의 필요에 의해 특수장비를 사용할 경우에는 사전에 공사 사장에게 신고하여야 하며 반입한 특수장비는 사용 직후 철거하여 사용시설 밖으로 반출하여야 합니다. 만약 이를 이행치 않을 때는 사장 임의로 철거 보관하되, 철거에 따른 실비는 사용자가 별도 부담합니다.
6. 반입한 특수장비의 사용으로 인한 경비(전기료 등)는 별도 부담하여야 합니다.
7. 사용자가 고의 또는 과실로 인하여 월드마린센터 시설물 등을 훼손하거나 멸실하였을 때는 사용자는 원상복구 또는 손해배상 책임을 집니다.
8. 행사주최자는 자신의 책임 하에 행사를 실시하며, 행사 중 발생하는 손해에 대하여 공사에게 배상을 청구하지 못합니다.

① Q : 저희 회사에서 국제 콘퍼런스를 진행하고 싶은데 회의장 위치가 어떻게 되나요?
A : 네, 국제회의장은 월드마린센터 2층에 위치하고 있으며 학술포럼 및 콘퍼런스 이용이 가능합니다.

② Q : 아, 그렇다면 참석인원이 약 150명 정도로 예상되는데 충분히 수용가능한가요?
A : 저희 국제회의장은 약 160명까지 수용이 가능하므로 걱정하지 않으셔도 됩니다.

③ Q : 많은 분이 차를 타고 오실 것 같습니다. 주차 가능한 차량 대수는 얼마나 됩니까?
A : 야외주차장에 약 210대 주차가 가능하며, 주차료는 따로 받지 않습니다.

④ Q : 행사는 2시간 정도로 예상하고 있으며 날이 추워져 난방을 해야 할 것 같습니다. 비용이 어떻게 될까요?
A : 특수장비를 사용하지 않으신다면 대관료와 냉・난방 시설료를 포함해 최대 180,000원으로 예상됩니다.

20 다음 글의 제목으로 가장 적절한 것은?

영양분이 과도하게 많은 물에서는 오히려 물고기의 생존이 어렵다. 농업용 비료나 하수 등에서 배출되는 질소와 인 등으로 영양분이 많아진 하천의 수온이 상승하면 식물성 플랑크톤이 대량으로 증식하게 된다. 녹색을 띠는 플랑크톤이 수면을 뒤덮으면 물속으로 햇빛이 닿지 못하고 결국 물속의 산소가 고갈되어 물고기는 숨을 쉬기 어려워진다. 즉, 물속의 과도한 영양분이 오히려 물고기의 생존을 위협하는 것이다.

이처럼 부영양화된 물에서의 플랑크톤 증식으로 인한 녹조 현상은 경제발전과 각종 오염물질 배출량의 증가로 인해 심각한 사회문제가 되고 있다. 녹조는 냄새를 유발하는 물질과 함께 독소를 생성하여 수돗물의 수질을 저하시킨다. 특히 독성물질을 배출하는 녹조를 유해 녹조로 지정하여 관리하고 있는 현실을 고려하면 이제 녹조는 생태계뿐만 아니라 먹는 물의 안전까지도 위협한다.

하천의 생태계를 보호하고 우리가 먹는 물을 보호하기 위해서는 녹조의 발생 원인을 사전에 제거해야 한다. 이를 위해서는 무엇보다 생활 속에서의 작은 실천이 중요하다. 질소나 인이 첨가되지 않은 세제를 사용하고, 농가에서는 화학 비료 사용을 최소화하며 하천에 오염된 물이 흘러 들어가지 않도록 철저히 관리하는 노력을 기울여야 한다.

① 물고기의 생존을 위협하는 하천의 수질 오염
② 녹조를 가속화하는 이상 기온 현상
③ 하천의 부영양화가 물고기와 인간의 안전을 위협한다.
④ 녹조 예방을 위한 정부의 철저한 관리가 필요하다.

01 세 상품 A～C에 대한 선호도 조사를 실시했다. 조사에 응한 사람이 가장 좋아하는 상품부터 1～3순위를 부여했다. 조사의 결과가 다음과 같을 때 C에 3순위를 부여한 사람의 수는?(단, 두 상품에 같은 순위를 표시할 수는 없다)

- 조사에 응한 사람은 20명이다.
- A를 B보다 선호한 사람은 11명이다.
- B를 C보다 선호한 사람은 14명이다.
- C를 A보다 선호한 사람은 6명이다.
- C에 1순위를 부여한 사람은 없다.

① 4명 ② 5명
③ 6명 ④ 8명

02 다음은 규칙에 따라 2에서 10까지의 서로 다른 자연수의 관계를 나타낸 것이다. 이때 A～C에 해당하는 수의 합은?

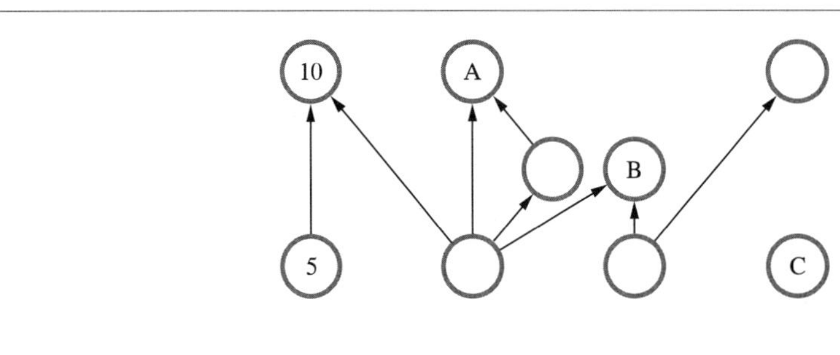

〈규칙〉

- 2에서 10까지의 자연수는 ○ 안에 한 개씩만 사용되고, 사용되지 않는 자연수는 없다.
- 2에서 10까지의 서로 다른 임의의 자연수 3개를 x, y, z라고 할 때,
  - ⓧ ⟶ ⓨ는 y가 x의 배수임을 나타낸다.
  - 화살표로 연결되지 않은 ⓩ는 z가 x, y와 약수나 배수 관계가 없음을 나타낸다.

① 20 ② 21
③ 22 ④ 23

03 바둑판에 흰 돌과 검은 돌을 다음과 같은 규칙으로 놓았을 때, 11번째 바둑판에 놓인 모든 바둑돌의 개수는?

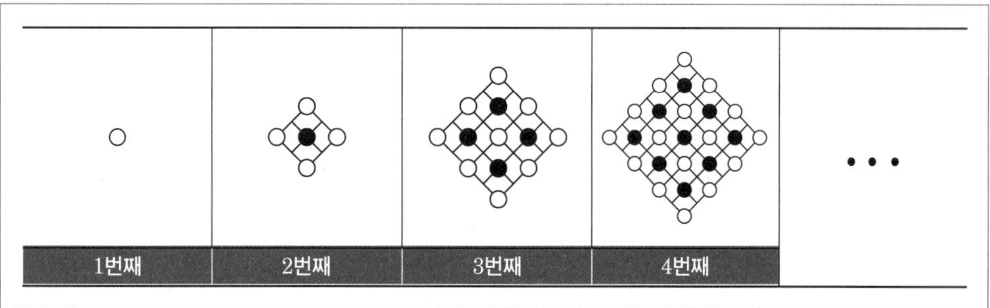

① 181개
② 221개
③ 265개
④ 313개

04 다음 글의 상황에서 〈조건〉의 사실을 토대로 신입사원이 김과장을 찾기 위해 추측한 내용 중 반드시 참인 것은?

김과장은 오늘 아침 조기 축구 시합에 나갔다. 그런데 김과장을 한 번도 본 적이 없는 같은 회사의 어떤 신입사원이 김과장에게 급히 전할 서류가 있어 직접 축구 시합장을 찾았다. 시합은 이미 시작되었고, 김과장이 현재 양 팀의 수비수나 공격수 중 한 사람으로 뛰고 있다는 것은 분명하다.

조건

㉠ A팀은 검정색 상의를, B팀은 흰색 상의를 입고 있다.
㉡ 양 팀에서 축구화를 신고 있는 사람은 모두 안경을 쓰고 있다.
㉢ 양 팀에서 안경을 쓴 사람은 모두 수비수이다.

① 만약 김과장이 공격수라면 안경을 쓰고 있다.
② 만약 김과장이 A팀의 공격수라면 흰색 상의를 입고 있거나 축구화를 신고 있다.
③ 만약 김과장이 B팀의 공격수라면 축구화를 신고 있지 않다.
④ 만약 김과장이 검정색 상의를 입고 있다면 안경을 쓰고 있다.

05 세미는 1박 2일로 경주 여행을 떠나 불국사, 석굴암, 안압지, 첨성대 유적지를 방문했다. 다음 〈조건〉에 따를 때, 세미의 유적지 방문 순서가 될 수 없는 것은?

조건

- 첫 번째로 방문한 곳은 석굴암, 안압지 중 한 곳이었다.
- 여행 계획대로라면 첫 번째로 석굴암을 방문했을 때, 두 번째로는 첨성대에 방문하기로 되어 있었다.
- 두 번째로 방문한 곳이 안압지가 아니라면, 불국사도 아니었다.
- 세 번째로 방문한 곳은 석굴암이 아니었다.
- 세 번째로 방문한 곳이 첨성대라면, 첫 번째로 방문한 곳은 불국사였다.
- 마지막으로 방문한 곳이 불국사라면, 세 번째로 방문한 곳은 안압지였다.

① 안압지 – 첨성대 – 불국사 – 석굴암
② 안압지 – 석굴암 – 첨성대 – 불국사
③ 안압지 – 석굴암 – 불국사 – 첨성대
④ 석굴암 – 첨성대 – 안압지 – 불국사

06 K프랜차이즈 카페에서는 디저트로 빵, 케이크, 마카롱, 쿠키를 판매하고 있다. 최근 각 지점에서 디저트를 섭취하고 땅콩 알레르기가 발생했다는 컴플레인이 제기되었다. 해당 디저트에는 모두 땅콩이 들어가지 않으며, 땅콩을 사용한 제품과 인접 시설에서 제조하고 있다. 다음 자료를 참고할 때, 반드시 옳지 않은 것은?

- 땅콩 알레르기 유발 원인이 된 디저트는 빵, 케이크, 마카롱, 쿠키 중 하나이다.
- 각 지점에서 땅콩 알레르기가 있는 손님이 섭취한 디저트와 알레르기 유무는 아래와 같다.

A지점	빵과 케이크를 먹고, 마카롱과 쿠키를 먹지 않은 경우, 알레르기가 발생했다.
B지점	빵과 마카롱을 먹고, 케이크와 쿠키를 먹지 않은 경우, 알레르기가 발생하지 않았다.
C지점	빵과 쿠키를 먹고, 케이크와 마카롱을 먹지 않은 경우, 알레르기가 발생했다.
D지점	케이크와 마카롱을 먹고, 빵과 쿠키를 먹지 않은 경우, 알레르기가 발생했다.
E지점	케이크와 쿠키를 먹고, 빵과 마카롱을 먹지 않은 경우, 알레르기가 발생하지 않았다.
F지점	마카롱과 쿠키를 먹고, 빵과 케이크를 먹지 않은 경우, 알레르기가 발생하지 않았다.

① A, B, D지점의 사례만을 고려하면, 케이크가 알레르기의 원인이다.
② A, C, E지점의 사례만을 고려하면, 빵이 알레르기의 원인이다.
③ B, D, F지점의 사례만을 고려하면, 케이크가 알레르기의 원인이다.
④ C, D, F지점의 사례만을 고려하면, 마카롱이 알레르기의 원인이다.

07 경영학과에 재학 중인 A ~ E는 계절학기 시간표에 따라 요일별로 하나의 강의만 수강한다. 전공 수업을 신청한 C는 D보다 앞선 요일에 수강하고, E는 교양 수업을 신청한 A보다 나중에 수강한다고 할 때, 다음 중 항상 참이 되는 것은?

월	화	수	목	금
전공1	전공2	교양1	교양2	교양3

① A가 수요일에 강의를 듣는다면 E는 교양2 강의를 듣는다.
② B가 전공 수업을 듣는다면 C는 화요일에 강의를 듣는다.
③ C가 화요일에 강의를 듣는다면 E는 교양3 강의를 듣는다.
④ E는 반드시 교양 수업을 듣는다.

PART 3

08 K공단은 6층 건물의 모든 층을 사용하고 있으며, 건물에는 기획부, 인사운영부, 서비스개선부, 연구 · 개발부, 복지사업부, 가입지원부가 층별로 위치하고 있다. 다음 〈조건〉을 참고할 때 항상 옳은 것은?(단, 6개의 부서는 서로 다른 층에 위치하며, 3층 이하에 위치한 부서의 직원은 출근 시 반드시 계단을 이용해야 한다)

조건

- 기획부의 문대리는 복지사업부의 이주임보다 높은 층에 근무한다.
- 인사운영부는 서비스개선부와 복지사업부 사이에 위치한다.
- 가입지원부의 김대리는 오늘 아침 엘리베이터에서 서비스개선부의 조대리를 만났다.
- 6개의 부서 중 건물의 옥상과 가장 가까이에 위치한 부서는 연구 · 개발부이다.
- 연구 · 개발부의 오사원이 인사운영부 박차장에게 휴가 신청서를 제출하기 위해서는 4개의 층을 내려와야 한다.
- 건물 1층에는 공단에서 자체적으로 운영하는 카페가 함께 있다.

① 출근 시 엘리베이터를 탄 가입지원부의 김대리는 5층에서 내린다.
② 가입지원부의 김대리가 서비스개선부의 조대리보다 먼저 엘리베이터에서 내린다.
③ 인사운영부와 카페는 같은 층에 위치한다.
④ 기획부의 문대리는 출근 시 반드시 계단을 이용해야 한다.

09 K학원에서 10명의 학생(가 ~ 차)을 차례로 한 줄로 세우려고 한다. 다음 〈조건〉을 참고하여 7번째에 오는 학생이 사일 때, 3번째에 올 학생은 누구인가?

> **조건**
> - 자 학생과 차 학생은 결석하여 줄을 서지 못했다.
> - 가보다 다가 먼저 서 있다.
> - 마는 다와 아보다 먼저 서 있다.
> - 아는 가와 바 사이에 서 있다.
> - 바는 나보다는 먼저 서 있지만, 가보다는 뒤에 있다.
> - 라는 사와 나의 뒤에 서 있다.

① 가 ② 나
③ 마 ④ 바

10 이번 주까지 A가 해야 하는 일들은 총 아홉 가지(a ~ i)가 있고, 일주일 동안 월요일부터 매일 하나의 일을 한다. 다음 〈조건〉을 참고하여 A가 토요일에 하는 일이 b일 때, 화요일에 하는 일은?

> **조건**
> - 9개의 할 일 중에서 e와 g는 하지 않는다.
> - d를 c보다 먼저 수행한다.
> - c는 f보다 먼저 수행한다.
> - i는 a와 f보다 나중에 수행한다.
> - h는 가장 나중에 수행한다.
> - a는 c보다 나중에 진행한다.

① a ② c
③ d ④ f

※ K공단의 ICT 센터는 정보보안을 위해 직원의 컴퓨터 암호를 다음과 같은 규칙으로 지정해두었다. 이어지는 질문에 답하시오. **[11~13]**

〈규칙〉

1. 자음과 모음의 배열은 국어사전의 배열 순서에 따른다.
   - 자음
     - 국어사전 배열 순서에 따라 알파벳 소문자(a, b, c, …)로 치환하여 사용한다.
     - 받침으로 사용되는 자음의 경우 대문자로 구분한다.
     - 겹받침일 경우, 먼저 쓰인 순서대로 알파벳을 나열한다.
   - 모음
     - 국어사전 배열 순서에 따라 숫자(1, 2, 3, …)로 치환하여 사용한다.
2. 비밀번호는 임의의 세 글자로 구성하되 마지막 음절 뒤 한 자리 숫자는 다음의 규칙에 따라 지정한다.
   - 음절에 사용된 각 모음의 합으로 구성한다.
   - 모음의 합이 두 자리 이상일 경우엔 각 자릿수를 다시 합하여 한 자리 수가 나올 때까지 더한다.
   - '-'을 사용하여 단어와 구별한다.

PART 3

11 김사원 컴퓨터의 비밀번호는 '자전거'이다. 이를 암호로 바르게 치환한 것은?

① m1m3ca5-9 ② m1m5Ca5-2
③ n1n5ca3-9 ④ m1m3Ca3-7

12 이대리 컴퓨터의 비밀번호는 '마늘쫑'이다. 이를 암호로 바르게 치환한 것은?

① g1c19FN9L-2 ② g1C11fN3H-6
③ g1c16FN2N-1 ④ g1c19Fn9L-2

13 조사원 컴퓨터의 암호 'e5Ah9Bl21-8'을 바르게 풀이한 것은?

① 매운탕 ② 막둥이
③ 떡볶이 ④ 떡붕어

14 컨설팅 회사에 근무 중인 A사원은 최근 컨설팅 의뢰를 받은 B사진관에 대해 SWOT 분석을 진행하기로 하였다. 다음 ㉠~㉣ 중 SWOT 분석에 들어갈 내용으로 적절하지 않은 것은?

강점(Strength)	• ㉠ 넓은 촬영 공간(야외 촬영장 보유) • 백화점 인근의 높은 접근성 • ㉡ 다양한 채널을 통한 홍보로 높은 인지도 확보
약점(Weakness)	• ㉢ 직원들의 높은 이직률 • 회원 관리 능력 부족 • 내부 회계 능력 부족
기회(Opportunity)	• 사진 시장의 규모 확대 • 오프라인 사진 인화 시장의 성장 • ㉣ 전문가용 카메라의 일반화
위협(Threat)	• 저가 전략 위주의 경쟁 업체 증가 • 온라인 사진 저장 서비스에 대한 수요 증가

① ㉠
② ㉡
③ ㉢
④ ㉣

15 문제해결절차의 실행 및 평가 단계가 다음과 같은 절차로 진행될 때, 실행계획 수립 단계에서 고려해야 할 사항으로 적절하지 않은 것은?

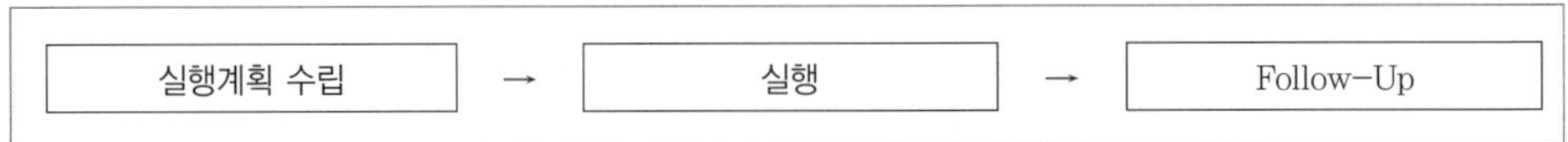

① 인적자원, 물적자원, 예산, 시간을 고려하여 계획을 세운다.
② 세부 실행내용의 난도를 고려하여 구체적으로 세운다.
③ 해결안별로 구체적인 실행계획서를 작성한다.
④ 실행상의 문제점 및 장애요인을 신속하게 해결하기 위해 모니터링 체제를 구축한다.

16 다음 〈보기〉 중 문제해결절차에 따라 사용되는 문제해결방법을 순서대로 바르게 나열한 것은?

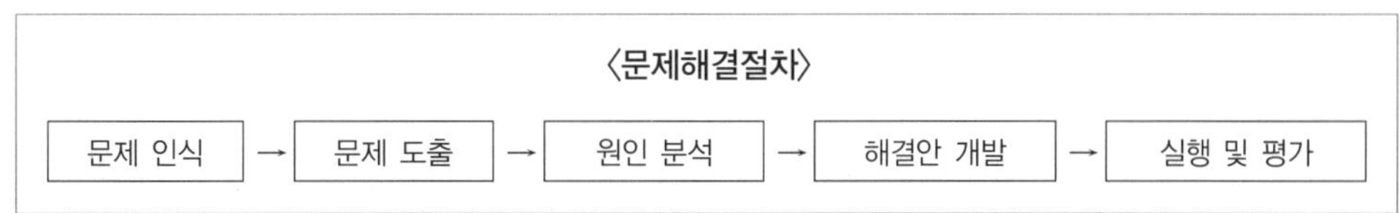

보기

㉠ 주요 과제를 나무 모양으로 분해·정리한다.
㉡ 자사, 경쟁사, 고객사에 대해 체계적으로 분석한다.
㉢ 부분을 대상으로 먼저 실행한 후 전체로 확대하여 실행한다.
㉣ 전체적 관점에서 방향과 방법이 같은 해결안을 그룹화한다.

① ㉠－㉡－㉢－㉣
② ㉠－㉡－㉣－㉢
③ ㉡－㉠－㉢－㉣
④ ㉡－㉠－㉣－㉢

17 발산적 사고를 개발하기 위한 방법으로는 자유연상법, 강제연상법, 비교발상법이 있다. 다음 제시문의 보고회에서 사용된 사고 개발 방법으로 가장 적절한 것은?

충남 보령시는 2024년에 열리는 보령해양머드박람회와 연계할 사업을 발굴하기 위한 보고회를 개최하였다. 경제적·사회적 파급 효과의 극대화를 통한 성공적인 박람회 개최를 도모하기 위해 마련된 보고회는 각 부서의 업무에 국한하지 않은 채 가능한 많은 양의 아이디어를 자유롭게 제출하는 방식으로 진행됐다.
홍보미디어실에서는 박람회 기간 가상현실(VR)·증강현실(AR) 체험을 통해 사계절 머드 체험을 할 수 있도록 사계절 머드체험센터 조성을, 자치행정과에서는 박람회 임시주차장 조성 및 박람회장 전선 지중화 사업을, 교육체육과에서는 세계 태권도 대회 유치를 제안했다. 또 문화새마을과에서는 KBS 열린음악회 및 전국노래자랑 유치를, 세무과에서는 e-스포츠 전용경기장 조성을, 회계과에서는 해상케이블카 조성 및 폐광지구 자립형 농어촌 숙박단지 조성 등을 제안했다. 사회복지과에서는 여성 친화 플리마켓을, 교통과에서는 장항선 복선전철 조기 준공 및 열차 증편을, 관광과는 체험·놀이·전시 등 보령머드 테마파크 조성 등의 다양한 아이디어를 내놓았다.
보령시는 이번에 제안된 아이디어를 토대로 실현 가능성 등을 검토하고, 박람회 추진에 참고자료로 적극 활용할 계획이다.

① 브레인스토밍
② SCAMPER 기법
③ NM법
④ Synectics법

※ 다음은 2020년 이후 생산된 스마트폰의 시리얼넘버에 대한 자료이다. 이어지는 질문에 답하시오. **[18~19]**

• 스마트폰은 다음과 같이 12자리의 시리얼넘버를 갖는다.

제조공장	생산연도	생산된 주	식별자	색상	용량
AA	BB	CC	DDD	EE	F

〈시리얼넘버 부여코드〉

제조공장	생산연도	생산된 주	식별자	색상	용량
AN : 한국 BA : 중국 CF : 베트남 DK : 인도 EP : 대만	20 : 2020년 21 : 2021년 22 : 2022년 23 : 2023년 ⋮	01 : 첫 번째 주 02 : 두 번째 주 ⋮ 10 : 열 번째 주 ⋮	ADW : 보급 DFH : 일반 BEY : 프리미엄 HQC : 한정판 IOH : 이벤트	UY : 빨강 VS : 검정 EE : 파랑 WA : 하양 ML : 초록	M : 64GB S : 128GB T : 256GB U : 512GB

18 다음 중 한국의 공장에서 2021년 34번째 주에 생산된 하얀색 256GB 프리미엄 스마트폰의 시리얼넘버로 옳은 것은?

① AN2134BEYWAT
② AN2334BEYWAT
③ BA2134BEYWAT
④ AN2134BEYMLT

19 다음 중 A씨가 구매한 스마트폰의 시리얼넘버로 옳은 것은?

> 사진 촬영이 취미인 A씨는 기존에 사용하던 스마트폰의 용량이 부족하여 2020년에 출시된 512GB의 최신 스마트폰을 구입하였다. A씨가 구매한 검정색 스마트폰은 인도의 공장에서 올해 첫 번째 주에 생산된 한정판 제품이다.

① DK2010HQCVSU
② DL2001HQCVSU
③ DK2001HQCVSU
④ DK1001HQCVSU

20 다음은 S기업의 2023년 경영실적에 대한 자료이다. 이에 대한 설명으로 옳지 않은 것은?(단, 비율은 소수점 첫째 자리에서 반올림한다)

> S기업은 2023년 연간 26조 9,907억 원의 매출과 2조 7,127억 원의 영업이익을 달성했다고 발표했다. S기업은 지난 한 해 시장 변동에 대응하기 위해 선제적으로 투자와 생산량을 조정하는 등 경영 효율화에 나섰으나 글로벌 무역 갈등으로 세계 경제의 불확실성이 확대되었고, 재고 증가와 고객들의 보수적인 구매 정책으로 수요 둔화와 가격 하락이 이어져 경영실적은 전년 대비 감소했다고 밝혔다.
> 2023년 4분기 매출과 영업이익은 각각 6조 9,271억 원, 2,360억 원(영업이익률 3%)을 기록했다. 4분기는 달러화의 약세 전환에도 불구하고 수요 회복에 적극 대응한 결과 매출은 전 분기 대비 소폭 상승했으나, 수요 증가에 대응하기 위해 비중을 확대한 제품군의 수익성이 상대적으로 낮았고, 신규 공정 전환에 따른 초기 원가 부담 등으로 영업이익은 직전분기 대비 50% 감소했다. 제품별로는 D램 출하량이 전 분기 대비 8% 증가했고, 평균판매가격은 7% 하락했으며, 낸드플래시는 출하량이 10% 증가했고, 평균판매가격은 직전분기 수준을 유지했다.
> S기업은 올해 D램 시장에 대해 서버 D램의 수요 회복, 5G 스마트폰 확산에 따른 판매량 증가로 전형적인 상저하고의 수요 흐름을 보일 것으로 예상했다. 낸드플래시 시장 역시 PC 및 데이터센터형 SSD 수요가 증가하는 한편, 고용량화 추세가 확대될 것으로 전망했다.
> S기업은 이처럼 최근 개선되고 있는 수요 흐름에 대해서는 긍정적으로 보고 있지만, 과거에 비해 훨씬 높아진 복잡성과 불확실성이 상존함에 따라 보다 신중한 생산 및 투자 전략을 운영할 방침이다. 공정 전환 과정에서도 기술 성숙도를 빠르게 향상시키는 한편, 차세대 제품의 차질 없는 준비로 원가 절감을 가속화한다는 전략이다.
> D램은 10나노급 2세대 제품(1y나노) 비중을 확대하고, 본격적으로 시장 확대가 예상되는 LPDDR5 제품 등의 시장을 적극 공략할 계획이다. 또한 차세대 제품인 10나노급 3세대 제품(1z나노)도 연내 본격 양산을 시작할 예정이다.

① S기업은 고용량 낸드플래시 생산에 대한 투자를 늘릴 것이다.
② 달러화의 강세는 매출액에 부정적 영향을 미친다.
③ 기업이 공정을 전환하는 경우, 이로 인해 원가가 상승할 수 있다.
④ 영업이익률은 매출액 대비 영업이익 비율로 2023년 S기업은 10%를 기록했다.

PART 3

03 수리능력(사무 / 건축 / 발전전기)

01 서로 직선상에 있는 A지점과 B지점의 거리는 16km이다. 갑은 A지점에서 B지점을 향해 시속 3km로 걸어서 이동하고, 을은 B지점에서 A지점을 향해 시속 5km로 자전거를 타고 이동한다. 두 사람은 출발한 지 몇 시간 만에 만나게 되며, 두 사람이 이동한 거리의 차는 얼마인가?

① 1시간, 3km
② 1시간, 5km
③ 2시간, 2km
④ 2시간, 4km

02 영희는 3시에 학교 수업이 끝난 후 할머니를 모시고 병원에 간다. 학교에서 집으로 갈 때는 4km/h의 속력으로 이동하고 집에서 10분 동안 할머니를 기다린 후, 할머니와 병원까지 3km/h의 속력으로 이동한다고 한다. 학교와 집, 집과 병원 사이의 거리 비가 2 : 1일 때, 병원에 도착한 시각은 4시 50분이다. 병원에서 집까지의 거리는?

① 1km
② 2km
③ 3km
④ 4km

03 상자에 빨간색 수건이 3장, 노란색 수건이 4장, 파란색 수건이 3장 들어있는데 두 번에 걸쳐 한 장씩 뽑는 시행을 하려고 한다. 이때 처음에 빨간색 수건을, 다음에 파란색 수건을 뽑을 확률은? (단, 한 번 꺼낸 수건은 다시 넣지 않는다)

① $\frac{9}{100}$
② $\frac{1}{10}$
③ $\frac{11}{100}$
④ $\frac{2}{15}$

04 5%의 설탕물 600g을 1분 동안 가열하면 10g의 물이 증발한다. 이 설탕물을 10분 동안 가열한 후, 다시 설탕물 200g을 넣었더니 10%의 설탕물 700g이 되었다. 이때 더 넣은 설탕물 200g의 농도는 얼마인가?(단, 용액의 농도와 관계없이 가열하는 시간과 증발하는 물의 양은 비례한다)

① 5%
② 15%
③ 20%
④ 25%

05 K유통회사는 LED전구를 수입하여 국내에 판매할 계획을 세우고 있다. 다음 자료는 동급의 LED전구를 생산하는 해외업체들의 가격정보이다. 어떤 기업의 판매단가가 가장 경쟁력이 높은가?

구분	A기업	B기업	C기업	D기업	E기업
판매단가(개당)	8USD	50CNY	270TWD	30AED	550INR
교환비율	1	6	35	3	70

※ 교환비율 : USD를 기준으로 다른 화폐와 교환할 수 있는 비율

① A기업
② B기업
③ C기업
④ D기업

06 부동산 취득세 세율이 다음과 같을 때, 실 매입비가 6억 7천만 원인 $92m^2$ 아파트의 거래금액은? (단, 만 원 단위 미만은 절사한다)

〈표준세율〉

구분		취득세	농어촌특별세	지방교육세
6억 원 이하 주택	$85m^2$ 이하	1%	비과세	0.1%
	$85m^2$ 초과	1%	0.2%	0.1%
6억 원 초과 9억 원 이하 주택	$85m^2$ 이하	2%	비과세	0.2%
	$85m^2$ 초과	2%	0.2%	0.2%
9억 원 초과 주택	$85m^2$ 이하	3%	비과세	0.3%
	$85m^2$ 초과	3%	0.2%	0.3%

① 65,429만 원
② 65,800만 원
③ 67,213만 원
④ 67,480만 원

07 다음은 국내의 K치료감호소 수용자 현황에 대한 자료이다. 빈칸 (가) ~ (라)에 해당하는 수를 모두 더한 값은?

〈치료감호소 수용자 현황〉

(단위 : 명)

구분	약물	성폭력	심신장애자	합계
2018년	89	77	520	686
2019년	(가)	76	551	723
2020년	145	(나)	579	824
2021년	137	131	(다)	887
2022년	114	146	688	(라)
2023년	88	174	688	950

① 1,524
② 1,639
③ 1,751
④ 1,763

08 다음은 2011 ~ 2021년 국내 5급 공무원과 7급 공무원 채용인원 현황에 대한 자료이다. 이에 대한 〈보기〉의 설명 중 옳은 것을 모두 고르면?(단, 비율은 소수점 둘째 자리에서 반올림한다)

〈연도별 공무원 채용인원〉

(단위 : 백 명)

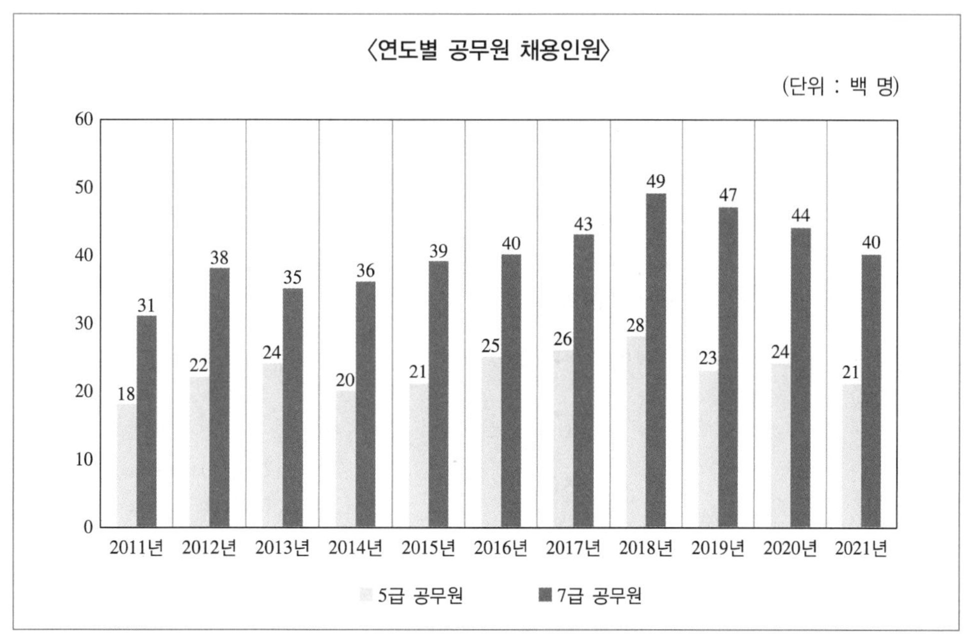

보기

ㄱ. 2014 ~ 2019년 동안 5급 공무원과 7급 공무원 채용인원의 증감추이는 동일하다.

ㄴ. 2011 ~ 2021년 동안 채용인원이 가장 적은 해와 가장 많은 해의 인원 차이는 5급 공무원이 7급 공무원보다 많다.

ㄷ. 2012 ~ 2021년 동안 전년 대비 채용인원의 증감량이 가장 많은 해는 5급 공무원과 7급 공무원 모두 동일하다.

ㄹ. 2011 ~ 2021년 동안 매년 7급 공무원 채용인원이 5급 공무원 채용인원의 2배 미만이다.

① ㄱ

② ㄷ

③ ㄱ, ㄴ

④ ㄱ, ㄷ

PART 3

09 다음은 엔화 대비 원화 환율과 달러화 대비 원화 환율 추이 자료이다. 〈보기〉 중 이에 대한 설명으로 옳은 것을 모두 고르면?

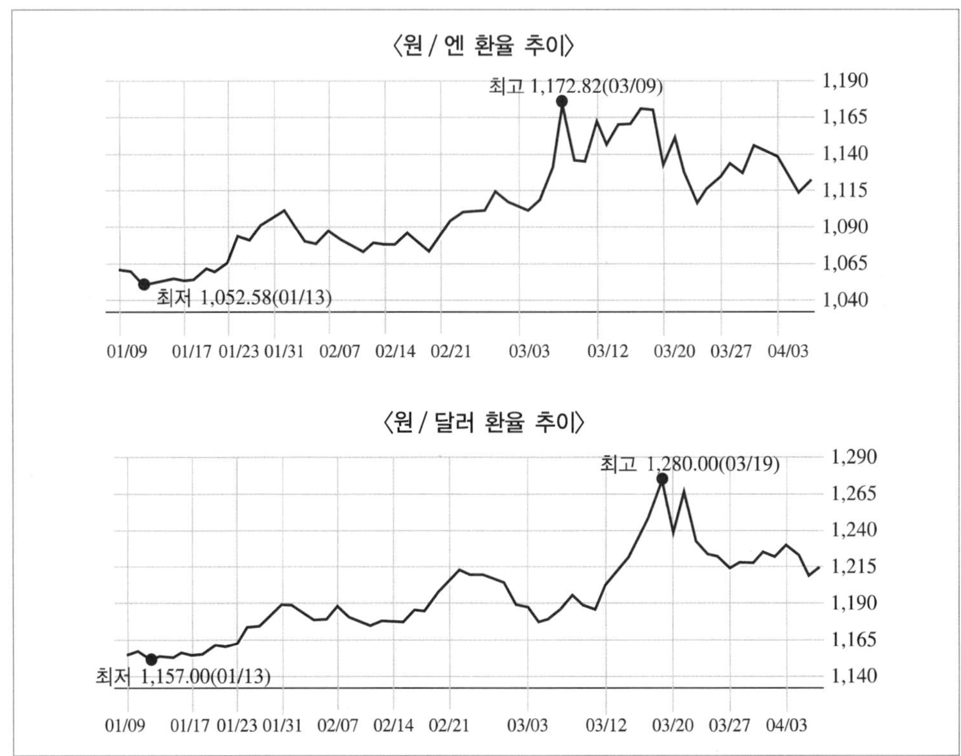

보기

ㄱ. 원/엔 환율은 3월 한 달 동안 1,200원을 상회하는 수준에서 등락을 반복했다.
ㄴ. 2월 21일의 원/달러 환율은 지난주보다 상승하였다.
ㄷ. 3월 12일부터 3월 19일까지 달러화의 강세가 심화되는 추세를 보였다.
ㄹ. 3월 27일의 달러/엔 환율은 3월 12일보다 상승하였다.

① ㄱ, ㄴ
② ㄱ, ㄷ
③ ㄴ, ㄷ
④ ㄴ, ㄹ

※ 다음은 연도별 해양사고 발생 현황에 대한 그래프이다. 이어지는 질문에 답하시오. **[10~11]**

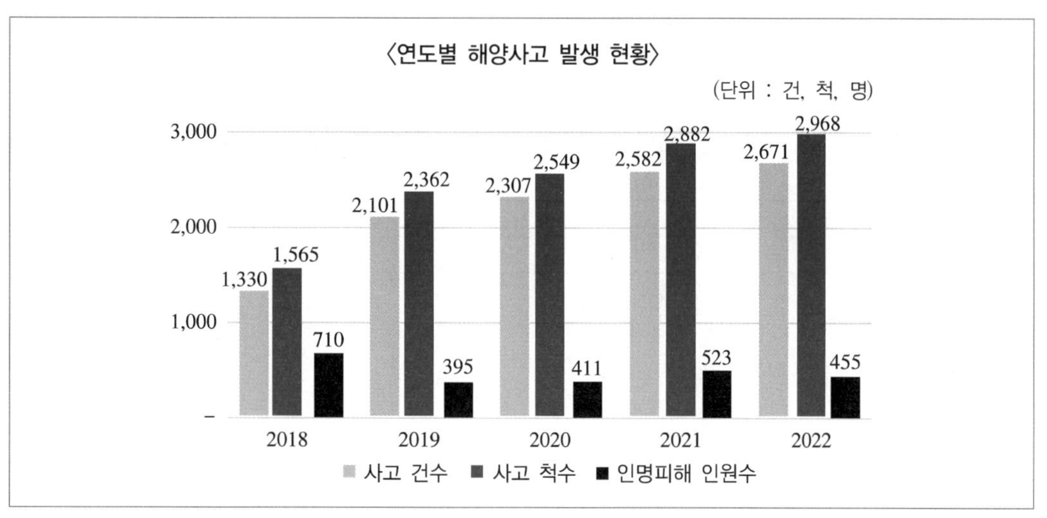

10 다음 중 2018년 대비 2019년 사고 척수의 증가율과 사고 건수의 증가율이 순서대로 나열된 것은? (단, 증가율은 소수점 둘째 자리에서 반올림한다)

① 48.7%, 58.0%
② 48.7%, 61.1%
③ 50.9%, 58.0%
④ 50.9%, 61.1%

11 다음 중 사고 건수당 인명피해의 인원수가 가장 많은 연도는?

① 2018년
② 2019년
③ 2020년
④ 2021년

12 다음은 K국가의 2018 ~ 2022년 부양인구비를 나타낸 자료이다. 2022년 15세 미만 인구 대비 65세 이상 인구의 비율은 얼마인가?(단, 비율은 소수점 둘째 자리에서 반올림한다)

〈부양인구비〉

구분	2018년	2019년	2020년	2021년	2022년
부양비	37.3	36.9	36.8	36.8	36.9
유소년부양비	22.2	21.4	20.7	20.1	19.5
노년부양비	15.2	15.6	16.1	16.7	17.3

※ $(\text{유소년부양비})=\frac{(\text{15세 미만 인구})}{(\text{15} \sim \text{64세 인구})}\times 100$

※ $(\text{노년부양비})=\frac{(\text{65세 이상 인구})}{(\text{15} \sim \text{64세 인구})}\times 100$

① 72.4%
② 77.6%
③ 81.5%
④ 88.7%

13 다음은 K사 피자 1판 주문 시 구매 방식별 할인 혜택과 비용을 나타낸 것이다. 이를 근거로 정가가 12,500원인 K사 피자 1판을 가장 저렴하게 살 수 있는 구매 방식은?

〈구매 방식별 할인 혜택과 비용〉

구매 방식	할인 혜택과 비용
스마트폰앱	정가의 25% 할인
전화	정가에서 1,000원 할인 후, 할인된 가격의 10% 추가 할인
회원카드와 쿠폰	회원카드로 정가의 10% 할인 후, 할인된 가격의 15%를 쿠폰으로 추가 할인
직접 방문	정가의 30% 할인. 교통비용 1,000원 발생
교환권	K사 피자 1판 교환권 구매비용 10,000원 발생

※ 구매 방식은 한 가지만 선택함

① 스마트폰앱
② 전화
③ 회원카드와 쿠폰
④ 직접 방문

14 다음은 2017년부터 2021년까지 교육수준으로 최종학력별 인구분포 비율에 대한 그래프이다. 다음 중 최종학력이 대학교 이상인 인구 구성비의 2017년 대비 2021년 증가율과 중학교 이하인 인구 구성비의 2017년 대비 2020년 감소율이 순서대로 옳게 나열한 것은?(단, 증감률은 소수점 둘째 자리에서 반올림한다)

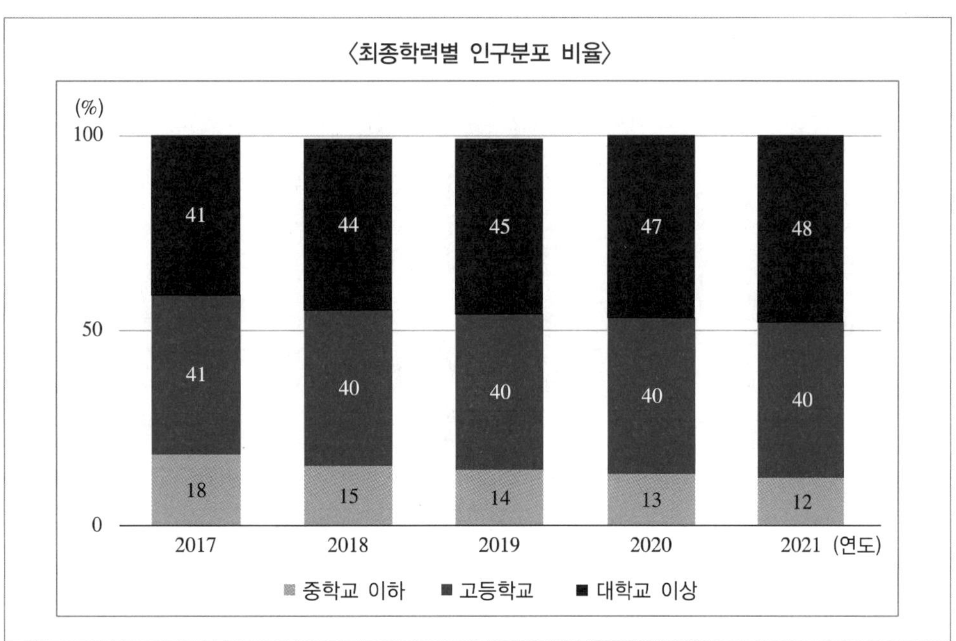

① 15.6%, −22.4%
② 15.6%, −27.8%
③ 17.1%, −22.4%
④ 17.1%, −27.8%

PART 3

※ 다음은 2010년부터 2019년까지 1차 에너지 소비량 현황에 대한 그래프이다. 다음 자료를 읽고 이어지는 질문에 답하시오. **[15~16]**

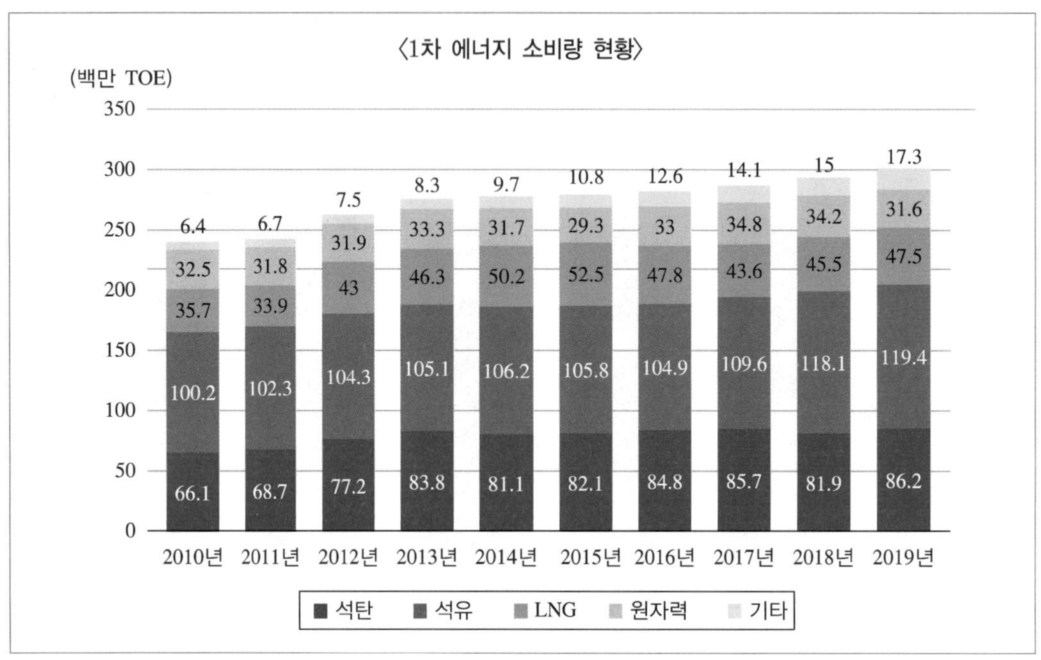

15 다음 중 2019년에 2010년 대비 에너지 소비량 증가율이 가장 큰 에너지는?

① 석탄
② 석유
③ LNG
④ 기타

16 다음 〈보기〉의 설명 중 옳지 않은 것을 모두 고르면?(단, 변화율은 절댓값으로 비교한다)

보기

ㄱ. 2014년의 전년 대비 에너지 소비량 변화율은 LNG가 원자력보다 크다.
ㄴ. 2015년 석탄 소비량의 2011년 대비 증가율은 30%를 초과한다.
ㄷ. 2015년부터 2018년까지 전년 대비 에너지 소비량의 증가추이는 석유와 기타 항목이 동일하다.

① ㄱ
② ㄷ
③ ㄱ, ㄴ
④ ㄴ, ㄷ

17 다음은 2023년 7월 2일에 측정한 발전소별 수문 자료이다. 이날 온도가 27℃를 초과한 발전소의 수력발전을 이용해 변환된 전기에너지의 총 출력량은 15,206.08kW였다. 이때 춘천의 분당 유량은?(단, 결과 값은 소수점 이하 첫째 자리에서 반올림한다)

발전소명	저수위(ELm)	유량(m^3/sec)	온도(℃)	강우량(mm)
안흥	375.9	0.0	26.0	7.0
춘천	102.0		27.5	4.0
의암	70.0	282.2	26.0	2.0
화천	176.5	479.9	24.0	6.0
청평	49.5	447.8	27.0	5.0
섬진강	178.6	6.9	29.5	0.0
보성강	126.6	1.1	30.0	0.0
팔당	25.0	1,394.1	25.0	0.5
괴산	132.1	74.2	27.2	90.5

※ P[kW]=9.8×Q[m^3/sec]×H[m]×ζ [P : 출력량, Q : 유량, H : 유효낙차, ζ : 종합효율(수차효율×발전기효율)]

※ 모든 발전소의 유효낙차는 20m, 종합효율은 90%이다.

① $4m^3$/min ② $56m^3$/min

③ $240m^3$/min ④ $488m^3$/min

PART 3

18 다음은 국가별 연도별 이산화탄소 배출량에 대한 자료이다. 〈조건〉에 따라 빈칸 ㉠~㉣에 해당하는 국가명을 순서대로 나열한 것은?

〈국가별 연도별 이산화탄소 배출량〉

(단위 : 백만 CO_2톤)

구분	1995년	2005년	2015년	2020년	2021년
일본	1,041	1,141	1,112	1,230	1,189
미국	4,803	5,642	5,347	5,103	5,176
㉠	232	432	551	572	568
㉡	171	312	498	535	556
㉢	151	235	419	471	507
독일	940	812	759	764	723
인도	530	890	1,594	1,853	2,020
㉣	420	516	526	550	555
중국	2,076	3,086	7,707	8,980	9,087
러시아	2,163	1,474	1,529	1,535	1,468

조건

- 한국과 캐나다는 제시된 5개 연도의 이산화탄소 배출량 순위에서 8위를 두 번 했다.
- 사우디의 2020년 대비 2021년의 이산화탄소 배출량 증가율은 5% 이상이다.
- 이란과 한국의 이산화탄소 배출량의 합은 2015년부터 이란과 캐나다의 배출량의 합보다 많아진다.

① 캐나다, 이란, 사우디, 한국
② 한국, 사우디, 이란, 캐나다
③ 한국, 이란, 캐나다, 사우디
④ 한국, 이란, 사우디, 캐나다

19 다음은 두 국가의 에너지원 수입액에 대한 자료이다. 이에 대한 설명으로 옳은 것은?

〈A, B국의 에너지원 수입액〉

(단위 : 억 달러)

구분		1982년	2002년	2022년
A국	석유	74.0	49.9	29.5
	석탄	82.4	60.8	28.0
	LNG	29.2	54.3	79.9
B국	석유	75	39	39
	석탄	44	19.2	7.1
	LNG	30	62	102

① 1982년 석유 수입액은 A국이 B국보다 많다.
② 2002년 A국의 석유 및 석탄의 수입액의 합은 LNG 수입액의 2배보다 적다.
③ 2022년 A국의 석탄 수입액은 동년의 B국의 4배보다 적다.
④ 1982년 대비 2022년의 LNG 수입액의 증가율은 A국이 B국보다 크다.

20 다음은 세계 주요 터널 화재 사고 A～F에 관한 자료이다. 이에 대한 설명으로 옳은 것은?

〈세계 주요 터널 화재 사고 통계〉

사고	터널 길이(km)	화재 규모(MW)	복구 비용(억 원)	복구 기간(개월)	사망자(명)
A	50.5	350	4,200	6	1
B	11.6	40	3,276	36	39
C	6.4	120	72	3	12
D	16.9	150	312	2	11
E	0.2	100	570	10	192
F	1.0	20	18	8	0

① 터널 길이가 길수록 사망자가 많다.
② 화재 규모가 클수록 복구 기간이 길다.
③ 사고 A를 제외하면 복구 기간이 길수록 복구 비용이 크다.
④ 사망자가 30명 이상인 사고를 제외하면 화재 규모가 클수록 복구 비용이 크다.

01 K사는 사원들에게 사택을 제공하고 있다. 사택 신청자 A ~ E 중 현재 2명만이 사택을 제공받을 수 있으며, 추첨은 조건별 점수에 따라 이뤄진다고 할 때, 〈보기〉 중 사택을 제공받을 수 있는 사람은 누구인가?

〈사택 제공 조건별 점수〉

근속연수	점수	직급	점수	가족부양 수	점수	직종	점수
1년 이상	1점	차장	5점	5명 이상	10점	연구직	10점
2년 이상	2점	과장	4점	4명	8점	기술직	10점
3년 이상	3점	대리	3점	3명	6점	영업직	5점
4년 이상	4점	주임	2점	2명	4점	서비스직	5점
5년 이상	5점	사원	1점	1명	2점	사무직	3점

※ 근속연수는 휴직기간을 제외하고 1년마다 1점씩 적용하여 최대 5점까지 받을 수 있다. 단, 해고 또는 퇴직 후 일정기간을 경과하여 재고용된 경우에는 이전에 고용되었던 기간(개월)을 통산하여 근속연수에 포함한다. 근속연수 산정은 2023. 1. 1을 기준으로 한다.

※ 가족부양 수의 경우 배우자는 제외된다.

※ 무주택자의 경우 10점의 가산점을 가진다.

※ 동점일 경우 가족부양 수가 많은 사람이 우선순위로 선발된다.

보기

구분	직급	직종	입사일	가족 구성	주택 유무	비고
A	대리	영업직	2019. 08. 20	남편	무주택자	–
B	사원	기술직	2021. 09. 17	아내, 아들 1명, 딸 1명	무주택자	–
C	과장	연구직	2018. 02. 13	어머니, 남편, 딸 1명	유주택자	• 2019. 12. 17 퇴사 • 2020. 05. 15 재입사
D	주임	사무직	2021. 03. 03	아내, 아들 1명, 딸 2명	무주택자	–
E	차장	영업직	2016. 05. 06	아버지, 어머니, 아내, 아들 1명	유주택자	• 2018. 05. 03 퇴사 • 2019. 06. 08 재입사

① A대리, C과장
② A대리, E차장
③ B사원, C과장
④ B사원, D주임

02 K사는 역량평가를 통해 등급을 구분하여 성과급을 지급한다. K사의 성과급 등급 기준이 다음과 같을 때, 〈보기〉의 A ~ D직원 중 S등급에 해당하는 사람은?

〈성과급 점수별 등급〉

S등급	A등급	B등급	C등급
90점 이상	80점 이상	70점 이상	70점 미만

〈역량평가 반영 비율〉

구분	기본역량	리더역량	직무역량
차장	20%	30%	50%
과장	30%	10%	60%
대리	50%	–	50%
사원	60%	–	40%

※ 성과급 점수는 역량 점수(기본역량, 리더역량, 직무역량)를 직급별 해당 역량평가 반영 비율에 적용한 합산 점수이다.

보기

구분	직급	기본역량 점수	리더역량 점수	직무역량 점수
A	대리	85점	–	90점
B	과장	100점	85점	80점
C	사원	95점	–	85점
D	차장	80점	90점	85점

① A대리 ② B과장

③ C사원 ④ D차장

PART 3

03 다음은 A제품을 생산・판매하는 K사의 1 ~ 3주 차 A제품 주문량 및 B, C부품 구매량에 관한 자료이다. 〈조건〉에 근거하여 3주 차 토요일 판매완료 후 A제품과 B, C부품의 재고량을 바르게 나열한 것은?

〈A제품 주문량 및 B, C부품 구매량〉

(단위 : 개)

구분	1주 차	2주 차	3주 차
A제품 주문량	0	200	500
B부품 구매량	450	1,000	550
C부품 구매량	700	2,400	1,300

※ 1주 차 시작 전 A제품의 재고는 없고, B, C부품의 재고는 각각 50개, 100개이다.
※ 한 주의 시작은 월요일이다.

조건

- A제품은 매주 월요일부터 금요일까지 생산하고, A제품 1개 생산 시 B부품 2개, C부품 4개가 사용된다.
- B, C부품은 매주 일요일에 일괄구매하고, 그 다음 부품이 모자랄 때까지 A제품을 생산한다.
- 생산된 A제품은 매주 토요일에 주문량만큼 즉시 판매되고, 남은 A제품은 이후 판매하기 위한 재고로 보유한다.

	A제품	B부품	C부품
①	0	50	0
②	0	50	100
③	50	0	100
④	50	0	200

04 오전 5시 40분에 당고개에서 출발하는 4호선 오이도행 열차가 있다. 다음은 오이도역에서 출발하는 4호선 당고개행 열차의 출발 시각표이고, 오이도에서 당고개까지 총 47개의 역일 때, 당고개에서 출발하는 열차가 오이도에서 출발하는 열차와 몇 번째 역에서 마주치게 되겠는가?(단, 다음 정차역까지 걸리는 시간은 모두 2분 간격이며, 오이도역을 1번으로 하여 순번을 매긴다)

〈당고개행 열차 오이도역 출발 시각〉

열차	출발 시각
㉮	06:00
㉯	06:24
㉰	06:48

	㉮	㉯	㉰
①	21번째 역	15번째 역	9번째 역
②	19번째 역	13번째 역	7번째 역
③	17번째 역	11번째 역	5번째 역
④	14번째 역	10번째 역	4번째 역

PART 3

05 다음은 R대리가 부산 출장을 갔다 올 때, 선택할 수 있는 교통편에 대한 자료이다. R대리가 교통편 하나를 선택하여 왕복티켓을 모바일로 예매하려고 할 때, 가장 저렴한 교통편은 무엇인가?

〈출장 시 이용 가능한 교통편 현황〉

교통편	종류	비용	기타
버스	일반버스	24,000원	–
	우등버스	32,000원	모바일 예매 1% 할인
기차	무궁화호	28,000원	왕복 예매 시 15% 할인
	새마을호	36,000원	왕복 예매 시 20% 할인

① 일반버스 ② 우등버스
③ 무궁화호 ④ 새마을호

06 자동차 회사에 근무하고 있는 P씨는 중국 공장에 점검차 방문하기 위해 교통편을 알아보고 있다. 내일 새벽 비행기를 타기 위한 여러 가지 방법 중 가장 적은 비용으로 공항에 도착하는 방법은?

〈숙박요금〉

구분	공항 근처 모텔	공항 픽업 호텔	회사 근처 모텔
요금	80,000원	100,000원	40,000원

〈대중교통 요금 및 소요시간〉

구분	버스	택시
회사 → 공항 근처 모텔	20,000원 / 3시간	40,000원 / 1시간 30분
회사 → 공항 픽업 호텔	10,000원 / 1시간	20,000원 / 30분
회사 → 회사 근처 모텔	근거리이므로 무료	
공항 픽업 호텔 → 공항	픽업으로 무료	
공항 근처 모텔 → 공항		
회사 근처 모텔 → 공항	20,000원 / 3시간	40,000원 / 1시간 30분

※ 소요시간도 금액으로 계산한다(30분당 5,000원).

① 공항 근처 모텔로 버스 타고 이동 후 숙박
② 공항 픽업 호텔로 버스 타고 이동 후 숙박
③ 공항 픽업 호텔로 택시 타고 이동 후 숙박
④ 회사 근처 모텔에서 숙박 후 버스 타고 공항 이동

07 K공단은 여름방학을 맞이하여 대학생 서포터즈와 함께하는 농촌체험활동 행사를 진행했다. 총 다섯 팀이 행사에 참가하였으며, 각 팀은 활동을 바탕으로 홍보영상을 제작하였다. 세 가지 평가 기준에 따라 우수팀을 선정하려고 할 때, 가장 높은 등급을 받는 팀은?

〈평가항목과 배점비율〉

평가항목	창의력	전달력	기술력	합계
배점비율	50%	30%	20%	100%

〈창의력〉

구분	10 ~ 8	7 ~ 5	4 ~ 2	1 ~ 0
환산점수	100	80	70	40

〈전달력〉

구분	10 ~ 7	6 ~ 4	3 ~ 2	1 ~ 0
환산점수	100	70	50	30

〈기술력〉

구분	10 ~ 6	5 ~ 4	3 ~ 0
환산점수	100	70	40

〈팀별점수〉

구분	창의력	전달력	기술력	총환산점수	환산등급
A팀	7	4	6		
B팀	8	2	5		
C팀	3	8	2		
D팀	8	3	4		
E팀	8	8	6		

※ 총환산점수는 각 평가항목의 비율별로 합한 것이고, 환산등급은 등급별로 A(100 ~ 91), B(90 ~ 81), C(80 ~ 71), D(70 ~ 61), E(60 이하)이다.

① A팀 ② B팀
③ C팀 ④ E팀

08 다음은 K공단의 당직 근무 규칙과 이번 주 당직 근무자들의 일정표이다. 당직 근무 규칙에 따라 이번 주에 당직 근무 일정을 추가해야 하는 사람으로 옳은 것은?

〈당직 근무 규칙〉

- 1일 당직 근무 최소 인원은 오전 1명, 오후 2명으로 총 3명이다.
- 1일 최대 6명을 넘길 수 없다.
- 같은 날 오전·오후 당직 근무는 서로 다른 사람이 해야 한다.
- 오전 또는 오후 당직을 모두 포함하여 당직 근무는 주당 3회 이상 5회 미만으로 해야 한다.

〈당직 근무 일정〉

성명	일정	성명	일정
공주원	월 오전 / 수 오후 / 목 오전	최민관	월 오후 / 화 오후 / 토 오전 / 일 오전
이지유	월 오후 / 화 오전 / 금 오전 / 일 오후	이영유	수 오전 / 화 오후 / 금 오후 / 토 오후
강리환	수 오전 / 목 오전 / 토 오후	지한준	월 오전 / 수 오후 / 금 오전
최유리	화 오전 / 목 오후 / 토 오후	강지공	수 오후 / 화 오후 / 금 오후 / 토 오전
이건율	월 오후 / 목 오전 / 일 오전	김민정	월 오전 / 수 오후 / 토 오전 / 일 오후

① 공주원 ② 이지유

③ 최유리 ④ 지한준

09 다음은 K공단 인사팀의 하계휴가 스케줄이다. A사원은 휴가를 신청하기 위해 하계휴가 스케줄을 확인하였다. 인사팀 팀장인 P부장이 25 ~ 28일은 하계워크숍 기간이므로 휴가 신청이 불가능하며, 하루에 6명 이상은 사무실에 반드시 있어야 한다고 팀원들에게 공지했다. A사원이 휴가를 쓸 수 있는 기간으로 가장 적절한 것은?

구분	8월																			
	3	4	5	6	7	10	11	12	13	14	17	18	19	20	21	24	25	26	27	28
	월	화	수	목	금	월	화	수	목	금	월	화	수	목	금	월	화	수	목	금
P부장																				
K차장																				
J과장																				
H대리																				
S주임																				
W주임																				
A사원																				
B사원																				

※ 색칠된 부분은 다른 팀원의 휴가기간이다.

※ A사원은 4일 이상 휴가를 사용해야 한다(토, 일 제외).

① 8월 7 ~ 11일

② 8월 6 ~ 11일

③ 8월 11 ~ 14일

④ 8월 13 ~ 18일

10 다음은 10월 달력이다. 〈조건〉에 맞게 근무를 배정했을 때 대체근무가 필요한 횟수는?

10 | October

일 SUN	월 MON	화 TUE	수 WED	목 THU	금 FRI	토 SAT
						1
2	3 개천절	4	5	6	7	8
9 한글날	10	11	12	13	14	15
16	17	18	19	20	21	22
23	24	25	26	27	28	29
30	31					

조건

- 3조 2교대이며 근무 패턴은 주간1 – 주간2 – 야간1 – 야간2 – 비번 – 휴무이다.
- 1팀은 팀장 1명, 주임 1명, 2팀은 팀장 1명, 주임 1명, 3팀은 팀장 1명, 주임 2명이다.
- 각 팀장과 주임은 한 달에 한 번 지정휴무 1일을 사용할 수 있다.
- 근무마다 최소 팀장 1명, 주임 1명이 유지되어야 한다.
- 10월 1일 1팀은 야간1이었고, 2팀은 비번, 3팀은 주간1이었다.
- 1팀의 팀장은 27일부터 31일까지 여행을 떠난다(근무일에 연차 사용).
- 대체근무의 횟수는 최소화한다.
- 공휴일도 정상 근무일에 포함한다.

① 2번 ② 4번

③ 6번 ④ 8번

11 다음은 계절별 전기요금표이다. 7월에 전기 460kWh를 사용하여 전기세가 많이 나오자 10월에는 전기사용량을 줄이기로 하였다. 10월에 사용한 전력이 341kWh이라면, 10월의 전기세로 청구될 금액은 얼마인가?

〈전기요금표〉

• 하계(7.1 ~ 8.31)

구간		기본요금(원/호)	전력량 요금(원/kWh)
1단계	300kWh 이하 사용	910	93.3
2단계	301 ~ 450kWh	1,600	187.9
3단계	450kWh 초과	7,300	280.6

• 기타 계절(1.1 ~ 6.30, 9.1 ~ 12.31)

구간		기본요금(원/호)	전력량 요금(원/kWh)
1단계	200kWh 이하 사용	910	93.3
2단계	201 ~ 400kWh	1,600	187.9
3단계	400kWh 초과	7,300	280.6

• 부가가치세(원 미만 반올림) : 전기요금의 10%
• 전력산업기반기금(10원 미만 절사) : 전기요금의 3.7%
• 전기요금(원 미만 절사) : (기본요금)+(전력량 요금)

※ 전력량 요금은 요금 누진제가 적용된다. 요금 누진제는 사용량이 증가함에 따라 순차적으로 높은 단가가 적용되며, 기타 계절의 요금은 200kWh 단위로 3단계로 운영되고 있다. 예를 들어, 월 300kWh를 사용한 세대는 처음 200kWh에 대해서는 kWh당 93.3원이 적용되고, 나머지 100kWh에 대해서는 187.9원이 적용돼 총 37,450원의 전력량 요금이 부과된다.

• 청구금액(10원 미만 절사) : (전기요금)+(부가가치세)+(전력산업기반기금)

① 51,020원
② 53,140원
③ 57,850원
④ 64,690원

PART 3

12 K공단 인재개발원에 근무하고 있는 A대리는 〈조건〉에 따라 신입사원 교육을 위한 스크린을 구매하려고 한다. 다음 중 가장 적절한 제품은 무엇인가?

조건

- 조명도는 5,000lx 이상이어야 한다.
- 예산은 150만 원이다.
- 제품에 이상이 생겼을 때 A/S가 신속해야 한다.
- 위 조건을 모두 충족할 시, 가격이 저렴한 제품을 가장 우선으로 선정한다.

※ lux(럭스) : 조명이 밝은 정도를 말하는 조명도에 대한 실용단위로 기호는 lx이다.

	제품	가격(만 원)	조명도(lx)	특이사항
①	A	180	8,000	2년 무상 A/S 가능
②	B	120	6,000	해외직구(해외 A/S)
③	C	100	3,500	미사용 전시 제품
④	D	130	7,000	2년 무상 A/S 가능

13 직원 수가 100명인 K사에서 치킨을 주문하려고 한다. 1마리를 시키면 2명이 먹을 수 있다고 할 때, 최소 비용으로 치킨을 먹을 수 있는 방법은?

구분	정가	할인	
		방문 포장 시	단체 주문 시
A치킨	15,000원/마리	35%	5%(단, 50마리 이상 주문 시)
B치킨	16,000원/마리	20%	3%(단, 10마리 이상 주문 시)

※ 방문 포장 시 유류비와 이동할 때의 번거로움 등을 계산하면 A치킨은 50,000원, B치킨은 15,000원의 비용이 든다.

※ 중복 할인이 가능하며, 중복 할인 시 할인율을 더한 값으로 계산한다.

① A치킨에서 방문 포장하고 단체 주문 옵션을 선택한다.

② B치킨에서 방문 포장하고 단체 주문 옵션을 선택한다.

③ A치킨에서 배달을 시킨다.

④ A치킨과 B치킨에서 전체의 반씩 방문 포장으로 단체 주문 옵션을 선택한다.

14 Q물류회사에서 근무 중인 귀하에게 화물운송기사 두 명이 찾아와 운송시간에 대한 질문을 하였다. 주요 도시 간 이동시간 자료를 참고했을 때, 두 기사에게 안내해야 할 시간은?(단, 귀하와 두 기사는 A도시에 위치하고 있다)

> K기사 : 저는 여기서 화물을 싣고 E도시로 운송한 후에 C도시로 가서 다시 화물을 싣고 여기로 돌아와야 하는데 시간이 얼마나 걸릴까요? 최대한 빨리 마무리 지었으면 좋겠는데….
> P기사 : 저는 여기서 출발해서 모든 도시를 한 번씩 거쳐 다시 여기로 돌아와야 해요. 가장 짧은 이동시간으로 다녀오면 얼마나 걸릴까요?

〈주요 도시 간 이동시간〉

(단위 : 시간)

출발도시＼도착도시	A	B	C	D	E
A	–	1.0	0.5	–	–
B	–	–	–	1.0	0.5
C	0.5	2.0	–	–	–
D	1.5	–	–	–	0.5
E	–	–	2.5	0.5	–

※ 화물을 싣고 내리기 위해 각 도시에서 정차하는 시간은 고려하지 않음

※ '–' 표시가 있는 구간은 이동이 불가능함

	K기사	P기사
①	4시간	4시간
②	4.5시간	5시간
③	4.5시간	5.5시간
④	5.5시간	5시간

15 독일인 A씨는 베를린에서 한국을 경유하여 일본으로 가는 비행기표를 구매하였다. A씨의 일정이 다음과 같을 때, A씨가 인천공항에 도착하는 한국시각과 A씨가 참여했을 환승투어를 바르게 짝지은 것은?(단, 제시된 조건 외에 고려하지 않는다)

〈A씨의 일정〉

한국행 출발시각 (독일시각 기준)	비행시간	인천공항 도착시각	일본행 출발시각 (한국시각 기준)
11월 2일 19:30	12시간 20분		11월 3일 19:30

※ 독일은 한국보다 8시간 느리다.
※ 비행 출발 1시간 전에는 공항에 도착해야 한다.

〈환승투어 코스 안내〉

구분	코스	소요시간
엔터테인먼트	• 인천공항 → 파라다이스시티 아트테인먼트 → 인천공항	2시간
인천시티	• 인천공항 → 송도한옥마을 → 센트럴파크 → 인천공항 • 인천공항 → 송도한옥마을 → 트리플 스트리트 → 인천공항	2시간
산업	• 인천공항 → 광명동굴 → 인천공항	4시간
전통	• 인천공항 → 경복궁 → 인사동 → 인천공항	5시간
해안관광	• 인천공항 → 을왕리해변 또는 마시안해변 → 인천공항	1시간

	도착시각	환승투어
①	11월 2일 23:50	산업
②	11월 2일 15:50	엔터테인먼트
③	11월 3일 23:50	전통
④	11월 3일 15:50	인천시티

16 김주임은 주말 중에 다리를 다쳐 종합병원의 1인실에 8일간 입원하게 되었다. 김주임이 가입한 실비 보험 약관의 일부가 다음과 같을 때, 김주임이 입원으로 인한 입원제비용, 수술비를 제외한 입원비용 중 실손보험 병실의료비를 제외하고 실제로 부담하게 되는 금액으로 옳은 것은?

〈실비 보험 약관〉

- 질병입원의료비 : 국민건강보험법에 의해 피보험자가 부담하는 입원실료, 입원제비용, 수술비 전액 및 실제사용병실과 기준병실(6인실)과의 병실료차액의 50% 지급(1일 10만 원 한도)
  (기준병실료)+[(실제사용병실료)−(기준병실료)×50%]=(1일 병실의료비 보험금)

〈건강보험법상 입원실별 본인부담률〉

병원 구분	1인실	2인실	3인실
상급종합병원	비급여	50%	40%
종합병원	비급여	40%	30%
병원, 한방병원	비급여	40%	30%
치과병원 및 의원	비급여	비급여	비급여

〈김주임이 입원한 병원의 병실료〉

병실 구분	병실료(원)
기준병실료(6인실)	70,000
3인실	90,000
2인실	110,000
1인실	160,000

① 455,000원　　② 480,000원

③ 500,000원　　④ 560,000원

PART 3

17 H팀은 정기행사를 진행하기 위해 공연장을 대여하려 한다. H팀의 상황을 고려하여 공연장을 대여한다고 할 때, 총비용은 얼마인가?

〈공연장 대여비용〉

구분	공연 준비비	공연장 대여비	소품 대여비	보조진행요원 고용비
단가	50만 원	20만 원(1시간)	5만 원(1세트)	5만 원(1인, 1시간)
할인	총비용 150만 원 이상 : 10%	2시간 이상 : 3% 5시간 이상 : 10% 12시간 이상 : 20%	3세트 : 4% 6세트 : 10% 10세트 : 25%	2시간 이상 : 5% 4시간 이상 : 12% 8시간 이상 : 25%

※ 할인은 각 품목마다 개별적으로 적용된다.

〈H팀 상황〉

A : 저희 총예산은 수입보다 많으면 안 됩니다. 티켓은 4만 원이고, 50명 정도 관람할 것으로 예상됩니다.

B : 공연은 2시간이고, 리허설 시간으로 2시간이 필요하며, 공연 준비 및 정리를 하려면 공연 앞뒤로 1시간씩은 필요합니다.

C : 소품은 공연 때 2세트 필요한데, 예비로 1세트 더 준비하도록 하죠.

D : 진행은 저희끼리 다 못하니까 주차장을 관리할 인원 1명을 고용해서 공연 시간 동안과 공연 앞뒤 1시간씩 공연장 주변을 정리하도록 합시다. 총예산이 모자라면 예비 소품 1세트 취소, 보조진행요원 미고용, 리허설 시간 1시간 축소 순서로 줄이도록 하죠.

① 1,800,000원 ② 1,850,000원

③ 1,900,000원 ④ 2,050,000원

18 K사에서는 매월 초 인트라넷을 통해 윤리경영 자기진단을 실시한다. 아침 회의 시 본부장은 오늘 내에 부서 구성원이 모두 참여할 수 있는 별도의 시간을 정하여 가능한 빨리 완료할 것을 지시하였다. 이에 부서장은 귀하에게 다음의 업무 스케줄을 보고 적당한 시간을 확인하여 보고할 것을 당부하였다. 자기진단 시간으로 1시간이 소요될 때 가장 적절한 시간은 언제인가?

〈업무 스케줄〉

시간	직급별 스케줄				
	부장	차장	과장	대리	사원
09:00 ~ 10:00	부서장 회의				
10:00 ~ 11:00					
11:00 ~ 12:00			타부서 협조회의		
12:00 ~ 13:00	점심식사				
13:00 ~ 14:00	부서 업무 회의				비품 신청
14:00 ~ 15:00					
15:00 ~ 16:00			일일 업무 결산		
16:00 ~ 17:00		업무보고			
17:00 ~ 18:00	업무보고				

① 15:00 ~ 16:00
② 14:00 ~ 15:00
③ 12:00 ~ 13:00
④ 10:00 ~ 11:00

19 Y구청은 관내 도장업체 A ~ C에 청사 바닥 도장공사를 의뢰하려고 한다. 관내 도장업체 정보를 보고 다음 〈보기〉에서 옳은 것을 모두 고르면?

〈관내 도장업체 정보〉

업체	$1m^2$당 작업시간	시간당 비용
A	30분	10만 원
B	1시간	8만 원
C	40분	9만 원

※ 청사 바닥의 면적은 $60m^2$이다.

※ 여러 업체가 참여하는 경우, 각 참여 업체는 언제나 동시에 작업하며 업체당 작업시간은 동일하다. 이때 각 참여 업체가 작업하는 면은 겹치지 않는다.

※ 모든 업체는 시간당 비용에 비례하여 분당 비용을 받는다(예 A업체가 6분 동안 작업한 경우 1만 원을 받는다).

보기

ㄱ. 작업을 가장 빠르게 끝내기 위해서는 A업체와 C업체에만 작업을 맡겨야 한다.

ㄴ. B업체와 C업체에 작업을 맡기는 경우, 작업 완료까지 24시간이 소요된다.

ㄷ. A, B, C업체에 작업을 맡기는 경우, B업체와 C업체에 작업을 맡기는 경우보다 비용이 더 많이 든다.

① ㄱ

② ㄴ

③ ㄷ

④ ㄱ, ㄴ

20 K사 총무부에 근무하는 D씨는 K사 사원들을 대상으로 사무실에 필요한 사무용품에 대해 설문조사하여 다음과 같은 결과를 얻게 되었다. 설문조사 시 사원들에게 하나의 제품만 선택하도록 하였고, 연령을 구분하여 추가적으로 분석한 결과에 대해 비고란에 적었다. 다음 중 설문 결과에 대해 옳은 것은?(단, 설문조사에 참여한 K사 사원들은 총 100명이다)

〈사무용품 필요도 설문조사〉

구분	비율	비고
복사기	15%	• 복합기를 원하는 사람들 중 20대는 절반을 차지했다. • 정수기를 원하는 사람들은 모두 30대이다. • 냉장고를 원하는 사람들 중 절반은 40대이다. • 복사기를 원하는 사람들 중 20대는 2/3를 차지했다. • 안마의자를 원하는 사람들은 모두 40대이다. • 기타용품을 원하는 20대, 30대, 40대 인원은 동일하다.
냉장고	26%	
안마의자	6%	
복합기	24%	
커피머신	7%	
정수기	13%	
기타용품	9%	

① 냉장고를 원하는 20대가 복합기를 원하는 20대보다 적다.

② 기타용품을 원하는 40대가 안마의자를 원하는 40대보다 많다.

③ 사원들 중 20대가 총 25명이라면, 냉장고를 원하는 20대는 없다.

④ 복합기를 원하는 30대는 냉장고를 원하는 40대보다 많을 수 있다.

PART 3

※ 다음은 K전자의 어떤 제품에 대한 사용설명서이다. 이어지는 질문에 답하시오. **[1~3]**

〈사용 시 주의사항〉

- 운전 중에 실내기나 실외기의 흡입구를 열지 마십시오.
- 침수가 되었을 때에는 반드시 서비스 센터에 의뢰하십시오.
- 청소 시 전원 플러그를 뽑아주십시오.
- 세척 시 부식을 발생시키는 세척제를 사용하지 마십시오. 특히 내부 세척은 전문가의 도움을 받으십시오.
- 필터는 반드시 끼워서 사용하고 2주에 1회 가량 필터를 청소해 주십시오.
- 운전 중에 가스레인지 등 연소기구 이용 시 수시로 환기를 시키십시오.
- 어린이가 제품 위로 올라가지 않도록 해 주십시오.

〈문제발생 시 확인사항〉

발생 문제	확인사항	조치
제품이 작동하지 않습니다.	전원 플러그가 뽑혀 있지 않습니까?	전원플러그를 꽂아 주십시오.
	전압이 너무 낮지 않습니까?	공급 전력이 정격 전압 220V인지 한국전력에 문의하십시오.
	리모컨에 이상이 없습니까?	건전지를 교환하거나 (+), (−)극에 맞게 다시 투입하십시오.
찬바람이 지속적으로 나오지 않습니다.	전원을 끈 후 곧바로 운전시키지 않았습니까?	실외기의 압축기 보호 장치 작동으로 약 3분 후 다시 정상 작동됩니다.
	희망온도가 실내온도보다 높게 설정되어있지 않습니까?	희망온도를 실내온도보다 낮게 설정하십시오.
	제습모드나 절전모드는 아닙니까?	운전모드를 냉방으로 변경하십시오.
배출구에 이슬이 맺힙니다.	실내 습도가 너무 높지 않습니까?	공기 중의 습기가 이슬로 맺히는 자연스러운 현상으로, 증상이 심한 경우 마른 수건으로 닦아 주십시오.
예약운전이 되지 않습니다.	예약시각이 올바르게 설정되었습니까?	설명서를 참고하여 올바른 방법으로 예약해 주십시오.
	현재시각이 올바르게 설정되어있습니까?	현재시각을 다시 설정해 주십시오.
원하는 만큼 실내가 시원해지지 않습니다.	제품의 냉방가능 면적이 실내 면적보다 작지 않습니까?	냉방가능 면적이 실내 면적과 일치하는 성능의 제품을 사용하십시오.
	실내기와 실외기의 거리가 멀지 않습니까?	실내기와 실외기 사이가 5m 이상이 되면 냉방능력이 다소 떨어질 수 있습니다.
	실내에 인원이 너무 많지 않습니까?	실내에 인원이 많으면 냉방효과가 다소 떨어질 수 있습니다.
	햇빛이 실내로 직접 들어오지 않습니까?	커튼이나 블라인드 등으로 햇빛을 막아 주십시오.
	문이나 창문이 열려있지 않습니까?	찬 공기가 실외로 빠져나가지 않도록 문을 닫아 주십시오.
	실내기·실외기 흡입구나 배출구가 막혀있지 않습니까?	실내기·실외기 흡입구나 배출구의 장애물을 제거해 주십시오.
	필터에 먼지 등 이물질이 끼지 않았습니까?	필터를 깨끗이 청소해 주십시오.

리모컨이 작동하지 않습니다.	건전지의 수명이 다 되지 않았습니까?	새 건전지로 교체하십시오.
	주변에 너무 강한 빛이 있지 않습니까?	네온사인이나 삼파장 형광등 등, 강한 빛이 발생하는 주변에서는 간혹 리모컨이 작동하지 않을 수 있으므로 실내기 수신부 앞에서 에어컨을 작동시키십시오.
	리모컨의 수신부가 가려져 있지 않습니까?	가리고 있는 물건을 치우십시오.
냄새가 나고 눈이 따갑습니다.	냄새를 유발하는 다른 요인(조리, 새집의 인테리어 및 가구, 약품 등)이 있지 않습니까?	환풍기를 작동하거나 환기를 해 주세요.
	곰팡이 냄새가 나지 않습니까?	제품에서 응축수가 생겨 잘 빠지지 않을 경우 냄새가 날 수 있습니다. 배수호스를 점검해 주세요.
제품이 저절로 꺼집니다.	꺼짐 예약 또는 취침예약이 되어있지 않습니까?	꺼짐 예약이나 취침예약을 취소하십시오.
실내기에서 안개 같은 것이 발생합니다.	습도가 높은 장소에서 사용하고 있지 않습니까?	습도가 높으면 습기가 많은 바람이 나오면서 안개 같은 것이 배출될 수 있습니다.
	기름을 많이 사용하는 장소에서 사용하고 있지 않습니까?	음식점 등 기름을 많이 사용하는 장소에서 사용할 경우 기기 내부를 정기적으로 청소 해 주십시오.

PART 3

01 다음 중 제시된 사용설명서는 어떤 제품에 대한 사용설명서인가?

① 가스레인지 ② 냉장고
③ TV ④ 에어컨

02 다음 중 제품에서 곰팡이 냄새가 날 때, 취해야 하는 조치로 가장 적절한 것은?

① 환기를 해야 한다. ② 제품 내부를 청소해야 한다.
③ 직사광선이 심한지 확인한다. ④ 배수호스를 점검해야 한다.

03 귀하는 K전자 고객지원팀에서 온라인 문의에 대한 답변 업무를 하고 있다. 다음 귀하의 답변 중 옳지 않은 것은?

① Q : 마트에 갔더니 가전제품 전용 세제가 있어서 사왔는데, 이걸로 청소를 하면 괜찮을까요?
A : 외부 청소만 하신다면 상관이 없으나, 기기 내부 청소의 경우에는 반드시 전문가의 도움을 받으셔야 합니다.
② Q : 예약시간을 매번 정확히 입력하는데도 예약운전이 되지 않아요.
A : 기기의 현재 시간이 올바르게 설정되어 있는지 확인해주시기 바랍니다.
③ Q : 리모컨이 작동하지 않네요. 확인해 보니까 건전지 약은 아직 남아 있습니다. 고장인가요?
A : 삼파장 형광등이나 네온사인 같은 강한 빛이 나는 물건을 주변에서 치워보시고, 이후에도 미해결 시 A/S 센터로 연락 주십시오.
④ Q : 구입한 지 시간이 좀 지나서 필터 청소를 하려고 합니다. 필터 청소는 얼마마다 해야 하나요?
A : 필터 청소는 2주에 1회가량을 권장하고 있습니다.

※ 다음 청소기 제품설명서를 보고 이어지는 질문에 답하시오. [4~8]

〈제품설명서〉

청소기가 제대로 작동하지 않을 경우 아래 사항들을 먼저 확인해 보세요. 그래도 문제가 해결되지 않을 경우 가까운 서비스센터에 문의하세요.

1. 동작 관련

원인	조치
적외선 발신부가 몸에 가려져 있습니다.	적외선 발신부를 몸으로 가리지 말고 사용하세요.
손잡이 리모컨의 건전지 수명이 다하면 동작하지 않습니다.	손잡이 리모컨의 건전지를 교환해 주세요.
전원 플러그가 콘센트에 바르게 꽂혀있지 않습니다.	전원 플러그를 콘센트에 정확히 꽂아 주세요.

2. 흡입력 약화 관련

원인	조치
출입구, 호스, 먼지통이 큰 이물질로 막혀 있거나 먼지통이 꽉 차 있습니다.	막혀 있는 곳의 이물질을 제거해 주세요.
필터가 더러워졌습니다.	본체에서 먼지통을 꺼낸 후 내부의 모터 보호필터를 청소용 솔로 청소해 주세요.
배기필터가 더러워졌습니다.	본체에서 먼지통을 꺼낸 후 배기필터 윗단 손잡이를 잡고 들어 올려 배기필터를 꺼내 주세요. 그리고 배기필터를 턴 뒤 본체에 밀어 넣은 후 먼지통을 삽입하세요.

3. 기타 문제 관련

증상	원인	조치
사용 중에 갑자기 멈췄어요.	먼지통이 가득 찼을 때 청소기를 동작시켰는지 확인하세요.	제품 내부에 모터과열방지 장치가 있어 왼쪽의 경우 제품이 일시적으로 멈출 수 있습니다. 막힌 곳을 손질하시고 2시간 정도 기다렸다가 다시 사용하세요(단, 온도에 따라 달라질 수 있습니다).
	흡입구가 막힌 상태로 청소기를 동작시켰는지 확인하세요.	
	틈새용 흡입구를 장시간 동작시켰는지 확인하세요.	
먼지통에서 '딸그락' 거리는 소리가 나요.	먼지통에 모래, 구슬, 돌 등의 이물질이 있는지 확인하세요.	소음의 원인이 되므로 먼지통을 비워 주세요.
청소기 배기구에서 냄새가 나요.	구입 후 3개월가량은 냄새가 발생할 수 있습니다.	먼지통을 자주 비워주시고 필터류를 자주 손질해 주세요.
	장기간 사용 시 먼지통에 쌓인 이물질 및 필터류에 낀 먼지로 인해 냄새가 발생할 수 있습니다.	

위의 사항을 모두 확인했음에도 불구하고 고장 증상이 계속된다면 서비스센터에 고장 신고를 해 주세요.

04 다음 청소기 사용 중 흡입력이 약화됐다면, 가장 먼저 확인해야 하는 행동으로 옳은 것은?

① 청소기를 장시간 사용한 것이 아닌지 확인한다.

② 전원 플러그가 제대로 꽂혀 있는지 확인한다.

③ 먼지통이 꽉 찼는지 확인한다.

④ 손잡이 리모컨의 건전지를 확인한다.

05 손잡이 리모컨의 건전지 수명이 다했을 때, 어떤 조치를 취해야 하는가?

① 전원 플러그를 콘센트에 제대로 꽂는다.
② 건전지를 교체한다.
③ 건전지 정품 여부를 확인한다.
④ 리모컨을 교체한다.

06 청소기 사용 중 작동이 멈췄을 때, 원인과 관련 없는 것은?

① 먼지통에 먼지가 가득 찼을 경우
② 구입한 지 얼마 안됐을 경우
③ 전원 플러그가 뽑혔을 경우
④ 흡입구가 막혔을 경우

07 배기필터가 더러워졌을 때, 가장 먼저 해야 할 일은?

① 호스 입구의 먼지를 제거한다.
② 본체를 물로 닦는다.
③ 보호필터를 청소용 솔로 청소한다.
④ 본체에서 먼지통을 꺼낸다.

08 배기구에서 냄새가 나서 먼지통을 비워도 같은 상황이 발생한다면 어떻게 해야 하는가?

① 적외선 발신부를 확인한다.
② 구입한 지 3개월이 지났다면 고장 신고를 한다.
③ 배기구 입구를 물로 세척한다.
④ 다시 먼지통을 비운다.

09 다음은 산업재해의 어떤 원인인가?

> 시설물 자체 결함, 전기 시설물의 누전, 구조물의 불안정, 소방기구의 미확보, 안전보호장치 결함, 복장·보호구의 결함, 시설물의 배치 및 장소 불량, 작업 환경 결함, 생산 공정의 결함, 경계 표시 설비의 결함 등

① 교육적 원인
② 기술적 원인
③ 불안전한 행동
④ 불안전한 상태

10 다음 중 지속가능한 기술에 대한 설명으로 옳지 않은 것은?

① 이용가능한 자원과 에너지를 고려한다.
② 자원이 사용되고 재생산되는 비율의 조화를 추구한다.
③ 자원의 양을 생각한다.
④ 자원이 생산적인 방식으로 사용되는가에 주의를 기울인다.

11 다음에서 설명하는 것은?

> 모든 사람들이 광범위한 관점에서 기술의 특성, 기술적 행동, 기술의 힘, 기술의 결과에 대해 어느 정도의 지식을 가지는 것을 의미한다. 본질적으로 그것은 실천적 문제 (Practical Problem)를 해결할 수 있는 생산력, 체계, 환경을 설계하고 개발해야 할 때, 비판적 사고를 갖게 되는 것을 포함한다. 즉, 기술을 사용하고 운영하고 이해하는 능력이다.

① 기술교양　　② 기술능력
③ 기술학　　④ 기술과학

12 다음은 산업재해가 발생한 상황에 대해서 예방 대책을 세운 것이다. 누락되어 보완되어야 할 사항은?

사고사례		
(B소속 정비공인 피재자 A가 대형 해상크레인의 와이어로프 교체작업을 위해 고소작업대(차량탑재형 이동식 크레인)바스켓에 탑승하여 해상크레인 상부 붐(33m)으로 공구를 올리던 중 해상크레인 붐이 바람과 파도에 의해 흔들려 피재자가 탑승한 바스켓에 충격을 가하였고, 바스켓 연결부(로드셀)가 파손되면서 바스켓과 함께 도크바닥으로 떨어져 사망한 재해임.		
재해 예방 대책	1단계	사고 조사, 안전 점검, 현장 분석, 작업자의 제안 및 여론 조사, 관찰 및 보고서 연구 등을 통하여 사실을 발견한다.
	2단계	재해의 발생 장소, 재해 형태, 재해 정도, 관련 인원, 직원 감독의 적절성, 공구 장비의 상태 등을 정확히 분석한다.
	3단계	원인 분석을 토대로 적절한 시정책, 즉 기술적 개선, 인사 조정 및 교체, 교육, 설득, 공학적 조치 등을 선정한다.
	4단계	안전에 대한 교육 및 훈련 시행, 안전시설과 장비의 결함 개선, 안전 감독 실시 등의 선정된 시정책을 적용한다.

① 안전 관리 조직　　② 시정책 선정
③ 원인 분석　　④ 시정책 적용 및 뒤처리

PART 3

13 다음 벤치마킹의 종류에 대한 설명으로 옳은 것은?

> 네스프레소는 가정용 커피머신 시장의 선두주자이다. 이러한 성장 배경에는 기존의 산업 카테고리를 벗어나 랑콤, 이브로쉐 등 고급 화장품 업계의 채널 전략을 벤치마킹했다. 고급 화장품 업체들은 독립 매장에서 고객들에게 화장품을 직접 체험할 수 있는 기회를 제공하고, 이를 적극적으로 수요와 연계하고 있었다. 네스프레소는 이를 통해 신규 수요를 창출하기 위해서는 커피머신의 기능을 강조하는 것이 아니라, 즉석에서 추출한 커피의 신선한 맛을 고객에게 체험하게 하는 것이 중요하다는 인사이트를 도출했다. 이후 전 세계 유명 백화점에 오프라인 단독 매장들을 개설해 고객에게 커피를 시음할 수 있는 기회를 제공했다. 이를 통해 네스프레소의 수요는 급속도로 늘어나 매출 부문에서 30~40%의 고속성장을 거두게 됐고 전 세계로 확장되며 여전히 높은 성장세를 이어가고 있다.

① 자료수집이 쉬우며 효과가 크지만 편중된 내부시각에 대한 우려가 있다는 단점이 있다.
② 비용 또는 시간적 측면에서 상대적으로 많이 절감할 수 있다는 장점이 있다.
③ 문화 및 제도적인 차이에 대한 검토가 부족하면 잘못된 결과가 나올 수 있다.
④ 새로운 아이디어가 나올 가능성이 높지만 가공하지 않고 사용한다면 실패할 수 있다.

※ 다음 〈보기〉는 그래프 구성 명령어 실행 예시이다. 〈보기〉를 참고하여 다음 물음에 답하시오. [14~16]

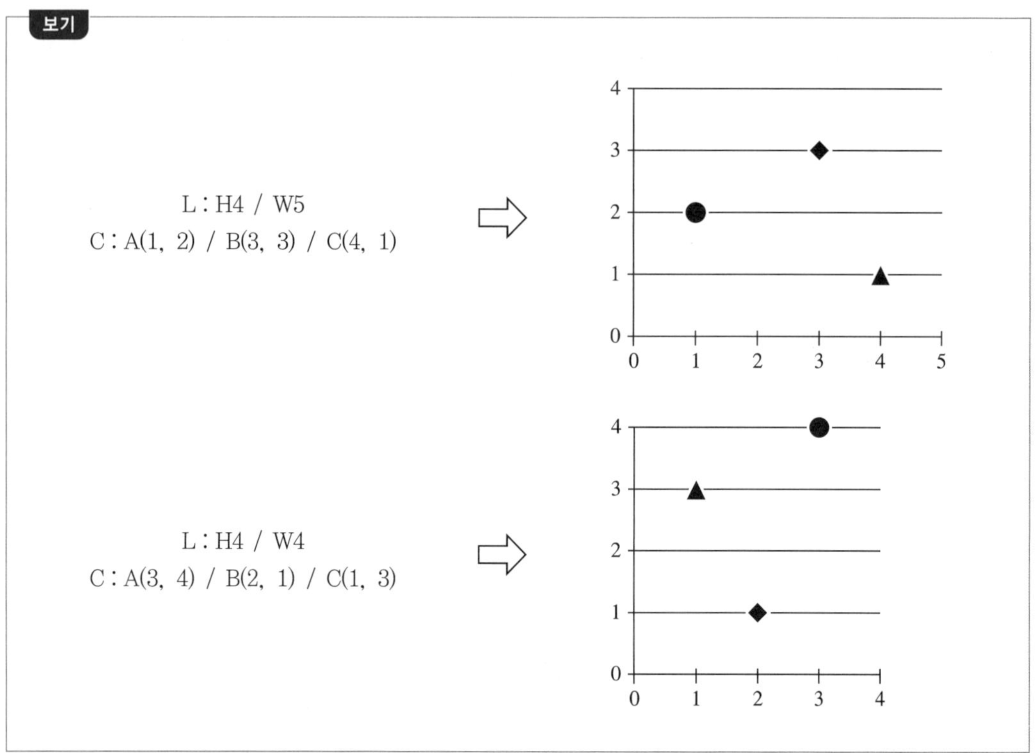

14 다음의 그래프에 알맞은 명령어는 무엇인가?

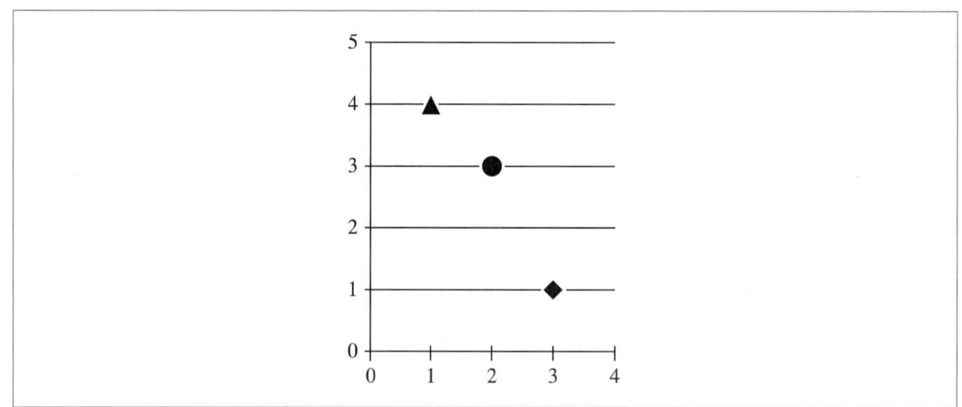

① L : H4 / W5
C : A(3, 2) / B(3, 1) / C(1, 4)

② L : H4 / W5
C : A(2, 3) / B(3, 1) / C(1, 4)

③ L : H5 / W4
C : A(2, 3) / B(1, 4) / C(3, 1)

④ L : H5 / W4
C : A(2, 3) / B(3, 1) / C(1, 4)

15 다음의 그래프에 알맞은 명령어는 무엇인가?

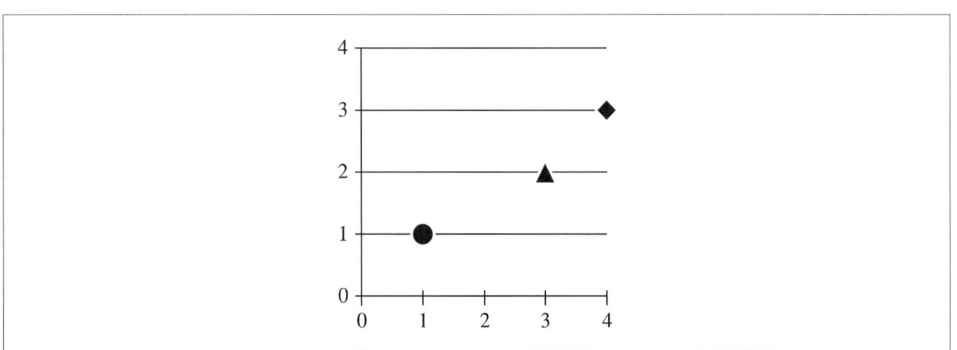

① L : H4 / W4
C : A(1, 1) / B(2, 3) / C(4, 3)

② L : H4 / W4
C : A(1, 1) / B(4, 3) / C(3, 2)

③ L : H4 / W4
C : A(1, 1) / B(3, 2) / C(4, 3)

④ L : H4 / W4
C : A(1, 1) / B(3, 4) / C(3, 2)

PART 3

16 L : H4 / W4, C : A(2, 2) / B(3, 4) / C(1, 4)의 그래프를 산출할 때, 오류가 발생하여 아래와 같은 그래프가 산출되었다. 다음 중 오류가 발생한 값은?

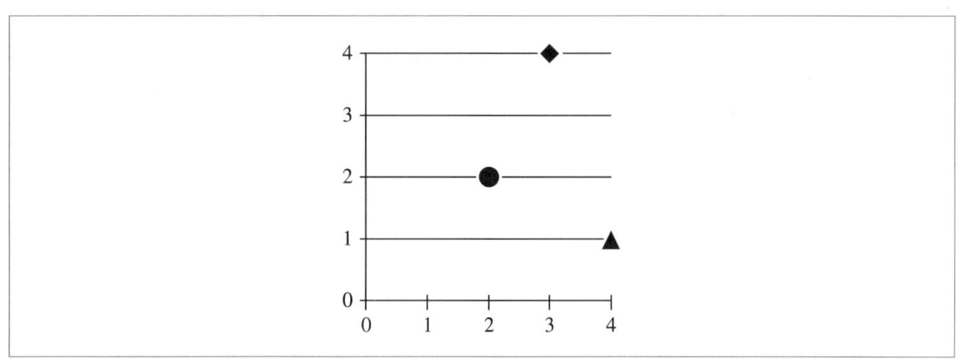

① H4 / W4
② A(2, 2)
③ B(3, 4)
④ C(1, 4)

※ H호텔 뷔페에서는 고객의 취향을 생각하여 3대의 밥솥으로 백미, 잡곡, 현미밥을 제공하고 있다. 이어지는 질문에 답하시오. **[17~19]**

〈밥솥 설명서〉

■ 취사요령

구분	백미	백미쾌속	잡곡	현미	죽	누룽지	만능 찜
취사시간	40 ~ 50분	30 ~ 35분	50 ~ 60분	70 ~ 80분	60분	40분	30분

1) 쌀을 인수분에 맞게 계량합니다.
2) 쌀을 깨끗이 씻어 물이 맑아질 때까지 헹굽니다.
3) 내솥에 씻은 쌀을 담고 물을 채웁니다.
4) 내솥을 밥솥에 넣고 뚜껑을 닫습니다.
5) 원하는 메뉴를 선택한 뒤 취사 버튼을 누릅니다.

※ 콩은 따로 씻어서 30분 이상 물에 불린 뒤 잡곡에 섞어 취사하도록 합니다.

■ 예약취사 방법

1) 〈예약〉 버튼을 누른 뒤 〈메뉴〉 버튼으로 원하시는 메뉴를 선택합니다.
2) 〈시 / 분〉 버튼을 눌러 시간을 먼저 선택한 뒤, 분을 선택합니다.
3) 시간 설정이 완료되면 〈취사〉 버튼을 눌러 주세요.

※ 예약시간은 완료시간을 기준으로 합니다(저녁 6시에 12시간 예약을 할 경우 저녁 6시로부터 12시간 후인 아침 6시에 취사가 완료).

■ 문제해결방법

증상	확인	해결방법
취사 시간이 오래 걸려요.	취사 중 다른 조작을 하지는 않았나요?	취사 중 다른 버튼을 조작하지 마십시오.
뚜껑 틈으로 수증기가 나옵니다.	뚜껑 패킹이 찢어지지는 않았나요?	새 뚜껑 패킹으로 교환해 주세요.
	뚜껑 패킹과 내솥 사이에 이물질이 끼어있지 않나요?	이물질을 제거해 주세요.
밥물이 넘쳐요.	물의 양이 많지는 않나요?	물 눈금에 맞게 취사해 주세요.
밥 바닥이 눌렀어요.	내솥 바닥에 이물질이 묻어 있지 않나요?	내솥 및 내부 부품을 깨끗하게 닦아 주세요.
예약이 안 돼요.	예약 가능한 메뉴를 확인하셨나요?	예약 가능한 메뉴는 백미, 잡곡, 현미 3가지 메뉴입니다.
취사 후 밥을 뒤집으니 밥 밑면이 누렇게 됐어요.	쌀을 씻을 때 맑은 물이 나올 때까지 씻었나요?	쌀뜨물이 바닥으로 깔려 취사가 누렇게 될 수 있습니다. 맑은 물이 나올 때까지 헹궈 주세요.
	개봉한 지 오래된 쌀로 밥을 하셨나요?	개봉한 지 오래된 쌀은 바닥에 쌀겨가 많이 깔릴 수 있습니다. 맑은 물이 나올 때까지 헹궈 주세요.
보온이 잘 안 돼요.	12시간 이상 장시간 보온하셨나요?	12시간 이내로 보온하세요.
	취사 후 밥을 잘 섞어 주셨나요?	취사 후 밥을 섞어 주세요.

17 뷔페의 저녁 타임 오픈 시간은 17시이다. 한식 구역을 배정받은 조리사 L씨는 오픈 준비를 위해 취사를 하였다. 다음 중 L씨의 취사 과정으로 옳은 것은?

① 백미는 40 ~ 50분 소요되므로 15시에 '백미' 모드로 50분을 선택하여 예약하였다.

② 백미를 내솥에 담아 밥물을 맞춘 뒤 15시에 '백미쾌속' 모드로 2시간을 선택하여 예약하였다.

③ 콩은 따로 씻어서 30분 이상 물에 불린 뒤 잡곡에 섞어 '잡곡쾌속' 모드로 취사하였다.

④ 현미를 맑은 물이 나올 때까지 깨끗하게 헹궈서 내솥에 담았다.

PART 3

18 취사 도중 뚜껑 틈으로 수증기가 나왔다. 설명서를 참고했을 때, 뚜껑 틈으로 수증기가 나오는 원인이 될 수 있는 것은?

① 취사 도중 실수로 보온 버튼이 눌러졌다.

② 밥물의 양이 많았다.

③ 12시간 이상 보온을 하였다.

④ 뚜껑 패킹과 내솥 사이에 이물질이 끼어 있었다.

19 뚜껑 틈으로 수증기가 나오는 증상 해결방법에 따라 뚜껑 패킹과 내솥 사이에 끼어있던 이물질을 제거했지만 여전히 뚜껑 틈으로 수증기가 나왔다. 추가적인 해결방법으로 가장 적절한 것은?

① 새 뚜껑 패킹으로 교환하였다.

② 내솥 및 내부 부품을 깨끗하게 닦았다.

③ 취사 후 밥을 골고루 섞었다.

④ 서비스센터로 문의하였다.

20 **다음은 산업재해를 예방하기 위해 제시되고 있는 하인리히의 법칙이다. 이에 의거하여 보았을 때, 산업재해의 예방을 위해 조치를 취해야 하는 단계는 무엇인가?**

> 1931년 미국의 한 보험회사에서 근무하던 하인리히는 회사에서 접한 수많은 사고를 분석하여 하나의 통계적 법칙을 발견하였다. '1 : 29 : 300 법칙'이라고도 부르는 이 법칙은 큰 사고로 인해 산업재해가 발생하면 이 사고가 발생하기 이전에 같은 원인으로 발생한 작은 사고 29번, 잠재적 사고 징후가 300번이 있었다는 것을 나타낸다.
> 하인리히는 이처럼 심각한 산업재해의 발생 전에 여러 단계의 사건이 도미노처럼 발생하기 때문에 앞 단계에서 적절히 대처한다면 산업재해를 예방할 수 있다고 주장했다.

① 사회 환경적 문제가 발생한 단계
② 개인 능력의 부족이 보이는 단계
③ 기술적 결함이 나타난 단계
④ 불안전한 행동 및 상태가 나타난 단계

06 조직이해능력(사무 / 토목 / 산업위생)

01 다음 중 조직의 유형에 대한 설명으로 가장 적절한 것은?

① 공식화 정도에 따라 소규모 조직, 대규모 조직으로 나눌 수 있다.
② 영리조직으로는 정부조직, 법원, 대학 등이 있다.
③ 공식조직은 인간관계에 따라 형성된 자발적 조직이다.
④ 소규모 조직으로는 가족 소유의 상점 등이 있다.

02 다음 〈보기〉에서 조직변화의 과정을 순서대로 바르게 나열한 것은?

보기

ㄱ. 환경변화 인지
ㄴ. 변화결과 평가
ㄷ. 조직변화 방향 수립
ㄹ. 조직변화 실행

① ㄱ – ㄷ – ㄹ – ㄴ
② ㄱ – ㄹ – ㄷ – ㄴ
③ ㄴ – ㄷ – ㄹ – ㄱ
④ ㄹ – ㄱ – ㄷ – ㄴ

03 **다음 중 A사원이 처리할 첫 업무와 마지막 업무를 바르게 연결한 것은?**

A씨, 우리 팀이 준비하는 프로젝트가 마무리 단계인 건 알고 있죠? 이제 곧 그동안 진행해 온 팀 프로젝트를 발표해야 하는데 A씨가 발표자로 선정되어서 몇 가지 말씀드릴 게 있어요. 9월 둘째 주 월요일 오후 4시에 발표를 할 예정이니 그 시간에 비어있는 회의실을 찾아보고 예약해 주세요. 오늘이 벌써 첫째 주 수요일이네요. 보통 일주일 전에는 예약해야 하니 최대한 빨리 확인하고 예약해 주셔야 합니다. 또 발표 내용을 PPT 파일로 만들어서 저한테 메일로 보내 주세요. 검토 후 수정 사항을 회신할 테니 반영해서 최종본 내용을 브루슈어에 넣어 주세요. 최종본 내용을 모두 입력하면 디자인팀 D대리님께 파일을 넘겨줘야 해요. 디자인팀에서 작업 후 인쇄소로 보낼 겁니다. 최종 브로슈어는 1층 인쇄소에서 받아오시면 되는데 원래는 한나절이면 찾을 수 있지만 이번에 인쇄 주문 건이 많아서 다음 주 월요일에 찾을 수 있을 거예요. 아, 그리고 브로슈어 내용 정리 전에 작년에 프로젝트 발표자였던 B주임에게 물어보면 어떤 식으로 작성해야 할지 이야기해 줄 거예요.

① PPT 작성, D대리에게 파일 전달
② 회의실 예약, B주임에게 조언 구하기
③ 회의실 예약, 인쇄소 방문
④ B주임에게 조언 구하기, 인쇄소 방문

04 **다음은 K사에서 새롭게 개발한 립스틱에 대한 설명이다. 이를 읽고 효과적인 홍보대안으로 가장 적절한 것은?**

K사 립스틱의 특징은 지속력과 선명한 색상, 그리고 20대 여성을 타깃으로 한 아기자기한 디자인이다. 하지만 립스틱의 홍보가 안 되고 있어 매출이 좋지 않다. 조사결과 저가 화장품이라는 브랜드 이미지 때문인 것으로 드러났다.

① 블라인드 테스트를 통해 제품의 질을 인정받는다.
② 홍보비를 두 배로 늘려 더 많이 광고한다.
③ 브랜드 이름을 최대한 감추고 홍보한다.
④ 무료 증정 이벤트를 연다.

05 K대리는 회의가 끝난 후 회의록을 정리하여 협력 부서에 업무 협의 메일을 보내려고 한다. 다음 중 K대리가 작성할 메일의 제목으로 적절하지 않은 것은?

〈회의록〉

1. 회의개요

일시	2023.09.01. 14:00 ~ 16:30	장소	성수사옥 2층 회의실
작성자	사업팀 K대리	작성일	2023.09.01.
참석자	사업팀 : Y과장, 수급팀 : L대리, 장비팀 : H과장 개발팀 : P대리, 검수팀 : S대리		
안건	○○경기 VOD 서비스 신속 프로세스 구축 방안 모색		

2. 회의내용

회의내용	1. 서비스 전 장비 오류 점검 – 각 장비에 대한 사전 오류 점검을 통해 장비 결함으로 인해 발생하는 오류를 줄인다. 2. 실시간 캡처 및 백업 캡처, 방송국 수신 등 여러 가지 보안 대책을 마련 – 영상에 결함이 있을 시 즉각적으로 대체 영상을 사용할 수 있도록 준비한다. 3. 업로드 서비스 속도 향상 – 스포츠 국가대표 경기 기간 동안 송출 서버 우선순위 배정 및 신속한 영상 암호화 작업을 진행할 수 있도록 지정 서버를 배정한다. 4. 서비스 진행 시 검수팀 상시 모니터링 – 서비스된 영상은 검수팀에서 즉각적으로 검수하고 오류가 있을 시 신속하게 조치할 수 있도록 사전 준비를 철저히 한다.
결정사항	1. 전체 서버 및 장비 점검 일정 조율 2. 방송국 및 백업 캡처 관리자와 사전협의 3. 암호화 툴 속도 업그레이드 가능 여부 파악 및 업그레이드 진행 4. 검수팀 근무 조율 협의
향후일정	09.08.(금) 14:00 2층 회의실에서 회의 예정
특이사항	–

① 장비팀 : 전체 서버 및 장비 점검 일정 협의
② 수급팀 : 영상 송출 시 에러코드 관련 지식 점검
③ 개발팀 : 암호화 툴 속도 업그레이드 가능 여부 점검
④ 검수팀 : 상시 모니터링으로 인한 기간 내에 근무 시간 협의

PART 3

06 다음 상황에서 K사가 해외 시장 개척을 앞두고 기존의 조직구조를 개편할 경우, 추가해야 할 조직으로 적절하지 않은 것은?

> K사는 몇 년 전부터 자체 기술로 개발한 제품의 판매 호조로 인해 기대 이상의 수익을 창출하게 되었다. 경쟁 업체들이 모방할 수 없는 독보적인 기술력을 앞세워 국내 시장을 공략한 결과, 이미 더 이상의 국내 시장 경쟁자들은 없다고 할 만큼 탄탄한 시장 점유율을 확보하였다. 이러한 K사의 사장은 올 초부터 해외 시장 진출의 꿈을 갖고 필요한 자료를 수집하기 시작하였다. 충분한 자금력을 확보한 K사는 우선 해외 부품 공장을 인수한 후 현지에 생산 기지를 건설하여 국내에서 생산되는 물량의 절반 정도를 현지로 이전하여 생산하고, 이를 통한 물류비 절감으로 주변국들부터 시장을 넓혀가겠다는 야심찬 계획을 가지고 있다. 한국 본사에서는 내년까지 4 ~ 5곳의 해외 거래처를 더 확보하여 지속적인 해외 시장 개척에 매진한다는 중장기 목표를 대내외에 천명해 둔 상태이다.

① 해외관리팀 ② 기업회계팀

③ 외환업무팀 ④ 국제법무팀

07 다음 중 조직의 변화에 대한 설명으로 가장 적절한 것은?

① 조직 변화와 관련된 환경의 변화는 조직에 영향이 없는 변화들도 모두 포함한다.

② 변화를 실행하고자 하는 조직은 기존의 규정 내에서 환경에 대한 최적의 적응방안을 모색해야 한다.

③ 조직의 변화전략은 실현가능할 뿐 아니라 구체적이어야 한다.

④ 조직구성원들이 현실에 안주하고 변화를 기피하는 경향이 약할수록 환경 변화를 인지하지 못한다.

08 **다음 기사를 읽고 필리핀 EPS 센터에 근무 중인 S대리가 취할 행동으로 적절하지 않은 것은?**

> 최근 필리핀에서 한국인을 노린 범죄행위가 기승을 부리고 있다. 외교부 보고에 따르면 최근 5년간 해외에서 우리 국민을 대상으로 벌어진 살인 사건이 가장 많이 발생한 국가가 필리핀인 것으로 나타났다. 따라서 우리나라는 자국민 보호를 위해 한국인 대상 범죄 수사를 지원하는 필리핀 코리안 데스크에 직원을 추가 파견하기로 했다.

① 저녁에 이루어지고 있는 필리핀 문화 교육 시간을 오전으로 당긴다.
② 우리 국민이 늦은 시간에 혼자 다니지 않도록 한다.
③ 주필리핀 한국대사관과 연결하여 자국민 보호 정책을 만들 수 있도록 요청한다.
④ 우리나라에 취업하기 위해 들어오는 필리핀 사람들에 대한 규제를 강화한다.

09 **조직문화는 조직구성원들에게 일체감과 정체성을 부여하고 조직구성원들의 행동지침을 제공하는 등의 기능을 가지고 있다. 다음 중 조직문화의 구성요소에 대한 설명으로 적절하지 않은 것은?**

① 공유가치는 가치관과 이념, 조직관, 전통가치, 기본목적 등을 포함한다.
② 조직구성원은 인력구성뿐만 아니라 그들의 가치관과 신념, 동기, 태도 등을 포함한다.
③ 관리기술은 조직경영에 적용되는 목표관리, 예산관리, 갈등관리 등을 포함한다.
④ 관리시스템은 리더와 부하 간의 상호관계를 포함한다.

※ 다음은 마이클 포터(Michael E. Porter)의 본원적 경쟁전략에 대한 사례이다. 이어지는 질문에 답하시오. **[10~12]**

〈본원적 경쟁우위 전략〉

마이클 포터가 산업 내에서 효과적으로 경쟁할 수 있는 일반적인 형태의 전략 제시

구분	저원가	차별화
광범위한 시장	비용우위 전략	차별화 전략
좁은 시장	집중화 전략	

〈사례 1〉

나이키는 자체 생산 공장이 없어 각국의 협력사에서 OEM방식으로 생산하고 공급하는 대신, 과학적인 제품 개발과 디자인, 제품 광고에 막대한 돈을 투자하고 있다. 상품디자인, 그래픽, 환경디자인, 영화 및 비디오 사업팀 등으로 세분화하고 특색을 가미한 디자인을 추구하며, 광고도 농구화의 마이클 조던, 골프용품의 타이거 우즈 등 스타 마케팅을 주로 한다.

〈사례 2〉

포트 하워드 페이퍼(Fort Howard Paper)는 광고 경쟁이나 계속적인 신제품 공급으로 타격을 받기 쉬운 일반용품을 파는 대신, 몇 종류의 한정된 산업용지 생산에만 노력을 기울였으며, 포터 포인트(Porter Point)는 손수 집을 칠하는 아마추어용 페인트 대신 직업적인 페인트공을 대상으로 한 페인트나 서비스를 제공하는 데 주력했다. 서비스 형태로는 적합한 페인트 선택을 위한 전문적 조언이나 아무리 적은 양이라도 작업장까지 배달해주는 일, 또는 직접 판매장에서 접대실을 갖추어 커피를 무료로 대접하는 일 등이 있다.

〈사례 3〉

토요타는 재고로 쌓이는 부품량을 최소화하기 위해 1990년대 초 'JIT'라는 혁신적인 생산시스템을 도입했다. 그 결과 부품을 필요한 시기에 필요한 수량만큼 공급받아 재고비용을 대폭 줄일 수 있었다. 하지만 일본 대지진으로 위기를 겪고 이 시스템을 모든 공장에 적용하기에는 무리가 있다고 판단하여 기존 강점이라고 믿던 JIT 시스템을 개혁하고 재고를 필요에 따라 유동적으로 조절하는 방식을 채택했다. 그 결과 부품공급 사슬과 관련한 정보습득 능력이 높은 수준으로 개선되어 빈번한 자연재해에도 공장의 가동에 전혀 지장을 받지 않았고, 빠른 대응이 가능하게 되었다.

10 다음 중 사례 1에서 추구하는 전략에 대한 설명으로 적절하지 않은 것은?

① 제품적 차별화와 광고의 차별화를 통해 브랜드 자산을 구축하고 있다.
② 좁은 시장에서 경쟁우위 요소를 차별화로 두는 전략이다.
③ 구매자 세분시장에 대한 인식을 제대로 하지 못한다면 위험요소가 될 수 있다.
④ 높은 가격에도 불구하고 구입을 유도하는 독특한 요인으로 인해 경쟁우위를 확보한다.

PART 3

11 다음 중 사례 2에서 알 수 있는 내용으로 적절하지 않은 것은?

① 특정 목표에 대해 차별화될 수 있는 결과를 얻거나 낮은 원가를 실현할 수 있다.
② 특정 지역에 집중적으로 자원을 투입하면 그 지역에 적합한 제품이나 서비스를 제공함으로써 차별화할 수 있다.
③ 특정 시장을 공략할 경우 세분화된 시장을 잘못 선택하면 수익성이 크게 떨어져 의도와는 다른 결과가 나타날 수도 있다.
④ 대체품과의 경쟁가능성이 희박한 부문이나 경쟁기업들의 가장 취약한 부문을 선택해서 집중적인 노력을 기울여 그 산업 내에서 평균 이상의 수익을 달성할 잠재력을 지닐 수 있다.

12 다음 중 사례 3과 관련이 있는 것을 〈보기〉에서 모두 고르면?

보기

㉠ A전자회사는 자동화 및 전문화를 통해 제품의 생산 원가를 하락시켰다.
㉡ B자동차회사는 승용차 부문은 포기하고 상용차 부문만 집중적으로 공략하고 있다.
㉢ C전자회사는 저가 전략뿐만 아니라 공격적인 투자를 통해 기술적인 차별화 전략을 함께 병행하고 있다.
㉣ 하르니쉬페거는 부품의 규격화와 여러 가지 형태 변화, 원자재 투입량의 감소 등을 통해 제작과 조작이 용이하게 크레인 설계를 변형했다.

① ㉠, ㉣
② ㉠, ㉡
③ ㉢, ㉣
④ ㉡, ㉣

13 K사에서 근무하는 B씨가 다음 기사를 읽고 기업의 사회적 책임에 대해 생각해보았다고 할 때, B씨의 생각으로 적절하지 않은 것은?

> 세계 자동차 시장 점유율 1위를 기록했던 토요타 자동차는 2009년 11월 가속페달의 매트 끼임 문제로 미국을 비롯해 전 세계적으로 1,000만 대가 넘는 사상 초유의 리콜을 감행했다. 토요타 자동차의 리콜 사태에 대한 원인으로는 기계적 원인과 더불어 무리한 원가 절감, 과도한 해외 생산 확대, 안일한 경영 등 경영상의 요인들이 제기되고 있다. 또한 토요타 자동차는 급속히 성장하면서 제기된 문제들을 소비자의 관점이 아닌 생산자의 관점에서 해결하려고 했고, 리콜에 대한 늦은 대응 등 문제 해결에 미흡했다는 지적을 받고 있다. 이런 대규모 리콜 사태로 인해 토요타 자동차가 지난 수십 년간 세계적으로 쌓은 명성은 하루아침에 모래성이 됐다. 이와 반대되는 사례로 존슨앤드존슨의 타이레놀 리콜 사건이 있다. 1982년 9월 말 미국 시카고 지역에서 존슨앤드존슨의 엑스트라 스트렝스 타이레놀 캡슐을 먹고 4명이 사망하는 사건이 발생했다. 이에 존슨앤드존슨은 즉각적인 대규모 리콜을 단행하여 빠른 문제 해결에 초점을 맞췄다. 그 결과 존슨앤드존슨은 소비자들의 신뢰를 다시 회복할 수 있었다.

① 상품에서 결함이 발견됐다면 기업은 그것을 인정하고 책임지는 모습이 필요하다.
② 기업은 문제를 인지한 즉시 문제를 해결하기 위해 노력해야 한다.
③ 소비자의 관점이 아닌 생산자의 관점에서 문제를 해결할 때, 소비자들의 신뢰를 회복할 수 있다.
④ 존슨앤드존슨은 사회의 기대와 가치에 부합하는 윤리적 책임을 잘 이행하였다.

14 K공사에 근무 중인 A차장은 새로운 사업을 실행하기에 앞서 설문조사를 하려고 한다. 다음 방법을 이용하려고 할 때, 설문조사 단계를 순서대로 바르게 나열한 것은?

> 델파이 기법은 전문가들의 의견을 종합하기 위해 고안된 기법으로, 불확실한 상황을 예측하고자 할 때 사용하는 인문사회과학 분석기법 중 하나이다. 설문지로만 이루어지기 때문에 전문가들의 익명성이 보장되고, 반복적인 설문을 통해 얻은 반응을 수집·요약해 특정한 주제에 대한 전문가 집단의 합의를 도출하는 방식으로 진행된다.

① 설문지 제작 – 발송 – 회수 – 검토 후 결론 도출 – 결론 통보
② 설문지 제작 – 1차 대면 토론 – 중간 분석 – 2차 대면 토론 – 합의 도출
③ 설문지 제작 – 발송 – 회수 – 중간 분석 – 대면 토론 – 합의 도출
④ 설문지 제작 – 발송 – 회수 – 중간 분석 – 재발송 – 회수 – 합의 도출

15 다음 중 S사원에게 해줄 수 있는 조언으로 가장 적절한 것은?

S사원은 팀장으로부터 업무성과를 높이기 위한 방안을 보고하라는 지시를 받았고, 다음날 팀장에게 보고서를 제출하였다. 보고서를 본 팀장은 S사원에게 다음과 같이 말했다.
"S씨, 보고서에 있는 방법은 우리 회사에는 적용할 수가 없습니다. 노사규정상 근무시간을 늘릴 수 없게 되어 있어요. 근무시간을 늘려서 업무성과를 높이자는 건 바람직한 해결책이 아니군요."

① 자신의 능력 범위 안에서 가능한 목표를 설정해야 한다.
② 조직의 구조, 문화, 규칙 등의 체제 요소를 고려해야 한다.
③ 조직의 목표 달성을 위해서는 조직 응집력이 중요하다.
④ 새로운 자원을 발굴하고, 도전하는 것을 중시해야 한다.

16 다음 중 빈칸에 들어갈 용어로 가장 적절한 것은?

기업이 경쟁에서 우위를 확보하려고 구축·이용하는 것으로, 기존의 정보시스템이 기업 내 업무의 합리화·효율화에 역점을 두었던 것에 반해, 기업이 경쟁에서 승리해 살아남기 위한 필수적인 시스템이라는 뜻에서 ______________(이)라고 한다. 그 요건으로는 경쟁 우위의 확보, 신규 사업의 창출이나 상권의 확대, 업계 구조의 변혁 등을 들 수 있다. 또한 실례로는 금융 기관의 대규모 온라인시스템, 체인점 등의 판매시점관리(POS)를 들 수 있다.

① 경영정보시스템(MIS)
② 전략정보시스템(SIS)
③ 전사적 자원관리(ERP)
④ 의사결정지원시스템(DSS)

17 다음 글에서 설명하고 있는 조직의 경영 기법은 무엇인가?

모든 조직은 경영의 기본 활동인 계획 – 실행 – 평가를 통해 조직이 원하는 성과를 창출해 낸다. 해당 기법은 이러한 조직의 경영 활동을 체계적으로 지원하는 관리 도구로, 경영자 및 관리자들이 시간 관리를 통해서 자기 자신을 관리하듯 목표를 통해서 개인 및 조직성과를 관리한다. 성과 향상을 위해서는 목표를 설정하고, 이를 지속적으로 관리하는 것이 중요하다. 평가 결과는 과정의 산물이며, 성과 개선에 영향을 미치는 부수적인 요인이다. 따라서 기업들은 해당 기법을 활용할 경우 평가나 그 결과의 활용보다는 목표 설정, 중간 점검 등의 단계에 더욱 많은 관심을 기울여야 한다.

① 과업평가계획(PERT)
② 목표관리(MBO)
③ 조직개발(OD)
④ 총체적 품질관리(TQM)

18 다음은 K사의 직무전결표의 일부분이다. 이에 따라 문서를 처리하였을 경우 적절하지 않은 것은?

직무 내용	대표이사	위임 전결권자		
		전무	이사	부서장
정기 월례 보고				○
각 부서장급 인수인계		○		
3천만 원 초과 예산 집행	○			
3천만 원 이하 예산 집행		○		
각종 위원회 위원 위촉	○			
해외 출장			○	

① 인사부장의 인수인계에 관하여 전무에게 결재 받은 후 시행하였다.
② 인사징계위원회 위원을 위촉하기 위하여 대표이사 부재중에 전무가 전결하였다.
③ 영업팀장의 해외 출장을 위하여 이사에게 사인을 받았다.
④ 3천만 원에 해당하는 물품 구매를 위하여 전무 전결로 처리하였다.

19 김팀장은 이대리에게 다음과 같은 업무지시를 내렸고, 이대리는 김팀장의 업무 지시에 따라 자신의 업무 일정을 정리하였다. 이대리의 업무에 대한 설명으로 적절하지 않은 것은?

> 이대리, 오늘 월요일 정기회의 진행에 앞서 이번 주 업무에 대해서 미리 전달할게요. 먼저, 이번 주 금요일에 진행되는 회사 창립 기념일 행사 준비는 잘 되고 있나요? 행사 진행 전에 확인해야 할 사항들에 대해 체크리스트를 작성해서 수요일 오전까지 저에게 제출해 주세요. 그리고 행사가 끝난 후에는 총무팀 회식을 할 예정입니다. 이대리가 적당한 장소를 결정하고, 목요일 퇴근 전까지 예약이 완료될 수 있도록 해 주세요. 아! 그리고 내일 오후 3시에 진행되는 신입사원 면접과 관련해서 오늘 퇴근 전까지 면접 지원자에게 다시 한 번 유선으로 참여 여부를 확인하고, 정확한 시간과 준비사항 등의 안내를 부탁할게요. 참! 지난주 영업팀이 신청한 비품도 주문해야 합니다. 오늘 오후 2시 이전에 발주하여야 영업팀이 요청한 수요일 전에 배송 받을 수 있다는 점 기억하세요. 자, 그럼 바로 회의 진행하도록 합시다. 그리고 오늘 회의 내용은 이대리가 작성해서 회의가 끝난 후 바로 사내 인트라넷 게시판에 공유해 주세요.

〈9월 첫째 주 업무 일정〉

㉠ 회의록 작성 및 사내 게시판 게시
㉡ 신입사원 면접 참여 여부 확인 및 관련 사항 안내
㉢ 영업팀 신청 비품 주문
㉣ 회사 창립 기념일 행사 준비 관련 체크리스트 작성
㉤ 총무팀 회식 장소 예약

① 이대리가 가장 먼저 처리해야 할 업무는 ㉠이다.
② 이대리는 ㉡보다 ㉢을 우선 처리하는 것이 좋다.
③ ㉠, ㉡, ㉢은 월요일 내에 모두 처리해야 한다.
④ ㉤은 회사 창립 기념일 행사가 끝나기 전까지 처리해야 한다.

20 다음 글에 제시된 조직의 특징으로 가장 적절한 것은?

> K공단의 사내 봉사 동아리에 소속된 70여 명의 임직원이 연탄 나르기 봉사활동을 펼쳤다. 이날 임직원들은 지역 주민들이 보다 따뜻하게 겨울을 날 수 있도록 연탄 총 3,000장과 담요를 직접 전달했다. 사내 봉사 동아리에 소속된 K공단 M대리는 "매년 진행하는 연말 연탄 나눔 봉사활동을 통해 지역사회에 도움의 손길을 전할 수 있어 기쁘다."라며 "오늘의 작은 손길이 큰 불씨가 되어 많은 분들이 따뜻한 겨울을 보내길 바란다."라고 말했다.

① 인간관계에 따라 형성된 자발적인 조직
② 이윤을 목적으로 하는 조직
③ 규모와 기능 그리고 규정이 조직화되어 있는 조직
④ 조직 구성원들의 행동을 통제할 장치가 마련되어 있는 조직

01 다음 워크시트에서 '손흥민'의 결석 값을 찾기 위한 함수식은?

	A	B	C	D
1	성적표			
2	이름	중간	기말	결석
3	이강인	86	90	4
4	조규성	70	80	2
5	손흥민	95	85	5

① =VLOOKUP("손흥민",$A$3:$D$5,4,1)

② =VLOOKUP("손흥민",$A$3:$D$5,4,0)

③ =HLOOKUP("손흥민",$A$3:$D$5,4,0)

④ =HLOOKUP("손흥민",$A$3:$D$5,4,1)

02 다음 중 디지털 컴퓨터와 아날로그 컴퓨터의 차이점에 대한 설명으로 옳은 것은?

① 디지털 컴퓨터는 전류, 전압, 온도 등 다양한 입력 값을 처리하며, 아날로그 컴퓨터는 숫자 데이터만을 처리한다.

② 디지털 컴퓨터는 증폭 회로로 구성되며, 아날로그 컴퓨터는 논리 회로로 구성된다.

③ 아날로그 컴퓨터는 미분이나 적분 연산을 주로 하며, 디지털 컴퓨터는 산술이나 논리 연산을 주로 한다.

④ 아날로그 컴퓨터는 범용이며, 디지털 컴퓨터는 특수 목적용으로 많이 사용된다.

03 다음 중 컴퓨터 주기억장치의 최소 저장 단위는?

① 바이트(Byte) ② 셀(Cell)
③ 블록(Block) ④ 레코드(Record)

04 다음 중 입·출력장치의 동작속도와 전자계산기 내부의 동작 속도를 맞추는 데 사용되는 레지스터는?

① 명령 레지스터(Instruction Register)
② 시퀀스 레지스터(Sequence Register)
③ 버퍼 레지스터(Buffer Register)
④ 어드레스 레지스터(Address Register)

PART 3

05 다음 중 산술 및 논리 연산의 결과를 일시적으로 기억하는 레지스터(Register)는?

① 기억 장치 주소 레지스터(Memory Address Register)
② 메모리 버퍼 레지스터(Memory Buffer Register)
③ 명령 레지스터(Instruction Register)
④ 누산기 레지스터(Accumulator Register)

06 다음 2진수 "101111110"을 8진수로 변환하면?

① $558_{(8)}$ ② $576_{(8)}$
③ $557_{(8)}$ ④ $567_{(8)}$

07 마이크로프로세서의 성능을 나타내는 MIPS는 무엇의 약자인가?

① Million Instruction Per Second
② Medium Instruction Per Second
③ Minute Instruction Per Second
④ Micro Instruction Per Second

08 다음 시트에서 2024년을 기준으로 재직기간이 8년 이상인 재직자의 수를 구하려고 한다. 재직연수를 구하는 함수식을 [D2] 셀에 넣고 [D8] 셀까지 드래그한 후 [F2] 셀에 앞서 구한 재직연수를 이용하여 조건에 맞는 재직자 수를 구하는 함수식을 넣으려 할 때, 각 셀에 넣을 알맞은 함수식은?

	A	B	C	D	E	F
1	재직자	부서	입사일	재직연수		8년 이상 재직자 수
2	K씨	인사팀	2016-12-21			
3	O씨	회계팀	2014-05-01			
4	G씨	개발팀	2015-10-25			
5	J씨	경영팀	2010-05-05			
6	M씨	마케팅팀	2014-11-02			
7	L씨	디자인팀	2017-01-05			
8	C씨	물류팀	2018-05-07			
9						

	[D2]	[F2]
①	=DATEDIF(C2,TODAY(),"Y")	=COUNTIF(D2:D8,">=8")
②	=DATEDIF(C2,TODAY(),Y)	=COUNTIF(D2:D8,>=8)
③	=DATEDIF($C$2,NOW(),"Y")	=COUNTIF(D2:D8,>=8)
④	=DATEDIF($C$2,TODAY(),Y)	=COUNTIF(D2:D8,"<=8")

09 한 면에 100개의 트랙을 사용할 수 있는 양면 자기 디스크에서 1트랙은 4개의 섹터로 되어 있으며 섹터당 320 word를 기억시킬 수 있다고 할 경우, 이 디스크는 몇 word를 기억시킬 수 있는가?

① 256,000 ② 124,000
③ 372,000 ④ 254,000

10 다음 워크시트의 [A1:E9] 영역에서 고급 필터를 실행하여 영어점수가 평균을 초과하거나 성명의 두 번째 문자가 '영'인 데이터를 추출하고자 한다. ㉮와 ㉯에 입력할 내용으로 옳은 것은?

	A	B	C	D	E	F	G	H
1	성명	반	국어	영어	수학		영어	성명
2	강동식	1	81	89	99		㉮	
3	남궁영	2	88	75	85			㉯
4	강영주	2	90	88	92			
5	이동수	1	86	93	90			
6	박영민	2	75	91	84			
7	윤영미래	1	88	80	73			
8	이순영	1	100	84	96			
9	명지오	2	95	75	88			

	㉮	㉯
①	=D2>AVERAGE(D2:D9)	="=?영*"
②	=D2>AVERAGE(D2:D9)	="=*영?"
③	=D2>AVERAGE($D$2:$D$9)	="=?영*"
④	=D2>AVERAGE($D$2:$D$9)	="=*영?"

※ K공단에 근무 중인 S사원은 체육대회를 준비하고 있다. S사원은 체육대회에 사용될 물품 구입비를 다음과 같이 엑셀로 정리하였다. 자료를 참고하여 이어지는 질문에 답하시오. **[11~12]**

	A	B	C	D	E
1	구분	물품	개수	단가(원)	비용(원)
2	의류	A팀 체육복	15	20,000	300,000
3	식품류	과자	40	1,000	40,000
4	식품류	이온음료수	50	2,000	100,000
5	의류	B팀 체육복	13	23,000	299,000
6	상품	수건	20	4,000	80,000
7	상품	USB	10	10,000	100,000
8	의류	C팀 체육복	14	18,000	252,000
9	식품류	김밥	30	3,000	90,000

11 S사원은 표에서 단가가 두 번째로 높은 물품의 금액을 알고자 한다. S사원이 입력해야 할 함수로 옳은 것은?

① =MAX(D2:D9,2)
② =MIN(D2:D9,2)
③ =MID(D2:D9,2)
④ =LARGE(D2:D9,2)

12 S사원은 구입물품 중 의류의 총개수를 파악하고자 한다. S사원이 입력해야 할 함수로 옳은 것은?

① =SUMIF(A2:A9,A2,C2:C9)
② =COUNTIF(C2:C9,C2)
③ =VLOOKUP(A2,A2:A9,1,0)
④ =HLOOKUP(A2,A2:A9,1,0)

13 다음 중 워크시트의 데이터 입력에 대한 설명으로 옳은 것은?

① 숫자와 문자가 혼합된 데이터가 입력되면 문자열로 입력된다.
② 문자 데이터는 기본적으로 오른쪽으로 정렬된다.
③ 날짜 데이터는 자동으로 셀의 왼쪽으로 정렬된다.
④ 수치 데이터는 셀의 왼쪽으로 정렬된다.

14 다음 중 정보에 대한 설명으로 옳지 않은 것은?

우리가 필요로 하는 정보의 가치는 여러 가지 상황에 따라서 아주 달라질 수 있다. 다시 말해 정보의 가치를 평가하는 절대적인 기준은 없다는 것이다. 즉, 정보의 가치는 우리의 요구, 사용 목적, 그것이 활용되는 시기와 장소에 따라서 다르게 평가된다.
적시성과 독점성은 정보의 핵심적인 특성이다. 따라서 정보는 우리가 원하는 시간에 제공되어야 하며, 원하는 시간에 제공되지 못하는 정보는 정보로서의 가치가 없어지게 될 것이다. 또한 정보는 아무리 중요한 내용이라도 공개가 되고 나면, 그 가치가 급격하게 떨어지는 것이 보통이다. 따라서 정보는 공개 정보보다는 반공개 정보가, 반공개 정보보다는 비공개 정보가 더 큰 가치를 가질 수 있다. 그러나 비공개 정보는 정보의 활용이라는 면에서 경제성이 떨어지고, 공개 정보는 경쟁성이 떨어지게 된다. 따라서 정보는 공개 정보와 비공개 정보를 적절히 구성함으로써 경제성과 경쟁성을 동시에 추구해야 한다.

① 정보는 시의성이 있어야 높은 가치를 갖는다.
② 정보는 일반적으로 독점성이라는 핵심적 특징을 갖는다.
③ 비공개 정보는 반공개 정보에 비해 정보의 활용 측면에서 경제성이 더 높다.
④ 공개 정보는 반공개 정보에 비해 경쟁성이 떨어진다.

PART 3

15 공장 자동화(FA; Factory Automation)에 대한 설명으로 옳은 것은?

① 강의나 학습 등에 컴퓨터를 이용하는 것이다.
② 제어 시스템이나 생산 관리 등은 해당하지 않는다.
③ 각종 정보 기기와 컴퓨터 시스템이 유기적으로 연결된 구조이다.
④ 기계가 하던 자동화 시스템을 사람으로 대체해 가는 것이 목표이다.

16 전자상거래(Electronic Commerce)에 관한 설명으로 옳은 것을 〈보기〉에서 모두 고른 것은?

보기

ㄱ. 내가 겪은 경험담도 전자상거래 상품이 될 수 있다.
ㄴ. 인터넷 서점, 홈쇼핑, 홈뱅킹 등도 전자상거래 유형이다.
ㄷ. 개인이 아닌 공공기관이나 정부는 전자상거래를 할 수 없다.
ㄹ. 팩스나 전자우편 등을 이용하면 전자상거래가 될 수 없다.

① ㄱ, ㄴ　　② ㄱ, ㄷ
③ ㄴ, ㄷ　　④ ㄷ, ㄹ

17 다음 중 Windows에서 바로가기 아이콘에 대한 설명으로 옳은 것은?

① 아이콘을 실행하면 연결된 프로그램이 실행되며, 바로가기의 확장자는 'raw'이다.
② 바로가기 아이콘의 [속성]-[일반] 탭에서 바로가기 아이콘의 위치, 크기를 확인할 수 있다.
③ 바로가기 아이콘은 [탐색기] 창에서 실행 파일을 〈Ctrl〉+〈Alt〉를 누른 상태로 바탕 화면에 드래그 앤 드롭하면 만들 수 있다.
④ 바로가기 아이콘을 삭제하면 연결된 프로그램도 함께 삭제된다.

※ 정보운영처에 근무하는 김대리는 랜섬웨어에 대한 대비책을 직원들에게 전파하려고 한다. 다음 메일을 보고 이어지는 질문에 답하시오. [18~19]

발신 : 김○○대리(정보운영처, ***@lx.or.kr) 2022.06.30 14:25:32

수신 : 전 임직원
참조 :
제목 : [긴급 공지] 랜섬웨어 유포 관련 주의사항

내용 :
안녕하십니까? 정보운영팀 김○○대리입니다.
최근 해외에서 기승을 부리던 랜섬웨어가 국내로까지 확장되고 있다는 보도가 나왔습니다. 이와 관련하여 직원 여러분들께 관련 보도자료와 몇 가지 주의사항을 당부 드리고자 합니다.

〈보도자료〉

랜섬웨어(Ransomware)란 몸값을 의미하는 랜섬(Ransom)과 소프트웨어(Software)의 합성어로 금전 갈취를 목표로 하는 신종 악성코드(Malware)의 일종이다. 랜섬웨어에 감염된 컴퓨터는 시스템에 대한 접근이 제한되고 이를 해결하기 위해서는 랜섬웨어 제작자에게 대가로 금품을 제공해야 한다. 이러한 랜섬웨어가 확산되기 시작하면서 컴퓨터 보안업계에 비상이 걸렸다. 그간 미국, 일본, 영국 등 해외에서 기승을 부리던 랜섬웨어가 이제는 한국어 버전으로 출현해 국내도 더 이상 안전지대가 아니라는 게 전문가들의 지적이다. 특히 문서, 사진, 동영상 등 데이터를 암호화하는 '크립토 랜섬웨어(Crypto Ransomware)'는 한번 감염되면 복구가 쉽지 않아 보안이 허술한 중소기업 등의 경영 활동에 걸림돌이 될 수 있다는 우려도 제기된다.

〈주의사항〉

이외 랜섬웨어 대응에 관해 궁금한 점이 있으시면 언제든지 정보운영처로 연락주시기 바랍니다. 감사합니다.
정보운영처 김○○ 드림

18 다음 중 김대리가 보낸 메일의 빈칸에 포함될 주의사항으로 보기 어려운 것은?

① 모바일 OS나 인터넷 브라우저 등을 최신 버전으로 유지하십시오.

② 출처가 명확하지 않은 앱이나 프로그램은 설치하지 마십시오.

③ 비트코인 등 전자 화폐를 구입하라는 메시지는 즉시 삭제하고, 유사 사이트에 접속하지 마십시오.

④ 파일이 랜섬웨어에 감염되면 복구 프로그램을 활용해서 최대한 빨리 복구하십시오.

PART 3

19 메일을 발송하려던 중 랜섬웨어와 같은 컴퓨터 악성코드에 대해 잘 모르는 직원들을 위해 조금 더 설명을 추가하기로 하였다. 다음 중 김대리가 메일 내용에 포함시키기에 적절하지 않은 것은 무엇인가?

① 악성코드는 악의적인 용도로 사용될 수 있는 유해 프로그램을 말합니다.

② 악성코드는 외부 침입을 탐지하고 분석하는 프로그램으로 잘못된 정보를 남발할 수 있습니다.

③ 악성코드는 때로 실행하지 않은 파일을 저절로 삭제하거나 변형된 모습으로 나타나게 합니다.

④ 악성코드에는 대표적으로 스파이웨어, 트로이 목마 같은 것이 있습니다.

20 다음 중 Windows 환경 하에서 '바탕 화면을 표시하거나 숨기기' 기능을 수행하는 키 조합은?

① 〈Window 로고 키〉+〈B〉

② 〈Window 로고 키〉+〈D〉

③ 〈Window 로고 키〉+〈H〉

④ 〈Window 로고 키〉+〈I〉

많이 보고 많이 겪고 많이 공부하는 것은 배움의 세 기둥이다.

– 벤자민 디즈라엘리 –

PART 4

채용 가이드

CHAPTER

01 블라인드 채용 소개

1. 블라인드 채용이란?

채용 과정에서 편견이 개입되어 불합리한 차별을 야기할 수 있는 출신지, 가족관계, 학력, 외모 등의 편견요인은 제외하고, 직무능력만을 평가하여 인재를 채용하는 방식입니다.

2. 블라인드 채용의 필요성

- 채용의 공정성에 대한 사회적 요구
  - 누구에게나 직무능력만으로 경쟁할 수 있는 균등한 고용기회를 제공해야 하나, 아직도 채용의 공정성에 대한 불신이 존재
  - 채용상 차별금지에 대한 법적 요건이 권고적 성격에서 처벌을 동반한 의무적 성격으로 강화되는 추세
  - 시민의식과 지원자의 권리의식 성숙으로 차별에 대한 법적 대응 가능성 증가
- 우수인재 채용을 통한 기업의 경쟁력 강화 필요
  - 직무능력과 무관한 학벌, 외모 위주의 선발로 우수인재 선발기회 상실 및 기업경쟁력 약화
  - 채용 과정에서 차별 없이 직무능력중심으로 선발한 우수인재 확보 필요
- 공정한 채용을 통한 사회적 비용 감소 필요
  - 편견에 의한 차별적 채용은 우수인재 선발을 저해하고 외모·학벌 지상주의 등의 심화로 불필요한 사회적 비용 증가
  - 채용에서의 공정성을 높여 사회의 신뢰수준 제고

3. 블라인드 채용의 특징

편견요인을 요구하지 않는 대신 직무능력을 평가합니다.

※ 직무능력중심 채용이란?
기업의 역량기반 채용, NCS기반 능력중심 채용과 같이 직무수행에 필요한 능력과 역량을 평가하여 선발하는 채용방식을 통칭합니다.

4. 블라인드 채용의 평가요소

직무수행에 필요한 지식, 기술, 태도 등을 과학적인 선발기법을 통해 평가합니다.

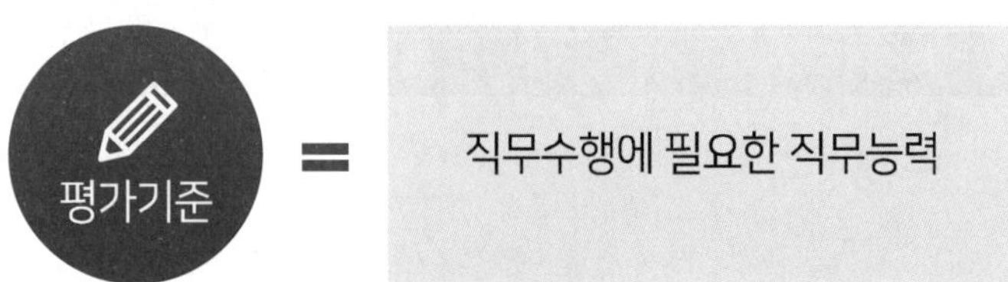

※ 과학적 선발기법이란?
직무분석을 통해 도출된 평가요소를 서류, 필기, 면접 등을 통해 체계적으로 평가하는 방법으로 입사지원서, 자기소개서, 직무수행능력평가, 구조화 면접 등이 해당됩니다.

5. 블라인드 채용 주요 도입 내용

- 입사지원서에 인적사항 요구 금지
  - 인적사항에는 출신지역, 가족관계, 결혼여부, 재산, 취미 및 특기, 종교, 생년월일(연령), 성별, 신장 및 체중, 사진, 전공, 학교명, 학점, 외국어 점수, 추천인 등이 해당
  - 채용 직무를 수행하는 데 있어 반드시 필요하다고 인정될 경우는 제외
    예 특수경비직 채용 시 : 시력, 건강한 신체 요구
    연구직 채용 시 : 논문, 학위 요구 등
- 블라인드 면접 실시
  - 면접관에게 응시자의 출신지역, 가족관계, 학교명 등 인적사항 정보 제공 금지
  - 면접관은 응시자의 인적사항에 대한 질문 금지

6. 블라인드 채용 도입의 효과성

- 구성원의 다양성과 창의성이 높아져 기업 경쟁력 강화
  - 편견을 없애고 직무능력 중심으로 선발하므로 다양한 직원 구성 가능
  - 다양한 생각과 의견을 통하여 기업의 창의성이 높아져 기업경쟁력 강화
- 직무에 적합한 인재선발을 통한 이직률 감소 및 만족도 제고
  - 사전에 지원자들에게 구체적이고 상세한 직무요건을 제시함으로써 허수 지원이 낮아지고, 직무에 적합한 지원자 모집 가능
  - 직무에 적합한 인재가 선발되어 직무이해도가 높아져 업무효율 증대 및 만족도 제고
- 채용의 공정성과 기업이미지 제고
  - 블라인드 채용은 사회적 편견을 줄인 선발 방법으로 기업에 대한 사회적 인식 제고
  - 채용과정에서 불합리한 차별을 받지 않고 실력에 의해 공정하게 평가를 받을 것이라는 믿음을 제공하고, 지원자들은 평등한 기회와 공정한 선발과정 경험

CHAPTER

02 서류전형 가이드

01 채용공고문

1. 채용공고문의 변화

기존 채용공고문	변화된 채용공고문
• 취업준비생에게 불충분하고 불친절한 측면 존재 • 모집분야에 대한 명확한 직무관련 정보 및 평가기준 부재 • 해당분야에 지원하기 위한 취업준비생의 무분별한 스펙 쌓기 현상 발생	• NCS 직무분석에 기반한 채용공고를 토대로 채용전형 진행 • 지원자가 입사 후 수행하게 될 업무에 대한 자세한 정보 공지 • 직무수행내용, 직무수행 시 필요한 능력, 관련된 자격, 직업기초능력 제시 • 지원자가 해당 직무에 필요한 스펙만을 준비할 수 있도록 안내
• 모집부문 및 응시자격 • 지원서 접수 • 전형절차 • 채용조건 및 처우 • 기타사항	• 채용절차 • 채용유형별 선발분야 및 예정인원 • 전형방법 • 선발분야별 직무기술서 • 우대사항

2. 지원 유의사항 및 지원요건 확인

채용 직무에 따른 세부사항을 공고문에 명시하여 지원자에게 적격한 지원 기회를 부여함과 동시에 채용과정에서의 공정성과 신뢰성을 확보합니다.

구성	내용	확인사항
모집분야 및 규모	고용형태(인턴 계약직 등), 모집분야, 인원, 근무지역 등	채용직무가 여러 개일 경우 본인이 해당되는 직무의 채용규모 확인
응시자격	기본 자격사항, 지원조건	지원을 위한 최소자격요건을 확인하여 불필요한 지원을 예방
우대조건	법정·특별·자격증 가점	본인의 가점 여부를 검토하여 가점 획득을 위한 사항을 사실대로 기재
근무조건 및 보수	고용형태 및 고용기간, 보수, 근무지	본인이 생각하는 기대수준에 부합하는지 확인하여 불필요한 지원을 예방
시험방법	서류·필기·면접전형 등의 활용방안	전형방법 및 세부 평가기법 등을 확인하여 지원전략 준비
전형일정	접수기간, 각 전형 단계별 심사 및 합격자 발표일 등	본인의 지원 스케줄을 검토하여 차질이 없도록 준비
제출서류	입사지원서(경력·경험기술서 등), 각종 증명서 및 자격증 사본 등	지원요건 부합 여부 및 자격 증빙서류 사전에 준비
유의사항	임용취소 등의 규정	임용취소 관련 법적 또는 기관 내부 규정을 검토하여 해당여부 확인

02 직무기술서

직무기술서란 직무수행의 내용과 필요한 능력, 관련 자격, 직업기초능력 등을 상세히 기재한 것으로 입사 후 수행하게 될 업무에 대한 정보가 수록되어 있는 자료입니다.

1. 채용분야

설명

NCS 직무분류 체계에 따라 직무에 대한 「대분류 – 중분류 – 소분류 – 세분류」 체계를 확인할 수 있습니다. 채용 직무에 대한 모든 직무기술서를 첨부하게 되며 실제 수행 업무를 기준으로 세부적인 분류정보를 제공합니다.

<table>
<tr><th>채용분야</th><th colspan="4">분류체계</th></tr>
<tr><th>사무행정</th><th>대분류</th><th>중분류</th><th>소분류</th><th>세분류</th></tr>
<tr><td rowspan="4">분류코드</td><td rowspan="4">02. 경영·회계·사무</td><td rowspan="4">03. 재무·회계</td><td rowspan="2">01. 재무</td><td>01. 예산</td></tr>
<tr><td>02. 자금</td></tr>
<tr><td rowspan="2">02. 회계</td><td>01. 회계감사</td></tr>
<tr><td>02. 세무</td></tr>
</table>

PART 4

2. 능력단위

설명

직무분류 체계의 세분류 하위능력단위 중 실질적으로 수행할 업무의 능력만 구체적으로 파악할 수 있습니다.

<table>
<tr><td rowspan="4">능력단위</td><td>(예산)</td><td>03. 연간종합예산수립
05. 확정예산 운영</td><td>04. 추정재무제표 작성
06. 예산실적 관리</td></tr>
<tr><td>(자금)</td><td>04. 자금운용</td><td></td></tr>
<tr><td>(회계감사)</td><td>02. 자금관리
05. 회계정보시스템 운용
07. 회계감사</td><td>04. 결산관리
06. 재무분석</td></tr>
<tr><td>(세무)</td><td>02. 결산관리
07. 법인세 신고</td><td>05. 부가가치세 신고</td></tr>
</table>

3. 직무수행내용

설명

세분류 영역의 기본정의를 통해 직무수행내용을 확인할 수 있습니다. 입사 후 수행할 직무내용을 구체적으로 확인할 수 있으며, 이를 통해 입사서류 작성부터 면접까지 직무에 대한 명확한 이해를 바탕으로 자신의 희망직무인지 아닌지, 해당 직무가 자신이 알고 있던 직무가 맞는지 확인할 수 있습니다.

<table>
<tr><td rowspan="4">직무수행내용</td><td>(예산) 일정기간 예상되는 수익과 비용을 편성, 집행하며 통제하는 일</td></tr>
<tr><td>(자금) 자금의 계획 수립, 조달, 운용을 하고 발생 가능한 위험 관리 및 성과평가</td></tr>
<tr><td>(회계감사) 기업 및 조직 내·외부에 있는 의사결정자들이 효율적인 의사결정을 할 수 있도록 유용한 정보를 제공, 제공된 회계정보의 적정성을 파악하는 일</td></tr>
<tr><td>(세무) 세무는 기업의 활동을 위하여 주어진 세법범위 내에서 조세부담을 최소화시키는 조세전략을 포함하고 정확한 과세소득과 과세표준 및 세액을 산출하여 과세당국에 신고·납부하는 일</td></tr>
</table>

4. 직무기술서 예시

태도	(예산) 정확성, 분석적 태도, 논리적 태도, 타 부서와의 협조적 태도, 설득력
	(자금) 분석적 사고력
	(회계 감사) 합리적 태도, 전략적 사고, 정확성, 적극적 협업 태도, 법률준수 태도, 분석적 태도, 신속성, 책임감, 정확한 판단력
	(세무) 규정 준수 의지, 수리적 정확성, 주의 깊은 태도
우대 자격증	공인회계사, 세무사, 컴퓨터활용능력, 변호사, 워드프로세서, 전산회계운용사, 사회조사분석사, 재경관리사, 회계관리 등
직업기초능력	의사소통능력, 문제해결능력, 자원관리능력, 대인관계능력, 정보능력, 조직이해능력

5. 직무기술서 내용별 확인사항

항목	확인사항
모집부문	해당 채용에서 선발하는 부문(분야)명 확인 예 사무행정, 전산, 전기
분류체계	지원하려는 분야의 세부직무군 확인
주요기능 및 역할	지원하려는 기업의 전사적인 기능과 역할, 산업군 확인
능력단위	지원분야의 직무수행에 관련되는 세부업무사항 확인
직무수행내용	지원분야의 직무군에 대한 상세사항 확인
전형방법	지원하려는 기업의 신입사원 선발전형 절차 확인
일반요건	교육사항을 제외한 지원 요건 확인(자격요건, 특수한 경우 연령)
교육요건	교육사항에 대한 지원요건 확인(대졸 / 초대졸 / 고졸 / 전공 요건)
필요지식	지원분야의 업무수행을 위해 요구되는 지식 관련 세부항목 확인
필요기술	지원분야의 업무수행을 위해 요구되는 기술 관련 세부항목 확인
직무수행태도	지원분야의 업무수행을 위해 요구되는 태도 관련 세부항목 확인
직업기초능력	지원분야 또는 지원기업의 조직원으로서 근무하기 위해 필요한 일반적인 능력사항 확인

03 입사지원서

1. 입사지원서의 변화

기존지원서		능력중심 채용 입사지원서	
직무와 관련 없는 학점, 개인신상, 어학점수, 자격, 수상경력 등을 나열하도록 구성	VS	해당 직무수행에 꼭 필요한 정보들을 제시할 수 있도록 구성	
직무기술서	➡	인적사항	성명, 연락처, 지원분야 등 작성 (평가 미반영)
직무수행내용		교육사항	직무지식과 관련된 학교교육 및 직업교육 작성
요구지식 / 기술		자격사항	직무관련 국가공인 또는 민간자격 작성
관련 자격증		경력 및 경험사항	조직에 소속되어 일정한 임금을 받거나(경력) 임금 없이(경험) 직무와 관련된 활동 내용 작성
사전직무경험			

2. 교육사항

- 지원분야 직무와 관련된 학교 교육이나 직업교육 혹은 기타교육 등 직무에 대한 지원자의 학습 여부를 평가하기 위한 항목입니다.
- 지원하고자 하는 직무의 학교 전공교육 이외에 직업교육, 기타교육 등을 기입할 수 있기 때문에 전공 제한 없이 직업교육과 기타교육을 이수하여 지원이 가능하도록 기회를 제공합니다.
  (기타교육 : 학교 이외의 기관에서 개인이 이수한 교육과정 중 지원직무와 관련이 있다고 생각되는 교육내용)

구분	교육과정(과목)명	교육내용	과업(능력단위)

PART 4

3. 자격사항

- 채용공고 및 직무기술서에 제시되어 있는 자격 현황을 토대로 지원자가 해당 직무를 수행하는 데 필요한 능력을 가지고 있는지를 평가하기 위한 항목입니다.
- 채용공고 및 직무기술서에 기재된 직무관련 필수 또는 우대자격 항목을 확인하여 본인이 보유하고 있는 자격사항을 기재합니다.

자격유형	자격증명	발급기관	취득일자	자격증번호

4. 경력 및 경험사항

- 직무와 관련된 경력이나 경험 여부를 표현하도록 하여 직무와 관련한 능력을 갖추었는지를 평가하기 위한 항목입니다.
- 해당 기업에서 직무를 수행함에 있어 필요한 사항만을 기록하게 되어 있기 때문에 직무와 무관한 스펙을 갖추지 않아도 됩니다.
- 경력 : 금전적 보수를 받고 일정기간 동안 일했던 경우
- 경험 : 금전적 보수를 받지 않고 수행한 활동

※ 기업에 따라 경력 / 경험 관련 증빙자료 요구 가능

구분	조직명	직위 / 역할	활동기간(년 / 월)	주요과업 / 활동내용

Tip

입사지원서 작성 방법

○ 경력 및 경험사항 작성

- 직무기술서에 제시된 지식, 기술, 태도와 지원자의 교육사항, 경력(경험)사항, 자격사항과 연계하여 개인의 직무역량에 대해 스스로 판단 가능

○ 인적사항 최소화

- 개인의 인적사항, 학교명, 가족관계 등을 노출하지 않도록 유의

부적절한 입사지원서 작성 사례

- 학교 이메일을 기입하여 학교명 노출
- 거주지 주소에 학교 기숙사 주소를 기입하여 학교명 노출
- 자기소개서에 부모님이 재직 중인 기업명, 직위, 직업을 기입하여 가족관계 노출
- 자기소개서에 석·박사 과정에 대한 이야기를 언급하여 학력 노출
- 동아리 활동에 대한 내용을 학교명과 더불어 언급하여 학교명 노출

04 자기소개서

1. 자기소개서의 변화

- 기존의 자기소개서는 지원자의 일대기나 관심 분야, 성격의 장·단점 등 개괄적인 사항을 묻는 질문으로 구성되어 지원자가 자신의 직무능력을 제대로 표출하지 못합니다.
- 능력중심 채용의 자기소개서는 직무기술서에 제시된 직업기초능력(또는 직무수행능력)에 대한 지원자의 과거 경험을 기술하게 함으로써 평가 타당도의 확보가 가능합니다.

1. 우리 회사와 해당 지원 직무분야에 지원한 동기에 대해 기술해 주세요.

2. 자신이 경험한 다양한 사회활동에 대해 기술해 주세요.

3. 지원 직무에 대한 전문성을 키우기 위해 받은 교육과 경험 및 경력사항에 대해 기술해 주세요.

4. 인사업무 또는 팀 과제 수행 중 발생한 갈등을 원만하게 해결해 본 경험이 있습니까? 당시 상황에 대한 설명과 갈등의 대상이 되었던 상대방을 설득한 과정 및 방법을 기술해 주세요.

5. 과거에 있었던 일 중 가장 어려웠었던(힘들었었던) 상황을 고르고, 어떤 방법으로 그 상황을 해결했는지를 기술해 주세요.

PART 4

Tip

자기소개서 작성 방법

① 자기소개서 문항이 묻고 있는 평가 역량 추측하기

> 예시
>
> • 팀 활동을 하면서 갈등 상황 시 상대방의 니즈나 의도를 명확히 파악하고 해결하여 목표 달성에 기여했던 경험에 대해서 작성해 주시기 바랍니다.
>
> • 다른 사람이 생각해내지 못했던 문제점을 찾고 이를 해결한 경험에 대해 작성해 주시기 바랍니다.

② 해당 역량을 보여줄 수 있는 소재 찾기(시간×역량 매트릭스)

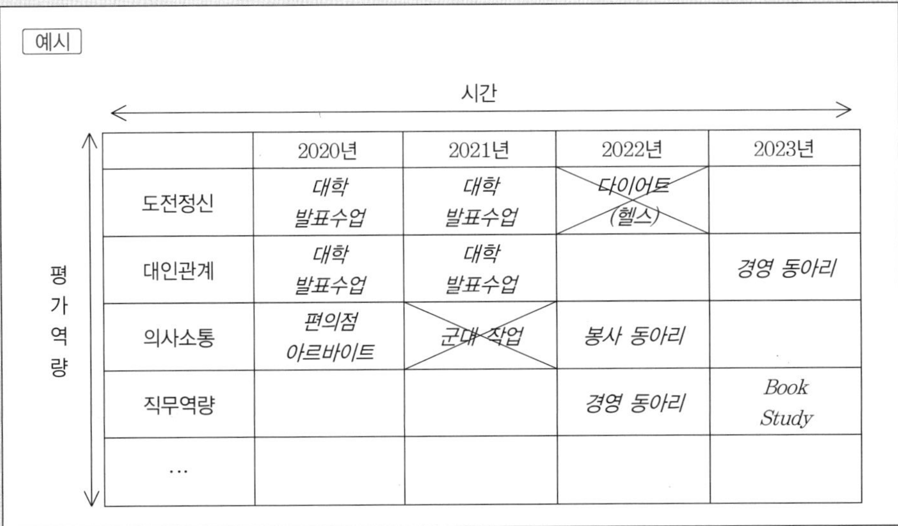

예시

시간 ←→ / 평가역량 ↕

	2020년	2021년	2022년	2023년
도전정신	*대학 발표수업*	*대학 발표수업*	~~*다이어트(헬스)*~~	
대인관계	*대학 발표수업*	*대학 발표수업*		*경영 동아리*
의사소통	*편의점 아르바이트*	~~*군대 작업*~~	*봉사 동아리*	
직무역량			*경영 동아리*	*Book Study*
…				

③ 자기소개서 작성 Skill 익히기

- 두괄식으로 작성하기
- 구체적 사례를 사용하기
- '나'를 중심으로 작성하기
- 직무역량 강조하기
- 경험 사례의 차별성 강조하기

CHAPTER

03 인성검사 소개 및 모의테스트

01 인성검사 유형

인성검사는 지원자의 성격특성을 객관적으로 파악하고 그것이 각 기업에서 필요로 하는 인재상과 가치에 부합하는가를 평가하기 위한 검사입니다. 인성검사는 KPDI(한국인재개발진흥원), K-SAD(한국사회적성개발원), KIRBS(한국행동과학연구소), SHR(에스에이치알) 등의 전문기관을 통해 각 기업의 특성에 맞는 검사를 선택하여 실시합니다. 대표적인 인성검사의 유형에는 크게 다음과 같은 세 가지가 있으며, 채용 대행업체에 따라 달라집니다.

PART 4

1. KPDI 검사

조직적응성과 직무적합성을 알아보기 위한 검사로 인성검사, 인성역량검사, 인적성검사, 직종별 인적성검사 등의 다양한 검사 도구를 구현합니다. KPDI는 성격을 파악하고 정신건강 상태 등을 측정하고, 직무검사는 해당 직무를 수행하기 위해 기본적으로 갖추어야 할 인지적 능력을 측정합니다. 역량검사는 특정 직무 역할을 효과적으로 수행하는 데 직접적으로 관련 있는 개인의 행동, 지식, 스킬, 가치관 등을 측정합니다.

2. KAD(Korea Aptitude Development) 검사

K-SAD(한국사회적성개발원)에서 실시하는 적성검사 프로그램입니다. 개인의 성향, 지적 능력, 기호, 관심, 흥미도를 종합적으로 분석하여 적성에 맞는 업무가 무엇인가 파악하고, 직무수행에 있어서 요구되는 기초능력과 실무능력을 분석합니다.

3. SHR 직무적성검사

직무수행에 필요한 종합적인 사고 능력을 다양한 적성검사(Paper and Pencil Test)로 평가합니다. SHR의 모든 직무능력검사는 표준화 검사입니다. 표준화 검사는 표본집단의 점수를 기초로 규준이 만들어진 검사이므로 개인의 점수를 규준에 맞추어 해석・비교하는 것이 가능합니다. S(Standardized Tests), H(Hundreds of Version), R(Reliable Norm Data)을 특징으로 하며, 직군・직급별 특성과 선발 수준에 맞추어 검사를 적용할 수 있습니다.

02 인성검사와 면접

인성검사는 특히 면접질문과 관련성이 높습니다. 면접관은 지원자의 인성검사 결과를 토대로 질문을 하기 때문입니다. 일관적이고 이상적인 답변을 하는 것이 가장 좋지만, 실제 시험은 매우 복잡하여 전문가라 해도 일정 성격을 유지하면서 답변을 하는 것이 힘듭니다. 또한, 인성검사에는 라이 스케일(Lie Scale) 설문이 전체 설문 속에 교묘하게 섞여 들어가 있으므로 겉치레적인 답을 하게 되면 회답태도의 허위성이 그대로 드러나게 됩니다. 예를 들어 '거짓말을 한 적이 한 번도 없다.'에 '예'로 답하고, '때로는 거짓말을 하기도 한다.'에 '예'라고 답하여 라이 스케일의 득점이 올라가게 되면 모든 회답의 신빙성이 사라지고 '자신을 돋보이게 하려는 사람'이라는 평가를 받을 수 있으므로 주의해야 합니다. 따라서 모의테스트를 통해 인성검사의 유형과 실제 시험 시 어떻게 문제를 풀어야 하는지 연습해 보고 체크한 부분 중 자신의 단점과 연결되는 부분은 면접에서 질문이 들어왔을 때 어떻게 대처해야 하는지 생각해 보는 것이 좋습니다.

03 유의사항

1. 기업의 인재상을 파악하라!

인성검사를 통해 개인의 성격 특성을 파악하고 그것이 기업의 인재상과 가치에 부합하는지를 평가하는 시험이기 때문에 해당 기업의 인재상을 먼저 파악하고 시험에 임하는 것이 좋습니다. 모의테스트에서 인재상에 맞는 가상의 인물을 설정하고 문제에 답해 보는 것도 많은 도움이 됩니다.

2. 일관성 있는 대답을 하라!

짧은 시간 안에 다양한 질문에 답을 해야 하는데, 그 안에는 중복되는 질문이 여러 번 나옵니다. 이때 앞서 자신이 체크했던 대답을 잘 기억해뒀다가 일관성 있는 답을 하는 것이 중요합니다.

3. 모든 문항에 대답하라!

많은 문제를 짧은 시간 안에 풀려다 보니 다 못 푸는 경우도 종종 생깁니다. 하지만 대답을 누락하거나 끝까지 다 못했을 경우 좋지 않은 결과를 가져올 수도 있으니 최대한 주어진 시간 안에 모든 문항에 답할 수 있도록 해야 합니다.

04 KPDI 모의테스트

※ 모의테스트는 질문 및 답변 유형 연습을 위한 것으로 실제 시험과 다를 수 있습니다.
※ 인성검사는 정답이 따로 없는 유형의 검사이므로 결과지를 제공하지 않습니다.

번호	내용	예	아니요
001	나는 솔직한 편이다.	☐	☐
002	나는 리드하는 것을 좋아한다.	☐	☐
003	법을 어겨서 말썽이 된 적이 한 번도 없다.	☐	☐
004	거짓말을 한 번도 한 적이 없다.	☐	☐
005	나는 눈치가 빠르다.	☐	☐
006	나는 일을 주도하기보다는 뒤에서 지원하는 것을 선호한다.	☐	☐
007	앞일은 알 수 없기 때문에 계획은 필요하지 않다.	☐	☐
008	거짓말도 때로는 방편이라고 생각한다.	☐	☐
009	사람이 많은 술자리를 좋아한다.	☐	☐
010	걱정이 지나치게 많다.	☐	☐
011	일을 시작하기 전 재고하는 경향이 있다.	☐	☐
012	불의를 참지 못한다.	☐	☐
013	처음 만나는 사람과도 이야기를 잘 한다.	☐	☐
014	때로는 변화가 두렵다.	☐	☐
015	나는 모든 사람에게 친절하다.	☐	☐
016	힘든 일이 있을 때 술은 위로가 되지 않는다.	☐	☐
017	결정을 빨리 내리지 못해 손해를 본 경험이 있다.	☐	☐
018	기회를 잡을 준비가 되어 있다.	☐	☐
019	때로는 내가 정말 쓸모없는 사람이라고 느낀다.	☐	☐
020	누군가 나를 챙겨주는 것이 좋다.	☐	☐
021	자주 가슴이 답답하다.	☐	☐
022	나는 내가 자랑스럽다.	☐	☐
023	경험이 중요하다고 생각한다.	☐	☐
024	전자기기를 분해하고 다시 조립하는 것을 좋아한다.	☐	☐

025	감시받고 있다는 느낌이 든다.	☐	☐
026	난처한 상황에 놓이면 그 순간을 피하고 싶다.	☐	☐
027	세상엔 믿을 사람이 없다.	☐	☐
028	잘못을 빨리 인정하는 편이다.	☐	☐
029	지도를 보고 길을 잘 찾아간다.	☐	☐
030	귓속말을 하는 사람을 보면 날 비난하고 있는 것 같다.	☐	☐
031	막무가내라는 말을 들을 때가 있다.	☐	☐
032	장래의 일을 생각하면 불안하다.	☐	☐
033	결과보다 과정이 중요하다고 생각한다.	☐	☐
034	운동은 그다지 할 필요가 없다고 생각한다.	☐	☐
035	새로운 일을 시작할 때 좀처럼 한 발을 떼지 못한다.	☐	☐
036	기분 상하는 일이 있더라도 참는 편이다.	☐	☐
037	업무능력은 성과로 평가받아야 한다고 생각한다.	☐	☐
038	머리가 맑지 못하고 무거운 느낌이 든다.	☐	☐
039	가끔 이상한 소리가 들린다.	☐	☐
040	타인이 내게 자주 고민상담을 하는 편이다.	☐	☐

05 SHR 모의테스트

※ 모의테스트는 질문 및 답변 유형 연습을 위한 것으로 실제 시험과 다를 수 있습니다.
※ 인성검사는 정답이 따로 없는 유형의 검사이므로 결과지를 제공하지 않습니다.

※ 이 성격검사의 각 문항에는 서로 다른 행동을 나타내는 네 개의 문장이 제시되어 있습니다. 이 문장들을 비교하여, 자신의 평소 행동과 가장 가까운 문장을 'ㄱ' 열에 표기하고, 가장 먼 문장을 'ㅁ' 열에 표기하십시오.

01 나는 ____________________

	ㄱ	ㅁ
A. 실용적인 해결책을 찾는다.	☐	☐
B. 다른 사람을 돕는 것을 좋아한다.	☐	☐
C. 세부 사항을 잘 챙긴다.	☐	☐
D. 상대의 주장에서 허점을 잘 찾는다.	☐	☐

PART 4

02 나는 ____________________

	ㄱ	ㅁ
A. 매사에 적극적으로 임한다.	☐	☐
B. 즉흥적인 편이다.	☐	☐
C. 관찰력이 있다.	☐	☐
D. 임기응변에 강하다.	☐	☐

03 나는 ____________________

	ㄱ	ㅁ
A. 무서운 영화를 잘 본다.	☐	☐
B. 조용한 곳이 좋다.	☐	☐
C. 가끔 울고 싶다.	☐	☐
D. 집중력이 좋다.	☐	☐

04 나는 ____________________

	ㄱ	ㅁ
A. 기계를 조립하는 것을 좋아한다.	☐	☐
B. 집단에서 리드하는 역할을 맡는다.	☐	☐
C. 호기심이 많다.	☐	☐
D. 음악을 듣는 것을 좋아한다.	☐	☐

05 나는 ______________________

	ㄱ	ㅁ
A. 타인을 늘 배려한다.	☐	☐
B. 감수성이 예민하다.	☐	☐
C. 즐겨하는 운동이 있다.	☐	☐
D. 일을 시작하기 전에 계획을 세운다.	☐	☐

06 나는 ______________________

	ㄱ	ㅁ
A. 타인에게 설명하는 것을 좋아한다.	☐	☐
B. 여행을 좋아한다.	☐	☐
C. 정적인 것이 좋다.	☐	☐
D. 남을 돕는 것에 보람을 느낀다.	☐	☐

07 나는 ______________________

	ㄱ	ㅁ
A. 기계를 능숙하게 다룬다.	☐	☐
B. 밤에 잠이 잘 오지 않는다.	☐	☐
C. 한 번 간 길을 잘 기억한다.	☐	☐
D. 불의를 보면 참을 수 없다.	☐	☐

08 나는 ______________________

	ㄱ	ㅁ
A. 종일 말을 하지 않을 때가 있다.	☐	☐
B. 사람이 많은 곳을 좋아한다.	☐	☐
C. 술을 좋아한다.	☐	☐
D. 휴양지에서 편하게 쉬고 싶다.	☐	☐

09 나는 ______________________

	ㄱ	ㅁ
A. 뉴스보다는 드라마를 좋아한다.	☐	☐
B. 길을 잘 찾는다.	☐	☐
C. 주말엔 집에서 쉬는 것이 좋다.	☐	☐
D. 아침에 일어나는 것이 힘들다.	☐	☐

10 나는 ______________________

	ㄱ	ㅁ
A. 이성적이다.	☐	☐
B. 할 일을 종종 미룬다.	☐	☐
C. 어른을 대하는 게 힘들다.	☐	☐
D. 불을 보면 매혹을 느낀다.	☐	☐

11 나는 ______________________

	ㄱ	ㅁ
A. 상상력이 풍부하다.	☐	☐
B. 예의 바르다는 소리를 자주 듣는다.	☐	☐
C. 사람들 앞에 서면 긴장한다.	☐	☐
D. 친구를 자주 만난다.	☐	☐

12 나는 ______________________

	ㄱ	ㅁ
A. 나만의 스트레스 해소 방법이 있다.	☐	☐
B. 친구가 많다.	☐	☐
C. 책을 자주 읽는다.	☐	☐
D. 활동적이다.	☐	☐

CHAPTER

04 면접전형 가이드

01 면접유형 파악

1. 면접전형의 변화

기존 면접전형에서는 일상적이고 단편적인 대화나 지원자의 첫인상 및 면접관의 주관적인 판단 등에 의해서 입사 결정 여부를 판단하는 경우가 많았습니다. 이러한 면접전형은 면접 내용의 일관성이 결여되거나 직무 관련 타당성이 부족하였고, 면접에 대한 신뢰도에 영향을 주었습니다.

기존 면접(전통적 면접)		능력중심 채용 면접(구조화 면접)
• 일상적이고 단편적인 대화 • 인상, 외모 등 외부 요소의 영향 • 주관적인 판단에 의존한 총점 부여 ⇩ • 면접 내용의 일관성 결여 • 직무관련 타당성 부족 • 주관적인 채점으로 신뢰도 저하	VS	• 일관성 – 직무관련 역량에 초점을 둔 구체적 질문 목록 – 지원자별 동일 질문 적용 • 구조화 – 면접 진행 및 평가 절차를 일정한 체계에 의해 구성 • 표준화 – 평가 타당도 제고를 위한 평가 Matrix 구성 – 척도에 따라 항목별 채점, 개인 간 비교 • 신뢰성 – 면접진행 매뉴얼에 따라 면접위원 교육 및 실습

2. 능력중심 채용의 면접 유형

① 경험 면접
- 목적 : 선발하고자 하는 직무 능력이 필요한 과거 경험을 질문합니다.
- 평가요소 : 직업기초능력과 인성 및 태도적 요소를 평가합니다.

② 상황 면접
- 목적 : 특정 상황을 제시하고 지원자의 행동을 관찰함으로써 실제 상황의 행동을 예상합니다.
- 평가요소 : 직업기초능력과 인성 및 태도적 요소를 평가합니다.

③ 발표 면접
- 목적 : 특정 주제와 관련된 지원자의 발표와 질의응답을 통해 지원자 역량을 평가합니다.
- 평가요소 : 직무수행능력과 인지적 역량(문제해결능력)을 평가합니다.

④ 토론 면접
- 목적 : 토의과제에 대한 의견수렴 과정에서 지원자의 역량과 상호작용능력을 평가합니다.
- 평가요소 : 직무수행능력과 팀워크를 평가합니다.

02 면접유형별 준비 방법

1. 경험 면접

① 경험 면접의 특징

• 주로 직업기초능력에 관련된 지원자의 과거 경험을 심층 질문하여 검증하는 면접입니다.

• 직무능력과 관련된 과거 경험을 평가하기 위해 심층 질문을 하며, 이 질문은 지원자의 답변에 대하여 '꼬리에 꼬리를 무는 형식'으로 진행됩니다.

• 능력요소, 정의, 심사 기준
  - 평가하고자 하는 능력요소, 정의, 심사기준을 확인하여 면접위원이 해당 능력요소 관련 질문을 제시합니다.
• Opening Question
  - 능력요소에 관련된 과거 경험을 유도하기 위한 시작 질문을 합니다.
• Follow-up Question
  - 지원자의 경험 수준을 구체적으로 검증하기 위한 질문입니다.
  - 경험 수준 검증을 위한 상황(Situation), 임무(Task), 역할 및 노력(Action), 결과(Result) 등으로 질문을 구분합니다.

경험 면접의 형태

[면접관 1] [면접관 2] [면접관 3]

[지원자]

〈일대다 면접〉

[면접관 1] [면접관 2] [면접관 3]

[지원자 1] [지원자 2] [지원자 3]

〈다대다 면접〉

② 경험 면접의 구조

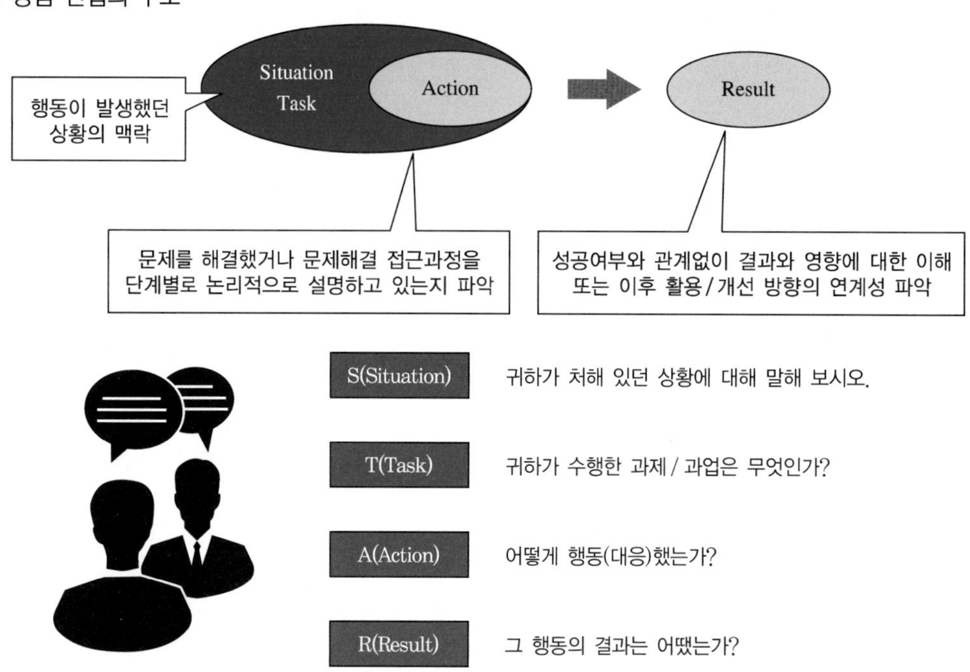

( )에 관한 과거 경험에 대하여 말해 보시오.

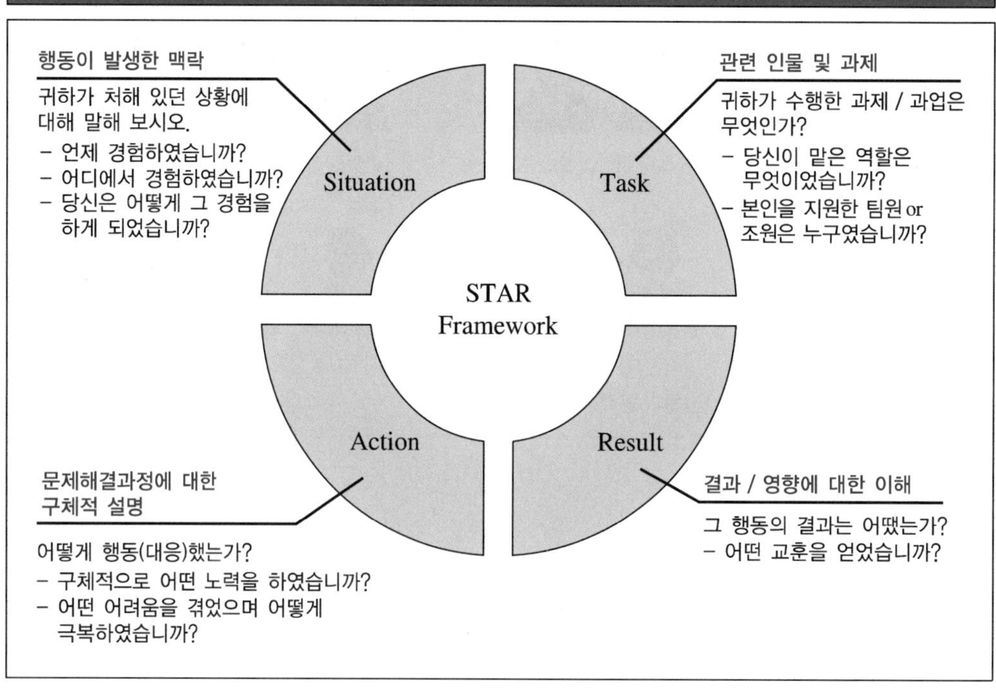

③ 경험 면접 질문 예시(직업윤리)

시작 질문	
1	남들이 신경 쓰지 않는 부분까지 고려하여 절차대로 업무(연구)를 수행하여 성과를 낸 경험을 구체적으로 말해 보시오.
2	조직의 원칙과 절차를 철저히 준수하며 업무(연구)를 수행한 것 중 성과를 향상시킨 경험에 대해 구체적으로 말해 보시오.
3	세부적인 절차와 규칙에 주의를 기울여 실수 없이 업무(연구)를 마무리한 경험을 구체적으로 말해 보시오.
4	조직의 규칙이나 원칙을 고려하여 성실하게 일했던 경험을 구체적으로 말해 보시오.
5	타인의 실수를 바로잡고 원칙과 절차대로 수행하여 성공적으로 업무를 마무리하였던 경험에 대해 말해 보시오.

후속 질문		
상황 (Situation)	상황	구체적으로 언제, 어디에서 경험한 일인가?
		어떤 상황이었는가?
	조직	어떤 조직에 속해 있었는가?
		그 조직의 특성은 무엇이었는가?
		몇 명으로 구성된 조직이었는가?
	기간	해당 조직에서 얼마나 일했는가?
		해당 업무는 몇 개월 동안 지속되었는가?
	조직규칙	조직의 원칙이나 규칙은 무엇이었는가?
임무 (Task)	과제	과제의 목표는 무엇이었는가?
		과제에 적용되는 조직의 원칙은 무엇이었는가?
		그 규칙을 지켜야 하는 이유는 무엇이었는가?
	역할	당신이 조직에서 맡은 역할은 무엇이었는가?
		과제에서 맡은 역할은 무엇이었는가?
	문제의식	규칙을 지키지 않을 경우 생기는 문제점 / 불편함은 무엇인가?
		해당 규칙이 왜 중요하다고 생각하였는가?
역할 및 노력 (Action)	행동	업무 과정의 어떤 장면에서 규칙을 철저히 준수하였는가?
		어떻게 규정을 적용시켜 업무를 수행하였는가?
		규정은 준수하는 데 어려움은 없었는가?
	노력	그 규칙을 지키기 위해 스스로 어떤 노력을 기울였는가?
		본인의 생각이나 태도에 어떤 변화가 있었는가?
		다른 사람들은 어떤 노력을 기울였는가?
	동료관계	동료들은 규칙을 철저히 준수하고 있었는가?
		팀원들은 해당 규칙에 대해 어떻게 반응하였는가?
		규칙에 대한 태도를 개선하기 위해 어떤 노력을 하였는가?
		팀원들의 태도는 당신에게 어떤 자극을 주었는가?
	업무추진	주어진 업무를 추진하는 데 규칙이 방해되진 않았는가?
		업무수행 과정에서 규정을 어떻게 적용하였는가?
		업무 시 규정을 준수해야 한다고 생각한 이유는 무엇인가?

결과 (Result)	평가	규칙을 어느 정도나 준수하였는가?
		그렇게 준수할 수 있었던 이유는 무엇이었는가?
		업무의 성과는 어느 정도였는가?
		성과에 만족하였는가?
		비슷한 상황이 온다면 어떻게 할 것인가?
	피드백	주변 사람들로부터 어떤 평가를 받았는가?
		그러한 평가에 만족하는가?
		다른 사람에게 본인의 행동이 영향을 주었다고 생각하는가?
	교훈	업무수행 과정에서 중요한 점은 무엇이라고 생각하는가?
		이 경험을 통해 느낀 바는 무엇인가?

2. 상황 면접

① 상황 면접의 특징

직무 관련 상황을 가정하여 제시하고 이에 대한 대응능력을 직무관련성 측면에서 평가하는 면접입니다.

- 상황 면접 과제의 구성은 크게 2가지로 구분
  - 상황 제시(Description) / 문제 제시(Question or Problem)
- 현장의 실제 업무 상황을 반영하여 과제를 제시하므로 직무분석이나 직무전문가 워크숍 등을 거쳐 현장성을 높임
- 문제는 상황에 대한 기본적인 이해능력(이론적 지식)과 함께 실질적 대응이나 변수 고려능력(실천적 능력) 등을 고르게 질문해야 함

상황 면접의 형태

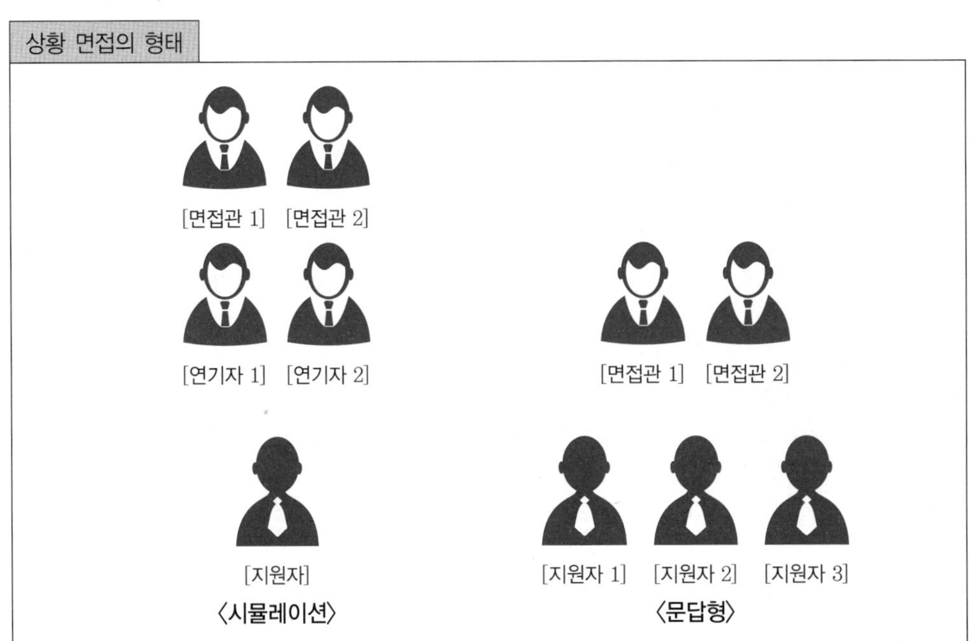

② 상황 면접 예시

상황 제시	인천공항 여객터미널 내에는 다양한 용도의 시설(사무실, 통신실, 식당, 전산실, 창고 면세점 등)이 설치되어 있습니다.	실제 업무 상황에 기반함
	금년에 소방배관의 누수가 잦아 메인 배관을 교체하는 공사를 추진하고 있으며, 당신은 이번 공사의 담당자입니다.	배경 정보
	주간에는 공항 운영이 이루어져 주로 야간에만 배관 교체 공사를 수행하던 중, 시공하는 기능공의 실수로 배관 연결 부위를 잘못 건드려 고압배관의 소화수가 누출되는 사고가 발생하였으며, 이로 인해 인근 시설물에 누수에 의한 피해가 발생하였습니다.	구체적인 문제 상황
문제 제시	일반적인 소방배관의 배관연결(이음)방식과 배관의 이탈(누수)이 발생하는 원인에 대해 설명해 보시오.	문제 상황 해결을 위한 기본 지식 문항
	담당자로서 본 사고를 현장에서 긴급히 처리하는 프로세스를 제시하고, 보수완료 후 사후적 조치가 필요한 부분 및 재발방지 방안에 대해 설명해 보시오.	문제 상황 해결을 위한 추가 대응 문항

3. 발표 면접

① 발표 면접의 특징

- 직무관련 주제에 대한 지원자의 생각을 정리하여 의견을 제시하고, 발표 및 질의응답을 통해 지원자의 직무능력을 평가하는 면접입니다.
- 발표 주제는 직무와 관련된 자료로 제공되며, 일정 시간 후 지원자가 보유한 지식 및 방안에 대한 발표 및 후속 질문을 통해 직무적합성을 평가합니다.

> • 주요 평가요소
>   – 설득적 말하기 / 발표능력 / 문제해결능력 / 직무관련 전문성
> • 이미 언론을 통해 공론화된 시사 이슈보다는 해당 직무분야에 관련된 주제가 발표면접의 과제로 선정되는 경우가 최근 들어 늘어나고 있음
> • 짧은 시간 동안 주어진 과제를 빠른 속도로 분석하여 발표문을 작성하고 제한된 시간 안에 면접관에게 효과적인 발표를 진행하는 것이 핵심

발표 면접의 형태

[면접관 1] [면접관 2]

[지원자]

〈개별 과제 발표〉

[면접관 1] [면접관 2]

[지원자 1] [지원자 2] [지원자 3]

〈팀 과제 발표〉

※ 면접관에게 시각적 효과를 사용하여 메시지를 전달하는 쌍방향 커뮤니케이션 방식
※ 심층면접을 보완하기 위한 방안으로 최근 많은 기업에서 적극 도입하는 추세

② 발표 면접 예시

1. 지시문

당신은 현재 A사에서 직원들의 성과평가를 담당하고 있는 팀원이다. 인사팀은 지난주부터 사내 조직문화관련 인터뷰를 하던 도중 성과평가제도에 관련된 개선 니즈가 제일 많다는 것을 알게 되었다. 이에 팀장님은 인터뷰 결과를 종합하려 성과평가제도 개선 아이디어를 A4용지에 정리하여 신속 보고할 것을 지시하셨다. 당신에게 남은 시간은 1시간이다. 자료를 준비하는 대로 당신은 팀원들이 모인 회의실에서 5분 간 발표할 것이며, 이후 질의응답을 진행할 것이다.

2. 배경자료

〈성과평가제도 개선에 대한 인터뷰〉

최근 A사는 회사 사세의 급성장으로 인해 작년보다 매출이 두 배 성장하였고, 직원 수 또한 두 배로 증가하였다. 회사의 성장은 임금, 복지에 대한 상승 등 긍정적인 영향을 주었으나 업무의 불균형 및 성과보상의 불평등 문제가 발생하였다. 또한 수시로 입사하는 신입직원과 경력직원, 퇴사하는 직원들까지 인원들의 잦은 변동으로 인해 평가해야 할 대상이 변경되어 현재의 성과평가제도로는 공정한 평가가 어려운 상황이다.

[생산부서 김상호]
우리 팀은 지난 1년 동안 생산량이 급증했기 때문에 수십 명의 신규인력이 급하게 채용되었습니다. 이 때문에 저희 팀장님은 신규 입사자들의 이름조차 기억 못할 때가 많이 있습니다. 성과평가를 제대로 하고 있는지 의문이 듭니다.

[마케팅 부서 김흥민]
개인의 성과평가의 취지는 충분히 이해합니다. 그러나 현재 평가는 실적기반이나 정성적인 평가가 많이 포함되어 있어 객관성과 공정성에는 의문이 드는 것이 사실입니다. 이러한 상황에서 평가제도를 재수립하지 않고, 인센티브에 계속 반영한다면, 평가제도에 대한 반감이 커질 것이 분명합니다.

[교육부서 홍경민]
현재 교육부서는 인사팀과 밀접하게 일하고 있습니다. 그럼에도 인사팀에서 실시하는 성과평가제도에 대한 이해가 부족한 것 같습니다.

[기획부서 김경호 차장]
저는 저의 평가자 중 하나가 연구부서의 팀장님인데, 일 년에 몇 번 같이 일하지 않는데 어떻게 저를 평가할 수 있을까요? 특히 연구팀은 저희가 예산을 배정하는데, 저에게는 좋지만….

4. 토론 면접

① 토론 면접의 특징

- 다수의 지원자가 조를 편성해 과제에 대한 토론(토의)을 통해 결론을 도출해가는 면접입니다.
- 의사소통능력, 팀워크, 종합인성 등의 평가에 용이합니다.

> • 주요 평가요소
>   – 설득적 말하기, 경청능력, 팀워크, 종합인성
> • 의견 대립이 명확한 주제 또는 채용분야의 직무 관련 주요 현안을 주제로 과제 구성
> • 제한된 시간 내 토론을 진행해야 하므로 적극적으로 자신 있게 토론에 임하고 본인의 의견을 개진할 수 있어야 함

토론 면접의 형태

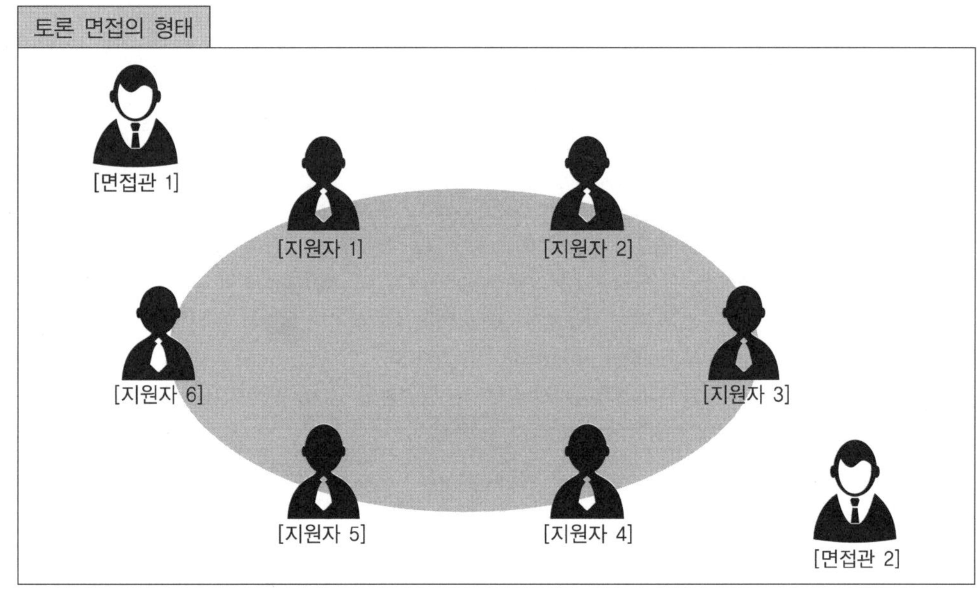

PART 4

② 토론 면접 예시

고객 불만 고충처리
1. 들어가며
최근 우리 상품에 대한 고객 불만의 증가로 고객고충처리 TF가 만들어졌고 당신은 여기에 지원해 배치받았다. 당신의 업무는 불만을 가진 고객을 만나서 애로사항을 듣고 처리해 주는 일이다. 주된 업무로는 고객의 니즈를 파악해 방향성을 제시해 주고 그 해결책을 마련하는 일이다. 하지만 경우에 따라서 고객의 주관적인 의견으로 인해 제대로 된 방향으로 의사결정을 하지 못할 때가 있다. 이럴 경우 설득이나 논쟁을 해서라도 의견을 관철시키는 것이 좋을지 아니면 고객의 의견대로 진행하는 것이 좋을지 결정해야 할 때가 있다. 만약 당신이라면 이러한 상황에서 어떤 결정을 내릴 것인지 여부를 자유롭게 토론해 보시오.
2. 1분 자유 발언 시 준비사항
• 당신은 의견을 자유롭게 개진할 수 있으며 이에 따른 불이익은 없습니다. • 토론의 방향성을 이해하고, 내용의 장점과 단점이 무엇인지 문제를 명확히 말해야 합니다. • 합리적인 근거에 기초하여 개선방안을 명확히 제시해야 합니다. • 제시한 방안을 실행 시 예상되는 긍정적·부정적 영향요인도 동시에 고려할 필요가 있습니다.
3. 토론 시 유의사항
• 토론 주제문과 제공해드린 메모지, 볼펜만 가지고 토론장에 입장할 수 있습니다. • 사회자의 지정 또는 발표자가 손을 들어 발언권을 획득할 수 있으며, 사회자의 통제에 따릅니다. • 토론회가 시작되면, 팀의 의견과 논거를 정리하여 1분간의 자유발언을 할 수 있습니다. 순서는 사회자가 지정합니다. 이후에는 자유롭게 상대방에게 질문하거나 답변을 하실 수 있습니다. • 핸드폰, 서적 등 외부 매체는 사용하실 수 없습니다. • 논제에 벗어나는 발언이나 지나치게 공격적인 발언을 할 경우, 위에서 제시한 유의사항을 지키지 않을 경우 불이익을 받을 수 있습니다.

03 면접 Role Play

1. 면접 Role Play 편성

- 교육생끼리 조를 편성하여 면접관과 지원자 역할을 교대로 진행합니다.
- 지원자 입장과 면접관 입장을 모두 경험해 보면서 면접에 대한 적응력을 높일 수 있습니다.

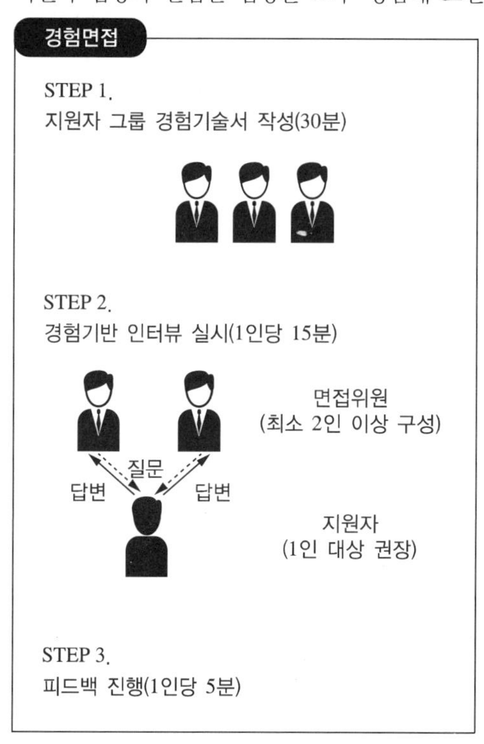

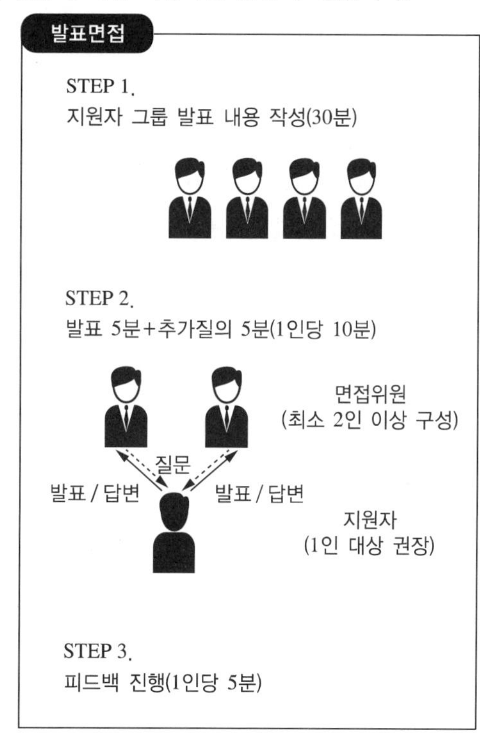

Tip

면접 준비하기

1. 면접 유형 확인 필수
   - 기업마다 면접 유형이 상이하기 때문에 해당 기업의 면접 유형을 확인하는 것이 좋음
   - 일반적으로 실무진 면접, 임원면접 2차례에 거쳐 면접을 실시하는 기업이 많고 실무진 면접과 임원면접에서 평가요소가 다르기 때문에 유형에 맞는 준비방법이 필요
2. 후속 질문에 대한 사전 점검
   - 블라인드 채용 면접에서는 주요 질문과 함께 후속 질문을 통해 지원자의 직무능력을 판단 → STAR 기법을 통한 후속 질문에 미리 대비하는 것이 필요

CHAPTER

05 한국중부발전 면접 기출질문

1. PT면접 / 토론면접

- 발전소에 생길 수 있는 문제점을 전공과 연계하여 제시하고, 어떤 부분을 보완해야 할지 말해 보시오.
- 화력발전소에 열병합 태양광발전기가 몇 개 있는지 알고 있는가?
- 화력발전소에 관한 홍보 방안을 제시해 보시오.
- 작년 한국중부발전의 사업보고서와 분기보고서를 본 적이 있는가?
- 탈황, 탈질설비에 대하여 들어본 적 있는가?
- 중부발전 외에 다른 발전소에 대해 아는 게 있다면 말해 보시오.
- 한국중부발전이 친환경 이미지를 구축하기 위해 어떻게 해야 할지 말해 보시오.
- 한국중부발전의 가장 큰 사업을 말해 보시오.
- 한국중부발전이 나아가야 할 방안에 대해 말해 보시오.
- 그린뉴딜에 대해 발표해 보시오.
- 새로운 에너지(신재생에너지) 패러다임을 맞이해 공사의 추구방향, 전략을 제시해 보시오.
- 신재생에너지를 활용한 비즈니스 모델을 제시해 보시오.
- 사내 스마트워크의 실행과 관련한 이슈의 해결방안을 제시해 보시오.
- 발전기 용접부에 누수가 발생하였다면 원인은 무엇이고, 누수를 방치한다면 어떤 문제점이 생기는지에 대해 발표해 보시오.
- 발전소 보일러 효율 저하 원인 점검사항에 대해 말해 보시오.
- 보일러 효율을 높이는 방안에 대해 말해 보시오.
- 친환경정책과 관련된 정부정책을 연관 지어 한국중부발전이 나아가야 할 방향을 토론해 보시오.
- 발전소 부산물의 재활용 방안을 제시해 보시오.
- 미세먼지 감소대책에 대해 토론해 보시오.
- 신재생에너지와 화력 발전소에 대한 미래 방향에 대해 발표해 보시오.
- 한국중부발전의 발전소 안전사고 방지를 위한 대책에 대해 발표해 보시오.
- 중부발전의 마이크로그리드 사업방안을 제시해 보시오.
- 한국중부발전에서 빅데이터를 어떻게 적용해야 하며, 적용 전까지 본 공사에서 취해야 할 방안을 말해 보시오.

2. 인성면접

- 윤리를 위해 반드시 해야 할 것 세 가지와 하지 말아야 할 것 세 가지를 말해 보시오.
- 조직목표 달성을 위해 희생했던 경험이 있다면 말해 보시오.
- 귀하가 한국중부발전에 기여할 수 있는 점을 구체적으로 말해 보시오.
- 한국중부발전에 지원한 동기를 말해 보시오.
- 발전업에 관심을 가지게 된 계기를 말해 보시오.
- 가장 싫어하는 소통 방식의 유형은 무엇인가? 상사가 다음과 같은 유형의 소통 방식을 사용한다면 어떻게 대처할 것인가?
- 발전소에서 문제가 발생했을 때, 귀하는 어떻게 처리할 것인지 말해 보시오.
- 리더십을 발휘한 경험이 있는가?
- 존경하는 상사가 있는가? 그 상사의 단점은 무엇이고, 귀하에게 동일한 단점이 있다면 이를 어떻게 극복할 것인가?
- 고령의 현직자, 협력업체의 베테랑과의 갈등을 극복하는 노하우를 말해 보시오.
- 협력 업체와의 갈등을 어떻게 해결하겠는가?
- 업무별로 귀하가 해당 업무에 적합한 인재인 이유를 설명해 보시오.
- 조직생활에서 중요한 것은 전문성인가 조직 친화력인가?
- 개인의 경험을 토대로 근무에 있어 무엇을 중요하게 생각하는가?
- 상사가 부당한 지시를 할 경우 어떻게 할 것인가?
- 갈등이 생겼던 사례를 말하고, 어떻게 해결하였는지 말해 보시오.
- 여러 사람과 협업하여 업무 처리한 경험과 협업 시 생긴 갈등을 어떻게 해결하였는지 말해 보시오.
- 현 직장에서 이직하려는 이유가 중부발전에서도 똑같이 발생한다면 어떻게 하겠는가?
- CPA를 하다가 포기했는데 입사 후에 기회가 되면 다시 준비할 것인가?
- 귀하는 교대근무 상세일정을 작성하는 업무를 담당하고 있다. A선배가 편한 시간대에 근무 배치를 요구할 때, 귀하는 어떻게 대처하겠는가?(A선배를 편한 시간대에 근무 배치할 때, 후배 사원인 C와 D가 상대적으로 편하지 않은 시간대에 근무를 하게 된다)
- 본인의 장단점에 대해 말해 보시오.
- 우리나라 대학생들이 책을 잘 읽지 않는다는 통계가 있다. 본인이 일 년에 읽는 책의 권수와 최근 가장 감명 깊게 읽은 책을 말해 보시오.
- 이전 직장에서 가장 힘들었던 점은 무엇인가?
- 친구랑 크게 싸운 적이 있는가?
- 노력했던 경험에는 어떤 것이 있는가?
- 한국중부발전의 장단점에 대해 말해 보시오.
- 갈등 상황이 생길 때 어떻게 대처할 것인지 말해 보시오.
- 한국중부발전을 30초 동안 홍보해 보시오.

- 대학 때 인사 관련 활동을 열심히 한 것 같은데, 인사부서에 가면 무엇을 할 것인가?
- 노무부서가 뭘 하는 곳인지 아는가?
- 업무를 진행하는 데 있어 가장 중요한 자세는 무엇이라고 생각하는가?
- 한국중부발전과 관련된 기사에 대해 말해 보시오.
- 여러 발전사가 존재하는 데 왜 꼭 한국중부발전인가?
- 자신이 부족하다고 느껴 무엇인가를 준비하고 공부해 해결해낸 경험이 있는가?
- 입사 10년 후 자신의 모습에 대해 말해 보시오.
- 노조에 대해 어떻게 생각하는가?
- 노조에 대해 어떻게 생각하는가?
- 마지막으로 하고 싶은 말을 해 보시오.
- 삶을 살면서 친구들의 영향도 많이 받지만 부모님의 영향도 많이 받는다. 부모님으로부터 어떤 영향을 받았으며 지금 자신의 삶에 어떻게 나타나는지 말해 보시오.
- 살면서 실패의 가장 쓴맛을 본 경험을 말해 보시오.
- 가정에는 가훈이 있다. 본인의 가훈에 대해 말해 보시오.
- 본인이 어려움을 겪었을 때 다른 사람의 도움으로 극복한 사례를 말해 보시오.
- 자신이 한국중부발전의 팀장이며, 10명의 부하직원이 있다면 어떻게 팀을 이끌겠는가?
- 지원한 직무에 있어 본인이 부족한 능력은 무엇이며, 어떻게 극복해갈 것인가?
- 공직자에게 중요한 것 세 가지를 말해 보시오.
- 입사해서 가장 먼저 하고 싶은 일에 대해 말해 보시오.
- 전 직장에서 퇴사한 것과 같은 사유가 중부발전에서도 발생한다면 어떻게 할 것인가?

인생이란 결코 공평하지 않다. 이 사실에 익숙해져라.

－빌 게이츠－

남에게 이기는 방법의 하나는 예의범절로 이기는 것이다.

– 조쉬 빌링스 –

SD 에듀 2024 최신판 All-New 100% 전면개정

한국 중부발전

정답 및 해설

★★★★
누적 판매량
1위
기업별 NCS 시리즈
★★★★

최신 출제경향 완벽 반영

합격의 별을 따자

한국중부발전 6개년 기출복원문제

NCS 출제유형

모의고사 4회

SDC

SDC는 SD에듀 데이터 센터의 약자로 약 30만 개의 NCS · 적성 문제 데이터를 바탕으로 최신출제경향을 반영하여 문제를 출제합니다.

PART 1

한국중부발전 6개년 기출복원문제

PART

1 한국중부발전 6개년(2023~2018년) 기출복원문제

01	02	03	04	05	06	07	08	09	10	11	12	13	14	15	16	17	18	19	20
④	②	①	②	③	④	①	④	③	②	②	②	③	①	②	①	②	④	②	①
21	22	23	24	25	26	27	28	29	30	31	32	33	34	35	36	37	38	39	40
④	③	④	②	②	②	③	②	②	③	①	④	③	③	④	③	④	④	④	④
41	42	43	44	45	46	47	48	49	50	51	52	53	54	55	56	57	58	59	60
④	①	③	④	③	③	④	④	①	①	③	④	②	④	①	④	③	④	④	③

01

정답 ④

사원 4명의 평균 나이는 $\frac{a+b+c+d}{4}=32$세이므로 사원 4명의 나이의 합은 $32\times4=128$세이다.

신입사원 1명의 나이를 x세라고 할 때, 사원 5명의 평균 나이는 $\frac{a+b+c+d+x}{5}=31$세이므로

$a+b+c+d+x=155 \rightarrow x=155-(a+b+c+d)=155-128=27$

따라서 신입사원의 나이는 27세이다.

02

정답 ②

스마트 팩토리(Smart Factory)는 제품의 기획 및 설계단계부터 판매까지 이루어지는 모든 공정의 일부 또는 전체에 사물인터넷(IoT), 인공지능(AI), 빅데이터 등과 같은 정보통신기술(ICT)을 적용하여 기업의 생산성과 제품의 품질 등을 높이는 지능형 공장을 의미한다.

03

정답 ①

앞의 항에 ÷2를 하는 수열이다.

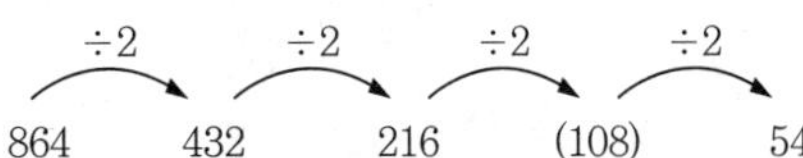

04

정답 ②

앞의 항에 +2를 하는 수열이다.

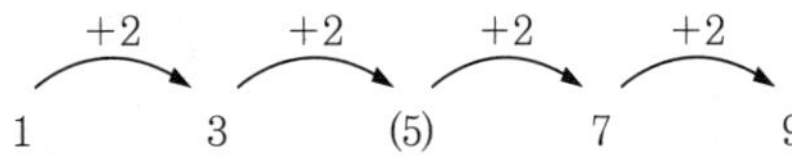

05

정답 ③

격세지감(隔世之感) : 오래지 않은 동안에 몰라보게 변하여 아주 다른 세상이 된 것 같은 느낌

오답분석

① 건목수생(乾木水生) : 마른나무에서 물이 난다는 뜻으로, 아무것도 없는 사람에게 무리하게 무엇을 내라고 요구함을 이르는 말
② 견강부회(牽强附會) : 이치에 맞지 않는 말을 억지로 끌어 붙여 자기에게 유리하게 함
④ 독불장군(獨不將軍) : 무슨 일이든 자기 생각대로 혼자서 처리하는 사람

06

정답 ④

언중유골(言中有骨) : 말 속에 뼈가 있다는 뜻으로, 예사로운 말 속에 단단한 속뜻이 들어 있음을 이르는 말

오답분석

① 오비이락(烏飛梨落) : 까마귀 날자 배 떨어진다는 뜻으로, 아무 관계도 없이 한 일이 공교롭게도 때가 같아 억울하게 의심을 받거나 난처한 위치에 서게 됨을 이르는 말
② 중언부언(重言復言) : 이미 한 말을 자꾸 되풀이함. 또는 그런 말
③ 탁상공론(卓上空論) : 현실성이 없는 허황한 이론이나 논의

07

정답 ①

과유불급(過猶不及) : 지나침은 부족함과 마찬가지라는 뜻

오답분석

② 소탐대실(小貪大失) : 작은 것을 탐하다가 큰 손실을 입는다는 뜻
③ 안하무인(眼下無人) : 눈 아래 사람이 아무도 없는 것처럼 행동함
④ 위풍당당(威風堂堂) : 위엄이 넘치고 거리낌 없이 떳떳함

08

정답 ④

오답분석

① 아리스토텔레스의 중용은 글의 주제인 서양과 우리의 중용에 대한 차이점을 말하기 위해 언급한 것일 뿐이다.
② 우리는 의학에 있어서도 중용관에 입각했다는 것을 말하기 위해 부연 설명한 것이다.
③ 중용을 바라보는 서양과 우리의 차이점을 말하고 있다.

09

정답 ③

제시문에서는 멸균에 대해 언급하며, 멸균 방법을 물리적 · 화학적으로 구분하여 다양하게 설명하고 있다. 따라서 글의 주제로 ③이 가장 적절하다.

10

정답 ②

RE100은 기업이 사용하는 에너지를 재생에너지로 충당하고자 하는 캠페인이고, 국민들이 사용하는 에너지 또한 재생에너지로 충당하고자 하는지는 언급된 바 없다.

오답분석

① '한국에서 탄소 중립의 실행 방안으로 모색되는 정책으로는 이산화탄소 배출량에 상응하는 만큼의 숲 조성, 화석 연료를 대체할 재생에너지 분야에 투자, 이산화탄소 배출량에 상응하는 탄소배출권 구매 등이 있다.'라고 하였으므로 적절한 내용이다.
③ RE100을 위해서 SK기업 등이 참여하고 있는 점, '탄소 중립은 국가뿐 아니라 개인의 노력도 요구된다.'라고 언급한 점을 통해서 적절한 내용인 것을 알 수 있다.

④ '실질적인 탄소 중립을 위해서는 RE100을 넘어 CF100을 목표로 삼아야 한다는 주장이 제기된다는 점이다.'라는 부분을 통해 적절한 내용인 것을 알 수 있다.

11

정답 ②

(나)에서 '그런데 문제는 정당한 범위 또는 공정한 관행에 관한 해석에 있다.'라는 부분을 먼저 언급하고, (가)에서 '먼저 정당한 범위란 ~'으로 정당한 범위에 관해 설명한 다음, (다)에서 '그리고 공정한 관행이란 ~'으로 마무리하는 것이 가장 자연스러운 흐름이다.

12

정답 ②

2022년 김치 수출액이 3번째로 많은 국가는 홍콩이다. 홍콩의 2021년 대비 2022년 수출액의 증감률은 $\frac{4,285-4,543}{4,543}\times100≒-5.68$%p이다.

13

정답 ③

호수의 둘레는 A와 B가 움직인 거리의 합이며, A는 4km/h의 속도로 1시간, B는 10km/h의 속도로 30분간 이동하였다. A가 움직인 거리는 4km, B가 움직인 거리는 5km이므로 호수의 둘레는 9km이다. 원의 둘레는 원의 지름에 원주율을 곱한 것이므로, 이 문제에서 주어진 원주율 3을 둘레 9km에서 나누면, 호수의 지름은 3km임을 알 수 있다.

14

정답 ①

(ㄱ) : 2019년 대비 2020년 의료 폐기물의 증감률은 $\frac{48,934-49,159}{49,159}\times100≒-0.5$%p이다.

(ㄴ) : 2017년 대비 2018년 사업장 배출시설계 폐기물의 증감률은 $\frac{123,604-130,777}{130,777}\times100≒-5.5$%p이다.

15

정답 ②

- 한국 : $\frac{33.0}{11.0}=3.0$배
- 미국 : $\frac{21.2}{13.1}≒1.6$배
- 일본 : $\frac{34.5}{23.0}=1.5$배
- 브라질 : $\frac{17.6}{7.0}≒2.5$배
- 인도 : $\frac{10.2}{5.1}=2.0$배

따라서 2040년의 고령화율이 2010년 대비 2배 이상 증가하는 나라는 한국(3.0배), 브라질(2.5배), 인도(2.0배)이다.

16

정답 ①

$\left(\frac{36,829-29,397}{29,397}\right)\times 100 \fallingdotseq 25.3\%$

17

정답 ②

전년 대비 난민 인정자 증감률을 구하면 다음과 같다.

• 2020년

– 남자 : $\frac{35-39}{39}\times 100 \fallingdotseq -10.3\%$

– 여자 : $\frac{22-21}{21}\times 100 \fallingdotseq 4.8\%$

• 2021년

– 남자 : $\frac{62-35}{35}\times 100 \fallingdotseq 77.1\%$

– 여자 : $\frac{32-22}{22}\times 100 \fallingdotseq 45.5\%$

• 2022년

– 남자 : $\frac{54-62}{62}\times 100 \fallingdotseq 12.9\%$

– 여자 : $\frac{51-32}{32}\times 100 \fallingdotseq 59.4\%$

따라서 ②의 2021년과 2022년의 증감률 수치가 잘못 입력되어 있다.

18

정답 ④

1985년 전체 재배면적을 A라 하면, 2022년 전체 재배면적은 1.25A이다.

• 1985년 과실류 재배면적 : 0.018A

• 2022년 과실류 재배면적 : 0.086×1.25A=0.1075A

따라서 과실류 재배면적은 $\frac{0.1075\text{A}-0.018\text{A}}{0.018\text{A}}\times 100 \fallingdotseq 500\%$ 증가했다.

19

정답 ②

직접비용이란 제품의 생산이나 서비스 창출에 직접적으로 소요된 비용을 말하는 것으로, 재료비, 원료와 장비, 시설비, 인건비 등이 여기에 포함된다. 이와 달리 직접비용의 반대 개념인 간접비용은 제품의 생산이나 서비스 창출에 직접적으로 관여하진 않지만 간접적으로 사용되는 지출인 보험료, 건물관리비, 광고비, 통신비, 사무비품비, 각종 공과금 등이 이에 해당한다. 제시된 자료에서 직접비용 항목만 구분하여 정리하면 다음과 같다.

4월		
번호	항목	금액(원)
1	원료비	680,000
2	재료비	2,550,000
4	장비 대여비	11,800,000
8	사내 인건비	75,000,000
–	–	–
–	합계	90,030,000

5월		
번호	항목	금액(원)
1	원료비	720,000
2	재료비	2,120,000
4	장비 구매비	21,500,000
8	사내 인건비	55,000,000
9	외부 용역비	28,000,000
–	합계	107,340,000

따라서 K사의 4월 대비 5월 직접비용은 17,310,000원 증액되었다.

20

정답 ①

영업1팀과 마케팅3팀이 위・아래로 인접해 있다고 하였으므로, 이 두 팀의 위치를 기준으로 파악해야 한다. 만약 영업1팀이 1층, 마케팅3팀이 2층이라면 3번째・4번째・7번째 조건에 따라 1층에는 영업1・2・3팀과 총무팀, 개발팀이 모두 위치해야 하는데, 개발팀의 한쪽 옆이 비어있어야 하므로 조건에 맞지 않는다. 따라서 마케팅3팀이 1층, 영업1팀이 2층인 경우의 수만 따져가며 모든 조건을 조합하면 다음과 같이 두 가지 경우의 수가 있음을 알 수 있다.

2층	영업1팀	영업3팀	영업2팀	총무팀	
1층	마케팅3팀	마케팅1팀	개발팀		마케팅2팀

2층		영업2팀	총무팀	영업3팀	영업1팀
1층	마케팅2팀		개발팀	마케팅1팀	마케팅3팀

따라서 두 가지 경우에서 총무팀과 영업3팀은 인접할 수도, 그렇지 않을 수도 있으므로 ①은 옳지 않다.

21

정답 ④

모든 조건을 조합하면 다음과 같이 두 가지 경우의 수가 있음을 알 수 있다.

1)

ㄱ팀

벽							복도
	김팀장						
	강팀장	이대리	유사원	김사원	박사원	이사원	

2)

ㄴ팀

벽							복도
	김팀장						
	강팀장	이대리	김사원	박사원	이사원	유사원	

따라서 두 가지 경우에서 강팀장과 이대리는 항상 인접하므로 항상 옳은 것은 ④이다.

오답분석

① 두 가지 경우에서 유사원과 이대리는 인접할 수도, 그렇지 않을 수도 있다.
② 두 가지 경우에서 박사원의 자리는 유사원의 자리보다 왼쪽에 있을 수도, 그렇지 않을 수도 있다.
③ 두 가지 경우에서 이사원은 복도 옆에 위치할 수도, 그렇지 않을 수도 있다.

22

정답 ③

다섯 번째와 여섯 번째 조건에 따라 D는 해외취업국, E는 외국인력국에 배치된다. 네 번째 조건에 따라 B, C, F가 모두 외국인력국에 배치된다면 해외취업국에 배치될 수 있는 직원은 A와 D뿐이므로 두 번째 조건을 충족하지 못하게 된다. 따라서 B, C, F는 D와 함께 해외취업국에 배치되며, A는 세 번째 조건에 따라 E와 함께 외국인력국에 배치된다.

오답분석

ㄱ. B는 해외취업국에 배치된다.

ㄴ. A는 외국인력국, D는 해외취업국으로, 각각 다른 부서에 배치된다.

23

정답 ④

제시된 조건에서 대우와 삼단논법을 통해 도출할 수 있는 결론은 다음과 같다.

- 토끼를 선호하는 사람 → 강아지를 선호하지 않는 사람
- 토끼를 선호하지 않는 사람 → 고양이를 선호하지 않는 사람
- 고양이를 선호하는 사람 → 토끼를 선호하는 사람 → 강아지를 선호하지 않는 사람
- 강아지를 선호하는 사람 → 토끼를 선호하지 않는 사람 → 고양이를 선호하지 않는 사람

24

정답 ②

시트에서 실적 수당 중 가장 작은 값을 구하려면 MIN(범위에 있는 값 중 가장 작은 값을 찾아서 반환함) 함수를 사용해야 하므로 「=MIN(C2:C7)」을 입력해야 한다.

25

정답 ②

제시문에서 모듈 성능 저하 등 운영 결함은 없었다고 하였으므로 적절하지 않은 설명이다.

오답분석

① 국내 염전 중 85%는 전라남도에 밀집해 있다.

③ 중국, 인도, 프랑스, 이탈리아 등은 천일염 방식으로 소금을 생산한다.

④ 추가적인 부지 확보 없이 염전에서 태양광 전력을 생산할 수 있다.

26

정답 ②

태양광 발전으로 전기와 소금을 동시에 생산한다는 의미이므로, 한 가지 일로써 두 가지 이익을 얻는다는 뜻을 가진 '일거양득'이 ㉠에 들어가야 한다.

오답분석

① 아전인수 : 자기의 이익을 먼저 생각하고 행동함

③ 토사구팽 : 필요할 때 요긴하게 써 먹고 쓸모가 없어지면 가혹하게 버림

④ 백척간두 : 백 자나 되는 높은 장대 위에 올라섰다는 뜻으로, 위태로움이 극도에 달함

27

정답 ③

제시문에 따르면 수력발전으로 전기를 생산하기 위해서는 거대한 댐을 건설해야 하는데 이 댐을 건설할 때 많은 이산화탄소가 발생한다. 따라서 수력발전을 통해 이산화탄소를 배출시키지 않고 전기를 생산할 수 있다는 장점이 있는 반면, 댐을 건설할 때 이산화탄소가 발생하는 단점도 있다는 의미의 '일장일단(一長一短)'이 제시문과 가장 관련이 깊다.

오답분석

① 고식지계 : 당장의 편안함만을 꾀하는 일시적인 방편
② 결자해지 : 일을 저지른 사람이 그 일을 해결해야 함
④ 과유불급 : 모든 사물이 정도를 지나치면 미치지 못한 것과 같음

28

정답 ②

수력발전이 이산화탄소를 배출하는 것이 아니라, 수력발전을 위한 댐을 건설할 때 이산화탄소가 배출된다.

오답분석

① 메탄이 지구온난화에 미치는 영향은 이산화탄소의 20배에 달한다.
③ 댐이 건설되면서 저수지에 갇힌 유기물들이 부패 과정에서 이산화탄소는 물론 메탄을 생성한다.
④ 반론을 제기한 학자들은 메탄 배출은 댐 운영 첫해에만 발생하는 현상이라고 주장한다.

29

정답 ②

아르바이트생들이 고된 노동과 감정 노동을 수행하고 있지만, 제시문에서는 감정 노동자가 아니라 청년 아르바이트생의 고충에 관한 내용을 담고 있으므로 ②는 적절하지 않다.

30

정답 ③

제시문에서는 다문화를 이해하는 것의 중요성을 말하고 있다. 따라서 단일문화를 지향해야 한다는 내용은 적절하지 않다.

31

정답 ①

제시문은 '틱톡'을 예시로 들며, 1인 미디어의 유행으로 새로운 플랫폼이 등장하는 현상을 설명하고 있다.

오답분석

② 1인 크리에이터가 새로운 사회적 이슈가 된다고 나와 있지만, 돈을 벌고 있다는 내용은 제시문에서 확인할 수 없다.
③ 틱톡이 인기를 끄는 이유는 알 수 있지만, 1인 미디어가 인기를 끄는 이유가 양질의 정보를 전달하기 때문인지는 알 수 없다.
④ 1인 미디어의 문제와 규제에 대해서는 제시문에서 확인할 수 없다.

32

정답 ④

1챕터의 시작이 12p이므로 정리를 하면 다음과 같다.

- 화요일 : 1챕터, 12 ~ 14p
- 수요일 : 2챕터, 15 ~ 18p
- 목요일 : 3챕터, 19 ~ 23p
- 금요일 : 4챕터, 24 ~ 26p
- 화요일 : 5챕터, 27 ~ 30p
- 수요일 : 6챕터, 31 ~ 35p

따라서 수요일에 6챕터를 읽게 되고, 책갈피는 6챕터의 시작부분인 31p와 32p 사이에 꽂혀 있다.

33

정답 ③

B팀장은 단합대회에 참석하지 않는다는 의사표시를 한 것이 아니라 A부장이 갑작스럽게 단합대회 날짜를 정하게 된 이유를 듣고, 일정을 조율해 보겠다는 의미의 대답을 한 것이다.

34

정답 ③

벤치마킹은 모방과는 달리 성공한 상품, 우수한 경영 방식 등의 장점을 배우고 자사 등의 환경에 맞추어 재창조하는 것을 말한다.

오답분석

① 벤치마킹이란 외부의 기술을 받아들이는 것이 아닌 받아들인 기술을 자신의 환경에 적합한 기술로 재창조하는 것을 말한다.
② 벤치마킹이란 특정 분야에서 뛰어난 업체나 상품, 기술, 경영 방식 등을 배워 합법적으로 응용하는 것을 의미한다.
④ 간접적 벤치마킹에 대한 설명이다. 직접적 벤치마킹은 벤치마킹 대상을 직접 방문하여 수행하는 방법이다.

35

정답 ④

호연지기(浩然之氣)란 온 세상에 가득 찬 넓고 큰 기운이라는 뜻으로, 도의에 근거하여 굽히지 않고 흔들리지 않는 바르고 큰 마음 또는 공명정대하여 조금도 부끄럼 없는 용기 등을 의미한다.

오답분석

① 소탐대실(小貪大失) : 작은 것을 탐하다가 큰 손실을 입음
② 일장춘몽(一場春夢) : 한바탕의 봄 꿈처럼 헛된 영화나 덧없는 일
③ 선견지명(先見之明) : 미리 앞을 내다보고 아는 지혜

36

정답 ③

'밖에'는 '그것 말고는', '그것 이외에는', '기꺼이 받아들이는', '피할 수 없는'의 뜻을 나타내는 보조사이므로 앞말과 붙여 쓴다.

오답분석

① '만'은 '앞말이 가리키는 횟수를 끝으로'의 뜻을 나타내는 의존 명사로 사용되었으므로 '열 번 만에'와 같이 앞말과 띄어 써야 한다.
② '만큼'은 앞말과 비슷한 정도나 한도임을 나타내는 격조사로 사용되었으므로 '아빠만큼'과 같이 앞말에 붙여 써야 한다.
④ '뿐'은 '그것만이고 더는 없음'을 의미하는 보조사로 사용되었으므로 '너뿐만'과 같이 앞말에 붙여 써야 한다.

37

정답 ④

'각축(角逐)하다'는 '서로 이기려고 다투며 덤벼들다.'는 의미의 한자어이므로 '서로 버티어 승부를 다투다.'는 의미의 순우리말인 '겨루다'로 바꾸어 사용할 수 있다.

오답분석

① 얽히다 : 1. 노끈이나 줄 따위가 이리저리 걸리다.
2. 이리저리 관련이 되다.
② 대들다 : 요구하거나 반항하느라고 맞서서 달려들다.
③ 붐비다 : 1. 좁은 공간에 많은 사람이나 자동차 따위가 들끓다.
2. 어떤 일 따위가 복잡하게 돌아가다.

38

정답 ④

회전 대응 보관의 원칙이란 입·출하 빈도의 정도에 따라 보관 장소를 결정해야 한다는 것으로, 입·출하 빈도가 높은 물품일수록 출입구에 가까운 장소에 보관해야 한다는 의미이다.

오답분석

① 네트워크 보관의 원칙 : 물품 정리 및 이동 거리 최소화를 지원하는 방식으로, 출하 품목의 연대적 출고가 예상되는 제품을 한데 모아 정리하고 보관하는 방식이다.
② 형상 특성의 원칙 : 화물의 형상에 따라 보관 방법을 변경하는 방식으로, 표준화된 제품은 랙에, 비표준화된 제품은 형상에 맞게 보관하는 방식이다.
③ 통로 대면의 원칙 : 물품의 입·출고를 용이하게 하고, 창고 내의 원활한 물품 흐름과 활성화를 위하여 벽면이 아닌 통로면에 보관하는 방식이다.

39

정답 ④

먼저 세 번째 조건에 따라 3팀은 3호실에 위치하고, 네 번째 조건에 따라 8팀과 2팀은 4호실 또는 8호실에 각각 위치한다. 이때, 두 번째 조건에 따라 2팀과 5팀은 앞뒤로 나란히 위치해야 하므로 결국 2팀과 5팀이 각각 8호실과 7호실에 나란히 위치하고, 4호실에는 8팀이 위치한다. 또한, 첫 번째 조건에 따라 1팀과 7팀은 1호실 또는 5호실에 각각 위치하는데, 마지막 조건에서 4팀은 1팀과 5팀 사이에 위치한다고 하였으므로 4팀이 5팀 바로 앞인 6호실에 위치하고, 1팀은 5호실에 위치한다. 따라서 1호실에는 7팀이 위치하고, 바로 뒤 2호실에는 6팀이 위치한다. 이를 종합하여 기획1 ~ 8팀의 사무실을 배치하면 다음과 같다.

창고	입구	계단
기획7팀	복도	기획1팀
기획6팀		기획4팀
기획3팀		기획5팀
기획8팀		기획2팀

따라서 기획4팀과 기획6팀은 복도를 사이에 두고 마주한다.

오답분석

① 창고 뒤에는 기획7팀의 사무실이 위치하며, 기획1팀의 사무실은 계단 쪽 라인에 위치한다.
② 기획2팀의 사무실은 8호실에 위치한다.
③ 기획3팀과 5팀은 복도를 사이에 두고 마주한다.

40

정답 ④

식사 시 포크와 나이프는 바깥쪽에 놓인 것부터 순서대로 사용한다.

국제 식사예절
- 포크와 나이프는 바깥쪽에 놓인 것부터 순서대로 사용한다.
- 수프는 소리 내면서 먹지 않으며, 몸쪽에서 바깥쪽으로 숟가락을 사용한다.
- 뜨거운 수프는 입으로 불어서 식히지 않고 숟가락으로 저어서 식힌다.
- 빵은 수프를 먹고 난 후부터 먹으며 디저트 직전 식사가 끝날 때까지 먹을 수 있다.
- 빵은 칼이나 치아로 자르지 않고 손으로 떼어 먹는다.
- 생선 요리는 뒤집어 먹지 않는다.
- 스테이크는 처음에 다 잘라놓지 않고 잘라가면서 먹는 것이 좋다.

41

정답 ④

제시문에서는 스마트폰 생산에 필요한 콜탄으로 인해 콩고의 내전이 끊이지 않고 있음을 이야기한다. 특히 (나) 문단에서는 콜탄이 콩고의 내전 장기화에 많은 영향을 끼치고 있음을 이야기하며, 이를 '휴대폰 이용자들이 기기를 바꿀 때마다 콩고 주민 수십 명이 죽는다는 말도 있다.'고 표현한다. 따라서 기사의 표제로 ④가 가장 적절함을 알 수 있다.

42

정답 ①

(가) 문단에서는 스마트폰 생산에 사용되는 탄탈럼을 언급하며, 탄탈럼의 원석인 콜탄의 소비량 증가와 가격 상승으로 인해 전 세계 콜탄의 70 ~ 80%가 매장되어 있는 콩고에서 전쟁이 그치지 않고 있음을 이야기하고 있다. 따라서 사람들의 스마트폰 사용 현황과 콜탄의 가격 상승을 보여주는 그래프와 콜탄 채굴 현황을 나타내는 표는 모두 (가) 문단의 내용을 효과적으로 나타내고 있다.

PART 1

43

정답 ③

제5조에 따르면 운영부서는 증빙자료와 함께 마일리지 적립현황을 분기마다 주관부서에 제출해야 하며, 주관부서는 이를 확인하여 매년 12월 31일까지 감사실에 제출해야 한다고 명시되어 있다. 따라서 청렴마일리지 제도를 잘못 이해하고 있는 사람은 C주임이다.

오답분석

① 제4조 제4호에 따라 반부패·청렴 교육을 이수한 경우 청렴마일리지를 부여받을 수 있다. 그러나 A사원은 청렴마일지리를 받지 못했으므로 제6조 제2항에 따라 감사실장에 이의신청을 할 수 있다.
② 제7조 제1항에 따르면 적립된 청렴마일리지는 개인 및 부서별 포상에 활용할 수 있다.
④ 제6조 제1항에 따르면 감사실장은 신고된 내용에 대하여 사실 여부를 확인한 후 청렴마일리지를 부여한다.

44

정답 ④

경청의 5단계

㉠ 무시(0%)
㉡ 듣는 척하기(30%)
㉢ 선택적 듣기(50%)
㉣ 적극적 듣기(70%)
㉤ 공감적 듣기(100%)

45

정답 ③

대·중소기업 동반녹색성장의 추진절차에 따르면 사업 설명회는 참여기업이 확정되기 전에 개최된다. 즉, 사업 설명회를 통해 참여를 원하는 기업의 의견을 수렴한 뒤 참여기업을 확정한다.

46

정답 ③

제시문에 따르면 젊은 사람들의 경우 장시간 전자 기기를 사용하는 근거리 작업과 전자 기기에서 나오는 블루라이트 등으로 인해 노안 발생률이 증가하고 있다. 따라서 노안을 예방하기 위해서는 전자 기기 사용을 줄이고 블루라이트 차단 제품을 사용하며, 눈에 충분한 휴식을 주어 눈의 부담을 덜어주어야 한다. 그러나 눈 운동과 관련된 내용은 제시문에서 찾아볼 수 없다.

47

정답 ④

ㄴ. 전자기기의 블루라이트 불빛은 노안의 원인이 되므로 장시간 스마트폰을 사용한다면 노안을 의심해 볼 수 있다.
ㅁ. 노안이 발생하면 수정체의 조절 능력이 저하되어 가까운 거리의 시야가 흐리게 보인다.
ㅂ. 노안의 대표적인 증상이다.

오답분석

ㄱ. 안경 착용은 노안과 관계가 없다.
ㄷ. 책을 읽거나 컴퓨터 작업을 할 때 두통이 발생한다면 노안을 의심할 수 있지만, 평상시의 갑작스러운 두통이나 어지럼증은 노안의 증상으로 보기 어렵다.
ㄹ. 최신 스마트폰 사용은 노안과 관계가 없으며, 스마트폰의 장시간 사용이 노안의 발생 원인이 된다.

48

 ④

'다듬-'+'-이'의 경우, 어간에 '-이'가 붙어서 명사로 된 것은 그 어간의 원형을 밝히어 적는다는 한글맞춤법 규정에 따라 '다듬이'가 올바른 표기이다.

오답분석

① 먼저 자리를 잡은 사람이 뒤에 들어오는 사람에 대하여 가지는 특권 의식, 또는 뒷사람을 업신여기는 행동의 의미인 '텃세'가 올바른 표기이다. '텃새'는 철을 따라 자리를 옮기지 아니하고 거의 한 지방에서만 사는 새를 의미한다.
② '금시에'가 줄어든 말로 '지금 바로'의 의미를 나타내는 '금세'가 올바른 표기이다. '금새'는 물건의 값을 의미한다.
③ '잎'+'-아리'의 경우, '-이' 이외의 모음으로 시작된 접미사가 붙어서 된 말은 그 명사의 원형을 밝혀 적지 않는다는 한글맞춤법 규정에 따라 '이파리'가 올바른 표기이다.

49

정답 ①

헌법에서는 모든 의사표현의 매개체를 언론과 출판의 자유에 의한 보호대상으로 삼고 있다. 즉, TV를 통한 방송광고의 경우에도 보호대상에 해당하므로 A씨는 언론과 출판의 자유가 침해되었다고 주장할 수 있다. 언론과 출판의 자유는 국가권력에 의하여 자유를 제한받지 않을 권리인 자유권에 해당한다.

오답분석

② 평등권 : 모든 인간을 원칙적으로 평등하게 다룰 것과 국가로부터 차별대우를 받지 아니하도록 요구하는 권리이다.
③ 참정권 : 주권자로서의 국민이 정치에 참여할 수 있는 권리이다.
④ 청구권 : 권리가 침해되었을 때 국가에 대하여 일정한 요구를 할 수 있는 권리이다.

50

정답 ①

보기에서는 논증의 결론 자체를 전제의 일부로 받아들이는 순환논증의 오류를 범하고 있다.

오답분석

② 무지의 오류 : 증명할 수 없거나 알 수 없음을 들어 거짓이라고 추론하는 오류이다.
③ 논점 일탈의 오류 : 논점과 관계없는 것을 제시하여 무관한 결론에 이르게 되는 오류이다.
④ 대중에 호소하는 오류 : 군중 심리를 자극하여 논지를 받아들이게 하는 오류이다.

51

정답 ③

주어진 조건에 따르면 (B, E), (A, G), (C, F)는 각각 같은 팀임을 알 수 있다. 이때 D와 다른 팀인 (C, F)가 (B, E) 또는 (A, G)와 같은 팀이라면, C가 속한 팀의 직원 수는 항상 4명이 되므로 C와 F는 누구와 같은 팀이 되든 인사팀임을 알 수 있다. 한편, (B, E), (A, G)는 각각 (C, F)와 함께 인사팀이 될 수도 있고 (C, F)와 떨어져 회계팀이 될 수도 있으므로 주어진 조건만으로는 어떤 팀에서 근무하는지 정확히 알 수 없다.

52

정답 ④

ㄴ. BCG 매트릭스는 시장성장율과 상대적 시장점유율을 기준으로 4개의 영역으로 나눠 사업의 상대적 위치를 파악한다.

ㄹ. GE & 맥킨지 매트릭스의 산업매력도는 시장규모, 시장 잠재력, 경쟁구조, 재무·경제·사회·정치 요인과 같은 광범위한 요인에 의해 결정된다.

ㅁ. GE & 맥킨지 매트릭스는 반영 요소가 지나치게 단순하다는 BCG 매트릭스의 단점을 보완하기 위해 개발되었다.

오답분석

ㄱ. BCG 매트릭스는 미국의 보스턴컨설팅그룹이 개발한 사업포트폴리오 분석 기법이다.

ㄷ. GE & 맥킨지 매트릭스는 산업매력도와 사업경쟁력을 고려하여 사업의 형태를 9개 영역으로 나타낸다.

PART 1

53

정답 ②

여성은 매년 30명씩 증가했으므로 2018년 여성 신입사원은 260+30=290명이고, 남성 신입사원은 500−290=210명이다. 따라서 남녀 성비는 $\frac{210}{290}\times 100 ≒ 72.4\%$이다.

54

정답 ④

A씨가 이번 달에 내야 하는 전기료는 $(200\times 100)+(150\times 200)=50{,}000$원이다. 이때 B씨가 내야 하는 전기료는 A씨의 2배인 10만 원이므로 전기 사용량은 400kWh를 초과했음을 알 수 있다.

B씨가 사용한 전기량을 $(400+x)$kWh로 정하고 전기료에 대한 방정식을 풀면 다음과 같다.

$(200\times 100)+(200\times 200)+(x\times 400)=100{,}000 \rightarrow x\times 400=100{,}000-60{,}000 \rightarrow x=100$

따라서 B씨가 사용한 전기량은 총 400+100=500kWh이다.

55

정답 ①

K사 전체 팀 수를 x팀이라 하면 $3x+5=5(x-2)+3 \rightarrow 2x=12$

$\therefore x=6$

K사 전체 팀 수는 6팀이고, 복사용지박스 개수는 3×6+5=23박스이다. 따라서 전체 팀 수와 복사용지박스 개수의 합은 6+23=29이다.

56

정답 ④

어떤 직사각형의 가로 길이를 $x$cm라고 하자. 세로가 120cm이므로 둘레의 길이는 $2(x+120)$cm이다. 이때, 직사각형 둘레의 길이가 330cm 이상 440cm 이하이므로 $330\le 2(x+120)\le 440 \rightarrow 165\le x+120\le 220$

$\therefore 45\le x\le 100$

따라서 가로의 길이가 될 수 있는 것은 90cm이다.

57

정답 ③

서울건설본부는 세계 최초 도심 지하에 800MW급 복합화력발전소를 건설하므로 글로벌 에너지의 자질을 갖추고 있으나 '글로벌 에너지 리더'로 일반화하기에는 적절하지 않다. 따라서 서울건설본부의 상징문구로는 '우리나라 전력산업의 살아있는 역사', '세계 최초 도심 지하에 대규모 복합화력발전소 건설' 등이 적절하다.

58

정답 ④

발전소 CCS설비에서 포집한 이산화탄소를 온실에 주입하여 작물의 광합성 촉진 및 생장속도를 가속화하였으며, 이는 결국 이산화탄소 배출 절감을 의미한다.

오답분석

① 에코팜 사업은 발전소의 냉각수가 아니라 온배수와 이산화탄소를 활용한 스마트 시스템 온실을 개발하는 사업이다.
② 온배수, 석탄재, 이산화탄소는 발전소에서 생산되는 주된 에너지가 아니다. 발전소에서 에너지를 생산한 뒤 발생하는 부산물로 폐자원이다.
③ 온배수의 열을 이용하여 온실의 에너지를 86%까지 절감하였고, 발전소의 석탄재를 비닐하우스 부지정리에 활용하여 폐기물의 자원화에 기여하였다.

59

정답 ④

WO전략은 약점을 극복함으로써 기회를 활용할 수 있는 전략으로, 내부 약점을 보완해 좀 더 효과적으로 시장 기회를 추구한다. 따라서 바로 옆에 유명한 프랜차이즈 레스토랑이 생겼다는 사실을 이용하여 홍보가 미흡한 점을 보완할 수 있도록 레스토랑과 제휴하여 레스토랑 내에 홍보물을 비치하는 방법은 WO전략으로 적절하다.

60

정답 ③

SO전략은 강점을 살려 기회를 포착하는 전략이다. 따라서 TV프로그램에 출연하여 좋은 품질의 재료만 사용한다는 점을 홍보하는 것은 SO전략으로 적절하다.

PART 2

직업기초능력평가

CHAPTER

01 의사소통능력

출제유형분석 01 실전예제

01

정답 ④

생리활성 물질은 항암 효과를 가지고 있는데, 새싹 채소와 성체 모두 이를 함유하고 있다.

오답분석

① 성체로 자라기 위해 종자 안에는 각종 영양소가 포함되어 있다.
② 새싹은 성숙한 채소에 비하여 영양성분이 3 ~ 4배 정도 더 많이 함유되어 있으며, 종류에 따라서는 수십 배 이상의 차이를 보이기도 한다.
③ 씨에서 바로 나왔을 때가 아닌 어린잎이 두세 개 달릴 즈음이 생명유지와 성장에 필요한 생리활성 물질을 가장 많이 만들어 내는 때이다.

02

정답 ②

플라톤 시기에는 이제 막 알파벳이 보급되고, 문자문화가 전래의 구술적 신화문화를 대체하기 시작한 시기였다.

오답분석

① 타무스 왕은 문자를 죽었다고 표현하며, 생동감 있고 살아있는 기억력을 퇴보시킬 것이라 보았다.
③ 문자와 글쓰기는 콘텍스트를 떠나 비현실적이고 비자연적인 세계 속에서 수동적으로 이뤄진다.
④ 물리적이고 강제적인 억압에 의해 말살될 위기에 처한 진리의 소리는 기념비적인 언술행위의 문자화를 통해서 저장되어야 한다고 보는 입장이 있다.

03

정답 ④

오답분석

① 연료전지는 화학에너지를 전기에너지로 변환하는 고효율·친환경 미래에너지 시스템이다.
② 이미 정부에서 연료전지를 신에너지원으로 분류하고 RPS 이행수단으로 인정하였다.
③ 연료전지는 설치 장소에 제약이 적고 규모와 관계없이 일정한 효율을 낼 수 있기 때문에 소형 발전소부터 MW급 발전소까지 다양하게 활용될 수 있다.

출제유형분석 02 실전예제

01

정답 ④

제시된 기사에서는 대기업과 중소기업 간의 상생경영의 중요성을 강조하고 있다. 기존에는 대기업이 시혜적 차원에서 중소기업에게 베푸는 느낌이 강했지만, 현재는 협력사의 경쟁력 향상이 곧 기업의 성장으로 이어질 것으로 보고, 상생경영의 중요성을 높이고 있다. 대기업이 지원해준 업체의 기술력 향상으로 더 큰 이득을 보상받는 등 상생협력이 대기업과 중소기업 모두에게 효과적임을 알 수 있다. 따라서 '시혜적 차원에서의 대기업 지원의 중요성'은 기사 제목으로 적절하지 않다.

02

정답 ②

제시문에서는 유명 음악가 바흐와 모차르트에 대해 알려진 이야기들과, 이와는 다르게 밝혀진 사실을 대비하여 이야기하고 있다. 또한 사실이 아닌 이야기가 바흐와 모차르트의 삶을 미화하는 경향이 있으므로 제목으로는 '미화된 음악가들의 이야기와 그 진실'이 가장 적절하다.

PART 2

03

정답 ②

마지막 문장의 '표준화된 언어와 방언 둘 다의 가치를 인정'하고, '잘 가려서 사용할 줄 아는 능력을 길러야 한다.'라는 내용을 바탕으로 ②와 같은 주제를 이끌어낼 수 있다.

04

정답 ④

(라) 문단에서는 부패를 개선하기 위한 정부의 제도적 노력에도 불구하고 반부패정책 대부분이 효과가 없었음을 이야기하고 있다. 따라서 부패인식지수의 개선방안이 아닌 '정부의 부패인식지수 개선에 대한 노력의 실패'가 (라) 문단의 주제로 적절하다.

출제유형분석 03 실전예제

01

정답 ④

제시문은 코젤렉의 '개념사'에 대한 정의와 특징에 대한 글이다. 따라서 (라) 개념에 대한 논란과 논쟁 속에서 등장한 코젤렉의 '개념사' → (가) 코젤렉의 '개념사'와 개념에 대한 분석 → (나) 개념에 대한 추가적인 분석 → (마) '개념사'에 대한 추가적인 분석 → (다) '개념사'의 목적과 코젤렉의 주장 순으로 나열하는 것이 적절하다.

02

정답 ②

제시문은 강이 붉게 물들고 산성으로 변화하는 이유인 티오바실러스와 강이 붉어지는 것을 막기 위한 방법에 대하여 설명하고 있다. 따라서 (가) 철2가 이온(Fe^{2+})과 철3가 이온(Fe^{3+})의 용해도가 침전물 생성에 중요한 역할을 함 → (라) 티오바실러스가 철2가 이온(Fe^{2+})을 산화시켜 만든 철3가 이온(Fe^{3+})이 붉은 침전물을 만듦 → (나) 티오바실러스는 이황화철(FeS_2)을 산화시켜 철2가 이온(Fe^{2+}), 철3가 이온(Fe^{3+})을 얻음 → (다) 티오바실러스에 의한 이황화철(FeS_2)의 가속적인 산화를 막기 위해서는 광산의 밀폐가 필요함의 순서대로 나열하는 것이 적절하다.

03

정답 ①

제시된 단락에서는 휘슬블로어를 소개하며, 휘슬블로어가 집단의 부정부패를 고발하는 것이 쉽지 않다는 점을 언급하고 있으므로, 뒤이어 내부고발이 어려운 이유를 설명하는 문단이 와야 한다. 따라서 (다) 내부고발이 어려운 이유와 휘슬블로어가 겪는 여러 사례 → (나) 휘슬블로우의 실태와 법적인 보호의 필요성 제기 → (라) 휘슬블로우를 보호하기 위한 법의 실태 설명 → (가) 법 밖에서도 보호받지 못하는 휘슬블로어의 순서대로 나열하는 것이 적절하다.

출제유형분석 04 실전예제

01

정답 ④

제시문의 첫 번째 문단 에 따르면 근본주의 회화는 그림을 그리는 과정과 방식이 중요해지면서 그 자체가 회화의 주제가 되었으며, 마지막 문단에 따르면 「꽈광!」은 만화의 재현 방식 자체를 주제로 삼았다. 따라서 근본주의 회화와 「꽈광!」은 표현 방식이 주제가 된다는 점에서 공통점이 있다고 볼 수 있다.

오답분석

① 대중매체에 대한 비판을 이미지의 재배치를 통해 구현한 것은 영국의 초기 팝 아트이다.
② 대상의 이미지가 사라진 추상을 다룬 것은 근본주의 회화이다.
③ 제시문의 두 번째 문단에 따르면 미국의 팝 아트는 대중문화에 대한 부정도 긍정도 아닌 애매한 태도나 낙관주의를 보여주기도 한다.

02

정답 ④

화폐 통용을 위해서는 화폐가 유통될 수 있는 시장이 성장해야 하고, 농업생산력이 발전해야 한다. 그러나 서민들은 물품화폐를 더 선호하였고, 일부 계층에서만 화폐가 유통되었다. 따라서 광범위한 동전 유통이 실패한 것이다. 화폐수요량에 따른 공급은 화폐가 유통된 이후의 조선 후기에 해당하는 내용이다.

03

정답 ②

제시문에서는 수요 탄력성이 완전 비탄력적인 상품은 가격이 하락하면 지출액이 감소하며, 수요 탄력성이 완전 탄력적인 상품은 가격이 하락하면 지출액이 늘어난다고 설명하고 있다. 그러므로 소비자의 지출액을 줄이려면 수요 탄력성이 낮은 생필품의 가격은 낮추고, 수요 탄력성이 높은 사치품은 가격을 높여야 한다고 추론할 수 있다.

출제유형분석 05 실전예제

01

정답 ④

제시문에는 조선 왕들의 모습을 제시하고 있다. 그리고 각기 다른 시대 배경 속에서 백성들과 함께 국가를 이끌어나갈 임무를 부여받았던 전통 사회의 왕들에게 필요한 덕목들은 오늘날에도 여전히 유효하다고 설명한다. 따라서 빈칸에 들어갈 내용으로는 ④가 가장 적절하다.

02

정답 ④

빈칸의 전 문단에서 '보존 입자는 페르미온과 달리 파울리의 배타원리를 따르지 않는다. 따라서 같은 에너지 상태를 지닌 입자라도 서로 겹쳐서 존재할 수 있다. 만져지지 않는 에너지 덩어리인 셈이다.'라고 하였고, 빈칸 다음 문장에서 '빛은 실험을 해보면 입자의 특성을 보이지만, 질량이 없고 물질을 투과하며 만져지지 않는다.'라고 하였다. 또한 마지막 문장에서 '포논은 광자와 마찬가지로 스핀이 0인 보존 입자다.'라고 하였으므로 광자는 스핀이 0인 보존 입자라는 것을 알 수 있다. 따라서 빈칸에 들어갈 내용으로는 ④가 가장 적절하다.

오답분석

① 광자가 파울리의 배타원리를 따른다면, 파울리의 배타원리에 따라 페르미온 입자로 이뤄진 물질은 우리가 손으로 만질 수 있어야 한다. 그러나 광자는 질량이 없고 물질을 투과하며 만져지지 않는다고 하였으므로 적절하지 않은 내용이다.
② '포논은 광자와 마찬가지로 스핀이 0인 보존 입자다.'라는 문장에서 광자는 스핀 상태에 따라 분류할 수 있는 입자임을 알 수 있다.
③ 스핀이 1/2의 홀수배인 입자들은 페르미온이라고 하였고, 광자는 스핀이 0인 보존 입자이므로 적절하지 않은 내용이다.

PART 2

03

정답 ③

빈칸 뒤의 문장은 최근 선진국에서는 스마트팩토리로 인해 해외로 나간 자국 기업들이 다시 본국으로 돌아오는 현상인 '리쇼어링'이 가속화되고 있다는 내용이다. 즉, 스마트팩토리의 발전이 공장의 위치를 해외에서 본국으로 변화시키고 있으므로 빈칸에는 ③이 가장 적절하다.

출제유형분석 06 실전예제

01

정답 ②

전체적인 글을 보면 (가)는 원시인이라는 개념에 대해 설명하면서 그 자체의 의미상 규정이 명확하지 않음을 설명하고, (나)는 문명이나 규범 체계, 과학 지식, 기술적 성과 등의 요소를 표준으로 삼을 때 그 구분이 명확하지 못함을 밝히고 있으며, (다)에서는 종교적인 면에 한해 원시인임을 느낄 수 있다고 하였다. 이때 (나)에서 구분 짓는 것이 무엇과 무엇인지를 먼저 밝혀야 문단 내용의 흐름이 자연스럽다. 따라서 '문명인'과 '원시인'에 대한 정의의 어려움을 언급한 보기가 (나) 앞에 오는 것이 적절하다.

02

정답 ③

세 번째 문단에서 설명하는 수정주의는 미국이 시장을 얻기 위해 세계를 개방 경제 체제로 만들려는 과정에서 냉전이 비롯됐다며 냉전의 발생 원인을 미국의 경제적 동기에서 찾고 있다. 보기에서 언급한 것처럼 (정치적) 이념 때문이 아니라는 것이다. 따라서 보기의 문장은 (다)에 들어가는 것이 가장 적절하다.

03

정답 ③

주어진 문장의 '이'는 앞 문장의 내용을 가리키므로, 기업의 이익 추구가 사회 전체의 이익과 관련된 결과를 가져왔다는 내용이 앞에 와야 한다. ㉰ 앞의 '가장 저렴한 가격으로 상품 공급'이 '사회 전체의 이익'과 연관되므로 보기는 ㉰에 들어가는 것이 가장 적절하다.

출제유형분석 07 실전예제

01

정답 ②

'-로써'는 어떤 일의 수단이나 도구를 나타내는 격조사이며, '-로서'는 지위나 신분 또는 자격을 나타내는 격조사이다. 서비스 이용자의 증가가 오투오 서비스 운영 업체에 많은 수익을 내도록 한 수단이 되므로 ㉡에는 '증가함으로써'가 적절하다.

02

정답 ③

8번의 '우 도로명주소' 항목에 따르면 우편번호를 먼저 기재한 다음, 행정기관이 위치한 도로명 및 건물번호 등을 기재해야 한다.

오답분석

① 6번 항목에 따르면 직위가 있는 경우에는 직위를 쓰고, 직위가 없는 경우에는 직급을 온전하게 써야 한다.
② 7번 항목에 따르면 시행일과 접수일란에 기재하는 연월일은 각각 마침표(.)를 찍어 숫자로 기재하여야 한다.
④ 11번 항목에 따르면 전자우편주소는 행정기관에서 공무원에게 부여한 것을 기재하여야 한다.

03

정답 ④

한글 맞춤법 규정에 따르면 '초점(焦點)'의 경우 고유어가 들어 있지 않으므로 사이시옷이 들어가지 않는다. 따라서 '초점'이 옳은 표기이다.

CHAPTER

02 | 문제해결능력

출제유형분석 01 실전예제

01

정답 ④

• 첫 번째 조건에 의해 A가 받는 상여금은 75만 원이다.
• 두 번째, 네 번째 조건에 의해 B<C, B<D<E이므로 B가 받는 상여금은 25만 원이다.
• 세 번째 조건에 의해 C가 받는 상여금은 50만 원 또는 100만 원이다.

이를 정리하여 가능한 경우를 표로 나타내면 다음과 같다.

구분	A	B	C	D	E
경우 1	75만 원	25만 원	50만 원	100만 원	125만 원
경우 2	75만 원	25만 원	100만 원	50만 원	125만 원

따라서 경우 2의 B의 상여금은 C의 25%이다.

02

정답 ③

주어진 조건에 따르면 가장 오랜 시간 동안 사업 교육을 진행하는 A와 부장보다 길게 교육을 진행하는 B는 부장이 될 수 없으므로 C가 부장임을 알 수 있다. 이때, 다섯 번째 조건에 따라 C부장은 교육 시간이 가장 짧은 인사 교육을 담당하는 것을 알 수 있다. 이를 표로 정리하면 다음과 같다.

구분	인사 교육	영업 교육	사업 교육
시간	1시간	1시간 30분	2시간
담당	C	B	A
직급	부장	과장	과장

따라서 바르게 연결된 것은 ③이다.

03

 ④

D팀은 파란색을 선택하였으므로 보라색을 사용하지 않고, B팀과 C팀도 보라색을 사용한 적이 있으므로 A팀은 보라색을 선택한다. B팀은 빨간색을 사용한 적이 있고, 파란색과 보라색은 사용할 수 없으므로 노란색을 선택한다. C팀은 나머지 빨간색을 선택한다.

A팀	B팀	C팀	D팀
보라색	노란색	빨간색	파란색

따라서 항상 참인 것은 ④이다.

오답분석

① · ③ 주어진 조건만으로는 판단하기 힘들다.
② A팀의 상징색은 보라색이다.

04

정답 ③

주어진 조건을 토대로 다음과 같이 정리해 볼 수 있다. 원형테이블은 회전시켜도 좌석 배치는 동일하므로 좌석에 1 ~ 7번으로 번호를 붙이고, A가 1번 좌석에 앉았다고 가정하여 배치하면 다음과 같다.

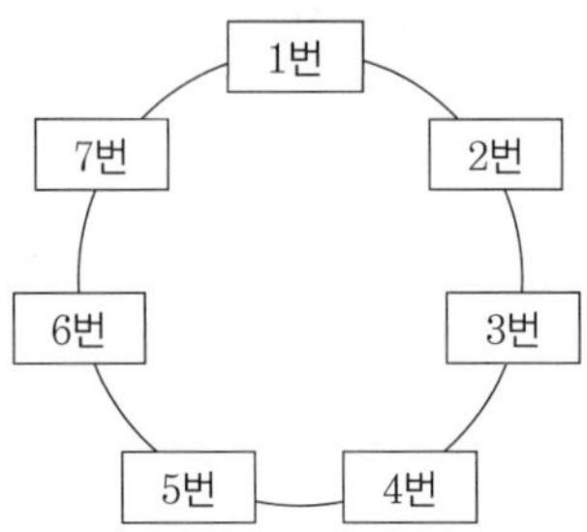

첫 번째 조건에 따라 2번에는 부장이, 7번에는 차장이 앉게 된다.
세 번째 조건에 따라 부장과 이웃한 자리 중 비어 있는 3번 자리에 B가 앉게 된다.
네 번째 조건에 따라 7번에 앉은 사람은 C가 된다.
다섯 번째 조건에 따라 5번에 과장이 앉게 되고, 과장과 차장 사이인 6번에 G가 앉게 된다.
여섯 번째 조건에 따라 A와 이웃한 자리 중 직원명이 정해지지 않은 2번 부장 자리에 D가 앉게 된다.
일곱 번째 조건에 따라 4번 자리에는 대리, 3번 자리에는 사원이 앉는 것을 알 수 있으며, 3번 자리에 앉은 B가 사원 직급임을 알 수 있다.
두 번째 조건에 따라 E는 사원과 이웃하지 않았고 직원명이 정해지지 않은 5번 과장 자리에 해당하는 것을 알 수 있다.
이를 정리하면 다음과 같은 좌석 배치가 되며, F는 이 중 유일하게 빈자리인 4번 대리 자리에 해당한다.

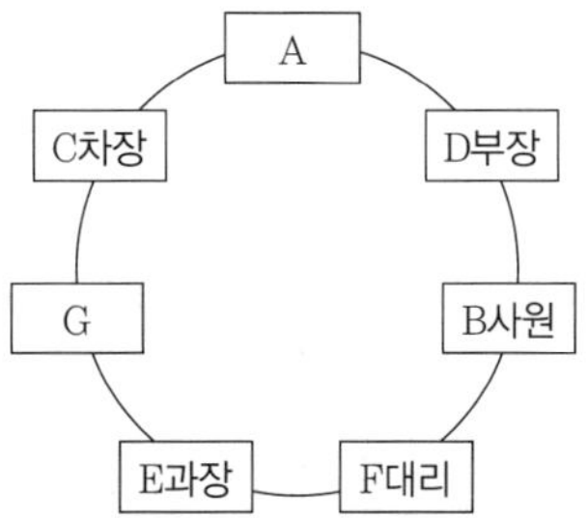

그러므로 사원 직급은 B, 대리 직급은 F가 해당하는 것을 도출할 수 있다.

05

정답 ④

주어진 조건에 따라 엘리베이터 검사 순서를 추론해 보면 다음과 같다.

첫 번째	5호기
두 번째	3호기
세 번째	1호기
네 번째	2호기
다섯 번째	6호기
여섯 번째	4호기

따라서 1호기 다음은 2호기, 그 다음이 6호기이고, 6호기는 5번째로 검사한다.

06

정답 ③

을과 무의 진술이 모순되므로 둘 중 한 명은 참, 다른 한 명은 거짓이다. 여기서 을의 진술이 참일 경우 갑의 진술도 거짓이 되어 두 명이 거짓을 진술한 것이 되므로 문제의 조건에 위배된다. 따라서 을의 진술이 거짓, 무의 진술이 참이다. 그러므로 A강좌는 을이, B와 C강좌는 갑과 정이, D강좌는 무가 담당하고, 병은 강좌를 담당하지 않는다.

출제유형분석 02 실전예제

01

정답 ④

A대리가 맞힌 문제를 x개, 틀린 문제는 $(20-x)$개라고 가정하여 얻은 점수에 대한 식은 다음과 같다.

$5x-3(20-x)=60 \rightarrow 8x=120 \rightarrow x=15$

따라서 A대리가 맞힌 문제의 수는 15개임을 알 수 있다.

02

정답 ④

규칙에 따라 사용할 수 있는 숫자는 1, 5, 6을 제외한 나머지 2, 3, 4, 7, 8, 9로, 총 6개이다. (한 자리 수)×(두 자리 수)=156이 되는 수를 알기 위해서는 156의 소인수를 구해보면 된다. 156의 소인수는 3, 2^2, 13으로, 156이 되는 수의 곱 중에 조건을 만족하는 것은 2×78과 4×39이다. 따라서 선택지 중에서 A팀 또는 B팀에 들어갈 수 있는 암호배열은 39이다.

PART 2

03

정답 ③

가장 먼저 살펴볼 것은 '3번 전구'인데, 이에 대해 언급된 사람은 A와 C 두 사람이다. 먼저 C는 3번 전구를 그대로 둔다고 하였고, A는 이 전구가 켜져 있다면 전구를 끄고, 꺼진 상태라면 그대로 둔다고 하였다. 그리고 B는 3번 전구에 대해 어떠한 행동도 취하지 않는다. 즉 3번 전구에 영향을 미치는 사람은 A뿐이며 이를 통해 3번 전구는 A, B, C가 방에 출입한 순서와 무관하게 최종적으로 꺼지게 된다는 것을 알 수 있다.

그렇다면 나머지 1, 2, 4, 5, 6이 최종적으로 꺼지게 되는 순서를 찾으면 된다. C의 단서에 이 5개의 전구가 모두 꺼지는 상황이 언급되어 있으므로, C를 가장 마지막에 놓고 A－B－C와 B－A－C를 판단해 보면 다음과 같다.

먼저 A－B－C의 순서로 판단해 보면, 아래와 같은 결과를 얻게 되어 답이 되지 않음을 알 수 있다.

전구 번호	1	2	3	4	5	6
상태	○	○	○	×	×	×
A	○	○	×	×	×	×
B	○	×	×	○	×	○
C	○	×	×	×	×	×

다음으로 B－A－C의 순서로 판단해 보면, 다음과 같은 결과를 얻게 된다.

전구 번호	1	2	3	4	5	6
상태	○	○	○	×	×	×
B	○	×	○	○	×	○
A	○	×	×	○	×	×
C	×	×	×	×	×	×

따라서 답은 ③이다.

04

정답 ④

발행형태가 4로 전집이기 때문에 한 권으로만 출판된 것이 아님을 알 수 있다.

오답분석

① 국가번호가 05(미국)로 미국에서 출판되었다.

② 서명식별번호가 1011로 1011번째 발행되었다. 441은 발행자 번호로 이 책을 발행한 출판사의 발행자번호가 441이라는 것을 의미한다.

③ 발행자번호는 441로 세 자리로 이루어져 있다.

출제유형분석 03 실전예제

01

정답 ④

지원계획을 보면 지원금을 받을 수 있는 모임의 구성원은 6명 이상 9명 미만이므로, A모임은 제외한다. 나머지 B, C, D모임의 총지원금을 구하면 다음과 같다.

- B모임 : 1,500+(100×6)=2,100천 원
- C모임 : 1.3×(1,500+120×8)=3,198천 원
- D모임 : 2,000+(100×7)=2,700천 원

따라서 D모임이 두 번째로 많은 지원금을 받는다.

02

정답 ②

A씨와 B씨의 일정에 따라 요금을 계산하면 다음과 같다.

- A씨
  - 이용요금 : 1,310원×6×3=23,580원
  - 주행요금 : 92×170원=15,640원
  - 반납지연에 따른 패널티 요금 : (1,310원×9)×2=23,580원

  ∴ 23,580+15,640+23,580=62,800원
- B씨
  - 이용요금

    목요일 : 39,020원

    금요일 : 880원×6×8=42,240원 → 81,260원
  - 주행요금 : 243×170원=41,310원

  ∴ 39,020+81,260+41,310=122,570원

03

정답 ③

제시된 직원 투표 결과를 정리하면 다음과 같다.

(단위 : 표)

여행상품	1인당 비용(원)	총무팀	영업팀	개발팀	홍보팀	공장1	공장2	합계
A	500,000	2	1	2	0	15	6	26
B	750,000	1	2	1	1	20	5	30
C	600,000	3	1	0	1	10	4	19
D	1,000,000	3	4	2	1	30	10	50
E	850,000	1	2	0	2	5	5	15
합계		10	10	5	5	80	30	140

㉠ 가장 인기 높은 여행상품은 D이다. 그러나 공장1의 고려사항은 회사에 손해를 줄 수 있으므로, 2박 3일 여행상품이 아닌 1박 2일 여행상품 중 가장 인기 있는 B가 선택된다. 따라서 750,000×140=105,000,000원이 필요하므로 옳다.

㉢ 공장1의 A, B 투표 결과가 바뀐다면 여행상품 A, B의 투표 수가 각각 31, 25표가 되어 선택되는 여행상품이 A로 변경된다.

오답분석

㉡ 가장 인기 높은 여행상품은 D이므로 옳지 않다.

04

정답 ③

ㄱ. 인천에서 중국을 경유해서 베트남으로 가는 경우에는 (210,000+310,000)×0.8=416,000원이 들고, 싱가포르로의 직항의 경우에는 580,000원이 든다. 따라서 164,000원이 더 저렴하다.

ㄷ. 갈 때는 직항으로 가는 것이 가장 저렴하여 341,000원 소요되고, 올 때도 직항이 가장 저렴하여 195,000원이 소요되므로, 최소 총비용은 536,000원이다.

오답분석

ㄴ. 태국은 왕복 298,000+203,000=501,000원, 싱가포르는 580,000+304,000=884,000원, 베트남은 341,000+195,000 =536,000원이 소요되기 때문에 가장 비용이 적게 드는 태국을 선택할 것이다.

05

정답 ②

직항이 중국을 경유하는 것보다 소요 시간이 적으므로 직항 경로별 소요 시간을 도출하면 다음과 같다.

여행지	경로	왕복 소요 시간
베트남	인천 → 베트남(5시간 20분) 베트남 → 인천(2시간 50분)	8시간 10분
태국	인천 → 태국(5시간) 태국 → 인천(3시간 10분)	8시간 10분
싱가포르	인천 → 싱가포르(4시간 50분) 싱가포르 → 인천(3시간)	7시간 50분

따라서 소요 시간이 가장 짧은 싱가포르로 여행을 갈 것이며, 7시간 50분이 소요될 것이다.

06

정답 ③

구매하려는 소파의 특징에 맞는 제조사를 찾기 위해 제조사별 특징을 대우로 정리하면 다음과 같다.

- A사 : 이탈리아제 천을 사용하면 쿠션재에 스프링을 사용한다. 커버를 교환 가능하게 하면 국내산 천을 사용하지 않는다. → ×
- B사 : 국내산 천을 사용하지 않으면 쿠션재에 우레탄을 사용하지 않는다. 이탈리아제의 천을 사용하면 리클라이닝이 가능하다. → ○
- C사 : 국내산 천을 사용하지 않으면 쿠션재에 패더를 사용한다. 쿠션재에 패더를 사용하면 침대 겸용 소파가 아니다. → ○
- D사 : 이탈리아제 천을 사용하지 않으면 쿠션재에 패더를 사용하지 않는다. 쿠션재에 우레탄을 사용하지 않으면 조립이라고 표시된 소파가 아니다. → ×

따라서 B사 또는 C사의 소파를 구매할 것이다.

CHAPTER

03 수리능력

출제유형분석 01 실전예제

01

정답 ④

중국인 중 관광을 목적으로 온 사람의 수를 x명으로 놓고, 문제의 설명대로 표를 만들면 다음과 같다.

(단위 : 명)

구분	중국인	중국인이 아닌 외국인	합계
인원	30	70	100
관광을 목적으로 온 외국인	x	14	20

관광을 목적으로 온 외국인은 20%이므로, 중국인 중 관광으로 온 사람은 6명이어야 한다.

따라서 $x=6$이며, 중국인 중 관광을 목적으로 온 사람일 확률은 $\frac{6}{30}=\frac{1}{5}$이다.

02

정답 ①

구간단속구간의 제한 속도를 $x$km/h라고 할 때, 시간에 대한 방정식을 세우면 다음과 같다.

$$\frac{390-30}{80}+\frac{30}{x}=5$$

$$\rightarrow 4.5+\frac{30}{x}=5$$

$$\rightarrow \frac{30}{x}=0.5$$

$$\therefore x=60$$

따라서 구간단속구간의 제한 속도는 60km/h이다.

03

정답 ④

500g의 설탕물에 녹아있는 설탕의 양을 xg이라고 하자.

3%의 설탕물 200g에 들어있는 설탕의 양은 $\frac{3}{100}\times200=6$g이다.

$$\frac{x+6}{500+200}\times100=7$$

$$\rightarrow x+6=49$$

$$\therefore x=43$$

따라서 500g의 설탕에 녹아있는 설탕의 양은 43g이다.

04

정답 ①

지도의 축척이 1 : 50,000이므로, A호텔에서 B공원까지 실제 거리는 10×50,000=500,000cm=5km이다.

따라서 신영이가 A호텔에서 출발하여 B공원에 도착하는 데 걸리는 시간은 $\frac{5}{30}=\frac{1}{6}$=10분이다.

05

정답 ②

• 국내 여행을 선호하는 남학생 수 : 30−16=14명
• 국내 여행을 선호하는 여학생 수 : 20−14=6명

따라서 국내 여행을 선호하는 학생 수는 14+6=20명이므로 구하는 확률은 $\frac{14}{20}=\frac{7}{10}$이다.

06

정답 ④

K공사에서 출장지까지의 거리를 $x$km라 하자.

이때 K공사에서 휴게소까지의 거리는 $\frac{4}{10}x=\frac{2}{5}x$km, 휴게소에서 출장지까지의 거리는 $\left(1-\frac{2}{5}\right)x=\frac{3}{5}x$km이다.

$\left(\frac{2}{5}x\times\frac{1}{75}\right)+\frac{30}{60}+\left(\frac{3}{5}x\times\frac{1}{75+25}\right)=\frac{200}{60}$

$\rightarrow \frac{2}{375}x+\frac{3}{500}x=\frac{17}{6}$

$\rightarrow 8x+9x=4,250$

$\therefore x=250$

따라서 K공사에서 출장지까지의 거리는 250km이다.

07

정답 ④

먼저 시간을 최소화하기 위해서는 기계를 이용한 포장과 손으로 포장하는 작업을 함께 병행해야 한다. 100개 제품을 포장하는 데 손으로 하는 포장은 300분이 걸리고 기계로 하는 포장은 200분에 휴식 50분을 더해 250분이 걸린다. 300분과 250분의 최소공배수 1,500분을 기준으로 계산하면 손의 경우 500개, 기계의 경우 600개를 만들 수 있다. 그러므로 1,500분 동안 1,100개를 만들 수 있다. 손은 6분에 2개를 포장하고 기계는 3개를 포장하므로 6분에 5개를 포장할 수 있고, 100개를 포장하는 데는 120분이 걸린다. 따라서 총 1,620분이 걸리므로 1,620÷60=27시간이 걸린다.

08

정답 ④

음료를 포장해 가는 고객의 수를 n명이라고 하면 카페 내에서 이용하는 고객의 수는 $(100-n)$명이다. 포장을 하는 고객은 6,400원의 수익을 주지만 카페 내에서 이용하는 고객은 서비스 비용인 1,500원을 제외한 4,900원의 수익을 준다.

즉, 고객에 대한 수익은 $6,400n+4,900(100-n) \rightarrow 1,500n+490,000$이고,

가게 유지 비용에 대한 손익은 $1,500n+490,000-535,000 \rightarrow 1,500n-45,000$이다.

이 값이 0보다 커야 수익이 발생하므로 $1,500n-45,000>0 \rightarrow 1,500n>45,000$

$\therefore n>30$

따라서 최소 31명이 음료 포장을 이용해야 수익이 발생하게 된다.

09

정답 ④

340km를 100km/h로 달리면 3.4시간이 걸린다. 휴게소에서 쉰 시간 30분(0.5시간)을 더해 원래 예정에는 3.9시간 뒤에 서울고속터미널에 도착해야 한다. 하지만 도착 예정시간보다 2시간 늦게 도착했으므로 실제 걸린 시간은 5.9시간이 되고, 휴게소에서 예정인 30분보다 6분(0.1시간)을 더 쉬었으니 쉬는 시간을 제외한 버스의 이동시간은 5.3시간이다. 그러므로 실제 경언이가 탄 버스의 평균 속도는 340÷5.3≒64km/h이다.

출제유형분석 02 실전예제

01

정답 ③

종합청렴도 식은 (종합청렴도)=[(외부청렴도)×0.6+(내부청렴도)×0.3+(정책고객평가)×0.1]−(감점요인)이므로, 내부청렴도에 관한 공식을 만들어보면 다음과 같다.

(내부청렴도)=[(종합청렴도)−(외부청렴도)×0.6−(정책고객평가)×0.1+(감점요인)]× $\frac{10}{3}$

위 식에 각 연도별 수치를 대입하여 내부청렴도를 구한다.

- 2020년 : [6.23−8.0×0.6−6.9×0.1+(0.7+0.7+0.2)]× $\frac{10}{3}$ =2.34× $\frac{10}{3}$ =7.8
- 2021년 : [6.21−8.0×0.6−7.1×0.1+(0.7+0.8+0.2)]× $\frac{10}{3}$ =2.4× $\frac{10}{3}$ =8.0
- 2022년 : [6.16−8.0×0.6−7.2×0.1+(0.7+0.8+0.2)]× $\frac{10}{3}$ =2.34× $\frac{10}{3}$ =7.8
- 2023년 : [6.8−8.1×0.6−7.3×0.1+(0.5+0.4+0.2)]× $\frac{10}{3}$ =2.31× $\frac{10}{3}$ =7.7

따라서 내부청렴도가 가장 높은 해는 2021년, 가장 낮은 해는 2023년이다.

02

정답 ①

- (가)=194−(23+13+111+15)=32
- 1차에서 D사를 선택하고, 2차에서 C사를 선택한 소비자 수는 21명, 1차에서 E사를 선택하고 2차에서 B사를 선택한 소비자 수는 18명이다. 따라서 차이는 3이다.

03

정답 ④

정확한 값을 계산하기보다 우선 자료에서 해결 실마리를 찾아, 적절하지 않은 선택지를 제거하는 방식으로 접근하는 것이 좋다.
먼저 효과성을 기준으로 살펴보면, 1순위인 C부서의 효과성은 3,000÷1,500=2이고, 2순위인 B부서의 효과성은 1,500÷1,000=1.5이다. 따라서 3순위 A부서의 효과성은 1.5보다 낮아야 한다는 것을 알 수 있다. 그러므로 A부서의 목표량 (가)는 500÷(가)<1.5 → (가)>333.3…으로 적어도 333보다는 커야 한다. 따라서 (가)가 300인 ①은 제외된다.
효율성을 기준으로 살펴보면, 2순위인 A부서의 효율성은 500÷(200+50)=2이다. 따라서 1순위인 B부서의 효율성은 2보다 커야 한다는 것을 알 수 있다. 그러므로 B부서의 인건비 (나)는 1,500÷[(나)+200]>2 → (나)<550으로 적어도 550보다는 작아야 한다. 따라서 (나)가 800인 ②는 제외된다.
남은 것은 ③과 ④인데, 먼저 ③부터 대입해보면 C부서의 효율성이 3,000÷(1,200+300)=2로 2순위인 A부서의 효율성과 같다. 따라서 정답은 ④이다.

04

정답 ③

- 1인 1일 사용량에서 영업용 사용량이 차지하는 비중 : $\frac{80}{282}\times100 \fallingdotseq 28.37\%$
- 1인 1일 가정용 사용량의 하위 두 항목이 차지하는 비중 : $\frac{20+13}{180}\times100 \fallingdotseq 18.33\%$

출제유형분석 03 실전예제

01

정답 ③

쓰레기 1kg당 처리비용은 400원으로 동결상태이다. 오히려 쓰레기 종량제 봉투 가격이 인상될수록 H신도시의 쓰레기 발생량과 쓰레기 관련 예산 적자가 급격히 감소하는 것을 볼 수 있다.

02

정답 ④

H국은 30개의 회원국 중에서 OECD 순위가 매년 20위 이하이므로 상위권이라 볼 수 없다.

오답분석

③ 청렴도는 2017년에 4.5로 가장 낮고, 2023년과 차이는 $5.4-4.5=0.9$이다.

03

정답 ④

㉠·㉢ 제시된 자료를 통해 확인할 수 있다.

㉣ TV홈쇼핑 판매수수료율 순위 자료를 보면 여행패키지의 판매수수료율은 8.4%이다. 반면, 백화점 판매수수료율 순위 자료에 여행패키지 판매수수료율이 제시되지 않았지만 상위 5위와 하위 5위의 판매수수료율을 통해 여행패키지 판매수수료율은 20.8%보다 크고 31.1%보다 낮다는 것을 추론할 수 있다. 즉, $8.4\times2=16.8<20.8$이므로 여행패키지 상품군의 판매수수료율은 백화점이 TV홈쇼핑의 2배 이상이라는 설명은 옳다.

오답분석

㉡ 백화점 판매수수료율 순위 자료를 보면 여성정장과 모피의 판매수수료율은 각각 31.7%, 31.1%이다. 반면, TV홈쇼핑 판매수수료율 순위 자료에는 여성정장과 모피의 판매수수료율이 제시되지 않았다. 상위 5위와 하위 5위의 판매수수료율을 통해 제시되지 않은 상품군의 판매수수료율은 28.7%보다 높고 36.8%보다 낮은 것을 추측할 수 있다. 즉, TV홈쇼핑의 여성정장과 모피의 판매수수료율이 백화점보다 높은지 낮은지 판단할 수 없다.

04

정답 ③

ㄴ. 2020년 대비 2023년 모든 분야의 침해사고 건수는 감소하였으나, 50%p 이상 줄어든 것은 스팸릴레이 한 분야이다.
ㄹ. 기타 해킹 분야의 2023년 침해사고 건수는 2021년 대비 증가했으므로 옳지 않은 설명이다.

오답분석

ㄱ. 단순침입시도 분야의 침해사고는 매년 스팸릴레이 분야의 침해사고 건수의 두 배 이상인 것을 확인할 수 있다.
ㄷ. 2022년 홈페이지 변조 분야의 침해사고 건수가 차지하는 비중은 $\frac{5,216}{16,135}\times100\fallingdotseq32.3$%로, 35% 이하이다.

05

정답 ④

2019년과 2023년에는 출생아 수와 사망자 수의 차이가 20만 명이 되지 않는다.

PART 2

06

정답 ②

2022년의 50대 선물환거래 금액은 1,980억×0.306=605.88억 원이며, 2023년은 2,084억×0.297=618.948억 원이다. 따라서 2022년 대비 2023년의 50대 선물환거래 금액 증가량은 618.948−605.88=13.068억 원이므로 13억 원 이상이다.

오답분석

① 2022 ~ 2023년의 전년 대비 10대의 선물환거래 금액 비율 증감 추이는 '증가 – 감소'이고, 20대는 '증가 – 증가'이다.

③ 2021 ~ 2023년의 40대 선물환거래 금액은 다음과 같다.

- 2021년 : 1,920억×0.347=666.24억 원
- 2022년 : 1,980억×0.295=584.1억 원
- 2023년 : 2,084억×0.281=585.604억 원

따라서 2023년의 40대 선물환거래 금액은 전년 대비 증가했으므로 40대의 선물환거래 금액은 지속적으로 감소하고 있지 않다.

④ 2023년의 10 ~ 40대 선물환거래 금액 총비율은 2.5+13+26.7+28.1=70.3%로, 2022년의 50대 비율의 2.5배인 30.6%×2.5=76.5%보다 낮다.

CHAPTER

04 자원관리능력

출제유형분석 01 실전예제

01

정답 ③

대화 내용을 살펴보면 A과장은 패스트푸드점, B대리는 화장실, C주임은 은행, K사원은 편의점을 이용한다. 이는 동시에 이루어지는 일이므로 가장 오래 걸리는 일의 시간만 고려하면 된다. 은행이 30분으로 가장 오래 걸리므로 17:20에 모두 모이게 된다. 따라서 17:00, 17:15에 출발하는 버스는 이용하지 못하며, 17:30에 출발하는 버스는 잔여석이 부족하여 이용하지 못한다. 따라서 17:45에 출발하는 버스를 탈 수 있고, 가장 빠른 서울 도착 예정시각은 19:45이다.

02

정답 ③

엘리베이터는 한 번에 최대 세 개 층을 이동할 수 있으며, 올라간 다음에는 반드시 내려와야 한다는 조건에 따라 청원경찰이 최소 시간으로 6층을 순찰하고, 1층으로 돌아올 수 있는 방법은 다음과 같다.

- 1층 → 3층 → 2층 → 5층 → 4층 → 6층 → 3층 → 4층 → 1층

이때, 이동에만 소요되는 시간은 총 2분+1분+3분+1분+2분+3분+1분+3분=16분이다.

따라서 청원경찰이 6층을 모두 순찰하고 1층으로 돌아오기까지 소요되는 시간은 총 60분(10분×6층)+16분=76분=1시간 16분이다.

03

정답 ③

자동차 부품 생산조건에 따라 반자동라인과 자동라인의 시간당 부품 생산량을 구해보면 다음과 같다.

- 반자동라인 : 4시간에 300개의 부품을 생산하므로, 8시간에 300개×2=600개의 부품을 생산한다. 하지만 8시간마다 2시간씩 생산을 중단하므로, 8+2=10시간에 600개의 부품을 생산하는 것과 같다. 따라서 시간당 부품 생산량은 $\frac{600개}{10시간}$=60개이다.
  이때 반자동라인에서 생산된 부품의 20%는 불량이므로, 시간당 정상 부품 생산량은 60개×(1−0.2)=48개이다.
- 자동라인 : 3시간에 400개의 부품을 생산하므로, 9시간에 400개×3=1,200개의 부품을 생산한다. 하지만 9시간마다 3시간씩 생산을 중단하므로, 9+3=12시간에 1,200개의 부품을 생산하는 것과 같다. 따라서 시간당 부품 생산량은 $\frac{1,200개}{12시간}$=100개이다.
  이때 자동라인에서 생산된 부품의 10%는 불량이므로, 시간당 정상 제품 생산량은 100개×(1−0.1)=90개이다.

따라서 반자동라인과 자동라인에서 시간당 생산하는 정상 제품의 생산량은 48+90=138개이므로, 34,500개를 생산하는 데 $\frac{34,500개}{138개/h}$=250시간이 소요되었다.

04

정답 ④

공정별 순서는 (A → B, D → E) → C → F이고, C공정을 시작하기 전에 B공정과 E공정이 선행되어야 하는데 B공정까지 끝나려면 4시간이 소요되고 E공정까지 끝나려면 3시간이 소요된다. 선행작업이 완료되어야 이후 작업을 할 수 있으므로, C공정을 진행하기 위해서는 최소 4시간이 걸린다. 따라서 완제품은 F공정이 완료된 후 생산되므로 첫 번째 완제품 생산의 소요시간은 9시간이다.

출제유형분석 02 실전예제

01

정답 ②

장바구니에서 선택된 상품의 총액을 구하면 다음과 같다.

선택	상품	수량	단가	금액
☑	완도 김	⊟ 2 ⊞	2,300원	4,600원
☑	냉동 블루베리	⊟ 1 ⊞	6,900원	6,900원
☐	김치	⊟ 3 ⊞	2,500원	0원
☑	느타리 버섯	⊟ 1 ⊞	5,000원	5,000원
☐	냉동 만두	⊟ 2 ⊞	7,000원	0원
☑	토마토	⊟ 2 ⊞	8,500원	17,000원
총액				33,500원

중복이 불가한 상품 총액의 10% 할인 쿠폰을 적용하였을 때의 금액과 중복이 가능한 배송비 무료 쿠폰과 H카드 사용 시 2% 할인 쿠폰을 중복하여 적용하였을 때의 금액을 비교해야 한다.

- 상품 총액의 10% 할인 쿠폰 적용
  (33,500×0.9)+3,000=33,150원
- 배송비 무료 쿠폰과 H카드 사용 시 2% 할인 쿠폰을 중복 적용
  33,500×0.98=32,830원

따라서 배송비 무료 쿠폰과 H카드 사용 시 2% 할인 쿠폰을 중복 적용했을 때 32,830원으로 가장 저렴하다.

02

정답 ④

i) 연봉 3,600만 원인 I사원의 월 수령액은 3,600만÷12=3,000,000원이다.
월평균 근무시간은 200시간이므로 시급은 300만÷200=15,000원/시간이다.

ii) 야근 수당
I사원이 평일에 야근한 시간은 2+3+1+3+2=11시간이므로 야근 수당은 15,000×11×1.2=198,000원이다.

iii) 특근 수당
I사원이 주말에 특근한 시간은 2+3=5시간이므로 특근 수당은 15,000×5×1.5=112,500원이다.
이때 식대는 야근·특근 수당에 포함되지 않는다.

따라서 I사원의 이번 달 야근·특근 근무 수당의 총액은 198,000+112,500=310,500원이다.

03

정답 ④

수인이가 베트남 현금 1,670만 동을 환전하기 위해 필요한 한국 돈은 수수료를 제외하고 1,670만 동×483원/만 동=806,610원이다. 우대사항에서 50만 원 이상 환전 시 70만 원까지 수수료가 0.4%로 낮아진다. 70만 원의 수수료는 0.4%가 적용되고 나머지는 0.5%가 적용되어 총수수료를 구하면 700,000×0.004+(806,610−700,000)×0.005=2,800+533.05≒3,330원이다.
따라서 수인이가 원하는 금액을 환전하기 위해서 필요한 총금액은 806,610+3,330=809,940원임을 알 수 있다.

04

정답 ④

1일 평균임금을 x원이라 놓고 퇴직금 산정공식을 이용하여 계산하면 다음과 같다.
1,900만 원=[30x×(5×365)]÷365 → 1,900만=150x → x≒13만(∵ 천의 자리에서 올림)
따라서 1일 평균임금이 13만 원이므로, K씨의 평균 연봉을 계산하면 13만×365=4,745만 원이다.

출제유형분석 03 실전예제

01

정답 ③

매출 순이익은 [(판매가격)−(생산단가)]×(판매량)이므로 메뉴별 매출 순이익을 계산하면 다음과 같다.

메뉴	예상 월간 판매량(개)	생산 단가(원)	판매 가격(원)	매출 순이익(원)
A	500	3,500	4,000	250,000[=(4,000−3,500)×500]
B	300	5,500	6,000	150,000[=(6,000−5,500)×300]
C	400	4,000	5,000	400,000[=(5,000−4,000)×400]
D	200	6,000	7,000	200,000[=(7,000−6,000)×200]

따라서 매출 순이익이 가장 높은 C를 메인 메뉴로 선정하는 것이 가장 적절하다.

02

정답 ④

어떤 컴퓨터를 구매하더라도 모니터와 본체를 각각 사는 것보다 세트로 사는 것이 이득이다. 하지만 세트 혜택이 아닌 다른 혜택에 해당되는 조건에 대해서도 비용을 비교해 봐야 한다. 컴퓨터별 구매 비용을 계산하면 다음과 같다.

- A컴퓨터 : 80만 원×15대=1,200만 원
- B컴퓨터 : (75만 원×15대)−100만 원=1,025만 원
- C컴퓨터 : (20만 원×10대)+(20만 원×0.85×5대)+(60만 원×15대)=1,185만 원 또는 70만 원×15대=1,050만 원
- D컴퓨터 : 66만 원×15대=990만 원

D컴퓨터만 예산 범위인 1,000만 원 내에서 구매할 수 있으므로 조건을 만족하는 컴퓨터는 D컴퓨터이다.

03

정답 ①

두 번째 조건에서 총구매금액이 30만 원 이상이면 총금액에서 5%를 할인해 주므로 한 벌당 가격이 300,000÷50=6,000원 이상인 품목은 할인적용이 들어간다. 업체별 품목 금액을 보면 모든 품목이 6,000원 이상이므로 5% 할인 적용대상이다. 따라서 모든 품목에 할인이 적용되어 정가로 비교가 가능하다.

세 번째 조건에서 차순위 품목이 1순위 품목보다 총금액이 20% 이상 저렴한 경우 차순위를 선택한다고 했으므로 한 벌당 가격으로 계산하면 1순위인 카라 티셔츠의 20% 할인된 가격은 8,000×0.8=6,400원이다. 정가가 6,400원 이하인 품목은 A업체의 티셔츠이므로 팀장은 1순위인 카라 티셔츠보다 2순위인 A업체의 티셔츠를 구입할 것이다.

04

정답 ③

사진별로 개수에 따른 총용량을 구하면 다음과 같다.

- 반명함 : 150×8,000=1,200,000KB(1,200MB)
- 신분증 : 180×6,000=1,080,000KB(1,080MB)
- 여권 : 200×7,500=1,500,000KB(1,500MB)
- 단체사진 : 250×5,000=1,250,000KB(1,250MB)

모든 사진의 총용량을 더하면 1,200+1,080+1,500+1,250=5,030MB이다.
5,030MB는 5.030GB이므로, 필요한 USB 최소 용량은 5GB이다.

출제유형분석 04 실전예제

01

정답 ③

오답분석

• A지원자 : 9월에 복학 예정이기 때문에 인턴 기간이 연장될 경우 근무할 수 없으므로 부적합하다.
• B지원자 : 경력 사항이 없으므로 부적합하다.
• D지원자 : 근무 시간(9 ~ 18시) 이후에 업무가 불가능하므로 부적합하다.

02

정답 ③

㉠ 각 팀장이 매긴 순위에 대한 가중치는 모두 동일하다고 했으므로 1, 2, 3, 4순위의 가중치를 각각 4, 3, 2, 1점으로 정해 네 사람의 면접점수를 산정하면 다음과 같다.

• 갑 : 2+4+1+2=9
• 을 : 4+3+4+1=12
• 병 : 1+1+3+4=9
• 정 : 3+2+2+3=10

면접점수가 높은 을, 정 중 한 명이 입사를 포기하면 갑, 병 중 한 명이 채용된다. 갑과 병의 면접점수는 9점으로 동점이지만 조건에 따라 인사팀장이 부여한 순위가 높은 갑을 채용하게 된다.

㉢ 경영관리팀장이 갑과 병의 순위를 바꿨을 때, 네 사람의 면접점수를 산정하면 다음과 같다.

• 갑 : 2+1+1+2=6
• 을 : 4+3+4+1=12
• 병 : 1+4+3+4=12
• 정 : 3+2+2+3=10

즉, 을과 병이 채용되므로 정은 채용되지 못한다.

오답분석

㉡ 인사팀장이 을과 정의 순위를 바꿨을 때, 네 사람의 면접점수를 산정하면 다음과 같다.

• 갑 : 2+4+1+2=9
• 을 : 3+3+4+1=11
• 병 : 1+1+3+4=9
• 정 : 4+2+2+3=11

즉, 을과 정이 채용되므로 갑은 채용되지 못한다.

03

정답 ④

성과급 기준표를 토대로 A ~ D교사에 대한 성과급 배점을 정리하면 다음과 같다.

구분	주당 수업시간	수업 공개 유무	담임 유무	업무 곤란도	호봉	합계
A교사	14점	–	10점	20점	30점	74점
B교사	20점	–	5점	20점	30점	75점
C교사	18점	5점	5점	30점	20점	78점
D교사	14점	10점	10점	30점	15점	79점

따라서 D교사가 가장 높은 배점을 받게 된다.

CHAPTER

05 기술능력

출제유형분석 01 실전예제

01

정답 ③

기술선택을 위한 절차는 '㉠ 외부 환경 분석 → 중장기 사업목표 설정 → ㉡ 내부 역량 분석'의 순서이다. 이때 외부 환경 분석은 수요 변화 및 경쟁자 변화, 기술 변화 등의 분석이고, 중장기 사업목표 설정은 기업의 장기비전, 중장기 매출목표 및 이익목표 설정이며, 내부 역량 분석은 기술력, 생산능력, 마케팅·영업능력, 재무능력 등의 분석이다. 또한, 중장기 사업목표 설정은 '사업 전략 수립 → ㉢ 요구 기술 분석 → ㉣ 기술 전략 수립 → 핵심 기술 선택'의 순서로 진행된다. 사업 전략 수립은 사업 영역 결정, 경쟁우위 확보 방안 수립이고, 요구 기술 분석은 제품 설계·디자인 기술, 제품 생산 공정, 원재료·부품 제조기술 분석이며, 기술 전략 수립은 핵심 기술선택, 기술 획득 방법 결정 등이 있다.

02

정답 ①

기술시스템(Technological System)은 인간의 필요와 욕구를 충족시키기 위하여 개별 기술을 네트워크로 결합하는 것을 말한다. 인공물의 집합체만이 아니라 투자회사, 법적 제도, 정치, 과학, 자연자원을 모두 포함하는 것으로, 사회기술시스템이라고도 한다.

출제유형분석 02 실전예제

01

정답 ②

Index 뒤의 문자 SHAWTY와 File 뒤의 문자 CRISPR에서 일치하는 알파벳의 개수를 확인하면, 'S' 1개만 일치하는 것을 알 수 있다. 따라서 판단 기준에 따라 Final Code는 Atur이다.

02

정답 ④

④에 대한 내용은 문제 해결법에 나와 있지 않다.

03

정답 ④

PC 재부팅은 인쇄 속도가 느릴 때 해결할 수 있는 방안이다.

CHAPTER

06 조직이해능력

출제유형분석 01 실전예제

01

정답 ③

경영은 경영목적, 인적자원, 자금, 전략의 4요소로 구성된다.

ㄱ. 경영목적
ㄴ. 인적자원
ㅁ. 자금
ㅂ. 전략

오답분석

ㄷ. 마케팅
ㄹ. 회계

02

정답 ④

근로자대표가 기업의 의사결정구조에 사용자와 대등한 지분을 가지고 참여하는 공동의사결정제도와 근로자와 사용자가 상호 협조하여 근로자의 복지증진과 기업의 건전한 발전을 목적으로 구성하는 노사협의회제도는 경영참가의 사례로 볼 수 있다. 자본참가의 경우 근로자가 경영방침에 따라 회사의 주식을 취득하는 종업원지주제도, 노동제공을 출자의 한 형식으로 간주하여 주식을 제공하는 노동주제도 등을 사례로 볼 수 있다.

출제유형분석 02 실전예제

01

정답 ③

오답분석

- B : 사장 직속으로 4개의 본부가 있다는 설명은 옳지만, 인사업무만을 전담하고 있는 본부는 없으므로 옳지 않다.
- C : 감사실이 분리되어 있다는 설명은 옳지만, 사장 직속이 아니므로 옳지 않다.

02

정답 ②

②는 업무의 내용이 유사하고 관련성이 있는 업무들을 결합해서 구분한 것으로, 기능식 조직구조의 형태로 볼 수 있다. 기능식 구조의 형태는 재무부, 영업부, 생산부, 구매부 등의 형태로 구분된다.

03

정답 ④

일반적인 조직에서 인사부는 조직기구의 개편 및 조정, 업무분장 및 조정, 직원수급계획 및 관리, 직무 및 정원의 조정 종합, 노사관리, 평가관리, 상벌관리, 인사발령, 교육체계 수립 및 관리, 임금제도, 복리후생제도 및 지원업무, 복무관리, 퇴직관리 등의 업무를 수행한다.

오답분석

① 총무부의 업무이다.
② 기획부의 업무이다.
③ 회계부의 업무이다.

04

정답 ④

부서 명칭만 듣고도 대략 어떤 업무를 담당하는지 알고 있어야 한다. 인사팀의 주요 업무는 근태관리 · 채용관리 · 인사관리 등이 있다. 인사기록카드 작성은 인사팀의 업무인 인사관리에 해당하는 부분이므로, 인사팀에 제출하는 것이 옳다. 한편, 총무팀은 회사의 재무와 관련된 전반적 업무를 총괄한다. 회사의 부서 구성을 보았을 때, 비품 구매는 총무팀의 소관 업무로 보는 것이 옳다.

PART 2

출제유형분석 03 실전예제

01

정답 ④

김사원이 처리해야 할 일을 순서대로 나열하면 다음과 같다.
최팀장 책상의 서류 읽어 보기(박과장 방문 전) → 박과장 응대하기(오전) → 최팀장에게 서류 갖다 주기(점심시간) → 회사로 온 연락 최팀장에게 알려 주기(오후) → 이팀장에게 전화달라고 전하기(퇴근 전)

02

정답 ③

ㄱ. 최수영 상무이사가 결재한 것은 대결이다. 대결은 결재권자가 출장, 휴가, 기타 사유로 상당기간 부재중일 때 긴급한 문서를 처리하고자 할 경우 결재권자의 차하위 직위의 결재를 받아 시행하는 것을 말한다.
ㄴ. 대결 시에는 기안문의 결재란 중 대결한 자의 란에 '대결'을 표시하고 서명 또는 날인한다.
ㄹ. 전결 사항은 전결권자에게 책임과 권한이 위임되었으므로 중요한 사항이라면 원결재자에게 보고하는 데 그친다.

담당	과장	부장	상무이사	전무이사
아무개	최경옥	김석호	대결 최수영	전결

오답분석

ㄷ. 대결의 경우 원결재자가 문서의 시행 이후 결재하며, 이를 후결이라 한다.

CHAPTER

07 정보능력

출제유형분석 01 실전예제

01

정답 ①

정보관리의 3원칙

- 목적성 : 사용목표가 명확해야 한다.
- 용이성 : 쉽게 작업할 수 있어야 한다.
- 유용성 : 즉시 사용할 수 있어야 한다.

02

정답 ④

제시문에서는 '응용프로그램과 데이터베이스를 독립시킴으로써 데이터를 변경시키더라도 응용프로그램은 변경되지 않는다.'라고 하였다. 따라서 데이터의 논리적 의존성이 아니라, 데이터의 논리적 독립성이 적절하다.

오답분석

① '다량의 데이터는 사용자의 질의에 대한 신속한 응답 처리를 가능하게 한다.'라는 내용은 실시간 접근성에 해당한다.
② '삽입, 삭제, 수정, 갱신 등을 통하여 항상 최신의 데이터를 유동적으로 유지할 수 있으며'라는 내용을 통해 데이터베이스는 그 내용을 변화시키면서 계속적인 진화를 하고 있음을 알 수 있다.
③ '여러 명의 사용자가 동시에 공유가 가능하고'라는 부분에서 동시 공유가 가능함을 알 수 있다.

03

정답 ③

고객의 신상정보의 경우 유출하거나 삭제하는 것 등의 행동을 해서는 안 되며, 거래처에서 빌린 컴퓨터에서 나왔기 때문에 거래처 담당자에게 되돌려주는 것이 가장 적절하다.

출제유형분석 02 실전예제

01

정답 ②

㉡ 부서를 우선 기준으로 하며, 다음은 직위순으로 정렬되었다.

오답분석

㉠ 부서를 기준으로 오름차순으로 정렬되었다.
㉢ 성명을 기준으로 정렬되지 않았다.

02

정답 ④

RANK 함수에서 0은 내림차순, 1은 오름차순이다. 따라서 F8셀의 '=RANK(D8,D4:D8,0)' 함수의 결괏값은 4이다.

03

정답 ①

WEEKDAY 함수는 일정 날짜의 요일을 나타내는 1에서 7까지의 수를 구하는 함수다. WEEKDAY 함수의 두 번째 인수에 '1'을 입력해주면 '일요일(1)~토요일(7)'숫자로 표시되고 '2'를 넣으면 '월요일(1)~일요일(7)'로 표시되며 '3'을 입력하면 '월요일(0)~일요일(6)'로 표시된다.

04

정답 ③

SUM 함수는 인수들의 합을 구할 수 있다.

- [B12] : SUM(B2:B11)
- [C12] : SUM(C2:C11)

오답분석

① REPT : 텍스트를 지정한 횟수만큼 반복한다.
② CHOOSE : 인수 목록 중에서 하나를 고른다.
④ AVERAGE : 인수들의 평균을 구한다.
⑤ DSUM : 지정한 조건에 맞는 데이터베이스에서 필드 값들의 합을 구한다.

05

정답 ④

- MAX : 최댓값을 구한다.
- MIN : 최솟값을 구한다.

출제유형분석 03 실전예제

01

정답 ④

1부터 100까지의 값은 변수 x에 저장한다. 1, 2, 3, …에서 초기값은 1이고, 최종값은 100이며, 증분값은 1씩 증가시키면 된다. 즉, 1부터 100까지를 덧셈하려면 99단계를 반복 수행해야 하므로 결과는 5050이 된다.

02

정답 ④

반복문을 통해 배열의 요소를 순회하면서 각 요소의 값을 더하여 tot에 저장하는 프로그램이다. 요소들의 값이 누적되어 있는 tot의 값이 100보다 크거나 같다면 break 문으로 인해 반복문을 종료하고 현재 tot 값을 출력한다. 따라서 10+37+23+4+8+71일 때 100보다 커져 반복문이 종료되므로 마지막에 더해진 값은 153이 된다.

모든 전사 중 가장 강한 전사는 이 두 가지, 시간과 인내다.

– 레프 톨스토이 –

PART 3

최종점검 모의고사

제 1 회 최종점검 모의고사

01 의사소통능력(사무 / 정보통신 / 발전기계 / 발전전기 / 발전화학 / 토목 / 건축 / 산업위생)

01	02	03	04	05	06	07	08	09	10	11	12	13	14	15	16	17	18	19	20
④	②	④	②	③	④	④	③	④	③	③	③	③	③	②	④	④	①	④	④

01

정답 ④

(가) 세 번째 문단의 '한편', 네 번째 문단의 '또한'을 (나)에서 각각 '혹은'과 '그리고'로 바꾸었다. 그러나 '한편', '혹은', '또한', '그리고'는 모두 앞뒤 문장을 대등하게 연결하는 기능의 접속어이고, 해당 접속어를 바꾸어도 문장의 의미가 달라지지는 않으므로 문맥상 잘못된 접속어라는 설명은 옳지 않다.

오답분석

① (나)에서 두 번째 문단에 추가된 마지막 문장 두 개를 통해 확인할 수 있다.
② (가)의 네 번째 문단 도입부인 '이러한 스포일러 문제를 해결하기 위해서는'이 (나)의 첫 문장인 '그렇다면 이러한 스포일러 문제는 어떻게 해결할 수 있을까?'로 바뀌었다.
③ (나)의 첫 번째 문단 마지막에 설문조사 결과를 보충하였다.

02

정답 ②

'피터팬증후군이라는 말로 표현되기도 하였으나, 이와 달리 키덜트는 … 긍정적인 이미지를 가지고 있다.'라는 내용을 통해 두 단어는 혼용하여 사용되지 않음을 알 수 있다.

오답분석

① '20~40대의 어른이 되었음에도 불구하고'라는 구절에서 나이를 알 수 있다.
③ '키덜트는 각박한 현대인의 생활 속에서 마음 한구석에 어린이의 심상을 유지하는 사람들로 긍정적인 이미지를 가지고 있다.'라는 문장을 통해 키덜트와 현대사회가 밀접한 관련이 있음을 짐작할 수 있다.
④ '키덜트들은 이를 통해 얻은 영감이나 에너지가 일에 도움이 된다고 한다.'의 내용에서 찾을 수 있다.

03

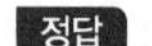

정답 ④

제시문은 낙수효과의 허상을 지적하며 소득불평등을 해소하는 경제 정책을 글에 말미에서 주장하는 미괄식 논리 구조를 가지고 있다. 이에 따라 보기를 배치하면, 한슬리크의 핵심적인 주장인 (마)와 (다)가 마지막에 배치되어야 하므로 답은 ④가 된다.

04

정답 ②

제시문에서는 저작권 소유자 중심의 저작권 논리를 비판하며 저작권의 의의를 가지려면 저작물이 사회적으로 공유되어야 한다고 주장하고 있다. 따라서 제시문의 주장에 대한 비판으로 ②가 가장 적절하다.

05

정답 ③

미장센은 편집을 통해 연출하는 기법이 아닌, 한 화면 속에 담기는 이미지의 모든 구성 요소를 통해 주제가 나타나도록 하는 감독의 작업이다. 감독이 사계절의 모습을 담기 위해 봄, 여름, 가을, 겨울을 각각 촬영한 후 결합하여 하나의 장면으로 편집하는 연출 방법은 몽타주 기법이다.

06

정답 ④

문제 발생의 원인은 회의내용에서 알 수 있는 내용이다.

오답분석

① 회의에 참가한 인원이 6명일 뿐 조직의 인원은 회의록으로 알 수 없다.
② 회의 참석자는 생산팀 2명, 연구팀 2명, 마케팅팀 2명으로 총 6명이다.
③ 마케팅팀에서 제품을 전격 회수하고 연구팀에서 유해성분을 조사하기로 했다.

07

정답 ④

회의 후 가장 먼저 해야 할 일은 '주문량이 급격히 증가한 일주일 동안 생산된 제품 파악'이다. 문제의 제품이 전부 회수되어야 포장재질 및 인쇄된 잉크 유해성분을 조사한 뒤 적절한 조치가 가능하기 때문이다.

08

정답 ③

16세기 말 그레고리력이 도입되기 전 프랑스 사람들은 3월 25일부터 4월 1일까지 일주일 동안 축제를 벌였다.

오답분석

① 만우절이 프랑스에서 기원했다는 이야기는 많은 기원설 중의 하나일 뿐, 정확한 기원은 알려지지 않았다.
② 프랑스는 16세기 말 그레고리력을 받아들이면서 달력을 새롭게 개정하였다.
④ 프랑스에서는 만우절에 놀림감이 된 사람들을 '4월의 물고기'라고 불렀다.

09

정답 ④

(가) : 빈칸 앞 문장은 현대적인 건축물에서 창과 문이 명확히 구별된다는 내용이고, 빈칸 앞 접속어가 역접 기능의 '그러나'이므로 이와 상반된 내용이 빈칸에 들어가야 한다. 따라서 ㉢이 가장 적절하다.
(나) : 빈칸이 포함된 문단의 첫 문장에서는 한옥에서 창호가 핵심적인 역할을 한다고 하였고, 이어지는 내용은 이를 뒷받침하는 내용이다. 따라서 '이처럼'으로 연결된 빈칸에는 문단 전체의 내용을 요약·강조하는 ㉠이 가장 적절하다.
(다) : 빈칸을 포함한 문단의 마지막 문장에 창호가 '지속적인 소통'을 가능케 한다고 하였으므로 ㉡이 가장 적절하다.

10

정답 ③

제시문에서는 인류의 발전과 미래에 인류에게 닥칠 문제를 해결하기 위해 우주 개발이 필요하다는, 우주 개발의 정당성에 대해 말하고 있다.

11

정답 ③

제시문에 따르면 인류는 오른손을 선호하는 반면 왼손을 선호하지 않는 경향이 있다. '기시감'은 처음 보는 인물이나 처음 겪는 일을 어디서 보았거나 겪었던 것처럼 느끼는 것을 말하므로 '기시감'으로 수정하는 것은 적절하지 않다.

오답분석

① '선호하다'에 이미 '다른 요소들보다 더 좋아하다.'라는 의미가 있으므로 '더'를 함께 사용하는 것은 의미상 중복이다. 따라서 '선호하는' 또는 '더 좋아하는'으로 수정해야 한다.
② '-ㄹ뿐더러'는 하나의 어미이므로 앞말에 붙여 쓴다.
④ 제시문은 인류가 오른손을 선호하고 왼손을 선호하지 않는 이유에 대한 글이다. 따라서 ㉣과 같이 왼손잡이를 선호하는 사회가 발견된다면 새로운 이론이 등장할 것이라는 내용이 글의 중간에 등장하는 것은 일관성을 해칠 뿐만 아니라, '이러한 논란'이 가리키는 바도 제시되지 않았다.

12

정답 ③

헤겔은 국가를 사회 문제를 해결하고 공적 질서를 확립할 최종 주체로 설정했고, 뒤르켐은 사익을 조정하고 공익과 공동체적 연대를 실현할 도덕적 개인주의의 규범에 주목하면서, 이를 수행할 주체로서 직업 단체의 역할을 강조하였다. 즉, 직업 단체가 정치적 중간 집단으로서 구성원의 이해관계를 국가에 전달하는 한편 국가를 견제해야 한다고 보았다.

오답분석

① 뒤르켐이 주장하는 직업 단체는 정치적 중간집단의 역할로 빈곤과 계급 갈등의 해결을 수행할 주체이다.
②·④ 헤겔의 주장이다.

13

정답 ③

주어진 문장의 '이'는 앞 문장의 내용을 가리키므로, 기업의 이익 추구가 사회 전체의 이익과 관련된 결과를 가져왔다는 내용이 앞에 와야 한다. 이는 (다) 앞의 '가장 저렴한 가격으로 상품 공급'이 '사회 전체의 이익'과 연관되므로, 보기의 문장은 (다)에 들어가는 것이 가장 적절하다.

14

정답 ③

여가생활의 질을 높이기 위해 여가를 개인적인 차원으로 보지 말자는 내용을 고려하였을 때, 국가적인 문제로 보자는 내용이 들어가는 것이 가장 적절하다.

15

정답 ②

'직업안전보건국이 제시한 1ppm의 기준이 지나치게 엄격하다고 판결하였다.'와 '직업안전보건국은 노동자를 생명의 위협이 될 수 있는 화학물질에 노출시키는 사람들이 그 안전성을 입증해야 한다.'는 논점의 대립이 주된 내용이다. 따라서 빈칸에는 '벤젠의 노출 수준이 1ppm을 초과할 경우 노동자의 건강에 실질적으로 위험하다는 것을 직업안전보건국이 입증해야 한다.'는 내용이 오는 것이 가장 적절하다.

16

정답 ④

토지공공임대제는 토지가치공유제의 하위 제도로, 사용권은 민간이 갖고 수익권은 공공이 갖는다. 처분권의 경우 사용권을 가진 민간에게 한시적으로 맡기는 것일 뿐이며, 처분권도 공공이 갖는다. 따라서 ④는 토지공공임대제에 대한 설명으로 옳지 않다.

17

정답 ④

보기의 문장은 홍차가 귀한 취급을 받았던 이유에 대하여 구체적으로 설명하고 있다. 따라서 '홍차의 가격이 치솟아 무역적자가 심화되자, 영국 정부는 자국 내에서 직접 차를 키울 수는 없을까 고민하지만 별다른 방법을 찾지 못했고, 홍차의 고급화는 점점 가속화됐다.'의 뒤, 즉 (라)에 들어가는 것이 적절하다.

18

정답 ①

(가) 문단에서는 인류가 바람을 에너지원으로 사용한 지 1만 년이 넘었다고 제시되어 있을 뿐이므로, 이를 통해 인류에서 풍력에너지가 가장 오래된 에너지원인지는 추론할 수 없다.

19

정답 ④

(라) 문단은 비행선 등을 활용하여 고고도풍(High Altitude Wind)을 이용하는 발전기 회사의 사례를 제시하고 있지만, 그 기술의 한계에 대한 내용은 언급하고 있지 않다.

PART 3

20

정답 ④

제시된 글에서는 편리성, 경제성, 객관성 등을 이유로 인공 지능 면접을 지지하고 있다. 따라서 객관성보다 면접관의 생각이나 견해가 회사 상황에 맞는 인재를 선발하는 데 적합하다는 논지로 반박하는 것이 적절하다.

오답분석

①·③ 제시된 글의 주장에 반박하는 것이 아니라 제시된 글의 주장을 강화하는 근거에 해당한다.
② 인공 지능 면접에 필요한 기술과 인간적 공감의 관계는 제시된 글에서 주장한 내용이 아니므로 반박의 근거로도 적절하지 않다.

02 문제해결능력(정보통신 / 발전기계 / 발전전기 / 발전화학 / 토목 / 건축 / 산업위생)

01	02	03	04	05	06	07	08	09	10	11	12	13	14	15	16	17	18	19	20
①	④	④	①	③	④	③	②	④	②	②	③	②	④	④	③	③	④	③	②

01

정답 ①

세 번째, 네 번째 조건에 의해, E와 D는 2층과 7층 또는 3층과 8층에 근무해야 한다. 그러나 E와 D가 3층과 8층에 근무를 하게 되면, 마지막 조건을 만족할 수 없다. 따라서 E와 D는 2층과 7층에 근무해야 한다. 또한 두 번째 조건에 의해, E가 7층에 근무할 수 없으므로 D가 7층, E가 2층에 근무한다. 이를 만족하는 경우를 나타내면 다음과 같다.

구분	경우 1	경우 2	경우 3	경우 4
8층	F	B	F	B
7층	D	D	D	D
6층	G	G	G	G
5층	C	C	A	A
4층	H	H	H	H
3층	A	A	C	C
2층	E	E	E	E
1층	B	F	B	F

경우 2와 경우 4는 두 번째 조건을 만족하지 않으므로, 가능한 경우는 2가지이다. 따라서 A는 항상 F보다 낮은 곳에 있다.

02

정답 ④

주어진 조건에 따르면 두 가지 경우가 가능하다.

1)

5층	D
4층	B
3층	A
2층	C
1층	E

2)

5층	E
4층	C
3층	A
2층	B
1층	D

따라서 A부서는 항상 3층에 위치한다.

오답분석

① B부서는 2층 또는 4층에 있다.
②·③ D부서는 1층 또는 5층에 있다.

03

정답 ④

간선노선과 보조간선노선을 구분하여 노선번호를 부여하면 다음과 같다.

• 간선노선
  - 동서를 연결하는 경우 : (가), (나)에 해당하며, 남에서 북으로 가면서 숫자가 증가하고 끝자리에는 0을 부여하므로 (가)는 20, (나)는 10이다.
  - 남북을 연결하는 경우 : (다), (라)에 해당하며, 서에서 동으로 가면서 숫자가 증가하고 끝자리에는 5를 부여하므로 (다)는 15, (라)는 25이다.

• 보조간선노선
  - (마) : 남북을 연결하는 모양에 가까우므로 (마)의 첫자리는 남쪽 시작점의 간선노선인 (다)의 첫자리와 같은 1이 되어야 하고, 끝자리는 5를 제외한 홀수를 부여해야 하므로 가능한 노선번호는 11, 13, 17, 19이다.
  - (바) : 동서를 연결하는 모양에 가까우므로 (바)의 첫자리는 바로 아래쪽에 있는 간선노선인 (나)의 첫자리와 같은 1이 되어야 하고, 끝자리는 0을 제외한 짝수를 부여해야 하므로 가능한 노선번호는 12, 14, 16, 18이다.

따라서 노선번호를 올바르게 부여한 것은 ④이다.

04

정답 ①

• (가), (바) : 곤충 사체 발견, 방사능 검출은 현재 직면한 문제로 발생형 문제로 적절하다.
• (다), (마) : 더 많은 전압을 회복시킬 수 있는 충전지 연구와 근로시간 단축은 현재 상황보다 효율을 더 높이기 위한 문제로 탐색형 문제로 적절하다.
• (나), (라) : 초고령사회와 드론시대를 대비하여 미래지향적인 과제를 설정하는 것은 설정형 문제로 적절하다.

05

정답 ③

브레인스토밍(Brainstorming)

• 한 사람이 생각하는 것보다 다수가 생각하는 것이 아이디어가 많다.
• 아이디어 수가 많을수록 질적으로 우수한 아이디어가 나올 수 있다.
• 아이디어는 비판이 가해지지 않으면 많아진다.

오답분석

① 스캠퍼(Scamper) 기법 : 창의적 사고를 유도하여 신제품이나 서비스 등을 생각하는 발상 도구이다.
② 여섯 가지 색깔 모자(Six Thinking Hats) : 각각 중립적, 감정적, 부정적, 낙관적, 창의적, 이성적 사고를 뜻하는 여섯 가지 색의 모자를 차례대로 바꾸어 쓰면서 모자 색깔이 뜻하는 유형대로 생각해보는 방법이다.
④ TRIZ(Teoriya Resheniya Izobretatelskikh Zadatch) : 문제에 대하여 이상적인 결과를 정하고, 그 결과를 얻는 데 모순이 되는 것을 찾아 모순을 극복할 수 있는 해결안을 찾는 40가지 방법에 대한 이론이다.

06

정답 ④

두 번째 조건에 의해, B는 항상 1과 5 사이에 앉는다.
E가 4와 5 사이에 앉으면 2와 3 사이에는 A, C, D 중 누구나 앉을 수 있다.

오답분석

① A가 1과 2 사이에 앉으면 네 번째 조건에 의해, E는 4와 5 사이에 앉는다. 그러면 C와 D는 3 옆에 앉게 되는데 이는 세 번째 조건과 모순이 된다.
② D가 4와 5 사이에 앉으면 네 번째 조건에 의해, E는 1과 2 사이에 앉는다. 그러면 C와 D는 3 옆에 앉게 되는데 이는 세 번째 조건과 모순이 된다.
③ C가 2와 3 사이에 앉으면 세 번째 조건에 의해, D는 1과 2 사이에 앉는다. 또한 네 번째 조건에 의해, E는 3과 4 사이에 앉을 수 없다. 따라서 A는 반드시 3과 4 사이에 앉는다.

07

정답 ③

첫 번째 조건에 의해 재무팀은 5층 C에 배치되어 있다. 일곱 번째 조건에 의해 인사팀과 노무복지팀의 위치를 각각 6층의 A와 C, 6층의 B와 D, 5층의 B와 D의 경우로 나누어 생각해 보면 인사팀과 노무복지팀의 위치가 6층의 A와 C, 6층의 B와 D일 경우 나머지 조건들을 고려하면 감사팀은 총무팀 바로 왼쪽에 배치되어 있어야 된다는 여섯 번째 조건에 모순된다. 따라서 인사팀과 노무복지팀의 위치는 5층의 B와 D이고 이를 토대로 나머지 조건들을 고려하면 다음의 배치도를 얻을 수 있다.

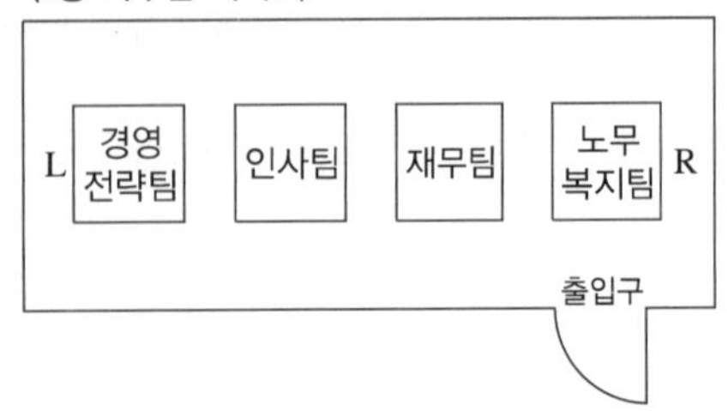

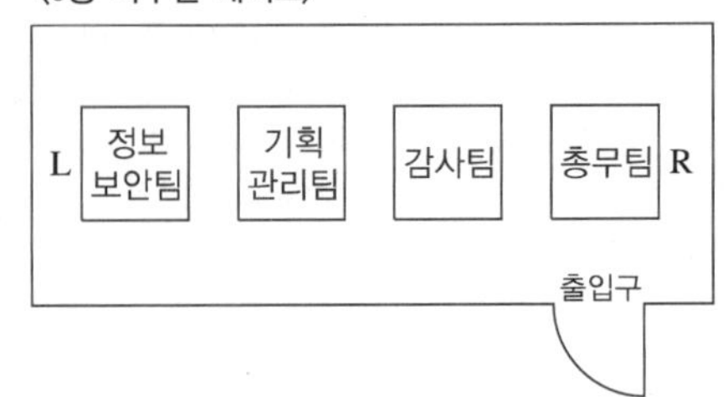

따라서 감사팀 위치는 6층의 C이다.

08

정답 ②

F는 C와 함께 근무해야 한다. 수요일은 C가 근무할 수 없으므로 불가능하고, 토요일과 일요일은 E가 오전과 오후에 근무하므로 2명씩 근무한다는 조건에 위배되어 근무할 수 없다. 따라서 가능한 요일은 월요일, 화요일, 목요일, 금요일로 총 4일이다.

09

정답 ④

수요일, 토요일, 일요일은 다음과 같이 근무조가 확정된다. 월요일, 화요일, 목요일, 금요일은 항상 C와 F가 근무하고, B와 C는 2일 이상, D는 3일 이상 근무해야 한다. 그리고 A는 오전에 근무하지 않고, D는 오전에만 가능하므로 수요일을 제외한 평일에 C와 F는 오전에 1일, 오후에 3일 근무하고, D는 오전에 3일 근무해야 한다. 이때, D는 B와 함께 근무하게 된다. 나머지 평일 오후는 A와 B가 함께 근무한다.

이를 표로 정리하면 다음과 같다.

구분		월요일	화요일	수요일	목요일	금요일	토요일	일요일
경우 1	오전	C, F	B, D	B, D	B, D	B, D	C, E	C, E
	오후	A, B	C, F	A, B	C, F	C, F	A, E	A, E
경우 2	오전	B, D	C, F	B, D	B, D	B, D	C, E	C, E
	오후	C, F	A, B	A, B	C, F	C, F	A, E	A, E
경우 3	오전	B, D	B, D	B, D	C, F	B, D	C, E	C, E
	오후	C, F	C, F	A, B	A, B	C, F	A, E	A, E
경우 4	오전	B, D	B, D	B, D	B, D	C, F	C, E	C, E
	오후	C, F	C, F	A, B	C, F	A, B	A, E	A, E

따라서 B는 수요일에 오전, 오후 2회 근무하므로 옳지 않은 설명이다.

오답분석

① C와 F는 월요일, 화요일, 목요일, 금요일 중 하루를 오전에 함께 근무한다.
② ①의 경우를 제외한 평일 오전에는 D가 항상 B와 함께 근무한다.
③ E는 토요일, 일요일에 A, C와 2번씩 근무하고 주어진 조건으로부터 A는 오전에 근무하지 않는다고 하였으므로 옳은 설명이다.

10

정답 ②

문제해결절차는 '문제 인식 → 문제 도출 → 원인 분석 → 해결안 개발 → 실행 및 평가' 순서이다.

㉠은 강대리가 문제 인식을 하고 팀장님께 보고한 후 어떤 문제가 발생했는지 도출해 내는 단계이므로 문제를 명확히 하는 '문제 도출' 단계이다.

㉡은 최팀장에게 왜 그런 현상이 나타나는 것인지에 대해 대답할 차례이므로 문제가 나타나는 현상에 대한 원인을 분석하는 '원인 분석' 단계이다.

11

정답 ②

제시된 글에서 '문제'는 목표와 현실의 차이이고, '문제점'은 목표가 어긋난 원인이 명시되어야 한다. 따라서 ②를 보면 교육훈련이 부족했다는 원인이 나와 있으므로 '문제점'을 말했다고 볼 수 있다.

오답분석

① 지혜의 이야기는 매출액이 목표에 못 미쳤다는 '문제'를 말한 것이다.
③ 건우는 현재 상황을 말한 것이다.
④ 경현이의 말은 목표를 정정했다는 사실뿐이다.

12

정답 ③

세 번째 조건과 네 번째 조건을 기호로 나타내면 다음과 같다.

• D → ~E
• ~E → ~A

각각의 대우 E → ~D와 A → E에 따라 A → E → ~D가 성립하므로 A를 지방으로 발령한다면 E도 지방으로 발령하고, D는 지방으로 발령하지 않는다. 이때, 회사는 B와 D에 대하여 같은 결정을 하고, C와 E에 대하여는 다른 결정을 하므로 B와 C를 지방으로 발령하지 않는다.
따라서 A가 지방으로 발령된다면 지방으로 발령되지 않는 직원은 B, C, D 총 3명이다.

PART 3

13

정답 ②

회사별 판촉물 가격과 배송비를 계산하면 다음과 같다.

판촉물 회사	판촉물 가격	배송비	합계
A	$\frac{5,500}{100}$×18,000=990,000원	$\frac{5,500}{100\times5}$×3,000=33,000원	1,023,000원
B	$\frac{5,500}{500}$×60,000=660,000원	660,000×0.1=66,000원	726,000원
C	$\frac{5,500}{500}$×72,000=792,000원	5,000원	797,000원
D	5,500×170=935,000원	무료	935,000원

따라서 가장 저렴하게 구입할 수 있는 곳은 B회사이다.

14

정답 ④

무주택 기간, 부양가족 수, 입주자 저축 가입기간을 통해 점수를 구하면 다음과 같다. 이때, 무주택 기간은 365일로 나누어 계산하고, 입주자 저축 가입기간은 12개월로 나누어 계산한다.

① 8+25+8=41점
② 16+15+7=38점
③ 12+15+13=40점
④ 18+20+9=47점

따라서 청약가점이 가장 높은 것은 ④이다.

15

정답 ④

지역가입자 A ~ D씨의 생활수준 및 경제활동 참가율 구간별 점수표를 정리하면 다음과 같다.

구분	성별	연령	연령 점수	재산정도	재산정도 점수	연간 자동차세액	연간 자동차세액 점수
A	남성	32세	6.6점	2,500만 원	7.2점	12.5만 원	9.1점
B	여성	56세	4.3점	5,700만 원	9점	35만 원	12.2점
C	남성	55세	5.7점	20,000만 원	12.7점	43만 원	15.2점
D	여성	23세	5.2점	1,400만 원	5.4점	6만 원	3점

이에 따른 지역보험료를 계산하면 다음과 같다.

- A씨=(6.6+7.2+9.1+200+100)×183≒59,090원
- B씨=(4.3+9+12.2+200+100)×183≒59,560원
- C씨=(5.7+12.7+15.2+200+100)×183≒61,040원
- D씨=(5.2+5.4+3+200+100)×183≒57,380원

16

 ③

제시문의 '가입요건 – (2)'를 살펴보면, 다주택자인 경우에도 보유주택 합산가격이 9억 원 이하이면 가입요건이 충족됨을 확인할 수 있다.

17

 ③

- B : 단독소유일 경우 주택소유자가 만 60세 이상이어야 하는데, 주택소유주가 만 57세이므로 가입요건을 충족하지 못한다.
- D : 임대사업을 목적으로 보유한 주택은 보유주택수에 포함되므로, 총 주택가액은 14억 원이 되어 가입요건을 충족하지 못한다.
- E : 만 60세 이상이며, 2개 주택가액이 9억 원이므로 요건에 부합하나, $20m^2$ 초과 아파트는 주택으로 보므로 총 주택가액이 9억 원을 초과하여 가입요건을 충족하지 못한다.

따라서 주택연금대출에 가입할 수 없는 고객은 3명이다.

오답분석

- A : 만 60세 이상이며, 주택가액 9억 원 이하의 1주택을 보유하고 있으므로 가입대상이 된다.
- C : 부부 중 연장자가 만 60세 이상(부부공동소유)이며, 총 주택가액이 9억 원 미만이므로 가입대상이 된다.

18

 ④

A가 서브한 게임에서 전략팀이 득점하였으므로 이어지는 서브권은 A가 가지며, 총 4점을 득점한 상황이므로 팀 내에서 선수끼리 자리를 교체하여 A가 오른쪽에서 서브를 해야 한다. 그리고 서브를 받는 총무팀은 서브권이 넘어가지 않았기 때문에 선수끼리 코트 위치를 바꾸지 않는다. 따라서 ④가 정답이다.

19

정답 ③

다음의 논리 순서를 따라 주어진 조건을 정리하면 쉽게 접근할 수 있다.

- 여섯 번째, 여덟 번째 조건 : G는 첫 번째 자리에 앉는다.
- 일곱 번째 조건 : C는 세 번째 자리에 앉는다.
- 네 번째, 다섯 번째 조건 : 만약 A와 B가 네 번째, 여섯 번째 또는 다섯 번째, 일곱 번째 자리에 앉으면, D와 F는 나란히 앉을 수 없다. 따라서 A와 B는 두 번째, 네 번째 자리에 앉는다. 이때, 남은 자리는 다섯, 여섯, 일곱 번째 자리이므로 D와 F는 다섯, 여섯 번째 또는 여섯, 일곱 번째 자리에 앉게 되고, 나머지 한 자리에 E가 앉는다.

이 사실을 종합하여 주어진 조건을 표로 정리하면 다음과 같다.

구분	첫 번째	두 번째	세 번째	네 번째	다섯 번째	여섯 번째	일곱 번째
경우 1	G	A	C	B	D	F	E
경우 2	G	A	C	B	F	D	E
경우 3	G	A	C	B	E	D	F
경우 4	G	A	C	B	E	F	D
경우 5	G	B	C	A	D	F	E
경우 6	G	B	C	A	F	D	E
경우 7	G	B	C	A	E	D	F
경우 8	G	B	C	A	E	F	D

따라서 어느 경우에도 C의 옆자리는 항상 A와 B가 앉는다.

오답분석

① 네 번째 조건에서 D와 F는 나란히 앉는다고 하였다.

②·④ 경우 4, 8인 때에만 성립한다.

20

정답 ②

두 대의 적외선 카메라 중 하나는 수도권본부에 설치하였고, 나머지 하나는 경북본부와 금강본부 중 한 곳에 설치하였으므로 강원본부에는 적외선 카메라를 설치할 수 없다. 또한 강원본부에는 열선감지기를 설치하지 않았으므로 반드시 하나 이상의 기기를 설치해야 한다는 첫 번째 조건에 따라 강원본부에는 화재경보기를 설치하였을 것이다.

오답분석

①·③ 주어진 조건만으로는 어느 본부에 열선감지기를 설치하는지 정확히 알 수 없다.

④ 화재경보기는 경북본부와 강원본부에 설치하였다.

PART 3

03 수리능력(사무 / 건축 / 발전전기)

01	02	03	04	05	06	07	08	09	10	11	12	13	14	15	16	17	18	19	20
④	①	②	④	②	③	②	①	④	④	②	④	③	②	③	④	③	④	④	③

01

정답 ④

김대리가 작년에 지불한 세금은 $(4,000-2,000)\times 0.3=600$만 원이다. 올해의 총소득은 20% 증가한 $4,000\times 1.2=4,800$만 원이고, 소득공제 금액은 40% 증가한 $2,000\times 1.4=2,800$만 원이다.

따라서 올해의 세액은 작년 세율보다 10%p 증가한 40%를 적용하면 $(4,800-2,800)\times 0.4=800$만 원이므로 작년보다 $800-600=200$만 원을 더 지불하게 된다.

02

정답 ①

기차의 길이를 xm, 기차의 속력을 ym/s라 하자.

$\frac{x+400}{y}=10 \rightarrow x+400=10y \rightarrow 10y-x=400 \cdots$ ㉠

$\frac{x+800}{y}=18 \rightarrow x+800=18y \rightarrow 18y-x=800 \cdots$ ㉡

㉠, ㉡을 연립하면 $x=100$, $y=50$이 나온다.

따라서 기차의 길이는 100m이고, 기차의 속력은 50m/s이다.

03

정답 ②

1부터 40까지의 자연수 중 40의 약수(1, 2, 4, 5, 8, 10, 20, 40)의 개수는 8개이고, 3의 배수(3, 6, 9, …, 36, 39)는 13개이다. 따라서 40의 약수 중 3의 배수는 없으므로 구하는 경우의 수는 $8+13=21$가지이다.

04

정답 ④

문화회관 이용 가능 요일표와 주간 주요 일정표에 따라 한국중부발전이 교육을 진행할 수 있는 요일과 시간대는 화요일 오후, 수요일 오후, 금요일 오전이다.

05

정답 ②

먼저 W씨와 첫 번째 친구가 선택한 A, C강의의 수강료는 $[(50,000+80,000)\times 0.9]\times 2=234,000$원이다. 두 번째 친구의 B강의 수강료는 70,000원이고, 모든 강의를 수강하는 세 번째 친구의 수강료는 $(50,000+70,000+80,000)\times 0.8=160,000$원이다. 따라서 네 사람이 결제해야 할 총액은 $234,000+70,000+160,000=464,000$원이다.

06

정답 ③

전국의 화재 건수 증감 추이는 '증가 – 감소 – 증가 – 감소'이다. 전국과 같은 증감 추이를 보이는 지역은 강원도, 전라남도, 경상북도, 경상남도, 제주특별자치도로 총 5곳이다.

오답분석

① 매년 화재 건수가 많은 지역은 '경기도 – 서울 – 경상남도' 순서이다. 따라서 3번째로 화재 건수가 많은 지역은 경상남도이다.

② 충청북도의 화재 건수는 매년 증가하다가 2022년에 감소하였다.

④ 강원도의 2022년 화재 건수는 전년 대비 $\frac{2,364-2,228}{2,364}\times 100 ≒ 5.8\%$ 감소하였으므로 7% 미만으로 감소하였다.

07

정답 ②

전국에서 자전거전용도로의 비율은 약 13.4%$\left(=\frac{2,843}{21,176}\times100\right)$의 비율을 차지한다.

오답분석

① 제주특별자치도는 전국에서 여섯 번째로 자전거도로가 길다.

③ 광주광역시의 전국 대비 자전거전용도로의 비율은 약 3.8%$\left(=\frac{109}{2,843}\times100\right)$이며, 자전거보행자겸용도로의 비율은 약 3%$\left(=\frac{484}{16,331}\times100\right)$로 자전거전용도로의 비율이 더 높다.

④ 경상남도의 모든 자전거도로는 전국에서 약 8.7%$\left(=\frac{1,844}{21,176}\times100\right)$로의 비율을 가지므로 적절하지 않은 해석이다.

08

정답 ①

2020년 8,610백만 달러에서 2022년 11,635백만 달러로 증가했으므로 증가율은 (11,635−8,610)÷8,610×100≒35.1%이다.

PART 3

09

정답 ④

통화 내역을 통해 국내통화인지 국제통화인지 구분한다.

- 국내통화 : 4/5(화), 4/6(수), 4/8(금) → 10+30+30=70분
- 국제통화 : 4/7(목) → 60분

∴ 70×15+60×40=3,450원

10

정답 ④

㉠ 2018 ~ 2022년 동안 경기전망지수가 40점 이상인 것은 B산업 또는 C산업이다.

㉡ 2020년에 경기전망지수가 전년 대비 증가한 산업은 A산업과 C산업이다.

㉢ 산업별 전년 대비 2019년 경기전망지수의 증가율은 다음과 같다.

- A : $\frac{48.9-45.8}{45.8}\times100≒6.8\%$
- B : $\frac{39.8-37.2}{37.2}\times100≒7.0\%$
- C : $\frac{40.6-36.1}{36.1}\times100≒12.5\%$
- D : $\frac{41.1-39.3}{39.3}\times100≒4.6\%$

따라서 D산업의 전년 대비 2019년 경기전망지수의 증가율이 가장 낮다.

㉣ 매년 5개의 산업 중 경기전망지수가 가장 높은 산업은 A산업이다.

따라서 A산업 – 제조업, B산업 – 보건업, C산업 – 조선업, D산업 – 해운업이다.

11

정답 ②

A씨의 업무시간은 점심시간 1시간을 제외하면 8시간이다. 주간업무계획 수립으로 8시간×$\frac{1}{8}$=1시간을, 프로젝트 회의로 8시간×$\frac{2}{5}$=192분=3시간 12분을, 거래처 방문으로 8시간×$\frac{1}{3}$=160분=2시간 40분을 보냈다. 따라서 남은 시간은 8시간−(1시간+3시간 12분+2시간 40분)=1시간 8분이다.

12

정답 ④

간트차트를 활용하여 공정 기간을 정리하면 다음과 같다.

<table>
<tr><td>1일</td><td>2일</td><td>3일</td><td>4일</td><td>5일</td><td>6일</td><td>7일</td><td>8일</td><td>9일</td><td>10일</td><td>11일</td><td>12일</td></tr>
<tr><td colspan="2">A</td><td colspan="5">B</td><td colspan="5">G</td></tr>
<tr><td colspan="12"></td></tr>
<tr><td colspan="3">C</td><td></td><td></td><td></td><td></td><td></td><td></td><td></td><td></td><td></td></tr>
<tr><td colspan="12"></td></tr>
<tr><td colspan="8">D</td><td colspan="3">F</td><td></td></tr>
<tr><td colspan="12"></td></tr>
<tr><td colspan="3">E</td><td></td><td></td><td></td><td></td><td></td><td></td><td></td><td></td><td></td></tr>
</table>

따라서 공정이 모두 마무리되려면 최소 12일이 걸린다.

13

정답 ③

둘이 만나는 데 걸리는 시간을 y시간이라고 하자.

$ay+by=x \rightarrow (a+b)y=x$

$\therefore\ y=\dfrac{x}{a+b}$

따라서 둘이 만나는 데 걸리는 시간은 $\dfrac{x}{a+b}$시간이다.

14

정답 ②

평균 시급 대비 월 평균 소득은 월 근로시간으로 나타낼 수 있다.

- 2018년 : $\dfrac{805,000}{7,800} \fallingdotseq 103$시간
- 2019년 : $\dfrac{840,000}{8,500} \fallingdotseq 99$시간
- 2020년 : $\dfrac{880,000}{8,700} \fallingdotseq 101$시간
- 2021년 : $\dfrac{930,000}{9,000} \fallingdotseq 103$시간
- 2022년 : $\dfrac{954,500}{9,500} \fallingdotseq 100$시간

따라서 월 근로시간이 가장 적은 연도는 약 99시간인 2019년이다.

오답분석

① 전년 대비 월 평균 소득 증가율은 다음과 같다.

- 2019년 : $\dfrac{840,000-805,000}{805,000}\times 100 \fallingdotseq 4.3\%$
- 2020년 : $\dfrac{880,000-840,000}{840,000}\times 100 \fallingdotseq 4.8\%$
- 2021년 : $\dfrac{930,000-880,000}{880,000}\times 100 \fallingdotseq 5.7\%$
- 2022년 : $\dfrac{954,500-930,000}{930,000}\times 100 \fallingdotseq 2.6\%$

따라서 2021년의 월 평균 소득 증가율이 가장 높다.

③ 2020년의 전년 대비 평균 시급 증가액은 8,700−8,500=100원이고 2022년에 9,500−9,000=500원이다. 따라서 400원 더 적다.

④ 2022년 월 평균 소득 대비 2018년 월 평균 소득 비율은 $\dfrac{805,000}{954,500} \fallingdotseq 84.3\%$으로 70% 이상이다.

15

정답 ③

소설을 대여한 남자는 690건이고, 소설을 대여한 여자는 1,060건이므로 $\frac{690}{1,060}\times100≒65.1\%$이다.

오답분석

① 소설의 전체 대여건수는 450+600+240+460=1,750건이고, 비소설의 전체 대여건수는 520+380+320+400=1,620건이므로 옳은 설명이다.

② 40세 미만 대여건수는 520+380+450+600=1,950건, 40세 이상 대여건수는 320+400+240+460=1,420건이므로 옳은 설명이다.

④ 전체 40세 미만 대여 수는 1,950건이고, 그중 비소설 대여는 900건이므로 $\frac{900}{1,950}\times100≒46.2\%$이므로 옳은 설명이다.

16

정답 ④

ㄱ. 한국, 독일, 영국, 미국이 전년 대비 감소했다.

ㄷ. 한국, 중국, 독일의 2019년 연구개발비 증가율을 각각 구하면 다음과 같다.

- 한국 : $\frac{33,684-28,641}{28,641}\times100=\frac{5,043}{28,641}\times100≒17.6\%$
- 중국 : $\frac{48,771-37,664}{37,664}\times100=\frac{11,107}{37,664}\times100≒29.5\%$
- 독일 : $\frac{84,148-73,737}{73,737}\times100=\frac{10,441}{73,737}\times100≒14.2\%$

따라서 중국, 한국, 독일 순서로 증가율이 높다.

오답분석

ㄴ. 2017년 대비 2021년 연구개발비 증가율은 중국이 약 3배가량 증가하여 가장 높고, 일본은 $\frac{169,047-151,270}{151,270}\times100≒11.8\%$이고, 영국은 $\frac{40,291-39,421}{39,421}\times100≒2.2\%$이다.

따라서 영국의 연구개발비 증가율이 가장 낮다.

17

정답 ③

다음은 R대리가 각 교통편 종류를 택할 시 왕복 교통비용이다.

- 일반버스 : 24,000×2=48,000원
- 우등버스 : 32,000×2×0.99=63,360원
- 무궁화호 : 28,000×2×0.85=47,600원
- 새마을호 : 36,000×2×0.8=57,600원
- KTX : 58,000원

따라서 무궁화호가 47,600원으로 가장 저렴하다.

18

정답 ④

㉠ 전년 동월 대비 등록률은 2023년 2월에 가장 많이 낮아진 것을 확인할 수 있다.

㉡ 제시된 자료의 심사건수는 전년 동월 대비 325건 증가하였다는 의미이므로 2023년 6월의 심사건수는 알 수 없다.

㉢ 제시된 자료의 등록률은 전년 동월 대비 3.3%p 증가하였다는 의미이므로 2023년 5월의 등록률은 알 수 없다.

오답분석

㉣ 2022년 1월의 심사건수가 100건이라면, 2023년 1월의 심사건수는 전년 동월 대비 125건이 증가했으므로 100+125=225건이다.

19

정답 ④

빈칸의 수치는 다음과 같다.

• (ㄱ) : 4,588−766−692−1,009−644−611=866
• (ㄴ) : 241−36−31−49−25−27=73
• (ㄷ) : 33+24+51+31+32+31=202
• (ㄹ) : 145−21−28−17−30−20=29

따라서 빈칸에 들어갈 수치가 바르게 연결된 것은 ④이다.

20

정답 ③

ㄴ. 2020년 고덕 차량기지의 안전체험 건수 대비 인원수는 $\frac{633}{33}$ ≒ 19.2로, 도봉 차량기지의 안전체험 건수 대비 인원수인 $\frac{432}{24}$ = 18보다 크다.

ㄷ. 2019년부터 2021년까지 고덕 차량기지의 안전체험 건수와 인원수의 증감추이는 동일하게 감소추이를 보이고 있다.

오답분석

ㄱ. 2022년에 방화 차량기지 견학 안전체험 건수는 2021년과 동일한 29건이므로 전년 대비 동일하다.

ㄹ. 2022년 신내 차량기지의 안전체험 인원수는 385명이다. 2018년 신내 차량기지의 안전체험 인원수 692명의 약 55%로, 인원수는 50% 미만 감소했다.

04 자원관리능력(사무 / 토목 / 발전기계 / 발전화학 / 산업위생)

01	02	03	04	05	06	07	08	09	10	11	12	13	14	15	16	17	18	19	20
①	①	④	④	④	①	①	④	③	①	③	③	③	①	④	④	③	④	③	①

01

정답 ①

문서용 집게는 재사용이 가능하므로 구매하지 않고 재사용한다. 연필은 B등급이므로 A등급보다 우선순위가 높지 않다. 마지막으로 커피의 필요 개수가 A4 용지보다 적으므로 우선순위에서 밀려난다. 따라서 가장 먼저 구매해야 하는 비품은 A4 용지이다.

02

정답 ①

재건축주택 인수요청은 7월 1일에 시작되었으므로 2일까지 진행되고, 사용하는 연차별 최단기간 내 재건축매입임대사업을 진행할 때의 단계별 사업 진행기간은 다음과 같다.

연차	인수자 지정요청	인수자 지정 및 통보	인수계약체결	개별 임대계획수립	입대주택공급일 공지
①	5일	8 ~ 11일	15 ~ 16일	18 ~ 19일	22 ~ 23일
②	4일	10 ~ 12일, 15일	17 ~ 18일	22 ~ 23일	25 ~ 26일
③	4일	8일, 11일, 12일, 15일	17 ~ 18일	22 ~ 23일	25 ~ 26일
④	4일	8 ~ 10일, 15일	17 ~ 18일	22 ~ 23일	25 ~ 26일

따라서 7월 25일까지 주거복지사업처장의 재건축매입임대사업 완료, 즉 임대주택공급일 공지단계가 완료되는 경우는 ①이다.

03

정답 ④

비용이 17억 원 이하인 업체는 A, D, E, F업체이며, 이 중 1차로 선정할 업체를 구하기 위해 가중치를 적용한 점수는 다음과 같다.

- A업체 : (18×1)+(11×2)=40점
- D업체 : (16×1)+(12×2)=40점
- E업체 : (13×1)+(10×2)=33점
- F업체 : (16×1)+(14×2)=44점

따라서 1차로 선정될 업체는 40점인 A, D업체와 44점인 F업체이며, 이 중 친환경소재점수가 가장 높은 업체는 F업체이다.

04

정답 ④

비용이 17억 2천만 원 이하인 업체는 A, C, D, E, F업체이며, 이 중 1차로 선정할 업체를 구하기 위해 가중치를 적용한 점수는 다음과 같다.

- A업체 : (11×3)+(15×2)=63점
- C업체 : (13×3)+(13×2)=65점
- D업체 : (12×3)+(14×2)=64점
- E업체 : (10×3)+(17×2)=64점
- F업체 : (14×3)+(16×2)=74점

따라서 1차로 선정될 업체는 65점인 C업체와 74점인 F업체이며, 이 중 입찰 비용이 더 낮은 업체는 F업체이다.

05

정답 ④

다른 직원들과 휴가 일정이 겹치지 않고, 주말과 공휴일이 아닌 평일이며, 전체 일정도 없는 3월 21 ~ 22일이 적절하다.

오답분석

① 3월 1일은 공휴일이므로 휴가일로 적절하지 않다.
② 3월 5일은 한국중부발전 전체회의 일정이 있어 휴가를 사용하지 않는다.
③ 3월 10일은 주말이므로 휴가일로 적절하지 않다.

06

정답 ①

전체회의 일정과 공휴일(삼일절), 주말을 제외하면 3월에 휴가를 사용할 수 있는 날은 총 20일이다. 직원이 총 12명이므로 한 명당 2일 이상 휴가를 사용할 수 없다.

07

정답 ①

두 번째 조건에서 경유지는 서울보다 +1시간, 출장지는 경유지보다 −2시간이므로 서울과 −1시간 차이다.
김대리가 서울에서 경유지를 거쳐 출장지까지 가는 과정을 서울시간 기준으로 정리하면
서울 5일 오후 1시 35분 출발 → 오후 1시 35분+3시간 45분=오후 5시 20분 경유지 도착 → 오후 5시 20분+3시간 50분(대기시간)=오후 9시 10분 경유지에서 출발 → 오후 9시 10분+9시간 25분=6일 오전 6시 35분 출장지 도착
따라서 출장지에 도착했을 때 현지 시각은 서울보다 1시간 느리므로 오전 5시 35분이다.

08

정답 ④

제시된 시장 조사 결과 보고서를 보면 소비자의 건강에 대한 관심 증대로 기능을 중시하며, 취급 점포를 체계적으로 관리해야 하고 상품의 가격을 조절해야 할 필요성이 나타나고 있다. 그러므로 '고급화 전략을 추진한다.'와 '전속적 또는 선택적 유통 전략을 도입한다.'는 마케팅 전략을 구사하는 것이 적절하다.

09

정답 ③

매월 각 프로젝트에 필요한 인원은 다음과 같다.

- 2월 : A·B프로젝트 46+42=88명
- 3~4월 : B·C프로젝트 42+24=66명
- 5월 : B·D프로젝트 42+50=92명
- 6월 : D프로젝트 50명
- 7월 : D·E프로젝트 50+15=65명
- 8~9월 : E프로젝트 15명

따라서 5월에 가장 많은 92명이 필요하므로 모든 프로젝트를 완료하기 위해서는 최소 92명이 필요하다.

10

정답 ①

프로젝트별 총 인건비를 계산하면 다음과 같다.

- A프로젝트 : 46×130=5,980만 원
- B프로젝트 : 42×550=23,100만 원
- C프로젝트 : 24×290=6,960만 원
- D프로젝트 : 50×430=21,500만 원
- E프로젝트 : 15×400=6,000만 원

따라서 A~E프로젝트를 인건비가 가장 적게 드는 것부터 나열한 순서는 A－E－C－D－B이다.

11

정답 ③

총인건비와 진행비를 합한 각 프로젝트에 들어가는 총비용은 다음과 같다.

프로젝트	총 인건비	진행비	프로젝트 총 비용
A	5,980만 원	20,000만 원	25,980만 원
B	23,100만 원	3,000만 원	26,100만 원
C	6,960만 원	15,000만 원	21,960만 원
D	21,500만 원	2,800만 원	24,300만 원
E	6,000만 원	16,200만 원	22,200만 원

따라서 총비용이 가장 적게 드는 것부터 나열한 순서는 'C－E－D－A－B' 순서이다.

12

정답 ③

제주도에 도착하여 짐을 찾고 렌터카를 빌리기까지 시간은 20분이 걸린다. 그리고 다음날 서울행 비행기 출발시각 1시간 전인 15시 30분까지 도착해야 하므로 대여시간은 9일 11시 30분부터 10일 15시 20분까지이고, 총 대여시간은 1일 3시간 50분이다. 12시간 이상 사용하므로 24시간 기본요금 65,000원과 나머지 3시간 50분을 사용하므로 35,000원을 추가로 지불한다.
따라서 대여비는 65,000+35,000=100,000원이다.

13

정답 ③

각 렌터카의 대여비와 유류비를 합한 비용은 다음과 같다.

- A렌터카 : $60,000+32,000+1,650\times\frac{260}{12.5}=92,000+34,320=126,320$원
- B렌터카 : $65,000+35,000+1,650\times\frac{260}{12}=100,000+35,750=135,750$원
- C렌터카 : $65,000+35,000+1,350\times\frac{260}{16}=100,000+21,937.5\fallingdotseq 121,938$원
- D렌터카 : $67,000+30,000+1,350\times\frac{260}{12}=97,000+29,250=126,250$원

따라서 C렌터카가 가장 저렴하다.

14

정답 ①

W사원이 영국 출장 중에 받는 해외여비는 50×5=250파운드이고, 스페인은 60×4=240유로이다. 항공권은 편도 금액이므로 왕복으로 계산하면 영국은 380×2=760파운드, 스페인 870×2=1,740유로이며, 영국과 스페인의 비행시간 추가비용은 각각 20×(12−10)×2=80파운드, 15×(14−10)×2=120유로이다. 따라서 영국 출장 시 드는 비용은 250+760+80=1,090파운드, 스페인 출장은 240+1,740+120=2,100유로이다.
은행별 환율을 이용하여 출장비를 원화로 계산하면 다음과 같다.

구분	영국	스페인	총비용
A은행	1,090×1,470=1,602,300원	2,100×1,320=2,772,000원	4,374,300원
B은행	1,090×1,450=1,580,500원	2,100×1,330=2,793,000원	4,373,500원
C은행	1,090×1,460=1,591,400원	2,100×1,310=2,751,000원	4,342,400원

따라서 A은행의 비용이 가장 많이 들고, C은행이 비용의 가장 적으므로 두 은행의 총 비용 차이는 4,374,300−4,342,400=31,900원이다.

15

정답 ④

승진시험 성적은 100점 만점이므로 제시된 점수를 그대로 반영하고 영어 성적은 5를 나누어서 반영한다. 성과 평가의 경우는 2를 나누어서 합산해, 그 합산점수가 가장 큰 사람을 선발한다. 이때, 합산점수가 높은 E와 I는 동료평가에서 하를 받았으므로 승진 대상에서 제외된다. 합산점수는 다음과 같이 나온다.

구분	A	B	C	D	E	F	G	H	I	J	K
합산 점수	220	225	225	200	동료 평가 '하'로 제외	235	245	220	동료 평가 '하'로 제외	225	230

따라서 F, G가 승진 대상자가 된다.

16

정답 ④

- 일비 : 하루에 10만 원씩 지급 → 100,000×3=300,000원
- 숙박비 : 실비 지급 → B호텔 2박 → 250,000×2=500,000원

• 식비 : 1일, 2일 날까지는 3식이고, 마지막 날에는 점심 기내식을 제외하여 아침만 포함
→ (10,000×3)+(10,000×3)+(10,000×1)=70,000원
• 교통비 : 실비 지급 → 84,000+10,000+16,300+17,000+89,000=216,300원
• 합계 : 300,000+500,000+70,000+216,300=1,086,300원

17

정답 ③

작년 행사 참여인원이 3,000명이었고, 올해 예상 참여인원은 작년 대비 20% 증가할 것으로 예측되므로, 3,000×1.2=3,600명이다. 경품별로 준비물품 개수 합과 당첨고객 수가 같으므로 총액을 계산해보면 다음과 같다.

품목	당첨고객 수	단가	총액
갑 티슈	800명	3,500원	800×3,500=280,000원
우산	700명	9,000원	700×9,000=6,300,000원
보조 배터리	600명	10,000원	600×10,000=6,000,000원
다도세트	500명	15,000원	500×15,000=7,500,000원
수건세트	400명	20,000원	400×20,000=8,000,000원
상품권	300명	30,000원	300×30,000=9,000,000원
식기 건조대	200명	40,000원	200×40,000=8,000,000원
전자렌지	100명	50,000원	100×50,000=5,000,000원
합계	3,600명	-	50,080,000원

따라서 올해 행사의 필요한 품목에 대한 예상금액은 50,080,000원이다.

18

정답 ④

경로별 소요 비용을 계산하면 다음과 같다.
① 41,000+32,000+7,500+22,000+39,000=141,500원
② 41,000+35,500+22,000+10,500+38,000=147,000원
③ 38,000+7,500+22,000+37,500+41,000=146,000원
④ 39,000+10,500+7,500+35,500+41,000=133,500원
따라서 비용이 가장 저렴한 경로는 ④이다.

19

정답 ③

경로별 이동소요시간을 계산하면 다음과 같다.
① (3시간 10분)+(1시간 40분)+(2시간 35분)+(2시간 5분)=9시간 30분
② (3시간 10분)+(2시간 15분)+(2시간 35분)+(1시간 5분)=9시간 5분
③ (2시간 40분)+(2시간 35분)+(1시간 40분)+(40분)=7시간 35분
④ (2시간 40분)+(2시간 15분)+(1시간 40분)+(1시간 5분)=7시간 40분
따라서 이동시간이 가장 적게 소요되는 경로는 ③이다.

20

정답 ①

평가지표 결과와 지표별 가중치를 이용하여 지원자들의 최종 점수를 계산하면 다음과 같다.
• A지원자 : (3×3)+(3×3)+(5×5)+(4×4)+(4×5)+5=84점
• B지원자 : (5×3)+(5×3)+(2×5)+(3×4)+(4×5)+5=77점
• C지원자 : (5×3)+(3×3)+(3×5)+(3×4)+(5×5)=76점
• D지원자 : (4×3)+(3×3)+(3×5)+(5×4)+(4×5)+5=81점
• E지원자 : (4×3)+(4×3)+(2×5)+(5×4)+(5×5)=79점
따라서 J공사에서 올해 채용할 지원자는 A, D지원자이다.

05 기술능력(정보통신 / 발전기계 / 발전전기 / 발전화학)

01	02	03	04	05	06	07	08	09	10	11	12	13	14	15	16	17	18	19	20
③	①	②	②	③	①	②	③	④	④	④	③	③	①	③	②	③	④	①	④

01

정답 ③

사용 전 알아두기 네 번째에 제습기의 물통이 가득 찰 경우 작동이 멈춘다고 하였으므로 서비스센터에 연락해야 한다.

오답분석

① 실내 온도가 18℃ 미만일 때 냉각기에 결빙이 시작되어 제습량이 줄어들 수 있다.
② 컴프레서 작동으로 실내 온도가 올라갈 수 있다.
④ 여섯 번째 사항에서 10분 꺼두었다가 다시 켜서 작동하면 정상이라고 하였다.

02

정답 ①

보증서가 없으면 영수증이 대신하는 것이 아니라, 제조일로부터 3개월이 지난 날이 보증기간 시작일이 된다.

오답분석

② 보증기간 안내 두 번째 항목 보증기간 산정 기준을 보면 제품보증기간 정의가 나와 있다. '제품 보증기간이라 함은 제조사 또는 제품 판매자가 소비자에게 정상적인 상태에서 자연 발생한 품질 성능 기능 하자에 대하여 무료 수리해 주겠다고 약속한 기간'이므로 맞는 내용이다.
③·④ 2017년 이전 제품은 2년이고, 나머지는 1년이 보증기간이다.

03

정답 ②

지속가능한 기술은 이용 가능한 자원과 에너지를 고려하고, 자원의 사용과 그것이 재생산되는 비율의 조화를 추구하며, 자원의 질을 생각하고, 자원이 생산적인 방식으로 사용되는가에 주의를 기울이는 기술이라고 할 수 있다. 즉, 지속가능한 기술은 되도록 태양 에너지와 같이 고갈되지 않는 자연 에너지를 활용하며, 낭비적인 소비 형태를 지양하고, 기술적 효용만이 아닌 환경효용(Eco-Efficiency)을 추구한다. (가), (나), (라)의 사례는 낭비적인 소비 형태를 지양하고, 환경효용도 추구함을 볼 때 지속가능한 기술의 사례로 볼 수 있다.

오답분석

(다)와 (마)의 사례는 환경효용이 아닌 생산수단의 체계를 인간에게 유용하도록 발전시키는 사례로, 기술발전에 해당한다.

04

정답 ②

임펠러 날개깃이 피로 현상으로 인해 결함을 일으킬 수 있다고 하였기 때문에 기술적 원인에 해당된다. 기술적 원인에는 기계 설계 불량, 재료의 부적합, 생산 공정의 부적당, 정비·보존 불량 등이 해당된다.

오답분석

① 작업 관리상 원인 : 안전 관리 조직의 결함, 안전 수칙 미제정, 작업 준비 불충분, 인원 배치 및 작업 지시 부적당 등
③ 교육적 원인 : 안전 지식의 불충분, 안전 수칙의 오해, 경험이나 훈련의 불충분과 작업관리자의 작업 방법의 교육 불충분, 유해 위험 작업 교육 불충분 등
④ 불안전한 행동 : 위험 장소 접근, 안전장치 기능 제거, 보호 장비의 미착용 및 잘못 사용, 운전 중인 기계의 속도 조작, 기계·기구의 잘못된 사용, 위험물 취급 부주의, 불안전한 상태 방치, 불안전한 자세와 동작, 감독 및 연락 잘못 등

05

정답 ③

하드웨어를 생산하는 과정이다.

06

정답 ①

사람의 관점에 따라 서로 다른 정의를 내릴 수 있다.

07

정답 ②

기술 발전에 있어 환경 보호를 추구하는 점을 볼 때, 지속가능한 개발의 사례로 볼 수 있다. 지속 가능한 개발은 경제 발전과 환경 보전의 양립을 위하여 새롭게 등장한 개념으로 볼 수 있으며, 미래세대가 그들의 필요를 충족시킬 수 있는 가능성을 손상시키지 않는 범위에서 현재 세대의 필요를 충족시키는 개발인 것이다.

오답분석

① 개발독재 : 개발도상국에서 개발이라는 이름으로 행해지는 정치적 독재를 말한다.
③ 개발수입 : 기술이나 자금을 제3국에 제공하여 미개발자원 등을 개발하거나 제품화하여 수입하는 것을 말한다.
④ 조직개발 : 기업이 생산능률을 높이기 위하여 기업조직을 개혁하는 일을 말한다.

08

정답 ③

전문 연수원을 통해 기술과정을 연수하는 방법에 대한 설명이다.

09

정답 ④

당직근무 배치가 원활하지 않아 일어난 사고는 배치의 불충분으로 일어난 산업재해의 경우로, 4M 중 Management(관리)에 해당된다고 볼 수 있다.

오답분석

① 개인의 부주의에 따른 개인의 심리적 요인은 4M 중 Man에 해당된다.
② 작업 공간 불량은 4M 중 Media에 해당된다.
③ 점검, 정비의 결함은 4M 중 Machine에 해당된다.

10

정답 ④

(A)의 경우 구명밧줄이나 공기 호흡기 등을 준비하지 않아 사고가 발생했음을 알 수 있다. 따라서 보호구 사용 부적절로 4M 중 Media(작업정보, 방법, 환경)의 사례로 적절하다. (B)의 경우 안전장치가 제대로 작동하지 않았음을 볼 때, Machine(기계, 설비)의 사례로 적절하다.

11

정답 ④

주의사항에서 유산소 운동의 효과를 가져올 수 있는 운동 시간에 대해 안내된 바가 없으므로 ④는 안내문의 내용으로 적절하지 않다.

12

정답 ③

볼트와 너트 체결부위가 느슨해지면 제품에서 소음이 발생할 수 있으므로 모든 부분을 다시 조여주어야 한다.

13

정답 ③

체온 측정을 위한 주의사항에 따르면 체온을 측정할 때는 정확한 측정을 위해 과다한 귀지가 없도록 해야 한다.

오답분석

① 체온을 측정하기 전 새 렌즈필터를 부착해야 한다.
② 오른쪽 귀에서 측정한 체온과 왼쪽 귀에서 측정한 체온은 다를 수 있으므로 항상 같은 귀에서 체온을 측정해야 한다.
④ 영점조정에 대한 사항은 지문에서 확인할 수 없는 내용이다.

14

정답 ①

'POE' 에러 메시지는 체온계가 렌즈의 정확한 위치를 감지할 수 없어 정확한 측정이 어렵다는 메시지이다. 따라서 [ON] 버튼을 3초간 길게 눌러 화면을 지운 다음 정확한 위치에 체온계를 넣어 다시 측정해야 한다.

오답분석

② '--' 에러 메시지가 떴을 때의 해결방법에 해당한다.
③ 지문에서 확인할 수 없는 내용이다.
④ '---' 에러 메시지가 떴을 때의 해결방법에 해당한다.

PART 3

15

정답 ③

설치 시 주의사항에 따르면 냉방기가 아닌 난방기기 주변은 과열되어 고장의 염려가 있으므로 피해야 한다.

16

정답 ②

전원이 갑자기 꺼진다면 전력 소모를 줄일 수 있는 기능인 '취침예약'이나 '자동전원끄기' 기능이 설정되어 있는지 확인해야 한다.

오답분석

① 전원이 켜지지 않을 경우 전원코드, 안테나 케이블, 케이블 방송 수신기의 연결이 제대로 되어 있는지 확인해야 하지만, 위성 리시버는 지문에서 확인할 수 없다.
③ 제품에서 뚝뚝 소리가 나는 것은 TV외관의 기구적 수축이나 팽창 때문에 나타날 수 있는 현상이므로 안심하고 사용해도 된다.
④ 제품 특성상 장시간 시청 시 패널에서 열이 발생하므로 열이 발생하는 것은 결함이나 동작 사용상의 문제가 되는 것이 아니므로 안심하고 사용해도 된다.

17

정답 ③

안마의자 사용설명서에서 설치 시에 등받이와 다리부를 조절할 경우를 대비하여 제품의 전방 50cm, 후방 10cm 이상 여유 공간을 두라고 설명하고 있다. 따라서 후방을 벽면에 밀착할 수 있는 장소를 고려하는 것은 적절하지 않다.

18

정답 ④

안마의자의 움직이는 부위에 손가락이 끼어 다칠 수 있다는 내용을 담고 있다. 제품설명서의 '안전을 위한 주의사항'에서 7번째 사항을 보면 같은 내용이 있으며, '경고' 수준의 주의를 필요로 한다는 것을 알 수 있다.

오답분석

① 사용 중에 잠들지 말라는 의미를 가진 그림이다. 이는 '주의' 수준에 해당한다.
② 사용 중에 음료나 음식을 섭취하지 말라는 의미를 가진 그림이다. 이는 '주의' 수준에 해당한다.
③ 사용 시간은 1회 20분을 권장한다는 의미를 가진 그림이다. 이는 '주의' 수준에 해당한다.

19

정답 ①

0	0	0	0
0	1	1	0
0	1	1	0
0	0	0	0

→ (가) →

0	0	0	0
0	0	0	0
0	0	1	1
0	0	1	1

=

0	0	0	0
0	0	0	0
0	0	1	0
0	0	0	0

패턴 A, 패턴 B 모두 1인 경우에만 결괏값이 1이 되므로 AND 연산자가 사용되었다.

20

정답 ④

NOR(부정논리합) : 둘 다 거짓일 때만 참, 나머지 모두 거짓

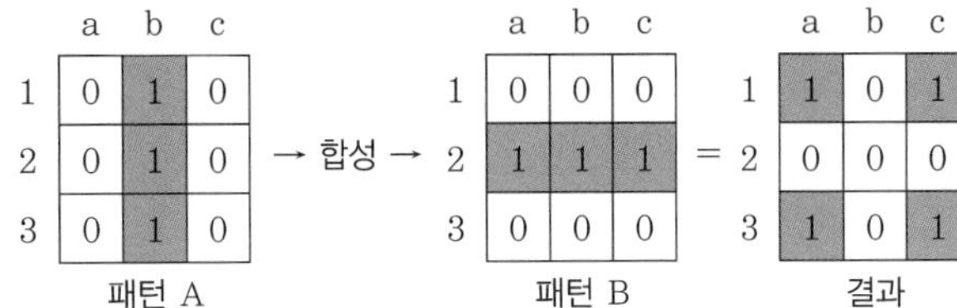

06 조직이해능력(사무 / 토목 / 산업위생)

01	02	03	04	05	06	07	08	09	10	11	12	13	14	15	16	17	18	19	20
③	③	④	②	③	④	④	④	③	②	③	④	②	①	②	①	③	①	①	①

01

정답 ③

결정된 사항에 대하여 의사결정에 참여한 사람들이 해결책을 수월하게 수용하고, 의사소통의 기회도 향상되는 장점이 있다.

02

정답 ③

17 ~ 24일까지 업무를 정리하면 다음과 같다.

17일	18일	19일	20일	21일	22일	23일	24일
B업무 (착수)	B업무	B업무 (완료)					
D업무 (착수)	D업무 (완료)						
			C업무 (착수)	C업무	C업무 (완료)		
		A업무 (착수)	A업무	A업무	A업무	A업무	A업무 (완료)

따라서 B－D－A－C 순으로 업무에 착수할 것임을 알 수 있다.

03

정답 ④

시스템 오류 확인 및 시스템 개선 업무는 고객지원팀이 아닌 시스템개발팀이 담당하는 업무이다.

04

정답 ②

조직구성원에 대한 교육훈련, 승진, 성장 등과 관련된 목표는 ㉠ 인력개발이다. 또한 조직의 일차적 과업인 운영목표에 포함되어야 하는 것으로서, 투입된 자원 대비 산출량을 개선하기 위한 목표는 ㉡ 생산성이다.

05

정답 ③

ㄱ. 세계화는 조직 구성원들의 근무환경 등 개인 삶에도 직・간접적으로 영향을 주기 때문에 구성원들은 의식 및 태도, 지식습득에 있어서 적응이 필요하다. 따라서 기업의 대외적 경영 측면 뿐 아니라 대내적 관리에도 영향을 준다.

ㄷ. 이문화 이해는 언어적 소통 및 비언어적 소통, 문화, 정서의 이해를 모두 포괄하는 개념이다. 따라서 이문화 이해가 곧 언어적 소통이 되는 것이 아니다.

ㄹ. 문화란 장시간에 걸쳐 무의식적으로 형성되는 영역으로 단기간에 외국문화를 이해하는 것은 한계가 있으므로 지속적인 학습과 노력이 요구된다.

오답분석

ㄴ. 대상국가의 법규 및 제도 역시 기업이 적응해야 할 경영환경이다.

06

정답 ④

외국인력국은 외국인 근로자의 입국을 지원하고, 입국 초기 외국인 근로자를 모니터링 하는 등 외국인 근로자의 국내 체류를 돕는다. 또한 외국인 근로자 고용허가제의 일환인 한국어능력시험을 시행하는 등 주로 외국인 근로자의 고용 지원 업무를 담당한다. 따라서 청년들의 해외 취업을 지원하는 프로그램인 K－Move 취업센터 운영은 해외취업국이 담당하므로 외국인력국의 업무와 거리가 멀다.

PART 3

07

정답 ④

조직문화는 구성원 개개인의 개성을 인정하고 그 다양성을 강화하기보다는 구성원들의 행동을 통제하는 기능을 한다. 즉, 구성원을 획일화 · 사회화시킨다.

08

정답 ④

제시된 기법은 '한정 판매 마케팅 기법'이다. 이 기법은 한정판 제품의 공급을 통해 의도적으로 공급의 가격탄력성을 0에 가깝게 조정한 것으로, 판매 기업의 입장에서는 이윤 증대를 위한 경영 혁신이지만 소비자의 합리적 소비를 저해할 수 있다.

09

정답 ③

티베트의 문화를 존중하고, 대접을 받는 손님의 입장에서 볼 때, 차를 마실 때 다 비우지 말고 입에 살짝 대는 것이 가장 적절한 행동이다.

오답분석

① 주인이 권하는 차를 거절하면 실례가 되므로 적절하지 않다.
② 대접받는 손님의 입장에서 자리를 피하는 것은 적절하지 않다.
④ 힘들다는 자신의 감정이 드러날 수 있으므로 적절하지 않다.

10

정답 ②

환율이 상승하면 원화가치가 하락하기 때문에 해외여행자 수는 감소한다.

여행경보제도

1. 여행 유의(남색경보) : 신변안전 유의
2. 여행 자제(황색경보) : 신변안전 특별유의, 여행 필요성 신중 검토
3. 철수 권고(적색경보) : 긴급용무가 아닌 한 귀국, 가급적 여행 취소 · 연기
4. 여행 금지(흑색경보) : 즉시 대피 · 철수, 방문 금지

미국 정부의 전자여행허가제(ESTA)

대한민국 국민으로서 관광 및 상용 목적으로 90일 이내 기간 동안 미국을 방문하고자 하는 경우, 2008년 11월 17일부터 원칙적으로 비자 없이 미국 입국이 가능하지만 미 정부의 전자여행허가제에 따라 승인을 받아야만 한다.

11

정답 ③

포크와 나이프는 몸에서 가장 바깥쪽에 있는 것부터 사용한다.

12

정답 ④

국제동향을 파악하기 위해서는 국제적인 법규나 규정을 숙지해야 한다. 우리나라에서는 합법적인 행동이 다른 나라에서는 불법적일 수 있기 때문에 국제적인 업무를 수행하기 전에 반드시 숙지하여 피해를 방지해야 한다. 국내의 법률, 법규 등을 공부하는 것은 국제동향을 파악하는 행동으로 적절하지 않다.

13

정답 ②

다른 집단들에 비해 구성원들의 개인적 기여를 강조하고, 개인적 책임뿐만 아니라 상호 공동책임을 중요시하며, 공동목표의 추구를 위해 헌신해야 한다는 의식을 공유한다.

14

정답 ①

일반적으로 코칭은 문제 및 진척 상황을 직원들과 함께 자세하게 살피고 지원을 아끼지 않으며, 지도 및 격려를 하는 활동을 의미한다. 직원들을 코칭하는 리더는 직원 자신이 권한과 목적의식을 가지고 있는 중요한 사람이라는 사실을 느낄 수 있도록 이끌어 주어야 한다. 또한 직원들이 자신만의 장점과 성공 전략을 활용할 수 있도록 적극적으로 도와야 한다.

오답분석

② 티칭 : 학습자에게 지식이나 기술을 전달하고, 제능력(諸能力)이나 가치관을 형성시키는 교육활동이다.
③ 멘토링 : 경험과 지식이 풍부한 사람이 지도와 조언을 하여 받는 사람의 실력과 잠재력을 개발하는 것이다.
④ 컨설팅 : 어떤 분야에 전문적인 지식을 가진 사람이 고객을 상대로 상세하게 상담하고 도와주는 것이다.

15

정답 ②

오답분석

① 분권화 : 의사결정 권한이 하급기관에 위임되는 조직 구조이다.
③ 수평적 : 부서의 수가 증가하는 것으로 조직 구조의 복잡성에 해당된다.
④ 공식성 : 조직구성원의 행동이 어느 정도의 규칙성, 몰인격성을 갖는지에 대한 정도를 말한다.

16

정답 ①

조직의 비전에 대해 자주 의사소통하기 위해서는 조직의 비전을 수립하고, 그 내용을 전 직원에게 정확히 전달해야 한다. 이때 메시지는 간단명료해야 하고, 다양한 매체를 통해 반복적으로 전달하는 것이 좋다.

17

정답 ③

빈칸에 들어갈 용어는 '조직변화' 또는 '조직혁신'으로 볼 수 있다. 조직변화는 구성원들의 사고방식이나 가치체계를 변화시키는 것이다. 즉 조직의 목적과 구성원들의 사고방식을 일치시키기 위해 변화를 유도하는 문화 변화의 모습을 가진다.

18

정답 ①

외부경영활동은 조직 외부에서 이루어지는 활동임을 볼 때, 기업의 경우 주로 시장에서 이루어지는 활동으로 볼 수 있다. 마케팅 활동은 시장에서 상품 혹은 용역을 소비자에게 유통시키는 데 관련된 대외적 이윤추구 활동이므로 외부경영활동으로 볼 수 있다.

오답분석

②·③·④는 모두 인사관리에 해당되는 활동으로 내부경영활동이다.

19

정답 ①

브레인스토밍에서는 어떠한 내용의 발언이라도 그에 대한 비판을 해서는 안 되는 것이 규칙이다.

브레인스토밍 규칙

- 다른 사람이 아이디어를 제시할 때에는 비판하지 않는다.
- 문제에 대한 제안은 자유롭게 이루어질 수 있다.
- 아이디어는 많이 나올수록 좋다.
- 모든 아이디어들이 제안되고 나면 이를 결합하고 해결책을 마련한다.

20

정답 ①

조직을 구성하고 있는 개개인을 안다고 해서 조직의 실체를 완전히 알 수 있는 것은 아니다. 구성원들을 연결하는 조직의 목적, 구조, 환경 등을 함께 알아야 조직을 제대로 이해할 수 있다.

07 정보능력(정보통신 / 건축)

01	02	03	04	05	06	07	08	09	10	11	12	13	14	15	16	17	18	19	20
④	①	②	①	②	①	①	②	②	①	④	①	①	①	③	②	③	②	②	③

01

정답 ④

「=IF(판정될 값이나 식, TRUE일 때 돌려주는 값, FALSE일 때 돌려주는 값)」으로, 「=MID(돌려줄 문자들이 포함된 문자열, 돌려줄 문자열에서 첫째 문자의 위치, 돌려줄 문자 개수)」로 표시된다. [B2] 셀의 8번째 자리의 숫자로 성별을 판단하기 때문에 「=IF(MID(B2,8,1)="1","남성","여성")」이 옳다.

02

정답 ①

DATEDIF 함수는 두 날짜 사이의 일, 월, 연도수를 구하는 함수이다.
B2의 숫자를 연도 형식의 "yyyy-mm-dd"로 변환해야 하므로 TEXT 함수를 이용하여 변환하면 「=TEXT(B2,"0000-00-00")」이다. 만 나이는 두 날짜 사이의 연도수를 구하면 되므로 DATEDIF 함수를 이용해 구하려면 「=DATEDIF((TEXT(B2,"0000-00-00")), TODAY(),"y")」을 사용하면 된다.

03

정답 ②

'=INDEX(A3:E9,MATCH(SMALL(B3:B9,2),B3:B9,0),5)' 함수를 살펴보면, 우선 'SMALL(B3:B9,2)' 함수의 경우는 [B3:B9] 범위에서 2번째로 작은 값을 구하기 때문에 결괏값은 7이다. 이를 통해 나타나는 'MATCH(7,B3:B9,0)' 함수를 살펴보면, [B3:B9] 범위에서 '7'의 위치 값을 나타내므로 값은 '4'가 나온다. 따라서 최종적으로 '=INDEX(A3:E9,4,5)'의 함수로 계산되며, [A3:E9]의 범위에서 4행, 5열에 위치한 '대전'이 결괏값으로 나타난다.

04

정답 ①

(가)의 SUMPRODUCT 함수는 배열 또는 범위의 대응되는 값끼리 곱해서 그 합을 구하는 함수이다.
「=SUMPRODUCT(B4:B10,C4:C10,D4:D10)은 (B4×C4×D4)+(B5×C5×D5)+ …… +(B10×C10×D10)」의 값으로 나타난다.
따라서 (가) 셀에 나타나는 값은 2,610이다.

05

정답 ②

각 빈칸에 들어가야 할 단계를 채워 넣은 정보분석 단계는 다음과 같다.

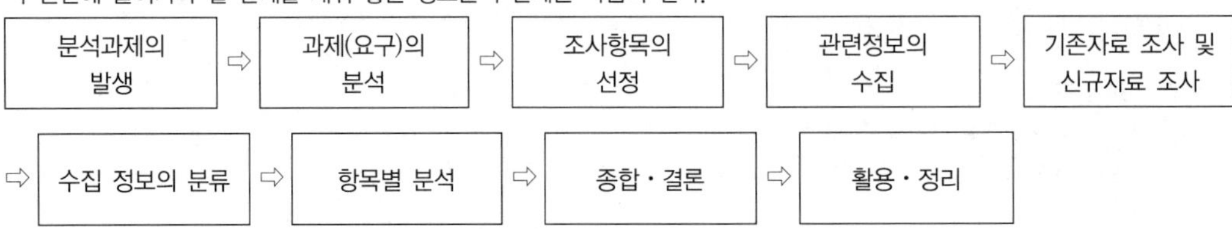

06

정답 ①

WEEKDAY 함수는 일정 날짜의 요일을 나타내는 1에서 7까지의 수를 구하는 함수다. WEEKDAY 함수의 두 번째 인수에 '1'을 입력해주면 '일요일(1)~토요일(7)'숫자로 표시되고 '2'를 넣으면 '월요일(1)~일요일(7)'로 표시되며 '3'을 입력하면 '월요일(0)~일요일(6)'로 표시된다.

07

정답 ①

LEN 함수는 문자열의 문자 수를 구하는 함수이므로 숫자를 반환한다. 「=LEN(A2)」는 '서귀포시'로 문자 수가 4이며 여기서 −1을 하면 [A2] 열의 3번째 문자까지를 지정하는 것이므로 [C2] 셀과 같이 나온다. 텍스트 문자열의 시작지점부터 지정한 수만큼의 문자를 반환하는 LEFT 함수를 사용하면 「=LEFT(A2,LEN(A2)−1)」이 적절하다.

08

정답 ②

ㄱ. 〈Prtscn〉 : 전체 화면의 스크린샷을 생성하고 클립보드에 복사한다.
ㄷ. Windows 로고 키+〈Shift〉+〈S〉 : 화면 부분의 스크린샷을 생성한다.

오답분석

ㄴ. 〈Ctrl〉+〈F5〉 : 활성창을 새로 고친다.
ㄹ. 〈F2〉 : 선택한 항목의 이름을 바꾼다.

09

정답 ②

MOD 함수는 어떤 숫자를 특정 숫자로 나누었을 때 나오는 나머지를 알려주는 함수로, 짝수 혹은 홀수를 구분할 때도 사용할 수 있는 함수이다.

오답분석

① SUMIF 함수는 조건에 맞는 셀의 값들의 합을 알려주는 함수이다.
③ INT 함수는 실수의 소수점 이하를 제거하고 정수로 변경할 때 사용하는 함수이다.
④ NOW 함수는 현재의 날짜와 시간을 알려주는 함수이며, 인수는 필요로 하지 않는다.

10

정답 ①

Windows [제어판]의 [접근성 센터]에는 돋보기, 내레이터, 화상 키보드, 고대비 설정과 같은 시각 장애에 도움을 줄 수 있는 기능이 포함되어 있다.

11

정답 ④

하이퍼텍스트(Hypertext)는 선형 구조가 아닌 링크에 따라 그 차례가 바뀌는 임의적이면서 나열형인 구조를 가진다. 사용자의 의도대로 따라가는 것이 아닌, 연결된 문서들을 어떠한 클릭에 따라 자유롭게 이동할 수 있다.

12

정답 ①

바탕 화면에 있는 파일을 [휴지통]으로 드래그 앤 드롭하여 삭제한 경우 복원이 가능하다.

13

정답 ①

해당 지문은 유비쿼터스(Ubiquitous)에 대한 설명이다.

오답분석

② AI(Artificial Intelligence) : 컴퓨터에서 인간과 같이 사고하고, 생각하고, 학습하고, 판단하는 논리적인 방식을 사용하는 인간 지능을 본 딴 고급 컴퓨터프로그램을 말한다.
③ 딥 러닝(Deep Learning) : 컴퓨터가 여러 데이터를 이용해 마치 사람처럼 스스로 학습할 수 있게 하기 위해 인공 신경망(ANN; Artificial Neural Network)을 기반으로 구축한 기계 학습 기술을 의미한다.
④ 블록체인(Block Chain) : 누구나 열람할 수 있는 장부에 거래 내역을 투명하게 기록하고, 여러 대의 컴퓨터에 이를 복제해 저장하는 분산형 데이터 저장기술이다.

14

정답 ①

정보화 사회란 정보가 사회의 중심이 되는 사회로서 기술과 정보통신을 활용하여 사회 각 분야에서 필요로 하는 가치 있는 정보를 창출하고, 보다 유익하고 윤택한 생활을 영위하는 사회로 발전시켜 나가는 사회를 의미한다.

15

정답 ③

제시된 기사는 몸에 부착하거나 착용하여 사용하는 전자장치인 웨어러블 디바이스에 대한 것으로, 이는 손으로 들고 있어야 하는 불편함이 있던 기존 전자장치에서 한 단계 진보한 아예 입을 수 있는, 착용할 수 있는 스마트 장치들에 해당한다.

오답분석

① 그리드 컴퓨팅 : 모든 컴퓨팅 기기를 하나의 초고속 네트워크로 연결하여, 컴퓨터의 계산능력을 극대화한 차세대 디지털 신경망 서비스를 말한다.
② 디바이스 프리 : 콘텐츠를 서버에 저장해 스마트폰・태블릿PC・노트북 등 다양한 모바일 디바이스를 통해 언제든 이용할 수 있는 서비스를 말한다.
④ 클라우드 컴퓨팅 : 이용자의 모든 정보를 인터넷상의 서버에 저장하고, 이 정보를 각종 IT 기기를 통하여 언제 어디서든 이용할 수 있는 컴퓨팅 환경을 의미한다.

16

정답 ②

정보 내에 포함되어 있는 키워드나 단락과 같은 세부적인 요소나 정보의 주제, 사용했던 용도로 정보를 찾고자 할 때는 목록을 가지고서 쉽게 찾을 수가 없다. 이런 문제를 해결하기 위해 주요 키워드나 주제어를 가지고 소장하고 있는 정보원을 관리하는 방식이 색인을 이용한 정보관리이다. 목록은 한 정보원에 하나만 만드는 것이지만 색인은 여러 개를 추출하여 한 정보원에 여러 색인어를 부여할 수 있다.

오답분석

㉠ 정보목록은 정보에서 중요한 항목을 찾아 기술한 후 정리하면서 만들어진다. 한번 '정보목록'을 만들기 시작한 다음 한글이나 워드, 엑셀 같은 프로그램을 이용해서 목록파일을 저장해 놓으면, 후에 다른 정보를 찾았을 때 기존 목록에 추가하는 작업이 간단해 진다.
㉢ 색인은 정보를 찾을 때 쓸 수 있는 키워드인 색인어와 색인어의 출처인 위치정보로 구성된다.

17

정답 ③

㉡ 데이터베이스를 이용하면 다량의 데이터를 정렬해 저장하게 되므로 검색 효율이 개선된다.
㉢ 데이터가 중복되지 않고 한 곳에만 기록되어 있으므로, 오류 발견 시 그 부분만 수정하면 되기 때문에 데이터의 무결성을 높일 수 있다.

오답분석

㉠ 대부분의 데이터베이스 관리 시스템은 사용자가 정보에 대한 보안등급을 정할 수 있게 해 준다. 따라서 부서별로 읽기 권한, 읽기와 쓰기 권한 등을 구분해 부여하여 안정성을 높일 수 있다.
㉣ 데이터베이스를 형성하여 중복된 데이터를 제거하면 데이터 유지비를 감축할 수 있다.

18

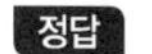
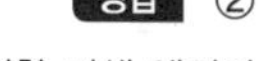

정답 ②

- 김대리 : 일반적인 검색 이외에 특정한 데이터(논문, 특허 등)는 나름대로의 검색 방법이 따로 존재하므로 적절한 검색 엔진의 선택이 중요하다. 한 검색 엔진을 이용하여 원하는 검색 결과가 나오지 않았을 경우에는 다른 검색 엔진을 이용하여 검색한다.
- 최과장 : 웹 검색 결과로 검색 엔진이 제시하는 결과물의 가중치를 너무 신뢰해서는 안 된다. 검색 엔진 나름대로 정확성이 높다고 판단되는 데이터를 화면의 상단에 표시하지만 실제 그렇지 않은 경우가 많이 발생하므로 사용자 자신이 직접 보면서 검색한 자료가 자신이 원하는 자료인지 판단해야 한다.

오답분석

- 정사원 : 키워드가 너무 짧으면 필요 이상의 넓은 범위에서 정보를 가져오게 되어 원하는 결과를 쉽게 찾을 수 없는 경우가 많다. 따라서 키워드는 구체적이고 자세하게 만드는 것이 좋은 방법이다.
- 박주임 : 웹 검색이 정보 검색의 최선은 아니다. 웹 검색 이외에도 각종 BBS, 뉴스 그룹, 메일링 리스트도 이용하고, 도서관 자료와 정보를 가지고 있는 사람에게 직접 전자우편으로 부탁하는 등의 다른 방법도 적극 활용하여야 한다.

19

정답 ②

오답분석

① RFID : 무선인식이라고도 하며, 반도체 칩이 내장된 태그, 라벨, 카드 등의 저장된 데이터를 무선주파수를 이용하여 비접촉으로 읽어내는 인식시스템이다.
③ 이더넷(Ethernet) : 가장 대표적인 버스 구조 방식의 근거리통신망(LAN) 중 하나이다.
④ M2M : Machine-to-Machine으로 모든 사물에 센서와 통신 기능을 달아 정보를 수집하고 원격 제어하는 통신체계를 말한다.

20

정답 ③

if(i % 4 == 0)에서, i가 4의 배수일 때 sum=sum+1이 수행된다.
I가 1부터 110까지 1씩 증가 될 때 4의 배수가 나오면 sum에 +1이 되기 때문에 110 이하의 4의 배수의 개수를 구하면 sum을 알 수 있다.
따라서 110/4=27이다.

제 2 회 최종점검 모의고사

01 의사소통능력(사무 / 정보통신 / 발전기계 / 발전전기 / 발전화학 / 토목 / 건축 / 산업위생)

01	02	03	04	05	06	07	08	09	10	11	12	13	14	15	16	17	18	19	20
①	④	②	③	③	①	④	②	②	②	②	②	④	④	④	①	③	②	④	③

01

정답 ①

'역활'은 '역할'의 잘못된 표기로, 자기가 마땅히 하여야 할 맡은 바 직책이나 임무'를 뜻하는 말은 '역활'이 아니라 '역할(役割)'이다.

02

정답 ④

제시문에서는 오존층 파괴 시 나타나는 문제점에 대해 설명하고 있으며, 빈칸의 앞 문단에서는 극지방 성층권의 오존 구멍은 줄었지만, 많은 인구가 거주하는 중위도 저층부에서는 오히려 오존층이 얇아졌다고 언급하고 있다. 따라서 많은 인구가 거주하는 중위도 저층부에서의 오존층 파괴는 극지방의 오존 구멍보다 더 큰 피해를 가져올 것이라는 ④가 빈칸에 들어갈 내용으로 가장 적절하다.

오답분석

① 극지방 성층권의 오존 구멍보다 중위도 지방의 오존층이 얇아지는 것이 더욱 큰 문제이다.
② 제시문에서 오존층을 파괴하는 원인은 찾아볼 수 없으며, 인구가 많이 거주하는 지역일수록 오존층의 파괴에 따른 피해가 크다는 것이다.
③ 극지방이 아닌 중위도 지방에서의 얇아진 오존층이 사람들을 더 많은 자외선에 노출시키며, 오히려 극지방의 오존 구멍은 줄어들었다.

03

정답 ②

해외사업연계 취업 지원 사업은 청년 인재를 선발하여 K-Move 스쿨 개설 및 맞춤 연수를 시행 후 ○○공사가 투자 및 운영자로 참여하고 있는 해외법인에 취업연계를 시켜주는 것이다. 따라서 시행처가 다르지 않다.

오답분석

① 8월 중 공고예정이라고 되어 있으며 한국발전교육원 및 당진 발전기술 EDU센터에서 2022년 9월 ~ 12월 3개월 동안 교육을 받는다고 되어있지만 정확한 일정이 나와 있지 않으므로 확인하는 것이 적절하다.
③ 최종 선발된 10명은 한국발전교육원 및 당진 발전기술 EDU센터에서 교육을 받는다.
④ ○○공사는 K-Move 스쿨 연수생 선발 · 맞춤연수 시행 · 해외 법인과의 협의를 통한 취업연계 지원을, △△공단은 연수비용 일부 및 취업 장려금을 지원한다.

04

정답 ③

두 번째 문단은 우울증의 긍정적인 면모인 보호 기제로서의 측면에 대한 내용을 다루고 있다. ⓒ은 지금의 경쟁사회가 정신적인 소진 상태를 초래하기 쉬운 환경이라는 내용이므로, 오늘날 우울증이 급격히 늘어나는 원인을 설명하고 있는 세 번째 문단의 마지막 문장 바로 앞에 들어가는 것이 더 적절하다.

오답분석

① 우울증과 창조성의 관계를 설명하면서 그 예시로 우울증을 갖고 있었던 위대한 인물들을 들고 있다. 따라서 천재와 우울증이 동전의 양면과 같으므로 인류 문명의 진보를 이끌었다고 볼 수 있다는 내용의 ㉠은 문단의 결론이므로 삭제할 필요가 없다.
② 문장의 주어가 '엄청난 에너지를 소모하는 것' 즉, 행위이므로 이 행위는 어떤 상태에 이르게 '만드는' 것이 되어야 문맥이 자연스럽다. 따라서 문장의 주어와 호응하는 것은 '이르게도 할 수 있다'이다.
④ ㉣을 기준으로 앞 문장은 새로운 조합을 만들어내는 창조성 있는 사람이 이익을 갖게 된다는 내용이고, 뒤 문장은 새로운 조합을 만들어내는 일이 많은 에너지를 요하는 어려운 일이라는 내용이다. 따라서 뒤 문장은 앞 문장의 결과라고 보기 어렵다.

05

정답 ③

제시된 보기의 문장은 미첼이 찾아낸 '탈출 속도'의 계산법과 공식에 대한 것이다. 따라서 보기에 제시된 탈출 속도에 대한 언급이 본문의 어디서 시작되는지 살펴봐야 한다. 본문의 경우 (가) 영국의 자연 철학자 존 미첼이 제시한 이론에 대한 소개, (나) 해당 이론에 대한 가정과 '탈출 속도'의 소개, (다) '임계 둘레'에 대한 소개와 사고 실험, (라) 앞선 임계 둘레 사고 실험의 결과, (마) 사고 실험을 통한 미첼의 추측의 순서로 쓰여 있으므로 보기의 문장은 '탈출 속도'가 언급된 (나)의 다음이자 '탈출 속도'를 바탕으로 임계 둘레를 추론해낸 (다)에 위치하는 것이 적절하다.

PART 3

06

정답 ①

제시문은 나무를 가꾸기 위해 고려해야 하는 사항에 대해 서술하는 글이다. 먼저 나무를 가꾸기 위해 고려해야 할 사항들을 나열하고 그 중 제일 먼저 생육조건에 대해 설명하는 (가)가 첫 부분으로 적절하다. 그 다음으로 나무를 양육할 때 주로 저지르는 실수로 나무 간격을 촘촘하게 심는 것을 언급한 (라)와 그 이유를 설명하는 (다)가 이어지는 것이 자연스럽다. 그리고 (나)는 또 다른 식재계획 시 주의점에 대해서 이야기하고 있으므로 (다) 뒤에 나열하는 것이 적절한 순서이다.

07

정답 ④

색채를 활용하여 먼 거리에서 더 잘 보이게 하거나 뚜렷하게 보이도록 해야 할 때가 있다. 그럴 경우에는 배경과 그 앞에 놓이는 그림의 속성 차를 크게 해야 한다.

오답분석

① 색채의 대비는 2개 이상의 색을 동시에 보거나, 계속해서 볼 때 일어나는 현상이다. 전자를 '동시대비', 후자를 '계속대비'라 한다.
② 어떤 색을 계속 응시하면, 시간의 경과에 따라 그 색의 보이는 상태가 변화한다.
③ 색채가 어떠하며, 우리 눈에 그것이 어떻게 보이고, 어떤 느낌을 주는지는 색채심리학이 다루는 연구대상 중 가장 주요한 부분이다.

08

정답 ②

연두색과 노란색과 같이 색상이 다른 두 색을 동시에 나란히 놓았을 때 서로의 영향으로 색상 차가 나는 것은 색상대비로 볼 수 있다.

오답분석

① 명도대비에 대한 내용이다.
③ 색순응에 대한 내용이다.
④ 보색잔상에 대한 내용이다.

09

정답 ②

미세먼지의 경우 최소 $10\mu m$ 이하의 먼지로 정의되고 있지만, 황사의 경우 주로 지름 $20\mu m$ 이하의 모래로 구분하되 통념적으로는 입자 크기로 구분하지 않는다. 따라서 $10\mu m$ 이하의 황사의 경우 크기만으로 미세먼지와 구분 짓기는 어렵다.

오답분석

① 제시문을 통해서 알 수 없는 내용이다.
③ 미세먼지의 역할에 대한 설명을 찾을 수 없다.
④ 제시문에서 설명하는 황사와 미세먼지의 근본적인 구별법은 구성성분의 차이이다.

10

정답 ②

A는 경제 성장에 많은 전력이 필요하다는 것을 전제로, 경제 성장을 위해서 발전소를 증설해야 한다고 주장한다. 이러한 A의 주장을 반박하기 위해서는 근거로 제시하고 있는 전제를 부정하는 것이 효과적이므로 경제 성장에 많은 전력이 필요하지 않음을 입증하는 ②를 통해 반박하는 것이 효과적이다.

11

정답 ②

제시문은 세계 대공황의 원인으로 작용한 '보이지 않는 손'과 그에 대한 해결책으로 새롭게 등장한 케인즈의 '유효수요이론'을 설명하고 있다. 따라서 제시문의 주제는 '세계 대공황의 원인과 해결책'이다.

오답분석

① 고전학파 경제학자들이 주장한 '보이지 않는 손'은 세계 대공황의 원인에 해당하는 부분이므로 글 전체의 주제가 될 수 없다.
③·④ 유효수요이론은 해결책 중 하나로 언급되었으며, 일부에 지나지 않으므로 글 전체의 주제가 될 수 없다.

12

정답 ②

주택 또는 상가의 임대차계약은 민법에 대한 특례를 규정한 주택임대차보호법 및 상가건물 임대차보호법의 적용을 받는다.

13

정답 ④

지원자의 직무 능력을 가릴 수 있는 요소들을 배제하는 것은 기존의 채용 방식이 아닌 블라인드 채용 방식으로, 이를 통해 직무 능력만으로 인재를 평가할 수 있다. 따라서 ④는 블라인드 채용의 등장 배경으로 적절하지 않다.

14

정답 ④

블라인드 면접의 경우 자료 없이 면접을 진행하는 무자료 면접 방식과 면접관의 인지적 편향을 유발할 수 있는 항목을 제거한 자료를 기반으로 면접을 진행하는 방식이 있다.

오답분석

① 무서류 전형은 최소한의 정보만을 포함한 입사지원서를 접수하되 이를 선발 기준으로 활용하지 않는 방식이다.
② 블라인드 처리되어야 할 정보를 수집할 경우, 온라인 지원서상 개인정보를 암호화하여 채용담당자는 이를 볼 수 없도록 기술적으로 처리한다.
③ 무자료 면접 방식은 입사지원서, 인·적성검사 결과 등의 자료 없이 면접을 진행한다.

15

정답 ④

㉠은 지원자들의 무분별한 스펙 경쟁을 유발하는 반면, ㉡은 지원자의 목표 지향적인 능력과 역량 개발을 촉진한다.

16

정답 ①

제시문은 고전 범주화 이론에 바탕을 두고 있는 성분 분석 이론이 단어의 의미를 충분히 설명하지 못한다는 것을 말하고 있는 글이지 '새' 자체가 주제인 것은 아니다. 따라서 제시문의 주제는 고전 범주화 이론의 한계이다.

오답분석

②·③ '새'가 계속 언급되는 것은 고전적인 성분 분석의 예로서 언급되는 것이기 때문에 주제가 될 수 없다.
④ 성분 분석 이론의 바탕은 고전 범주화 이론이고, 이는 너무 포괄적이기 때문에 글의 주제가 될 수 없다.

17

정답 ③

도킨스에 따르면 인간 개체는 유전자라는 진정한 주체의 매체에 지나지 않게 된다. 이러한 생각에는 살아가고 있는 구체적 생명체를 경시하게 되는 논리가 잠재되어 있다. 따라서 무엇이 진정한 주체인가에 대한 물음이 필자의 문제 제기로 적절하다.

PART 3

18

정답 ②

제시문의 경우 글을 잘 쓰기 위한 방법은 글을 읽는 독자에게서 찾을 수 있음을 서술한 글이다. 그러므로 독자가 필요로 하는 것이 무엇인지 알아야 하며, 독자가 필요로 하는 것을 알기 위해서는 구어체로 적어보고, 독자를 구체적으로 한 사람 정해놓고 쓰는 게 좋다는 내용이다. 또한, 빈칸의 뒷 문장에서 '대상이 막연하지 않기 때문에 읽는 사람이 공감할 확률이 높아진다.'라고 하였으므로 빈칸에 들어갈 말로 ②가 가장 적절하다.

19

정답 ④

규정에 따라 2시간 대관료는 70,000×2=140,000원이고 냉난방시설료는 20,000×2=40,000원이므로 총합은 180,000원이다. 하지만 부가세 별도라고 하였으므로 최소 180,000원이 된다.

20

정답 ③

첫 번째 문단에서는 하천의 과도한 영양분이 플랑크톤을 증식시켜 물고기의 생존을 위협한다고 이야기하며, 두 번째 문단에서는 이러한 녹조 현상이 우리가 먹는 물의 안전까지도 위협한다고 이야기한다. 마지막 세 번째 문단에서는 생활 속 작은 실천을 통해 생태계와 인간의 안전을 위협하는 녹조를 예방해야 한다고 이야기하므로 글의 제목으로는 ③이 가장 적절하다.

02 문제해결능력(정보통신 / 발전기계 / 발전전기 / 발전화학 / 토목 / 건축 / 산업위생)

01	02	03	04	05	06	07	08	09	10	11	12	13	14	15	16	17	18	19	20
④	②	②	③	②	④	④	④	①	②	②	④	③	④	④	④	①	①	③	②

01

정답 ④

다섯 번째 결과에 의해 나타날 수 있는 경우는 다음과 같다.

구분	1순위	2순위	3순위
경우 1	A	B	C
경우 2	B	A	C
경우 3	A	C	B
경우 4	B	C	A

- 두 번째 명제 : 경우 1+경우 3=11
- 세 번째 명제 : 경우 1+경우 2+경우 4=14
- 네 번째 명제 : 경우 4=6

따라서 C에 3순위를 부여한 사람의 수는 경우 1과 경우 2를 더한 값을 구하면 되므로 14−6=8명이다.

02

정답 ②

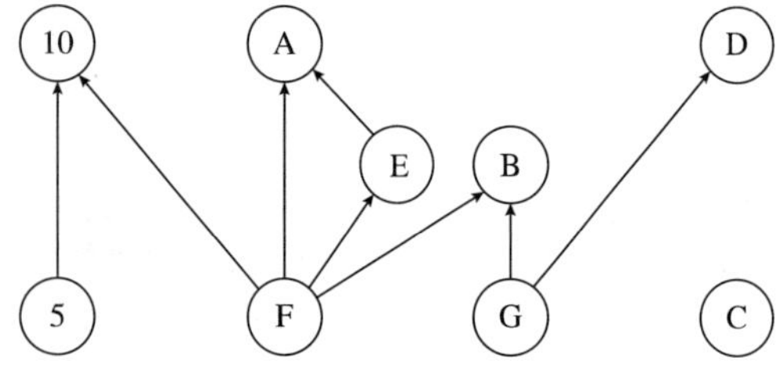

A, B, C를 제외한 빈칸에 적힌 수를 각각 D, E, F, G라고 하자.
F는 10의 약수이고 원 안에는 2에서 10까지의 자연수가 적혀 있으므로 F는 2이다.
10을 제외한 2의 배수는 4, 6, 8이고, A는 E와 F의 공배수이다. 즉, A는 8, E는 4이고, B는 6이다.
6의 약수는 1, 2, 3, 6이므로 G는 3이고 D는 3의 배수이므로 9이며, 남은 7은 C이다.
따라서 A, B, C에 해당하는 수의 합은 8+6+7=21이다.

03

정답 ②

바둑돌이 놓인 규칙은 다음과 같다.

구분	1번째	2번째	3번째	4번째	…	11번째
흰 돌	1	$2^2=4$	$3^2=9$	$4^2=16$	…	$11^2=121$
검은 돌	0	1	$2^2=4$	$3^2=9$	…	$10^2=100$

따라서 11번째 바둑판에 놓인 모든 바둑돌의 개수는 121+100=221개이다.

04

정답 ③

㉡과 ㉢이 정언 명제이므로 함축관계를 판단하면 ③이 정답임을 알 수 있다.

오답분석

① 김과장이 공격수라면 안경을 쓰고 있지 않다.
② 김과장이 A팀의 공격수라면 검정색 상의를 입고, 축구화를 신고 있지 않다.
④ 김과장이 검정색 상의를 입고 있다는 조건으로 안경을 쓰고 있는지 여부를 판단할 수 없다.

05

정답 ②

'안압지 – 석굴암 – 첨성대 – 불국사'는 세 번째로 방문한 곳이 첨성대라면, 첫 번째로 방문한 곳은 불국사라는 다섯 번째 조건에 맞지 않는다.

06

정답 ④

C, D, F지점의 사례만 고려하면, F지점에서 마카롱과 쿠키를 함께 먹었을 때 알레르기가 발생하지 않았으므로 마카롱은 알레르기 발생 원인이 될 수 없으며, 빵 또는 케이크가 알레르기 발생 원인이 될 수 있다. 따라서 ④는 반드시 거짓이 된다.

오답분석

① A, B, D지점의 사례만 고려한 경우 : 빵과 마카롱을 함께 먹은 경우에는 알레르기가 발생하지 않았으므로, 케이크가 알레르기 발생 원인이 된다.
② A, C, E지점의 사례만 고려한 경우 : 케이크와 쿠키를 함께 먹은 경우에는 알레르기가 발생하지 않았으므로, 빵이 알레르기 발생 원인이 된다.
③ B, D, F지점의 사례만 고려한 경우 : 빵과 마카롱 또는 마카롱과 쿠키를 함께 먹은 경우에 알레르기가 발생하지 않았으므로, 케이크가 알레르기 발생 원인이 된다.

07

정답 ④

E는 교양 수업을 신청한 A보다 나중에 수강한다고 하였으므로 목요일 또는 금요일에 강의를 들을 수 있다. 이때, 목요일과 금요일에는 교양 수업이 진행되므로 'E는 반드시 교양 수업을 듣는다.'의 ④는 항상 참이 된다.

오답분석

① A가 수요일에 강의를 듣는다면 E는 교양2 또는 교양3 강의를 들을 수 있다.
② B가 수강하는 전공 수업의 정확한 요일을 알 수 없으므로 C는 전공1 또는 전공2 강의를 들을 수 있다.
③ C가 화요일에 강의를 듣는다면 D는 교양 강의를 듣는다. 이때, 교양 수업을 듣는 A는 E보다 앞선 요일에 수강하므로 E는 교양2 또는 교양3 강의를 들을 수 있다.

구분	월(전공1)	화(전공2)	수(교양1)	목(교양2)	금(교양3)
경우 1	B	C	D	A	E
경우 2	B	C	A	D	E
경우 3	B	C	A	E	D

PART 3

08

정답 ④

주어진 조건에 따라 부서별 위치를 정리하면 다음과 같다.

구분	경우 1	경우 2
6층	연구・개발부	연구・개발부
5층	서비스개선부	가입지원부
4층	가입지원부	서비스개선부
3층	기획부	기획부
2층	인사운영부	인사운영부
1층	복지사업부	복지사업부

따라서 3층에 위치한 기획부의 직원은 출근 시 반드시 계단을 이용해야 하므로 ④는 항상 옳다.

오답분석

① 경우 1에서 김대리는 출근 시 엘리베이터를 타고 4층에서 내린다.
② 경우 2에서 가입지원부의 김대리는 서비스개선부의 조대리보다 엘리베이터에서 나중에 내린다.
③ 카페와 같은 층에 위치한 부서는 복지사업부이다.

09

정답 ①

주어진 조건에 따라 학생 순서를 배치해보면 다음 표와 같다.

1번째	2번째	3번째	4번째	5번째	6번째	7번째	8번째
마	다	가	아	바	나	사	라

따라서 3번째에 올 학생은 가이다.

10

정답 ②

주어진 조건에 따라 A가 해야 할 일의 순서를 배치해보면 다음 표와 같이 두 가지 경우가 가능하다.

1)

월	화	수	목	금	토	일
d	c	f	a	i	b	h

2)

월	화	수	목	금	토	일
d	c	a	f	i	b	h

따라서 화요일에 하게 될 일은 c이다.

[11~13]

※ 자음과 모음을 규칙에 따라 치환한 것은 아래와 같다.

1. 자음

ㄱ	ㄲ	ㄴ	ㄷ	ㄸ	ㄹ	ㅁ	ㅂ	ㅃ	ㅅ	ㅆ	ㅇ	ㅈ	ㅉ	ㅊ	ㅋ	ㅌ	ㅍ	ㅎ
a	b	c	d	e	f	g	h	i	j	k	l	m	n	o	p	q	r	s

2. 모음

ㅏ	ㅐ	ㅑ	ㅒ	ㅓ	ㅔ	ㅕ	ㅖ	ㅗ	ㅘ	ㅙ	ㅚ	ㅛ	ㅜ	ㅝ	ㅞ	ㅟ	ㅠ	ㅡ	ㅢ	ㅣ
1	2	3	4	5	6	7	8	9	10	11	12	13	14	15	16	17	18	19	20	21

11

정답 ②

- 자 : m1
- 전 : m5C
- 거 : a5
- 1+5+5=11 → 1+1=2

12

정답 ④

- 마 : g1
- 늘 : c19F
- 쫑 : n9L
- 1+19+9=29 → 2+9=11 → 1+1=2

13

정답 ③

- e5A : 떡
- h9B : 복
- l21 : 이

PART 3

14

정답 ④

전문가용 카메라가 일반화됨에 따라 사람들은 사진관을 이용하지 않고도 고화질의 사진을 촬영할 수 있게 되었다. 따라서 전문가용 카메라의 일반화는 사진관을 위협하는 외부환경에 해당한다.

SWOT 분석

기업의 내부환경과 외부환경을 분석하여 강점(Strength), 약점(Weakness), 기회(Opportunity), 위협(Threat) 요인을 규정하고 이를 토대로 경영전략을 수립하는 기법

- 강점(Strength) : 내부환경(자사 경영자원)의 강점
- 약점(Weakness) : 내부환경(자사 경영자원)의 약점
- 기회(Opportunity) : 외부환경(경쟁, 고객, 거시적 환경)에서 비롯된 기회
- 위협(Threat) : 외부환경(경쟁, 고객, 거시적 환경)에서 비롯된 위협

15

정답 ④

실행계획 수립은 무엇을, 어떤 목적으로, 언제, 어디서, 누가, 어떤 방법으로의 물음에 대한 답을 가지고 계획하는 단계이다. 자원을 고려하여 수립해야 하며, 세부 실행내용의 난도를 고려하여 가급적 구체적으로 세우는 것이 좋으며, 해결안별로 구체적인 실행계획서를 작성함으로써 실행의 목적과 과정별 진행내용을 일목요연하게 파악하도록 하는 것이 필요하다.

16

정답 ④

㉠은 Logic Tree 방법에 대한 설명으로, 문제 도출 단계에서 사용되며, ㉡은 3C 분석 방법에 대한 설명으로, 문제 인식 단계의 환경 분석 과정에서 사용된다. ㉢은 Pilot Test에 대한 설명으로, 실행 및 평가 단계에서 사용된다. 마지막으로 ㉣ 해결안을 그룹화하는 방법은 해결안을 도출하는 해결안 개발 단계에서 사용된다. 따라서 문제해결절차에 따라 문제해결방법을 나열하면 ㉡ → ㉠ → ㉣ → ㉢의 순서가 된다.

17

정답 ①

브레인스토밍은 자유연상법의 한 유형으로, 어떤 문제의 해결책을 찾기 위해 여러 사람이 생각나는 대로 아이디어를 제안하는 방식으로 진행된다. 보령시에서 개최한 보고회는 각 부서의 업무에 국한하지 않고 가능한 많은 양의 아이디어를 자유롭게 제출하는 방식으로 진행되었으므로 브레인스토밍 방법이 사용되었음을 알 수 있다.

오답분석

② SCAMPER 기법 : 아이디어를 얻기 위해 의도적으로 시험할 수 있는 대체, 결합, 적용, 변경, 제거, 재배치, 다른 용도로 활용 등 7가지 규칙이다.
③ NM법 : 비교발상법의 한 유형으로, 대상과 비슷한 것을 찾아내 그것을 힌트로 새로운 아이디어를 생각해내는 방법이다.
④ Synectics법 : 비교발상법의 한 유형으로, 서로 관련이 없어 보이는 것들을 조합하여 새로운 것을 도출해내는 아이디어 발상법이다.

18

정답 ①

AN(한국) – 21(2021년) – 34(34번째 주) – BEY(프리미엄) – WA(하양) – T(256GB)

오답분석

② AN2334BEYWAT : 2023년에 생산된 스마트폰이다.
③ BA2134BEYWAT : 중국에서 생산된 스마트폰이다.
④ AN2134BEYMLT : 초록색 스마트폰이다.

19

정답 ③

DK(인도) – 20(2020년) – 01(첫 번째 주) – HQC(한정판) – VS(검정) – U(512GB)

오답분석

① DK2010HQCVSU : 열 번째 주에 생산된 스마트폰이다.
② DL2001HQCVSU : DL은 잘못된 제조공장 번호이다.
④ DK1001HQCVSU : 2020년은 20으로 나타내야 한다.

20

정답 ②

두 번째 문단의 '달러화의 약세 전환에도 불구하고'라는 말을 통해 달러화의 약세 매출에 부정적 영향을 미침을 알 수 있다. 따라서 달러화의 강세는 반대로 매출액에 부정적 영향이 아니라 긍정적 영향을 미칠 것임을 알 수 있다.

오답분석

① 세 번째 문단에 따르면 S기업은 낸드플래시 시장에서 고용량화 추세가 확대될 것으로 보고 있으므로 시장에서의 수요에 대응하기 위해 고용량 낸드플래시 생산에 대한 투자를 늘릴 것이다.
③ 두 번째 문단의 두 번째 문장에 따르면 기업이 신규 공정으로 전환하는 경우, 이로 인해 원가 부담이 발생한다는 내용이 나와 있다. 기업 입장에서 원가 부담은 원가의 상승을 나타내므로 옳은 설명이다.
④ 첫 번째 문단에서 매출액은 26조 9,907억 원이고, 영업이익은 2조 7,127억 원이다. 따라서 영업이익률은 $\frac{27,127}{269,907}\times 100 \fallingdotseq$ 10%이다.

03 수리능력(사무 / 건축 / 발전전기)

01	02	03	04	05	06	07	08	09	10	11	12	13	14	15	16	17	18	19	20
④	②	②	③	③	①	④	①	③	③	①	④	①	④	④	④	③	④	③	④

01

정답 ④

- 만나는 시간

(거리)=(속력)×(시간)이므로 두 사람이 이동한 시간을 x시간이라고 하자. 두 사람이 이동한 거리의 합은 16km이므로

$16=3x+5x$

$\therefore\ x=2$

따라서 두 사람은 출발한 지 2시간 만에 만나게 된다.

- 거리의 차

– 갑이 이동한 거리 : $3\times2=6$km

– 을이 이동한 거리 : $5\times2=10$km

따라서 두 사람이 이동한 거리의 차이는 $10-6=4$km이다.

02

정답 ②

영희가 집에서 할머니를 기다린 10분을 제외하면, 학교에서 병원까지 총 이동시간은 1시간 40분이다.

1시간 40분은 $1+\frac{40}{60}=1+\frac{2}{3}=\frac{5}{3}$시간이고, 집과 병원 사이의 거리를 $x$km라고 하자.

$\frac{2x}{4}+\frac{x}{3}=\frac{5}{3} \rightarrow \frac{5}{6}x=\frac{5}{3}$

$\therefore\ x=2$

03

정답 ②

처음에 빨간색 수건을 꺼낼 확률은 $\frac{3}{(3+4+3)}=\frac{3}{10}$이고,

다음에 수건을 꺼낼 때는 빨간색 수건이 한 장 적으므로 파란색 수건을 꺼낼 확률은 $\frac{3}{(2+4+3)}=\frac{3}{9}=\frac{1}{3}$이다.

따라서 처음에 빨간색 수건을 뽑고, 다음에 파란색 수건을 뽑을 확률은 $\frac{3}{10}\times\frac{1}{3}=\frac{1}{10}$이다.

04

정답 ③

- 5% 설탕물 600g에 들어있는 설탕의 양 : $\frac{5}{100}\times600=30$g
- 10분 동안 가열한 후 남은 설탕물의 양 : $600-(10\times10)=500$g
- 가열 후 남은 설탕물의 농도 : $\frac{30}{500}\times100=6\%$

여기에 더 넣은 설탕물 200g의 농도를 x%라 하면 다음과 같은 식이 성립한다.

$\frac{6}{100}\times500+\frac{x}{100}\times200=\frac{10}{100}\times700 \rightarrow 2x+30=70$

$\therefore\ x=20$

05

정답 ③

여러 통화로 표시된 판매단가를 USD 기준으로 바꾸면 다음과 같다.

구분	A기업	B기업	C기업	D기업	E기업
판매단가(a)	8USD	50CNY	270TWD	30AED	550INR
교환비율(b)	1	6	35	3	70
$(a)\div(b)$	8	8.33⋯	7.71⋯	10	7.85 ⋯

따라서 C기업의 판매단가가 가장 경쟁력이 높다.

06

정답 ①

$92m^2$의 6억 원 초과 9억 원 이하 주택의 표준세율은 $0.02+0.002+0.002=0.024$이므로 거래금액을 x원이라고 하면

$x\times(1+0.024)=670{,}000{,}000 \rightarrow 1.024x=670{,}000{,}000$

$\therefore$ $x \fallingdotseq 654{,}290{,}000$($\because$ 만 원 단위 미만 절사)

07

정답 ④

- (가)$=723-(76+551)=96$
- (나)$=824-(145+579)=100$
- (다)$=887-(131+137)=619$
- (라)$=114+146+688=948$

$\therefore$ (가)+(나)+(다)+(라)$=96+100+619+948=1{,}763$

08

정답 ①

5급 공무원과 7급 공무원 채용인원 모두 2015년부터 2018년까지 전년 대비 증가했고, 2019년에는 전년 대비 감소했다.

오답분석

ㄴ. 2011 ~ 2021년 동안 채용인원이 가장 적은 해는 5급과 7급 공무원 모두 2011년이며, 가장 많은 해는 2018년이다. 따라서 2018년과 2011년의 채용인원 차이는 5급 공무원이 $28-18=10$백 명, 7급 공무원은 $49-31=18$백 명으로 7급 공무원이 더 많다.

ㄷ. 2012년부터 2021년까지 전년 대비 채용인원의 증감량이 가장 많은 해는 5급 공무원의 경우 2019년일 때 전년 대비 $23-28=-5$백 명이 감소했고, 7급 공무원의 경우 2012년일 때 전년 대비 $38-31=7$백 명이 증가했다.

ㄹ. 2019년 채용인원은 5급 공무원이 23백 명, 7급 공무원이 47백 명으로 7급 공무원 채용인원이 5급 공무원 채용인원의 2배인 $23\times2=46$백 명보다 많다.

09

정답 ③

ㄴ. 그래프를 통해 2월 21일의 원/달러 환율이 지난주 2월 14일보다 상승하였음을 알 수 있다.

ㄷ. 달러화의 강세란 원/달러 환율이 상승하여 원화가 평가절하되면서 달러의 가치가 높아지는 것을 의미한다. 3월 12일부터 3월 19일까지는 원/달러 환율이 계속해서 상승하는 추세이므로 옳은 설명이다.

오답분석

ㄱ. 3월 원/엔 환율의 경우 최고 환율은 3월 9일의 1,172.82원으로, 3월 한 달 동안 1,100원을 상회하는 수준에서 등락을 반복하고 있다.

ㄹ. 달러/엔 환율은 $\frac{(\text{원/엔 환율})}{(\text{원/달러 환율})}$로 도출할 수 있다. 그래프에 따르면 3월 27일 원/달러 환율은 3월 12일에 비해 상승하였고, 반대로 원/엔 환율은 하락하였다. 즉, 분모는 증가하고 분자는 감소하였으므로 3월 27일의 달러/엔 환율은 3월 12일보다 하락하였음을 알 수 있다.

10

정답 ③

- 2018년 대비 2019년 사고 척수의 증가율 : $\frac{2,362-1,565}{1,565}\times100 \fallingdotseq 50.9\%$
- 2018년 대비 2019년 사고 건수의 증가율 : $\frac{2,101-1,330}{1,330}\times100 \fallingdotseq 58.0\%$

11

정답 ①

연도별 사고 건수당 인명피해의 인원수를 구하면 다음과 같다.

- 2018년 : $\frac{710}{1,330} \fallingdotseq 0.53$명/건
- 2019년 : $\frac{395}{2,101} \fallingdotseq 0.19$명/건
- 2020년 : $\frac{411}{2,307} \fallingdotseq 0.18$명/건
- 2021년 : $\frac{523}{2,582} \fallingdotseq 0.20$명/건
- 2022년 : $\frac{455}{2,671} \fallingdotseq 0.17$명/건

따라서 사고 건수당 인명피해의 인원수가 가장 많은 연도는 2018년이다.

12

정답 ④

2022년 15세 미만 인구를 x명, 65세 이상 인구를 y명, 15 ~ 64세 인구를 a명이라 하면, 15세 미만 인구 대비 65세 이상 인구 비율은 $\frac{y}{x}\times100$이므로

(2022년 유소년부양비)$=\frac{x}{a}\times100=19.5 \rightarrow a=\frac{x}{19.5}\times100$ ··· ㉠

(2022년 노년부양비)$=\frac{y}{a}\times100=17.3 \rightarrow a=\frac{y}{17.3}\times100$ ··· ㉡

㉠, ㉡을 연립하면, $\frac{x}{19.5}=\frac{y}{17.3} \rightarrow \frac{y}{x}=\frac{17.3}{19.5}$

따라서 15세 미만 인구 대비 65세 이상 인구의 비율은 $\frac{17.3}{19.5}\times100 \fallingdotseq 88.7\%$이다.

13

정답 ①

각각의 구매 방식별 비용을 구하면 다음과 같다.

- 스마트폰앱 : 12,500×0.75=9,375원
- 전화 : (12,500−1,000)×0.9=10,350원
- 회원카드와 쿠폰 : (12,500×0.9)×0.85≒9,563원
- 직접 방문 : (12,500×0.7)+1,000=9,750원
- 교환권 : 10,000원

따라서 피자 1판을 가장 저렴하게 살 수 있는 구매 방식은 스마트폰앱이다.

PART 3

14

정답 ④

• 대학교 이상인 인구 구성비의 2017년 대비 2021년 증가율 : $\frac{48-41}{41}\times100 \fallingdotseq 17.1\%$

• 중학교 이하인 인구 구성비의 2017년 대비 2020년 감소율 : $\frac{13-18}{18}\times100 \fallingdotseq -27.8\%$

15

정답 ④

2010년 대비 2019년에 에너지 소비량이 감소한 원자력을 제외한 나머지 에너지의 소비량 증가율은 다음과 같다.

• 석탄 : $\frac{86.2-66.1}{66.1}\times100 \fallingdotseq 30.4\%$

• 석유 : $\frac{119.4-100.2}{100.2}\times100 \fallingdotseq 19.2\%$

• LNG : $\frac{47.5-35.7}{35.7}\times100 \fallingdotseq 33.1\%$

• 기타 : $\frac{17.3-6.4}{6.4}\times100 \fallingdotseq 170.3\%$

따라서 소비량 증가율이 가장 큰 에너지는 '기타'이다.

16

정답 ④

ㄴ. 2015년 석탄 소비량의 2011년 대비 증가율은 $\frac{82.1-68.7}{68.7}\times100 \fallingdotseq 19.5\%$로 30% 미만이다.

ㄷ. 2015년부터 2018년까지 전년 대비 소비량의 증가추이는 석유는 '감소 – 감소 – 증가 – 증가'이고, 기타 항목은 계속 증가하였다.

오답분석

ㄱ. 2014년도 소비량의 전년 대비 변화율은 LNG가 $\frac{50.2-46.3}{46.3}\times100 \fallingdotseq 8.4\%$로, $\frac{31.7-33.3}{33.3}\times100 \fallingdotseq -4.8\%$인 원자력보다 크다.

17

정답 ③

2023년 7월 2일에 측정한 발전소별 수문 자료를 보면 이날 온도가 27℃를 초과한 발전소는 춘천, 섬진강, 보성강, 괴산이다. 춘천을 제외한 나머지 발전소의 출력량의 합은 다음과 같다.

• 섬진강 : $9.8\times6.9\times20\times0.9$

• 보성강 : $9.8\times1.1\times20\times0.9$

• 괴산 : $9.8\times74.2\times20\times0.9$

∴ 합계 : $9.8\times20\times0.9\times(6.9+1.1+74.2)=14,500.08$kW

춘천의 출력량은 총 출력량 15,206.08kW에서 나머지 발전소의 출력량의 합을 뺀 $15,206.08-14,500.08=706$kW이다.

춘천의 초당 유량을 $x\text{m}^3$/sec라 하였을 때,

$706=9.8\times x\times20\times0.9 \rightarrow x=706\div(9.8\times20\times0.9)$

$\therefore x \fallingdotseq 4$

따라서 춘천 발전소의 분당 유량은 $60\times4=240\text{m}^3$/min이다.

18

정답 ④

조건을 분석하면 다음과 같다.

• 첫 번째 조건에 의해 ㉠~㉣ 국가 중 연도별로 8위를 두 번 한 두 나라는 ㉠과 ㉣이므로 둘 중 한 곳이 한국, 나머지 하나가 캐나다임을 알 수 있다.

• 두 번째 조건에 의해 2020년 대비 2021년의 이산화탄소 배출량 증가율은 ㉡과 ㉢이 각각 $\frac{556-535}{535}\times100≒3.93\%$와 $\frac{507-471}{471}\times100≒7.64\%$이므로 ㉢은 사우디가 되며, 따라서 ㉡은 이란이 된다.
• 세 번째 조건에 의해 이란의 수치는 고정값으로 놓고 2015년을 기점으로 ㉠이 ㉣보다 배출량이 커지고 있으므로 ㉠이 한국, ㉣이 캐나다임을 알 수 있다.
따라서 ㉠~㉣은 순서대로 한국, 이란, 사우디, 캐나다이다.

19

정답 ③

오답분석

① 1982년 A국의 석유 수입액은 74억 달러이고 B국의 석유 수입액은 75억 달러이므로 B국이 더 많다.
② 2022년 A국의 석유 수입액과 석탄 수입액의 합은 110.7억 달러고 LNG 수입액의 2배는 108.6억 달러이므로 2배보다 많다.
④ 두 국가의 1982년 대비 2022년 LNG 수입액 증가율은 다음과 같다.
- A국 : $\frac{79.9-29.2}{29.2}\times100≒173.6\%$
- B국 : $\frac{102-30}{30}\times100=240\%$

따라서 증가율은 B국이 더 크다.
⑤ 두 국가의 석탄 수입액의 감소율은 다음과 같다.
- A국 : $\frac{28-82.4}{82.4}\times100≒-66\%$
- B국 : $\frac{7.1-44}{44}\times100≒-83.9\%$

따라서 감소율은 B국이 더 크다.

20

정답 ④

사망자가 30명 이상인 사고를 제외한 나머지 사고는 A, C, D, F이다. 사고 A, C, D, F를 화재 규모와 복구 비용이 큰 순서로 각각 나열하면 다음과 같다.
• 화재 규모 : A－D－C－F
• 복구 비용 : A－D－C－F
따라서 옳은 설명이다.

오답분석

① 터널 길이가 긴 순서로, 사망자가 많은 순서로 사고를 각각 나열하면 다음과 같다.
- 터널 길이 : A－D－B－C－F－E
- 사망자 수 : E－B－C－D－A－F

따라서 터널 길이와 사망자 수는 관계가 없다.
② 화재 규모가 큰 순서로, 복구 기간이 긴 순서로 사고를 각각 나열하면 다음과 같다.
- 화재 규모 : A－D－C－E－B－F
- 복구 기간 : B－E－F－A－C－D

따라서 화재 규모와 복구 기간의 길이는 관계가 없다.
③ 사고 A를 제외하고 복구 기간이 긴 순서로, 복구 비용이 큰 순서로 사고를 나열하면 다음과 같다.
- 복구 기간 : B－E－F－C－D
- 복구 비용 : B－E－D－C－F

따라서 옳지 않은 설명이다.

04 자원관리능력(사무 / 토목 / 발전기계 / 발전화학 / 산업위생)

01	02	03	04	05	06	07	08	09	10	11	12	13	14	15	16	17	18	19	20
④	③	④	②	③	④	④	④	②	④	②	④	①	②	④	②	②	④	②	③

01

정답 ④

A～E의 조건별 점수를 구하면 아래와 같다.

구분	직급	직종	근속연수	가족부양 수	주택 유무	합계
A	3점	5점	3점	–	10점	21점
B	1점	10점	1점	4점	10점	26점
C	4점	10점	3점	4점	–	22점
D	2점	3점	1점	6점	10점	22점
E	5점	5점	4점	6점	–	21점

C과장과 D주임의 경우 동점으로, 가족부양 수가 더 많은 D주임이 우선순위를 가진다. 따라서 가장 높은 점수인 B사원과 D주임이 사택을 제공받을 수 있다.

02

정답 ③

A～D직원의 성과급 점수를 계산하면 다음과 같다.

- A대리 : $(85\times0.5)+(90\times0.5)=87.5$점
- B과장 : $(100\times0.3)+(85\times0.1)+(80\times0.6)=86.5$점
- C사원 : $(95\times0.6)+(85\times0.4)=91$점
- D차장 : $(80\times0.2)+(90\times0.3)+(85\times0.5)=85.5$점

따라서 성과급 점수가 90점 이상인 S등급에 해당되는 직원은 C사원이다.

03

정답 ④

제시된 조건에 따르면 매주 일요일에 일괄구매한 B, C부품은 그다음 주의 A제품 생산에 사용하며, 1개의 A제품 생산 시 B부품 2개와 C부품 4개가 사용된다.

1주 차에는 A제품의 주문량은 없고, B부품 50개와 C부품 100개의 재고가 있으므로, A제품 25개$\left(\because \frac{50}{2}=25,\ \frac{100}{4}=25\right)$를 만들어 재고로 남긴다.

2주 차에는 A제품 175개$\left(\because \frac{450}{2}=225,\ \frac{700}{4}=175\text{이므로 175개만 가능}\right)$를 생산하여, 1주 차의 재고 25개와 함께 총 $175+25=200$개의 제품을 주문량에 맞춰 모두 판매한다. 이때 B부품은 $450-(175\times2)=100$개가 재고로 남는다.

3주 차에는 A제품 550개$\left(\because \frac{1,100}{2}=550,\ \frac{2,400}{4}=600\text{이므로 550개만 가능}\right)$를 생산할 수 있으며, 주문량에 따라 제품을 판매하면 $550-500=50$개의 재고가 남는다. 이때 C부품은 $2,400-(550\times4)=200$개가 재고로 남는다.

따라서 3주 차 토요일 판매완료 후의 재고량은 A제품 50개, B부품 0개, C부품 200개이다.

04

정답 ②

- 역의 개수 : 47개
- 역과 역 사이 구간 : 47−1=46구간
- 당고개에서 오이도까지 걸리는 시간 : 2×46=92분
- ㉮ 열차의 경우
  - ㉮ 열차와 오이도행 열차의 출발 시각 차이 : 6시−5시 40분=20분
  - 오이도행 열차의 6시까지 이동구간의 개수 : $\frac{20}{2}$=10구간
  - 오이도행 열차의 위치 순번 : 47−10=37번
  - 1번째 역과 37번째 역의 중간역 : (1+37)÷2=19번째 역
- ㉯ 열차의 경우
  - ㉯ 열차와 오이도행 열차의 출발 시각 차이 : 6시 24분−5시 40분=44분
  - 오이도행 열차의 6시 24분까지 이동구간의 개수 : $\frac{44}{2}$=22구간
  - 오이도행 열차의 위치 순번 : 47−22=25번
  - 1번째 역과 25번째 역의 중간역 : (1+25)÷2=13번째 역
- ㉰ 열차의 경우
  - ㉰ 열차와 오이도행 열차의 출발 시각 차이 : 6시 48분−5시 40분=68분
  - 오이도행 열차의 6시 48분까지 이동구간의 개수 : $\frac{68}{2}$=34구간
  - 오이도행 열차의 위치 순번 : 47−34=13번
  - 1번째 역과 13번째 역의 중간역 : (1+13)÷2=7번째 역

05

정답 ③

다음은 R대리가 각 교통편 종류를 택할 시의 왕복 교통비용이다.

- 일반버스 : 24,000원×2=48,000원
- 우등버스 : 32,000원×2×0.99=63,360원
- 무궁화호 : 28,000원×2×0.85=47,600원
- 새마을호 : 36,000원×2×0.8=57,600원

따라서 무궁화호가 47,600원으로 가장 저렴하다.

06

정답 ④

회사 근처 모텔에서 숙박 후 버스 타고 공항 이동 : 40,000원(모텔요금)+20,000원(버스요금)+30,000원(시간요금)=90,000원

오답분석

① 공항 근처 모텔로 버스 타고 이동 후 숙박 : 20,000원(버스요금)+30,000원(시간요금)+80,000원(공항 근처 모텔요금)=130,000원
② 공항 픽업 호텔로 버스 타고 이동 후 숙박 : 10,000원(버스요금)+10,000원(시간요금)+100,000원(호텔요금)=120,000원
③ 공항 픽업 호텔로 택시 타고 이동 후 숙박 : 20,000원(택시요금)+5,000원(시간요금)+100,000원(호텔요금)=125,000원

07

정답 ④

팀별로 총환산점수와 환산등급을 정리하면 다음과 같다.

구분	창의력	전달력	기술력
A팀	7(80)	4(70)	6(100)
B팀	8(100)	2(50)	5(70)
C팀	3(70)	8(100)	2(40)
D팀	8(100)	3(50)	4(70)
E팀	8(100)	8(100)	6(100)

총환산점수	환산등급
A팀 : $(80\times\frac{50}{100})+(70\times\frac{30}{100})+(100\times\frac{20}{100})=81$	B
B팀 : $(100\times\frac{50}{100})+(50\times\frac{30}{100})+(70\times\frac{20}{100})=79$	C
C팀 : $(70\times\frac{50}{100})+(100\times\frac{30}{100})+(40\times\frac{20}{100})=73$	C
D팀 : $(100\times\frac{50}{100})+(50\times\frac{30}{100})+(70\times\frac{20}{100})=79$	C
E팀 : $(100\times\frac{50}{100})+(100\times\frac{30}{100})+(100\times\frac{20}{100})=100$	A

따라서 가장 높은 등급을 받은 팀은 A등급을 받은 E팀이다.

08

정답 ④

제시된 당직 근무 규칙과 근무 일정을 정리하면 다음과 같다.

구분	월	화	수	목	금	토	일
오전	공주원 지한준 김민정	이지유 최유리	강리환 이영유	공주원 강리환 이건율	이지유 지한준	김민정 최민관 강지공	이건율 최민관
오후	이지유 최민관 이건율	최민관 이영유 강지공	공주원 지한준 강지공 김민정	최유리	이영유 강지공	강리환 최유리 이영유	이지유 김민정

당직 근무 규칙에 따르면 오후 당직의 경우 최소 2명이 근무해야 한다. 그러나 목요일 오후에 최유리 1명만 근무하므로 최소 1명의 근무자가 더 필요하다. 이때, 한 사람이 같은 날 오전・오후 당직을 모두 할 수 없으므로 목요일 오전 당직 근무자인 공주원, 강리환, 이건율은 제외된다. 또한 당직 근무는 주당 5회 미만이므로 이번 주에 4번의 당직 근무가 예정된 근무자 역시 제외된다. 따라서 지한준의 당직 근무 일정을 추가해야 한다.

09

정답 ②

하루에 6명 이상은 근무해야 하므로 하루에 2명까지만 휴가를 쓸 수 있다. 따라서 A사원이 4일 이상 휴가를 쓰면서 최대 휴가 인원 2명을 유지할 수 있는 기간은 6 ~ 11일만 가능하다.

오답분석

① A사원은 4일 이상 휴가를 사용해야 하므로 6 ~ 11일 중 토・일요일을 제외하고 3일만 사용한 7 ~ 11일은 불가능하다.

10

정답 ④

1, 2팀에서 팀장 또는 주임이 지정휴무를 사용하게 되면 다른 팀에서 지정휴무에 대한 대체근무를 해야 하므로 4번의 대체근무가 필요한데, 3팀의 경우 주임이 2명이기 때문에 대체근무 횟수의 최소화를 위해 2명의 주임이 동시에 지정휴무를 사용할 수 없다. 그렇기 때문에 3팀의 주임이 지정휴무를 쓰게 되더라도 대체가 필요 없다. 단, 3팀의 팀장이 지정휴무를 사용할 경우 대체가 필요하므로 지정휴무로 인한 대체는 총 5번이다.

10월 1일 1팀이 야간1이고 2팀이 비번이었으면 1팀의 팀장이 여행가는 27일의 1팀 근무는 비번으로 시작한다. 비번 – 휴무 – 주간1 – 주간2 – 야간1이기 때문에 연차 실 사용일은 3일이고, 3번의 추가 대체근무가 더 필요하다.

따라서 지정휴무로 인한 대체근무 5번과 연차로 인한 대체근무 3번으로 총 8번의 대체근무가 필요하다.

11

정답 ②

10월의 전기세는 기타 계절의 요금으로 구한다.

먼저 전기요금을 구하면 기본요금은 341kWh를 사용했으므로 1,600원이고, 전력량 요금은 다음과 같다.

• 1단계 : 200kWh×93.3원/kWh=18,660원

• 2단계 : 141kWh×187.9원/kWh=26,493.9원

그러므로 전기요금은 1,600+(18,660+26,493.9)=1,600+45,153.9=46,753원(∵ 원 미만 절사)이고, 부가가치세는 46,753×0.1≒4,675원(∵ 원 미만 반올림), 전력산업기반기금은 46,753×0.037≒1,720원(∵ 10원 미만 절사)이다.

따라서 10월 전기세 청구금액은 46,753+4,675+1,720=53,148원이므로 53,140원이다.

12

정답 ④

가격, 조명도, A/S 등의 요건이 주어진 조건에 모두 부합한다.

오답분석

① 예산이 150만 원이라고 했으므로 예산을 초과하였다.

② 신속한 A/S가 조건이므로 해외 A/S만 가능하여 적절하지 않다.

③ 조명도가 5,000lx 미만이므로 적절하지 않다.

13

정답 ①

직원 수가 100명이므로 주문해야 할 치킨은 50마리이다. 50마리 주문에 대해 ①～④ 각각의 선지로 주문할 경우의 비용을 계산해 보면 다음과 같다.

① A치킨에서 방문 포장하고 단체 주문 옵션을 선택한다.
 15,000×50×[1－(0.35＋0.05)]＋50,000＝500,000원

② B치킨에서 방문 포장하고 단체 주문 옵션을 선택한다.
 16,000×50×[1－(0.2＋0.03)]＋15,000＝631,000원

③ A치킨에서 배달을 시킨다.
 15,000×50＝750,000원

④ A치킨과 B치킨에서 전체의 반씩 방문 포장으로 단체 주문 옵션을 선택한다.
 [15,000×25×(1－0.35)＋50,000]＋[16,000×20×(1－0.23)]＋[16,000×5×(1－0.2)]＋15,000
 → 293,750＋325,400＝619,150원

따라서 A치킨에서 방문 포장하고 단체 주문 옵션을 선택하는 ①이 최소 비용으로 치킨을 먹을 수 있는 방법이다.

14

정답 ②

1) K기사가 거쳐야 할 경로는 'A도시 → E도시 → C도시 → A도시'이다. A도시에서 E도시로 바로 갈 수 없으므로 다른 도시를 거쳐야 하는데, 가장 짧은 시간 내에 A도시에서 E도시로 갈 수 있는 경로는 B도시를 경유하는 것이다. 따라서 K기사의 운송경로는 'A도시 → B도시 → E도시 → C도시 → A도시'이며, 이동시간은 1.0+0.5+2.5+0.5=4.5시간이다.

2) P기사는 A도시에서 출발하여 모든 도시를 한 번씩 거친 뒤 다시 A도시로 돌아와야 한다. 해당 조건이 성립하는 운송경로의 경우는 다음과 같다.

- A도시 → B도시 → D도시 → E도시 → C도시 → A도시
  - 이동시간 : 1.0+1.0+0.5+2.5+0.5=5.5시간
- A도시 → C도시 → B도시 → E도시 → D도시 → A도시
  - 이동시간 : 0.5+2.0+0.5+0.5+1.5=5시간

따라서 P기사가 운행할 최소 이동시간은 5시간이다.

15

정답 ④

- A씨가 인천공항에 도착한 현지 날짜 및 시각

독일시각	11월 2일	19시 30분
소요시간		+ 12시간 20분
시차		+ 8시간
	=11월 3일 15시 50분	

인천공항에 도착한 시각은 한국시각으로 11월 3일 15시 50분이고, A씨는 3시간 40분 뒤에 일본으로 가는 비행기를 타야 한다. 비행 출발 시각 1시간 전에는 공항에 도착해야 하므로, 참여 가능한 환승투어 코스는 소요시간이 두 시간 이내인 엔터테인먼트, 인천시티, 해안관광이며, A씨의 인천공항 도착시각과 환승투어 코스가 바르게 짝지어진 것은 ④이다.

16

정답 ②

입원제비용, 수술비를 제외한 입원비용 중 실손보험 병실의료비를 제외하고 실제로 부담하게 되는 금액을 묻고 있으므로, 오직 병실사용비용 중 실질부담금을 도출하면 된다.

건강보험 적용 후 실손보험 적용 전, 김주임이 부담하여야 하는 금액은 병실료는 1인실이므로 비급여 항목이기 때문에 전액 본인이 부담하게 되므로 8×160,000=1,280,000원이 된다.

이 중 실손보험을 통해 지급받는 8일간의 입원의료비를 도출하면 70,000+[(160,000−70,000)×50%]×8=920,000원이지만, 1일 10만 원 한도이므로 80만 원이 지급된다.

따라서 김주임이 실제로 부담하는 병실의료비는 1,280,000−800,000=480,000원이다.

17

정답 ②

- 예상수입 : 40,000×50=2,000,000원
- 공연 준비비 : 500,000원
- 공연장 대여비 : 6×200,000×0.9=1,080,000원
- 소품 대여비 : 50,000×3×0.96=144,000원
- 보조진행요원 고용비 : 50,000×4×0.88=176,000원
- 총비용 : 500,000+1,080,000+144,000+176,000=1,900,000원

총비용이 150만 원 이상이므로 공연 준비비에서 10%가 할인되어 50,000원이 할인된다. 따라서 할인이 적용된 비용은 1,900,000−50,000=1,850,000원이다.

18

정답 ④

전 직원이 이미 확정된 스케줄의 변동 없이 1시간을 사용할 수 있는 시간은 10:00 ~ 11:00와 14:00 ~ 15:00의 두 시간대이다. 본부장은 가능한 빨리 완료할 것을 지시하였으므로 10:00 ~ 11:00가 가장 적절하다.

19

정답 ②

B, C업체가 함께 작업을 할 때, 작업 완료까지 걸리는 시간을 x시간이라고 하자.

B업체와 C업체의 1m^2당 작업시간은 각각 1시간, 40분이므로 60m^2의 면적을 작업하는 데 걸리는 시간은 각각 $1\times60=60$시간, $\frac{40}{60}\times60=40$시간이다.

즉, 1시간당 작업 면적은 각각 $\frac{1}{60}\text{m}^2$, $\frac{1}{40}\text{m}^2$이므로

$\left(\frac{1}{60}+\frac{1}{40}\right)x=1$

$\therefore\ x=24$

오답분석

ㄱ. A업체가 60m^2을 작업하는 데 걸리는 시간은 $\frac{30}{60}\times60=30$시간, B업체와 C업체가 60m^2을 작업하는 데 걸리는 시간은 각각 60시간, 40시간이므로 세 업체의 1시간당 작업 면적은 각각 $\frac{1}{30}\text{m}^2$, $\frac{1}{60}\text{m}^2$, $\frac{1}{40}\text{m}^2$이다.

A, C업체가 함께 작업을 할 때, 작업 완료까지 걸리는 시간을 x시간이라고 하면

$\left(\frac{1}{30}+\frac{1}{40}\right)x=1 \rightarrow x=\frac{120}{7}$

A, B, C업체가 함께 작업을 할 때, 작업 완료까지 걸리는 시간을 y시간이라고 하면

$\left(\frac{1}{30}+\frac{1}{60}+\frac{1}{40}\right)x=1 \rightarrow y=\frac{120}{9}$

따라서 작업을 가장 빠르게 끝내기 위해서는 A, B, C업체 모두에게 작업을 맡겨야 한다.

ㄷ. • A, B, C업체에 작업을 맡기는 경우 지급되는 비용

: $(10+8+9)\times\frac{120}{9}=360$만 원

• B, C업체에 작업을 맡기는 경우 지급되는 비용

: $(8+9)\times24=408$만 원

따라서 A, B, C업체에 작업을 맡기는 경우, B업체와 C업체에 작업을 맡기는 경우보다 비용이 덜 든다.

20

정답 ③

설문조사 비율의 합이 100%이고, K사 사원들도 100명이므로 연령 분석 결과를 표로 정리하면 다음과 같다.

구분	합계	20대	30대	40대
복사기	15명	10명		
냉장고	26명			13명
안마의자	6명	–	–	6명
복합기	24명	12명		
커피머신	7명			
정수기	13명	–	13명	–
기타용품	9명	3명	3명	3명

사원 중 20대가 총 25명이라면 복사기, 복합기, 기타용품을 원하는 20대 인원이 25명이므로 냉장고를 원하는 20대는 없음을 알 수 있다.

오답분석

① 냉장고를 원하는 20대 인원수는 알 수 없으므로 올바르지 않다.

② 기타용품을 원하는 40대는 3명, 안마의자를 원하는 40대는 6명이다.

④ 20대를 제외할 경우 복합기를 원하는 남은 인원은 12명이므로, 복합기를 원하는 30대는 냉장고를 원하는 40대 13명보다 많을 수 없다.

PART 3

05 기술능력(정보통신 / 발전기계 / 발전전기 / 발전화학)

01	02	03	04	05	06	07	08	09	10	11	12	13	14	15	16	17	18	19	20
④	④	③	③	②	②	④	②	④	③	①	①	④	④	②	④	④	④	①	④

01

정답 ④

문제발생 시 확인사항의 '찬바람이 지속적으로 나오지 않습니다.', '실내기', '실외기' 등의 단서를 통해 에어컨 사용설명서라는 것을 알 수 있다.

02

정답 ④

에어컨 응축수가 잘 빠지지 않을 경우 냄새가 나므로 배수호스를 점검해야 한다.

03

정답 ③

A/S 센터로 연락하기 전에 리모컨 수신부가 가려져 있는지도 확인해봐야 한다.

04

정답 ③

오답분석

① 사용 중에 갑자기 멈췄을 경우
②·④ 동작이 되지 않을 경우

05

정답 ②

동작 관련하여 원인이 손잡이 리모컨의 건전지 수명이 다하여 동작하지 않았을 때의 조치는 손잡이 리모컨의 건전지를 교환하는 것이다.

06

정답 ②

청소기 배수구에서 냄새가 날 수 있다.

오답분석

①·④ 사용 중에 갑자기 멈출 수 있다.
③ 동작이 되지 않는다.

07

정답 ④

오답분석

③ 필터가 더러워졌을 경우

08

정답 ②

오답분석

① 동작이 되지 않는 경우
④ 사용 중 갑자기 멈추는 경우, 먼지통에서 소리가 나는 경우, 청소기 배기구에서 냄새가 나는 경우

09

정답 ④

산업재해의 기본적 원인

1. 교육적 원인 : 안전 지식의 불충분, 안전 수칙의 오해, 경험이나 훈련의 불충분과 작업관리자의 작업 방법 교육 불충분, 유해·위험 작업 교육 불충분 등이 있다.
2. 기술적 원인 : 건물·기계 장치의 설계 불량, 구조물의 불안정, 재료의 부적합, 생산 공정의 부적당, 점검·정비·보존의 불량 등이 있다.
3. 작업 관리상 원인 : 안전 관리 조직의 결함, 안전 수칙 미제정, 작업 준비 불충분, 인원 배치 및 작업 지시 부적당 등이 있다.

산업재해의 직접적 원인

1. 불안전한 행동 : 위험 장소 접근, 안전 장치 기능 제거, 보호 장비의 미착용 및 잘못된 사용, 운전 중인 기계의 속도 조작, 기계·기구의 잘못된 사용, 위험물 취급 부주의, 불안전한 상태 방치, 불안전한 자세와 동작, 감독 및 연락 잘못 등이 있다.
2. 불안전한 상태 : 시설물 자체 결함, 전기 시설물의 누전, 구조물의 불안정, 소방기구의 미확보, 안전 보호 장치 결함, 복장·보호구의 결함, 시설물의 배치 및 장소 불량, 작업 환경 결함, 생산 공정의 결함, 경계 표시 설비의 결함 등이 있다.

PART 3

10

정답 ③

자원의 질을 생각한다.

11

정답 ①

기술교양은 기술능력을 넓은 의미로 확대한 개념이다.

12

정답 ①

산업재해 예방 대책은 '안전 관리 조직 → 사실의 발견(1단계) → 원인 분석(2단계) → 시정책 선정(3단계) → 시정책 적용 및 뒤처리(4단계)' 순이다.
따라서 재해 예방 대책에서 누락된 '안전 관리 조직' 단계를 보완해야 된다.

13

정답 ④

벤치마킹은 비교대상에 따라 내부·경쟁적·비경쟁적·글로벌 벤치마킹으로 분류되며, 네스프레소는 뛰어난 비경쟁 기업의 유사 분야를 대상으로 벤치마킹하는 비경쟁적 벤치마킹을 하고 있다. 비경쟁적 벤치마킹은 아이디어 창출 가능성은 높으나 가공하지 않고 사용하면 실패할 가능성이 높다.

오답분석

① 내부 벤치마킹
②·③ 글로벌 벤치마킹

14

정답 ④

H□/W○는 가로축이 ○까지, 세로축이 □까지 있음을 나타낸다. 괄호 앞의 각 문자는 도형의 모양을 나타낸다. 즉, A는 원, B는 마름모, C는 삼각형이다. 괄호 안의 숫자는 도형의 위치를 나타낸다. 즉, (1, 2)는 가로축에서 1과 세로축에서 2가 만나는 위치이다.

- 가로축이 4까지, 세로축이 5까지 있다. → H5 / W4
- A는 가로축 2와 세로축 3이 만나는 위치이다. → A(2, 3)
- B는 가로축 3과 세로축 1이 만나는 위치이다. → B(3, 1)
- C는 가로축 1과 세로축 4가 만나는 위치이다. → C(1, 4)

따라서 L : H5 / W4, C : A(2, 3) / B(3, 1) / C(1, 4)가 답이다.

15

정답 ②

H□/W○는 가로축이 ○까지, 세로축이 □까지 있음을 나타낸다. 괄호 앞의 각 문자는 도형의 모양을 나타낸다. 즉, A는 원, B는 마름모, C는 삼각형이다. 괄호 안의 숫자는 도형의 위치를 나타낸다. 즉, (1, 2)는 가로축에서 1과 세로축에서 2가 만나는 위치이다.

- 가로축이 4까지, 세로축이 4까지 있다. → H4 / W4
- A는 가로축 1과 세로축 1이 만나는 위치이다. → A(1, 1)
- B는 가로축 4와 세로축 3이 만나는 위치이다. → B(4, 3)
- C는 가로축 3과 세로축 2가 만나는 위치이다. → C(3, 2)

따라서 L : H4 / W4, C : A(1, 1) / B(4, 3) / C(3, 2)가 답이다.

16

정답 ④

C(1, 4)는 가로축 1과 세로축 4가 만나는 위치에 있음을 나타낸다. 그러나 산출된 그래프에서는 C가 (4, 1)에 위치해 있다.

17

정답 ④

쌀을 제대로 씻지 않을 경우 쌀뜨물이 바닥으로 깔려 취사 후 밥 밑면이 누렇게 될 수 있으므로 취사 전 맑은 물이 나올 때까지 헹궈주어야 한다.

오답분석

① 소요되는 취사시간과 상관없이 예약은 완료되는 시간을 기준으로 한다. 따라서 17시가 오픈이므로 15시에는 2시간으로 설정하여 예약하면 된다.
② '백미쾌속' 모드는 예약이 되지 않는다. 예약 가능한 메뉴는 백미, 잡곡, 현미 3가지 메뉴이다.
③ '잡곡쾌속' 모드는 취사 모드에 없다. 취사 가능 모드는 백미, 백미쾌속, 잡곡, 현미, 죽, 누룽지, 만능 찜 7개이다.

18

정답 ④

뚜껑 패킹과 내솥 사이에 이물질이 끼어있을 경우 취사 도중 수증기가 뚜껑 틈으로 나올 수 있다.

19

정답 ①

뚜껑 틈으로 수증기가 나오는 증상 해결방법에 따라 뚜껑 패킹과 내솥 사이의 이물질을 제거하였는데도 여전히 뚜껑 틈으로 수증기가 나온다면, 추가적으로 뚜껑 패킹을 교환하는 방법이 있다.

20

정답 ④

하인리히의 법칙은 큰 사고로 인해 산업재해가 일어나기 전에 작은 사고나 징후인 '불안전한 행동 및 상태'가 보인다는 주장이다.

06 조직이해능력(사무 / 토목)

01	02	03	04	05	06	07	08	09	10	11	12	13	14	15	16	17	18	19	20
④	①	③	①	②	②	③	④	④	②	③	③	③	④	②	②	②	②	④	①

01

정답 ④

조직의 유형

- 공식성 : 공식화 정도에 따라 공식조직과 비공식조직으로 구분할 수 있다. 공식조직은 조직의 구조·기능·규정 등이 조직화되어 있는 조직을 의미하며, 비공식조직은 개인들의 협동과 상호작용에 따라 형성된 자발적인 집단조직이다.
- 영리성 : 영리성을 기준으로 영리조직과 비영리조직으로 구분할 수 있다. 영리조직은 기업과 같이 이윤을 목적으로 하는 조직이며, 비영리조직은 정부조직을 비롯하여 공익을 추구하는 병원, 대학, 시민단체, 종교단체 등이 있다.
- 조직 규모 : 조직 규모를 중심으로 소규모 조직과 대규모 조직으로 구분할 수 있다. 소규모 조직에는 가족 소유의 상점 등이 있고, 대규모 조직에는 대기업 등이 있다.

PART 3

02

정답 ①

조직변화의 과정

1. 환경변화 인지
2. 조직변화 방향 수립
3. 조직변화 실행
4. 변화결과 평가

03

정답 ③

A사원이 처리해야 하는 업루를 시간 순서대로 나열해 보면 '회의실 예약 – PPT 작성 – 메일 전송 – 수정사항 반영 – B주임에게 조언 구하기 – 브로슈어에 최종본 입력 – D대리에게 파일 전달 – 인쇄소 방문' 순서이다.

04

정답 ①

제품의 질은 우수하나 브랜드의 저가 이미지 때문에 매출이 좋지 않은 것이므로, 선입견을 제외하고 제품의 우수성을 증명할 수 있는 블라인드 테스트를 통해 인정을 받는다. 그리고 그 결과를 홍보의 수단으로 사용하는 것이 가장 적절하다.

05

정답 ②

영상 송출 시 에러코드 관련 지식 점검은 회의에 포함되지 않은 내용이다. 수급팀에 보내는 메일에는 백업 캡처 관리자와 사전협의 등을 통해 영상 결함 발생 시 사용할 대체 영상 등의 수급에 대한 내용이 포함되는 것이 적절하다.

06

정답 ②

K사는 기존에 수행하지 않던 해외 판매 업무가 추가될 것이므로 그에 따른 해외영업팀 등의 신설 조직이 필요하게 된다. 해외에 공장 등의 조직을 보유하게 됨으로써 이를 관리하는 해외관리팀이 필요할 것이며, 물품의 수출에 따른 통관 업무를 담당하는 통관물류팀, 외화 대금 수취 및 해외 조직으로부터의 자금 이동 관련 업무를 담당할 외환업무팀, 국제 거래상 발생하게 될 해외 거래 계약 실무를 담당할 국제법무팀 등이 필요하게 된다. 기업회계팀은 K사의 해외 사업과 상관없이 기존 회계를 담당하는 조직이라고 볼 수 있다.

07

정답 ③

조직의 변화에 있어서 실현가능성과 구체성은 중요한 요소이다.

오답분석

① 조직의 변화는 조직에 영향을 주는 환경의 변화를 인지하는 것에서부터 시작된다. 영향이 있는 변화들로 한정하지 않으면 지나치게 방대한 요소를 고려하게 되어 비효율이 발생한다.
② 변화를 실행하려는 조직은 기존 규정을 개정해서라도 환경에 적응하여야 한다.
④ 조직구성원들이 현실에 안주하고 변화를 기피하는 경향이 강할수록 환경 변화를 인지하지 못한다.

08

정답 ④

필리핀에서 한국인을 대상으로 범죄가 이루어지고 있다는 것은 심각하게 고민해야 할 사회문제이지만, 우리나라로 취업하기 위해 들어오려는 필리핀 사람들을 규제하는 것은 적절하지 않은 행동이다.

09

정답 ④

리더와 부하 간의 상호관계는 조직문화의 구성요소 중 리더십 스타일에 대한 설명이다. 관리시스템은 장기전략 목적 달성에 적합한 보상제도와 인센티브, 경영정보와 의사결정시스템, 경영계획 등 조직의 목적을 실제로 달성하는 모든 경영관리제도와 절차를 의미한다.

10

정답 ②

사례 1은 차별화 전략의 대표적인 사례로, 넓은 시장에서 경쟁우위 요소를 차별화로 두는 전략이다.

11

정답 ③

사례 2는 집중화 전략에 대한 내용이다. 집중화 전략의 결과는 특정 목표에 대해 차별화되거나 낮은 원가를 실현할 수 있는데, 예를 들면 그 지역의 공급자가 고객과의 제휴를 통해 낮은 원가 구조를 확보할 수 있다. 또한 특정 세분화된 시장이 목표가 되므로 다른 전략에 비해 상대적으로 비용이 적게 들며, 성공했을 경우 효과는 작지만 특정 세분시장에서의 이익을 확실하게 확보할 수 있다.

12

정답 ③

사례 3은 비용우위 전략과 차별화 전략을 동시에 적용한 사례이다. 토요타는 JIT 시스템을 통해 비용을 낮추는 비용우위 전략을 취함과 동시에 기존 JIT 시스템을 현재 상황에 맞게 변형한 차별화 전략을 추구하고 있다.
ⓒ·ⓓ 비용우위 전략+차별화 전략

오답분석

㉠ 비용우위 전략
㉡ 집중화 전략

13

정답 ③

토요타 자동차는 소비자의 관점이 아닌 생산자의 관점에서 문제를 해결하려다가 소비자들의 신뢰를 잃게 됐다. 따라서 기업은 생산자가 아닌 소비자의 관점에서 문제를 해결하기 위해 노력해야 한다.

14

정답 ④

델파이 기법은 반복적인 설문 조사를 통해 의견 차이를 좁혀 합의를 도출하는 방식으로, 이를 순서대로 나열한 것은 ④이다.

15

정답 ②

팀장의 답변을 통해 S사원이 생각하는 방안은 회사의 규정을 반영하지 못했음을 확인할 수 있다. 조직에서 업무의 효과성을 높이기 위해서는 조직에 영향을 미치는 조직의 목표, 구조, 문화, 규칙과 규정 등 모든 체제 요소를 고려해야 한다.

16

정답 ②

전략정보시스템(SIS)은 기업의 전략을 실현해 경쟁 우위를 확보하기 위한 목적으로 사용되는 정보시스템으로, 기업의 궁극적 목표인 이익에 직접적인 영향을 끼치는 시장점유율 향상, 매출 신장, 신상품 전략, 경영 전략 등의 전략 계획에 도움을 준다.

17

정답 ②

목표관리(MBO; Management By Objectives)란 조직의 상하 구성원들이 참여의 과정을 통해 조직 단위와 구성원의 목표를 명확하게 설정하고, 그에 따라 생산 활동을 수행하도록 한 뒤 업적을 측정·평가하는 포괄적 조직관리 체제를 말한다. 목표관리는 종합적인 조직운영 기법으로 활용될 뿐만 아니라 근무성적평정 수단, 예산 운영 및 재정관리의 수단으로 다양하게 활용되고 있다.

오답분석

① 과업평가계획(PERT) : 특정 프로젝트의 일정과 순서를 계획적으로 관리하는 기법으로, 계획내용인 프로젝트의 달성에 필요한 모든 작업을 작업 관련 내용과 순서를 기초로 하여 네트워크상으로 파악한다.
③ 조직개발(OD) : 조직의 유효성과 건강을 높이고, 환경변화에 적절하게 대응하기 위하여 구성원의 가치관과 태도, 조직풍토, 인간관계 등을 향상시키는 변화활동을 의미한다.
④ 총체적 품질관리(TQM) : 조직의 생산성과 효율성을 제고시키기 위하여 조직 구성원 전원이 참여하여 고객의 욕구와 기대를 충족시키도록 지속적으로 개선해 나가는 활동을 의미한다.

18

정답 ②

직무전결표에 따르면 각종 위원회 위원 위촉에 관한 전결규정은 없다. 따라서 적절하지 않은 것은 ②이다. 단, 대표이사의 부재중에 부득이하게 위촉을 해야 하는 경우가 발생했다면 차하위자(전무)가 대결을 할 수는 있다.

19

정답 ④

김팀장의 업무 지시에 따르면 이번 주 금요일 회사 창립 기념일 행사가 끝난 후 진행될 총무팀 회식의 장소 예약은 목요일 퇴근 전까지 처리되어야 한다. 따라서 이대리는 ⓜ을 목요일 퇴근 전까지 처리해야 한다.

20

정답 ①

K공단의 사내 봉사 동아리이기 때문에 공식이 아닌 비공식조직에 해당한다. 비공식조직의 특징에는 인간관계에 따라 형성된 자발적인 조직, 내면적·비가시적, 비제도적, 감정적, 사적 목적 추구, 부분적 질서를 위한 활동 등이 있다.

07 정보능력(정보통신 / 건축)

01	02	03	04	05	06	07	08	09	10	11	12	13	14	15	16	17	18	19	20
②	③	①	③	④	②	①	①	①	③	④	①	①	③	③	①	②	④	②	②

01

정답 ②

VLOOKUP은 목록 범위의 첫 번째 열에서 세로 방향으로 검색하면서 원하는 값을 추출하는 함수이고, HLOOKUP은 목록 범위의 첫 번째 행에서 가로 방향으로 검색하면서 원하는 값을 추출하는 함수이다. 즉, 첫 번째 열에 있는 '손흥민'의 결석값을 찾아야 하므로 VLOOKUP 함수를 이용해야 한다. VLOOKUP 함수의 형식은 「=VLOOKUP(찾을 값,범위,열 번호,찾기 옵션)」이다. 범위는 절대참조로 지정해 줘야 하며, 근사값을 찾고자 할 경우 찾기 옵션에 1 또는 TRUE를 입력하고 정확히 일치하는 값을 찾고자 할 경우 0 또는 FALSE를 입력해야 한다. 따라서 '손흥민'의 결석 값을 찾기 위한 함수식은 「=VLOOKUP("손흥민",$A$3:$D$5,4,0)」이다.

02

정답 ③

디지털 컴퓨터와 아날로그 컴퓨터의 비교

구분	디지털 컴퓨터	아날로그 컴퓨터
입력형태	숫자, 문자	전류, 전압, 온도
출력형태	숫자, 문자	곡선, 그래프
연산형식	산술, 논리 연산	미적분 연산
구성회로	논리 회로	증폭 회로
연산속도	느림	빠름
정밀도	필요 한도까지	제한적임
기억기능	기억이 용이하며 반영구적	기억에 제약이 있음
사용분야	범용	특수 목적용

03

정답 ①

주기억장치의 주소지정은 어드레스(Address)에 의해 이루어지며, 최소 저장 단위는 바이트(Byte)이다.

04

정답 ③

버퍼 레지스터는 상이한 입출력 속도로 자료를 받거나 전송하는 중앙 처리 장치나 주변 장치의 임시 저장용 레지스터이다.

05

정답 ④

누산기 레지스터(Accumulator Register)는 연산장치에 속하며 처리 중의 중간계산값이나 처리결과를 임시로 기억하고 있다.

오답분석

① 기억 장치 주소 레지스터(Memory Address Register)는 컴퓨터의 중앙 처리 장치(CPU) 내부에서 기억 장치 내의 정보를 호출하기 위해 그 주소를 기억하고 있는 제어용 레지스터이다.
② 메모리 버퍼 레지스터(Memory Buffer Register)는 메모리로부터 읽게 해 낸 자료를 넣어두기 위한 일시 기억 회로이다.
③ 명령 레지스터(Instruction Register)는 컴퓨터의 제어 장치의 일부로, 기억 장치에서 읽어 내어진 명령을 받아 그것을 실행하기 위해 일시 기억해 두는 레지스터이다.

06

정답 ②

2진수 "101111110"을 8진수로 바꾸기 위해서는 소수점 위치를 기준으로 해서 3자리씩 끊어서 자리값(뒤에서부터 1, 2, 4)을 부여하여 배치한다.
소수점이 없는 수이므로 뒤에서부터 세 자리씩 끊어보면 101, 111, 110이 된다. 각각에 자리값을 부여하여 계산하면 101은 5, 111은 7, 110은 6이 되므로 $576_{(8)}$ 값이 된다.

07

정답 ①

MIPS(Million Instructions Per Second)란 RISC 계열의 명령어 집합 체계이며, 초당 100만 개의 연산이 가능하다.

08

정답 ①

엑셀에서 기간을 구하는 함수는 DATEDIF(시작일, 종료일, 구분 "Y/M/D")로, 재직연수를 구해야 하므로 구분에는 연도로 나타내주는 "Y"가 들어간다. 현재로부터 재직기간을 구하는 것이므로 현재의 날짜를 나타내는 TODAY() 함수를 사용해도 되고, 현재 날짜와 시간까지 나타내는 NOW() 함수를 사용해도 된다. 조건에 맞는 셀의 개수를 구하는 함수는 COUNTIF(범위, 조건)이고, 8년 이상이라고 했으므로 조건에는 ">=8"이 들어가야 한다.

PART 3

09

정답 ①

제시된 내용에 따라 기억용량을 계산하면 '양면(2)×트랙수(100)×섹터수(4)×섹터당 기록밀도(320)'으로 답은 256,000이 된다.

10

정답 ③

㉮ 영어점수가 평균을 초과하는 것을 뽑을 때는 AVERAGE 함수의 범위에 반드시 절대참조가 들어가야 한다.
㉯ 성명의 두 번째 문자가 '영'인 데이터를 추출해야 하므로 '?영*'이 되어야 한다.

11

정답 ④

LARGE 함수는 데이터 집합에서 N번째로 큰 값을 구하는 함수이다. 따라서 ④번 함수의 결괏값으로는 [D2:D9] 범위에서 두 번째로 큰 값인 20,000이 산출된다.

오답분석

① MAX 함수는 최댓값을 구하는 함수이다.
② MIN 함수는 최솟값을 구하는 함수이다.
③ MID 함수는 문자열의 지정 위치에서 문자를 지정한 개수만큼 돌려주는 함수이다.

12

정답 ①

SUMIF 함수는 주어진 조건에 의해 지정된 셀들의 합을 구하는 함수이며, 「=SUMIF(조건 범위, 조건, 계산할 범위)」로 구성된다. 따라서 ①번 함수의 결괏값으로는 계산할 범위 [C2:C9] 안에서 [A2:A9] 범위 안의 조건인 [A2](의류)로 지정된 셀들의 합인 42가 산출된다.

오답분석

② COUNTIF 함수는 지정한 범위 내에서 조건에 맞는 셀의 개수를 구하는 함수이다.
③·④ VLOOKUP 함수와 HLOOKUP 함수는 배열의 첫 열 / 행에서 값을 검색하여, 지정한 열 / 행의 같은 행 / 열에서 데이터를 돌려주는 찾기 / 참조함수이다.

13

정답 ①

숫자와 문자가 혼합된 데이터는 문자열로 입력되며, 문자 데이터와 같이 왼쪽으로 정렬된다.

오답분석

② 문자 데이터는 기본적으로 왼쪽으로 정렬된다.
③ 날짜 데이터는 자동으로 셀의 오른쪽으로 정렬된다.
④ 수치 데이터는 셀의 오른쪽으로 정렬된다.

14

정답 ③

정보의 공개성이 높을수록 경쟁성은 떨어지나 정보의 활용 측면에서는 경제성이 높다. 따라서 반공개 정보는 비공개 정보에 비해 정보 활용상 경제성이 더 높다.

오답분석

① 정보의 핵심적 특성은 적시성으로, 정보는 우리가 원하는 시간에 제공되어야 하며, 적시성을 잃으면 가치가 떨어진다.
②·④ 정보는 일반적으로 공개된 이후 가치가 급락하므로 가치 있는 정보는 독점성이 특징이다. 따라서 비공개 정보는 반공개 정보에 비해, 반공개 정보는 공개 정보에 비해 더 높은 경쟁성을 가진다.

15

정답 ③

공장 자동화(FA; Factory Automation)는 모든 제품 공정 과정을 자동화하여 생산성 향상과 원가 절감, 불량품 감소 등 제품 경쟁력 향상에 활용한다.

오답분석

① 컴퓨터 보조 교육(CAI), 컴퓨터 관리 교육(CMI)

16

정답 ①

오답분석

ㄷ. 전자상거래는 거래에 관련된 모든 기관과의 관련 행위를 포함한다.
ㄹ. 인터넷이라는 전자 매체를 이용한 재화 및 용역 거래는 전자상거래이다.

17

정답 ②

바로가기 아이콘의 [속성]-[일반] 탭에서 바로가기 아이콘의 위치, 이름, 크기, 만든 날짜, 수정한 날짜 등을 확인할 수 있다.

오답분석

① raw는 손실 압축을 하지 않고 모든 정보를 저장하는 이미지의 확장자 중 하나이다.
③ 〈Ctrl〉+〈Shift〉를 누른 상태로 바탕 화면에 드래그 앤 드롭하면 만들 수 있다.
④ 바로가기 아이콘을 삭제해도 연결된 프로그램은 삭제되지 않는다.

18

정답 ④

랜섬웨어는 감염되면 복구가 쉽지 않아 프로그램으로 복구가 어렵다. 따라서 복구 프로그램을 활용하는 것은 주의사항으로 보기 어려우며 '랜섬웨어에 감염이 되면 즉시 정보운영처로 연락해 주십시오.' 등이 주의사항으로 적절하다.

19

정답 ②

악성코드는 악의적인 목적을 위해 작성된 실행 가능한 코드의 통칭으로 자기 복제 능력과 감염 대상 유무에 따라 바이러스, 웜, 트로이목마 등으로 분류되며 외부에서 침입하는 프로그램이다.

20

정답 ②

〈Window 로고 키〉+〈D〉 : 바탕 화면을 표시하거나 숨김

오답분석

① 〈Window 로고 키〉+〈B〉 : 알림 영역에 포커스를 설정함
③ 〈Window 로고 키〉+〈H〉 : 받아쓰기를 시작함
④ 〈Window 로고 키〉+〈I〉 : 설정을 엶

PART 3

계속 갈망하라. 언제나 우직하게.

- 스티브 잡스 -

한국중부발전 필기시험 답안카드

성 명

지원 분야

문제지 형별기재란	
(　　　)형	Ⓐ Ⓑ

수 험 번 호						
⓪	⓪	⓪	⓪	⓪	⓪	⓪
①	①	①	①	①	①	①
②	②	②	②	②	②	②
③	③	③	③	③	③	③
④	④	④	④	④	④	④
⑤	⑤	⑤	⑤	⑤	⑤	⑤
⑥	⑥	⑥	⑥	⑥	⑥	⑥
⑦	⑦	⑦	⑦	⑦	⑦	⑦
⑧	⑧	⑧	⑧	⑧	⑧	⑧
⑨	⑨	⑨	⑨	⑨	⑨	⑨

감독위원 확인
인

번호	답	번호	답	번호	답	번호	답
1	① ② ③ ④	21	① ② ③ ④	41	① ② ③ ④	61	① ② ③ ④
2	① ② ③ ④	22	① ② ③ ④	42	① ② ③ ④	62	① ② ③ ④
3	① ② ③ ④	23	① ② ③ ④	43	① ② ③ ④	63	① ② ③ ④
4	① ② ③ ④	24	① ② ③ ④	44	① ② ③ ④	64	① ② ③ ④
5	① ② ③ ④	25	① ② ③ ④	45	① ② ③ ④	65	① ② ③ ④
6	① ② ③ ④	26	① ② ③ ④	46	① ② ③ ④	66	① ② ③ ④
7	① ② ③ ④	27	① ② ③ ④	47	① ② ③ ④	67	① ② ③ ④
8	① ② ③ ④	28	① ② ③ ④	48	① ② ③ ④	68	① ② ③ ④
9	① ② ③ ④	29	① ② ③ ④	49	① ② ③ ④	69	① ② ③ ④
10	① ② ③ ④	30	① ② ③ ④	50	① ② ③ ④	70	① ② ③ ④
11	① ② ③ ④	31	① ② ③ ④	51	① ② ③ ④	71	① ② ③ ④
12	① ② ③ ④	32	① ② ③ ④	52	① ② ③ ④	72	① ② ③ ④
13	① ② ③ ④	33	① ② ③ ④	53	① ② ③ ④	73	① ② ③ ④
14	① ② ③ ④	34	① ② ③ ④	54	① ② ③ ④	74	① ② ③ ④
15	① ② ③ ④	35	① ② ③ ④	55	① ② ③ ④	75	① ② ③ ④
16	① ② ③ ④	36	① ② ③ ④	56	① ② ③ ④	76	① ② ③ ④
17	① ② ③ ④	37	① ② ③ ④	57	① ② ③ ④	77	① ② ③ ④
18	① ② ③ ④	38	① ② ③ ④	58	① ② ③ ④	78	① ② ③ ④
19	① ② ③ ④	39	① ② ③ ④	59	① ② ③ ④	79	① ② ③ ④
20	① ② ③ ④	40	① ② ③ ④	60	① ② ③ ④	80	① ② ③ ④

※ 본 답안지는 마킹연습용 모의 답안지입니다.

〈절취선〉

한국중부발전 필기시험 답안카드

성 명

지원 분야

문제지 형별기재란	
(　　　)형	Ⓐ Ⓑ

수 험 번 호						
⓪	⓪	⓪	⓪	⓪	⓪	⓪
①	①	①	①	①	①	①
②	②	②	②	②	②	②
③	③	③	③	③	③	③
④	④	④	④	④	④	④
⑤	⑤	⑤	⑤	⑤	⑤	⑤
⑥	⑥	⑥	⑥	⑥	⑥	⑥
⑦	⑦	⑦	⑦	⑦	⑦	⑦
⑧	⑧	⑧	⑧	⑧	⑧	⑧
⑨	⑨	⑨	⑨	⑨	⑨	⑨

감독위원 확인
인

번호	답	번호	답	번호	답	번호	답
1	① ② ③ ④	21	① ② ③ ④	41	① ② ③ ④	61	① ② ③ ④
2	① ② ③ ④	22	① ② ③ ④	42	① ② ③ ④	62	① ② ③ ④
3	① ② ③ ④	23	① ② ③ ④	43	① ② ③ ④	63	① ② ③ ④
4	① ② ③ ④	24	① ② ③ ④	44	① ② ③ ④	64	① ② ③ ④
5	① ② ③ ④	25	① ② ③ ④	45	① ② ③ ④	65	① ② ③ ④
6	① ② ③ ④	26	① ② ③ ④	46	① ② ③ ④	66	① ② ③ ④
7	① ② ③ ④	27	① ② ③ ④	47	① ② ③ ④	67	① ② ③ ④
8	① ② ③ ④	28	① ② ③ ④	48	① ② ③ ④	68	① ② ③ ④
9	① ② ③ ④	29	① ② ③ ④	49	① ② ③ ④	69	① ② ③ ④
10	① ② ③ ④	30	① ② ③ ④	50	① ② ③ ④	70	① ② ③ ④
11	① ② ③ ④	31	① ② ③ ④	51	① ② ③ ④	71	① ② ③ ④
12	① ② ③ ④	32	① ② ③ ④	52	① ② ③ ④	72	① ② ③ ④
13	① ② ③ ④	33	① ② ③ ④	53	① ② ③ ④	73	① ② ③ ④
14	① ② ③ ④	34	① ② ③ ④	54	① ② ③ ④	74	① ② ③ ④
15	① ② ③ ④	35	① ② ③ ④	55	① ② ③ ④	75	① ② ③ ④
16	① ② ③ ④	36	① ② ③ ④	56	① ② ③ ④	76	① ② ③ ④
17	① ② ③ ④	37	① ② ③ ④	57	① ② ③ ④	77	① ② ③ ④
18	① ② ③ ④	38	① ② ③ ④	58	① ② ③ ④	78	① ② ③ ④
19	① ② ③ ④	39	① ② ③ ④	59	① ② ③ ④	79	① ② ③ ④
20	① ② ③ ④	40	① ② ③ ④	60	① ② ③ ④	80	① ② ③ ④

※ 본 답안지는 마킹연습용 모의 답안지입니다.

한국중부발전 필기시험 답안카드

성 명

지원 분야

문제지 형별기재란	
(　　　)형	Ⓐ Ⓑ

수 험 번 호						
⓪	⓪	⓪	⓪	⓪	⓪	⓪
①	①	①	①	①	①	①
②	②	②	②	②	②	②
③	③	③	③	③	③	③
④	④	④	④	④	④	④
⑤	⑤	⑤	⑤	⑤	⑤	⑤
⑥	⑥	⑥	⑥	⑥	⑥	⑥
⑦	⑦	⑦	⑦	⑦	⑦	⑦
⑧	⑧	⑧	⑧	⑧	⑧	⑧
⑨	⑨	⑨	⑨	⑨	⑨	⑨

감독위원 확인
(인)

번호					번호					번호					번호				
1	①	②	③	④	21	①	②	③	④	41	①	②	③	④	61	①	②	③	④
2	①	②	③	④	22	①	②	③	④	42	①	②	③	④	62	①	②	③	④
3	①	②	③	④	23	①	②	③	④	43	①	②	③	④	63	①	②	③	④
4	①	②	③	④	24	①	②	③	④	44	①	②	③	④	64	①	②	③	④
5	①	②	③	④	25	①	②	③	④	45	①	②	③	④	65	①	②	③	④
6	①	②	③	④	26	①	②	③	④	46	①	②	③	④	66	①	②	③	④
7	①	②	③	④	27	①	②	③	④	47	①	②	③	④	67	①	②	③	④
8	①	②	③	④	28	①	②	③	④	48	①	②	③	④	68	①	②	③	④
9	①	②	③	④	29	①	②	③	④	49	①	②	③	④	69	①	②	③	④
10	①	②	③	④	30	①	②	③	④	50	①	②	③	④	70	①	②	③	④
11	①	②	③	④	31	①	②	③	④	51	①	②	③	④	71	①	②	③	④
12	①	②	③	④	32	①	②	③	④	52	①	②	③	④	72	①	②	③	④
13	①	②	③	④	33	①	②	③	④	53	①	②	③	④	73	①	②	③	④
14	①	②	③	④	34	①	②	③	④	54	①	②	③	④	74	①	②	③	④
15	①	②	③	④	35	①	②	③	④	55	①	②	③	④	75	①	②	③	④
16	①	②	③	④	36	①	②	③	④	56	①	②	③	④	76	①	②	③	④
17	①	②	③	④	37	①	②	③	④	57	①	②	③	④	77	①	②	③	④
18	①	②	③	④	38	①	②	③	④	58	①	②	③	④	78	①	②	③	④
19	①	②	③	④	39	①	②	③	④	59	①	②	③	④	79	①	②	③	④
20	①	②	③	④	40	①	②	③	④	60	①	②	③	④	80	①	②	③	④

※ 본 답안지는 마킹연습용 모의 답안지입니다.

〈절취선〉

한국중부발전 필기시험 답안카드

성 명

지원 분야

문제지 형별기재란	
(　　　)형	Ⓐ Ⓑ

수 험 번 호						
⓪	⓪	⓪	⓪	⓪	⓪	⓪
①	①	①	①	①	①	①
②	②	②	②	②	②	②
③	③	③	③	③	③	③
④	④	④	④	④	④	④
⑤	⑤	⑤	⑤	⑤	⑤	⑤
⑥	⑥	⑥	⑥	⑥	⑥	⑥
⑦	⑦	⑦	⑦	⑦	⑦	⑦
⑧	⑧	⑧	⑧	⑧	⑧	⑧
⑨	⑨	⑨	⑨	⑨	⑨	⑨

감독위원 확인
㊞

1	① ② ③ ④	21	① ② ③ ④	41	① ② ③ ④	61	① ② ③ ④
2	① ② ③ ④	22	① ② ③ ④	42	① ② ③ ④	62	① ② ③ ④
3	① ② ③ ④	23	① ② ③ ④	43	① ② ③ ④	63	① ② ③ ④
4	① ② ③ ④	24	① ② ③ ④	44	① ② ③ ④	64	① ② ③ ④
5	① ② ③ ④	25	① ② ③ ④	45	① ② ③ ④	65	① ② ③ ④
6	① ② ③ ④	26	① ② ③ ④	46	① ② ③ ④	66	① ② ③ ④
7	① ② ③ ④	27	① ② ③ ④	47	① ② ③ ④	67	① ② ③ ④
8	① ② ③ ④	28	① ② ③ ④	48	① ② ③ ④	68	① ② ③ ④
9	① ② ③ ④	29	① ② ③ ④	49	① ② ③ ④	69	① ② ③ ④
10	① ② ③ ④	30	① ② ③ ④	50	① ② ③ ④	70	① ② ③ ④
11	① ② ③ ④	31	① ② ③ ④	51	① ② ③ ④	71	① ② ③ ④
12	① ② ③ ④	32	① ② ③ ④	52	① ② ③ ④	72	① ② ③ ④
13	① ② ③ ④	33	① ② ③ ④	53	① ② ③ ④	73	① ② ③ ④
14	① ② ③ ④	34	① ② ③ ④	54	① ② ③ ④	74	① ② ③ ④
15	① ② ③ ④	35	① ② ③ ④	55	① ② ③ ④	75	① ② ③ ④
16	① ② ③ ④	36	① ② ③ ④	56	① ② ③ ④	76	① ② ③ ④
17	① ② ③ ④	37	① ② ③ ④	57	① ② ③ ④	77	① ② ③ ④
18	① ② ③ ④	38	① ② ③ ④	58	① ② ③ ④	78	① ② ③ ④
19	① ② ③ ④	39	① ② ③ ④	59	① ② ③ ④	79	① ② ③ ④
20	① ② ③ ④	40	① ② ③ ④	60	① ② ③ ④	80	① ② ③ ④

※ 본 답안지는 마킹연습용 모의 답안지입니다.

2024 최신판 SD에듀 All-New 한국중부발전 최신기출 + NCS + 모의고사 4회 + 무료NCS특강

개정18판1쇄 발행	2024년 02월 20일 (인쇄 2024년 02월 06일)
초 판 발 행	2014년 03월 04일 (인쇄 2014년 02월 25일)
발 행 인	박영일
책 임 편 집	이해욱
편 저	SDC(Sidae Data Center)
편 집 진 행	김재희 · 강승혜
표지디자인	조혜령
편집디자인	최미란 · 곽은슬
발 행 처	(주)시대고시기획
출 판 등 록	제10-1521호
주 소	서울시 마포구 큰우물로 75 [도화동 538 성지 B/D] 9F
전 화	1600-3600
팩 스	02-701-8823
홈 페 이 지	www.sdedu.co.kr
I S B N	979-11-383-6751-6 (13320)
정 가	26,000원

한국 중부발전

정답 및 해설

기업별 맞춤 학습 "기본서" 시리즈

공기업 취업의 기초부터 심화까지! 합격의 문을 여는 **Hidden Key!**

기업별 시험 직전 마무리 "모의고사" 시리즈

실제 시험과 동일하게 마무리! 합격을 향한 **Last Spurt!**

※ **기업별 시리즈 :** HUG 주택도시보증공사/LH 한국토지주택공사/강원랜드/건강보험심사평가원/국가철도공단/국민건강보험공단/국민연금공단/근로복지공단/발전회사/부산교통공사/서울교통공사/인천국제공항공사/코레일 한국철도공사/한국농어촌공사/한국도로공사/한국산업인력공단/한국수력원자력/한국수자원공사/한국전력공사/한전KPS/항만공사 등

※도서의 이미지 및 구성은 변동될 수 있습니다.